V&R Academic

Literatur- und Mediengeschichte der Moderne

Band 5

Herausgegeben von
Hermann Korte und Ingo Stöckmann

Matthias Agethen

Vergemeinschaftung, Modernisierung, Verausgabung

Nationalökonomie und Erzählliteratur in der
zweiten Hälfte des 19. Jahrhunderts

V&R unipress

Bibliografische Information der Deutschen Nationalbibliothek

Die Deutsche Nationalbibliothek verzeichnet diese Publikation in der Deutschen
Nationalbibliografie; detaillierte bibliografische Daten sind im Internet über
http://dnb.d-nb.de abrufbar.

ISSN 2198-5227
ISBN 978-3-8471-0788-0

Weitere Ausgaben und Online-Angebote sind erhältlich unter: www.v-r.de

Gedruckt mit freundlicher Unterstützung des DFG-Graduiertenkollegs ›Literarische Form.
Geschichte und Kultur ästhetischer Modellbildung‹ der Westfälischen Wilhelms-Universität
Münster und der Axel Springer Stiftung.

D 6

Inhalt

1. Einleitung: Hinführung, Erkenntnisinteresse, Aspekte der Forschung

Das vorliegende Buch untersucht das Verhältnis von Nationalökonomie und Erzählliteratur in der zweiten Hälfte des 19. Jahrhunderts. Dieser historische Zuschnitt und die titelgebende Rede von der »Verausgabung« sollen allerdings nicht suggerieren, dass sich mit dem Ende des Jahrhunderts ›das Erzählen‹ nun gänzlich erschöpft hätte. Mit Blick auf die Selbstwahrnehmung und die historischen Leistungen der ›klassischen Moderne‹, die ja in Gestalt ihrer exemplarischen Autoren und deren ›großen Romanen‹ bekanntermaßen bereits um und kurz nach 1900 in Erscheinung tritt, müsste man sogar sagen, dass nun erst recht erzählt wurde. Es verändert sich in den Jahrzehnten um den Jahrhundertwechsel nicht nur die Gesellschaft, »Modernisierung« vollzieht sich nun auch auf dem Feld des literarischen Erzählens sowie im Diskurs der Nationalökonomie. Die Wendung von der Verausgabung soll in diesem Sinne ein Hinweis darauf sein, dass die entsprechenden Entwicklungen der Jahrhundertwende keineswegs voraussetzungslos gewesen sind, sondern dass das Verhältnis von Literatur und Volkswirtschaftslehre Entwicklungen in Gang gesetzt hat, welche um 1900 in den Modernisierungsprozess eingehen – das Wissen von Nationalökonomie und Erzählliteratur hat sich um 1900 in den Modernisierungsprozess ›verausgabt‹.

In Deutschland hat dieser Prozess im Vergleich etwa zu England oder Frankreich verspätet eingesetzt. Es waren hier, wie jüngst dargestellt, die »horizontbildende[n] Vorleistungen« einer naturalistischen Schwellenepoche vonnöten,[1] damit sich die ästhetisch-literarische Moderne nun um 1900 auch im deutschsprachigen Raum konstituieren konnte. In anderen Zusammenhängen ist im Blick auf diese zeitversetzten Entwicklungsprozesse von »Sonderbedingungen« gesprochen worden, unter welchen Deutschland seinen Weg vom 19. ins 20. Jahrhundert nahm.[2] Diese besonderen Umstände haben sich nicht nur

---

1 Ingo Stöckmann: Der Wille zum Willen. Der Naturalismus und die Gründung der literarischen Moderne 1880–1900, Berlin / NY 2009, 167, vgl. auch 39.
2 Hans-Ulrich Wehler: Deutsche Gesellschaftsgeschichte Bd. 3: Von der »Deutschen Doppelrevolution« bis zum Beginn des Ersten Weltkrieges. 1849–1914, München 1996, 470; siehe zur weiteren Einordnung der Debatte um einen »deutschen Sonderweg« 449–486.

auf gesellschaftliche, politische, soziale und wirtschaftliche Prozesse bezogen; sie gelten auch, und auch dies ist herausgearbeitet worden, für die nachgängigen Beschreibungen und Deutungen dieser Prozesse.[3]

Die Ökonomie und das Bürgertum als ihre Trägerschicht spielen für diesen Prozess, der um 1800 mit der Entwicklung einer bürgerlichen Kultur und den Schlüsselerfahrungen der modernen Vergesellschaftung – funktionale und soziale Differenzierung, Arbeitsteilung u. a. – einsetzt, eine zentrale Rolle.[4] Die wirtschaftliche Entwicklung, so schreibt Max Weber kurz nach der Jahrhundertwende, durchdringe die »Gesamtheit aller Kulturvorgänge«.[5] Die große Rolle des Wirtschaftlichen zeigt sich von Beginn an auch an den Themen und Figuren einer im Verlauf des 19. Jahrhunderts entstehenden Literatur des Bürgerlichen Realismus.[6] Die starke Präsenz der Ökonomie in der »bürgerlichen Epopöe« (Hegel), die sich etwa schon ganz oberflächlich betrachtet an verhandelten Themen oder auftretenden Figuren zeigt, ist vergleichsweise früh Gegenstand von Untersuchungen und Systematisierungsversuchen geworden.[7] Dies bezieht sich in erster Linie auf jene Erzähltexte, die in Abgrenzung vom Bildungs- und Individualroman des 18. Jahrhunderts und auch von ihrem ›Parallelgenre‹, dem historischen Roman des 19. Jahrhunderts,[8] als Zeit-, Gesellschafts- oder Sozialromane beschrieben wurden.[9] Mit diesen Romanen, in denen es, vereinfacht gesagt, nicht nur um das Individuum, sondern um das Individuum in seinen zeitlichen und sozialen Kontexten, in denen es also um ›die Gesellschaft‹ geht, wird sich die Arbeit beschäftigen.[10]

---

3 Klaus Lichtblau: Kulturkrise und Soziologie um die Jahrhundertwende. Zur Genealogie der Kultursoziologie in Deutschland, Frankfurt/M. 1996.

4 Lothar Gall: Bürgertum in Deutschland, Berlin 1989; Jürgen Kocka (Hg.): Bürgertum im 19. Jahrhundert. Deutschland im europäischen Vergleich, 3 Bde., Göttingen 1995.

5 Max Weber: Die »Objektivität« sozialwissenschaftlicher und sozialpolitischer Erkenntnis [1904], in: Ders.: Gesammelte Aufsätze zur Wissenschaftslehre, hrsg. v. Johannes Winckelmann, 7. Aufl., Tübingen 1988, 146–214, 163. Das Bewusstsein von diesem engen Konnex teilt Weber nicht nur mit herausragenden Denkern des 19. Jahrhunderts, wie etwa Karl Marx. Es artikuliert sich bereits in dem charakteristischen Titel seines Großwerks *Wirtschaft und Gesellschaft*.

6 Sabina Becker: Bürgerlicher Realismus. Literatur und Kultur im bürgerlichen Zeitalter. 1848–1900, Tübingen / Basel 2003.

7 Siehe etwa Franz Anselm Schmitt: Beruf und Arbeit in deutscher Erzählung. Ein literarisches Lexikon, Stuttgart 1952 sowie Wolfgang Kockjoy: Der deutsche Kaufmannsroman. Versuch einer kultur- und geistesgeschichtlichen genetischen Darstellung, Strassburg 1932.

8 Siehe dazu etwa Rolf Selbmann: Der deutsche Bildungsroman, 2., überarb. und erw. Aufl., Stuttgart / Weimar 1994; bzw. Hugo Aust: Der historische Roman, Stuttgart / Weimar 1994.

9 Renate Böschenstein-Schäfer: Zeit- und Gesellschaftsromane, in: Deutsche Literatur. Eine Sozialgeschichte, Bd. 7: Vom Nachmärz zur Gründerzeit: Realismus. 1848–1880, hrsg. v. Horst Albert Glaser, Reinbek 1982, 101–123.

10 Vgl. zum per se problematischen objekt- bzw. metasprachlichen Gebrauch von Begriffen wie ›Gesellschaft‹ Ingo Stöckmann: Moderne und Kultur: Über Genese und Funktionsweise

So bekannt all dies ist, so notwendig scheinen die einleitenden Hinweise darauf zu sein, um plausibel zu machen, wie wichtig für das wissenschaftsgläubige 19. Jahrhundert eine bzw. *die* Wissenschaft gewesen ist, die den Prozess der bürgerlichen Vergesellschaftung von Beginn an reflexiv und reflexiv-normativ begleitet hat. Mit ihren Begriffen und Konzepten von Arbeit und Wert, mit ihren Theorien über Arbeitsteilung, Wertschöpfung und Güter-Verteilung, mit ihren Geschichten bzw. ihrer Geschichte der ökonomischen Entwicklung und anderem hat die Nationalökonomie das Selbstbewusstsein und die Identität der bürgerlichen Gesellschaft überaus stark geprägt. Sie hat, so ließe sich kulturpoetisch formulieren, ein bzw. das »Archiv« ausgebildet für das Wissen über Ökonomie und Gesellschaft im 19. Jahrhundert.[11] Im Umfeld der großen Ökonomen und ihrer Spitzenleistungen (etwa Jean Baptiste Say, Adam Smith, John Stuart Mill und Karl Marx) hat sich ein breiter und einflussreicher wirtschaftswissenschaftlicher Diskurs gebildet, der sich im deutschsprachigen Raum in eigensinniger Weise als *National*ökonomie bzw. *Volks*wirtschaftslehre gründete und bis um 1900 eine nachgerade hegemoniale Stellung unter den ›Gesellschaftswissenschaften‹ einnahm. Die große fachliche Bedeutung und die öffentliche Wirksamkeit der deutschen Nationalökonomen der ›zweiten Reihe‹ haben allerdings verhältnismäßig wenig Beachtung gefunden. Auf ihre Wichtigkeit ist eher selten hingewiesen worden und erst seit einigen Jahren wird dazu wieder stärker geforscht.[12]

Diesem Schattendasein der Nationalökonomen scheint denn auch die verblüffende Tatsache geschuldet zu sein, dass ihre Schriften der literaturwissenschaftlichen Realismus-Forschung bislang völlig unbekannt waren. Das in Rede stehende Wissen der Volkswirtschaftslehre ist erst in jüngster Zeit mit der Literatur des Realismus und des 19. Jahrhunderts in Verbindung gebracht worden.[13] Der späte Beginn der Aufarbeitung ist allerdings umso erstaunlicher, als

---

literaturwissenschaftlicher Moderne-Begriffe, in: Internationales Archiv für Sozialgeschichte der deutschen Literatur 37 (2012), H. 1, 105–118.

11 Moritz Baßler: Die kulturpoetische Funktion und das Archiv. Eine literaturwissenschaftliche Text-Kontext-Theorie, Tübingen 2005.

12 Der Wissenschaftshistoriker Rüdiger vom Bruch hat sich hier sehr verdient gemacht. Siehe neben weiteren Untersuchungen etwa Rüdiger vom Bruch / Björn Hofmeister (Hg.): Gelehrtenpolitik, Sozialwissenschaften und akademische Diskurse in Deutschland im 19. und 20. Jahrhundert, Stuttgart 2006; vgl. auch Birger Priddat: Produktive Kraft, sittliche Ordnung und geistige Macht: Denkstile der deutschen Nationalökonomie im 18. und 19. Jahrhundert, Marburg 1998 sowie die von den Ökonomen Priddat, Heinz Rieter und Joachim Zweynert hrsgg. Reihe *Beiträge zur Geschichte der deutschsprachigen Ökonomie*, die seit 1993 erscheint.

13 Karolina Brock: Kunst der Ökonomie. Die Beobachtung der Wirtschaft in G. Kellers Roman *Der grüne Heinrich*, Frankfurt/M. 2008; Christian Rakow: Die Ökonomien des Realismus. Kulturpoetische Untersuchungen zur Literatur und Volkswirtschaftslehre 1850–1900, Berlin / NY 2013; Manuel Bauer: Ökonomische Menschen. Literarische Wirtschaftsanthropologie des 19. Jahrhunderts, Göttingen 2016.

auch die Ökonomie und ihre Wissenschaft seit Jahren längst in das Blickfeld literatur- und kulturwissenschaftlicher Arbeiten gerückt waren.[14] Konjunktur und Relevanz von Untersuchungen zum Zusammenhang von ›Literatur und Ökonomie‹ spiegeln sich in einer Reihe von Sammelbänden, die in kurzer Folge erschienen sind,[15] ebenso wider wie in dem Erscheinen von Untersuchungen, die in populärwissenschaftlicher Tendenz auch auf eine Rezeption jenseits der Akademie zielen und größeres öffentliches Interesse auf sich ziehen.[16] Generell sei an dieser Stelle auf die jüngeren Arbeiten zum Thema verwiesen, die einen guten Überblick über das Forschungsfeld geben.[17] Die größeren Studien von Joseph Vogl, Jochen Hörisch u. a. werden dort ebenso (teils recht ausführlich) referiert wie die Ansätze des sogenannten *New Economic Criticism* aus dem englischsprachigen Raum.[18] In jüngerer Zeit erschienen und erscheinen zudem immer wieder literaturwissenschaftliche Monographien und Sammelbände zu Einzelaspekten – etwa zu Geld, zur Börse, zum Warenhaus oder zu Wirtschaftskrisen –[19] und / oder mit jeweils unterschiedlichem Bezug hinsichtlich literaturgeschichtlicher oder nationalliterarischer Schwerpunktsetzung.[20] Bei

---

14 Ergänzend sei erwähnt, dass diese Entwicklung in Zusammenhang mit dem Aufkommen jener neueren, in sich überaus heterogenen kulturwissenschaftlich-kontextualisierenden Zugriffe steht, die seit einigen Jahren oftmals mit dem Etikett ›Literatur und Wissen‹ versehen werden und mittlerweile Handbuch-Status erlangt haben; siehe Roland Borgards / Harald Neumeyer / Nicolas Pethes / Yvonne Wübben (Hg.): Literatur und Wissen. Ein interdisziplinäres Handbuch, Stuttgart / Weimar 2013.

15 Siehe neben anderen etwa Dirk Hempel / Christine Künzel (Hg.): »Denn wovon lebt der Mensch?« Literatur und Wirtschaft, Frankfurt/M., Berlin, Bern u. a. 2009 sowie Franziska Schößler / Georg Mein (Hg.): Tauschprozesse. Kulturwissenschaftliche Verhandlungen des Ökonomischen, Bielefeld 2005.

16 Siehe etwa Franco Moretti: Der Bourgeois. Eine Schlüsselfigur der Moderne, aus d. Engl. v. Frank Jakubzik, Berlin 2014 sowie die Besprechung des Buchs in dem Artikel *Achtung, hier beginnt die bürgerliche Ruhezone* von Jürgen Kaube in der Literaturbeilage der *Frankfurter Allgemeinen Zeitung* Nr. 230 vom 4. 10. 2014, S. L17.

17 Siehe etwa Sandra Richter: Wirtschaftliches Wissen in der Literatur um 1900 und die Tragfähigkeit ökonomischer Interpretationsansätze, in: Tilmann Köppe (Hg.): Literatur und Wissen. Theoretisch-methodische Zugänge, Berlin / NY 2010, 214–238 sowie Rakow: Ökonomien des Realismus, a. a. O., 65–70, vgl. auch das Referat der Arbeit von Vogl 70–76.

18 Joseph Vogl: Kalkül und Leidenschaft. Poetik des ökonomischen Menschen, München 2002; Jochen Hörisch: Kopf oder Zahl. Die Poesie des Geldes, Frankfurt/M. 1996; Martha Woodmansee / Mark Osteen (Ed.): The New Economic Criticism. Studies at the Intersection of Literature and Economics, London / NY 1999.

19 Vgl. etwa Richard T. Gray: Money Matters. Economics and the German Cultural Imagination 1770–1850, Seattle / London 2008; Franziska Schößler: Börsenfieber und Kaufrausch. Ökonomie, Judentum und Weiblichkeit bei Theodor Fontane, Heinrich Mann, Thomas Mann, Arthur Schnitzler und Émile Zola, Bielefeld 2009; Uwe Lindemann: Das Warenhaus. Schauplatz der Moderne, Köln / Weimar / Wien 2015 sowie Nicole Mattern / Timo Rouget (Hg.): Der große Crash. Wirtschaftskrisen in Literatur und Film, Würzburg 2016.

20 Vgl. neben den genannten Arbeiten etwa noch Thomas Wegmann: Tauschverhältnisse. Zur Ökonomie des Literarischen und zum Ökonomischen in der Literatur von Gellert bis

aller Heterogenität des methodisch-theoretischen Zugriffs, des untersuchten Materials, des Umfangs und des wissenschaftlichen Erkenntnisgewinns haben die angeführten Arbeiten eines gemeinsam: Keine von ihnen beschäftigt sich mit der Ökonomie und ihrer Wissenschaft während ihrer Konstitutions- und Hochphase in jener Epoche, in der sich bekanntermaßen zugleich auch die bürgerliche Kultur und Literatur ausgeprägt haben.

Dieses Terrain wird erst in jüngster Zeit stärker bearbeitet. Es sind kürzlich Arbeiten zu »Wirtschaft in deutschen Entwicklungsromanen von Goethe bis Heinrich Mann«, zur »Literarischen Wirtschaftsanthropologie im 19. Jahrhundert«, zu »Ökonomien des Realismus« sowie zur »Beobachtung der Wirtschaft in G. Kellers Roman *Der grüne Heinrich*« erschienen.[21] Die vorliegende Untersuchung wird im Anschluss hieran das umrissene und tatsächlich sehr ›weite Feld‹ weiter bearbeiten. Das ist schon insofern notwendig, als sich die Studien von Bauer und Ritthaler tendenziell Teilaspekten eines größeren Gesamtkomplexes widmen und hierbei auch nur punktuell (Bauer) bzw. überhaupt nicht (Ritthaler) auf die Schriften der Nationalökonomen zurückgreifen. Dies haben die Arbeiten von Brock und Rakow in stärkerem Maße getan.[22] Die Untersuchung von Brock weist zwar auf die große Bedeutung der zeitgenössischen Volkswirtschaftslehre für die Literatur des Realismus hin, sie konzentriert sich hierbei allerdings auf einen einzigen – wenngleich auch sehr wichtigen – literarischen Text. Die Studie von Rakow weist eine ähnliche Tendenz auf, sofern ihr Schwerpunkt auf dem Roman und der ästhetischen Programmatik der 1850er und -60er Jahre liegt und sich hierin besonders auf den im engeren Sinne ›Poetischen Realismus‹ konzentriert. Die vorliegende Untersuchung ist darüber hinausgehend perspektivisch auf das Jahrhundertende hin angelegt und konzentriert sich etwas stärker auf die im letzten Jahrhundertdrittel einsetzenden literaturgeschichtlichen Modernisierungsprozesse der Zeit um 1900. Die folgenden Überlegungen werden die Arbeitshypothese und das Ergebnis der Studie von Rakow, dass sich die Erzählliteratur des Realismus in besonderer Weise durch einen »Ausschluss von nichtliterarischen Diskursen« auszeichne, ausdrücklich nicht teilen.[23] In kulturpoetischer Fragerichtung kommt Rakows Ar-

---

Goethe, Würzburg 2002 sowie Bernd Blaschke: Der homo oeconomicus und sein Kredit bei Musil, Joyce, Svevo, Unamuno und Céline, Paderborn 2004.

21 Eva Ritthaler: Ökonomische Bildung. Wirtschaft in deutschen Entwicklungsromanen von Goethe bis Heinrich Mann, Würzburg 2017; Bauer: Ökonomische Menschen, a. a. O.; Rakow: Ökonomien des Realismus, a. a. O. sowie Brock: Kunst der Ökonomie, a. a. O.

22 Siehe auch die Rezension von Sebastian Susteck: Christian Rakow: Die Ökonomien des Realismus, in: Jahrbuch der Raabe-Gesellschaft 55 (2014), 160–170.

23 Rakow: Ökonomien des Realismus, a. a. O., 44, vgl. 47, 439. Rakows Ausgangsthese – »Der deutsche Realismus immunisiert sich gegen die Diskursfülle seiner Zeit« (5) – ist im Blick auf andere einschlägige Arbeiten zum Thema irritierend: vgl. neben der instruktiven Arbeit von Brock: Kunst der Ökonomie, a. a. O. etwa die Studie von Wolfgang Rohe: Roman aus Dis-

beit lediglich zu dem wenig spezifischen Befund, dass die »realistische Literatur« und die »realistische Nationalökonomie« durch »Strukturgemeinsamkeiten« einer übergreifenden »realistische[n] Diskursivität« verbunden seien.[24] Im Anschluss hieran und darüber hinausgehend wird die vorliegende Arbeit nach den *funktionalen* Aspekten des Verhältnisses zwischen der Literatur des Realismus und der zeitgenössischen Nationalökonomie fragen. Es wird hierbei um die *spezifischen Funktionen und die besondere Bedeutung* der Nationalökonomie für die Erzählliteratur des Realismus gehen.

Inwiefern sind Nationalökonomie und Erzählliteratur funktional korreliert, inwiefern kommen ihnen je einzeln und gemeinsam Funktionen in Bezug auf Kultur und Gesellschaft zu? Es geht im Folgenden um die *literaturgeschichtliche* Fragestellung nach den möglichen Funktionen der Nationalökonomie für die Geschichte der Erzählliteratur zwischen 1850 und 1900. Vor diesem Hintergrund ist auch die Rede von »Vergemeinschaftung, Modernisierung und Verausgabung« zu verstehen: Die Begriffe sollen näherungsweise darauf hindeuten, dass das nationalökonomische Wissen und die Geschichte der Literatur eng ineinander verschränkt sind. Dieses literaturgeschichtliche Anliegen zielt darauf, die hermeneutisch-interpretativen Zugriffe auf die literarischen Werke in Bezug auf die Einzeltexte übergreifenden literaturgeschichtlichen Aussagen hin zu verdichten. Es ist hierfür ein flexibler und vielfältiger methodischer Zugriff vonnöten. Grundsätzlich verfährt die Arbeit diskursgeschichtlich in einem erweiterten Sinne.[25] Um den Blick auf das teils geradezu unbekannte historische Material und die innovativen Fragestellungen, die sich daraus ergeben können, nicht schon *vor* der Beobachtung zu stark einzuengen, wird auf eine durchgehend einheitliche Methodik allerdings bewusst verzichtet. Um der Komplexität des aspektreichen Themas und dem Prozess-Charakter der literaturgeschichtlichen Entwicklung über eine Spanne von etwa 50 Jahren gerecht zu werden, bedient sich die Untersuchung verschiedener, sich ergänzender Methoden. Da diese auch selbst immer an und mit einem bestimmten Untersuchungsbereich und konkretem historischem Material entstanden sind, und deshalb auch keine universelle Gültigkeit beanspruchen können, werden die methodischen Ansätze auch nicht jedes Mal eigens in ihrer Breite referiert. Sie werden dennoch mitgeführt und flexibel eingesetzt. So argumentieren etwa die Kapitel zur Charakteristik des nationalökonomischen Diskurses mit Rückgriff auf wissens- und kulturpoetische Ansätze.[26]

---

kursen. Gottfried Keller *Der grüne Heinrich* (erste Fassung 1854/55), München 1993, der die »Diskursfülle«, gegen die sich der »deutsche Realismus« laut Rakow angeblich »immunisier[e]« am Beispiel des *Grünen Heinrich* in sehr überzeugender Weise darlegt.

24 Rakow: Ökonomien des Realismus, a. a. O., 209, vgl. 6, 85.

25 Vgl. die Beiträge in Jürgen Fohrmann / Harro Müller (Hg.): Diskurstheorien und Literaturwissenschaft, Frankfurt/M. 1988.

26 Vgl. etwa Joseph Vogl (Hg.): Poetologien des Wissens um 1800, München 1999, bes. die von Vogl verfasste Einleitung, 7–16; Baßler: Die kulturpoetische Funktion und das Archiv, a. a. O.

Verbunden werden diese Ausführungen zur tendenziell ›poetischen‹ Verfasstheit der Nationalökonomie mit dem Hinweis auf ihre Narrativität, die anhand von narratologischen Begrifflichkeiten beschrieben wird.[27] In der Zeit zwischen Romantik und Realismus (Vormärz, Junges Deutschland, Frührealismus) verändert sich die Rolle der Literatur in Bezug auf die nun entstehende moderne Gesellschaft allerdings noch einmal. Um den *spezifischen Funktionen der Literatur* gerecht zu werden, die für ihr Verständnis im bürgerlichen Zeitalter von großer Bedeutung sind, wurden deshalb auch methodische Ansätze bemüht, die sich dem Verhältnis von Literatur und ihren Kontexten mit einem entsprechenden funktionalistischen Interesse widmen – so etwa die Schlagwortforschung oder die Interdiskursanalyse.[28] Auch im Blick auf das Verhältnis von ›Literatur und Wissen‹ kann die Untersuchung auf methodische Vorarbeiten und ein entsprechendes Problembewusstsein zurückgreifen;[29] Wissen wird im folgenden in einem erweiterten Sinne als »kulturelles Wissen« verstanden.[30] Methodisch und argumentativ orientiert sich die Arbeit sodann – zumeist implizit – an der kultur- und sozialgeschichtlich orientierten Literaturwissenschaft. Sie geht im Anschluss daran davon aus, dass die Literatur des Bürgerlichen Realismus sich besonders dadurch auszeichnet, eine »Vermittlungsinstanz« bürgerlicher Kultur und Werte zu sein und also eine wichtige Funktion für die Entstehung und Stabilisierung der bürgerlichen Identität im 19. Jahrhundert hat.[31] Der Anteil des nationalökonomischen Wissens an diesem Sinn der Literatur ist, so wird sich zeigen, erheblich, und bislang noch nicht hinreichend beschrieben worden.[32]

---

27 Matías Martínez / Michael Scheffel: Einführung in die Erzähltheorie, 9., erw. u. aktualis. Aufl., München 2012; Wolf Schmid: Elemente der Narratologie, 3., erw. u. überarb. Aufl., Berlin, Boston 2014.
28 Vgl. Wulf Wülfing: Schlagworte des Jungen Deutschland. Mit einer Einführung in die Schlagwortforschung, Berlin 1982; Jürgen Link: Literaturanalyse als Interdiskursanalyse. Am Beispiel des Ursprungs literarischer Symbolik in der Kollektivsymbolik, in: Fohrmann / Müller (Hg.): Diskurstheorien und Literaturwissenschaft, a. a. O., 284–307.
29 Vgl. etwa den sehr instruktiven Aufsatz von Olav Krämer: Intention, Korrelation, Zirkulation. Zu verschiedenen Konzeptionen der Beziehung zwischen Literatur, Wissenschaft und Wissen, in: Tilmann Köppe (Hg.): Literatur und Wissen. Theoretisch-methodische Zugänge, Berlin / NY 2011, 77–115.
30 Vgl. Michael Titzmann: Strukturale Textanalyse. Theorie und Praxis der Interpretation, 3., unveränderte Aufl., München 1993, 263 ff. sowie Christine Maillard / Michael Titzmann: Vorstellung eines Forschungsprojekts »Literatur und Wissen(schaften) in der Frühen Moderne«, in: Dies. (Hg.): Literatur und Wissen(schaften) 1890–1935, Stuttgart / Weimar 2002, 7–39.
31 Becker: Bürgerlicher Realismus, a. a. O., 48 ff.
32 Teile der folgenden Untersuchung sind in umgearbeiteter Form bereits erschienen: Matthias Agethen: Angeeignete Konzepte. Wilhelm Scherers *Poetik* (1888) und die Wirtschaftstheorie der Zeit, in: Internationales Archiv für Sozialgeschichte der deutschen Literatur 41 (2016), H. 1, 122–145 sowie M. A.: Die Produktivität der Krise. Literarische Inszenierungen der Gründerzeit – Nationalökonomisches Wissen bei Friedrich Spielhagen und Wilhelm Raabe, in: Mattern / Rouget (Hg.): Wirtschaftskrisen in Literatur und Film, a. a. O., 129–154.

2. Die Nationalökonomie und ihre Sprache – Narrativität, Vergemeinschaftung, Interdiskurs

2.1. Wissenschaftliches Erzählen – Die textuelle Herstellung der *Wertegemeinschaft*

Wenn sich im ersten Drittel des 19. Jahrhunderts auf dem Gebiet des späteren Deutschen Reichs eine Wissenschaft des Ökonomischen gründet, dann hat dies Voraussetzungen. Die Entstehung der Nationalökonomie steht ganz im Zeichen eines langschattigen staatswissenschaftlich-kameralistischen Erbes einerseits und ganz im Zeichen eines gelehrten philosophischen Diskurses andererseits. Dieser zeigt sich im Fortwirken der Hegelschen Geschichtsphilosophie[1] ebenso wie im Fortwirken von Vorstellungen aus dem Gebiet der romantischen Staats- und Wirtschaftslehre.[2] Hier ist der Grund für die historische Ausrichtung der Volkswirtschaftslehre in Deutschland zu suchen. Ihr Gegenstand ist das Gewordensein des Ökonomischen, seine Genese. Mit Blick auf die Konstituierung dieses Gegenstands ergibt sich die Notwendigkeit der Konstruktion von Darstellungs-Modellen und -Formen, die seiner historisch-genetischen Prozess-Logik entsprechen. Die deutsche Wirtschaftstheorie des 19. Jahrhunderts kann insofern als *erzählende Theorie* begriffen werden, als sie in der Hervorbringung und Konturierung ihres Untersuchungsgegenstandes – der modernen Ökonomie und ihrer historischen Entwicklung – genetisch auf Formen narrativer Textstrategien und erzählerischer Techniken verwiesen ist. Es geht ihr um die wissenschaftliche Rekonstruktion eines Prozesses kultureller und zivilisatorischer Entwicklung, dessen Beginn in einer vormodernen Epoche archaischer Sozialstrukturen und undifferenzierter ökonomischer Aktivität angesiedelt ist und an dessen historischem Endpunkt der moderne Kapitalismus der eigenen Zeit steht. Der geschichtliche Prozess ist also einerseits *phänomenal* ihr *Objekt*.

---

1 Vgl. zu den hier wichtigen ›proto-soziologischen‹ Vorstellungen bei Hegel Charles Taylor: Hegel, übers. v. Gerhard Fehn, 5. Aufl., Frankfurt/M. 2006, bes. 477 ff.
2 Siehe bspw. Adam Heinrich Müller: Die Elemente der Staatskunst, Hildesheim u. a. 2006 [= ND d. Ausg. Leipzig, Berlin 1809].

Andererseits ist dieses Beobachtungsobjekt – das Gewordensein der modernen Ökonomie – als *Prozess* darstellungstechnisch und darstellungslogisch zwingend auf narrativ-sequenzierende Verfahren angewiesen. Die Nationalökonomie *muss* erzählen:[3] Das Gerüst ihrer Erzählung bildet ein narratives Modell, das die Geschichte ökonomischer Entwicklung als Abfolge historischer Wirtschaftsstufen beschreibt. Dies bildet ein wichtiges Charakteristikum der Disziplin zwischen ihrem Entstehen und dem Zeitpunkt ihrer Verausgabung um das Jahr 1900. Eine frühe Station auf dem Weg seiner Etablierung nimmt Friedrich Lists Schrift *Das politische System der nationalen Ökonomie* von 1841 ein:

> In Beziehung auf die nationalökonomische Ausbildung sind folgende *Hauptentwicklungsgrade* der Nationen anzunehmen: *wilder Zustand, Hirtenstand, Agrikulturstand, Agrikultur-Manufakturstand, Agrikultur-Manufaktur-Handelsstand.*[4]

In der Einteilung der ökonomischen Geschichte in verschiedene »Hauptentwicklungsgrade« wird eine theoretische Tradition der Nationalökonomie begründet, die den historischen Wandel ökonomischer Entwicklung in den Blick nimmt. Notwendigerweise ist damit zugleich auch eine Darstellungstradition begründet, die das ökonomische Geschehen als einen Prozess versprachlicht, der sich über Stufen bzw. Entwicklungsgrade als Abfolge von ökonomischen Zuständen in der Zeit beschreiben lässt. Die zu Grunde liegende konzeptuelle Entscheidung, moderne Ökonomie – in Lists Falle ist das der frühe Industrialismus –[5] als das Ende einer historischen Entwicklung zu beschreiben, die über einen Anfang (»wilder Zustand«), eine Mitte (Zustand der Agrikultur) und ein Ende (moderner Manufaktur- und Handelsstand) verfügt, ist notwendig mit einem dieser sequenziellen Struktur entsprechenden Darstellungsmodus verknüpft und zudem gebunden an Formentscheidungen auf der Ebene sprachlicher Darstellung und Konstruktion. Auch wenn dies kein abstraktes Kriterium für Narrativität im engeren Sinne ist,[6] so ist doch die Vermittlung einer Erzählung nicht denkbar ohne den konkreten Tonfall einer artikulierenden Instanz, die sprachliches Material auswählt, anordnet, strukturiert und insofern not-

---

3 Vgl. dazu Hayden White: Metahistory. The historical imagination in nineteenth-century Europe. Baltimore 1973; Eckhard Keßler: Das rhetorische Modell der Historiographie, in: Reinhart Koselleck / Heinrich Lutz / Jörn Rüsen (Hg.): Formen der Geschichtsschreibung. München 1982, 37–85 sowie den Band von Jürgen Kocka / Thomas Nipperdey (Hg.): Theorie und Erzählung in der Geschichte, München 1979.

4 Friedrich List: Das nationale System der politischen Ökonomie, Volksausgabe auf Grund der Ausgabe letzter Hand [1841] und Randnotizen in Lists Handexemplar, hrsg. u. eingeleitet v. Artur Sommer, Tübingen 1959, 39. Hervorhebungen hier und in allen folgenden Zitaten, sofern nicht anders gekennzeichnet, im Original.

5 Siehe zu dieser frühen Phase etwa Dieter Ziegler: Die Industrielle Revolution, 3. , bibliogr. aktualis. Aufl., Darmstadt 2012, 13–50.

6 Siehe zu den definitorischen Minimalbestimmungen von Erzählungen Wolf Schmid: Elemente der Narratologie, 3., erw. u. überarb. Aufl., Berlin / Boston 2014, 1–11.

wendigerweise gestaltet. Bei List zeigen sich derartige Gestaltungen, die den propositionalen Gehalt dessen, was sie beschreiben, deutlich übersteigen, etwa in der kontrastiven Differenzierung von einzelnen Wirtschaftsstufen. Setzt er zunächst das Nomadenleben der dunklen Vorzeit von der beginnenden Zivilisierung im Ackerbau-Zeitalter ab,[7] so wird auch dieses durch die Suggestionen einer durch und durch ›gemachten‹ Sprache zum bloßen Vorstadium des modernen Industrie- und Handelsstaates:

> Die Manufakturen und Fabriken sind die Mütter und die Kinder der bürgerlichen Freiheit, der Aufklärung, der Künste und Wissenschaften, des innern und äußern Handels [...], der Zivilisation und der politischen Macht. Sie sind ein Hauptmittel, den Ackerbau von seinen Fesseln zu befreien und ihn zu einem Gewerbe, zu einer Kunst, zu einer Wissenschaft zu erheben [...] und dem Grund und Boden Wert zu geben.[8]

Die Geschichte von dem Gewordensein der eigenen ökonomischen Gegenwart wird erst durch das sprachliche Pathos seiner Darstellung zu einer Erfolgsgeschichte, die des Erzählens tatsächlich würdig ist. Die Anfänge der Industrialisierung werden ausgiebig sprachlich idealisiert, indem das industrielle Zeitalter mit Begriffen des kulturellen Fortschritts und der Zivilisation belegt wird (»Freiheit«, »Aufklärung«, »Wissenschaft« u.a.), spezifische Metaphern gebraucht werden (»Mütter und Kinder der bürgerlichen Freiheit«, »Fesseln des Ackerbaus«) und weitere sprachliche Markierungen in Bezug auf die Gegenstandskonstitution funktional werden (Suggestion des Fortschreitens durch Reihungsstil).

Das entsprechende Stufenmodell, das bei List noch ganz im Zeichen eines ungetrübten liberalistischen Fortschrittsoptimismus steht, ist in der Folge konstitutiv für das Denken der Hauptvertreter der Älteren Historischen Schule der Nationalökonomie: Wilhelm Roscher, Bruno Hildebrand und Karl Knies. Vor allem findet es sich dort in Roschers *System der Volkswirthschaft*,[9] das ab 1854 erscheint sowie auch in den Schriften verwandter Denker und Disziplinen der Zeit.[10] Um die Mitte des 19. Jahrhunderts wird also ganz offensichtlich ein Narrativ ökonomischer Entwicklung etabliert,[11] das einem Verlauf folgt, dessen

---

7 List: Das nationale System, a.a.O., 150.
8 Ebd., 150, vgl. 191.
9 Siehe Wilhelm Roscher: Nationalökonomik des Ackerbaues und der verwandten Urproductionen. Ein Hand- und Lesebuch für Staats- und Landwirthe [1859], 3., verm. u. verb. Aufl., Stuttgart 1861 [= Roscher: System der Volkswirtschaft, Bd. 2]; Ders.: Nationalökonomik des Handels und Gewerbefleißes. Ein Hand- und Lesebuch für Geschäftsmänner und Studierende [1881], 2., unveränd. Aufl., Stuttgart 1881 [= Roscher: System der Volkswirtschaft, Bd. 3].
10 So etwa bei Otto von Gierke: Das deutsche Genossenschaftsrecht, 4 Bde., Berlin 1868, 1873, 1881, 1913.
11 Unter *Narrativ* soll hier narratologisch eine systematisch zwischen (abstrakter) Geschichte (*histoire*) und (konkreter) Erzählung angesiedelte mittlere Abstraktionsebene verstanden

Anfang, Mitte und Schluss markiert sind und insofern einer ›Dramaturgie‹ von Beginn, Aufstieg und Höhepunkt folgt und darin allerdings auch schon ein mögliches bzw. erzähllogisch gar notwendiges Ende vorsieht. Dieses stufenlogische Erzählschema der ökonomischen Entwicklung wird auch von der Jüngeren Historischen Schule der Nationalökonomie (Gustav Schmoller, Karl Bücher, Adolph Wagner, Lujo Brentano u. a.) übernommen, fortgeschrieben, variiert und erweitert.[12] Im Jahr 1904 heißt es im zweiten Band von Schmollers *Grundriß der Allgemeinen Volkswirtschaftslehre* über »Aufsteigen, Blüte und Verfall« der »Menschheit und der einzelnen Völker« etwa:

> Um den Entwickelungsgang des volkswirtschaftlichen Lebens und seine Formen im ganzen zu erklären, hatten wir uns also eine Vorstellung davon zu machen, wie das menschliche Gesellschaftsleben sich überhaupt von Horde zum Stamm, dann zu Stammesbündnissen und Eroberungsreichen, weiterhin von Stadt- und Klein- zum Mittel- oder Territorialstaat, von diesem zum neueren Nationalstaat, endlich zu den modernen Riesenreichen und der Weltwirtschaft entwickelte.[13]

Im Jahr 1893 legt Bücher eine 500 Seiten starke Arbeit über *Die Entstehung der Volkswirtschaft* vor. Sie legt genau wie Schmollers Schrift Zeugnis ab von der Wirkmächtigkeit der einmal eingeschlagenen historisch-genetischen Ausrichtung der Wissenschaft und dem *Erzählzwang*, der sich daraus ergeben hatte und sich immer wieder neu ergibt. Bereits ein Blick in das Inhaltsverzeichnis gibt Aufschluss darüber, worin die merkwürdige Kontinuität zwischen Früh- und Spätphase der Nationalökonomie in Deutschland besteht: Lange Kapitel über den »wirtschaftlichen Urzustand«, über die »Wirtschaft der Naturvölker« und über die titelgebende »Entstehung der Volkswirtschaft« belegen die narrative Verfasstheit dieses Wissens ebenso wie seine disziplingeschichtliche Traditionsbindung:[14] Auch die Jüngere Historische Schule ist in der Darstellung der

---

sein, auf der narratives Material bereits zu einem zeitlich strukturierten Verlaufssinn geordnet ist, ohne jedoch die konkrete erzählerische Ausgestaltung (*discours*) festzulegen. Vgl. auch Martínez / Michael: Einführung Erzähltheorie, a. a. O., 22–28.

12 Siehe grundlegend zur Tradition einer historisch argumentierenden Wirtschaftswissenschaft, die die Ältere und die Jüngere Historische Schule der Nationalökonomie bilden Heinz Rieter: Historische Schulen, in: Ottmar Issing (Hg.): Geschichte der Nationalökonomie, 4., überarb. u. erg. Aufl., München 2002, 131–168.

13 Gustav Schmoller: Grundriß der Allgemeinen Volkswirtschaftslehre. Zweiter Teil. Verkehr, Handel und Geldwesen. Wert und Preis. Kapital und Arbeit. Einkommen, Krisen, Klassenkämpfe, Handelspolitik. Historische Gesamtentwickelung, Leipzig 1904, 652–679, 666.

14 Als neues Kapitel geht dann bei Bücher das Kapitel über den »Niedergang des Handwerks« aus den vorhergehenden Kapiteln hervor; siehe Karl Bücher: Die Entstehung der Volkswirtschaft. Vorträge und Versuche [1893], 3., vermehrte und verbesserte Auflage, Tübingen 1901, 215–248. Die Geschichte vom Untergang des Handwerks ist ein Moment, welches die Ältere Historische Schule von der Jüngeren Historischen Schule trennt. Wie noch gezeigt werden wird, wird diese Geschichte noch eine wichtige Rolle im letzten Drittel des 19. Jahrhunderts spielen.

»Entwicklungsphasen«, durch welche »die Wirtschaft der Kulturvölker hindurch gegangen ist, ehe sie die Gestalt der heutigen Volkswirtschaft angenommen hat«,[15] auf Erzählen und sprachliche Ausgestaltung verwiesen: Der Ursprung der »heutigen Volkswirtschaft« wird imaginiert als »*Stufe der geschlossenen Hauswirtschaft*«, die am Übergang zwischen »wildem« Zustand des archaischen Nomadentums und dem Zeitalter der Siedlung und des Ackerbaus in germanischer Vorzeit angesiedelt ist. Die Wirtschaft des *oikos*[16] zeichnet sich durch engste familiäre Bindungen und die ungeteilte Identität von sozialer und ökonomischer Gemeinschaft unter dem Dach des »ganzen Hauses« aus:

> *Die Stufe der geschlossenen Hauswirtschaft* kennzeichnet sich [...] dadurch, daß der ganze Kreislauf der Wirtschaft von der Produktion bis zur Konsumtion sich im geschlossenen Kreise des Hauses (der Familie, des Geschlechts) vollzieht [...]. Der Erwerb jeder gemeinsam wirtschaftenden Menschengruppe ist eins mit dem Produkt ihrer Arbeit, und dieses ist wieder eins mit ihrer Bedarfsdeckung, ihrem Konsum. Der *Tausch* ist ursprünglich ganz unbekannt. Der primitive Mensch, weit entfernt, eine angeborene Neigung zum Tauschen zu besitzen, hat im Gegenteile eine *Abneigung* gegen dasselbe. Tauschen und täuschen ist in der älteren Sprache eins. [...] Außerdem ist das Arbeitsprodukt sozusagen ein Teil des Menschen, der es erzeugt hat. [...] Eine solche autonome Wirtschaft ist zunächst abhängig von dem Boden, über den sie verfügt.[17]

Aus diesen archaisch-vorzeitlichen Formen der Haus- und Bedarfswirtschaft, die sich, so die narrative Suggestion, durch ein ›gesundes‹ Patriarchat, durch allumfassende Identität und Gemeinschaft und durch die Abwesenheit von Tausch, Geld oder Konkurrenz auszeichnen, entwickele sich im Laufe der Jahrhunderte organisch die frühmittelalterliche Fronhofswirtschaft.[18] Hieraus, so der Fortgang der Narration, wachse die »*Stufe der Stadtwirtschaft*« des Mittelalters hervor, die durch die zunehmende Trennung von Produktion und

---

15 Bücher: Entstehung der Volkswirtschaft, a. a. O., 102.
16 Bücher greift hier auf das Konzept der *Oiken*-Wirtschaft zurück, das Karl Rodbertus in den 1860er Jahren in einer Reihe von Aufsätzen in den *Jahrbüchern für Nationalökonomie und Statistik* im Rückgriff auf Aristoteles entwickelt hatte. Siehe Johann Karl Rodbertus: Untersuchungen auf dem Gebiete der Nationalökonomie des klassischen Altertums II. Zur Geschichte der römischen Tributsteuern seit Augustus. Teil 1 und 2, in: Ders.: Gesammelte Werke und Briefe, hrsg. v. Thilo Ramm, Abt. III: Zur Wirtschaftsgeschichte, Osnabrück 1971, 67–155, besonders 72–84. Eng damit zusammen hängt auch Riehls Rede vom »Ganzen Haus«, siehe Kapitel *Das ganze Haus* in Wilhelm Heinrich Riehl: Die Naturgeschichte des Volkes als Grundlage einer deutschen Social-Politik. Bd. 3: Die Familie [1855], 3., unveränd. Aufl., Stuttgart 1861, 177–202; s. auch Rudolf Henning: Die deutschen Haustypen. Nachträgliche Bemerkungen, Strassburg 1886; vgl. zu diesen Zusammenhängen auch Otto Brunner: Das »ganze Haus« und die alteuropäische »Ökonomik«, in: Ders. (Hg.): Neue Wege der Verfassungs- und Sozialgeschichte, 3. Aufl., Göttingen 1980, 103–127.
17 Bücher: Entstehung der Volkswirtschaft, a. a. O., 108f.
18 Ebd., 121–123.

Konsumtion, durch die Organisation des Handwerks in Zünften und Genossenschaften sowie durch das Entstehen einer städtischen Tauschwirtschaft gekennzeichnet sei. Von Bücher wird sie bezeichnenderweise an den mittelalterlichen Städten des »alten deutschen Reiches« exemplifiziert:[19]

> War ein Gewerbe in der Stadt nicht vertreten, das seinen Mann dort hätte nähren können, so berief der Rat einen geschickten Meister von außen und bewog ihn durch Steuererlaß und andere Vorteile zur Ansiedelung. Brauchte er größeres Anlagekapital, so trat die Stadt selbst ins Mittel, baute Werkstätten und Verkaufsläden und legte Mühlen, Schleifwerke, Tuchrahmen, Bleichen, Färbehäuser, Walkmühlen u. dgl. auf ihre Kosten an – alles in der Absicht, möglichste Vielseitigkeit der Bedürfnisbefriedigung durch einheimische Produktion zu gewährleisten.[20]

Durch rhetorische Besonderheiten (Inversion der Syntax, Reihungsstil, elliptischer Satzbau) wird ein suggestives Bild städtischen Lebens entworfen, das sich durch Fortschritt, Tätigkeit, Fleiß und Geschäftigkeit auszeichnet. Bildlich wird die kluge Wirtschaftspolitik der deutschen Stadt erzählt. Zugleich zeigt sich schon hier ein normatives Moment, das aus der Erzählung hervorgeht bzw. sich aus ihr ableiten lässt: Das Ökonomische (hier: der Markt der mittelalterlichen Stadt) ist nicht sich selbst überlassen, sondern steht ganz im Wirkungskreis politischer Regulierung und Maßnahmen. Ziel- und Endpunkt des ökonomischen Modernisierungsprozesses ist die »*Stufe der Volkswirtschaft*« mit industrieller Warenproduktion, über-nationalem Güterverkehr, Arbeitsteilung, Kreditwesen und nationalstaatlicher Wirtschaftspolitik:

> Einzelne Städte beginnen aus der gleichartigen Masse der mittelalterlichen Markt- und Handwerkerstädte sich als Mittelpunkte der Staatsverwaltung oder als Handelsplätze zu erheben […]. Überall neue Organisationen, welche darauf berechnet sind, die wirtschaftlichen Bedürfnisse Vieler zu befriedigen: eine nationale Industrie, ein nationaler Markt, nationale Verkehrsanstalten; überall das kapitalistische Unternehmungsprinzip des Handels.[21]

Die Volkswirtschaft ist also nicht nur – phänomenal – der Endpunkt eines organisch gewachsenen Gebildes, sie ist zugleich auch die – narrative – *conclusio* ihrer eigenen Ursprungserzählung. Anhand einer Reihe suggestiver Wendungen (»beginnen«, »entstehen«, »erheben«, »überall«, »neue«) und ihrer Darbietung im erzählerischen Präsens wird sie unmittelbar vor Augen geführt. In dieser Ätiologie der Moderne ist das »kapitalistische Unternehmungsprinzip« ganz aufgehoben in den Instituten der Volkswirtschaft: in »Staatsverwaltung«, in »nationaler Industrie«, »nationalem Markt« und »nationalen Verkehrsanstalten«.

---

19 Ebd., 141.
20 Ebd., 143.
21 Ebd., 161.

Gegenstand und Gegenstands-Konstitution bzw. -darstellung sind im Falle der Nationalökonomie also auf eigenartige Weise ineinander verschränkt. In dem fortwährenden Wieder- und Neuerzählen ihrer Geschichte spricht sich nicht nur die enorme kontinuierende und traditionsbildende Bindekraft ihres Wissens aus. Vielmehr wird darin auch ihr Ende um 1900 noch als ein Prozess produktiver Verausgabung sichtbar, blickt man etwa auf die letzte Stufen-Erzählung dieser Tradition: Auch Werner Sombarts groß angelegte Studie *Der moderne Kapitalismus* wird die »Genesis« desselben anhand von einem narrativen Stufenmodell entfalten.[22] In den Hinweisen auf die historisch-genetische und also: zwingend narrative Richtung, die das ökonomische Denken in Deutschland, wie bemerkt: im Anschluss an spezifisch deutsche Denktraditionen,[23] einschlägt, ist bereits seine charakteristische Differenz zur Klassischen Ökonomie der Nachbarländer angedeutet.

Diese Differenz wird noch deutlicher, blickt man auf die eigensinnige Verschränkung von *Wirtschaft und Kultur*, wie sie von der deutschen Nationalökonomie hervorgebracht wird. In einer wichtigen nationalökonomischen Programmschrift der 1850er Jahre heißt es:

Auch die wirthschaftlichen Zustände und Entwicklungen der Völker dürfen nur als ein mit dem gesammten Lebensorganismus derselben eng verbundenes Glied angesehen werden. Die Volks*wirthschaft* ist in der Wirklichkeit nichts Isolirtes, in sich Verselbstständigtes, für sich Eigenthümliches, sie ist nur die ökonomische Seite des einheitlichen Volkslebens, es handelt sich immer um dasselbe Volk, hier nur in seiner wirthschaftlichen Tätigkeit, deren Art und Charakter, deren Zustand und Wandelung unter dem Einflusse des einheitlichen Springquelles für das gesammte Volksleben und im verwandten Zusammenhange mit allen Thätigkeitsäußerungen desselben steht, mit ihnen sich einheitlich entwickelt und wandelt.[24]

Das Ökonomische ist in dieser Perspektive untrennbar mit anderen Bereichen des Lebens verbunden. Wirtschaft und Kultur haben ihren Ursprung in denselben »Elementarfactoren«, sie

bilden zusammen und insgemein ein Ganzes, das sich zusammen und insgemein weiter bildet und entwickelt. Alle [...] Manifestationen des Lebens führen auf den einheitli-

---

22 Werner Sombart: Der moderne Kapitalismus, 3 Bde., Leipzig 1902/1927; siehe bes. Bd. 1: Die Genesis des Kapitalismus, Leipzig 1902; vgl. auch Ders.: Die deutsche Volkswirtschaft im 19. Jahrhundert, Berlin 1903 und Ders.: Studien zur Entwicklungsgeschichte des modernen Kapitalismus, 2 Bde., Leipzig 1913.

23 Vgl. auch Birger P. Priddat: Produktive Kraft, sittliche Ordnung und geistige Macht: Denkstile der deutschen Nationalökonomie im 18. und 19. Jahrhundert, Marburg 1998 sowie Gottfried Eisermann: Die Grundlagen des Historismus in der deutschen Nationalökonomie. Stuttgart 1956, 98–118.

24 Karl Knies: Die politische Oekonomie vom Standpunkt der geschichtlichen Methode, Braunschweig 1853, 110.

chen Charakter einer Zeit und eines Volkes zurück, aus welchem sich nichts Vereinzeltes herausreißen und nichts disparat gegenüberstellen läßt.[25]

Schon bei List hatte es in gleicher Weise geheißen:

> Noch überall hat die Bildung der Nationalsprache und der Literatur, haben die bildenden Künste und die Vervollkommnung der bürgerlichen Anstalten mit der Entwicklung der Manufakturen und des Handels gleichen Schritt gehalten.[26]

Und auch bei Bruno Hildebrand heißt es über das Institut des Privateigentums, welches die Grundlage von Ökonomie im modernen (kapitalistischen) Sinne bildet:

> Erst das Eigentum ist neben der Sprache der mächtigste Hebel der Entwicklung des menschlichen Geistes geworden. In ihm offenbart sich die individuelle Ideenwelt durch die Tat wie in der Sprache durch das Wort. Durch dasselbe treten die Handlungen der einzelnen Persönlichkeiten in gegenseitige Berührung und Austausch, und die Geschichte des Eigentums eines Volkes ist gleichsam die Literaturgeschichte seiner Handlungen [...] Die menschliche Gesellschaft würde ohne Privateigentum eine leblose, gleichartige Menge ohne individuelle Mannigfaltigkeit, ohne Kultur und ohne Entwicklung geblieben sein.[27]

Die Nationalökonomie ist also seit ihren frühesten Tagen ganz entschieden nicht nur Theorie über das Ökonomische im engeren Sinne. Sie gründet sich vielmehr, wie die Zitate zeigen, als eine universalistische Wissenschaft, in welcher Wirtschaft und Kultur – »Volksleben«, »menschliche Gesellschaft« – eine Einheit bilden.[28] Die Nationalökonomen gehen davon aus, dass eine »Analogie« besteht zwischen der »Volkswirthschaft« und dem »nationale[n] Gesammtleben«.[29] Diese Grundannahme, dass wirtschaftliches Handeln sich niemals außerhalb des Sozialen und der Kultur vollzogen hat und sich deshalb auch nicht ohne Bezug darauf beobachten lässt, bildet das Grundargument einer spezifisch deutschen Variante des ökonomischen Denkens. Es bildet bekanntermaßen auch das Fundament des Historischen Materialismus bei Marx:

---

25 Ebd., 114.
26 List: Das nationale System, a.a.O., 200.
27 Bruno Hildebrand: Die Nationalökonomie der Gegenwart und Zukunft und andere gesammelte Schriften [1848], hrsg. u. eingel. v. Hans Gehrig, Jena 1922, 198. Folgt man Otto von Gierke: Das deutsche Genossenschaftsrecht. Erster Band: Rechtsgeschichte der deutschen Genossenschaft, Graz 1954 [= ND der Erstausg. Berlin 1868], 4, so steht auch das Rechtsleben in einem »unlöslichen[n] Zusammenhang« mit dem »gesammten Kulturleben«.
28 Vgl. auch die Beobachtungen von Brock: Kunst der Ökonomie, a.a.O., 25–48, bes. 40f.
29 Knies: politische Oekonomie, a.a.O., 110; vgl. auch Roscher: Nationalökonomik des Handels und Gewerbefleißes, a.a.O., 57.

Wenn also von Production die Rede ist, ist immer die Rede von Production auf einer bestimmten gesellschaftlichen Entwicklungsstufe – von der Production gesellschaftlicher Individuen.[30]

Durch die einflussreichen Schriften der Vertreter der Jüngeren Historischen Schule wird der Zusammenhang von Wirtschafts- und Sozial- bzw. Kulturleben immer wieder aktualisiert.[31] Bei Adolph Wagner heißt es in einer Schrift, die bezeichnenderweise nichts weniger als eine Neubearbeitung eines Gründungstextes der Disziplin ist,[32] dass die »*Verschiedenheit der einzelnen Entwicklungsstufen der einzelnen Volkswirthschaften*« nicht zu trennen sei vom Stand ihrer »*Cultur und Bildung*«.[33] Das Bewusstsein vom Zusammenhang zwischen ökonomischem Fortschritt und kultureller Blüte spricht sich auch noch in den Schriften jener Ökonomen aus, die den Programmen der historisch-kulturellen (Historische Schulen) und ›sozialistischen‹ (Marx) Bettung des Ökonomischen denkbar fern stehen. Auch bei dem ›Neoklassiker‹ Carl Menger heißt es, dass es wirtschaftliche Aktivitäten waren, welche die »Menschen aus dem Zustande der Rohheit und des tiefsten Elendes emporgeführt« haben zu der »gegenwärtigen Stufe ihrer Cultur und Wohlfahrt«.[34] Bis um 1900 bildet die Analogie beharrlich ein bzw. *das* konstitutive Argument der Nationalökonomie: Der Unterschied zwischen den »Kulturvölker[n]« und den »kulturarme[n] Völker[n]« ist in diesem Denken ein Unterschied ihres ökonomischen Erfolgs; die deutsche Volkswirtschaft des ausgehenden 19. Jahrhunderts ist das »Ergebnis der gesamten hinter uns liegenden Kulturentwicklung«.[35] Schmoller behandelt ausdrücklich die »wirtschaftliche *und allgemeine* Entwicklung«: Der ökonomische

---

30　Karl Marx: Ökonomische Manuskripte 1857/58, in: Karl Marx / Friedrich Engels Gesamtausgabe (MEGA), hrsg. v. Institut für Marxismus-Leninismus beim Zentralkomitee der Kommunistischen Partei der Sowjetunion und vom Institut für Marxismus-Leninismus beim Zentralkomitee der Sozialistischen Einheitspartei Deutschlands, zweite Abteilung: »Das Kapital« und Vorarbeiten, Berlin 1976, 22.

31　Zum Verhältnis der Historischen Schulen und Marx ist anzumerken, dass sich beide – im Rückgriff auf die Hegel'sche Geschichtsphilosophie – in ihrem ›sozialistischen‹ Geschichtsdenken überschneiden: In ihrer Vorstellung, der geschichtliche Prozess vollziehe sich als Modernisierungsprozess, in welchem die Zunahme von Freiheit und die Zunahme von Gesellschaft / Vergesellschaftung sich wechselseitig bedingten, beziehen sie eine Frontstellung gegen den individualistischen Freiheitsbegriff der Klassischen Ökonomie.

32　Und insofern nochmals Zeugnis ablegt vom kontinuierenden und traditionsstiftenden Sinn des nationalökonomischen Wissens.

33　Adolph Wagner: Allgemeine oder theoretische Volkswirtschaftslehre. Mit Benutzung von Rau's Grundsätzen der Volkswirthschaftslehre, Leipzig / Heidelberg 1876 [zugl. u. d. Titel Rau, Karl Heinrich: Lehrbuch der politischen Oekonomie, Bd. 1, vollst. neu bearb. v. Adolph Wagner u. Erwin Nasse, Leipzig / Heidelberg 1876], 65.

34　Carl Menger: Grundsätze der Volkswirtschaftslehre, hrsg. m. e. Einleitung u. e. Schriftenverz. v. Friedrich August von Hayek, Nachdruck d. Ausg. Wien 1871, Tübingen 1968, 29.

35　Bücher: Entstehung der Volkswirtschaft, a.a.O., 101, 103.

Prozess ist also von einer angenommenen »Gesamtentwicklung« nicht zu trennen:

> Wir sehen aber [...], daß dieser nie ein bloß wirtschaftlicher ist, daß der wirtschaft-
> liche aufs engste mit den Fortschritten auf den übrigen Gebieten des Lebens zusam-
> menhänge. Und so weit die einzelnen Völker als Glieder der Gesamtentwicklung in
> Betracht kommen, soweit sie aufsteigen, blühen und wieder verfallen, glauben wir zu
> beobachten, daß ihre gesamten körperlichen und geistig-moralischen Eigenschaften
> dies bedingen. Wir sehen, daß kein Volk mächtig und reich wurde, dessen Moral,
> Religion, Recht und Verfassung tiefstehend war, daß höhere Kunst und Wissenschaft
> immer mit der Blüte anderer Seiten der Kultur verknüpft war.[36]

Die augenfällige Verbindung von Wirtschaft und Kultur, welche von den Ökonomen des 19. Jahrhunderts hervorgebracht und fortwährend vermittelt wird,
findet sich ganz explizit auch noch in den früheren Schriften jener Generation
von Sozialwissenschaftlern, die nach 1900 eine Schlüsselfunktion für die Ausdifferenzierung der Soziologie aus der Nationalökonomie haben wird. In seinen
nationalökonomischen Vorlesungen der 1890er Jahre wird Max Weber auf den
Zusammenhang zwischen »*steigender wirtschaftlicher Erziehung*« und »steigender Cultur«[37] hinweisen. Seine berühmte Freiburger Antrittsvorlesung *Der
Nationalstaat und die Volkswirtschaftspolitik* ist in diesem Sinne ganz von dem
Gedanken getragen, den »Nationalstaat« im Hinweis auf die gemeinsame und
unverwechselbare »[w]irtschaftliche Kultur« seiner Bürger zu bestimmen.[38]
  In der Perspektive dieser historischen, kulturwissenschaftlich-universalisti-
schen Ausrichtung ist die Wirtschaftswissenschaft nicht darauf beschränkt,
Prinzipien oder Regeln des Ökonomischen (deduktiv) abzuleiten, die etwa
immer und überall, d.h. unabhängig von historischen, sozialen und kulturellen
Bedingungen gültig wären. Sie ist vielmehr eine wertende und normative Wissenschaft, welche Ökonomie nicht nur historisch und kulturell (induktiv) beschreibt, sondern sie zudem auf Bestimmungen verpflichtet, die selbst nicht dem
Bereich der Ökonomie entstammen:[39] Ab den 1870er Jahren sind das verstärkt
»ethische« Bestimmungen.[40] Auch diese normative, wertende und dann auch:

---

36 Schmoller: Grundriß der Allgemeinen Volkswirtschaftslehre II, a.a.O., 652–679, 655 [Her-
   vorh. M. A.].
37 Max Weber: Allgemeine (»theoretische«) Nationalökonomie. Vorlesungen 1894–1898, hrsg.
   v. Wolfgang J. Mommsen, Tübingen 2009. (= MWG Abteilung III: Vorlesungen und Vorlesungsnachschriften, Bd. 1), 124.
38 Max Weber: Der Nationalstaat und die Volkswirtschaftspolitik. Akademische Antrittsrede,
   Freiburg i. Br. / Leipzig 1895, 4.
39 Vgl. auch Gerhard Kolb: Geschichte der Volkswirtschaftslehre. Dogmenhistorische Positionen des ökonomischen Denkens, 2. Aufl., München 2004, 103–123.
40 Siehe nur die *Vorrede* von Gustav Schmoller: Zur Geschichte der deutschen Kleingewerbe im
   19. Jahrhundert. Mit einer Vorbemerkung von Wilhelm Treue, Hildesheim/NY 1975 [= ND
   der Ausgabe Halle 1870], V–XIII, hier XIII, in welcher der Verfasser seine Überzeugung von

intervenierende Ausrichtung hat Gründe in der eigensinnigen Fachgeschichte der deutschen Wirtschaftswissenschaft: in dem Fortwirken ihres staats-, kameral- und polizeywissenschaftlichen Erbes.[41] Seit Karl Heinrich Raus Einteilung in *Volkswirthschaftslehre, Volkswirthschaftspolitik* und *Finanzwissenschaft* ist die Disziplin zugleich politische, anwendungsbezogene und präskriptive Staats- und Verwaltungswissenschaft (›Lehre von der Staatskunst‹) einerseits *und* reflexiv-deskriptive Wirtschaftstheorie andererseits.[42] Die Nationalökonomie ist »Theorie«, die ausdrücklich und dezidiert auf »Praxis« zielt.[43] Diese Tradition wird dann noch einmal besonders kultiviert, als gleich zu Beginn der jungen reichsdeutschen Volkswirtschaft Anfang der 1870er Jahre, im Zuge von Gründerboom und Gründerkrach die negativen Seiten eines ungezügelten Laissez-faire-Liberalismus sichtbar werden.[44] Adolph Wagner gibt 1876 eine Neubearbeitung des Rau'schen Lehrbuchs heraus, es entstehen vermehrt Schriften, die auf wirtschafts- und sozialpolitische Reformen und also auf praktische politische Umsetzung zielen.[45] Die Vertreter der Jüngeren Historischen Schule organisieren sich ab 1873 im *Verein für Socialpolitik* und werden von ihren Gegnern fortan polemisch als »Kathedersozialisten« bezeichnet.[46] In Bezug auf die stark von Parteien, Verbänden, Interessengruppen, Netzwerken und Einzelakteuren geprägte wirtschafts- und sozialpolitische Landschaft der Ära Bismarck ist der Einfluss der betreffenden Ökonomen nicht zu unter-

---

der »nothwendigen Einheit und Verknüpfung des wirthschaftlichen mit dem sittlichen Leben« darlegt und von daher für eine »ethische[] Begründung der Nationalökonomie« plädiert.

41 Siehe Rüdiger vom Bruch: Zur Historisierung der Staatswissenschaften. Von der Kameralistik zur historischen Schule der Nationalökonomie, in: Berichte zur Wissenschaftsgeschichte 8 (1985), 131–146; die Beiträge in Norbert Waszek (Hg.): Die Institutionalisierung der Nationalökonomie an deutschen Universitäten, St. Katharinen 1988; Hans Maier: Die ältere deutsche Staats- und Verwaltungslehre, 2., neubearb. u. erg. Aufl., München 1980 sowie Birger P. Priddat: Produktive Kraft, sittliche Ordnung und geistige Macht: Denkstile der deutschen Nationalökonomie im 18. und 19. Jahrhundert, Marburg 1998, 183–217.

42 So die jeweiligen Bandtitel von Karl Heinrich Rau: Lehrbuch der politischen Ökonomie, 3 Bde., Heidelberg 1826–1837; siehe auch Wilhelm Roscher: Grundriß zu Vorlesungen über die Staatswirthschaft. Nach geschichtlicher Methode, Göttingen 1843.

43 List: Das nationale System, a. a. O., 7.

44 Siehe zum wirtschafts- und gesellschaftsgeschichtlichen Hintergrund etwa Friedrich Wilhelm Henning: Handbuch der Wirtschafts- und Sozialgeschichte Deutschlands, Bd. 2: Deutsche Wirtschafts- und Sozialgeschichte im 19. Jahrhundert, Paderborn 1996, 426ff., bes. 791–889; Hans-Ulrich Wehler: Deutsche Gesellschaftsgeschichte Bd. 3: Von der »Deutschen Doppelrevolution« bis zum Beginn des Ersten Weltkrieges. 1849–1914, München 1996; vgl. speziell zu der längere Zeit von der Geschichtswissenschaft vernachlässigten unmittelbaren Vorgeschichte Wolfram Siemann: Gesellschaft im Aufbruch. Deutschland 1849–1871, Frankfurt/Main 1990.

45 Etwa Gustav Schmoller: Die sociale Frage und der preußische Staat, in: Preußische Jahrbücher 33 (1874), 323–342.

46 Siehe etwa die Schrift von Heinrich Bernhard Oppenheim: Der Kathedersozialismus, Berlin 1872.

schätzen und auch noch nicht vollständig aufgearbeitet, wie etwa die Verfasser des 2010 erschienenen *Biographischen Lexikons zur Geschichte der deutschen Sozialpolitik 1871–1945* betonen.[47]

Dass die Disziplin in Deutschland einen Sinn hat, der über die bloße Beschreibung wirtschaftlicher Vorgänge oder das Auffinden ›ewig‹ gültiger Gesetze des Ökonomischen hinausgeht, macht schon ihre Bezeichnung deutlich. Sie heißt in Deutschland ganz ausdrücklich *National*ökonomie bzw. *Volks*wirtschaftslehre, und nicht, wie bei Adam Smith, David Ricardo oder Jean Baptiste Say *political economy* bzw. *économie politique*.[48] Das Schlüsselmoment der ökonomischen und gesellschaftlichen Moderne, auf dem die Klassische Theorie aufruht, deutet sie in eigenwilliger Weise um: Den Prozess der Arbeits*teilung* beschreibt sie in gegenläufiger Weise als einen Prozess der *Vereinigung* von »Nationalproduktivkräften«.[49] Die Teilung der Arbeitsoperationen sei eben kein Prozess der Trennung, sondern wird vielmehr bestimmt als

> Konföderation oder Vereinigung verschiedenartiger Tätigkeiten, Einsichten und Kräfte zum Behuf einer *gemeinschaftlichen Produktion*. Der Grund der Produktivität dieser Operationen liegt nicht bloß in jener *Teilung*, er liegt wesentlich in dieser *Vereinigung*.[50]

Wertschöpfung ist in dieser Version nicht das Ergebnis konfligierender Individuen, die sich im historischen Verlauf voneinander getrennt hätten und in der Verfolgung ihrer egoistischen Interessen automatisch (*invisible hand*) zum »Reichtum der Nationen« geführt hätten. Und noch im Jahr 1900 werden beide Versionen von der Erzählung über die Moderne expositorisch am Beginn des letzten Großwerks der Historischen Schule der Nationalökonomie gegeneinandergestellt:

---

47 Siehe dazu vor allem die Einträge zu Adolph Wagner, Gustav Schmoller, Lujo Brentano und Karl Bücher sowie besonders auch die *Einleitung* zu: Biographisches Lexikon zur Geschichte der deutschen Sozialpolitik 1871–1945, hrsg. v. Eckhard Hansen und Florian Tennstedt, Bd. 1: Sozialpolitiker im deutschen Kaiserreich 1871–1918, Kassel 2010, IX–XXV.

48 Die sogenannte *Klassische Ökonomie*, als deren Hauptvertreter Smith, Ricardo, J. S. Mill, Say u. a. gelten können, wurzelt ideengeschichtlich in Naturrecht, Rationalismus und Individualismus der Aufklärung. Sie ist die erste Richtung der Politischen Ökonomie als moderner Fachwissenschaft für Wirtschaft. Ihre Entstehung fällt im letzten Drittel des 18. Jahrhunderts mit den ersten Anzeichen einer modernen Leistungs- und Wettbewerbsgesellschaft und dem frühen Manufakturkapitalismus zusammen; siehe dazu Bernd Ziegler: Geschichte des ökonomischen Denkens. Paradigmenwechsel in der Volkswirtschaftslehre, 2., überarb. Aufl., München 2008, 55–78 sowie Kolb: Geschichte der Volkswirtschaftslehre, a. a. O., 51–81.

49 Dem Prinzip der Arbeitsteilung kommt in Smiths Gründungsschrift der *political economy* als Prinzip der *division of labour* eine Schlüsselstellung zu; siehe Adam Smith: An inquiry into the nature and causes of the wealth of nations [1776], 3 vols., London 1819.

50 List: Das nationale System, a. a. O., 156–166, 156 [Hervorh. M. A.].

Man hat gesagt, der Begriff der Volkswirtschaft sei nur ein Sammelbegriff, eine Abkürzung für eine gewisse Summe von Einzelwirtschaften, [...] es seien immer die einzelnen Individuen, die wirtschafteten. [...] Indem die Volkswirtschaft sich als ein relativ selbstständiges System von Einrichtungen, Vorgängen und Strebungen entwickelte, indem die wirtschaftlichen Interessen zu selbständiger Vertretung in gewissen besonderen gesellschaftlichen Organen gelangten, wurde das volkswirtschaftliche Leben für die *Vorstellungen* der Menschen ein begrifflich von Staat und Recht, Kirche und Familienleben, Kunst und Technik getrenntes Gebiet.[51]

Die Differenzierung der Gesellschaft, die Aufspaltung eines vormals ungeteilten sozialen Körpers – Kern des Moderne-Narrativs der Klassischen Ökonomie – entspreche allerdings insofern nicht der Realität, als sich dieser Teilungsprozess bloß in den »Vorstellungen der Menschen« vollzogen habe. In nachgerade ›auktorialem‹ Gestus profiliert Schmoller die Erzählung von der nationalökonomischen Integration dagegen:

Denn die wirtschaftenden Personen blieben nach wie vor Bürger und Unterthanen des Staates, Glieder der Familien, der Kirchen, der socialen Klassen, sie handelten auch wirtschaftlich nach wie vor in der Regel unter dem Impuls aller der Gefühle und Triebe, der Vorstellungen und Ideen, welche ihrer Zeit und Rasse, ihrer Gesittung und Bildung überhaupt entsprachen. Freilich konnte unter der Einwirkung der entwickelteren volkswirtschaftlichen Interessen das ganze Triebleben und die ganze Moral, zumal in bestimmten Kreisen, sich ändern. Aber immer blieben diese veränderten psychischen Elemente Teile des einheitlichen Volksgeistes, wie ein großer Teil der wirtschaftlichen Organe zugleich solche für andere Zwecke blieb, wie der Staat nicht aufhörte, das Centralorgan für die verschiedenen Zwecke zu sein.[52]

Die Volkswirtschaft ist in dieser Perspektive ein »reales Ganzes«, das nicht durch Teilungen und Trennungen geschieden ist. Als solches ist sie zudem organisch gewachsen, sie ist ein »sich entwickelnder Körper«.[53]

Hieraus ergeben sich logischerweise auch ganz explizite nationale Distink-

---

51 Gustav Schmoller: Grundriß der Allgemeinen Volkswirtschaftslehre. Erster, größerer Teil: Begriff. Psychologische und sittliche Grundlage. Litteratur und Methode. Land, Leute und Technik. Die gesellschaftliche Verfassung der Volkswirtschaft, Leipzig 1900, 5 [Hervorh. M. A.].

52 Ebd., 5.

53 Ebd., 5. Die alte Vorstellung von Gesellschaft und Staat als organischem Körper ist keine Erfindung der Nationalökonomen; siehe dazu das Kap. II zu *organischen Metaphern* bei Alexander Demandt: Metaphern für Geschichte. Sprachbilder und Gleichnisse im historisch-politischen Denken, München 1978, 17–123; ihre Reaktualisierung bei Schmoller und besonders auch bei Albert Schäffle: Bau und Leben des socialen Körpers. Encyclopädischer Entwurf einer realen Anatomie, Physiologie und Psychologie der menschlichen Gesellschaft mit besonderer Rücksicht auf die Volkswirthschaft als socialen Stoffwechsel, 4 Bde., Tübingen 1875–1878, belegt allerdings nochmals die Gebundenheit der Disziplin an entsprechende Vorstellungen aus der organischen Staats- und Wirtschaftslehre der Romantik (Adam Müller u. a.).

tionsmerkmale, welche die spezifisch deutsche volkswirtschaftliche Kultur etwa von den europäischen Nachbarstaaten unterscheiden.[54] Laut Karl Knies

> zeigt sich immer eine unterschiedsvolle Natur des nationalen Menschen, die unter allen Umständen in einem ursächlichen und bedingenden Verhältnisse zu den Erscheinungen des wirthschaftlichen Lebens eines Volkes steht.[55]

Ganz in diesem Sinne ist die Nationalökonomie eine bzw. *die* große deutsche Vergemeinschaftungserzählung des 19. Jahrhunderts.[56] Die Geschichte von dem Gewordensein der bürgerlichen Ökonomie wird erzählt als eine Geschichte von der natürlich gewachsenen Vereinigung und Kooperation von nationalen Produktivkräften, von der »gemeinschaftlichen Produktion« von (materiellen und immateriellen) Werten. Dieses Narrativ von der wirtschaftlich-kulturellen Vergemeinschaftung hat speziell dort eine umso stärkere Funktion für die Bildung von Gemeinschaft, von nationaler und sozialer Homogenität, wo es eine konkrete politische Form, wo es eine rechtliche Gestalt dieser Gemeinschaft nicht bzw. noch nicht gibt.[57] Die Nationalökonomie ist diskursive bzw. narrative Kompensation dafür, dass Deutschland – ganz im Gegensatz zu seinen großen europäischen Konkurrenten – erst 1870/71 ein einheitlicher Staat wird,[58] und es auch dann noch weiterer kompensatorischer und gemeinschaftsstiftender Gründungen und Begründungen bedarf (*innere Reichsgründung*).[59] Die Volkswirtschaftslehre zielt insgesamt auf die Herstellung von Zusammenhang und

---

54 Das erste Buch von Lists Schrift besteht aus einer historischen Untersuchung, die die geschichtliche Entwicklung der Ökonomien der »Italiener«, der »Niederländer«, der »Franzosen«, der »Russen« u. a. nachzeichnet, siehe List: Das nationale System, a. a. O., 49–132.

55 Knies: Politische Oekonomie, a. a. O., 69.

56 Die Vorstellung familialer Vergemeinschaftung durch eine gemeinsame nationale Ökonomie hat auch eine wichtige präformierende Funktion in Bezug auf den Vorstellungshaushalt der frühen Soziologie und ihrer Grundbegriffe zur Beschreibung der modernen Formen des Sozialen. Siehe die wichtige Schrift des Frühsoziologen und Adolph Wagner-Schülers Ferdinand Tönnies: Gemeinschaft und Gesellschaft. Abhandlung des Communismus und des Socialismus als empirischer Culturformen, Berlin 1887.

57 Vgl. in Anbetracht der erwähnten Fachtradition auch die bemerkenswerten Titel: Johann Gottlieb Fichte: Der geschlossene Handelsstaat. Ein philosophischer Entwurf als Anhang zur Rechtslehre und Probe einer künftig zu liefernden Politik, eingel. u. hrsg. v. Heinrich Waentig, Jena 1920 [= ND d. Originalausg. 1800]; Alexander Lips: Deutschlands National-Oekonomie. Ein Versuch zur endlichen Lösung der Frage: Wie kann Deutschland zu lohnendem Ackerbau, zu blühender Industrie und wirksamem Handel gelangen?, Gießen 1830.

58 Vgl. zum historischen Hintergrund und zu den gesellschaftsgeschichtlichen Implikationen der uneinheitlichen politischen Topographie Deutschlands Hans Ulrich Wehler: Deutsche Gesellschaftsgeschichte, Bd. 2: Von der Reformära bis zur industriellen und politischen »Deutschen Doppelrevolution«. 1815–1845/49, 3. Aufl., München 1996, 297–458.

59 Vgl. auch Heino Heinrich Nau: Politisches Ethos und sozialökonomisches Telos. Schmollers Konzept einer historisch-ethischen Nationalökonomie als Kulturwissenschaft, Einleitung zu: Schmoller, Gustav: Historisch-ethische Nationalökonomie als Kulturwissenschaft. Ausgewählte methodologische Schriften, hrsg. v. H. H. Nau, Marburg 1998, 13–67, bes. 28.

Kontinuität in einer größeren, gewissermaßen metatextuellen, sozialen und gesellschaftlichen Dimension und ist insofern nicht nur *erzählende Theorie*, sondern – im Sinne eines Meta-Narrativs – auch eine bzw. *die* identitäts- und sinnstiftende Erzählung der modernen bürgerlichen Nationalkultur.

Diese Eigenwilligkeit und Spezifik des nationalökonomischen Diskurses in Deutschland zeigt sich zudem besonders im Blick auf einige charakteristische Konzepte (etwa *Arbeit* und *Wert*) und ihre sprachlichen und semantischen Prägungen. Konzepte und Begriffe von *Arbeit / Produktivität* und *Konsumtion* bekommen bereits wichtige Konturen in den Schriften der bis etwa 1870 an- andauernden Institutionalisierungs- und Formierungsphase der Nationalökono- mie. Arbeit und Produktion werden in dem Sinne zu den zentralen Leitbegriffen eines neuen wirtschaftlichen Zeitalters der Industrie, des freien Handels und der Organisation ökonomischer Tauschvorgänge auf nationalen und internationalen Märkten, als sie mit einer Semantik von Zeugen und Erzeugen, von organischem Wachsen, Leben, Energie, Entwicklung, »Fortschritt«, »Entdeckung und Erfin- dung«[60], »Aktivität«, »Aufschwung« und »neue[r] Kraft« belegt werden.[61] Dies ist als eine textuelle Strategie beschreibbar, die die Tendenz aufweist, Bedeu- tungen gewissermaßen aufzuspeichern und zu konzentrieren und die sich ex- emplarisch an Sache und Begriff der »Nationalproduktivkräfte« zeigt.[62] Die produktiven Kräfte, insbesondere die ins Nationale vergrößerten, bezeichnen ein *poietisches* Potenzial der *Erweckung*, der *Kreation* und der *Zeugung*. Pro- duktivität als ein alle Lebens- und Kulturbereiche durchdringendes, schöpferi- sches Prinzip, welches mit dem fortschreitenden ökonomischen Modernisie- rungsprozess auf ein Anwachsen der »Summe von Energie und Kraft« weist,[63] findet seine Entsprechung in der Rhetorik einer von der Idee unablässiger Ar- beitsamkeit quasi selbst energetisierten Sprache. *Das Nationale System der Po- litischen Ökonomie* ist durchsetzt von Steigerungsformen verschiedener Art (etwa Wendungen der Form »je mehr ... desto«), weist zahlreiche und um- fangreiche Reihungs-Arrangements sowie parataktische Satzreihen auf, ist stellenweise durch den Gebrauch des Futurs von einem utopisch-verheißungs- vollen Sprach-Gestus oder, durch den vielfachen Gebrauch von *müssen, sollen, (nicht) dürfen* und ihrer verschiedenen Formen, von einem apodiktischen Tonfall gekennzeichnet.[64]

Neben dem Spezifikum der deutschen Volkswirtschaftslehre, den Begriff der

---

60 List: Das nationale System, a. a. O., 194.
61 Ebd., 155.
62 Vgl. zu diesem Verfahren vorgreifend schon Wülfing: Schlagworte des Jungen Deutschland, a. a. O. sowie Kap. 2.3. zu den »Funktionen der nationalökonomischen Sprache«.
63 List: Das nationale System, a. a. O., 148.
64 Steigerungen: Ebd., 39, 158, 196, 200; Reihungen: 45, 149, 191; Parataxe: 199; Futur: 146, 160 f.; apodiktische Passagen: 152, 192.

Produktion national und kollektivistisch zu wenden, und somit im Hinblick auf die »Idee der *gesellschaftlichen Arbeit*« hin zu konzipieren,[65] impliziert die schlagende Rede von der Produktivität ein weiteres spezifisches und wichtiges Element. Zu Produktion und Produktivität gehören neben physischen Tätigkeiten, die der Hervorbringung von »materiellen« Gütern dienen, auch und gerade die intellektuellen Tätigkeiten der »geistigen Produzenten«. Über das Verhältnis von materieller und geistiger Produktion heißt es etwa:

> Beide bedingen sich wechselseitig. Je mehr die geistigen Produzenten zu Beförderung der Moralität, Religiosität, Aufklärung, Kenntnisvermehrung und Verbreitung der Freiheit und politischen Vervollkommnung, der Sicherheit der Person [beitragen] […] desto größer wird die materielle Produktion sein; je mehr die materiellen Produzenten an Gütern produzieren, um so mehr wird die geistige Produktion befördert werden können.[66]

Bei Hildebrand wird das Konzept der geistigen Produktivität nicht nur diskursiv aktualisiert, wiederholt und traditionalisiert. Vielmehr findet es zudem eine Erweiterung, insofern es geistige Produktion im Sinne einer vorgängigen, kreativen und genialen »Geistesschöpfung« beschreibt, die ursächlich und bedingend allen Resultaten ökonomischer Produktion im engeren Sinne – »der sichtbaren Güterproduktion« – vorausgehe:

> Aber jedes Erzeugnis ist nicht bloß ein Resultat von Arbeits-, Natur- und Kapitalkraft, sondern, was als Hauptsache betrachtet werden muß, es ist die Verwirklichung einer menschlichen Vorstellung, es muß schon vor aller Produktion als eine vollendete Geistesschöpfung im Kopfe dessen vorhanden sein, der die Produktion unternimmt und dirigiert; es muß der sichtbaren Gütererzeugung stets eine unsichtbare geistige vorausgehen, und ohne diese letztere bleibt die erstere immer unmöglich.[67]

Ein Verweis auf die *meta-physische* Produktionstheorie der Nationalökonomie, auf ihre Lehre der immateriellen Produktivität, die neben der physischen Arbeit eben auch die »Production geistiger Güter« umfasst,[68] ist auch deshalb wichtig, weil sie zugleich ein kontrastives Gegenmodell hervorbringt und damit eine lexikalische und semantische Opposition ausbildet, die im Begriff der »Konsumtion« ein Bedeutungsfeld von *Zehrung*, *Verbrauch* und *Zerstörung* bündelt. Den »produktiven« gesellschaftlichen Bereichen werden in dieser Logik die »zehrenden« gegenübergestellt;[69] Güterverbrauch und Konsumtion werden als

---

65 Ebd., 156.
66 Ebd., 164.
67 Hildebrand: Nationalökonomie der Gegenwart und Zukunft, a. a. O., 210.
68 Roscher: Die Grundlagen der Nationalökonomie. Ein Hand- und Lesebuch für Geschäftsmänner und Studierende. Stuttgart 1854, 43–74, 57 [= Roscher: System der Volkswirtschaft, Bd. 1].
69 List: Das nationale System, a. a. O., 196.

»*Werth*-Zerstörung«, »*Werth*-Vernichtung« und »*Stoff*-Vernichtung« bezeich-net.[70] Wenn die nationalökonomische Konzeption von Konsum lexikalisch und semantisch also ein Feld von Zehrung und Vernichtung umschreibt, ist darin zugleich auch – in metaphysischer Logik – die Idee der Zerstörung und des Verbrauchs geistiger und immaterieller Produktion enthalten. Ökonomischer Konsum, der Verbrauch von (materiellen) Waren und Gütern, so ließe sich sagen, ist im Verständnis der Nationalökonomie also immer auch an den Ver-brauch und die »Vernichtung« geistiger und immaterieller Schöpfungen und Erzeugnisse gebunden. Dementsprechend ist das agrikulturelle Zeitalter vor der modernen Gesellschaft, die sich durch »lebendigen« Wandel, Dynamik, Kon-kurrenz, Aktivierung von Potenzialen und Produktivität auszeichnet, als eine Zeit morbider »Konsumtion« charakterisiert, in der die produktiven Kräfte »unbenützt« und »tot« liegen, Güter »vergeudet« werden und in welcher »mit dem Müßiggang und der Verschwendung die Unsittlichkeit Hand in Hand« geht.[71] Nahezu identisch 40 Jahre später bei Roscher: »Wie der Ackerbau stets auf die äußere (in gewisser Hinsicht doch todte!) Natur als Hauptrichtschnur blicken muß, so der Gewerbfleiß auf den lebendigen Verkehr.«[72]

Mit der Gegenüberstellung von Produktion, Zeugung, Kreation, Schöpfung auf der einen und Konsumtion, Zehrung, Verbrauch, »Schwelgerei«, »Müßig-gang«,[73] Morbidität auf der anderen Seite, ist zugleich eine Um-Interpretation und Aufwertung des Begriffs der *Arbeit* markiert. Tätigkeit und Fleiß, das Ar-beiten, wird zu einem ›vitalistischen‹ Prinzip und zur Leitidee einer neuen und produktiven Zeit: »Und fürwahr gerade in dem *wirthschaftlichen* Weben und Leben des Menschen kommt ja der Leib und die Seele, das Begehren und das Erkennen des Menschen in Thätigkeit.«[74] Der hier in sprachlicher Emphase vorgebrachte Begriff der Arbeit ist nicht nur eine originäre Schöpfung des na-tionalökonomischen Diskurses, er markiert zudem die Konstruktion einer neuen bürgerlichen Identität, die sich mit der Entstehung einer ökonomisch sich ausdifferenzierenden, d.h. zunehmend nach marktwirtschaftlichen und kapi-talistischen Prinzipien sich organisierenden Gesellschaft und Kultur formiert und die Arbeitsamkeit, Tätigkeit, Fleiß und Geschäftigkeit zu ihren Leitmaxi-men erklärt.[75] In der Betrachtung der Arbeit als »Thätigkeit an sich« und als der »Arbeit als solcher« ist im Kern eine ›Weltanschauung‹ angelegt, indem »Arbeit« und »Tätigkeit« nun quasi-ideologisch zu einer Art *poietischem* Selbstzweck

---

70 Karl Knies: Die nationalökonomische Lehre vom Werth, in: Zeitschrift für die gesamte Staatswissenschaft 11 (1855), H. 3/4, 421–475, 424f.
71 List: Das nationale System, a.a.O., 197, 200f., 203.
72 Roscher: Nationalökonomik des Ackerbaues, a.a.O., 50.
73 List: Das nationale System, a.a.O., 197.
74 Knies: Politische Oekonomie, a.a.O., 58.
75 Vgl. auch Brock: Kunst der Ökonomie, a.a.O., 30.

umsemantisiert werden. Im Diskurs der Nationalökonomie wird Arbeit nun nicht mehr in einem vormodernen Sinne als Mühsal und Plage, als lästige und allein dem nackten Überleben dienende Tätigkeit verstanden, die zudem vor der Moderne noch starken gesellschaftlichen Normierungszwängen unterstellt war,[76] sondern als neues Konzept und quasi-ideologisches Prinzip von der Sprache der Nationalökonomie hervorgebracht:

> Für den Thätigen selbst liegt in der Thätigkeit an sich ein eben so hoher Werth; es ist der Segen der Arbeit selbst, den Jeder durch die Wahl eines Berufes für sich möglichst groß zu machen sucht. Für ein Volk im Ganzen aber, in welchem der gesammte große Segen, der in der Arbeit beruht, nur arbeitstheilig erzielt werden kann, hebt sich das Gesammtinteresse an der Arbeit als solcher in allen Kreisen nicht minder hervor, wie das Interesse an den Resultaten der Arbeit.[77]

Diese ›Definitionen‹ und semantischen Prägungen von Arbeit sind, um einmal vorzugreifen, nicht an der Ezählliteratur zwischen 1850 und 1900 vorbeigegangen: Ihr Fortwirken zeigt sich schlaglichtartig schon in dem Motto, welches Gustav Freytags 1855 erschienenem Roman *Soll und Haben* vorangestellt ist – »Der Roman soll das deutsche Volk da suchen, wo es in seiner Tüchtigkeit zu finden ist, nämlich bei seiner Arbeit.« –,[78] ebenso wie in ihrer Funktion für die Romane Friedrich Spielhagens oder Max Kretzers, deren Protagonisten etwa meinen, »in der Arbeit« den Sinn des Lebens und den »Segen auf Erden« zu finden.[79]

Diese metaphysische Wendung der Arbeit führt zudem auf den spezifisch immaterialistischen Wertbegriff der deutschen Nationalökonomie. Dieser entsteht ab den 1840er Jahren ganz im Zeichen einer metaphysischen *Theorie der nationalen Produktivkräfte* und wird mit sprachlicher Emphase und in Kontrast

---

76 Die Anerkennung und Aufwertung der Erwerbsarbeit und des Geld-Verdienens ist insofern wichtiger Bestandteil eines »Paradigmenwechsels« in der Geschichte des ökonomischen Denkens, als dadurch gegenläufige normative Bestimmungen des Wirtschaftens – Beschränkungen, die sich mit dem aristotelischen Begriff der *Chrematistik* auf die moralische und normative Abwertung von Erwerbsarbeit und Wert-Akkumulation bezogen – abgelegt werden konnten. Vgl. Ziegler: Geschichte des ökonomischen Denkens, a. a. O., 33–44, sowie Brunner: Das »ganze Haus«, a. a. O., 106.
77 Knies: Politische Oekonomie, a. a. O., 129; siehe nahezu identisch: Roscher: Grundlagen Nationalökonomie, a. a. O., 43.
78 Gustav Freytag: Soll und Haben. Roman in sechs Büchern, vollständiger Text nach der Erstausgabe Leipzig 1855, durchgesehen v. Meinhard Hasenbein, mit einem Nachwort von Hans Mayer und Anmerkungen von Anne Anz, München / Wien 1981.
79 Siehe exemplarisch schon einmal Friedrich Spielhagen: Was will das werden? Roman in neun Büchern [1885], 2 Bde., 5. Aufl., Leipzig 1892/1893, Bd. 1, 520 sowie die nahezu identische Textstelle bei Max Kretzer: Meister Timpe. Sozialer Roman, Berlin 1888, 19 (zit. n. Dieter Mayer: Max Kretzer: Meister Timpe (1888). Der Roman vom Untergang des Kleinhandwerks in der Gründerzeit, in: Horst Denkler (Hg.): Romane und Erzählungen des bürgerlichen Realismus. Neue Interpretationen, Stuttgart 1980, 347–361, hier 352.

zur materialistischen Werttheorie der Klassischen Ökonomie (Smith) einerseits und zur materialistischen Arbeitswertlehre (Marx) andererseits konturiert,[80] die in den Augen der deutschen Nationalökonomen in deren Eigenschaft als ökonomistische Tauschwerttheorie und reduktionistische Preistheorie die Ursachen und Vorgänge volkswirtschaftlicher Wertschöpfung nicht erklären könnten:[81]

> *Die Ursachen des Reichtums* sind etwas ganz anderes als der *Reichtum selbst.* Ein Individuum kann Reichtum, d.h. Tauschwerte besitzen, wenn es aber nicht die Kraft besitzt mehr wertvolle Gegenstände zu schaffen als es konsumiert, so verarmt es. Ein Individuum kann arm sein, wenn es aber die Kraft besitzt, eine größere Summe von wertvollen Gegenständen zu schaffen als es konsumiert, so wird es reich.[82]

Mit Blick auf die Funktion einer spezifisch nationalökonomischen Sprache der Ökonomie ist damit eine semantische Öffnung des Wertbegriffs markiert, die darauf zielt, den wirtschaftlichen Prozess und ökonomische Aktivitäten lediglich als nachgängige Resultate eines vorgängigen und ursächlichen ökonomisch-kulturellen Wertschöpfungsprozesses zu konzipieren. Die *Nationalen Produktivkräfte*, die im Sinne Lists allererst die Ursache für die Bedingungen von materieller Wertschöpfung (*wealth* bzw. *Kapital*) sind, sind zu verstehen als historische und nationale Potenziale, welche – im Sinne der narrativen Stufenlogik – in der ökonomischen Vormoderne des Nomadentums und im Agrikulturzeitalter brach liegen und erst mit dem modernen Manufaktur- und Handelsstaat ›erweckt‹ werden. Wert, so die begriffliche Emphase und Metaphysik der Nationalökonomie, ist zu verstehen als die Dynamik einer historischen Ansammlung kultureller Leistungen und Potenziale. Der nationalökonomische Wertbegriff umschreibt insofern ein hervorbringendes, gleichsam *poietisches* Vermögen, als er im Begriff der *Nationalen Produktivkräfte* die hypothetische Gesamtheit einer organisch gewachsenen, nationalen Kultur sprachlich bündelt, die auf historisch akkumulierter Bildung, auf überlieferten kulturellen Techniken, tradiertem Wissen und Fähigkeiten sowie auf geistig-intellektuellen Potenzialen aufruht und als vorgängi-

---

80 Der Materialismus des Smithschen Individualismus und der Materialismus des Marxschen Sozialismus entspringen »derselben Wurzel«, so Adolph Wagner: Grundlegung der politischen Oekonomie. Dritte, wesentl. um-, theilweise ganz neu bearb. u. stark erw. Aufl. Erster Theil. Grundlagen der Volkswirthschaft. Erster Halbbd. Einleitung und Buch 1–3. (Wirthschaftliche Natur des Menschen; Object, Aufgaben, System der politischen Oekonomie. – Elementare Grundbegriffe. – Wirthschaft und Volkswirthschaft.), Leipzig 1892, 11.

81 Vgl. auch Birger P. Priddat: Der »Gattungswerth« oder die Moral in der subjektiven Wertlehre in der deutschen Nationalökonomie. K.H. Rau, F.B.W. von Hermann, B. Hildebrand, G.W.F. Hegel und A. Wagner, in: Ders. (Hg.): Wert, Meinung, Bedeutung. Die Tradition der subjektiven Wertlehre in der deutschen Nationalökonomie vor Menger, Marburg 1997, 241–286.

82 List: Das nationale System, a.a.O., 143f.

ges historisches Gesetz die Vorbedingungen von materiellem Tauschwert und
Preis bildet:

> Der jetzige Zustand der Nationen ist eine Folge der Anhäufung aller Entdeckungen,
> Erfindungen, Verbesserungen, Vervollkommnungen und Anstrengungen aller Gene-
> rationen, die vor uns gelebt haben; sie bilden das *geistige Kapital der lebenden
> Menschheit*, und jede einzelne Nation ist nur produktiv in dem Verhältnis, in welchem
> sie diese Errungenschaften früherer Generationen in sich aufzunehmen und sie durch
> eigene Erwerbungen zu vermehren gewußt hat.[83]

Mittels einer elaborierten Rhetorik wird zwischen der Ebene der sprachlichen
Formgebung (Reihungsstil) und der Ebene des theoretischen Aussagegehalts
eine Korrespondenz hergestellt, die der ökonomischen Potenz ein »*geistiges
Kapital*« der Kultur vorordnet, das als ein organisches Aggregat traditional
vermittelter Fertigkeiten, Kenntnisse und kollektiven Wissens imaginiert wird.
Der Erzeugung von ökonomischen Werten – »produktiv« – werden in dieser
Perspektive Potenziale immaterieller, intellektueller, geistiger und quasi-ästhe-
tischer Art vorangestellt, die als kollektive *poietische* Akte der Hervorbringung
bezeichnet werden können und somit das nationale wirtschaftliche Geschehen
als eine Art *Poesie der modernen nationalen Gesellschaft* beschreiben. Genau
hier sind, wie noch gezeigt werden wird, die Vorbedingungen für die literarische
Rede von der »Poesie des Geschäftes« zu suchen.[84] Die Engführung von dem
materiellen und dem geistig-reflexiven Reichtum einer Kultur und seiner Individuen führt also letztlich von einer materialistischen, im engeren Sinne wirtschaftstheoretischen Werttheorie der Tauschwerte und der Preise weg und fokussiert stattdessen vielmehr die Geschichte der nationalen Ökonomie als die
Geschichte einer *Wertegemeinschaft*. Die polemische Kontur und die sprachliche
Schärfung dieses spezifischen Wertbegriffs kann durch das folgende, gegen
Smith gewendete Zitat gezeigt werden:

> Allerdings sind die, welche Schweine großziehen, Dudelsäcke oder Pillen fabrizieren,
> produktiv, aber die Lehrer der Jugend und der Erwachsenen, die Virtuosen, die Ärzte,
> die Richter und Administratoren sind es in einem noch viel höhern Grade. Jene *pro-
> duzieren Tauschwerte*, diese *produzieren produktive Kräfte*.[85]

Mit Blick auf die weitere Entwicklung von Konzept und Begriff des Wertes im
Diskurs der Nationalökonomie ist damit eine spezifische Richtung des Schrei-
bens und Sprechens eingeschlagen, die gewissermaßen als Hypothek auf dem
Diskurs (auch auf dem literarischen!) liegt, da Wert und Preis fortan nur mit
Bezug auf die kulturellen, geistig-intellektuellen, metaphysischen und sprach-

---

83 Ebd., 149.
84 Freytag: Soll und Haben, a. a. O., 326.
85 List: Das nationale System, a. a. O., 152.

lich emphatischen Vorbedingungen der Wertschöpfung gedacht werden können.

Eingang findet diese spezifische Werttheorie ab den 1850er Jahren auch in den akademisch institutionalisierten Diskurs der Nationalökonomie und erscheint dort – weniger polemisch und sprachlich nüchterner – als sogenannte *subjektive Wertlehre*. 1855 verfasst Karl Knies einen Aufsatz mit dem Titel *Die nationalökonomische Lehre vom Werth*. Neben einer suggestiven Sprache, die Produktion als »*Werth*-Erzeugung« kontrastiv vom Bereich der Konsumtion als »*Werth*-Zerstörung«, »*Werth*-Vernichtung« oder »*Stoff*-Vernichtung« absetzt,[86] ist vor allem die Beibehaltung des dichotomischen Charakters des nationalökonomischen Werts von Bedeutung. Knies geht es um die Harmonisierung von (immateriellem), auf Grund von subjektivem Urteil und Bedürfnis zugeschriebenen Gebrauchswert auf der einen und dessen materiellem, gewissermaßen empirischen und defizitären Surrogat, dem Tauschwert bzw. Preis, auf der anderen Seite. Angenommen wird, dem Tauschwert liege ursächlich und bedingend eine intellektuelle Leistung des Beurteilens, eine Operation subjektiver Wertabwägung und -beimessung zu Grunde.[87] Der Wert einer Sache bzw. eines Gutes, so ließe sich das Verständnis der Nationalökonomen paraphrasieren, zeigt sich also weniger als ein konkreter, Schwankungen unterworfener und also kontingenter Marktwert bzw. Preis, als vielmehr als ein Prozess kollektiver (nationaler) Wert-Zuschreibungen, die auf Bildung, Urteil, Meinung, Gefühl und nationaler Mentalität beruhen.[88] In diesem Sinne wird *Wert* vom nationalökonomischen Diskurs als eine *geistige* Operation des Beilegens und Zufügens von Bedeutung, der Wahl und der Entscheidung gefasst: Werte würden »von der Seele in die Dinge hineinverlegt«, das »Werte ist das von uns Auserwählte«, so Schmoller in seinem *Grundriß* im Kapitel über den »Wert und die Preise«.[89] Ökonomischer Wert ist in dieser Hinsicht also ein Resultat von Wertschätzung, das Ergebnis eines subjektiven Urteils, das verstandes- und gefühlsmäßig fundiert ist. Von zentraler Bedeutung ist dabei jedoch, dass die vermeintliche Subjektivität des Werturteils aufgehoben ist in einer angenommenen Objekti-

---

86 Knies: Die nationalökonomische Lehre vom Werth, a. a. O., 424f.
87 Vgl. ebd., 435.
88 Im Bereich der ökonomischen Werttheorie hat die Dominanz der Historischen Schulen der Nationalökonomie in Deutschland dazu geführt, dass das von Hermann Heinrich Gossen bereits in den 1850er Jahren entwickelte *Gesetz vom Grenznutzen* bis in die 1870er Jahre nahezu unbekannt blieb. Die Gossen'sche Theorie hat im letzten Drittel des 19. Jahrhunderts dafür einen umso größeren Einfluss auf die Formierung der Österreichischen Grenznutzenschule um Carl Menger gewonnen. Die in diesem Umfeld entstehende sogenannte *Reine Theorie* und die *Neue Werttheorie* haben, das wird in einem späteren Kapitel noch zu zeigen sein, den gesamten ökonomischen Diskurs – und indirekt auch das literarische Erzählen – am Ende des 19. Jahrhunderts in besonderer Weise verändert.
89 Schmoller: Grundriß der Allgemeinen Volkswirtschaftslehre II, a. a. O., 102.

vität kultureller und gesellschaftlicher Konvention. Wert ist also, im Denken der
Nationalökonomie, eine trans-subjektive, sozio-kulturelle Konvention, im Sinne
einer kollektiven Zuschreibung, deren Fundament von gemeinschaftlich geteilten Elementen und Erfahrungen gebildet wird:

> Die Maßstäbe, welche diese Ordnung alles Wertes beherrschen, sind nicht bloß aus
> subjektiven Erlebnissen erwachsen, obwohl schon diese das einzelne Werturteil durch
> Erinnerung in einen allgemeinen Wertzusammenhang stellen; sie sind ein Ergebnis der
> Sprache, der Verständigung, der gesellschaftlichen Zusammenhänge. Und so steckt in
> jedem subjektiven Werte ein Objektives. Jedes Wertgefühl und Werturteil hat so eine
> Doppelnatur: es ist in der Seele des einzelnen entstanden, von dem Individuum, seinen
> Trieben und Anlagen, seinen Schicksalen, seiner augenblicklichen Lage und Reizung
> bedingt, aber es ist zugleich der Ausdruck von Gefühlen, Vorstellungen und Überlie-
> ferungen eines gesellschaftlichen Kreises, einer geistig-socialen Atmosphäre.[90]

Damit ist nicht bloß gesagt, dass der ökonomische Wert, der in einem ursächlichen und bedingenden Verhältnis zu seinem empirischen Surrogat, dem Preis,
steht, ein Derivat ist aus den »Überlieferungen« und Konventionen eines »gesellschaftlichen Kreises«. Zugleich wird Gesellschaft erst dadurch zu einem von
einer einheitlichen »geistig-socialen Atmosphäre« geprägten »gesellschaftlichen
Kreis«, dass sie im Sinne einer *Wertegemeinschaft* die subjektiven und »egoistischen« Werturteile im »gesellschaftlichen Urteile« objektiviert und homogenisiert.[91] Angenommen wird dabei, es gebe einen gemeinschaftlich konventionalisierten, somit »objektiven« Wert, der die subjektiven Wertgefühle und
-urteile kompensierend, homogenisierend und ausgleichend übergreife. Ein
Gedanke, der dann auf die Idee führt, dass es so etwas wie ein objektivierbares
Allgemeines Wohl gebe.[92]

Im Verlauf des Jahrhunderts wird dieser charakteristische Ökonomie-Diskurs auch akademisch institutionalisiert. Das Erzählmodell ökonomisch-kultureller Entwicklungsstufen, die historisch-kulturwissenschaftlich-universalis-
tische Ausrichtung, der spezifische Wert-Begriff sowie das übergreifende
kompensatorische Narrativ von der Vergemeinschaftung durch die nationale
Ökonomie bilden die konstitutiven Momente der Nationalökonomie als *insti-
tutionalisierter Wissenschaft*:[93] Die Bildung von Schulen, die Einrichtung von
Lehrstühlen, das massenhafte Erscheinen von Lehrbüchern, Abhandlungen und
Grundlegungen in z. T. vielfachen Auflagen,[94] das Erscheinen von Programm-

---

90 Ebd., 102 f.
91 Ebd., 108.
92 Siehe ebd., 108 f.
93 Siehe ganz grundlegend zum Begriff der Wissenschaft die Arbeiten von Jürgen Mittelstraß;
    z. B. J. M.: Die Möglichkeit von Wissenschaft, Frankfurt/M. 1976.
94 Siehe neben den genannten *grundlegenden* Schriften von Rau, Roscher, Wagner und
    Schmoller etwa noch diese: Max Wirth: Grundzüge der Nationalökonomie, 4 Bde., Köln

schriften,[95] das Einrichten von Fachzeitschriften[96] sowie das bemerkenswert frühe Erscheinen z. T. sehr umfangreicher Fachgeschichten[97] belegen, dass sich die Disziplin – hierin etwa den Naturwissenschaften der Zeit vergleichbar – als Spezialwissenschaft für Ökonomie ausdifferenziert und als Disziplin schließt.[98] Allerdings ist dieser Prozess der Institutionalisierung der Volkswirtschaftslehre im Wissenschaftssystem nicht durch wissenschaftliche Innovation im engeren Sinne, etwa durch das Hervorbringen gänzlich neuer Theorien oder Modelle gekennzeichnet. Er hat seinen Sinn vielmehr in der Schließung, Tradierung und Kontinuierung des nationalökonomischen Wissens als Wissenskontinuum und als kompensatorische Vergemeinschaftungserzählung. Das Werden der Volkswirtschaft, ihre Geschichte, wird in enzyklopädisch angelegten Projekten immer wieder erzählt, sprachlich ausgestaltet und hierin erst hergestellt.[99] Mit Blick auf ein zeitgleich sich durch Ausdifferenzierung in Spezialwissenschaften und -disziplinen abschließendes Wissenschaftssystem[100] erscheint die Konzeption einer totalisierenden Universalwissenschaft, die sich der Beobachtung des »gesammten Volkslebens« verschreibt, allerdings als ein merkwürdig gegenmodernes Anliegen. Sein kompensatorischer und integrierender bzw. re-integrierender Sinn tritt umso stärker hervor, blickt man auf das Konkurrenzprojekt einer *Reinen Theorie* der Ökonomie, wie sie sich, das wird noch zu zeigen sein, als ›Neoklassik‹ bzw. Grenznutzentheorie ab den 1870er Jahren in Österreich,

---

1856–1873; Hans von Mangoldt: Grundriß der Volkswirthschaftslehre. Ein Leitfaden für Vorlesungen an Hochschulen und für das Privatstudium, Stuttgart 1863; Menger: Grundsätze der Volkswirtschaftslehre, a. a. O.; Albert Schäffle: Das gesellschaftliche System der menschlichen Wirtschaft. Ein Lehr- und Handbuch der ganzen Politischen Oekonomie einschließlich der Volkswirtschaftspolitik und Staatswirthschaft, 2 Bde., Tübingen 1873.

95 Bruno Hildebrand: Die Nationalökonomie der Gegenwart und Zukunft und andere gesammelte Schriften [1848], hrsg. u. eingel. v. Hans Gehrig, Jena 1922.

96 Exemplarisch etwa: *Zeitschrift für die gesamte Staatswissenschaft*, Tübingen 1854 ff.; *Jahrbücher für Nationalökonomie und Statistik*, Stuttgart 1863 ff.; *Vierteljahresschrift für Volkswirtschaft und Culturgeschichte*, Berlin 1863 ff. Zu diesen und weiteren Prozessen der Institutionalisierung und der Disziplinbildung auch Klaus Hinrich Hennings: Aspekte der Institutionalisierung der Ökonomie an deutschen Universitäten, in: Waszek (Hg.): Institutionalisierung der Nationalökonomie, a. a. O., 43–54.

97 Siehe etwa: Julius Kautz: Die geschichtliche Entwicklung der National-Oekonomie und ihre Literatur, Glashütten 1970 [= ND der Ausg. Wien 1860] sowie die tausendseitige Schrift von Wilhelm Roscher: Geschichte der National-Oekonomik in Deutschland, München 1874.

98 Vgl. Rudolf Stichweh: Zur Entstehung des modernen Systems wissenschaftlicher Disziplinen. Physik in Deutschland 1740–1890, Frankfurt/M. 1984.

99 Vgl. neben Roscher: Nationalökonomik des Ackerbaues, a. a. O.; Ders.: Nationalökonomik des Handels und Gewerbefleißes, a. a. O.; auch Bruno Hildebrand: Natural-, Geld- und Kreditwirtschaft, in: Jahrbücher für Nationalökonomie und Statistik 2 (1864), 1–24 sowie Ders.: Die Entwicklungsstufen der Geldwirtschaft, in: Jahrbücher für Nationalökonomie und Statistik 24 (1875), S. 15–26.

100 Vgl. nochmals Stichweh: Entstehung des modernen Systems wissenschaftlicher Disziplinen, a. a. O.

Frankreich und England etabliert. Die deutsche historisch-ethisch-narrative Nationalökonomie entlässt ihren Gegenstand – die Ökonomie – gerade nicht in jene reinen Eigenlogiken des Systems, wie dies etwa seit der Jahrhundertmitte auf dem Feld des Politischen, in Gestalt der Rochauschen *Realpolitik* geschehen war.[101]

2.2.   Narrative Aus- und Binnendifferenzierungen

2.2.1.   Der »Niedergang des Handwerks«

Neben dem zwischen den 1840er Jahren und 1900 von Lehrbuch zu Lehrbuch nahezu variationslos auserzählten Stufen-Modell, werden im letzten Drittel des 19. Jahrhunderts auch Variationen und Differenzierungen des nationalökonomischen Erzählsystems beobachtbar. Ab den 1870er Jahren erscheinen etwa diverse Varianten der Erzählung vom *Niedergang des Handwerks*.[102] Damit ist ein Prozess narrativer Herstellung und Ausdifferenzierung volkswirtschaftlichen Wissens bezeichnet, der sich als das Auserzählen spezifischer historischer Zustände und Entwicklungen darstellt wie anhand der folgenden charakteristischen Passagen aus Schmollers knapp 600-seitiger Schrift *Die Straßburger Tucher- und Weberzunft* exemplarisch gezeigt werden kann:

> Wie das 15. und 16. Jahrhundert in politischer und rechtlicher Beziehung das deutsche Mittelalter abschliesst und unter der schützenden Decke einer hohen glänzenden Kultur die Keime der neuen modernen Zeit heranzieht und reifen lässt, so ist es auch in wirthschaftlicher Beziehung. Nach dem Sturm und Drang der volkswirthschaftlichen Umgestaltung im 13., nach den sozialen Kämpfen des 14. Jahrhunderts folgt unter dem fördernden Einfluss der städtischen und territorialen Reformen [...], unter dem befruchtenden Sonnenschein eines gewissen Gleichgewichts der Kräfte und Interessen [...] jene Nachblüthe mittelalterlicher Volkswirthschaft, jene Zunahme der Bevölke-

---

101 August Ludwig von Rochau: Grundsätze der Realpolitik. Angewendet auf die staatlichen Zustände Deutschlands [1853/1869], mit e. Einleitung hrsg. v. Hans-Ulrich Wehler, Frankfurt/M., Berlin, Wien, 1972.

102 Neben den *Untersuchungen über die Lage des Handwerks in Deutschland mit besonderer Rücksicht auf seine Konkurrenzfähigkeit gegenüber der Großindustrie, Leipzig 1894–1897. [= Schriften des Vereins für Socialpolitik Bde. 62–70]*, die in neun Bänden ab 1894 erscheinen und Büchers Kapitel *Der Niedergang des Handwerks* in Bücher: Entstehung der Volkswirtschaft, a. a. O., 215–248, sind es vor allem zwei prominente und umfangreiche Schriften von Gustav Schmoller: Geschichte der deutschen Kleingewerbe im 19. Jahrhundert, a. a. O. sowie Ders.: Die Straßburger Tucher- und Weberzunft. Ein Beitrag zur Geschichte der deutschen Weberei und des deutschen Gewerberechts vom 13. bis 17. Jh., Leipzig 1879, die dem deutschen Handwerk tatsächlich eine Geschichte geben; siehe auch das Kapitel über die »Zurückdrängung des Handwerks« bei Werner Sombart: Die deutsche Volkswirtschaft im 19. Jahrhundert, a. a. O., 325–344.

rung und des Wohlstands, jene Glanzzeit deutscher Kunst und deutschen Erfin-
dungsgeistes, die den Neid und die Bewunderung der Nachbarnationen erregte.[103]
[...]
Wie die Städte durch schöne Rathhäuser und reiche Kornmagazine, künstliche Was-
serleitungen und herrliche Brunnen sich auszeichneten, so prunkten die Kirchen mit
ihren überreichen Gold- und Silberkronleuchtern und anderen Schätzen, so glänzten
die Patrizier- und Kaufmannshäuser mit ihren kunstvollen Oefen, ihren schön getä-
felten Wänden [...] und bis hinunter in das Bauernhaus drang die breitere behaglichere
Lebensweise.[104]

Ohne nochmals in konzentrierter Weise auf die Emphase der augenfälligen
rhetorischen Gestaltung – etwa die ausladende Metaphorik des Keimens und
Aufblühens oder den überzogen wirkenden Detailreichtum der Schilderung –
einzugehen,[105] kann man doch feststellen: Hier wird anhand sprachlich stili-
sierter Darstellungen der deutschen Wirtschaftsgeschichte die Geschichte einer
märchenhaften Zeit erzählt, die durch eine überwiegend handwerkliche und
kleingewerbliche Organisationsweise charakterisiert ist. Die Blütezeit von
Handwerk und Gewerbe – so die Suggestion – ist in ihrem Reichtum, ihrer Fülle
und Idealität, der klassenübergreifenden Harmonie zwischen Patriziern, Kaufleuten und »Bauernhaus« sowie durch das »Gleichgewicht der Kräfte und Interessen« zugleich eine Blüte der Zivilisation und der nationalen Kultur. *Die
Geschichte des deutschen Handwerks wird also von den zahl- und umfangrei-
chen nationalökonomischen Schriften nicht bloß nacherzählt, sondern vielmehr, und das ist das Entscheidende, erst narrativ konstruiert und hervorgebracht.*
Ein weiterer schlagender Beleg für die Ausbildung eines spezifischen, gleichermaßen idealisierenden und sentimentalischen Tonfalls[106] ökonomiege-
schichtlicher Darstellung ist mit der initialen Erzählung Schmollers über das
deutsche Handwerk gegeben. In der *Geschichte der deutschen Kleingewerbe im
19. Jahrhundert* heißt es etwa über die Zwischenzeit zwischen der Blüte des
Spätmittelalters und dem erneuten Aufblühen von Handwerk und Gewerbe
gegen Ende des 18. Jahrhunderts:

Noch litt Deutschland an den Nachwehen des dreißigjährigen Kriegs. Der deutsche
Handel war vernichtet. Die Kleinstaaterei hemmte jede Bewegung. Das Gewerberecht
war ausgeartet in den verrottetsten Zopf. Mißbräuche aller Art wucherten. Vergeblich

---

103 Schmoller: Die Straßburger Tucher- und Weberzunft, a. a. O., 497.
104 Ebd., 498 f.
105 Diese detailreichen und verspielten Schilderungen scheinen ziemlich genau mit dem
   übereinzustimmen, was Martínez / Scheffel: Einführung Erzähltheorie, a. a. O., 53 und
   120 f., in Anlehnung an Barthes *effets de réel* als »Realitätseffekte« bezeichnen.
106 Siehe zur »sentimentalischen Moderne« vorgreifend schon einmal Stöckmann: Wille zum
   Willen, a. a. O., 258–270.

suchten Reichs- wie Landesgesetzgebung dagegen anzukämpfen. Vergeblich war alles, weil Stumpfsinn und Apathie, kleinlicher Spießbürgergeist und beschränkte Indolenz überall herrschten, weil Gevatter Schneider und Handschuhmacher möglichst ohne Anstrengung und Arbeit sich nothdürftige Nahrung zu schaffen und zu erhalten suchten. Ein großer Theil der Handwerker, auch der städtischen, war zu Halbbauern herabgesunken […], nur wenige Industrien, wie die Leinenmanufaktur, hatten aus alter Zeit her noch die Blüthe gerettet […]. Die ökonomische Lage der meisten Handwerker war ebenso kümmerlich als ihre Technik unvollendet, ihre Arbeit schlecht […].[107]

Auf das »allgemeine Darniederliegen« des Handwerks als Folge des Dreißigjährigen Krieges folgt ab dem 18. Jahrhundert eine Phase des Aufschwungs und der Blüte, die, so die erzählerische Suggestion, in erster Linie einer klugen Staatstätigkeit zu verdanken sei:

> Schon der große Kurfürst beginnt mit jener planmäßigen Leitung und Beförderung der Gewerbe und des Handels durch die Staatsregierung.
> […]
> Unter Friedrich Wilhelm, dem sparsam klugen, hausväterlichen Tyrannen seiner Unthertanen, knüpften sich an diese Maßregeln weitere und tiefer eingreifende.[108]

Die wirtschaftspolitischen Maßnahmen, die der nationalökonomische ›Erzähler‹ für ein erneutes Aufblühen von Handwerk und Gewerbe verantwortlich macht, werden dann im erzählerischen Präsens unmittelbar zur Anschauung gebracht:

> Ausfuhrverbote von Rohstoffen […] werden erlassen. Walkmühlen, Färbereien […] werden von der Regierung angelegt. Das Berliner Lagerhaus, als staatliche Muster-Tuchfabrik, wird gegründet.
> […]
> Mit polizeilicher Gewalt […] durch die Steuerräthe und Fabrikinspektoren wird versucht, in alle Gewerbe Ordnung, Fortschritt, tüchtige Arbeit zu bringen.[109]

Die zitierten Stellen aus Schmollers *Handwerkserzählungen* decken nicht nur die Möglichkeiten einer idealisierenden, rhetorisch-stilistischen Konturierung des deutschen Handwerks und seiner Geschichte auf. Vielmehr sind sie auch Teil einer größeren *histoire*, die die historische Entwicklung des deutschen Handwerks und der klugen Wirtschaftspolitik deutscher Fürsten und Herrscher als einen historischen Prozess erzählt, der einem dramatischen Verlauf über Stationen der Blüte und Nachblüte in Mittelalter und Früher Neuzeit, über das »allgemeine Darniederliegen der Gewerbe« auf Grund des Dreißigjährigen

---

107 Schmoller: Geschichte der deutschen Kleingewerbe im 19. Jahrhundert, a.a.O., 13 f.
108 Ebd., 23, 25.
109 Ebd., 25, 27.

Krieges und einer erneuten Blüte im 18. Jahrhundert als Folge von staatlicher Wirtschaftspolitik folgt.

Dieser von Brüchen gekennzeichnete und dennoch kontinuierliche historische Verlauf mündet schließlich in ein erzählerisches Arrangement, das als eine Geschichte vom »Untergang des Handwerks« bzw. als eine Geschichte des »Kampfes des großen und kleinen Betriebs« als die *Geschichte der deutschen Kleingewerbe im 19. Jahrhundert* endet. Damit entsteht eine Variante des nationalökonomischen Narrativs von der teleologischen ökonomischen und kulturellen Höherentwicklung, die exemplarisch am perhorreszierten »Niedergang des Handwerks« durch die gnadenlose Konkurrenz der Großindustrie,[110] durch Zentralisation von Produktionsabläufen, durch fortschreitende Arbeitsteilung und einen unaufhaltsamen »Konzentrationsprozeß des Bedarfs« das tragische Potenzial der ökonomischen Modernisierung des 19. Jahrhunderts auserzählt:[111] Beherrschte das Handwerk »[v]or hundert Jahren […] konkurrenzlos noch alles das, was es vom Mittelalter her überkommen [!] und im XVI. und XVII. Jahrhundert dazu gewonnen hatte«,[112] so besteht das »Schicksal des Handwerks« im Zeitalter des modernen umfassenden Ökonomisierungsprozesses in der »Verdrängung […] durch gleichartige Fabrikproduktion«, in der »Schmälerung seines Produktionsgebietes durch Fabrik oder Verlag«, in der »Angliederung […] an die Großunternehmung«, in der »Verarmung« und der »Herabdrückung […] zur Heim- und Schwitzarbeit durch das Magazin«.[113] Das narrative Arrangement einer tragisch versiegenden Handwerkswelt, die mit dem sentimentalischen Blick in die Vergangenheit idealisiert und märchenhaft überhöht wird, geht einher mit einem *caritativen* Gestus von Sorge und Mitleid:

> Die Nagelschmiede sind theilweise schon ganz verschwunden, im Erzgebirge und Oberfranken aber hämmern sie sich in den Drahtstiftfabriken zum Trotze noch müde, unter deren Konkurrenz sie verkümmern […] [D]ie Krugmacher des Westerwaldes, die pfälzer Bürstenbinder, alle diese Hausindustrien haben zu kämpfen mit dem beginnenden Fabriksystem und halten sich vorerst durch die staunenswerthe Bedürfnislosigkeit und Genügsamkeit der Arbeiter.[114]

Inwiefern die Narrativität der Nationalökonomie in ihrer Form als erzählende Theorie nicht nur illustrativ oder ornamental, sondern funktional in Bezug auf theoretische Konzepte und wirtschaftspolitische Forderungen ist, wird darin deutlich, dass die *conclusio* dieser Erzählung in eine Argumentation für staat-

---

110 Bücher: Entstehung der Volkswirtschaft, a.a.O., 215–249.
111 Ebd., 229.
112 Ebd., 218.
113 Ebd., 230.
114 Schmoller: Geschichte der deutschen Kleingewerbe im 19. Jahrhundert, a.a.O., 657.

liche Wirtschaftspolitik mündet.[115] Der Staat müsse wirtschafts- und sozialpo-
litisch intervenieren, er habe

> seinen Einfluß und seine Macht zu brauchen, die Nothleidenden zu schützen [...], die
> Nichtbesitzenden gegen den Egoismus und die Kurzsichtigkeit [...] zu schützen.[116]

Diese Schutzfunktion wird jedoch historisch und *narrativ* – und nicht wirt-
schaftspolitisch bzw. wirtschaftstheoretisch im engeren Sinne – begründet,
denn:

> Immer haben die großen preußischen Regenten das gethan [...]. Immer haben sie
> darum vor Allem für große Fürsten gegolten [...]. [E]ine solche Staatsthätigkeit hat zu
> allen Zeiten für die Zierde einer weisen, freien und gerechten Regierung gegolten.[117]

Der Sinn der Handwerkserzählungen, ihre Funktion, besteht also darin, die
Prinzipien der *caritas* und der Fürsorgepflicht in den wirtschaftswissenschaftlichen und wirtschaftspolitischen Diskurs der Zeit zu integrieren. Die Notwendigkeit von Intervention, von Schutz und Erhaltung eines vermeintlich vom
Untergang bedrohten Herzstücks deutscher Geschichte und Kultur, des Handwerks, wird *erzählerisch* vermittelt und begründet. Im Blick auf diese Konstellation wird ganz deutlich, dass die Volkswirtschaftslehre ökonomische und
gesellschaftliche Modernisierungsprozesse nicht bloß objektiv und rein deskriptiv beschreibt. Vielmehr werden diese Prozesse zu einer tragischen Ver-
falls- und Untergangsgeschichte gemacht. In ihrem sentimentalischen Blick
zielen die nationalökonomischen Erzählungen auf die textuelle bzw. die diskursive (Re-)Konstruktion und Wiedergewinnung einer vergangenen, zur Blütezeit stilisierten Welt des Handwerks. Sie sind hierin, so wird sich noch zeigen,
eng mit ihren Affirmierungen und Varianten auf dem Feld der Literatur – bei
Spielhagen ebenso wie bei den Autoren der naturalistischen Generation – korreliert.

---

115 Siehe zu den sozial- und wirtschaftspolitischen Ambitionen der Nationalökonomie, die sich
   besonders ab den 1870er Jahren als Reaktion auf eine lange Phase wirtschaftspolitischer
   Liberalisierungsmaßnahmen der preußischen Regierung sowie als Folge ökonomischer
   Krisenerscheinungen (»Gründerkrise«) und dem Erstarken sozialrevolutionärer Strömungen (Sozialdemokratie) entwickeln und eine spezifische Verschränkung von ökonomischer Theorie und wirtschaftspolitischer Praxis markieren Friedrich Wilhelm Henning:
   Handbuch der Wirtschafts- und Sozialgeschichte Deutschlands, Bd. 2: Deutsche Wirt-
   schafts- und Sozialgeschichte im 19. Jahrhundert, Paderborn 1996, 783–889.
116 Schmoller: Geschichte der deutschen Kleingewerbe im 19. Jahrhundert, a. a. O., 704.
117 Ebd., 704.

2.2.2. Marx und die Robinsonade

Wie eng der Historische Materialismus in seiner Argumentation gebunden ist an die Notwendigkeit, seine zentrale These von der Historizität und Veränderbarkeit des Gesellschaftlichen in der Form einer *histoire* des geschichtlichen Prozesses zu entfalten, kann die folgende Passage aus den *Ökonomischen Manuskripten* von Karl Marx plausibel machen:

> Je tiefer wir in die Geschichte zurückgehen, je mehr erscheint das Individuum, daher auch das produzierende Individuum als unselbstständig, einem grössern Ganzen angehörig: erst noch in ganz natürlicher Weise in der Familie und der zum Stamm erweiterten Familie; später in dem aus dem Gegensatz und Verschmelzung der Stämme hervorgehenden Gemeinwesen in seinen verschiedenen Formen. [...] Wenn also von Production die Rede ist, ist immer die Rede von Production auf einer bestimmten gesellschaftlichen Entwicklungsstufe – von der Production gesellschaftlicher Individuen.[118]

Neben dem bekannten nationalökonomischen Moment der historisch-kulturellen Relativität des Gesellschaftlichen (»Entwicklungsstufe«), die allein mit dem historischen Blick auf die Genese der Ökonomie sichtbar werde, findet sich hier ein zweites Argument, das Marx mit den Vertretern der historischen Schulen der Nationalökonomie teilt: Ein ›Jenseits‹ oder ›Vor‹ der Vergesellschaftung gibt es in diesem Argument der ›Kollektivierung‹ als anthropologisches *a priori* nicht. Das Individuum ist in dieser Erzählung immer schon Teil eines »grössern Ganzen«, der Mensch ist »nicht nur ein geselliges Thier, sondern ein Thier, das nur in der Gesellschaft sich vereinzeln kann.«[119] In dieser Perspektive erscheint der geschichtliche Prozess, der zugleich ein Prozess zunehmender Vergesellschaftung ist, in dem Sinne historisch offen, als gesellschaftliche Formationen, etwa ökonomische Institutionen und die gesellschaftliche Organisation von Produktion und Distribution der geschichtlichen Wandelbarkeit und Prozesshaftigkeit unterstellt sind. Entscheidend mit Blick auf die Funktion darstellungstechnischer, d. h. narrativer Verfahren ist hierbei, dass diese Argumentation nicht nur – wie gezeigt – selbst Hand in Hand geht mit Formen bewusster Sequenzierung auf der Ebene der sprachlichen Darstellung, sondern sich gerade im Feld *konkurrierender* Erzählungen als spezifische Moderne-Erzählung erweist:

> Die Production soll vielmehr – siehe z. B. Mill, im Unterschied von der Distribution etc als eingefaßt in von der Geschichte unabhängigen ewigen Naturgesetzen dargestellt

---

118 Marx: Ökonomische Manuskripte 1857/58, a.a.O., 22.
119 Ebd., 22.

werden, bei welcher Gelegenheit dann ganz unter der Hand *bürgerliche* Verhältnisse als unumstößliche Naturgesetze der Gesellschaft in abstracto untergeschoben werden.[120]

Erst die »bürgerliche« Philosophie des 18. und 19. Jahrhunderts, die Marx hier im Auge hat (»siehe z. B. Mill«), habe so etwas wie eine Geschichte des isolierten Individuums erfunden, welches in seiner Vereinzelung die Möglichkeit eines vor-gesellschaftlichen bzw. vor-zivilisatorischen Zustands des Individuums suggeriere – und sich für das Feld der Ökonomie, zur Illustration von Produktion und Distribution unter den Bedingungen ›moderner‹, d. h. vereinzelter und isolierter Individualität, die *Robinsonade* als ihre Schlüsselerzählung gegeben habe:[121]

> Da die politische Ökonomie Robinsonaden liebt, erscheine zuerst Robinson auf seiner Insel. Bescheiden, wie er von Haus aus ist, hat er doch verschiedenartige Bedürfnisse zu befriedigen und muß daher nützliche Arbeiten verschiedener Art verrichten, Werkzeuge machen, Möbel fabrizieren, Lama zähmen, fischen, jagen usw. Vom Beten u. dgl. sprechen wir hier nicht, da unser Robinson daran sein Vergnügen findet und derartige Tätigkeit als Erholung betrachtet. Trotz der Verschiedenheit seiner produktiven Funktionen weiß er, daß sie nur verschiedne Betätigungsformen desselben Robinson, also nur verschiedne Weisen menschlicher Arbeit sind. Die Not selbst zwingt ihn, seine Zeit genau zwischen seinen verschiednen Funktionen zu verteilen. […] Die Erfahrung lehrt ihn das, und unser Robinson, der Uhr, Hauptbuch, Tinte und Feder aus dem Schiffbruch gerettet, beginnt als guter Engländer bald Buch über sich selbst zu führen.[122]

Marx wendet die Konkurrenz-Narration der ›bürgerlichen‹ Ökonomie – Mill, Smith, Ricardo u. a. – in der ironischen Paraphrasierung der Robinsonade also gegen sich selbst.[123] Deutlich artikuliert sich hier eine Erzählerstimme, die sich durch einen ironischen und beinahe spöttischen Tonfall auszeichnet. Ohne genauer danach zu fragen, inwiefern hier Ähnlichkeiten zu konkreten literarischen Genres bestehen, lässt sich dennoch unschwer registrieren, dass Marx mit Hilfe

---

120 Ebd., 24.
121 Begründet ist die von Marx hier vorgebrachte Kritik der politischen Ökonomie nach Smith und Mill mit einer Kritik der bürgerlichen Aufklärungsphilosophie insgesamt, die sich vor allem gegen die u. a. auf Rousseau zurückgehende Anthropologie des Individuums richtet.
122 Karl Marx: Das Kapital. Kritik der Politischen Ökonomie. Erster Band, in: Karl Marx / Friedrich Engels: Werke. Bd. 23, nach der vierten, von Friedrich Engels durchgesehenen und hrsg. Auflage Hamburg 1890, hrsg. v. Institut für Marxismus-Leninismus beim ZK der SED, Berlin 1962, 90 f.
123 Auch wenn der Protagonist Robinson bei Ricardo oder Smith nicht explizit genannt wird, gründen ihre Theorien dennoch in einem Robinsonaden-Arrangement; siehe dazu überzeugend: Werner Binder: Die Robinsonade, in: Farzin, Sina / Laux, Henning (Hg.): Gründungsszenen soziologischer Theorie, Wiesbaden 2014, 139–154, bes. 144–149; auch ihre neoklassischen Nachfolger, namentlich Carl Menger, Friedrich von Wieser oder Heinrich Dietzel, werden immer wieder, wie noch gezeigt werden wird, auf Robinson bzw. die Robinsonade zurückgreifen.

von stilistischen Mitteln an der Destruktion der Glaubwürdigkeit und Plausibilität der Robinson-Erzählung arbeitet. Diese distanzierte Sprecherposition ist insofern funktional, als sie durch eine ironische Wendung der Erzählung ihre ökonomische Argumentationslogik dem Bereich wissenschaftlicher Argumentation entfremdet und demgegenüber ihre Fiktionalität und Konstruiertheit (›Robinson *erscheine* auf seiner Insel‹) herausstellt. Die Robinsonade wird somit als bürgerliche Fiktion, als ästhetische Rechtfertigung für die vermeintlich naturgesetzlichen, in den Worten Marx' – »bürgerlichen« – Logiken ungleicher Verteilung von Werten beschrieben und im Sinne einer kontrastierenden Gegenerzählung als »ästhetische[r] Schein« und als »Täuschung« entlarvt.[124] Die Robinson-Erzählung wird für Marx also zu einer ›falschen‹ Erzählung, die Beleg sei für eine die ›Wahrheit‹ der ökonomischen Verhältnisse verschleiernden Theorie, Methodologie und Anthropologie der Klassischen Ökonomie, und somit einen – auch erzählerischen – ›Betrug der Besitzenden an den Unbesitzenden‹ bedeute.

Allerdings: In der direkten kontrastiven Neben- und Gegenüberstellung wird das eigene Konzept der Historizität des gesellschaftlich-ökonomischen Prozesses und der anthropologisch-notwendigen Gesellschaftsförmigkeit des menschlichen Seins bezeichnenderweise ebenso im Modus der Narration, als eine *Gegenerzählung*, hervorgebracht:

> Stellen wir uns endlich, zur Abwechslung, einen Verein freier Menschen vor, die mit gemeinschaftlichen Produktionsmitteln arbeiten und ihre vielen individuellen Arbeitskräfte selbstbewußt als eine gesellschaftliche Arbeitskraft verausgaben. Alle Bestimmungen von Robinsons Arbeiten wiederholen sich hier, nur gesellschaftlich statt individuell. Alle Produkte Robinsons waren sein ausschließlich persönliches Produkt und daher unmittelbar Gebrauchsgegenstände für ihn. Das Gesamtprodukt des Vereins ist ein gesellschaftliches Produkt. Ein Teil dieses Produkts dient wieder als Produktionsmittel. Er bleibt gesellschaftlich. Aber ein anderer Teil wird als Lebensmittel von den Vereinsgliedern verzehrt. Er muß daher unter sie verteilt werden. Die Art dieser Verteilung wird wechseln mit der besonderen Art des gesellschaftlichen Produktionsorganismus selbst und der entsprechenden geschichtlichen Entwicklungshöhe der Produzenten. Nur zur Parallele mit der Warenproduktion setzen wir voraus, der Anteil jedes Produzenten an den Lebensmitteln sei bestimmt durch seine Arbeitszeit. Die Arbeitszeit würde also eine doppelte Rolle spielen. Ihre gesellschaftlich planmäßige Verteilung regelt die richtige Proportion der verschiednen Arbeitsfunktionen zu den verschiednen Bedürfnissen. Andrerseits dient die Arbeitszeit zugleich als Maß des individuellen Anteils des Produzenten an der Gemeinarbeit und daher auch an dem individuell verzehrbaren Teil des Gemeinprodukts. Die gesellschaftlichen Beziehungen der Menschen zu ihren Arbeiten und ihren Arbeitsprodukten bleiben hier durchsichtig einfach in der Produktion sowohl als in der Distribution.[125]

---

124 Marx: Ökonomische Manuskripte 1857/58, a.a.O., 21f.
125 Marx: Kapital, a.a.O., 92f.

Gegen eine die ›wahren‹ Gesetze von ökonomischer Produktion und Distribution verschleiernden, gegen eine die Fiktion der isolierten und individualistischen Produktion idealisierenden Abenteuergeschichte des Robinson, setzt Marx nun ein Konzept, das selbst fiktional und utopisch ist und diese Verfasstheit auch selbstbewusst markiert. Das Ökonomische erscheint als eine Form der Vergesellschaftung, als »Verein freier Menschen«, und wird im Sinne eines Gedankenexperiments imaginiert (»*stellen wir uns* endlich, zur Abwechslung [...] *vor*«). Dass das theoretische Konzept zunächst als Vor-Stellung, als gedankliches Vor-Augen-Stellen, als Utopie eingeführt wird, ist sprachlich unter anderem durch den Gebrauch des Futurs (»wird wechseln«) und konjunktivischer Sprechweisen (»setzen wir voraus [...] sei«, »würde«) markiert. Der theoretisch-hypothetische Zustand von gemeinschaftlicher Produktion und gerechter Güterverteilung zeichnet sich – in der Imagination – durch Identität und Evidenz aus (»durchsichtig einfach«). Die Theorie der Arbeitswertlehre – »der Anteil jedes Produzenten an den Lebensmitteln sei bestimmt durch seine Arbeitszeit« – ist also nicht nur eingebettet in ein utopisch-erzählerisches Arrangement, vielmehr entwirft sie sich als theoretisches Konzept erst in einer narrativen Kontrast-Logik von Erzählung und Gegenerzählung.

2.2.3. *Oiken*-Wirtschaft – »Das ganze Haus«

Ähnliche textuelle Strategien der Einbettung und Konturierung eines theoretischen Konzepts durch Narration und kontrastierende Anordnungen verschiedener erzählerischer Elemente finden sich in einer Vielzahl weiterer Schriften der Volkswirtschaftslehre. So erhält das Konzept des »ganzen Hauses«, des *oikos*, in Büchers *Entstehung der Volkswirtschaft* erst in der narrativen Ausfaltung eine spezifisch *deutsche* Variante, die gegen die patriarchale proto-kapitalistische *Oiken*wirtschaft des römischen Hausherrn bzw. Großgrundbesitzers profiliert wird. Im Sinne einer Binnenerzählung, als Erzählung in der Erzählung über die altgermanische Sippenwirtschaft und der auf dem *Oikos*prinzip aufruhenden Fronhofsverfassung des deutschen Frühmittelalters, zeichnet Bücher über mehrere Seiten das Bild einer römischen Form der geschlossenen Hauswirtschaft,[126] welche durch Kälte und Rohheit, durch Klassenbildung, durch Mechanismen von Herrschaft, Zwang und Unfreiheit auf der einen und immensen Reichtum und ausschweifenden, dekadenten Luxus auf der anderen Seite gekennzeichnet ist. In der römischen Variante der *Oikos*-Wirtschaft gebe es, so Bücher,

---

126 Bücher: Entstehung der Volkswirtschaft, a. a. O., 116–122.

nur große und kleine Besitzer, Reiche und Arme. Drängt der Reiche den Armen aus dem Besitze des Grund und Bodens, so macht er ihn dadurch zum Proletarier [...]. Daher jene kolossale Latifundienbildung, jene unermeßlichen Sklavenscharen, die sich in den Händen einzelner Besitzer konzentrieren und unter denen die Arbeitsgliederung eine so vielfältige war, daß ihre Erzeugnisse und Leistungen auch den verwöhntesten Geschmack zu befriedigen vermochten. [...] Zugleich aber bot dieses massenhafte Menscheneigentum ein Mittel zur Vermehrung der großen Vermögen, das sich nur mit den Riesenkapitalien der modernen Millionäre vergleichen läßt.[127]

[...]

Es war eine unglaubliche Menschenverschwendung, die hier getrieben wurde; schließlich aber wurde mittels dieses vielarmigen, durch ein großartiges Züchtungs- und Erziehungssystem erhaltenen Organismus der geschlossenen Hauswirtschaft die persönliche Kraft des Sklavenherrn vertausendfacht, und dieser Umstand trug wesentlich dazu bei, die Herrschaft einer Handvoll Aristokraten über eine halbe Welt zu ermöglichen.[128]

Die Geschichte der römischen Wirtschaft wird selektiv und in typisierter Form durch den Blick einer starken Sprecherposition nacherzählt, die sich als ordnende und urteilende erzählerische Instanz etwa durch wertende Adjektive (»unermeßlich«, »unglaublich«, »großartig«), hyperbolische Wendungen (»vertausendfacht«, »Herrschaft einer Handvoll [...] über die halbe Welt«) oder starke Typisierungen (*der* Reiche vs. *der* Arme) kenntlich macht. Hier artikuliert sich also ein durch und durch rhetorischer Sprachstil, der das Bild der römischen Hauswirtschaft diskursiv herstellt – und dieses dann, im Modus und in der Logik des Erzählens verbleibend, narrativ weiterverarbeiten und funktionalisieren kann. Die analogischen und vergleichenden Momente – der Sklave wird zum »Proletarier«, der römische Aristokrat wird zum »modernen Millionär«, die römische *Oiken*wirtschaft ist geprägt von kapitalistischer »Konzentration« und »Arbeitsgliederung« – führen in ihrer A-Historizität die Textlogik aus dem Bereich des faktischen historischen Tatsachenberichts auf ein Feld narrativer Gestaltungsmöglichkeiten. Im Sinne einer kontrastiven Erzähllogik geht erst daraus das charakteristische Wesen der geschlossenen Hauswirtschaft des deutschen Mittelalters hervor:

Aber in einem wichtigen Punkte unterscheidet sich diese Entwicklung der arbeitsteiligen Großwirtschaft von der römischen. In Rom verschlingt der große Grundbesitz den kleinen und ersetzt den Arm des Bauern durch den des Sklaven, um diesen später in den Kolonen umzuwandeln. Der wirtschaftliche Fortschritt, der in der großen Oikenwirtschaft liegt, mußte erkauft werden mit der Proletarisierung des freien Bauernstandes. In der Fronhofsverfassung des Mittelalters wird der freie Kleingrundbesitzer zwar dinglich abhängig; aber er wird nicht aus dem Besitze gedrängt; er bewahrt

---

127 Ebd., 117f.
128 Ebd., 120.

eine gewisse persönliche und wirtschaftliche Selbständigkeit und nimmt zugleich Teil
an der reicheren Güterversorgung, die im System der geschlossenen Hauswirtschaft
der Großbetrieb gewährleistet.[129]

Das Potenzial der erzählerischen Formbarkeit trägt zugleich Möglichkeiten der
Idealisierung in sich. Im Kontrast zum römischen Sklaven, der bloß ›proleta-
risierte‹ Verfügungsmasse ist, wird das Idealbild des »freien« deutschen Bauern
gezeichnet. In Büchers Erzählung wird der Bauer des deutschen Mittelalters zu
einem selbstständigen und mündigen Glied des ökonomischen Prozesses stili-
siert. Als Teil einer ihn schützend umschließenden geschlossenen Hauswirtschaft, behalte er – so Bücher – seinen Besitz, seinen Status als Person und
partizipiere nicht nur an der Produktions-, sondern auch an der Konsumti-
onsgemeinschaft des *oikos*.

2.2.4. »Der collective Kampf ums Daseyn« – Die nationalökonomische Umdeutung des Darwinismus

Die Beobachtung, dass die Nationalökonomie eine erzählende Theorie ist, und
sich im letzten Drittel des 19. Jahrhunderts in ihrer Narrativität weiter aus- und
binnendifferenziert, wird auch mit Blick darauf plausibel, dass sie über die
Konstruktion von Vergleichsebenen und über Verfahren der Analogiebildung
ihrerseits bereits präformierte Erzählungen absorbiert. Ein schlagendes Beispiel
für diese Diskursstrategie der Adaption einer vorgefertigten *histoire* bildet die
Aufnahme und Funktionalisierung von evolutionistisch-darwinistischen Er-
zählbeständen, die ab 1870 auch in den Diskurs der Nationalökonomie Eingang
finden. In drei langen Beiträgen für die *Zeitschrift für die gesamte Staatswissenschaft*, in denen die zentralen Aspekte von Albert Schäffles Großwerk *Bau
und Leben des socialen Körpers* in *nucleo* referiert werden, geht es dem Verfasser
darum, den sozio-ökonomischen Modernisierungsprozess im »Licht der
Zuchtwahltheorie« darzustellen.[130] Mit Blick auf den narrativen Darstellungsmodus der ökonomischen Theorie lässt sich hier ein Verfahren der narrativen
Analogiebildung beobachten, welches das gewissermaßen vorgefertigte Erzählschema des Darwinismus und seine entsprechenden Schlagworte – *Kampf
ums Dasein, survival of the fittest, Natürliche Auslese* – auf die Volkswirtschaftslehre überträgt, modifiziert und funktionalisiert. Gegen die in der Zeit
zirkulierenden, populären Darwinismus-Exegesen,[131] unternimmt Schäffle zu-

---

129 Ebd., 122.
130 Albert Schäffle: Der collective Daseinskampf. III., in: Zeitschrift für die gesammte
    Staatswissenschaft 35 (1879), H. 2, 234–283, 235.
131 Vgl. Andreas Daum: Wissenschaftspopularisierung im 19. Jahrhundert. Bürgerliche Kul-

nächst eine (Neu-)Interpretation der darwinistischen Selektionslehre und der Theorie vom »Kampf ums Dasein«. Schäffle stellt, Darwin zunächst nur referierend, fest, dass

> in der organischen Welt nicht ein allgemeiner *atomistischer* Kampf der letzten vitalen Einheiten gegen einander herrscht. Vielmehr die wunderbar gegliederte Gemeinschaft solcher Einheiten zum collectiven Kampf ums Daseyn gegen die todte Natur und gegen concurrierende Lebewesen sehen wir in Gestalt von individuellen Organismen, von Heerden und von Staaten hier auftreten. Wenigstens bildet anarchische Concurrenz um die Nahrung nicht den *regelmäßigen* Zustand im Innern des Zellstaates (Organismus), der Heerdengemeinschaft, des Thierstockes und Thierstaates.[132]

Schäffle argumentiert hier gegen eine »atomistische« Lesart Darwins, die die Prinzipien vom *Kampf Aller gegen Alle* und des *survival of the fittest* in einer falsch verstandenen Analogie als eine vulgäre sozialdarwinistische Lehre auffasse, nach welcher sich das Soziale auf natürliche Weise und von selbst durch die Kämpfe rivalisierender Individuen und widerstreitender ökonomischer Egoismen strukturiere. Gegen diese falsche Darwin-Lesart, die den ›Kampf zwischen den Einzelnen‹ zum *movens* sozialer und ökonomischer Evolution stilisiere und als Rechtfertigung für ökonomische Organisationsweisen funktionalisiere, die durch unumschränkte, »anarchische Concurrenz« gekennzeichnet sind, betont Schäffle ein Moment der *Kooperation*, des gemeinschaftlichen ökonomischen Wollens im Sinne eines gemeinschaftlichen Daseinskampfes. Er meint, dass

> innerhalb der menschlichen Gesellschaft *cooperative Gemeinschaft* und *Hingebung* an die *Gemeinschaft* es ist, was stark macht für den Kampf der Selbsterhaltung, und sogar den Ausschlag geben kann für das ›Überleben des Vollkommenen‹.[133]

Auch hier zeigt sich, wie das ›individualistische Prinzip‹ in kompensatorischer Weise zu einem ›kollektivistischen‹ umgedeutet wird. Mit der analogischen Applikation des darwinistischen Konkurrenz- und Selektions-Narrativs auf das Gebiet des Gesellschaftlichen ist somit zugleich ein Umerzählen bezeichnet; Schäffle hebt in der eigenen Erzählung vom modernen ökonomischen Entwicklungsprozess ein Element hervor, das die Prinzipien von Rivalität und Konkurrenz auf eine kollektive Ebene verlagert, auf welcher sich nicht Individuen, sondern geschlossene Gemeinschaften im *Kampf ums Dasein* gegenüberstehen:

---

tur, naturwissenschaftliche Bildung und die deutsche Öffentlichkeit 1848–1914, 2., erg. Aufl., München 2002, bes. 65–85.

132 Albert Schäffle: Der collective Kampf ums Daseyn. Zum Darwinismus vom Standpunkt der Gesellschaftslehre, in: Zeitschrift für die gesammte Staatswissenschaft 32 (1876), H. 1, 89–150, 150.

133 Ebd., 92.

Der Kampf der Menschen untereinander und wider die Natur wird mit *vereinten Kräften* geführt. *Es sind immer mehr Collectivsubjekte, Collektivkräfte, welche im Ringen ums Dasein auftreten.*

[…]

Diese Kämpfe erweisen sich nicht als die Absicht einer die Geschichte überwaltenden menschlichen Vorsehung, sondern als ein des einheitlichen Planes entbehrendes Zusammenstossen und Rivalisiren im Daseinskampfe, d. h. als Vorgänge natürlicher Zuchtwahl.[134]

Damit ist ein Erzählverlauf in das Entwicklungsstufen-Narrativ der National-ökonomie integriert, der die historischen Wandlungsprozesse der Wirtschaft nicht als ein geschichtsphilosophisches *telos* einer zu sich selbst kommenden Geschichte (»Vorsehung«) imaginiert. Ökonomie und Gesellschaft entfalteten sich – vergleichbar mit den Evolutionsprozessen der Natur – als eine Geschichte, die von fortwährenden ökonomischen und sozialen Kämpfen vorangetrieben werde und die sich evolutionistisch als historische Entwicklung vom Urzustand menschlicher Gemeinschaftsbildung hin zur modernen Vergemeinschaftung in der nationalen Ökonomie fortbewege. Eine Erzählung, die den Lauf der Geschichte als den Prozess einer natürlichen, auf Vererbung / Tradition sowie Variation / Anpassung beruhenden Evolution nachzeichnet.[135] Damit wird der Geschichte des Gesellschaftlichen, den Prozessen ökonomischer Zivilisierung und Modernisierung eine quasi-mythische *histoire* gegeben, vor deren unhintergehbarem narrativem Grund – dem darwinistischen, ins Kollektive vergrößerten *Kampf ums Dasein* – die moderne bürgerliche Gesellschaft und ihre ideale ökonomische Organisationsform, die Volkswirtschaft, zum Resultat von »Vorgängen natürlicher Zuchtwahl« und somit zum »Ergebniss natürlicher Auslese« werden.[136] Mit der narrativen Aneignung seines Erzählschemas durch die Nationalökonomie ist allerdings zugleich auch eine Umdeutung des Darwinismus markiert. Zielpunkt des Sozialen ist in dieser Variante nicht die eigentliche Evolution im Sinne eines *differenzierenden* Prozesses der Ausfaltung und Vervielfältigung, durch welche sich das gesellschaftliche Ganze aus- und zergliedere. Die Nationalökonomie erzählt den *Kampf ums Dasein* vielmehr in einem eigentlich gegen-evolutionistischen, *re-differenzierenden* Sinne als Geschichte des Zusammenschlusses und der Vergemeinschaftung, der Bildung von Identität und nicht als Geschichte fortwährender Entfaltungen und Differenzbildungen. Über die darwinistische Hierarchisierungslogik von Konkurrenz und Rivalität des sozialen und ökonomischen Lebens heißt es zwar:

---

134 Schäffle: Der collective Daseinskampf III, a. a. O., 239f.
135 Siehe ebd., 246–251.
136 Ebd., 244.

Denn sie ist fortdauernde Auslese, welche in allen Sphären des socialen Lebens alle Kräfte anregt, die besten Kräfte zur Führung erhebt und zu Herrschaft und Ausbreitung bringt, den gesundesten Ideen den Sieg verschafft.[137]

Im Sinne einer Umdeutung bzw. Neu-Akzentuierung wird das darwinistische Moment von der Höher- und Weiterentwicklung durch Konkurrenz- und Rivalitätskämpfe jedoch um ein einschränkendes, sozial-ethisches Moment erweitert. In Schäffles Interpretation ist innerhalb der nationalen Ökonomie das Prinzip der Konkurrenz nur als fairer, nach Regeln sich vollziehender Wettbewerb und in funktionalem Bezug auf das Fort- und Weiterbestehen ›des Ganzen‹ legitim. Damit ist eine normative und präskriptive Wendung markiert, die dem Darwinismus eigentlich völlig fremd ist. Wettbewerb sei da nicht legitim, so Schäffle,

wo er der einheitlichen Zusammenfassung der Glieder zum Wollen und Handeln sich entgegenstemmt, indem er den Egoismus auf Kosten des Gemeinsinns und der Vaterlandsliebe züchtet, oder wo der innere Kampf wieder die Gestalt bestialen Vernichtungs- und Aussaugungskampfes annimmt, welcher die Elemente der Gesammtkraft zerstört und schwächt.[138]
[…]
Je edler das Interesse beim Wettstreit wird, je weniger einseitig um materielle Vortheile, je mehr um den Sieg hoher Ideen und um die Liebe und Achtung der Mitbürger gerungen wird, desto höher wird die Civilisation steigen, desto mehr wird Gemeinsinn gezüchtet werden, weil Rivalität schon dem Objecte nach nicht dem zerreissenden Egoismus der Geld- und Ehrsucht Vorschub leistet.[139]

Exemplarisch kann hier gezeigt werden, wie der Diskurs der Volkswirtschaftslehre einen präformierten narrativen Verlauf zunächst analogisch auf das Feld des Sozialen und Ökonomischen überträgt, ihn sodann als einen Prozess der Moderne erzählt, der von ökonomischem Konkurrenzgeschehen und marktwirtschaftlichen Existenzkämpfen vorangetrieben wird, um diesen Erzählverlauf schließlich umzudeuten, zu funktionalisieren und normativ zu wenden. Die im Folgenden zitierten Stellen zeigen, wie die zentralen darwinistischen Schlagworte – *Kampf ums Dasein, survival of the fittest, Konkurrenz, Selektion* – in einem erzählerischen Arrangement in eine eigene Erzählung, die ihr *telos* in einem evolutionär determinierten Prozess der bürgerlichen Vergemeinschaftung hat, überführt und integriert werden:

Der Mechanismus der socialen Auslese dient dem Fortschritt der Schöpfung zur Höhe einer moralischen Welt.[140]
[…]

---

137 Ebd., 245.
138 Ebd., 244.
139 Ebd., 265.
140 Ebd., 267.

> Die letzte Wirkung der natürlichen Auslese ist die Herausbildung der civilisierten
> Gesellschaft als der stärksten lebensfähigen Collectivkraft.
> [...]
> [O]hne *Sitte* und *Recht*, ist die Ausbildung und Erhaltung der riesigen Collectivkraft
> Gesellschaft gar nicht möglich. Durch diese Ordnungen wird erst aus dem wilden,
> zerreissenden, spaltenden, bestialen Daseinskampf ein civiler, gesellschaftsbildender,
> zusammenführender, menschlicher Existenzkampf.[141]

Die Gestalt der modernen Gesellschaft wird damit aus einem ethisch und kollektivistisch gewendeten darwinistischen Erzählverlauf genetisch hergeleitet, in
dessen narrativer Logik die sittliche Entwicklung zur »Höhe einer moralischen
Welt« und zur »civilisierten Gesellschaft« den evolutionären Zielpunkt und die
notwendige Folge der sozialen Evolution bildet. Die nationalökonomische Vergemeinschaftung, so der szientische Sinn dieser Analogie, ist also kein Mythos,
sondern eine (natur-)wissenschaftlich beweisbare Tatsache. Diese hier sichtbar
werdende Argumentation – analogische Übertragung des Darwinismus und
seine integrierend-vergemeinschaftende Umdeutung –, die, das sei nebenbei
bemerkt, etwa Émile Zolas Überlegungen zu einem ›wissenschaftlichen‹ *roman
expérimental* zeitlich *vorausgeht*, wird im naturalistischen Sozialroman in umfassender Weise literarisch auserzählt werden.[142]

2.3. Die Funktionen der nationalökonomischen Sprache im Blick auf das *kulturelle Wissen* – Popularisierung, Verschlagwortung, Interdiskurs

Erste Hinweise auf die spezifische und eigentümliche Verfasstheit des nationalökonomischen Diskurses geben bereits die vielsagenden Verfahrensbekun-
dungen der Nationalökonomen in Bezug auf die Genese der eigenen Theorien
und Konzepte: Knies etwa weist in der Mitte des 19. Jahrhunderts darauf hin,
dass das eigene wissenschaftliche Schreiben immer zugleich auch »künstlerische Reproduction« sei.[143] Schmoller gibt in der Vorrede zu seinem *Grundriß* das
Vorhaben an, die »Bruchstücke« der eigenen Überlegungen »zu einem Ganzen
zu vervollständigen«.[144] Als spezifische Leistung der eigenen Disziplin sieht der
Verfasser an anderer Stelle auch an, die verwirrende und diffuse Geschichte der
ökonomischen und gesellschaftlichen Modernisierung »zu einer Erzählung

---

141 Ebd., 268f.
142 Konkret in Gestalt von Conrad Albertis sechsteiligem Roman-Zyklus *Der Kampf ums Da-
     sein*, der zwischen 1888 und 1895 erscheint; s. etwa schon einmal die programmatische
     Erklärung *Statt der Vorrede* im 4. Teil der Reihe: Conrad Alberti: Mode, Berlin 1892, o. S.
143 Knies: Politische Oekonomie, a. a. O., 4.
144 Schmoller: Grundriß der Allgemeinen Volkswirtschaftslehre, a. a. O., V.

vereinigt« zu haben.[145] Tatsächlich wird die Forderung aus der Frühphase der deutschen Volkswirtschaftslehre, die eigenen Theorien »jedem gebildeten Verstand zugänglich zu machen«,[146] d. h. möglichst weit im Wissen der Zeit zu verbreiten, – nach den Selbstaussagen der Nationalökonomie – auch eingelöst, insofern Schmoller im zweiten Band seines *Grundrisses* feststellt, dass nicht nur Begriffe, Konzepte und Kategorien, sondern vielmehr auch der durch die eigene Wissenschaft »geschaffene Sprachgebrauch weit verbreitet« sei.[147] Die sprachliche Produktivität der Nationalökonomie zeigt sich also nicht nur darin, dass sie auf einer elementaren Ebene ein Lexikon der ökonomischen Sprache hervorbringt – etwa mit den Lemmata *Produktion und Produktivität, Arbeit und Arbeitsteilung, Wert, Kredit, Gemeinwohl, Konsum, Luxus, Bedürfnis und Bedarf* u. a. Max Weber wird nach der Jahrhundertwende nicht nur die Begriffe der zeitgenössischen und vorgängigen Wirtschaftswissenschaft als der »Sprache des Lebens entnommene[] *Kollektiv*begriffe«, als »Schlagworte« und »Phrase[n]« bezeichnen;[148] im gleichen Atemzug kommt er auch zu dem Schluss, dass das Ökonomische, zumal in der typisch deutschen Verengung auf sein historisches Gewordensein, von dem hinter ihm liegenden 19. Jahrhundert insgesamt überschätzt worden sei.[149]

Implizit weist der Verfasser damit auf den enormen Einfluss der Nationalökonomie, bzw. besser: der nationalökonomischen Sprache hin. Zum einen ist die deutsche Volkswirtschaftslehre im 19. Jahrhundert eine Wissenschaft für Ökonomie, die auf Grund ihres exklusiven Expertenwissens und ihres zunehmend durch Institutionalisierung sich festigenden Status als moderne Spezialwissenschaft die Autorität darstellt für Fragen ökonomischer Prozesse und Entwicklungen. Zum anderen stellt sich diese Autorität vor allem als *sprachliche* Autorität über den Diskurs der Ökonomie dar.[150] Die Wissenschaft hat – in Deutschland –[151] bis um 1900 eine Hegemonie gegenüber jenen konkurrieren-

---

145 Gustav Schmoller: Volkswirtschaft, Volkswirtschaftslehre und -methode, in: Ders.: Historisch-ethische Nationalökonomie als Kulturwissenschaft. Ausgewählte methodologische Schriften, hrsg. v. Heino Heinrich Nau, Marburg 1998, 215 ff., 293.

146 List: Das nationale System der politischen Ökonomie, a. a. O., 7.

147 Schmoller: Grundriß der Allgemeinen Volkswirtschaftslehre, a. a. O., 669.

148 Weber: »Objektivität« sozialwissenschaftlicher und sozialpolitischer Erkenntnis, a. a. O., 210, 212; bezeichnenderweise ist der Bestandteil »*Kollektiv*[]« in Webers Einschätzung hervorgehoben.

149 Siehe ebd., 168.

150 Der Herausgeber von Lists Schrift, Artur Sommer: Vorbemerkungen zur Geschichte des Werkes, in: List: Das nationale System, a. a. O., VI–XVII, hier VIII, bemerkt, dass Lists Texte Ausdruck einer »neuen Sprache in der Wirtschaftswissenschaft« seien.

151 Vgl. auch die Beobachtungen, die Wolf Lepenies: Die drei Kulturen. Soziologie zwischen Literatur und Wissenschaft, Reinbek b. Hamburg 1998, im Blick auf die sehr unterschiedlichen Entwicklungen des sozialwissenschaftlichen Wissens in Deutschland und Frankreich macht.

den Disziplinen, die sich genau wie sie mit ›gesellschaftswissenschaftlichen‹ Fragen beschäftigen.[152] Zwischen 1850 und 1900 ist sie, wie es in der Einleitung zu einem einschlägigen Sammelband zum Thema *Kultur und Kulturwissenschaften um 1900* heißt, »Leitwissenschaft« und zugleich auch »Meinungsführungswissenschaft«.[153] Mit Blick auf ihre diskursive, sprachliche und textuelle Seite bilden ihre Schriften also ganz in diesem Sinne so etwas wie ein bzw. *das* »Archiv« für ökonomisch-kulturelles Wissen aus.[154] Hinweise auf die weite Einfluss- und Wirkungssphäre der nationalökonomischen Sprache ergeben sich bereits daraus, dass sich viele der führenden Köpfe der Disziplin nicht nur wissenschaftlich (und politisch bzw. ›politikberatend‹) betätigen, sondern auch publizistischen und redaktionellen Tätigkeiten nachgehen und damit eine Schlüsselposition einnehmen im Prozess der Popularisierung des gesellschaftlichen Wissens über Ökonomie.[155] Neben dem prominenten Beispiel Marx, der bekanntlich in den 1840er Jahren als Redakteur und Herausgeber der *Rheinischen Zeitung* bzw. später der *Neuen Rheinischen Zeitung* tätig war, gibt es eine Reihe von Belegen dafür, inwieweit Nationalökonomen an der Formierung des im ersten Drittel und zur Mitte des Jahrhunderts mit dem Erscheinen der ersten modernen Tageszeitungen hin entstehenden modernen öffentlichen Diskurses über Ökonomie beteiligt waren: Friedrich List ist in den 1830er und -40er Jahren Redakteur der *Allgemeinen Zeitung*, Albert Schäffle ab den 1850er Jahren Redakteur des *Schwäbischen Merkur* und Karl Bücher ist ab 1878 für die *Frankfurter Zeitung* tätig, um nur einige Beispiele zu nennen. Neben ihrer Funktion als

---

152 Vgl. Norbert Waszek: Die Staatswissenschaften an der Universität Berlin im 19. Jahrhundert, in: Ders. (Hg.): Institutionalisierung der Nationalökonomie, a. a. O., 266–301, der die vorrangige Stellung der Nationalökonomie gegenüber Rechtswissenschaft, Geschichtswissenschaft, Philosophie und Theologie beispielhaft an der Berliner Universität beschreibt. Siehe zum großen Einfluss der Historischen Schulen der Nationalökonomie bes. auch Gustav Schmidt / Jörn Rüsen (Hg.): Gelehrtenpolitik und politische Kultur in Deutschland 1830–1930, Bochum 1986.

153 Rüdiger vom Bruch, Friedrich Wilhelm Graf, Gangolf Hübinger: Einleitung. Kulturbegriff, Kulturkritik und Kulturwissenschaften um 1900, in: Dies. (Hg.): Kultur und Kulturwissenschaften um 1900, Bd. 1: Krise der Moderne und Glaube an die Wissenschaft, Stuttgart 1989, 9–24, 18; auch Friedrich Lenger: Sozialwissenschaft um 1900. Studien zu Werner Sombart und einigen seiner Zeitgenossen, Frankfurt/M., Berlin, Bern u. a. 2009, 120 spricht von der Nationalökonomie als einer »Leitwissenschaft«; siehe zur Dominanz der historischen Nationalökonomie und ihrer Vertreter (bes. Schmoller) auch Rüdiger vom Bruch, Björn Hofmeister (Hg.): Gelehrtenpolitik, Sozialwissenschaften und akademische Diskurse in Deutschland im 19. und 20. Jahrhundert, Stuttgart 2006.

154 Vgl. Baßler: Die kulturpoetische Funktion und das Archiv, a. a. O., hier bes. 176–205.

155 Für die basalen und dennoch sehr aufschlussreichen Informationen über politische und publizistische Tätigkeiten der behandelten Nationalökonomen sind, neben dem bereits genannten *Biographischen Lexikon zur Geschichte der deutschen Sozialpolitik 1871–1945* nach wie vor die Artikel der *Neuen Deutschen Biographie*, die seit einigen Jahren auch online zugänglich sind unter www.deutsche-biographie.de, eine sehr gute Anlaufstelle.

integrierende nationale Verklammerung eines die nationale ›Zersplitterung‹ kompensierenden öffentlichen Diskurses, liegt das Potenzial der Nationalökonomie mit Blick auf die weitreichende Distribution und Popularisierung ihrer theoretischen Konzepte, ihrer Erzählungen und ihres Wissens mehr noch in der spezifischen sprachlichen Verfasstheit ihres Diskurses selbst: Nationalökonomisches Wissen ist im 19. Jahrhundert gerade deshalb popularisierbar, weil es kein exaktes, ›faktizistisches‹, deduktiv-mathematisches ›Wissen der Formel‹ ist.[156]

Aufgrund dieser seiner eigensinnigen sprachlichen Verfasstheit kann das Wissen der Nationalökonomie ab dem ersten Drittel des 19. Jahrhundert Eingang finden in das zunehmend sich entwickelnde Feld der Literatur-, Familien- und Kulturzeitschriften.[157] Zeitschriften wie die *Blätter für literarische Unterhaltung*, das *Deutsche Museum*, *Westermanns Monatshefte*, *Die Gartenlaube*, die *Deutsche Roman-Zeitung* oder *Der Salon* sind nicht nur ein zentraler Bestandteil des ›Literatursystems Realismus‹.[158] Neben Literarischem finden sich in den Zeitschriften wirtschaftstheoretische und -historische Beiträge und Artikel in großer Zahl und in je unterschiedlichen Komplexitäts- und Popularisierungsgraden. Oftmals weisen sie zudem auch ein erstaunlich differenziertes Rezensionswesen wirtschaftstheoretischer Fachliteratur auf:[159]

In den *Blättern für literarische Unterhaltung* (1826 ff.) erscheinen beispielsweise Beiträge über »Die Bedeutung des Handels« (in Jg. 1828), über das »Geld und Preise« (Jg. 1848), Artikel »Über das Actienwesen« (Jg. 1838) und über »Die Hansestädte und der Deutsche Zollverein« (Jg. 1847). Daneben findet sich eine

---

156 1864 beklagt etwa der Nationalökonom Adolph Wagner das mangelnde Verständnis seiner Disziplin für mathematische Zusammenhänge; er bescheinigt seinen Kollegen ein »dunkle[s] Gefühl der Aversion gegen die ziffermäßige Behandlung vieler den Menschen betreffenden Fragen«; Adolph Wagner: Die Gesetzmässigkeit in den scheinbar willkührlichen menschlichen Handlungen vom Standpunct der Statistik, Hamburg 1864, XIIIf. Tatsächlich bezeichnet Schmoller noch um die Jahrhundertwende die mathematische Berechnung ökonomischer Vorgänge als »Fiktion«, Schmoller: Volkswirtschaft, Volkswirtschaftslehre und -methode, a.a.O., 358.

157 Siehe Sibylle Obenaus: Literarische und politische Zeitschriften, Bd. 1: 1830–1848, Bd. 2.: 1848–1880, Stuttgart 1986/87. Vgl. dazu auch den historischen Teil bei Wülfing: Schlagworte des Jungen Deutschland, a.a.O., 59 ff.

158 Vgl. Eva D. Becker: Literaturverbreitung, in: McInnes, Edward / Plumpe, Gerhard (Hg.): Bürgerlicher Realismus und Gründerzeit. 1848–1900, München / Wien 1996, 108–143, besonders den Abschnitt zu den *Familienzeitschriften* 116–129 sowie Rudolf Helmstetter: Die Geburt des Realismus aus dem Dunst des Familienblattes. Fontane und die öffentlichkeitsgeschichtlichen Rahmenbedingungen des poetischen Realismus, München 1997.

159 Die genauen bibliographischen Nachweise der folgenden Beispiele sowie ein Verzeichnis vieler weiterer Beispiele für die Präsenz von Ökonomie und ökonomischer Theorie in den genannten Zeitschriften finden sich in den entsprechenden Bänden der *IBDK*: Alfred Estermann: Inhaltsanalytische Bibliographien deutscher Kulturzeitschriften des 19. Jahrhunderts – IBDK –, 10 Bde., München [u.a.] 1995/96.

Vielzahl an Besprechungen der einschlägigen ökonomischen Fachliteratur der
Zeit, nicht nur der deutschen Volkswirtschaftslehre – etwa Rezensionen zu
Alexander Lips *Deutschlands Nationalökonomie* (Jg. 1830), zu Heinrich von
Thünens *Der isolierte Staat in Beziehung auf Landwirthschaft und Nationalökonomie* (Jg. 1828) oder zu Karl Heinrich Raus *Grundsätze der Volkswirt-
schaftslehre* (Jg. 1827) –, sondern auch der politischen Ökonomie der europäischen Nachbarländer – beispielsweise Rezensionen zu Pierre-Joseph Proudhons
Système des contradictions économiques (Jg. 1848), zur deutschen Übersetzung
von Jean-Baptiste Says *Cours d'économie politique pratique* (Jg. 1829) oder zu
Veröffentlichungen Simonde de Sismondis (Jg. 1837). Berichtet wird auch über
das Erscheinen neuer nationalökonomischer bzw. staatswissenschaftlicher
Fachzeitschriften, in Zeitschriftenjahrgang 1827 etwa über die *Staatswirth-
schaftlichen Anzeigen* sowie das Erscheinen des *Archivs für Kameralrecht*.

Im *Deutschen Museum* (1851 ff.) finden sich Beiträge zu den »Epochen der
Handelsgeschichte« (Jg. 1866), zum Thema »Die Volkswirtschaftslehre und die
Geschichte« (Jg. 1865), zu »Die Speculation« (Jg. 1854) oder zum Verhältnis von
»Nationalökonomie und Nationalpolitik« (Jg. 1861) sowie Rezensionen zu
Wilhelm Roscher (Jg. 1856), zu Karl Dietzels *Die Volkswirthschaftslehre und ihr
Verhältniß zu Gesellschaft und Staat* (Jg. 1865) und zu weiteren Schriften ein-
schlägiger Wirtschaftswissenschaftler.

In *Westermanns Monatsheften* (1856 ff.), die, das sei schon einmal vorweg-
genommen, ab 1878 von Friedrich Spielhagen herausgegeben werden, wird
unter anderem berichtet über »Neuigkeiten der Industrie« (Jg. 1864), über »Die
naturwissenschaftlichen Grundlagen der Nationalökonomie« (1858); ein Artikel
wird mit »Der Handwerker auf der Zeitenscheide« (1857) überschrieben. Re-
zensiert werden etwa Eugen Dührings *Kritische Geschichte der Nationalökonomie und des Socialismus* (Jg. 1876), die deutsche Übersetzung von Adam Smiths
Wealth of Nations – Natur und Ursachen des Volkswohlstandes – (Jg. 1879),
Adolph Wagners *Lehrbuch der politischen Oekonomie* (Jg. 1878) oder Roschers
Ansichten der Volkswirthschaft (Jg. 1880).

Die Gartenlaube (1853 ff.) weist weniger Rezensionen auf, dafür aber zahllose
Artikel und Beiträge mit Titeln wie »Ein Gang durch eine Zuckerfabrik«
(Jg. 1862), »Die Humanität in der Fabrik« (Jg. 1855), »Das Genossenschaftswesen in Deutschland« (Jg. 1877), »Deutschlands Arbeiter« (Jg. 1863), »Vom
Luxus. Etwas Volkswirthschaftliches« (Jg. 1858), um nur einige exemplarisch zu
nennen. Darüber hinaus erscheinen in der *Gartenlaube* auch ganze Berichts-
serien, die sich mit ökonomischen Themen über teils mehrere Jahrgänge hinweg
befassen: Beispielsweise die Fortsetzungsberichte »Aus der Gewerbswelt«
(Jg. 1853/54), »Bilder aus der kaufmännischen Welt« (Jg. 1864/65), »Handwer-
ker-Briefe« (1855) sowie die über zwei Jahrzehnte sich erstreckende Serie
»Deutschlands große Werkstätten« (Jg. der 1860er/70er) oder eine 12-teilige

Artikelfolge von Otto Glagau mit dem Titel »Der Börsen- und Gründungs-
schwindel in Berlin« (Jg. 1875/76).

Auch in der *Deutschen Roman-Zeitung* (1864 ff.) finden sich neben Rezen-
sionen zur einschlägigen wirtschaftstheoretischen Fachliteratur – beispielsweise
zu Willibald Kochs *Beiträge zur Geschichte des deutschen Handwerks* (Jg. 1880),
zu Marx' *Das Kapital* (Jg. 1872), zu Otto Spamers *Illustriertes Handelslexikon*
(Jg. 1875) sowie zur deutschen Übersetzung von Smiths *Wealth of Nations*
(Jg. 1878) – immer wieder auch Beiträge über ökonomische Themen, wie etwa
»Börsenromantik« (Jg. 1873), »Die Klage über schlechtes Geld« (Jg. 1878),
»Kostbare Actien« (Jg. 1877), »Menschenkraft und Dampf« (Jg. 1870), »Die
Schulden der Welt« (Jg. 1871) oder die »Berliner Börsen-Speculation« (Jg. 1873).

In der Zeitschrift *Der Salon* (1868 ff.) erscheinen unter anderem folgende
Artikel: »Aus der Welt der Arbeit und Maschinen« (Jg. 1872), »Wie Berlin eine
Industriestadt geworden ist« (Jg. 1871), »Die Betheiligung des Privatpublikums
an Börsenspekulationen« (Jg. 1883), »Von der Blüte des deutschen Gewerbe-
wesens seinerzeit« (Jg. 1889) oder »Das Geld vor zwei Jahrhunderten« (1888).

Mit der Präsenz nationalökonomischer Beiträge, Rezensionen und popula-
risierter Artikel über das Thema Wirtschaft in den Literatur-, Kultur- und Familienzeitschriften zeigen sich – mit Blick auf das Verhältnis von Nationalökonomie und Literatur – zwei wichtige Momente. Zum einen besteht im 19. Jahrhundert ganz offensichtlich eine Nähe von Literatur und Ökonomie, von
literarischem Feld bzw. System und dem Feld bzw. System der ökonomischen
Wissenschaft in einem ganz basalen Sinne des ›Nebeneinander-Stehens‹ im
öffentlichen Diskurs der Zeit. Zum zweiten zeigt sich, dass die wissenschaftlichen Theorien und Konzepte der Nationalökonomie überhaupt und grundsätzlich popularisierbar sind und auch tatsächlich in einem Diskurs vermittelt
werden, der explizit kein wissenschaftlicher Spezialdiskurs ist. Im Zusammenhang mit diesen Vermittlungsprozessen ist ein Blick auf die *verschlagwortende*
Funktion der Nationalökonomie hilfreich.[160] In der Literatur und ihren Refle-
xionsdiskursen werden, wie die wenigen vorgreifenden Beispiele schon einmal
zeigen, schlagende nationalökonomische Wendungen sinntragend:[161] Der Pro-

---

160 Mit Wülfing: Schlagworte des Jungen Deutschland, a.a.O., 29–51, wird davon ausgegangen,
     dass Schlagworte wichtige Funktionen in Bezug auf Popularisierung, Vermittlung und
     Konturierung von Diskursen übernehmen. So etwa Verkürzung, Emotionalisierung, Ver-
     einfachung, Wiederholung, Ideologisierung u.a. Vgl. auch Nicolas Detering / Johannes
     Franzen: Heilige Not. Zur Literaturgeschichte des Schlagworts im Ersten Weltkrieg. In:
     Euphorion 107 (2013), H. 4, 463–500; vgl. auch die linguistische Perspektive: Thomas
     Niehr: Schlagwörter im politisch-kulturellen Kontext. Zum öffentlichen Diskurs in der
     BRD von 1966–1974, Wiesbaden 1993.
161 Bezeichnenderweise wird schon zu Beginn der wissenschaftlichen Beschäftigung mit
     Schlagworten explizit auf die »Bedeutung der Volkswirtschaft« in ihrer Funktion als

tagonist von Freytags *Soll und Haben* (und seiner naturalistischen Fortsetzung durch Conrad Alberti) hört bekanntlich auf den sprechenden Namen Anton *Wohlfart*;[162] die zu untersuchenden Spielhagen-Romane drehen sich im Kern um den Widerspruch von »Gemeinwohl« und »Selbstsucht«;[163] Wilhelm Scherer will sich mit seiner *Poetik* auf den »Standpunct des öffentlichen Wohles« stellen;[164] der naturalistische Programmatiker Karl Bleibtreu wird die grassierende »Logik des krassen Egoismus« ebenso beklagen wie dies die *Isar*-Romane Michael Georg Conrads tun;[165] in Gottfried Kellers *Martin Salander* haben die schlagenden Wendungen vom Dienst an »Gemeinwesen« und »öffentliche[m] Wohle«[166] ebenso sinn-konstituierende Funktionen wie etwa die Rede vom »Nationalvermögen« in einem Kapitel über *Politik und Volkswirtschaft im Schlaraffenland* in Heinrich Manns satirischem Roman der Jahrhundertwende.[167] Wenn diese schlagenden Worte und Wendungen also teilhaben an der Konstitution von literarischem Sinn – die vermeintliche »Klarheit«[168] von Schlagworten begegnet etwa in der realistischen Literatur als *perspicuitas*-Programm wieder –, dann kann dies nur insofern geschehen, als die Nationalökonomie diese Schlagworte zur Verfügung stellt, vorprägt und wissenschaftlich kodifiziert.

Wie stark nationalökonomische und literarische Sprache in funktionaler Hinsicht – im Blick auf die Verschlagwortung ökonomisch-kulturellen Wissens – aufeinander bezogen sind,[169] zeigt sich exemplarisch an der Vor- bzw. Parallelgeschichte der anzitierten literarischen Rede von *Wohlfart, Gemeinwohl, Ego-*

»Quellgebiet[]« für Schlagworte hingewiesen, so bei Otto Ladendorf: Historisches Schlagwörterbuch. Ein Versuch. Strassburg / Berlin 1906, IX.

162 Conrad Alberti: Schröter & Co., Leipzig 1893.
163 Friedrich Spielhagen: Sturmflut. Roman [1877], 2 Bde., 37.–39. Aufl., Leipzig 1933, hier I, 446, 459; s. ebenso Spielhagen: Was will das werden, a. a. O., II, 13.
164 Wilhelm Scherer: Poetik [1888], m. e. Einleitung und Materialien z. Rezeptionsanalyse hrsg. v. Gunter Reiss, Tübingen 1977, 99; siehe ebenso Wilhelm Scherer: An Karl Müllenhoff, in: Ders.: Zur Geschichte der deutschen Sprache. Berlin 1868, III–XIV.
165 Karl Bleibtreu: *Revolution der Litteratur* (1886, 1887), in: Manfred Brauneck, Christine Müller (Hg.): Manifeste und Dokumente zur deutschen Literatur. Naturalismus 1880–1900, Stuttgart 1987, 43–48, 46.
166 Gottfried Keller: Martin Salander. Roman [1886], in: Ders.: Sämtliche Werke. Historisch-Kritische Ausgabe, hrsg. unter d. Ltg. v. Walter Morgenthaler, Bd. 8: Martin Salander, hrsg. v. Thomas Binder, Karl Grob, Peter Stocker [u. a.], Zürich 2004, 200, 338.
167 Heinrich Mann: Heinrich Mann: Im Schlaraffenland. Ein Roman unter feinen Leuten [1900], mit einem Nachw. v. Wilfried F. Schoeller u. einem Materialienanhang, zusammengestellt v. Peter-Paul Schneider, 6. Aufl., Frankfurt/M. 2006, 202, 161–206.
168 So eine wichtige Funktion von Schlagworten, siehe Wülfing: Schlagworte des Jungen Deutschland, a. a. O., 42 f.
169 Vgl. systematisch zum »Funktionsübergang von Dichtung und Publizistik« auch Wolfgang Preisendanz: Heinrich Heine. Werkstrukturen und Epochenbezüge, 2., verm. Aufl., München 1983, 21–68; Detering / Franzen: Heilige Not, a. a. O., 466 sowie Wülfing: Schlagworte des Jungen Deutschland, a. a. O., 30, 49.

ismus in den Schriften der Nationalökonomen: In der Theorie der deutschen Wirtschaftstheorie sind ökonomisches Denken und Handeln, ist wirtschaftliche Aktivität immer bezogen und verpflichtet auf ein hypothetisches *allgemeines Wohl* bzw. *Gemeinwohl*, welches die verschiedenen ökonomischen Interessen in homogenisierender und synthetisierender Weise übergreift. Wichtiger als die Frage danach, wie oder von wem festgelegt werden kann, was unter dem allgemeinem Wohl zu verstehen ist, wer oder was es befördert oder ihm entgegensteht, ist in diesem Zusammenhang die Beobachtung, dass Konzept und Begriff des Allgemeinwohls von den nationalökonomischen Schriften kontinuierlich verschlagwortet und somit semantisch fixiert werden. Sowohl die normative Vorstellung einer ›altruistischen‹, den eigenen ökonomischen Interessen unter Umständen zuwider laufenden Wirtschaftsmentalität als auch ihr Gegenstück, die Vorstellung eines rücksichtslosen und spaltenden Egoismus ökonomischer Prägung, werden durch den Diskurs der Nationalökonomie sprachlich konturiert, kodifiziert und kontinuiert: List meint, »daß die Einheit der Nation Grundbedingung eines dauerhaften Nationalwohlstandes« sei und sich gezeigt habe,

> wie nur da, wo das Privatinteresse dem Nationalinteresse untergeordnet worden, und
> wo eine Reihe von Generationen nach einem und demselben Ziele strebte, die Nationen
> zu harmonischer Ausbildung der produktiven Kräfte gelangt sind.[170]

Bei Hildebrand heißt es, dass »jede Privatarbeit« eine »gesellschaftliche Bestimmung« habe und in unmittelbarer »Beziehung zum Gemeinwohl« stehe.[171] Bei Knies heißt es etwa: »Der Zweck der wirthschaftlichen Thätigkeit liegt in dieser ihrer Beziehung zu dem Ganzen.«[172] Mit der Forderung der Unterordnung von wirtschaftlichem »Privatinteresse« unter das Prinzip eines allgemeinen Wohls der Nation, unter das »Nationalinteresse«, wird eine lange Denktradition begründet, die über die plakative Verschlagwortung und begriffliche Prägung der Opposition von *Gemeinwohl* und *Egoismus* prinzipiell reaktualisierbar bleibt und den Diskurs der Zeit insgesamt prägt.[173] Im Verlauf des 19. Jahrhunderts bleibt die Bestimmung des Verhältnisses von »Privatwirtschaft und Gemeinwirtschaft«, von »Gemeinsinn« und »wirtschaftlichem Selbstinteresse« nationalökonomisches Kernanliegen.[174] Es wird zugleich weiter konturiert und

---

170 List: Das nationale System, a.a.O., 166.
171 Hildebrand: Nationalökonomie der Gegenwart und Zukunft, a.a.O., 206.
172 Knies: Politische Oekonomie, a.a.O., 128.
173 Thomas Niehr: Art. »Schlagwort«, in: Historisches Wörterbuch der Rhetorik, hrsg. v. Gert Ueding, Bd. 8: Rhet-St, Darmstadt 2007, Sp. 496–502.
174 Siehe etwa das Kapitel über *Die Organisation der Volkswirtschaft* bei Wagner: Allgemeine oder theoretische Volkswirtschaftslehre, 156–251.

semantisch geschärft, indem der »Egoismus« etwa plakativ mit Vielgestaltigkeit, Zerteilung und »Disharmonie« verschlagwortet wird:

> Der organische und der sociale Polymorphismus der einfacheren und der zusammengesetztesten Individuen erhebt sich in und aus einer Welt der Zerrissenheit und des Egoismus, aus einem Weltabgrund der Disharmonie[175]

Verschlagwortung ist hier also funktional in Bezug auf die Konstituierung einer normativen Theorie der wirtschaftlichen Konkurrenz, in welcher der egoistische *Kampf Aller gegen Alle* nur mehr als partikulare Abweichung von einem auf fairem Wettbewerb beruhenden Marktgeschehen beschrieben wird. Der Sinn ökonomischen Wettbewerbs besteht, in nationalökonomischer Lesart, vielmehr in der Harmonisierung und Homogenisierung der vielgestaltigen wirtschaftlichen Interessenlagen und zielt auf die kooperative, nationale Vergemeinschaftung der ökonomisch tätigen Subjekte und Kollektive. Im Schlagwortpaar Gemeinwohl vs. Egoismus ist somit ein Bedeutungs- und Assoziationsfeld gespeichert, welches die Prinzipien von *Zusammenschluss* und *Synthese* auf der einen gegen die Prinzipien von *Teilung* und *Spaltung* auf der anderen Seite antagonistisch und kontrastiv anordnet. Aus dieser begrifflich-semantischen Kontrastierung von privatem Egoismus und dem Dienst am Ganzen geht Schmollers Theorie von den »sittlichen Kräften« hervor,[176] indem er die Erzählung vom ökonomischen und kulturellen Auf- und Abstieg der Völker und Nationen an ein ethisches, dezidiert nicht-ökonomisches Moment bindet: Wenn Völker und ihre Ökonomien untergingen, so Schmoller, dann habe das seine Ursache in dem »Erlöschen ihrer *sittlichen Kräfte*«, d. h. in einem Übergewicht rücksichtsloser Eigeninteressen gegenüber dem Gemeinwohl.[177] Zwischen den »sittlichen Kräften« bzw. dem sittlichen Entwicklungsgrad der Nationen und dem Stand ihrer ökonomischen Entwicklung bestehe eine enge Wechselwirkung:

> Indem die Menschen nicht bloß dem Augenblick und dem Genuß, sondern zugleich der Zukunft, der Gesellschaft, dem Staate, der Menschheit leben wollen, erheben sie sich zu sittlichen Charakteren. Wo die Menschen die Höhe dieses Standpunktes nicht ein-

---

175 Albert Schäffle: Der collective Kampf ums Daseyn. Zum Darwinismus vom Standpunkt der Gesellschaftslehre. II. In: Zeitschrift für die gesammte Staatswissenschaft 32 (1876), H. 2, 243–319, 270.

176 Siehe auch Heino Heinrich Nau: Einleitung. Politisches Ethos und sozialökonomisches Telos. Schmollers Konzept einer historisch-ethischen Nationalökonomie als Kulturwissenschaft, in: Schmoller, Gustav: Historisch-ethische Nationalökonomie als Kulturwissenschaft. Ausgewählte methodologische Schriften, hrsg. v. H. H. Nau, Marburg 1998, 13–67.

177 Schmoller: Grundriß der Allgemeinen Volkswirtschaftslehre II, a. a. O., 677 f.; siehe zu Schmollers Verständnis von »sittlichen Kräften« und »Institutionen« auch Nau: Politisches Ethos und sozialökonomisches Telos, a. a. O., 20–27.

nehmen oder wieder verlieren, nur sich und ihrem Egoimsus leben, sinken sie herab, lösen und bedrohen sie die Bande der Gesellschaft.[178]

Wirtschaftlicher und zivilisatorischer Abstieg werden auf einen um sich greifenden »Egoismus« zurückgeführt, dem schlagwortartig die Momente eines unreflektierten, kurzzeitigen (»Augenblick«), gewissermaßen rohen und triebhaften Konsums (»Genuß«) subsumiert werden und dem zugleich eine Semantik des Herunter- und Absinkens, des Zerteilens und des Zertrennens gesellschaftlicher »Bande« beigeschrieben wird. In distinktiver Weise wird demgegenüber der historische Prozess des ökonomischen und sozialen Wachstums als eine Geschichte von »Zukunft«, »Höhe« und Erhebung erzählt, die ihre spezifische Kontur und ihre narrative Logik erst bezieht aus einem Bedeutungs- und Vorstellungskomplex, der anhand von schlagenden und konventionalisierten Wendungen – allgemeines Wohl der Nationalökonomie vs. Privatinteresse – vermittelt wird.

Mit Blick auf die diskursive Funktion, die die Nationalökonomie im 19. Jahrhundert inne hat, ist also zu beobachten, dass sie in konstitutiver Weise an der Hervorbringung und Verschlagwortung des gesellschaftlichen Wissens über Ökonomie beteiligt ist. Dies zeigt sich, wie skizziert, ganz deutlich im Blick auf den Schlagwortkomplex *Das Allgemeine Wohl*. Sie bringt in diesem Sinne insofern eine eigene und spezifische Sprache der Ökonomie hervor, als ihr Diskurs bestimmten Regeln folgt, die als narrativ, analogisch und einer Logik der Verschlagwortung folgend beschrieben werden können. Die Logiken ihrer Sprache, die selbst keine literarische ist, werden in funktionaler Hinsicht in und für die Literatur wirksam.[179] Die beschriebene, spezifische sprachliche Verfasstheit der Nationalökonomie, die auf einer hypothetischen Makroebene durch Narrationen, konzeptuellen gestaltlogischen Universalismus sowie durch analogische und verschlagwortende Argumentationstechniken markiert ist und sich auf der Mikroebene ihrer konkreten Texte als metaphernreiche, stilistisch und rhetorisch durchformte und suggestive Sprache darstellt, steht ihrer Schließung zu einer Spezialwissenschaft – und ihrer Abschließung gegen einen öffentlichen Populärdiskurs – geradezu entgegen. Ihre Sprache ist keine ›spezialistische‹ wissenschaftliche Fachsprache und bezieht ihre Charakteristik und ihre Spezifik gerade aus den Möglichkeiten ihrer Vermittlung, Aufnahme, Transformation und Weiterverarbeitung durch moderne *Interdiskurse* – etwa durch populäre Zeitschriften oder, wie noch genauer gezeigt werden wird, durch konkrete und geschlossene Formen im Medium der Literatur selbst (*Werke*). Die Texte der Nationalökonomie sind ›poetisch‹ in der ihnen eigenen funktionalen Ebenenverschränkung von wissenschaftlichem Konzept und ästhetisch-narra-

---

178 Schmoller: Grundriß der Allgemeinen Volkswirtschaftslehre II, a. a. O., 677.
179 Wülfing: Schlagworte des Jungen Deutschland, a. a. O., 33–48.

tivem Darstellungsmodus. In diesem Sinne sind sie kulturpoetisch bzw. weisen eine »kulturpoetische Funktion« auf.[180]

Dennoch behandelt die vorliegende Arbeit Literatur und Nationalökonomie als zwei systematisch voneinander geschiedene Bereiche. Es soll dementsprechend nicht darum gehen, Nationalökonomie und Roman als je unterschiedliche Ausformungen eines vorgängigen, genetisch an Gestaltungen ästhetischer, inszenierender und performativer Art gebundenen *epistemischen* Raums zu beobachten und somit in re-differenzierender und nivellierender Weise die Unterscheidung *Literatur / Wissenschaft* zu relativieren bzw. ganz aufzuheben.[181] Ebenso ist auch die Feststellung einer übergreifenden »realistischen Diskursivität«, mit der sich der kulturpoetische Ansatz begnügt, unterkomplex. Die registrierte »realistische Diskursivität« ist gerade kein Spezifikum des *ökonomischen* Diskurses des 19. Jahrhunderts – und auch keines des literarischen. Sie ließe sich tatsächlich in allen Texten nachweisen, die in einem basalen textstrukturellen Sinne verstehbar sind – etwa auch ganz unabhängig davon, ob es sich um wissenschaftliche oder um fiktionale Texte handelt.[182] Die Funktionen von Diskursen und Texten und ihre Bedeutung(en) für Gesellschaft, Kultur und kulturelles Wissen können hierbei nicht in den Blick kommen. Diesem methodischen Defizit ist denn auch offensichtlich die nicht haltbare Behauptung geschuldet, dass sich der literarische Realismus durch »Diskursarmut« auszeichne und sich der »Diskursfülle« und dem »Wissen« seiner Zeit geradezu verschließe.[183] Das Gegenteil ist der Fall. Die Beobachtung, dass auch wissenschaftliche Theorien gebunden sind an die Formen ihrer Darstellung und Präsentation, der daraus abgeleitete Befund also, dass diese Darstellungsformen selbst in Bezug auf die Genese von wissenschaftlichen Theorien, Konzepten und Modellen produktiv sind, soll im Rahmen dieser Arbeit zwar nicht bestritten, allerdings aber *funktional* gewendet und erweitert werden. Oder anders ausgedrückt: Es geht nicht (nur) um die Frage nach möglichen »wissensgenerie-

---

180 Siehe Baßler: Die kulturpoetische Funktion, a. a. O., bes. 54–98.

181 Siehe den wissenspoetologischen Ansatz nach Joseph Vogl: Einleitung, in: Ders. (Hg.): Poetologien des Wissens um 1800, München 1999, 7–16; kritisch dazu: Gideon Stiening: Am »Ungrund« oder: Was sind und zu welchem Ende studiert man ›Poetologien des Wissens‹? in: KulturPoetik 7 (2007), H. 2, 234–248.

182 Rakow: Ökonomien des Realismus, a. a. O., 85, sagt, dass es »zwischen literarischem und ökonomischem Diskurs im Realismus signifikante Übereinstimmungen in den Textverfahren« gibt. Er schlägt dafür den »Begriff der ›realistischen Diskursivität‹ vor, der auf gemeinsame Prinzipien der Textgestaltung in den verschiedenen Diskursen referiert«, vgl. 116. Die Feststellung dieser sehr basalen textuellen Übereinstimmungen soll freilich nicht bestritten werden. Das Verhältnis von ökonomischem und literarischem Diskurs in seiner konkreten historischen Gestalt im 19. Jahrhundert ist allerdings ungleich komplexer als dass es durch die Feststellung gemeinsamer »Textverfahren« (›realistischer Text‹) hinreichend beschrieben wäre.

183 Rakow: Ökonomien des Realismus, a. a. O., 5f., 16, 43 u. ö.

renden Leistungen literarischer Formen« oder darum, die »Relevanz« von literarischen Werken für »wissensgeschichtliche und wissenspoetologische Fragestellungen« zu untersuchen.[184] Vielmehr zielt die Arbeit darüber hinaus auf den Nachweis der Relevanz von Konzepten und Wissen der Nationalökonomie für die Literatur und für die besondere Geschichte der deutschen Erzählliteratur in der zweiten Hälfte des 19. Jahrhunderts.

Der Befund einer ästhetisch verfassten, narrativen Theorie der Ökonomie hat in dieser Perspektive zunächst eher einen funktionalen Charakter: Auf Grund seiner spezifischen sprachlichen Verfasstheit kann das Fachwissen der Nationalökonomie vergleichsweise ›unwiderständig‹ popularisiert, transformiert und an ein hypothetisches *ökonomisches Wissen der Zeit* im Sinne eines allgemeinen »kulturellen Wissens« vermittelt werden.[185] Dieses »kulturelle Wissen« hängt allerdings unmittelbar zusammen mit jener Kultur, aus der es hervorgeht. Es sind hier also auch methodische Zugriffe vonnöten, die die Literatur des Realismus in ihrer Funktion als Medium bürgerlicher Willensbildung, als Reflexionsmedium bürgerlicher Werte und Identität sowie als Vermittlungsmedium von Ideologie, Wissen und ›Kultur‹ beschreibbar machen.[186] Nationalökonomie und Literatur werden im historischen Feld (1850–1900) als zwei grundsätzlich und systematisch voneinander geschiedene Diskurse beobachtet, sind aber insofern *eng korreliert*, als die Nationalökonomie sprachliches und diskursives Material, eine *Sprache der Ökonomie der Zeit* hervorbringt, welche die literarische Fiktionsbildung in besonderer Weise prägt. Der Diskurs der Nationalökonomie stellt also insofern eine *Bedingung* für den »Interdiskurs« Literatur dar, als er sprachlich strukturiertes Material zur Verfügung stellt, das über verschiedene Transformationsprozesse in konkrete literarische Werke eingeht.[187] In dieser Perspektive ist es von untergeordneter Bedeutung, ob sich tatsächliche Rezeptionskonstellationen ergeben haben, also ob die literarischen Autoren des Realismus und des Naturalismus bzw. der frühen Moderne die wirtschaftstheoretischen Konzepte und Debatten ihrer Zeit kannten und diese dann womöglich auch bewusst in ihre Texte eingearbeitet haben – eine zumindest basale Kenntnis des nationalökonomischen Diskurses, siehe das Re-

---

184 Michael Bies / Michael Gamper / Ingrid Kleeberg: Einleitung, in: Dies. (Hg.): Gattungs-Wissen. Wissenspoetologie und literarische Form, Göttingen 2013, 7–18, hier 15, 8.

185 Christine Maillard / Michael Titzmann: Vorstellung eines Forschungsprojekts »Literatur und Wissen(schaften) in der Frühen Moderne«, in: Dies. (Hg.): Literatur und Wissen(schaften) 1890–1935, Stuttgart / Weimar 2002, 7–39; einen sehr guten Überblick über das Forschungsfeld *Literatur und Wissen* bietet Krämer: Intention, Korrelation, Zirkulation, a. a. O.

186 Vgl. etwa die einleitenden Abschnitte bei Becker: Bürgerlicher Realismus, a. a. O., 9–53.

187 Der Begriff *Interdiskurs* wird verwendet nach Jürgen Link / Ursula Link-Heer: Diskurs/ Interdiskurs und Literaturanalyse, in: Zs. für Literaturwissenschaft und Linguistik 77 (1990), 88–99.

zensionswesen der Familienzeitschriften, ist allerdings sehr wahrscheinlich.[188]
Neben den vielfältigen Möglichkeiten der Literatur, die Narrative und die
sprachlichen Strukturierungen der Nationalökonomie in das eigene Medium der
Fiktion zu überführen und somit wirtschaftstheoretische Theorien zu inter-
pretieren, zu akzentuieren, zu deuten und umzudeuten, ökonomische Konzepte
abzulehnen, zu affirmieren, zu vereinfachen oder zu popularisieren, ergeben
sich weitere Momente, die eine zentrale Bedeutung in Bezug auf die Entwick-
lungspotenziale des literarischen Erzählens selbst haben. An der Konstellation
Nationalökonomie / Roman zeigt sich in exemplarischer Weise, inwiefern wissenschaftliche Theorien gerade in *narrativer* Weise von der Literatur *funktionalisiert* werden. Die Korrelation von ökonomischer Theorie und literarischem
Erzählen kann unter diesen Vorzeichen, wie zu zeigen sein wird, als wichtiges
Moment in dem literaturgeschichtlichen Entwicklungs- und Transformationsprozess beschrieben werden, welchen der Gesellschafts- und Zeitroman in der
zweiten Hälfte des 19. Jahrhunderts durchläuft. Das literarische Erzählen verändert sich unter dem Einfluss der Nationalökonomie etwa insofern, als es sich
zunehmend darstellt als ein ›vermittelndes Erzählen‹, welches theoretisches und
historisches Wissen, Weltbilder, Stereotype, »Subjekttypen« (Link) oder Ideologien[189] anhand der nationalökonomischen Vergemeinschaftungserzählung
und ihrer schlagenden Wendungen (*Allgemeinwohl*) hervorbringt.

In unmittelbarem Zusammenhang damit steht auch die starke Tendenz des
Romans zum analogischen Erzählen. Erzählen stellt sich zwischen 1850 und
1900 oftmals auch als ein Prozess der fortwährenden narrativen Bildung von
analogischen Konfigurationen dar: Neben der Übernahme zentraler national-
ökonomischer, ihrerseits teilweise schon analogischer Konzepte (etwa Analo-
gisierung von *Wirtschaft und Kultur*), können etwa die nationalökonomischen
Konzepte von *Produktion* und *Konsumtion* oder das Konzept des *Allgemeinen
Wohls* analogisch in literarische Erzählungen von *Schuld und Verschuldung*, von
Entsagung, *Versündigung an der Gemeinschaft* oder *Betrug der Jungen an den
Alten* transformiert oder in literarische (Stereo)-Typen umgeformt werden.
Weitere spezifische Funktionen übernimmt der nationalökonomische Diskurs
für das literarische Erzählen und die Evolution der Gattung ›Roman‹ insofern,
als er vorstrukturiertes Erzählmaterial in Form von Narrativen zur Verfügung
stellt, welche die Literatur dann in ihre eigenen Erzählungen transformieren

---

188 Zumal viele Autoren ja selbst als Redakteure und Herausgeber der Zeitschriften für deren
     Inhalt verantwortlich waren. Prominente Beispiele sind etwa Gustav Freytag für die
     Grenzboten oder Friedrich Spielhagen für *Westermanns Monatshefte*.
189 Auf den ideologischen Gehalt der nationalökonomischen Schlagworte vom »Gemeinwohl«
     und der »nationalen Arbeit« und auf ihre Funktion als Kampfbegriffe im ökonomischen
     und wirtschaftspolitischen Diskurs der Zeit hat etwa Wehler: Deutsche Gesellschaftsge-
     schichte III, a. a. O., 1267 hingewiesen.

kann. Das nationalökonomische Stufen-Narrativ von der teleologischen Höherentwicklung ökonomischer und kultureller Modernisierung vom »wilden Zustand« über die Zivilisierung durch Ackerbau und Städtewesen zum modernen Industrie- und Handelsstaat wird vom Roman des Poetischen Realismus etwa überführt in Erzählungen, die die ökonomische Modernisierung der Diegese mit der individuellen Bildung ihrer Romanfiguren und Protagonisten parallelisieren. Daneben, um ein weiteres Beispiel zu nennen, kann das Narrativ der Volkswirtschaftslehre, der *Handel* sei das zentrale sozio-ökonomische Instrument im Prozess des Stiftens nationaler Gemeinschaft – »Er ist das Organ, welches die einzelnen Theile der Volkswirthschaft zum Ganzen verbindet« –[190] vom Roman der Zeit in einen poetologischen Diskurs der narrativen Erzeugung von Kohärenz und Sinn überführt werden. Und auch die nationalökonomischen Erzählungen von einem vermeintlich bedrohten und schützenswerten deutschen Handwerk sind funktional in Bezug auf die Narrationen der Literatur, insofern sie erst die diskursiven Bedingungen schaffen für eine Romankunst der 1880er und -90er Jahre, die sich nicht nur thematisch mit den tragischen Handwerkerschicksalen der Zeit befasst, sondern sich auch, wie noch gezeigt werden wird, in charakteristischer Weise durch einen sentimentalischen Verlaufssinn und eine Art nationalökonomisch-*caritativen* Erzählgestus auszeichnet.

---

190 Roscher: Nationalökonomik des Handels und Gewerbefleißes, a.a.O., 57; siehe nahezu identisch List: Das nationale System, a.a.O., 30, 44, 192 u.ö. sowie Hildebrand: Nationalökonomie der Gegenwart und Zukunft, a.a.O., 206f.

3. Die Erzählung von der nationalökonomischen Vergemeinschaftung in Romanform – Gustav Freytag, *Soll und Haben* (1855)

Die »Vorrangstellung des Ökonomischen« in Freytags Roman ist schon in einem viel zitierten Aufsatz vom Beginn der 1980er Jahre registriert worden.[1] Auch in jüngerer Zeit wurde diese Beobachtung immer wieder zum Gegenstand von Untersuchungen. Entstanden sind dabei instruktive Arbeiten, beispielsweise zur »Poesie der Waren« im Roman.[2] Zudem wurden Beobachtungen gemacht zur »wirtschaftsbürgerlichen Identitätsbildung«, die anhand des Übergangs vom Adels- zum »Bürgerhaus« im Roman vollzogen werde;[3] sogar wurde der Text zur »national-ökonomische[n] Modell-Anstalt« erklärt.[4] Gemein ist diesen – und anderen, jüngeren wie älteren –[5] Arbeiten allerdings, dass sie den Text, in dem es, wie gesagt, vorrangig um Ökonomie geht, ganz ohne Bezug auf den Diskurs der zeitgenössischen Autorität für ökonomisches Wissen, d. h. ohne Bezug auf die Volkswirtschaftslehre der Zeit, deuten.[6] Andererseits hat aber auch die jüngste Annäherung an die entsprechenden offensichtlichen Bezüge nicht zu neuen Interpretationsbefunden oder literaturgeschichtlicher Thesenbildung geführt; im Gegenteil wurde im Zuge dessen vertreten, die Romane des Realismus kon-

---

1 Hartmut Steinecke: Gustav Freytag: Soll und Haben (1855). Weltbild und Wirkung eines deutschen Bestsellers, in: Horst Denkler (Hg.): Romane und Erzählungen des bürgerlichen Realismus, Stuttgart 1980, 138–152, 141, 143.

2 Vgl. Julia Bertschik: Poesie der Warenwelten. Erzählte Ökonomie bei Stifter, Freytag und Raabe, in: Jahrbuch der Raabe-Gesellschaft 52 (2011), 39–55.

3 Twellmann: Das deutsche Bürgerhaus, a. a. O., 359.

4 Benno Wagner: Verklärte Normalität. Gustav Freytags *Soll und Haben* und der Ursprung des »Deutschen Sonderwegs«, in: IASL 30 (2005), H. 2, 14–37, 24.

5 Siehe nur die Beiträge in Florian Krobb (Hg.): 150 Jahre Soll und Haben. Studien zu Gustav Freytags kontroversem Roman, Würzburg 2005 sowie jüngst in Rafal Biskup (Hg.): Gustav Freytag (1816–1895). Leben, Werk, Grenze, Leipzig 2015.

6 Wenngleich im Zuge dessen auch sehr instruktive Beobachtungen gemacht wurden, welche wichtige funktionale Zusammenhänge zwischen dem Text und nicht-literarischen Referenztexten aufgedeckt haben, so beispielsweise Wagner: Verklärte Normalität, a. a. O., 20, der vor normalitätstheoretischem Hintergrund darauf hinweist, dass Rochaus Schriften zur Realpolitik dem Roman »nicht bloß als Quelle«, sondern tatsächlich als »Schreibprogramm« gedient hätten.

stituierten sich durch den »Ausschluss von nichtliterarischen Diskursen«[7] und
hiermit die zweifelhafte Annahme unter der Hand wieder stark gemacht, dass
sich der literarische Realismus eskapistisch gegen das Wissen und die Wissenschaft der Zeit abschließe.[8] Erste Hinweise darauf, dass das Wissen der zeitgleich
sich institutionalisierenden Nationalökonomie in Wirklichkeit keineswegs
spurlos an Freytags Roman – und somit auch nicht an der Ästhetik und Programmatik des Idealrealismus der 1850er Jahre insgesamt –[9] vorbeigegangen ist,
sind schon damit gegeben, dass seinem Verfasser dieses Wissen nachweislich
nicht unbekannt war.[10] Und auch schon Äußerlichkeiten des Textes wie Titel
oder Name des Protagonisten deuten auf eine enge Beziehung zwischen Ro-
manfiktion und nationalökonomischen Konzepten hin: Antons Nachname
Wohlfart ist nichts weniger als Anspielung auf bzw. Variante und Personifizierung der skizzierten schlagenden Wendung von Gemeinwohl, öffentlichem Wohl
und allgemeiner Wohlfahrt, die einen bzw. den zentralen normativen Kern der
Volkswirtschaftslehre bildet. Und auch in dem Titel spricht sich eine spezifische
Doppelsinnigkeit aus, durch welche der oftmals registrierte bürgerliche und
nationale Integrationssinn des Textes mit dem Feld von Ökonomie und Handel
– *Soll und Haben* als wirtschaftlicher *Terminus technicus* der Buchführung – in
augenfälliger Weise korreliert ist.[11]

---

7 Siehe nochmals Rakow: Ökonomien des Realismus, a.a.O., 44, der diese Fehleinschätzung
   von Moritz Baßler: Gegen die Wand. Die Aporie des Poetischen Realismus und das Problem
   der Repräsentation von Wissen, in: Michael Neumann / Kerstin Stüssel (Hg.): Magie der
   Geschichten. Weltverkehr, Literatur und Anthropologie in der zweiten Hälfte des 19. Jahrhunderts, Paderborn 2011, 429–442, übernimmt, der meint, dass sich der literarische Realismus »gegen die Diskursfülle des historistischen Jahrhunderts« abschließe (433) und sich
   durch »Repräsentationsverbote« (441) von Wissen auszeichne und auf dessen Arbeiten sich
   Rakows Untersuchung im Wesentlichen stützt.
8 Vgl. auch Gerhard Plumpe: Einleitung, in: Ders. (Hg.): Theorie des bürgerlichen Realismus.
   Eine Textsammlung, bibl. erg. Aufl., Stuttgart 1997, 9–40, hier 23.
9 Plumpe: Einleitung Theorie des bürgerlichen Realismus, a.a.O., 26, bezeichnet den Roman
   als »literarische Umsetzung des Realismuskonzepts der *Grenzboten*«.
10 Als Herausgeber der nationalliberalen Zeitschrift *Die Grenzboten* hat Freytag selbst für die
   Verbreitung und Popularisierung von Artikeln und Beiträgen verantwortlich gezeichnet, die
   sich explizit mit ökonomischen Fragen und volkswirtschaftlichen Problemen der Zeit beschäftigen. Um die 1850er Jahre finden sich dort u.a. Beiträge, die sich etwa mit »Paupe-
   rismus und Colonisation«, mit der »statistischen Literatur« oder der »Organisation der
   Arbeit« beschäftigen oder die »Die Industrie und das Jahrhundert« thematisieren (s. etwa
   Jgg. 1842, 1846, 1848). Einen Hinweis auf Freytags Freundschaft und Briefwechsel mit dem
   Kaufmann Theodor Molinari gibt auch Rakow: Ökonomien des Realismus, a.a.O., 42; siehe
   auch die jüngst erschienene Freytag-Biographie von Bernt Ture von zur Mühlen: Gustav
   Freytag. Biographie, Göttingen 2016.
11 Konsens besteht in der Forschung darüber, dass Sinn und Funktion des Textes viel mit dem
   Stiften von nationaler und bürgerlicher Identität zu tun haben; siehe etwa Peter Heinz
   Hubrich: Gustav Freytags »Deutsche Ideologie« in Soll und Haben. Kronberg i. Ts. 1974; vgl.
   zuletzt wieder Christine Achinger: »Prosa der Verhältnisse« und Poesie der Ware: Versöhnte

3.1.   Die metonymische Verschmelzung von Wirtschaft und Kultur

In dem schon zitierten Motto des Romans werden das Soziale (das »deutsche Volk«) und das Ökonomische (»Arbeit«) in eine enge Verbindung gebracht. Die deutsche Volkswirtschaftslehre, die sich im unmittelbaren zeitlichen Umfeld von Freytags Schaffen formiert, ist in genau diesem Sinne gekennzeichnet durch eine konsequente Gleichsetzung von Wirtschaft und Kultur bzw. wirtschaftlichem und zivilisatorischem Fortschritt. Im Gegensatz zur Klassischen (bzw. später: neoklassischen) Ökonomie, welche wirtschaftliche Praktiken im Sinne von ›rein theoretischen‹ Überlegungen von anderen gesellschaftlichen, sozialen oder kulturellen Handlungen isoliert, sucht die Nationalökonomie der Zeit nach einem »Zusammenhang zwischen allen Culturelementen«.[12] Ökonomischer Fortschritt und kulturelle und nationale Blüte stimulieren einander gegenseitig:

> Je mehr die Ökonomie entwickelt und vervollkommnet ist, desto zivilisierter und mächtiger ist die Nation; je mehr ihre Zivilisation und Macht steigt, desto höher wird ihre ökonomische Ausbildung steigen können.[13]

Freytags Roman eignet sich diese universalierend-integrierende Argumentationsfigur der Gleichsetzung von Wirtschaft und Kultur nun auf verschiedene Arten an. Der literarische Text transformiert sie in eine metonymische Struktur: Alle ökonomischen Handlungen der Romanfiguren stehen in dieser Logik zugleich auch für Akte kultureller Tätigkeit bzw. Untätigkeit. Als Wohlfart und Schroeter etwa in den polnischen Revolutionsgebieten eintreffen, um die von polnischen Aufständischen geraubten Frachtwagen zurückzuerobern, tritt der Kaufmann als Sprachrohr genau dieser Argumentationslogik in Erscheinung. Er erteilt Wohlfart, so könnte man sagen, Nachhilfe in Nationalökonomie, als er die Unterschiede zwischen deutscher und polnischer »Kultur« folgendermaßen herleitet:

> [D]ie Urzeit sah die einzelnen frei und in der Hauptsache gleich, dann kam die halbe Barbarei der privilegierten Freien und der leibeigenen Arbeiter, erst seit unsere Städte groß wuchsen, sind zivilisierte Staaten in der Welt, erst seit der Zeit ist das Geheimnis

---

Moderne und Realismus in *Soll und Haben*, in: Krobb (Hg.): 150 Jahre, a. a. O., 67–87, bes. 68 sowie Sabina Becker: Erziehung zur Bürgerlichkeit: Eine kulturgeschichtliche Lektüre von Gustav Freytags *Soll und Haben*, in: Krobb (Hg.): 150 Jahre, a. a. O., 29–47, 32, die sagt, dass der Roman ganz im Zeichen der »soziokulturellen Sinngebung« und der »kollektiven Identitätsfindung« des deutschen Bürgertums stehe.

12 Knies: Politische Oekonomie, a. a. O., 247.

13 List: Das nationale System, a. a. O., 39. Die historische Semantik hat nachgewiesen, dass sich die begriffsgeschichtliche Differenzierung von »Zivilisation« und »Kultur« erst seit den 1870er Jahren vollzieht, die Begriffe um 1850 also noch keine nennenswerte distinkte soziopolitische oder ideologische Implikation aufweisen. Vgl. Georg Bollenbeck: Bildung und Kultur. Glanz und Elend eines deutschen Deutungsmusters, Frankfurt/M. 1996, bes. 160–289.

offenbar geworden, daß die freie Arbeit allein das Leben der Völker groß und sicher und dauerhaft macht.[14]

Unschwer zu erkennen ist in Schroeters Kommentar die Gleichsetzung von wirtschaftlichem Aufstieg und kulturellem Fortschritt. »Barbarei« dient hier der historischen Beschreibung einer vorzeitlichen Wirtschaftsstufe, zugleich aber auch im Sinne von Rohheit und Sittenlosigkeit zur Beschreibung einer ›synchronen‹ sozio-kulturellen Verfasstheit, auf welche, so die Suggestion, die deutschen Händler in Gestalt der polnischen ›Nicht-Kultur‹ treffen. Zivilisation und »Freiheit« werden erst im Zuge der Entstehung von ökonomischen Zentren, von Handwerker- und Handelsstädten, und unter der Bedingung von »freie[r] Arbeit« möglich. Darüber hinaus ist allerdings nicht nur die historische Argumentationslogik Schroeters den skizzierten nationalökonomischen Wirtschafts-Kultur-Stufen-Theorien der Zeit entlehnt. Auch der gelehrte, gleichsam professorale Tonfall erinnert stark an die Rhetorik der nationalökonomischen Lehrbücher und Abhandlungen. Schroeter liefert weitere Beispiele für die argumentative und semantische Engführung von Wirtschaft und Kultur bzw. »Zivilisation«; so etwa wenn er erklärt, dass es die »nützliche«, und das heißt hier: die wirtschaftliche bzw. kaufmännische »Tätigkeit des Menschen« sei, die den Menschen davor bewahre, »ein Tier zu werden«; oder wenn er urteilt, dass derjenige Geschäftsmann, der sich in seiner Tätigkeit »mehr stören läßt, als nötig ist«, ein »Unrecht gegen die Zivilisation« begehe (SuH 352). Wirtschaft und Kultur sind also sowohl im wissenschaftlichen Diskurs der Nationalökonomie als auch im fiktionalen Diskurs des Romans durch eine enge Beziehung der Ähnlichkeit und Kontiguität miteinander korreliert – im Roman hat dies die Funktion einer tragenden strukturellen Metonymie.[15] Wenn Schroeter angesichts der »wilden« Zustände in den polnischen Gebieten beklagt, dass dort »arg gewirtschaftet worden« sei (SuH 367), ist klar, worauf sich sein Urteil bezieht bzw. wie also die Referenzierungslogik seiner Aussage beschaffen ist: Beklagt wird, das ist kaum erwähnenswert, nicht allein die mangelhafte *ökonomische* Fähigkeit der Nachbarn aus dem Osten, sondern ihre *kulturelle* Rückständigkeit. Gleichermaßen metonymisch verhält es sich mit sämtlichen die Handlung durchziehenden wirtschaftlichen Vorgängen. Sie weisen über ihre Eigenschaft als Akte rein wirtschaftlicher Tätigkeit hinaus, indem sie der Roman – dem nationalökonomischen Referenzdiskurs gemäß – nicht als etwas »Isolirtes, in

---

14 Freytag: Soll und Haben, a.a.O., 331. Zitate aus dieser Ausgabe fortan im Text unter Angabe der Sigle SuH und Seitenzahl.

15 Der metonymische Charakter ›realistischer Literatur‹ in einem allgemeinen Sinne nimmt in der Studie von Rakow: Ökonomien des Realismus, a.a.O. viel Raum ein. Siehe zum metonymischen Aufbau ›realistischer Literatur‹ bzw. ›realistischer Texte‹ in diesem sehr basalen Sinne (syntaktisch-semantische Konsistenz, ›Verstehbarkeit‹) bes. 100ff.

sich Verselbstständigtes, für sich Eigenthümliches« begreift,[16] sondern sie in Beziehung setzt zu den Akten von zivilisatorischem Fortschritt und kultureller Sinnstiftung. Der »geistige[] Culturstand« der Romanfiguren ist von ihrem ökonomischen nicht zu trennen.[17] Anhand dieser zentralen Metonymie entfalten sich dann weitere Strukturmomente, die den Sinn des Romans konstituieren. Sein oftmals bemerktes kontrastives Arrangement,[18] das einer Logik von Ein- und Ausschluss folgt, macht erst Sinn, wenn es vor dem Hintergrund der beschriebenen normativen Referenz-Logik betrachtet wird. Der Kontrast zwischen dem idealen Wesen des deutschen Bürgertums auf der einen und der stereotypen und klischeehaft verzerrten jüdischen, adligen und polnischen Figuren auf der anderen Seite ist erst dann wirksam und plausibel, wenn er durch das Wissen der Nationalökonomie autorisiert und referenziell verankert ist.

3.2. Kontrastierte Ökonomien I – ›Innen‹ und ›Außen‹ der nationalökonomischen Idealgemeinschaft

Wirtschaft fungiert im Diskurs der Nationalökonomie, wie beschrieben, nicht zuletzt als Instrument der nationalen Vergemeinschaftung. Im programmatischen Vorwort zum *Nationalen System* fordert List die »Herstellung eines gemeinschaftlichen Handelssystems«,[19] welches die deutsche Nation zu einer Wirtschaftsnation, zu einem »harmonischen Ganzen« verbinden solle.[20] Das Ökonomische ist also funktional auf die übergeordnete soziale Verfasstheit, d. h. auf die Gemeinschaft von Volk und Nation bezogen: Das wirtschaftliche »Privatinteresse« ist dem kollektiven Wollen des »Nationalinteresse[s]« »untergeordnet«.[21] Dieses Ideal verdoppelt der Roman, indem sich etwa das wissenschaftliche Idealmodell von der deutschen *oiken*-Wirtschaft unschwer in Form des Schroeterschen Handelshauses wiedererkennen lässt – auch dort stehen nicht die Einzelegoismen der Mitarbeiter im Vordergrund, sondern ihre Kooperativität zum Wohle der Gemeinschaft des Handelshauses. Das vorbildliche Wesen des Hauses und seiner Mitglieder – Sparsamkeit, Fleiß, Tugendhaftigkeit, Loyalität – sind genau eingepasst in jene Vorstellungen von der organisch gewachsenen deutschen Hauswirtschaft des »ganzen Hauses«, wie sie, wie be-

---

16 Knies: Politische Oekonomie, 110.
17 Ebd., 66.
18 Vgl. Florian Krobb: Einleitung: *Soll und Haben* nach 150 Jahren, in: Krobb (Hg.): 150 Jahre, a. a. O., 9–29, hier 19, 22 sowie Achinger: Poesie der Ware, a. a. O., 68; auch Steinecke: Weltbild und Wirkung, a. a. O., 140.
19 List: Das nationale System, a. a. O., 3.
20 Ebd., 25.
21 Ebd., 25.

schrieben, Karl Rodbertus, Wilhelm Heinrich Riehl und Karl Bücher entworfen hatten.[22] Wohlfart erreicht im Handelscomtoir die persönliche Synthese von Individuum und Gesellschaft, indem er dort zur »Bildung seines Charakters« (SuH 309) gelangt. Anstatt großen materiellen Reichtum zu akkumulieren, lernt Wohlfart, »nicht mehr wie ein Knabe aus Instinkt und Gewohnheit«, sondern als »ein Mann, nach Grundsätzen« zu handeln (SuH 761). Selbstredend ist auch Schroeter selbst gerade nicht von wirtschaftlichem Eigeninteresse geleitet. Wenn er etwa die kriegerischen Auseinandersetzungen in Polen – von denen er als Händler von militärischen Versorgungsgütern wirtschaftlich profitiert – mit dem Hinweis darauf verurteilt, dass diese der Volkswirtschaft insgesamt schadeten, dann stellt er in idealer Weise das Gemeinwohl über den eigenen wirtschaftlichen Egoismus (siehe SuH 326). Und selbst als ihm während der Unruhen ein manifester materieller Schaden entsteht, argumentiert er noch mit Belangen, welche die deutsche Volkswirtschaft und »Kultur« insgesamt betreffen: »[es] hängt für mich mehr an dem Besitz dieser Frachtwagen, als ein geschäftlicher Vorteil.« (SuH 331, 340)[23] Die Hauptfunktion des Comtoirs besteht also nicht in der Akkumulation von Kapital. Vielmehr dient es dazu, wie der Erzähler kommentiert, »feste Gesinnung und ein sicheres Selbstgefühl bei seinen Teilhabern zu schaffen« (SuH 56). Den Gedanken des Zusammenschlusses, der loyalen und innigen Zusammenarbeit, der »Konföderation« der Kräfte explizieren auch die Mitarbeiter, wenn sie Wohlfart nach absolvierter Lehrzeit durch einen feierlichen Akt in die Handlung aufnehmen: »[W]ir sind keine wilden Tiere, daß wir so ohne Ordnung durcheinander laufen und einen neuen Kollegen aufnehmen, wie ein Stück von einer Herde« (SuH 140). Alle Mitarbeiter der Handlung wohnen gemeinsam im Comtoir, sie lösen gewissermaßen die Forderung der Nationalökonomie ein, dass die Arbeiter »möglichst nahe beisammen wohnen [müssen]« und »ihr Zusammenwirken […] verbürgt sein [muß].«[24] Auch das vom Roman kolportierte Pathos von Arbeit und Tätigkeit hat ein Vorleben im volkswirtschaftlichen »Archiv« der Zeit:[25] »Für den Thätigen selbst liegt in der Thätigkeit an sich ein eben so hoher Werth; es ist der Segen der Arbeit selbst, den Jeder durch die Wahl eines Berufes für sich möglichst groß zu machen sucht.«[26] Arbeit, Fleiß und Tätigkeit bieten als Prinzipien sinnvollen Tuns, als Merkmale reiner Produktivität einen Mehrwert, der über die zahlenmäßig erfassbaren

---

22 Siehe dazu auch Twellmann: Das deutsche Bürgerhaus, a.a.O.

23 Schroeter argumentiert hier nahezu identisch mit Hildebrand: Nationalökonomie der Gegenwart und Zukunft, a.a.O., 198, der meint, dass »[d]ie menschliche Gesellschaft […] ohne Privateigentum eine leblose, gleichartige Menge ohne individuelle Mannigfaltigkeit, ohne Kultur und ohne Entwicklung geblieben sein« würde.

24 List: Das nationale System, a.a.O., 157.

25 Vgl. nochmals Baßler: Kulturpoetische Funktion und das Archiv, a.a.O.

26 Knies: Die politische Oekonomie, a.a.O., 129.

»Resultate« der Arbeit hinausgeht. Die Volkswirtschaftslehre propagiert hier den pathetischen Wert einer »Thätigkeit an sich« bzw. eines »Gesammtinteresse[s] an der Arbeit als solcher«,[27] welchen der Roman in affirmativer Weise übernimmt, literarisch reproduziert und fortschreibt. Wohlfart selbst erhebt die persönliche Aufgabe, das individuelle Anliegen, »durch eigene Anstrengung sich heraufzuarbeiten« im Sinne einer Zielvorgabe bürgerlichen Lebens zur allgemeinen Maxime (SuH 479). Auch die Arbeiter des Comtoirs beteuern immer wieder den Eigenwert des Tätigseins an sich und den höheren Sinn der Arbeit (vgl. SuH 80). Wohlfart belehrt den anfangs uneinsichtigen Fink:

> Wir alle, die wir hier sitzen und stehen, sind Arbeiter in einem Geschäft, das nicht uns gehört. Und jeder unter uns verrichtet seine Arbeit in der deutschen Weise, die du soeben verurteilt hast. Keinem von uns fällt ein zu denken, so und soviel Taler erhalte ich von der Firma, folglich ist mir die Firma so und soviel wert. Was etwa gewonnen wird durch die Arbeit, bei der wir geholfen, das freut auch uns und erfüllt uns mit Stolz. (SuH 269)

Die Stelle zeigt: Arbeit ist im Roman – wie in der Nationalökonomie – ein Prinzip, das sich nicht in manifesten Tauschwerten (Geld) ausdrücken lässt. Gemeinschaftliche Arbeit und Tätigkeit, von der Nationalökonomie als die »Idee der *gesellschaftlichen Arbeit*«[28] gefasst, sind auf ein private Interessen aufhebendes Ganzes – »Firma«, »Volk im Ganzen« – bezogen und haben einen eigenen, nachgerade inkommensurablen Mehrwert. Damit ist auch eine spezifische Harmonisierungstendenz markiert, die sich etwa darin zeigt, dass die kurvenreiche Entwicklung Finks ihr Telos letztlich in dessen Engagement für ein Projekt der Aussöhnung zwischen überkommenen Wirtschaftsformen (Ackerbau) und technisch-ökonomischen Neuerungen (Bewässerungsprojekt) findet (vgl. SuH 822–827).

Diese skizzierten nationalökonomisch-literarischen Ideale wirtschaftlicher Kultur und volkswirtschaftlicher Vergemeinschaftung, wie sie sich in Gestalt des Handelshauses und seines Prinzipals zeigen, werden nun kontrastiv abgesetzt von jenen, die außerhalb dieses Ideals stehen (Juden, Adel, Polen).[29] So zielen etwa sämtliche wirtschaftliche Tätigkeiten, denen die Juden Veitel Itzig oder

---

27 Knies: Die politische Oekonomie, a.a.O., 129.
28 List: Das nationale System, a.a.O., 156.
29 Vgl. zur Bildung von anti-aristokratischen, anti-slawischen und anti-semitischen Stereotypen durch den Roman Christine Achinger: Gespaltene Moderne. Gustav Freytags »Soll und Haben« – Nation, Geschlecht und Judenbild, Würzburg 2007; Twellmann: Das deutsche Bürgerhaus, a.a.O., 375, spricht von »oikonomische[m] Antisemitismus«; siehe auch: Jan Süselbeck: Tertium non datur: Gustav Freytags *Soll und Haben*, Wilhelm Raabes *Hungerpastor* und das Problem des Literarischen Antisemitismus. Eine Diskussion im Wandel, in: Jahrbuch der Raabe-Gesellschaft 54 (2013), 51–71 sowie Martin Gubser: Literarischer Antisemitismus. Untersuchungen zu Gustav Freytag und anderen bürgerlichen Schriftstellern des 19. Jahrhunderts, Göttingen 1998.

Hirsch Ehrenthal nachgehen, auf Zer-Rechnung, Zer-Teilung und Isolation und arbeiten somit an der Auflösung des Sinns der als unteilbare Gesamtheit imaginierten idealen bürgerlichen Sozialwelt des Textes. Das, was die National-ökonomie als »Nationalzersplitterung«[30] bezeichnet, illustriert der Roman etwa anhand der Auflösung des traditionsreichen Rothsattel-Guts in Anteile und Prozente durch jüdische Spekulanten:

> Wenn der gnädige Herr Pfandbriefe der Landschaft aufnimmt auf sein Gut, so kann er jeden Tag erhalten fünfzig Tausend Taler in gutem Pergament. Sie zahlen dafür der Landschaft vier vom Hundert, und wenn Sie die Pfandbriefe liegenlassen in ihrer Kasse, so erhalten Sie davon Zinsen dreiundeinhalb vom Hundert. Dann zahlen Sie ein halbes Prozent zu an die Landschaft, und durch das halbe Prozent wird noch amortisiert das Kapital. (SuH 34f.)

Die auf Jahrhunderte erbschaftlicher Überlieferung und traditionaler Kontinuität ruhende Ganzheit des Adelshauses, die Gesamtheit des adligen Gutes im *oikonomischen* Sinne wird an dieser Stelle von Ehrenthal in ein rein materielles Kalkül aufgelöst.[31] Der rechnende, analytische Blick des Spekulanten korrespondiert auf der Ebene der sprachlichen Form einem verstellten und schlicht falschen Satzbau. Diese verkehrte Syntax, die sich der Logik der Normal-Sprache entzieht und für Unordnung im Sinne von Zerteilung und Verkehrung steht, kennzeichnet den gesamten Roman über einen gewissen ›jüdischen‹ Sprachstil. Dieser klischeehaft überzogene, falsche und verstellte Satzbau der stereotypen ›jüdischen‹ Sprache zeichnet sich durch Undurchschaubarkeit aus:

> Neunzig Prozent zahlt der Käufer, und dem Grafen werden geschickt nach Paris siebzig Prozent; von den zwanzig Prozent Differenz zahlen Sie fünf an den Bevollmächtigten des Grafen, und fünf an mich für meine Bemühung und zehn Prozent bleiben Ihnen. (SuH 224)

Neben Itzig und Ehrenthal tritt auch der Rechtsanwalt Hippus, der Itzig den »Geschäftsstil« beibringt, in Erscheinung. Der in zwielichtige Geschäfte verwickelte Hippus arbeitet in seiner Eigenschaft als Rechtsanwalt ebenfalls daran, die als Gemeinschaft von Tätigen imaginierte ideale bürgerliche Gesellschaft des Romans in widerstreitende Einzel- und Privatinteressen aufzulösen (vgl. SuH 117f.). Er arbeitet der Destruktion ordnungspolitischer Strukturen vor, indem seine Tätigkeit darauf zielt, »stabile rechtliche Normen« in »flexible geschäftliche Normalitäten aufzulösen«.[32] Die jüdische Gesellschaft des Romans, so erfährt der Leser, beruht nicht auf Kooperation, sondern auf »Isolierung« (SuH 815). Ihre Teilnehmer arbeiten ausschließlich zum »eigenen Nutzen« (SuH 106)

---

30 List: Das nationale System, a.a.O., 29.
31 Vgl. auch Twellmann: Das deutsche Bürgerhaus, a.a.O. sowie Brunner: Das »ganze Haus« und die alteuropäische »Ökonomik«, a.a.O.
32 Wagner: Verklärte Normalität, a.a.O., 26.

und verfolgen damit Privatinteressen, unabhängig davon, ob sie dem Gesamtinteresse der Volkswirtschaft entgegenstehen. Die Nationalökonomie der Zeit
gibt hingegen vor: »Der Zweck der wirthschaftlichen Thätigkeit liegt in dieser
ihrer Beziehung zu dem Ganzen«.[33] Es sind die unumstößlichen Lehrsätze der
zeitgenössischen Nationalökonomen, etwa dass die »*Einigung der individuellen
Kräfte* zu Verfolgung gemeinsamer Zwecke« das »mächtigste Mittel zu Bewir-
kung der Glückseligkeit der Individuen«[34] sei, die der Roman funktionalisiert,
um die jüdischen Stereotypen auszubilden. Der Roman macht das betreffende
nationalökonomische Normativ zum Schlagwort. Es ist vor allem ein analytischer, ›ökonomistischer‹ Blick, der die jüdischen Figuren kennzeichnet; eine
spezifische Perspektive, die Waren, Gegenstände und Güter ausschließlich als
»lockende Spekulationen« (SuH 108) fokussiert. Der Erzähler kommentiert Itzigs Mentalität folgendermaßen: Dieser habe »an nichts anderes gedacht, als an
Erwerb«, sein »Glaube« habe ihn »ausgeschlossen von dem Verkehr mit solchen,
welche besser verstehn, was dem Leben Wert gibt.« (SuH 462) Itzigs Verständnis
steht also jenem skizzierten metaphysischen Wert-Denken der Volkswirtschaftslehre entgegen,[35] welches etwa von Sabine, der Schwester und Haus-
wirtschafterin Schroeters artikuliert wird: »O es ist traurig, das Leben in ein
solches Rechenexempel aufzulösen!« (SuH 268) lässt sie der Erzähler kommentieren. In der Fixierung auf den rein materiellen Grund des nackten
Tauschwertes, so Sabine weiter, bleibe nichts »als der betäubende Genuß, oder
ein egoistisches Prinzip, dem er alles opfert. Treue, Hingebung, die Freude an
dem, was man schafft, das alles geht dann verloren.« (SuH 268) Der Freytag-
Erzähler grenzt hier den emphatischen Wertbegriff der deutschen Nationalökonomie bewusst ab gegen die angeblich ›jüdische‹ Fixierung auf bloß äu-
ßerlich-materielle Tausch- und manifeste Geldwerte. Romantext und volkswirtschaftliche Theorie autorisieren und plausibilisieren sich gegenseitig in
ihrem immaterialistisch-idealistischen Diskurs darüber, was Wert / wert sei.

Die Juden als wirtschaftliche und kulturelle Außenseiter des Romans sind
durch undurchschaubare Spekulationsgeschäfte bezeichnenderweise mit einer
weiteren wirtschaftlichen und kulturellen Außenseitergruppe der Romanhandlung verbunden. Auch der Adel wird im Text als Fremdgruppe erst identifizierbar durch seine *wirtschaftlichen* Entscheidungen, die in der metonymischen Logik des Textes immer auch exemplarisch für die adlige Kultur und das
adlige Wesen stehen. Das Wirtschaften der Rothsattels ist gekennzeichnet durch
Verschwendung, Konsumtion, Müßigkeit und Rohheit, durch wirtschaftliche

---

33 Knies: Die politische Oekonomie, a. a. O., 128.
34 List: Das nationale System, a. a. O., 38.
35 Vgl. auch nochmals Priddat (Hg.): Wert, Meinung, Bedeutung, a. a. O.

und kulturelle Unproduktivität, durch »*Werth*-Vernichtung«,[36] wie es die Volkswirtschaftslehre der Zeit nennt. Die Ursache für die Geldnöte der Rothsattels,
und damit der Verpfändung der eigenen Güter, ist die Unfähigkeit des Barons,
mit dem Vorhandenen zu wirtschaften und zu haushalten: Die »kleinen Anfälle
von Sparsamkeit« im Angesicht der Verarmung der Familie sind nichts weiter als
eine »unschuldige Laune«, denn »in allen größern Dingen hielt der Freiherr in
gewohnter Weise auf anständige Repräsentation« (SuH 71). Der Gläubiger Ehrenthal gibt seine Strategie, Rothsattel unter Druck zu setzen, folgendermaßen
preis:

> Große Arbeit, immerwährende Unruhe, tägliche Sorgen, die nicht aufhören, das ist das
> einzige, was der Freiherr nicht aushalten kann. Diese Leute sind gewöhnt, wenig Arbeit
> zu haben und viel Vergnügen. (SuH 226, vgl. auch 29)

Rothsattel versucht bezeichnenderweise durch Spekulationsgeschäfte an Kapital
zu kommen – und nicht durch Akte volkswirtschaftlicher Produktivität im eigentlichen Sinne. Ein Versuch in dieser Richtung – Bau und Betrieb der Zuckerfabrik – muss auf Grund seiner ökonomischen Inkompetenz scheitern. Der
Roman vergrößert die persönliche Schuld Rothsattels, die in der Verpfändung
der familieneigenen Landgüter besteht, zu einer Schuld an der imaginierten
idealen Volkswirtschaft insgesamt. Auch der Adel wird im Roman, hier in der
Perspektive Schroeters, zu einem »Gegner der gesunden Entwicklung unseres
Staates«. Er »isolier[t]« »sein Eigentum« und entzieht es dadurch dem Volks-
vermögen »auf ewige Zeit« (SuH 480 f.). Schroeters Argument gegen das adlige
Wirtschaften, gegen den »adlige[n] Schacher mit Grundbesitz in unserm Lande«
(SuH 480) bezieht seine Autorität wiederum aus der Tradition der deutschen
Nationalökonomie, die im Sinne einer »Theorie des allgemeinen Vermögens«
die enge Bindung von privatem Vermögen an die Belange des »allgemeinen
Wohls« fordert.[37]

Die Charakterisierungen der ›adligen Wirtschaft‹ des Romans weisen eine
enge Beziehung zu den schlagenden semantischen Verschränkungen des nationalökonomischen Diskurses auf: Vor jeder Kultur, so die Geschichtslogik der

---

36 Knies: Die nationalökonomische Lehre vom Werth, a. a. O., 424 f.
37 Ein aussagekräftiger Beleg für das Konzept eines allgemeinen, kollektiven Vermögens
    – *Volksvermögen* –, welches, so die nationalökonomische Vorstellung, den Verfügungs-
    rechten über die mehr oder weniger zufällig verteilten privaten Einzelvermögen der
    Volkswirtschaft voraus liegt, findet sich im bereits genannten *Lehrbuch der politischen
    Ökonomie* (1826–1837) von K. H. Rau. Sein gesamter erster Band *Grundsätze der Volks-
    wirthschaftslehre* handelt von nichts weniger als von dem *Wesen des Volksvermögens*
    (1. Buch), von der *Entstehung der Vermögenstheile* (2. Buch) und von der *Vertheilung des
    Vermögens* (3. Buch); vgl. auch nochmals: Priddat: Produktive Kraft, sittliche Ordnung und
    geistige Macht, a. a. O., 133–162.

historischen Nationalökonomie, stehe der »wilde Zustand«.[38] Im Roman
zeichnet sich vor allem der Adel durch »Wildheit« aus. Vor seiner Wandlung zum
vorbildlichen Unternehmer wird der Adlige Fritz von Fink immer wieder als
»der wilde Mann« bezeichnet (SuH 313, s. 44 u. ö.). In der Gegenwart junger
Adliger um Fink spürt Wohlfart eine »ritterliche Atmosphäre«, die aus »etwas
Salonduft, etwas Stalluft und viel von dem Aroma der Weinstube« (SuH 172)
bestehe. Der Roman greift bei derartigen Beschreibungen zurück auf die Fort-
schrittssemantik der volkswirtschaftlichen Kulturstufentheorien: Beim »rohen
Ackerbau«, im Roman demonstrativ als adliges Metier codiert,

> herrscht Geistesträgheit, körperliche Unbeholfenheit, Festhalten an alten Begriffen,
> Gewohnheiten, Gebräuchen und Verfahrungsweisen, Mangel an Bildung [...] und
> Freiheit. Der Geist des Strebens nach steter Vermehrung der geistigen und materiellen
> Güter, des Wetteifers und der Freiheit charakterisiert dagegen den Manufaktur- und
> Handelsstaat.[39]

Die agrikulturelle Wirtschaftsverfassung der Vormoderne zeichnet sich in diesem Diskurs dadurch aus, dass sie Potenziale »unbenützt« lässt und »vergeudet«; die Kräfte »liegen tot«.[40] »Wie der Ackerbau stets auf die äußere (in gewisser Hinsicht doch todte!) Natur als Hauptrichtschnur blicken muß, so der
Gewerbfleiß auf den lebendigen Verkehr.«[41] Freytags Roman überträgt diese
semantischen Verschmelzungen nun auf die adligen Figurengruppen des Textes,
die – so kommentiert Fink an einer Stelle – aus dem »deutschen Urwald« (SuH
146) stammen. Der Baron von Rothsattel hält »viel auf seine Schafherde« (28),
Finks ursprünglicher Plan ist es, Landwirt zu werden (s. SuH 103, 307).
Wohlfarts Entscheidung, den Rothsattels beim Aufbau einer neuen Existenz in
Polen zu helfen, wird von den ehemaligen Kollegen folgendermaßen kommentiert: »Aber so aus dem Comtoir fortzurennen unter Schafe und Kühe und unter
die Polen und Edelleute, das ist gar nicht zu entschuldigen« (SuH 580). Unschwer
ist hier ein nationalökonomischer Tonfall zu vernehmen, der sich in Gewissheit
der eigenen wirtschaftlichen Überlegenheit und Fortschrittlichkeit in abschät-
ziger Weise von der überkommenen Wirtschafts- bzw. Kulturstufe des rohen,
barbarischen und feudalen Agrikultur-Zeitalters abgrenzt. So heißt es analog
über das alte Rothsattel-Gut etwa, dass in dem »Bau aus uralter Zeit [...] kein
Zeichen des Lebens war« (SuH 292). Es sind »ganz tote Naturkräfte, ganz
wertlose Naturvorräte, welche eine Agrikulturnation« erst durch die »Pflanzung
einer Fabrikkraft ins Leben ruft und zu Wert bringt.«[42] Einen ganz zentralen

---

38　List: Das nationale System, a. a. O., 39.
39　Ebd., 191.
40　Ebd., 200 f.
41　Ebd., 50.
42　Ebd., 208.

Handlungsknoten der Geschichte bildet der Versuch des Barons, die finanzielle
Lage der Familie durch Bau und Betrieb einer Zuckerfabrik auf dem bereits
hypothekenbelasteten Gut zu verbessern. Eine Unternehmung, die ganz dem
frühindustrialistischen Zeitgeist entspricht. Der Erzähler lässt wissen, dass sich
die Romanhandlung zu einer Zeit ereignet, »wo eine Menge von neuen industriellen Unternehmungen aus dem Ackerboden aufschossen«, in der viele
Unternehmungen getätigt werden, die »auf einer Verbindung moderner Industrie und des alten Ackerbaues« (SuH 35) beruhen. Auch die Unternehmung des
Barons wird vom Erzähler ausgiebig kommentiert. Die entsprechenden Passagen weisen eine unmittelbare diskursive Nähe zu den analogen nationalökonomischen Passagen auf, die sich ebenfalls mit den Übergängen von alter zu
neuer Wirtschaft beschäftigen. Im Roman heißt es über den Ackerbau der
Vorzeit: »Glücklich der Fuß, welcher über weite Flächen des eigenen Grundes
schreitet; glücklich das Haupt, welches die Kraft der grünenden Natur einem
verständigen Willen zu unterwerfen weiß!« (SuH 397) Die freie landwirtschaftliche Tätigkeit erscheint hier als Quelle von Wert und Reichtum. Die
wirtschaftstheoretische Vorstellung der Kultivierung von Grund und Boden
durch Ackerbau wird im Roman als Akt der Befreiung von den »rohen Launen
der Natur« (SuH 398) charakterisiert.[43] Freytags Erzähler kommentiert die
historische Gegenwart der Handlung im Präsens und in einem nationalökonomisch gelehrten Habitus:

> Dann kommt die Zeit, wo sich kunstvolle Industrie auf den Ackerschollen ansiedelt.
> Dann ziehn die abenteuerlichen Maschinen nach dem Wirtschaftshof [...], große
> Räder mit Hundert Zähnen drehn sich gehorsam im Kreise [...] und die mechanischen
> Gelenke bewegen sich Tag und Nacht! Eine edle Industrie! Sie erblüht aus der Kraft des
> Bodens und vergrößert wieder diese Kraft! Wo der eigene Grund des Gutes seine
> Früchte der Fabrik reichlich spendet, da arbeiten im freien die uralte Pflugschar, im
> gemauerten Haus der neue Dampfkessel brüderlich miteinander. (SuH 398)

Diese Beschreibung einer idealen modernen Synthese aus Ackerbau und Ma-
nufaktur bzw. Industrie, die zudem ein Anwachsen von »Wissen und Bildung«
bedeute und eine Erhöhung des »Wert[s] des Bodens« (SuH 399) und sogar
»einen andern Maßstab für den Wert des Menschen« (SuH 398) mit sich bringe,
ist dem vorgängigen Diskurs der Nationalökonomie über diese Prozesse des
Übergangs zum Verwechseln ähnlich:

---

43 Bei Roscher: Nationalökonomik des Ackerbaues und der verwandten Urproductionen,
   a. a. O., 48, heißt es in Analogie zum literarischen Text über die Stufe, die zwischen wildem
   Urzustand und modernem Industriestaat angesiedelt ist: »[I]m Ackerbau [herrscht] eine
   große Emancipation des Menschen von der Natur, deren hervorbringende Kraft er nicht
   allein benutzt, sondern leitet, und zwar um so mehr, je arbeits- und kapitalreicher die
   Bestellung des Bodens.«

Die Manufakturen und Fabriken sind die Mütter und die Kinder der bürgerlichen Freiheit, der Aufklärung, der Künste und Wissenschaften, des innern und äußern Handels [...], der Zivilisation und der politischen Macht. Sie sind ein Hauptmittel, den Ackerbau von seinen Fesseln zu befreien und ihn zu einem Gewerbe, zu einer Kunst, zu einer Wissenschaft zu erheben [...] und dem Grund und Boden Wert zu geben.[44]

Bei Roscher heißt es, dass sich die harmonisch und gleichmäßig modernisierende Landwirtschaft zu einer »Industrie, Kunst und Wissenschaft« entwickelt habe. Die »wahre Freiheit« setze ein »gewisses Gleichgewicht« zwischen den Traditionen der überkommenen agrikulturell verfassten Wirtschaftsform und den industriellen Modernisierungen voraus: In der »Blüthezeit jeder Volkswirthschaft« bestehe ein »*Gleichgewicht*[] *zwischen Ackerbau und Gewerbfleiß*«, wohingegen »willkürliche Neuerungen« störend auf den harmonischen Ausgleich von alter und neuer Wirtschaft wirkten.[45] Genau dies charakterisiert jedoch das Scheitern der Rothsattel-Fabrik. Der erste Fehlgriff des Barons besteht darin, sein Land »fremden Gewalten«, den jüdischen Spekulanten, verpfändet zu haben:[46] »Wehe aber dem Landwirt, dem der Grund unter seinen Füßen fremden Gewalten verfällt!« (SuH 399) Die Autorität der nationalökonomisch argumentierenden Erzählerstimme wird hier durch den Ausdruck der Warnung »Wehe« noch verstärkt. Rothsattel ist unfähig, alte und neue Wirtschaft in ein harmonisches und produktives Verhältnis zu bringen: »Und dreimal wehe dem Landwirt, der übereilt in unverständigem Gelüst die schwarze Kunst des Dampfes über seine Schollen führt, um Kräfte aus ihnen hervorzulocken, die nicht darin leben.« (SuH 400). Das volkswirtschaftliche Argument vom »allgemeinen Vermögen« der »Volksgemeinschaft« wird wiederholt, indem der Erzähler hinzufügt, dass damit nicht allein die Familie Rothsattel zum Scheitern verurteilt sei, sondern dass die missglückte Kombination der traditionellen landwirtschaftlichen Tätigkeit mit dem Betrieb der Zuckerfabrik »auch viele andere« ins Verderben treibe (SuH 400).

Ganz im Zeichen ökonomisch rückschrittlicher Semantik steht auch die vom Roman insinuierte »Polakenwirtschaft« (SuH 324), die metonymisch für die polnische Kultur steht. Adel und Polen sind allein schon dadurch verbunden, dass die Rothsattels mit befreundeten polnischen Adelsfamilien Feste feiern (SuH 546–550) und die polnische Revolution vom ansässigen Adel angestiftet wird (vgl. SuH 321). Deutscher Adel und polnische Kultur sind also gleichermaßen mit einer Semantik des Rohen, Barbarischen, Agrarisch-Rückständigen, Kriegerischen und Morbiden belegt. Nationale Unterschiede, ein bzw. *das*

---

44 List: Das nationale System, a. a. O., 150.
45 Roscher: Nationalökonomik des Ackerbaues, a. a. O., 58, 52f., 55, 53.
46 Vgl. zum sozialhistorischen Kontext (»Mobilisierung des Bodens« durch Boden-Spekulationsgeschäfte adliger Grundbesitzer) auch Twellmann: Das deutsche Bürgerhaus, a. a. O.

Konstituens der *National*ökonomie, gibt es in den adligen Kreisen nicht. So investieren die Rothsattels bezeichnenderweise in ein polnisches Gut und begeben sich damit unter die »wilde[n] Männer« (SuH 548, s. 335, 357). Die polnische Adelsgesellschaft ist charakterisiert durch eine extreme Spannung zwischen repräsentativer Größe und ausschweifendem Luxus auf der einen und roher Armut auf der anderen Seite (vgl. SuH 548 f.). Außerdem ist Polen ein Land, »wo die Herren auf einen Haufen reiten und wieder auseinander« (SuH 529, vgl. 547), die Bewohner also keine auf Zusammenschluss, »Konföderation« und »*gemeinschaftliche[r] Produktion*« (List) ruhende Union bilden.[47] Diese Semantisierungen stehen in unmittelbarer Nähe zu den oben gezeigten jüdischen Stereotypen, die ebenfalls zu der Zerteilung der imaginierten volkswirtschaftlichen Gesamtheit beitragen. Der zentralen nationalökonomischen Metonymie gemäß (Wirtschaft=Kultur) leitet sich aus dem Urteil über das schlechte Wirtschaften der Polen ein Urteil über deren zivilisatorisch-kulturelle Verfasstheit her: »Als wenn Edelleute und leibeigene Bauern einen Staat bilden könnten!« (SuH 331), kommentiert Schroeter. Und weiter:

> Sie haben keinen Bürgerstand [...]. Das heißt, sie haben keine Kultur [...]. [E]s ist merkwürdig, wie unfähig sie sind, den Stand, welcher Zivilisation und Fortschritt darstellt und welcher einen Haufen zerstreuter Ackerbauer zu einem Staate erhebt, aus sich heraus zu schaffen. (SuH 331)

Das Bild der Zertrennung, der Unordnung und des chaotischen ›Wimmelns‹, das die polnischen Revolutionäre als einen »Haufen Bauern« (SuH 333, 343 f.) zeigt, wird später unmissverständlich in eine Todessemantik überführt. Die Revolutionäre sind dann ein »Haufen Sensenmänner« (SuH 591).[48]

Die Tod und Verderben bringende Revolution, und damit die dem Adel attribuierten kriegerischen und zerstörerischen Handlungen führen in erster Linie dazu, dass der »Verkehr stockte, die Werte der Güter und Waren fielen« und sich »jeder [...] das Seine zu retten und an sich zu ziehen« suchte, womit jede »einzelne Existenz [...] unsicherer, isolierter, ärmer« wurde (SuH 321). Das steht selbstredend dem nationalökonomischen Synthese-Bestreben des Schroeterschen Kontors diametral entgegen. Die vormals intakte Wirtschaft, die aus »Hunderte[n] von Bändern« (SuH 321) bestand, wird aufgelöst in »isolierte« Einzelexistenzen. Von dieser volkswirtschaftlichen Argumentation her erfolgt auch die direkte Ableitung eines Herrschaftsanspruchs über das polnische Land:

---

47 Wagner: Verklärte Normalität, a. a. O., 31, spricht davon, dass das Polen-Bild des Romans als »Projektionsfläche deutscher Denormalisierungsängste« zu verstehen sei.

48 Vgl. zum Zusammenhang zwischen Bildern des ›Wimmelns‹, der Streuung bzw. Zerstreuung und der »Produktion von Normalität« Jürgen Link: Versuch über den Normalismus. Wie Normalität produziert wird, 4. Aufl., Göttingen 2009, 42 f., für den hier in Rede stehenden Zeitraum besonders 172–323.

Die spätere »Kolonisation« der Ostprovinzen durch Wohlfart und Fink wird somit zu einer volkswirtschaftlich legitimierten »Aufgabe« (SuH 746), welche das nationalökonomische Programm einlöst, sich die »minder kultivierten Nationen [...] tributbar zu machen« und sie zur »Bereicherung zu benützen«.[49] Die ökonomische Überlegenheit über »minder vorgerückte Nationen« gehe einher mit einer »moralischen, intellektuellen« und »politischen« Überlegenheit, heißt es bei List.[50] Genau aus dieser Argumentation leitet Wohlfart die Legitimation für die wirtschaftliche und kulturelle Eroberung Polens ab;[51] er verabschiedet sich von Fink mit den Worten: »Du wirst mit der Pflugschar in der Hand hier ein deutscher Soldat sein, der den Grenzstein unserer Sprache und Sitte weiter hinausrückt gegen unsere Feinde.« (SuH 746)

3.3. Kollektivsymbolik und Literaturpolitik – Die Poetologie des Handels

In der Nationalökonomie der Zeit, besonders in ihrer frühen und mittleren Phase vor der Reichsgründung 1870/71, nimmt der Handel eine zentrale Stellung ein.[52] Er führt zu »neue[n] Ideen, Erfindungen und Kräfte[n]« und ist somit »einer der mächtigsten Hebel der Zivilisation und des Nationalwohlstandes«.[53] Bei Hildebrand heißt es über den Handel beispielsweise:

> Er ist unter allen gesellschaftlichen Formen eine Notwendigkeit und ein Hebel der Kultur [...]. Ohne ihn verliert jede Privatarbeit ihre gesellschaftliche Bestimmung, ihre Beziehung zum Gemeinwohl.[54]

Handel, händlerische und kaufmännische Tätigkeiten werden im Diskurs der Volkswirtschaftslehre mit einer Semantik des ›Webens‹, des ›Verbindens‹, ›Stiftens‹ und des ›Ausgleichens‹ belegt. Der Handel wird in dieser Sichtweise zum synthetischen Prinzip, weil er auf Sammlung und Vereinigung, auf Belebung und Aktivierung – er »weck[t] und entwickel[t]« die »geistigen und ge-

---

49 List: Das nationale System, a.a.O., 166.
50 Ebd., 149.
51 Krobb: Einleitung, a.a.O., 18, spricht in diesem Zusammenhang von der »kulturelle[n] Germanisierung« Polens.
52 Siehe zum historischen Kontext des Deutschen Zollvereins, für den etwa Friedrich List auch politisch aktiv war, Thomas Nipperdey: Deutsche Geschichte. 1800–1866: Bürgerwelt und starker Staat, München 1983, bes. 358–361 sowie Hans-Werner Hahn, Marko Kreutzmann (Hg.): Der deutsche Zollverein. Ökonomie und Nation im 19. Jahrhundert, Köln / Weimar / Wien 2012.
53 List: Das nationale System, a.a.O., 38.
54 Hildebrand: Die Nationalökonomie der Gegenwart und Zukunft, a.a.O., 206.

sellschaftlichen Kräfte« −[55] zielt und Indikator für den Grad der nationalen Vergemeinschaftung ist.[56] Handel ist im Denken der deutschen Ökonomen, anders als beispielsweise bei Smith, produktive Arbeit:

> [D]er wahre Handel beschäftigt […] eine Menge Personen, welche dadurch produzieren, daß sie die Güter verteilen, Überfluß und Mangel ausgleichen und durch ihre Arbeit den Konsumenten die Waren verwohlfeilern.[57]

Der Handel ist »das Organ, welches die einzelnen Theile der Volkswirthschaft zum Ganzen verbindet.«[58] Über den ›Protagonisten‹ des Handels, über den Kaufmann, heißt es:

> Er hat die zerstreuten Kräfte der Arbeiter für gemeinsame Zwecke vereinigt. Der einzelne Arbeiter vollbringt im isolierten Zustande bekanntlich nur einen sehr geringen Teil von dem, was er als Glied eines großen Arbeitsorganismus schafft.[59]

Vor allem in Kontrast zu den semantischen Konnotationen der agrikulturellen Wirtschaftsverfassung, die sich, wie gezeigt, durch Zer-Streuung, Zer-teilung, Zer-stückelung und Isolation auszeichnet,[60] gewinnen diese Textstellen ihre Relevanz. Knies spricht darüber hinaus vom »Weben und Leben« des »Verkehrs«, von der »Bedeutung des Verkehrs« für das Stiften von »Homogenität«. Aufgabe des »Handelsstande[s]« sei der »Verkehr, das Verbinden und Verknüpfen« der Volkswirtschaft und seiner Teilnehmer.[61] Diese lexikalischen und semantischen Prägungen stellen der Literatur nun – im Sinne eines »›Rohstoffe[s]‹« −[62] ein ›poetologie-affines‹ Vokabular zu Verfügung. Der Roman ist bekanntermaßen nicht nur Roman, sondern auch ästhetisches Programm.[63] So hält es der Erzähler an exponierter Stelle im ersten Satz des Romans für berichtenswert, dass es in Ostrau, dem Heimatdorf Wohlfarts, »süße Pfefferkuchen« gebe, die dort »mit einer Fülle von unverfälschtem Honig gebacken« würden (SuH 11).[64] Poetologie, Ästhetik und Fragen von Schönheit und Kunst stehen im

---

55 List: Das nationale System, a. a. O., 160.
56 Vgl. Knies: Die politische Oekonomie, a. a. O., 219.
57 Hildebrand: Die Nationalökonomie der Gegenwart und Zukunft, a. a. O., 207.
58 Roscher: Nationalökonomik des Handels und Gewerbefleißes, a. a. O., 57; s. nahezu identisch schon List: Das nationale System, a. a. O., 3, 25, 237–244.
59 Hildebrand: Die Nationalökonomie der Gegenwart und Zukunft, a. a. O., 211.
60 List: Das nationale System, a. a. O., spricht von »Zerstreu[ung]«, 191 sowie von »[Z]erfall[]« und [Z]erstückel[ung]«, 208.
61 Knies: Die politische Oekonomie, a. a. O., 58, 214, vgl. 118.
62 Siehe Jürgen Link: Literaturanalyse als Interdiskursanalyse. Am Beispiel des Ursprungs literarischer Symbolik in der Kollektivsymbolik, in: Fohrmann / Müller (Hg.): Diskurstheorien und Literaturwissenschaft, a. a. O., 284–307, hier 286.
63 Vgl. nochmals Plumpe: Einleitung, a. a. O., 26.
64 Vgl. zum Honig als literarisches Symbol für dichterische Tätigkeit Günter Butz / Joachim Jacob: Art. »Honig«, in: Metzler Lexikon literarischer Symbole, hrsg. v. Günter Butz und Joachim Jacob, 2., erw. Aufl., Stuttgart / Weimar 2012, 191 f.

Romantext in unmittelbarer Verbindung zur Ökonomie. Die Schroetersche Handlung ist für Wohlfart die

> Quelle einer eigentümlichen Poesie, die wenigstens ebensoviel wert war, als manche andere poetische Empfindung, welche auf dem märchenhaften Reiz beruht, den das Seltsame und Fremde in der Seele des Menschen hervorbringt. (SuH 64)

Im Handelskontor wird nicht nur ständig »gesammelt« (SuH 66) – beispielsweise »hundert verschiedene Stoffe« (SuH 64) –, darüber hinaus wird auch unentwegt und unermüdlich *geschrieben*. Ständig ist die Rede von einem »halbe[n] Dutzend Schreiber«, von »Federn«, »Brief[en]«, von »schreibenden Herren« und »rennen[den]« »Federn« und anderen poetologischen Wendungen.[65] Der Mitarbeiter Pix trägt »als Zeichen seiner Herrschaft« einen »großen schwarzen Pinsel«, mit dem er »bald riesige Hieroglyphen auf die Ballen malte, bald den Aufladern ihre Bewegungen vorschrieb« (SuH 41). Aus dem Kreise der Mitarbeiter heißt es über Wohlfart, nachdem er sich entschlossen hat, den Rothsattels auf dem polnischen Gut zu helfen: »Er ist nicht vom Pfluge, sondern von der Feder« (SuH 582). All das sind Indizien dafür, dass der Roman auch Poetologisches verhandelt und sich in dieser Weise unentwegt auf sich selbst und die Möglichkeiten ›realistischer‹ Kunst insgesamt bezieht.

Beispielhaft dafür steht die Rosmin-Episode. Der erzählerischen Schilderung der revolutionären Unruhen in der ehemals blühenden deutschen Kreisstadt Rosmin geht ein aufschlussreicher Erzählerkommentar voraus. Der Erzähler vollzieht hier die historische Entwicklung der Stadt von einem agrarisch geprägten Dorf hin zu einer florierenden Handelsstadt nach. In grauer Vorzeit, vor jeder Zivilisierung, so heißt es, »war ein offenes Feld gewesen, was jetzt Rosmin heißt« (SuH 584), dann sei »der deutsche Kaufmann« eingezogen, der »Werke des heimischen Fleißes, Tuche, buntfarbige Kleider« (SuH 584) mitgebracht habe und zusammen mit den nachziehenden deutschen Handwerkern den »Marktring [...] geschlossen« (SuH 585) habe. Die deutsche Volkswirtschaft ist, so die Verklärungs- und Idealisierungslogik, wesenhaft poetisch: Rosmin ist eine der

> Stätten, wo polnische Ackerfrucht eingetauscht wird gegen die Erfindungen der deutschen Industrie, die Knoten eines festen Netzes, welches der Deutsche über den Slawen gelegt hat, kunstvolle Knoten, in denen zahllose Fäden zusammenlaufen, durch welche die kleinen Arbeiter des Feldes verbunden werden mit andern Menschen, mit Bildung, mit Freiheit und einem zivilisierten Staat. (SuH 585)

Deutlich erkennbar wird hier nicht nur der Einfluss der organologisch-historistischen Argumentationslogik der Nationalökonomie: Wildheit – Agrarkultur – Städtische Zivilisation. Die Semantisierung des städtischen Handels als ein

---

65 Zitate 41 f., siehe 78 f., 88, 100, 325, 420 f. u. ö.

»Netz« bzw. Gewebe von »zahllosen Fäden« ist mit den nationalökonomischen Handels-Beschreibungen nahezu identisch – »Und fürwahr gerade in dem *wirthschaftlichen* Weben und Leben des Menschen kommt ja der Leib und die Seele, das Begehren und das Erkennen des Menschen in Thätigkeit« –[66] und bildet mit diesen zusammen die kollektivsymbolische Prägung und Funktion des Handels aus. Die wirtschaftliche Tätigkeit, das »Weben und Leben«, stimuliert das menschliche »Erkennen«. Damit ist eine Zusammenführung von Wirtschaft, durchschauendem Erkennen und Ästhetik gegeben, die der Poetische Realismus gerade auch deshalb in so umfassender Weise aufnehmen konnte, weil sie in seinen nationalökonomischen Prä- und Kontexten selbst schon mittels einer durch und durch gestalteten und nachgerade poetischen Sprache vor-programmiert worden war:[67]

> Reibung erzeugt die Funken des Geistes wie die des natürlichen Feuers. Geistige Reibung ist aber nur da, wo nahes Zusammenleben, wo häufige geschäftliche, wissenschaftliche, soziale, bürgerliche und politische Berührung, wo großer Verkehr an Gütern und Ideen. Je mehr Menschen an einem und demselben Ort vereinigt leben, je mehr jeder dieser Menschen in seinem Geschäft von der Mitwirkung aller übrigen abhängt […]. Daher ist überall und zu allen Zeiten die Freiheit und Zivilisation von den Städten ausgegangen.[68]

Diese Bedingtheit der vom Roman etablierten Ästhetik wird besonders deutlich, als Wohlfart seine ästhetischen Vorstellungen in einem Gespräch mit Ehrenthals Sohn Bernhard entfaltet. Der Privatgelehrte Bernhard liest »persische[] Gedichte« und »orientalische Werke«, die ihn durch ihre »verschlungene Form« als »fremdartige Schönheit« in ihren Bann ziehen (SuH 238 f.). Sein Gefühl für das »Reizende in fremder Poesie« ist, so der Erzähler, bis zum »Übermaß fein« (SuH 244). Bernhard redet an dieser Stelle einer romantischen Poetik das Wort,[69] die unschwer als ein Zitat der Hegelschen Ästhetik identifiziert werden kann. »[U]nsere Gegenwart«, so Bernhard, »ist zu kalt und einförmig« um schön dargestellt werden zu können. An Wohlfart gerichtet fährt er fort: »Wie arm an großen Eindrücken unser zivilisiertes Treiben ist […] das müssen Sie selbst in ihrem Geschäft manchmal empfinden, es ist so prosaisch, was Sie tun müssen« (SuH 239). Das, was der »höchste Stoff für die Poesie« sei, »ein Leben reich an mächtigen Gefühlen und Taten«, das sei in der Gegenwart doch »sehr selten zu finden« (SuH 240), so Bernhard. Auch in einem zweiten Gespräch mit dem

---

66 Knies: Die politische Oekonomie, a.a.O., 58.

67 Vgl. zu dieser Argumentation nochmals Baßler: Kulturpoetische Funktion und das Archiv, a.a.O.

68 List: Das nationale System, a.a.O., 196.

69 Vgl. zur Auseinandersetzung des literarischen Realismus mit dem romantischen Erbe Dirk Göttsche / Nicholas Saul (Hg.): Realismus und Romantik in der deutschsprachigen Literatur, Bielefeld 2013.

Freund Wohlfart argumentiert Bernhard gegen die ›Kunstfähigkeit‹ der Gegenwart mit der »Macht der Verhältnisse« (SuH 437). Bernhard zeigt sich hier als ein Vertreter des von den *Grenzboten*-Programmatikern Freytag und Julian Schmidt so genannten »Subjectiven Idealismus«.[70] Hintergrund ist die Abgrenzung der *Grenzboten*-Poetik gegen die Ästhetik Hegels. Zwar übernehmen die *Grenzboten*-Programmatiker die ästhetischen Leitsätze Hegels, dass die Kunst Versöhnung, Idealisierung und Ausgleich in der modernen Welt leisten müsse und dies allein in der Geschlossenheit des Kunstwerks als einem organischen Ganzen zu leisten sei. Im Sinne Hegels sperrt sich die moderne arbeitsteilige bürgerliche Gesellschaft jedoch von ihrem Wesen her gegen jeglichen Versuch der Verklärung, der Aussöhnung zwischen Subjekt und Welt durch die Kunst. Die moderne Handels- und Industriegesellschaft kann somit nicht zum Gegenstand künstlerischer Idealisierung werden, so Hegel im ersten Band seiner Ästhetik.[71] Im Gegensatz zu dieser ästhetischen Position, die im Roman von der Bernhard-Figur vertreten wird, steht die Position der *Grenzboten*-Ästhetik, die im Roman von Wohlfart vertreten wird: Es seien gerade die modernen, arbeitsteiligen wirtschaftlichen Tätigkeiten des Handels und der Industrie, die idealisiert, verklärt und poetisch darzustellen seien. Diese Integrations-Funktion übernimmt auf der konkreten Text- bzw. Diskursebene das Kollektivsymbol ›Handel‹.[72] In der modernen Welt könne das Individuum allein durch seine wirtschaftliche Tätigkeit zu Freiheit gelangen, so die integrierend-kompensatorische Grundposition des programmatischen Realismus der 1850er Jahre.[73] Gegen den schwärmerischen, romantischen, hegelianischen Kunst-Begriff des jüdischen Privatgelehrten Bernhard Ehrenthal konturiert nun der deutsche Händler und Kaufmann Anton Wohlfart seine eigene, realistische Ästhetik:

> [I]ch weiß mir gar nichts, was so interessant ist, als das Geschäft. Wir leben mitten unter einem bunten Gewebe von zahllosen Fäden, die sich von einem Menschen zu dem anderen, über Land und Meer aus einem Weltteil in den anderen spinnen. Sie hängen sich an jeden einzelnen und verbinden ihn mit der ganzen Welt. (SuH 239)

Für Wohlfart ist die Welt eben keine »prosaische«, er sagt: »Ich glaube nicht gern an die Macht der Verhältnisse« (SuH 437). Vielmehr werden ihm »das Geschäft« und insbesondere der Handel, hier als ein »bunte[s] Gewebe von zahllosen Fäden« poetisiert, zum Schönen an sich. Die reale Gegenwart des Geschäfts im

---

70 Siehe dazu auch Achinger: »Prosa der Verhältnisse«, a. a. O., 72–76.
71 Siehe Georg Wilhelm Friedrich Hegel: Ästhetik, nach der 2. Ausg. 1842 hrsg. v. Friedrich Bassenge, Bd. 1, Frankfurt/M. 1965, 180ff., 200ff., schlagend 257.
72 Siehe zur re-integrierenden Funktion und zum inter-diskursiven Status von kollektiven Symbolen nochmals Link: Literaturanalyse als Interdiskursanalyse, a. a. O.
73 Vgl. zum Verhältnis von Hegelscher Ästhetik und *Grenzboten*-Poetik Plumpe: Einleitung, a. a. O. sowie Achinger: »Prosa der Verhältnisse«, a. a. O., besonders 76–83.

›Hier und Jetzt‹ weist diejenigen ästhetischen Potenziale auf, welche Bernhard den »Verhältnissen« der eigenen Gegenwart abgesprochen hatte. Der Handel, so die Suggestion des Textes und seine integrierend-kollektivsymbolische Logik, fungiert als ein Instrument der Tilgung geradezu ›globaler‹ Kontingenzen sowie als Medium der »Verbindung« und der Stiftung von Zusammenhang zwischen den »einzelnen«. Unverkennbar ist hier die enge analogische Beziehung, die enge interdiskursive Korreliertheit zwischen Romandiskurs und den zitierten nationalökonomischen Fassungen des Handels. Wohlfart stärkt diese Position, indem er wiederum der Schönheit des »Realen« das Wort redet: »[D]er Kaufmann bei uns erlebt ebensoviel Großes, Empfindungen und Taten, als irgendein Reiter unter Arabern oder Indern.« (SuH 240) »Wer ein ehrliches Geschäft hat [...], wird immer Gelegenheit haben, Schönes und Großartiges darin zu finden.« (SuH 241) Damit ist ein ästhetisches und literaturpolitisches Programm bezeichnet, das bereits – gegenüber den vorgängigen romantischen Kunstvorstellungen – ein pragmatisches Moment aufweist, welches, so ließe sich sagen, auf die gesellschaftliche Realität jenseits des Kunstwerks verweist.[74] Kunst und die Realität des Lebens sind in Wohlfarts Rede unmittelbar aufeinander bezogen. Er gelangt zu diesen Auffassungen in vielsagender Weise in der *Anschauung* einer Tat Schroeters. Als dieser die geraubten Waren aus den polnischen Bürgerkriegsgebieten wiederbeschaffen will, sagt Anton:

> Das ist Poesie, die Poesie des Geschäftes, solche springende Tatkraft empfinden nur wir, wenn wir gegen den Strom arbeiten. Wenn die Leute sagen, daß unsere Zeit leer an Begeisterung sei und unser Beruf am allerleersten, so verstehen sie nicht, was schön und groß ist. (SuH 326, s. 437)

Hier wird unmittelbar der Zusammenhang zum ästhetischen Programm des Poetischen Realismus der *Grenzboten* erkennbar.[75] Handelstheorie und -semantik der Nationalökonomie bieten gewissermaßen das diskursive Material – »›Rohstoffe‹« –, um die an sich »prosaische Welt« zu *idealisieren*. Im Beitrag *Deutsche Romane* bemängelt der Programmatiker Freytag die Abwesenheit des »Leben[s] der Gegenwart« in der Literatur der Zeit; es fehle den zeitgenössischen Dichtern an »Augen, welche das Leben anzusehen wissen [...] und Schönheitssinn, der dasselbe zu idealisieren weiß«.[76] Dagegen wird ein ästhetisches Programm in Anschlag gebracht, welches die Poesie der realen wirtschaftlichen Tätigkeit vor

---

74 Jüngst wurde herausgearbeitet, dass diese literaturpolitischen Polemiken gegen die Romantik in der konkreten literarischen Fiktionsbildung ganz inkonsequent umgesetzt worden sind; s. dazu bes. Benedict Schofield: »Die Willkür der alten Romantik«. The Romantic Legacy in Gustav Freytag's Literary Works and Theory, in: Göttsche / Saul (Hg.): Realismus und Romantik in der deutschsprachigen Literatur, a. a. O., 125–148.

75 Vgl. einführend zu Poetik und Programmatik der *Grenzboten* Hugo Aust: Realismus, Stuttgart / Weimar 2006, bes. 64–78.

76 Freytag: Deutsche Romane, zit. n. Plumpe (Hg.): Theorie, a. a. O., 212f.

Augen hat: »Wir haben doch in der Wirklichkeit eine große Anzahl tüchtiger Charaktere unter unsren Landwirten, Kaufleuten, Fabrikanten u.s.w.«[77] Die wirtschaftliche Moderne – Industrie und Handel – werden somit nicht nur in den Bereich des literarisch Darstellbaren eingezogen, vielmehr werden sie zum Kern ästhetischer Darstellung überhaupt erhoben:

> Und diese großen Kreise menschlicher Tätigkeit selbst, der Landbau, der Handel, die Industrie, bilden die Grundlage für so unzählig viele höchst interessante und auffallende Beziehungen der Menschen zueinander, für die erschütterndsten Leidenschaften und die allermerkwürdigsten Verwickelungen[78]

Das Ökonomische ist im Blick auf seine Poesie allerdings nochmals – in Analogie zur Fortschrittslogik der nationalökonomischen Kulturstufen-Theorien – differenziert, insofern Freytag etwa mit Blick auf die populären Bauern- und Dorfgeschichten der Zeit meint,[79] dass der »Stand des Landmanns« zwar der »große Quell« sei, »woraus sich fortdauernd neue Familienkraft erhebt, welche in alle Richtungen des Volkslebens hineinfließt und überall neues Wachstum hervorbringt«, das »beschränkte Leben dieses Standes« allerdings nicht zum Gegenstand realistischer Kunst gemacht werden könne –[80] für Freytag ist dies, davon legt *Soll und Haben* Zeugnis ab, vielmehr die Aufgabe des *Handelsstandes*. Unmittelbar daran knüpft sich auch die programmatische Konzeption von Autorschaft der *Grenzboten*-Poetik. Die Dichter sollten sich nicht von dem realen Leben der Gegenwart abkapseln, sie sollten sich vielmehr in das »Treiben der Gegenwart« begeben und dieses idealisieren.[81] In der Anschauung des »wirklichen Leben[s] […] jedes Geschäftsmannes, jedes tätigen Menschen«, bestehe die Möglichkeit zur Idealisierung der »prosaischen Welt« und zur künstlerischen Darstellung des »Wahren«.[82] Ökonomie und Kunst sind in diesem Bewusstsein wechselseitig analogisch aufeinander bezogene Potenziale, die durch das *tertium* der schaffenden und hervorbringenden *Poiesis* miteinander verbunden sind. Der Handel wirkt also, so ließe sich abstrahierend bemerken, nicht nur textintern integrierend, insofern er einerseits konstitutiv ist für den epischen Sinn und die axiologische Fügung des Textes und andererseits jene Diskurse wieder zusammenführt, die eigentlich systematisch voneinander getrennt sind (Wissenschaft / Literatur). Er wirkt außerdem – textextern – reintegrierend mit Blick auf die Differenzierung von Kunst und Leben: Ganz in

---

77 Freytag: Deutsche Romane, zit. n. ebd., 213.
78 Freytag: Deutsche Romane, zit. n. ebd., 213.
79 Vgl. dazu Gert Vonhoff: Romantisches und der Prototyp des realistischen Erzählens. Gedanken zur Evolution der ›Dorfgeschichte‹, in: Göttsche / Saul (Hg.): Realismus und Romantik in der deutschsprachigen Literatur, a. a. O., 95–124.
80 Gustav Freytag: Deutsche Romane, zit. n. Plumpe (Hg.): Theorie, a. a. O., 212–217, hier 216f.
81 Freytag: Deutsche Romane, zit. n. ebd., 213 u. 214.
82 Freytag: Deutsche Romane, zit. n. ebd., 214.

diesem Sinne werden die ökonomischen Taten der Diegese als Akte des Stiftens und des Hervorbringens lesbar, die sich in einer spezifischen Aufeinanderbezogenheit von national-kulturellem Vergemeinschaftungssinn (Leben) einerseits und ästhetischem Formsinn (Kunst) andererseits darstellen.

Nach eigener Aussage zogen Wohlfart und sein Helfer Karl Sturm »nicht in das Land, um Gutes zu tun, sondern um etwas zu schaffen« (SuH 746). Es geht ihnen darum, das verfallene polnische Landgut in ein »heiteres Bild« zu verwandeln (SuH 504). Ökonomische und künstlerische Idealisierung, so ließe sich sagen, fallen in der Kolonisierungsgeschichte zusammen. Kurz vor Wohlfarts Abschied von den Rothsattels lässt er verlauten, dass sein »Werk« (SuH 746) vollbracht sei. Vor dem Eintreffen der beiden »Kolonisten« (SuH 529, 746) erscheinen die polnischen Gebiete als eine von Zerfall, Morbidität und Rückständigkeit gezeichnete »Wüste« (SuH 494), die »wie verwünscht« (SuH 497) auf die beiden wirkt. Weiterhin erblicken die beiden das der Bewirtschaftung harrende Gebiet als einen Raum von kontingenter Unterscheidungslosigkeit: Das Gebiet ist »einförmig und endlos« (SuH 493), anstelle von grünen Feldern finden sie fruchtlosen »Sand« (SuH 493, 511) vor, die Äcker erscheinen ihnen »wie in toter Ruhe«, der »Boden mißfarbig« (SuH 503). Die Landschaft ist von einem »günstige[n] Zufall [...] geformt« (SuH 511). Mit dem Übergang von »wilden«, vor-zivilisierten Wirtschaftszuständen, die der Roman anhand der polnischen Wirtschaft zeigt, in die Wirtschaftsstufe des Ackerbaus gehe – so die Volkswirtschaftler der Zeit – »das Selbstbewußtsein des Volkes von der Sage zur Geschichte über«. Von »eigentlicher Entwicklung des Volkes, statt von bloßen Zuständen, kann erst nach dem Uebergange zum Ackerbau die Rede sein«.[83] Karl Sturm, Wohlfart und Fink arbeiten also daran, Ordnung und Notwendigkeit in eine Welt von einförmigem, unterscheidungslosem Chaos »bloßer Zustände« zu bringen. Auf der Meta-Ebene der Poetologie geht es um die Idealisierung bzw. Gestaltung eines gleichförmigen, gleichsam ›ruhenden‹ Raumes, der im Text als die von Brachland geprägte Topographie Polens erscheint. Mit Fink wird eine »neue Kraft auf dem Gut sichtbar« und ein »neues Leben« (SuH 822) auf den Landgütern einziehen. Durch seine klugen wirtschaftlichen Tätigkeiten hat er »Sand in Gras verwandelt« (SuH 827). Diese poetologisch-literarische Funktionalisierung von nationalökonomischen Konzepten, Wendungen und Schlagworten schlägt sich auch in negativem Sinne nieder: Wenn die polnischen Revolutionäre die Stadt in Aufruhr, Unordnung und Chaos stürzen, dann sind sie zugleich unproduktiv und destruktiv in einem ganz existenziellen Sinne. Polnische Revolutionäre und Bauern, Juden und Adel haben an den Prozessen wirtschaftlicher Wertschöpfung keinen Anteil, sie arbeiten unentwegt an der Zerstörung der vom Roman imaginierten idealen Einheit der Volkswirtschaft. Genau deshalb sind sie – so die metonymische Logik – auch von

---

83 Roscher: Grundlagen Nationalökonomie, a. a. O., 47 f.

jeder anderen Form der Schöpfung abgeschnitten. An der doppelsinnigen Produktivität von Kultur und Sinn haben sie keinen Anteil. Sie arbeiten unentwegt
gegen die ästhetischen und kulturellen Wertschöpfungsprozesse der imaginierten
volkswirtschaftlichen Gemeinschaft.

3.4. Die Darstellung von Zeit und Gesellschaft aus nationalökonomisch-realistischer Perspektive

Bislang wurde der Roman in der Forschung sehr stark in Hinblick auf seine
Kontinuitäten zum Paradigma des Bildungsromans der Wilhelm Meister-Tradition gesehen.[84] Ein Befund, der mit Blick auf vergleichbare Romanprojekte der
Zeit überdenkenswert erscheint.[85] Freytags Roman zeichnet sich gerade dadurch
aus, dass er ein erfolgreiches und prominentes Exemplar genau jener Gat-
tungsstrategie ist, die sich dadurch auszeichnet, »unterschiedliche Spielarten
der Verschränkung von Individualroman- und Gesellschaftsromanstrukturen«
miteinander zu kombinieren und zu integrieren.[86] Auch wenn es schon in der
Romantik im ersten Drittel des 19. Jahrhunderts polyzentrische Zeit- und Gesellschaftsromane gibt – man denke etwa an die Romane von Caroline de la
Motte Fouqué oder von Karl Christian Ernst von Bentzel-Sternau –, darf der Text
dennoch als ein Dokument einer um 1850 zu beobachtenden gattungsge-
schichtlichen Verschiebungstendenz des bürgerlichen Romans gelten. Man
könnte dies grob als einen Transformationsprozess vom Bildungs- zum Zeit-
und Gesellschaftsroman bezeichnen.[87] Diese gattungsgeschichtliche Entwick-

---

84 So etwa Rolf Selbmann: Der deutsche Bildungsroman, 2., überarb. und erw. Aufl., Stuttgart /
Weimar 1994; Plumpe: Einleitung, a.a.O. sowie Becker: Erziehung zur Bürgerlichkeit,
a.a.O., bes. 40–43.

85 Man denke etwa nur an Kellers großen, stark der Wilhelm Meister-Tradition sich anschließenden ›echten‹ Bildungsroman *Der grüne Heinrich*. Auch wenn in Bezug auf den *Heinrich*
auch auf »Elemente des Zeitromans« hingewiesen wurde, ist dort die ›panoramatische‹
Gesellschaftsdarstellung funktional bezogen auf die Bildungsgeschichte des Subjekts, des
Roman-Protagonisten Heinrich Lee; siehe Göttsche: Zeit im Roman, a.a.O., 697f. Vgl. zum
Grünen Heinrich (erste Fassung) auch Rakow: Ökonomien des Realismus, a.a.O., 164–170,
288–301 u.ö.; Rohe: Roman aus Diskursen, a.a.O. sowie Brock: Kunst der Ökonomie, a.a.O.

86 Göttsche: Zeit im Roman, a.a.O., 52; vgl. zum Zeit- und Gesellschaftsroman zudem Peter
Hasubek: Karl Gutzkows Romane »Die Ritter vom Geiste« und »Der Zauberer von Rom«.
Studien zur Typologie des deutschen Zeitromans im 19. Jahrhundert, Hamburg 1964; auch
Joachim Worthmann: Probleme des Zeitromans. Studien zur Geschichte des deutschen
Romans im 19. Jahrhundert, Heidelberg 1974.

87 Anstatt unter »Zeitroman« eine in formaler und stilistischer Hinsicht homogene und geschlossene Gattung zu verstehen (so Hasubek: Karl Gutzkows Romane, a.a.O.), soll der
Begriff – mit Göttsche – zur Beschreibung eines vergleichsweise flexiblen Gattungsmusters
herangezogen werden. In den Blick können dann gattungsübergreifend »das Nebeneinander
und Nacheinander unterschiedlicher Strukturmodelle« des Erzählens sowie die »vielfälti-

lung, die tendenzielle Verschiebung vom ›klassischen‹ Bildungsroman zum
›modernen‹ Zeitroman wird bei Freytag narrativ dargestellt anhand der Verer-
bungsgeschichte eines Handelskontors, als Akt der wirtschaftlichen Erbschaft.

Bei den auftretenden Figuren des Romans handelt es sich sämtlich um exemplarische Zeittypen. »Wohlfart« ist eben nicht nur Träger gewisser charak-
terlicher Dispositionen eines Individuums. Er steht vielmehr, wie schon bemerkt, – metonymisch – für das nationalökonomische Kernkonzept der Zeit –
Gemeinwohl. Der entsprechende Schlagwortkomplex (Gemeinwohl vs. Privat-
interesse) ist zugleich auch Gattungsprogramm: Es geht nicht um Wohlfart als
Individuum, sondern um einen normativen gesellschaftlichen Typus, der als
Protagonist explizit ein »Muster für andere« sein soll (SuH 12). Es geht also nicht
um die Darstellung von »private lives« um ihrer selbst willen, sondern um ihre
Aufgabe und Funktion für »collective destinies«.[88] Den gleichen exemplarischen
Sinn nationalökonomischer Normativität und Idealität hat auch die Figur des
Prinzipals Schröter, der fast ausschließlich mit der ent-individualisierten Be-
rufsbezeichnung »der Kaufmann« angesprochen wird – auch er hat Vorbild-
funktion, insofern er ein »Ideal eines Kaufmanns« ist (SuH 66).[89] Die Figuren des
Romans haben also einen dezidierten »Vorbildcharakter«, der Text ist eine auf
Umsetzung tendierende »Gesellschaftsvision«,[90] er steht im »Dienst politischer
Ziele«[91] und zielt tatsächlich, so ist jüngst wieder betont worden, auf die Umsetzung von konkreter »Wirtschaftspraxis«.[92] Seine realistische Dimension impliziert also eine pragmatisch-interventionistische Dimension, die ihre Entsprechung in dem nach-kameralistisch-staatswissenschaftlichen Programm der
zeitgenössischen Nationalökonomie findet, zugleich ökonomische »Theorie«
und wirtschaftspolitische »Praxis« sein zu wollen.[93] Der Übergang vom Roman,
der das Individuum beobachtet und hierin die Vorstellungen über das Individuum mit konzipiert – ›klassischer‹ Bildungsroman, Robinsonade – zum
Roman, der das ›vergesellschaftete‹ Individuum bzw. die Gesellschaft selbst
beobachtet,[94] steht in Deutschland also ganz im Zeichen von sozialtechnolo-

---

ge[n] Übergangs- und Kombinationsmöglichkeiten […] im Spannungsfeld von Individual-
und Gesellschaftsroman« kommen; Göttsche: Zeit im Roman, a.a.O., Zitate 21 u. 54.

88 Siehe Benedict Schofield: Private lives and collective destinies. Class, nation and folk in the
works of Gustav Freytag (1816–1895), London 2012.

89 Diese Logik gilt auch in Bezug auf die vom Roman etablierten adligen und jüdischen Figurengruppen, die das ›Außen‹ der Gemeinschaft der idealen deutschen Nationalwirtschaft
markieren. Itzig und Rothsattel sind idealtypisch überzeichnete Träger bestimmter Wirt-
schaftsweisen und wirtschaftlicher Meinungen der Zeit; der Baron wird etwa als »das
Musterbild eines adligen Rittergutsbesitzers« (29) bezeichnet.

90 Florian Krobb: Einleitung, in: Ders. (Hg.): 150 Jahre, a.a.O., S. 9–29, hier 16.

91 Steinecke: Weltbild und Wirkung eines deutschen Bestsellers, a.a.O., 139.

92 Twellmann: Das deutsche Bürgerhaus, a.a.O., 383.

93 List: Das nationale System, a.a.O., 7.

94 Vgl. Göttsche: Zeit im Roman, a.a.O., 699.

gisch-dirigistischen Momenten, die durch den nationalökonomisch-kameralistischen Diskurs vorbereitet worden waren.

Die in der Textlogik wirksamen und stark herausgearbeiteten charakterlichen Eigenschaften der auftretenden Figuren – Fleiß, Arbeitsamkeit, Loyalität auf der einen, Müßigkeit, Wankelmut, Schlauheit, Verschlagenheit auf der anderen Seite – sind ihrer Funktion zur Bezeichnung individueller Eigentümlichkeit entkleidet; vielmehr stehen sie modellhaft für bestimmten gesellschaftlichen Gruppen zugeschriebene Mentalitäten. Der Text wird somit beobachtbar als ein narrativer Raum widerstreitender wirtschaftstheoretischer und -politischer Positionen und Meinungen der Zeit. Die Figuren treten als Vermittlungsinstanzen, als Sprecher von ökonomischen Theorien, Aussagen, Dogmen und Ideologien auf, die um 1850 im Diskurs der Volkswirtschaftslehre verhandelt werden. So erscheinen etwa die jüdischen Figuren des Romans in ihrer Fixierung auf die rein ökonomischen Anteile von Handlungen als Fürsprecher genau derjenigen Wirtschaftstheorie, die die Nationalökonomie zum Zeitpunkt ihrer disziplinären Differenzierung und Schließung als ›reduktionistisch‹ zurückweist.[95] So redet etwa Fink anfangs noch einem materialistischen, bezeichnenderweise amerikanisch codierten Wertbegriff, und insofern: jenem reduktionistischen Verständnis von Ökonomie das Wort, das dem Denken der deutschen Nationalökonomie widerspricht. Über den »Amerikaner« sagt Fink:

> [W]as er besitzt, das hat ihm gerade nur den Wert, der sich in Dollars ausdrücken läßt. Sehr gemein, werden Sie mit Abscheu sagen. Ich lobe mir diese Gemeinheit, die jeden Augenblick daran denkt, wie viel und wie wenig ein Ding Wert ist. Denn diese Gemeinheit hat einen mächtigen Staat geschaffen. (SuH 268)

Unschwer ist die Abkunft dieser werttheoretischen Perspektive auszumachen. Fink referiert hier den – materialistischen – Kern der sogenannten objektiven Werttheorie nach Smith (und Marx: Materialismus). Unproduktiv und tatsächlich wertlos sind in diesem Denken genau jene immateriellen Güter, Potenziale und Werte, die List mit dem Begriff der *Nationalen Produktivkräfte* beschrieben hatte (Tradition, Sitte, Kultur, Bildung, Institutionen, ›Dienstleistungen‹, Handel). Diese Sichtweise, die durch die Figurenrede Finks vermittelt wurde, wird allerdings umgehend durch eine alternative Sichtweise korrigiert; Sabine Schröter wendet ein:

> O es ist traurig, das Leben in ein solches Rechenexempel aufzulösen […]. Nichts bleibt, als der betäubende Genuß, oder ein egoistisches Prinzip, dem er alles opfert. Treue,

---

95 Siehe etwa die einleitenden Bemerkungen im Abschnitt über Adam Smith und seine Schule bei Hildebrand: Die Nationalökonomie der Gegenwart und Zukunft, a. a. O., 7–35; s. auch Norbert Waszek: Adam Smith in Germany. 1776–1832. In: Hiroshi Mizuta / Chuhei Sugiyama (Hg.): Adam Smith. International Perspectives. London 1993, 163 ff. sowie Priddat: Produktive Kraft, sittliche Ordnung und geistige Macht, a. a. O., 111–132.

Hingebung, die Freude an dem, was man schafft, das alles geht dann verloren. Wer so farblos denkt, der kann vielleicht groß handeln, aber sein Leben wird weder schön, noch freudenreich, noch ein Segen für andere. (SuH 268)

Die Figurenrede des Romans ist also nicht zuletzt dadurch charakterisiert, dass sie die Funktion hat, volkswirtschaftliche Konzepte, Theorien und Meinungen zu vermitteln und gegen- und aneinander zu profilieren – in Sabines Worten sind die wesentlichen Momente der deutschen Volkswirtschaftslehre versammelt: »Rechenexempel« vs. ›wahre Werte‹; ›Egoismus‹ vs. »Segen für andere«; »Freude an dem, was man schafft«; »betäubender Genuß« vs. Arbeitsamkeit.

Damit ist eine tonale und perspektivische Vielfalt angezeigt, die ihren Sinn einerseits aus der Vielfalt der vermittelten wissenschaftlichen Konzepte bezieht und andererseits in funktionaler Weise auf das erzählerische Gesamtarrangement des Textes einwirkt. Einerseits ist damit ein diskontinuierendes Moment im Blick auf die Formen ›klassischen Erzählens‹ insofern verbunden, als der Text differierende Perspektiven hervorbringt und diese durch die ausgiebige Figurenrede in eine gewisse Eigenständigkeit gegenüber der Autorität der ›klassischen‹ Erzählinstanz entlässt. Andererseits wird allerdings diese erzählerische Instanz in Kontrastierung zu den vielen alternativen Stimmen allererst als Diskurs-*Autorität* sichtbar, die Sinn, Bedeutung, und – durch ihre Urteile und Kommentare – Wert stiftet. In *Soll und Haben* ist dieser realistische Standpunkt, um schon einmal vorzugreifen, identisch mit dem Standpunkt der nationalökonomischen Vernunft, der als solcher erst sichtbar wird in der kontrastiven Gegenüberstellung mit den konkurrierenden ökonomischen Standpunkten im Text.

Wenn Wohlfart also am Ende das Handelshaus übernimmt, dessen Untergang und Zerfall zwischenzeitlich immer wieder prophezeit worden war – über Schröter und das Handelshaus heißt es: »Ich werde alt und es wird leer bei uns« (SuH 577, s. auch 758, 796) –, dann ist damit zugleich in metonymischer Logik die Rettung des realistischen Standpunkts sowie die Tradierung des fundierenden nationalökonomischen Wissens und Weltbildes bezeichnet. Der drohende Traditionsriss, der in der Literatur der Moderne zum konstitutiven motivischen Element werden wird,[96] ist in *Soll und Haben* durch jene Schlüssellogik des realistischen Diskurses – Erbschaft, Tradierung, Überlieferung – aufgefangen, der sich, wie beschrieben, zeitgleich in den Tradierungs- und Kontinuierungslogiken des nationalökonomischen Diskurses beobachten lässt:

---

96 Man denke nur an die *Buddenbrooks*, die den »Verfall« einer Familie erzählen. Mit Blick auf das Modernisierungspotenzial von *Soll und Haben* ist auf einige Elemente bereits verwiesen worden. Etwa auf den ›Heroismus‹ der Schroeter-Figur, das Thema der ›Großen Tat‹ oder den ›Wahnsinn‹ Veitel Itzigs, vgl. Plumpe: Einleitung, a. a. O., 40 sowie Achinger: »Prosa der Verhältnisse«, a. a. O.

> Der jetzige Zustand der Nationen ist eine Folge der Anhäufung aller Entdeckungen, Erfindungen, Verbesserungen, Vervollkommnungen und Anstrengungen aller Generationen, die vor uns gelebt haben; sie bilden das *geistige Kapital der lebenden Menschheit*, und jede einzelne Nation ist nur produktiv in dem Verhältnis, in welchem sie diese Errungenschaften früherer Generationen in sich aufzunehmen und sie durch eigene Erwerbungen zu vermehren gewußt hat.[97]

Dieser Übergang zeichnet sich in Bezug auf den Gattungsstatus des Romans gerade dadurch aus, dass er ein harmonisches Mischungsverhältnis »unterschiedlicher Strukturmodelle des Erzählens«[98] aufweist, um zwischen Tradition und Moderne zu vermitteln. Damit ist eine der realistischen Poetik eingeschriebene Strategie bezeichnet, die den gesamten Realismus bis zur Jahrhundertwende prägen wird. Die Momente des bruchlosen Übergangs, der Aussöhnung zwischen Formen traditionellen Wirtschaftens und neuem Kapitalismus, das Verarbeiten der »Errungenschaften früherer Generationen«, funktionalisiert die Literatur des Poetischen Realismus als ästhetisch-literarisches Programm der Kompensation und der Harmonisierung zwischen literarischer Tradition und literarischer Moderne.[99]

Ganz in diesem Sinne ist auch die skizzierte Relativierung der erzählerischen Autorität durch Perspektivenvielfalt vor allem gekoppelt an diejenigen wirtschaftstheoretischen Perspektiven, die von den Außenseitern der Romanhandlung vertreten werden.[100] Das Neue und Diskontinuierliche tritt bezeichnenderweise in Form von finanzkapitalistischen Spekulationsgeschäften zwischen Juden und Adel in die Erzählung ein. Mit Bezug auf die von den im Roman auftretenden jüdischen Figuren ist dabei auch das Einsetzen eines ›modernen‹ *discours* markiert, der sich etwa - neben der beschriebenen Markierung des ›jüdischen‹ Sprechens - auch in der Verwendung von neuartigen Erzähltechniken zeigt. Werden Itzigs Gedanken zunächst überwiegend im Modus der erlebten Rede mitgeteilt (vgl. SuH 281), werden dem Leser im Verlauf der Geschichte diese zunehmend auch ganz unvermittelt in direkter Figurenrede (siehe SuH 557, 777 f.), in einer Form also, die bereits ganz in der Nähe zum *inneren Monolog* angesiedelt ist, zugänglich. Itzigs modernes, ›ökonomistisches‹, antinationalökonomisches Bewusstsein wird also in einer modernisierten Form narrativer Darstellung dargestellt. Auch mit dem Wahnsinn, der Itzig am Ende

---

97 List: Das nationale System, a. a. O., 149.
98 Göttsche: Zeit im Roman, a. a. O., 61.
99 Zum Aspekt der Kompensation: Ludwig Stockinger: Realpolitik, Realismus und das Ende des bürgerlichen Wahrheitsanspruchs. Überlegungen zur Funktion des programmatischen Realismus am Beispiel von Gustav Freytags Soll und Haben, in: Klaus-Detlef Müller (Hg.): Bürgerlicher Realismus. Grundlagen und Interpretationen, Königstein/Ts. 1981, 174–202.
100 Breitere Perspektivenvielfalt bietet etwa zeitgleich freilich Karl Gutzkow mit dem »Roman des Nebeneinander«. Bei Freytag findet sie sich im Vergleich hierzu weniger ausgeprägt, dafür aber in kontrastiver Funktion eingesetzt.

des Romantextes ereilt (vgl. SuH 819f.), ist ein vergleichsweise modernes, dem Programmatischen Realismus eigentlich fremdes Moment bezeichnet.[101] Gerade die jüdischen Figuren im Roman sind Repräsentanten einer negativen Moderne, die sich durch Isolation, Entfremdung, universelle Verrechenbarkeit, Fragmentierung und Auflösung des nationalökonomischen Gemeinschaftssinns auszeichnet. Als Ehrenthal dem Baron ein Geschäft erklärt, heißt es etwa: »Der Geldmann setzte das auseinander.« (SuH 73) Mit der Abdrängung dieser negativen Moderne-Erfahrungen in ein dem »Wesentlichen« (Julian Schmidt) Fremdes ist allerdings bereits eine »Veränderung in der Textur der Realität«[102] markiert, die sich am Ende des Jahrhunderts – gemeinsam mit dem ›Ende der Erzählung‹ der Nationalökonomie – zu einer ubiquitären gesellschaftlichen Kriseologie der Moderne entwickelt haben wird.

Vielfalt und Konkurrenz der exponierten Meinungen und Redeweisen sind jedoch noch bzw. besser: gerade erst jetzt vollständig durch die erzählerische Integration kompensiert.[103] Beim Erzähler handelt es sich um eine unentwegt kommentierende, wertende und Position beziehende Stimme. Es handelt sich um einen heterodiegetischen Erzähler, der auch über die Gedanken der einzelnen Figuren Auskunft geben kann, also über Mitsicht verfügt bzw. intern fokalisiert ist.[104] Der Erzähler lenkt die Sympathien eindeutig – »unser Held«, »unser Staat« –, privilegiert, konturiert oder ›entlarvt‹ darüber hinaus die verschiedenen Figurenperspektiven. Diese dominante, wertende, kommentierende und mit Autorität ausgestattete Perspektive, der realistische Standpunkt, von dem aus die »Gesellschaftsvision« entworfen wird, ist, das ist der zentrale Punkt, identisch mit dem Standpunkt der Nationalökonomie der Zeit. Die Erzählerrede wird durch das nationalökonomische Wissen und den gelehrten Gestus mit Autorität ausgestattet. Die perspektivische und axiologische Privilegierung kann gerade nur deshalb gelingen, weil sowohl Erzählerrede als auch die Rede der zentralen Integrationsfigur – Schröter – in engster Korrelation zum

---

101 Julian Schmidt bezeichnet die »Darstellung des Wahnsinns« als eine »unkünstlerische Aufgabe«, zit. n. Plumpe: Einleitung, a. a. O., 25.

102 Achinger: »Prosa der Verhältnisse«, a. a. O., 85.

103 Das scheidet *Soll und Haben* vom großen ›gattungsstrategischen‹ Konkurrenzprojekt der Zeit. Karl Gutzkow hatte mit dem programmatischen Gesellschaftsroman *Die Ritter vom Geiste* (1850/51) den »Roman des Nebeneinander« als ein Prinzip eingeführt, welches das Romangeschehen nicht als ein prozesshaftes, diachrones Erzählen von individuellen Schicksalen vorführte. Vielmehr sollte das ›Nacheinander‹ des ›alten‹ Romans in ein synchrones Erzählpanorama der Gesellschaft, im Sinne des »Nebeneinander« verschiedener Figuren und Perspektiven überführt werden. Gegen alls als überzogen empfundene Idealisierung der auf Vielschichtigkeit und Widersprüchlichkeit beruhenden Realität durch das idealrealistische Programm der *Grenzboten* polemisierten Robert Prutz und Karl Gutzkow als Herausgeber der Zeitschrift *Unterhaltungen am häuslichen Herd*. Vgl. dazu Göttsche: Zeit im Roman, a. a. O., 579–600 sowie Plumpe: Einleitung, a. a. O., 27f. u. 37f.

104 Siehe Martínez / Scheffel: Einführung Erzähltheorie, a. a. O., 84f., 66–70.

volkswirtschaftlichen Lehrbuchdiskurs der Zeit gestaltet sind. Genau wie die frühe Volkswirtschaftslehre der 1830er und -40er Jahre, wie beschrieben, die Gründungsargumente der Klassischen Ökonomie in spezifischer Weise umdeutet, so tut dies auch Schröter: Sein Smith-Zitat,[105] das er in Anbetracht der wirtschaftlichen Unfähigkeit des alten Rothsattel anbringt – »das Geld soll frei dahinrollen in andere Hände, und die Pflugschar soll übergehn in eine andere Hand, welche sie besser zu führen weiß« – ist gerahmt von genuin nationalökonomischen Argumenten gegen den »adlige[n] Schacher mit Grundbesitz in unserem Lande«: Die Rothsattels und ihr Stand entbehrten, so der Kaufmann, »was dem Leben jedes Menschen erst Wert gibt«: ein »besonnenes Urteil und stetige Arbeitskraft« (SuH 479f.). Sie versündigten sich, so der Prinzipal weiter, an der »gesunden Entwicklung unseres Staats«, an dem ›kollektiven Vermögen‹, indem sie ihr »Eigentum aus der großen Flut der Kapitalien und Menschenkraft« zu »isolieren« trachteten (SuH 480f.). Schroeters Diskurs ist mit dem organischen Geschichtsdenken des nationalökonomischen Diskurses identisch: »Und die Familie, welche im Genusse erschlafft, soll wieder heruntersinken auf den Grund des Volkslebens, um frisch aufsteigender Kraft Raum zu machen.« (SuH 480) Und auch das Vermächtnis des Prinzipals, welches das Buch beschließt, also an exponierter Stelle steht, ist nichts weniger als die Artikulation der metaphysischen Wertvorstellung der deutschen Nationalökonomie:

> Besitz und Wohlstand haben keinen Wert, nicht für den einzelnen und nicht für den Staat, ohne die gesunde Kraft, welche das tote Metall in Leben schaffender Bewegung erhält. (SuH 835)

Nahezu identisch hatte wenige Jahre zuvor List in polemischer Absetzung von dem Materialismus der Klassischen Ökonomie formuliert:

> [E]s gibt keine *Güterwelt!* Zu dem Begriff von Welt gehört geistiges und lebendiges Wesen […]. Nehmt den Geist hinweg und alles was ein *Gut* hieß wird zur toten Materie […]. Mit eurer Güterwelt wollt ihr die Materie zur Selbständigkeit erheben – darin liegt euer ganzer Irrtum. Ihr seziert uns tote Körper und zeigt uns den Bau und die Bestandteile seiner Glieder, aber diese Gliedmaßen wieder zu Einem Körper verbinden, ihm Geist einhauchen, ihn in Aktion setzen, das könnt ihr nicht – eure Güterwelt ist eine Chimäre![106]

Erzählerrede und die *parole* der Schröter-Figur sind in ihrem nationalökonomischen Standpunkt einerseits und in Zusammenhang damit in ihrer Fähigkeit zur idealrealistischen Ein- und Durchsicht andererseits stark aufeinander be-

---

105 Vgl. Twellmann: Das deutsche Bürgerhaus, a.a.O., 369, der zwar darauf aufmerksam macht, dass es sich dabei um die Abwandlung eines Smith-Zitats handelt, aber nicht im Blick hat, dass Schroeter dasselbe im weiteren Verlauf in spezifisch nationalökonomischer Weise umdeutet.
106 List: Das nationale System, a.a.O., 19.

zogen. So ist der Erfolg der Handlung dem »weite[n]« und überschauenden
»Blick« (SuH 56) des Kaufmanns zu verdanken. Er ist der einzige, der den
Untergang der Rothsattels voraussieht, indem er die adlige Misswirtschaft als
Vorzeichen des Verfalls deutet (vgl. SuH 479–481) und auch voraussieht, dass
Anton die Handlung verlassen wird, da er dem »Zauber« Lenores nicht wider-
stehen kann (vgl. SuH 483, 325). Die Schroeter-Figur verkoppelt somit die na-
tionalökonomische Perspektive des Textes mit der Ästhetik des Poetischen
Realismus. Das Sehen, im Sinne von *perspicuitas* als die Technik des *Durch-
schauens*[107] und als die Fähigkeit, das »Wesenhafte« und die »Wahrheit« durch
die Kontingenzen der empirischen Realität hindurch zu erkennen, bildet den
programmatischen Kern des Poetischen Realismus.[108] Im *Grenzboten*-Beitrag
»Idee und Wirklichkeit« von Julian Schmidt wird dieses Kernanliegen deutlich:
»Aber wir müssen damit anfangen, die Natur in ihrer Erscheinung und ihrem
Gesetz sorgfältig zu beobachten, wenn wir zum Ideal durchdringen wollen«.[109]
Der künstlerische Akt der Idealisierung besteht letztlich im »[D]urchdringen«
der empirischen Welt hin zu einer idealen und idealisierten Welt der künstlerischen Wahrheit. Axiologisch und perspektivisch integriert ist die Erzählung
also nicht durch den eigentlichen »Held« der Erzählung Wohlfart, sondern
vielmehr durch den »Prinzipal«.[110] In Kontrast zur Fähigkeit Schroeters, die
Dinge zu *durchschauen*, sind es gerade die Unfähigkeiten des Schauens, die etwa
den Baron oder die jüdischen Spekulanten charakterisieren. An zentralen Stellen
des Textes erscheint der Baron als ein vom »Blitzstrahl« (SuH 404) Geblendeter,
seine Misserfolge auf dem wirtschaftlichen Gebiet sind begründet in der Unfähigkeit, die wirtschaftlichen Entwicklungsprozesse der Zeit zu überschauen.
Nach dem Selbstmordversuch erblindet er dann auch im körperlichen Sinne. Die
jüdischen Figuren zeichnen sich ebenfalls durch ihren charakteristischen Blick,
durch ihre Perspektive auf die Wirklichkeit aus. Itzigs Blick auf die Welt ist ein
analytischer und berechnender (vgl. SuH 108), dem nichts als Ganzheit und alles
als in Zahlenwerte zerlegbar erscheint. In dieser auf universelle Verrechenbarkeit gestellten Perspektive werden etwa die Geschäftspartner zu »beliebigen
Namen« an »beliebigen Ort[en]« (SuH 77). Gegenstände, Güter und Waren sind

---

107 Vgl. zum Zusammenhang zwischen »Sehen« im Sinne von »Durchschauen« und »Per-
     spektive« die Bedeutungen der lateinischen Wörter *perscipio* sowie *perspicuitas* in: Latei-
     nisch-Deutsches Schulwörterbuch. Von J. M. Stowasser, Nachdruck der 2., verb. und mit
     Nachträgen vers. Aufl. 1900, Wien 1969, 762.
108 Vgl. grundlegend auch Ulf Eisele: Realismus und Ideologie. Zur Kritik der literarischen
     Theorie nach 1848 am Beispiel des »Deutschen Museums«, Stuttgart 1976.
109 Julian Schmidt: Idee und Wirklichkeit, zit. n. Plumpe (Hg.): Theorie, a. a. O., 121–124, vgl.
     auch Freytag: »Deutsche Romane«, zit. n. Plumpe (Hg.): Theorie, a. a. O., 212–217.
110 Vgl. Göttsche: Zeit im Roman, a. a. O., 700, der missverständlicherweise in Wohlfart – und
     nicht in Schroeter – die »ungebrochene moralische Vorbildfigur« sieht, die die »epische
     Integration der Gesellschaftsdarstellung« leiste.

für Itzigs »scharfes Auge« nichts weiter als »lockende Spekulationen« (SuH 118). Die Welt wird also nicht durchschaut, sondern in Hinblick auf ökonomische Verwertbarkeiten hin beschaut und bewertet.

In diesem Sinne ist auch Wohlfarts Bildungsgeschichte letztlich die Geschichte des Sehen-Lernens, die Annahme jener nationalökonomisch-realistischen Vernunft, die er am Ende erreichen wird. Dies wird ihm erst gelingen, wenn er die ›Verzauberung‹ durch den Adel überwunden haben wird, der metonymisch Misswirtschaft und »Subjectiven Idealismus«[111] der romantischen Ästhetik miteinander verbindet.[112] Auf seiner Reise in die Hauptsadt erscheint ihm das adlige Anwesen der Rothsattels »wie ein Bild aus fernem Lande« (SuH 19).[113] Als Wohlfart vom Anschauen des adligen Anwesens verzaubert ist, tritt Itzig als Vertreter eines zerrechnenden und entzaubernden Blicks auf, der das Landgut auf seine ökonomisch verwertbaren Anteile hin beschaut (vgl. SuH 23). Itzigs Erscheinen bedeutet für Wohlfart: »Das Zauberbild verschwand« (SuH 23). Das adlige Leben, besonders Fink und Lenore, üben auf Wohlfart einen »Zauber« (SuH 133, 165, 543 u. ö.) aus, der ihn »berauscht« (SuH 168). Durch die Tätigkeit im Kontor, durch die Gespräche mit Schroeter und das Kolonisationsprojekt überwindet Wohlfart allerdings »Zauber«, »Phantasie« und »Täuschung« (SuH 705) und kommt nach und nach zu einer realistischen Perspektive der nationalökonomischen Vernunft.[114] Wohlfart erkennt: »ich sah die Menschen und das Leben mit anderem Auge an.« (SuH 492) Später heißt es, der »glänzende Schein [sei] zerronnen« (SuH 705) und als »jugendliche Schwärmerei« (SuH 734) erkannt. Die Emanzipation vom Zauber der adligen Lebensweise, die Erlangung der realistischen Perspektive hängen unmittelbar zusammen mit Wohlfarts wirtschaftlichen Tätigkeiten und Projekten. Sein poetisches Verständnis von der Welt hängt, wie oben beschrieben, unmittelbar mit Geschäft, Arbeit und der Tätigkeit im Dienste der Gemeinschaft – Handelshaus, Nation – zusammen. Am Ende zieht Wohlfart Bilanz, indem er sein »Werk«, die Kultivierung und Bewirtschaftung polnischen Brachlands *überschaut*:

> Überall fand er etwas, worüber er in dem Jahre gesorgt hatte; an den Ackerstücken, den Häusern, den Tieren und dem Gerät haftete seine Arbeit. Er hatte den Weizen gekauft, der auf diesem Stück stand, er hatte die neuen Pflüge besorgt [...]. (SuH 751)

---

111 Siehe Achinger: »Prosa der Verhältnisse«, a.a.O., 72–76.

112 Vgl. auch Achinger: Gespaltene Moderne, a.a.O., 95–98 sowie Schofield: Romantic Legacy in Gustav Freytag's Works and Theory, a.a.O.

113 Auffällig oft – häufig auch mehrmals pro Seite – ist davon die Rede, dass Lenore und der Adel insgesamt Wohlfart als ein »Bild« erscheinen (19, 492, 542, 659 u.ö.).

114 Man könnte sagen, die Nationalökonomie stelle so etwas wie den »gesunden Menschenverstand« der Zeit dar, vgl. dazu: Plumpe: Einleitung, a.a.O., 25 sowie Julian Schmidt: Die Verwirrungen der Romantik und die Dorfgeschichte Auerbachs, in: Plumpe (Hg.): Theorie, a.a.O., S. 106–110.

Wohlfarts individueller Lebenssinn fällt mit der Ausfaltung eines »gesellschaftlichen Sinn[s]«[115] – Dienst an der deutschen Volkswirtschaft – in einem
spezifischen Begriff und Verständnis von »Arbeit« zusammen, in welchem
Mensch und Welt (wieder) zu einer Einheit verschmelzen – »seine Arbeit«
»haftet[]« an der Welt und den Dingen.

Zusammenfassend und überleitend ist festzuhalten, dass Freytags Roman die
erste Realisierung der nationalökonomischen Vergemeinschaftungserzählung
auf dem Feld der Literatur ist. Wissenschaft und Literatur erzählen ab der Mitte
des Jahrhunderts also gemeinsam, in Korrelation, in gegenseitiger Affirmation
und Stabilisierung die kompensatorisch-integrierende Geschichte vom volkswirtschaftlichen Zusammenschluss. Literaturgeschichtlich wirksame Veränderungen lassen sich dabei insofern ausmachen, als das literarische Erzählen in
dieser Hinsicht von nun an erstens stark auf Vermittlung und Popularisierung
von ökonomischem Wissen, Dogmen und Ideologie zielt und zweitens seinen
literarischen Sinn fortan wesentlich konstituiert anhand von Metonymisierung
(*Wirtschaft und Kultur*), Schlagworten (*Allgemeinwohl vs. Egoismus*) und kollektiven Symbolen (*Handel*). In dieser engen Bindung von Literatur und Wissenschaft hat sich ein realistisch-nationalökonomischer Standpunkt, eine
kompensatorische Vergemeinschaftungsideologie herausgebildet, die einerseits
massenhafte Aufnahme und Verbreitung im populären Diskurs gefunden hat,[116]
und andererseits eng mit dem Modernisierungsprozess des realistischen Erzählsystems verflochten ist: Es wird sich zeigen, dass nicht nur die zentralen
Kategorien von Friedrich Spielhagens einflussreichem erzähltheoretischem
Programm – »epische Totalität«, »Objektivität«, »Standpunkt«, »Weltbild« –,[117]
sondern auch seine Romane ganz im Zeichen ihrer volkswirtschaftlichen Re-
ferenz-, Prä- und Kontexte stehen und das nationalökonomisch-literarische
Vergemeinschaftungsnarrativ in generischer Weise wieder-, neu- und weiter-
erzählen.[118]

---

115 Achinger: »Prosa der Verhältnisse«, a. a. O., 71.
116 Vgl. nur den viel zitierten Aufsatz von Steinecke: Weltbild und Wirkung, a. a. O., der den
     Roman als »Bestseller« behandelt und auf seine massenhafte Verbreitung bis weit ins
     20. Jahrhundert hinein hinweist.
117 Siehe Kap. 4.3.1. dieser Arbeit.
118 Bezeichnenderweise ist Spielhagens Romanen von seinen naturalistischen Kritikern und
     Adepten vorgeworfen worden, dass diese vom Standpunkt eines »nationalökonomische[n]
     Reformator[s]« aus geschrieben seien; siehe Heinrich Hart, Julius Hart: Friedrich Spiel-
     hagen und der deutsche Roman der Gegenwart, in: Dies.: Kritische Waffengänge 6 (1884),
     3–74, hier 46.

4. Generisches Erzählen vom Standpunkt des »nationalökonomische[n] Reformator[s]« – Friedrich Spielhagens Romane

Das Wissen der Nationalökonomie hat also auch, das soll im folgenden gezeigt werden, einen wichtigen Anteil an der literarischen Fiktionsbildung und an den ästhetischen Vorstellungen der 1870er und -80er Jahre. Dies wird zum einen anhand zweier Romane Friedrich Spielhagens, des, wie die Forschung zuletzt bemerkt hat: »wichtigsten Zeitromanautor[s] der zweiten Jahrhunderthälfte«,[1] gezeigt werden. Von besonderem Interesse sind die Schriften Spielhagens nicht nur, weil er als der erste Unterhaltungsschriftsteller im modernen Sinne gelten kann, der mit seinen Romanen höchste Auflagen erzielt hat und somit konstitutiver Teil des literarischen Bewusstseins der Zeit gewesen ist.[2] Nationalökonomische Begriffe, Konzepte und Theorien lassen sich zum anderen auch in seinen literaturtheoretischen Schriften nachweisen, die ihrerseits einen starken Einfluss auf den poetologischen Diskurs des letzten Drittels des 19. Jahrhunderts hatten.[3] Zudem ist Spielhagen insofern von großer Relevanz für eine Arbeit, die an *literaturgeschichtlichen Transformationsprozessen* interessiert ist, als sein Werk auf der Schwelle zwischen Realismus und früher Moderne steht.[4]

---

1 Göttsche: Zeit im Roman, a. a. O., 577.

2 Bernd Neumann: Friedrich Spielhagen: Sturmflut (1877). Die »Gründerjahre« als die »Signatur des Jahrhunderts«, in: Romane und Erzählungen des bürgerlichen Realismus. Neue Interpretationen, hrsg. v. Horst Denkler, Stuttgart 1980, 260–273, 270.

3 Anders als Spielhagens umfangreiches Romanwerk sind seine romantheoretischen Schriften immer wieder in den Fokus des literaturwissenschaftlichen Interesses gelangt. Vgl. zunächst grundlegend Winfried Hellmann: Objektivität, Subjektivität und Erzählkunst. Zur Romantheorie Friedrich Spielhagens [1957], in: Brinkmann, Richard (Hg.): Begriffsbestimmung des literarischen Realismus, 3., erw. Aufl., Darmstadt 1987, 86–160. Die Einflüsse nationalökonomischen Wissens auf den literaturtheoretischen Diskurs der Zeit werden im Anschluss an dieses Kapitel in einem Exkurs zu Spielhagens romantheoretischen Schriften und Wilhelm Scherers *Poetik* (1888) gezeigt werden.

4 Diese literaturgeschichtliche Zwischenstellung des Spielhagenschen Werks hat in den letzten Jahren eine Art ›Neuentdeckung‹ des Autors provoziert. So hat etwa Jeffrey L. Sammons: Vom Nebeneinander zur Durchkomponierung. Beobachtungen zur Gleichzeitigkeit von Karl Gutzkows »Die neuen Serapionsbrüder« und Friedrich Spielhagens »Sturmflut«, in: Roland Berbig / Dirk Göttsche (Hg.): Metropole, Provinz und Welt. Raum und Mobilität in der

Auch wenn die vorliegende Untersuchung sich nur am Rande für – intentionalistisch nachweisbare – Prozesse der direkten Rezeption interessiert, können die folgenden Beobachtungen doch mit dem Hinweis darauf ›geerdet‹ werden, dass Spielhagen – genau wie Freytag – mit ökonomischen Konzepten, wirtschaftswissenschaftlichen Theorien und nationalökonomischer Fachliteratur zumindest nicht unvertraut war: Im Zuge seiner Tätigkeit als Lehrer an einer Leipziger Handelsschule und seines Engagements bei der *Zeitung für Norddeutschland* 1860–62 ist er nachweislich ebenso mit ökonomischem Wissen in Berührung gekommen wie in seiner Tätigkeit als Herausgeber von *Westermanns illustrierten deutschen Monatsheften* zwischen 1878 und 1884.[5]

4.1. *Sturmflut* (1877)

4.1.1. Analogisches Erzählen und literarisches *nation building*

Bereits zu Beginn des 1877 erschienenen, sechs Bücher umfassenden Romans *Sturmflut*[6] weist sich sein Protagonist Reinhold Schmidt, ein ehemaliger »Kauffahrercapitain« (Sturmflut I, 12), als ausgesprochener Fachmann in meteorologischen und die maritimen Verhältnisse der Ostsee betreffenden Fragen aus. Als adlige Grundbesitzer und Vertreter der lokalen Administration über einen möglichen Eisenbahnbau zwischen dem Ostseedorf Wissow und der Hauptstadt Berlin beraten, prophezeit Schmidt auf Grund seiner Sachkenntnis die titelgebende »Sturmflut«: Es finde

---

Literatur des Realismus, Berlin / Boston 2013, 321–334, kürzlich darauf hingewiesen, dass Spielhagens Spätwerk in direktem Zusammenhang mit einem »literaturgeschichtlichen Generationswechsel« (322) stehe; siehe auch Hubert Ohl: Spielhagens Spätwerk und das Fin de Siècle. Figuren und Motive, in: ZfdPh 120 (2001), Sonderheft: ›Realismus‹? Zur deutschen Prosa-Literatur des 19. Jahrhunderts, hrsg. v. Norbert Oellers und Hartmut Steinecke, 177–197; s. auch den aufschlussreichen Titel von Lothar L. Schneider: Die Verabschiedung des idealistischen Realismus. Spielhagens Romanpoetik und ihre Kritiker, in: Deutsche Literatur und Kultur vom Nachmärz bis zur Gründerzeit in europäischer Perspektive, hrsg. v. Helmut Koopmann u. Michael Perraudin, Bd. 1: Formen der Wirklichkeitserfassung nach 1848, Bielefeld 2003, 233–244.

5 Zu den genannten Stationen seines Lebens siehe Art. »Spielhagen, Friedrich«, in: Killy-Literaturlexikon, Bd. 11, Gütersloh [u.a.] 1991, S. 106–108. In seiner Zeit als Herausgeber erscheinen in *Westermanns Monatsheften* etwa Rezensionen zur deutschen Übersetzung von Adam Smiths *wealth of nations – Natur und Ursachen des Volkswohlstandes –* (Jg. 1879), zu Adolph Wagners *Lehrbuch der politischen Oekonomie* (Jg. 1878) oder zu Roschers *Ansichten der Volkswirthschaft* (Jg. 1880); siehe auch Kap. 2.3 dieser Arbeit.

6 Friedrich Spielhagen: Sturmflut. Roman [1877], 2 Bde., 37.–39. Aufl., Leipzig 1933. Zitate aus dieser Ausgabe werden im folgenden im Text unter Angabe von Titel, Bandnummer und Seitenzahl nachgewiesen.

eine beständige Wechselwirkung zwischen dem Binnenmeere und dem Weltmeere statt: ein Zufluß und Abfluß von diesem in jenes, von jenem in dieses, unter der höchst complicirten Zusammenwirkung und Mitwirkung der verschiedensten Ursachen [...]. Die Folge davon, Herr Präsident, ist, daß sich in der Ostsee im Laufe der Jahre ganz ungeheure Wassermassen angesammelt haben. (Sturmflut I 68)

Eine fachmännische Einschätzung, die vom an dem Gespräch beteiligten Regierungspräsidenten der Provinz, die neben der Hauptstadt Berlin Hauptschauplatz der Handlung ist, sogleich analogisch auf ein »ganz ander[es] Gebiet« übertragen wird. Der Regierungsbeamte brauche den weiteren Anwesenden, wie er selbst meint, »nicht zu sagen: auf welchem«. Auch auf diesem »anderen Gebiet« habe

eine Aufstauung von Fluten stattgefunden, die sich in einem ungeheuren Strom – einem Goldstrom [...] – von Westen nach Osten ergossen haben. Auch hier prophezeihen die Kundigen, daß so unnatürliche Verhältnisse nicht von Dauer sein können [...], daß ein Rückstau eintreten müsse, eine Reaction, eine Sturmflut, welche – um in dem Bilde zu bleiben, das der Sache so sonderbar entspricht, – sich, eben wie jene andere zerstörend, vernichtend über uns stürzen wird. (Sturmflut I, 70)

Für die Figuren der Romanhandlung – die etwa ein Jahr umfasst, im August des Jahres 1872 und somit mitten im »Gründerboom« des jungen Deutschen Reichs einsetzt – ist der Vergleich einer möglicherweise bevorstehenden Ostsee-Sturmflut mit einer sich rasant entwickelnden und überhitzenden Gründerzeitökonomie fast selbstverständlich.[7] Was sich hier vernehmen lässt, ist also ein Sprechen über wirtschaftliche Belange, das ganz offensichtlich fundiert ist in und bedingt ist durch die beschriebenen vorgeprägten analogischen Argumentationsmuster des nationalökonomischen Diskurses der Zeit. Der Roman nimmt also genau jene Analogie (*Wirtschaft / Kultur*) *als Analogie* – Übertragung auf ein »anderes Gebiet«; »um in dem Bilde zu bleiben, das der Sache so sonderbar entspricht« – wieder auf, die durch die kulturwissenschaftlich-universalistische Ausprägung der Nationalökonomie hervorgebracht und eingespielt und mit Freytags Roman als metonymische Funktion in literarischen Sinn übersetzt worden war. *Sturmflut* schreibt diese Analogie nun also fort und bezieht auch daher seine proleptische Logik, welche die Katastrophe, in die die

---

7 Zum Sachverhalt des *Gründerbooms* und der anschließenden *Gründerkrise*, die einen plötzlichen und einschneidenden Einbruch der jungen deutschen Volkswirtschaft am Beginn der 1870er Jahre auf Grund von rasantem Wachstum, Überproduktion, staatlich kaum geregelter Spekulationspraxis und einem extremen Ansteigen der Neugründungen von Banken, Eisenbahn- und Industrieunternehmen bezeichnet, siehe den Abschnitt *Die wirtschaftlichen und sozialen Folgen der Reichsgründung und des Friedensvertrages mit Frankreich* aus Friedrich Wilhelm Henning: Handbuch der Wirtschafts- und Sozialgeschichte Deutschlands, Bd. 2: Deutsche Wirtschafts- und Sozialgeschichte im 19. Jahrhundert, Paderborn 1996, 791–889.

Romanhandlung münden wird, ganz zu Beginn bereits vorwegnimmt und dabei das von der Forschung oftmals herausgestellte dramatische Potenzial aus dem gleichzeitigen Darstellen von Vorzeichen, plötzlichem Ausbruch und Katharsis durch die Sturmflut und den sturmflutartigen Kollaps der Berliner Börse bezieht.[8] Die kollektivsymbolische Verdichtung, die die Spezialdiskurse über das maritime Klima und über die Finanzökonomie der Gründerzeit narrativ integriert, bildet den erzähllogischen Kern einer Geschichte, die anhand von Naturkatastrophe und Finanzkrise in metonymischer Weise die Erosion des Sozialen, den kulturellen und sittlichen Verfall der Gründerzeitgesellschaft als eine panoramatische Geschichte über das »nivellirende[] Jahrhundert« (Sturmflut I, 47) insgesamt erzählt.[9] In dieser Perspektive erscheinen die Kernerzählung und die vielen Konflikte des Romans um ein umstrittenes Gründungsprojekt – Bau eines Militärhafens und einer Eisenbahnverbindung zwischen der Ostseeprovinz und Berlin – als eine applikative Transformation der nationalökonomischen Analogisierung von Ökonomie und »nationaler Kultur« in literarische Fiktion, welche die Analogie zwischen Ökonomie und kulturellem bzw. zivilisatorischem Zustand des Gesellschaftlichen in hyperbolischer Weise inszeniert: Beide Sturmfluten haben den gleichen Anteil daran, die Welt des Romangeschehens »zu vernichten« und »in das uranfängliche Chaos zurückzuschleudern« (Sturmflut II, 191). Die sowohl das Meteorologische als auch das Ökonomische umfassende Sturmflut wird in totalisierender Analogie auf die Gesamtheit der menschlichen Existenz bezogen:

> Der Sturm, der fürchterliche, der durch die deutschen Herzen und Geister und durch die deutschen Lande brauste, so viele Herzen brechend, so viele Geister verdunkelnd, so viele Aecker junger grüner Saat mit Vernichtungsgräueln überdeckend, mit giftigen Dünsten den Himmel erfüllend. (Sturmflut II, 459)

Aus dieser analogischen Narrationslogik bezieht das Ende des Romans einen spezifisch kathartischen Charakter. Der Text endet in einem Akt der Gründung, der im Kontrast zu den verhängnisvollen Gründungsprojekten der Handlung steht und im Sinne einer ›gereinigten‹, ›zweiten‹ oder ›echten‹ nationalen Gründung lesbar wird, welche die Überlebenden der Katastrophe anhand eines

---

8 Vgl. den Abschnitt zu *Spielhagens Katastrophen-Realismus* bei Hugo Aust: Realismus, Stuttgart / Weimar 2006, 138–141.

9 Im Anschluss an die hervorragende interdiskurs-analytische Untersuchung von Axel Drews / Ute Gerhard: Wissen, Kollektivsymbol und Literatur am Beispiel von Friedrich Spielhagens »Sturmflut«, in: Bürgerlicher Realismus und Gründerzeit 1848–1890, hrsg. v. Edward McInnes u. Gerhard Plumpe, München / Wien 1996, 708–728, welche die Strukturfunktionen des Kollektivsymbols »Flut« sowie seine Re-Integrationsleistung in Bezug auf die vom Roman verhandelten Teilbereiche des Ökonomischen, des Politischen, des Gesellschaftlichen und der Sexualität konzise darstellt, soll es hier darum gehen, die Schlüsselfunktion der spezifisch *ökonomischen* Kollektivsymbolik herauszustellen.

kollektiven Begriffs und eines gemeinsamen Verständnisses von *nationaler Ökonomie* vergemeinschaftet. Die Verheerungen der vorausgegangenen Handlung, die Konflikte, die tragischen und schuldhaften Ereignisse der zahlreichen Handlungsstränge – etwa die Flucht und der Tod Philipp Schmidts, die Verschuldung Ottomar von Werbens und das Abreißen der von Werben'schen Erblinie, die Tragödie um die blinde Cilli und ihren verarmten Vater Kreisel, die sozialistischen Aufstände in der Marmorfabrik oder die tragische Proletarisierung der Landpächter-Familie Pölitz –, alle Katastrophen seien, so das Resümee am Ende des Romans, das der heterodiegetische Erzähler dem Marmorfabrikanten Ernst Schmidt in den Mund legt, auf *eine* Ursache zurückzuführen:

> weil wir dahingelebt lange, liebeleere Jahre in öder Selbstsucht [...], rastlos kämpfend den schnöden Kampf um Mein und Dein, den wilden, wüsten Kampf, ohne Scham und ohne Erbarmen [...], kein Recht achtend als das des Siegers, der den Besiegten hohnlachend unter die Füße tritt. (Sturmflut II, 459)

Zum einen bezieht diese Äußerung, die im Sinne einer argumentativen Schließung am Ende des Romans steht, das Geschehen abschließend bewertet, einordnet und moralisiert, ihr Lexikon, ihre schlagenden Wendungen und ihren ideologischen, quasi-sozialpolitischen Aussagegehalt aus den zeitgleich entstehenden sozialökonomischen Konzeptionen der Nationalökonomie.[10] Zum anderen wird das Erzählmoment des ökonomischen Daseinskampfes insofern auch für die narrative Schließung des Romans funktional, als die gezeigten Katastrophen nurmehr als notwendige »Opfer« – »dies hier – es mußte, mußte sein!« (Sturmflut II, 459) – für die ›Reinigung‹ der Sozialwelt des Romans erscheinen und überführt werden in ein Gründungsnarrativ, das die ›Übriggebliebenen‹ und ›Schuldlosen‹ miteinander vergemeinschaftet. Diese (literarische) Gründung schließt nicht nur die Konfliktlinien des epochalen Traumas von 1848 zwischen reaktionärem Adel und liberal-demokratischem Bürgertum, insofern ihre jeweiligen Repräsentanten im Roman, General von Werben sowie der bürgerliche Marmor-Fabrikbesitzer Schmidt, nun »wie Brüder« (Sturmflut II, 451) zusammenhalten.[11] Darüber hinaus wird das Romanende gewissermaßen als eine Utopie der schichten- und klassenübergreifenden nationalen Vergemeinschaftung lesbar, die in einem spezifisch *nationalökonomischen* Ethos fundiert ist (s. Sturmflut II, 457). Das Verbindende der »ganze[n] Gemeinde« (Sturmflut II, 458), die sich auf den letzten Seiten des Textes versammelt, ist ein diskursives Moment der Erzeugung von sozialer Kohäsionskraft. Sozialer Zu-

---

10 Zur Umdeutung des darwinistischen Daseinskampfes für eine normative Theorie der Konkurrenz sowie zur Prägung von Schlagworten durch die Nationalökonomie nochmals Schäffle: Der collective Kampf ums Daseyn. Zum Darwinismus vom Standpunkt der Gesellschaftslehre, a. a. O. sowie Kap. 2.2.4. und 2.3. dieser Arbeit.

11 Vgl. Neumann: Spielhagen: Sturmflut (1877), a. a. O., 267f.

sammenschluss und gesellschaftliche Synthese werden anhand von nationalökonomischen Schlagworten und Konzepten beschworen: durch ein ›ent-
schleunigtes‹, gleichsam ›geerdetes‹ Tätigkeitsethos der »ehrliche[n] Arbeit«
(Sturmflut II, 459), mit der Kontrastierung von »Gemeinwohl« (Sturmflut II,
446) und »Selbstsucht« (Sturmflut II, 459), mit einer sozialpolitischen Argumentation, die die Folgen der finanzökonomischen Verheerungen für das Soziale berechnet (Sturmflut II, 447), mit einer fiskalischen Argumentation, dass
»Millionen und aber Millionen unserem armen Lande« (Sturmflut II, 445) verloren gegangen seien sowie in der pathetisch überzogenen Reaktualisierung
eines anachronistischen Wirtschaftsideals, das durch das Reden von »Aecker[n]
junger Saat«, von »holde[n] Blüthen« und dem »heiligen Schooß der Erde«
assoziativ abgerufen und mit einem Bild der nationalen Proliferation verbunden
wird:

> [I]st sie denn untergegangen für immer, die liebe deutsche Sonne? Und doch! Sie
> scheint uns wieder! Sie sendet uns, untergehend, ihren letzten goldenen Strahl, einen
> neuen hellen Tag verheißend voll ehrlicher Arbeit und echter goldner Saat! (Sturmflut
> II, 459)

Mit Blick auf die analogische Struktur des Romans werden die Konzepte und
Schlagworte der Nationalökonomie also zum einen im Medium der Literatur
wiederholt und argumentativ affirmiert und durch das Auserzählen einer Geschichte vom »Kampf um Mein und Dein« narrativ konkretisiert und in ein
literarisches Gründungsnarrativ überführt. Daneben findet eine Funktionalisierung allerdings auch auf der Ebene anderer struktureller Entitäten statt. Ein
zentrales Strukturelement des Romans – der Konflikt zwischen den neureichen
Gründern auf der einen und den standhaften und loyalen alten Kräften auf der
anderen Seite – ist in den sprachlichen Präfigurationen des nationalökonomischen Diskurses von Produktivität und Konsumtion, von Mäßigung und Luxus,
von Schuld und Verschuldung fundiert: In analogischer, gleichsam generali-
sierender und universalierender Narrationslogik kann der Roman panoramatisch »die schamlose Genußsucht des Jahrhunderts« genau deshalb abbilden
(Sturmflut II, 157), weil die handlungstragenden individuellen Verschuldungen
der Figuren – Verrat der Söhne Ottomar von Werben und Philipp Schmidt an
ihren Vätern und deren Prinzipien – auf diese Weise als eine Geschichte sünd-
hafter Verschuldung an einem imaginierten sozialen Ganzen der nationalen
Volkswirtschaft, am *Allgemeinen Wohl* der Sozialwelt des Romans erzählt werden kann.

4.1.2. Kontrastierte Ökonomien II – Widerstreitende Stimmen

Diese kontrastive Struktur wird nicht nur durch Kommentierungen und sympathielenkende Einlassungen der erzählerischen Instanz erzeugt. Vielmehr wird sie auf der Ebene der Figurenarchitektur übersetzt in eine antagonistische Logik von ›Gründer vs. Bewahrer‹ bzw. ›Jung vs. Alt‹ oder besser: – um die zu Grunde liegenden Schlagworte der Nationalökonomie zu verwenden – ›Egoismus vs. Gemeinwohlorientierung‹.

Zu den Gründern, Spekulanten und Unproduktiven gehört etwa der zum Stereotyp überzeichnete hochverschuldete adlige Grundbesitzer Golm, der, von Gier getrieben, auf eine Aufwertung seiner brach liegenden Ländereien durch das Eisenbahnprojekt hofft (vgl. Sturmflut I, 36 f.). Nötiges Spekulationskapital erhält er durch Vermittlung des Bauunternehmers und Vorstands der nämlichen Berlin-Sundiner Eisenbahngesellschaft, Philipp Schmidt, der – den Gründer prototypisch verkörpernd – sich seinen Reichtum nicht aus eigener produktiver Tätigkeit erwirtschaftet, sondern durch seine »Intelligenz, Findigkeit und Energie« Kapital des väterlichen Betriebs durch Immobilienspekulation vervielfältigt hat (vgl. Sturmflut I, 219). Philipp Schmidt, der sich selbst einen »Mann der That« (Sturmflut II 260) nennt, ist Repräsentant eines ökonomistischen Weltbildes, das ihn von der unternehmerischen Familientradition seines Vaters, des Fabrikbesitzers Ernst Schmidt, abschneidet:

> Ich bin für ihn ein Egoist, ein Pulsmacher, ein Gründer, ein Halsabschneider – was weiß ich! – warum? Weil ich zehnmal reicher bin als er, weil ich seinen ganzen Marmorkram in die Tasche stecken kann [...], weil ich – mit einem Worte: weil ich Erfolg gehabt habe! Na, ich tröste mich mit meinem Bismarck, den er haßt, wie die Sünde. Bismarck ist mein Mann [...]. Der kennt auch den Rummel – und wie! (Sturmflut I, 194 f.)

Philipp urteilt über den – in seinen Augen fehlenden – Geschäftssinn des Vaters: »Was würde ein anderer mit den Karten machen, die er in den Händen hat!« Der Vater wisse nie, so Philipp, was »Trumpf« sei (Sturmflut I, 194). Philipps berechnender Geist, der alles und jedes in Bezug auf ein Geschäft hin ansieht und dessen Denken, Sprechen und Handeln sich ausschließlich in Kategorien von Prozenten, Summen, Anteilen und Dividenden (vgl. Sturmflut I, 194, 196) bewegt, findet seine Entsprechung in einem lapidaren, spöttischen und elliptischen Sprachgebrauch:

> [D]er Cavalier an der andern Seite, höre eben, Graf Golm – *grand seigneur*, aber verschuldet bis über die Ohren – hat jetzt Gelegenheit, sich zu retten, wenn er klug ist; – werden, hoffe ich, in nächster Zeit ein Geschäft in großem Stil zusammen machen. (Sturmflut I, 197)

Daneben zeigt sich Philipp als Repräsentant eines in Rücksichtslosigkeit, Raffgier und Egoismus gründenden ökonomischen Willens, als der Träger eines Merkmalkomplexes moralischer Fehlleistungen, die sich in seinem Verhältnis zu den Möglichkeiten wirtschaftlichen Verhaltens zeigen. Seinen Reichtum, den er im übrigen demonstrativ zur Schau stellt, bezieht er aus undurchschaubaren Spekulations- und Bauprojekten, die auch gegen das durchgesetzt werden, was einer seiner Bewunderer aus der neureichen Gesellschaft als das »einsichtslose[] Widerstreben[] der Behörden« bezeichnet (Sturmflut II, 259). In Parallelität dazu erscheint auch Ottomar von Werbens Schuld als ein sich verschulden an den ökonomisch-sittlichen Wertmaßstäben der Väter und der Zeit vor 1870. Die »bedenkliche, vielleicht verzweifelte finanzielle Lage« (Sturmflut II, 89) des genusssüchtigen adligen Lebemanns, der »sündhaft viel« (Sturmflut I, 296) Geld verbraucht, liegt darin begründet, dass er am Sozialen ausschließlich in konsumtiver Weise Teil hat. Ottomars Verrat, sein Wechsel-Betrug – er hatte mit Giraldis Hilfe Wechsel gefälscht und unter des Vaters Namen an der Börse spekuliert, nachdem er in kurzer Zeit das schmale väterliche Vermögen durchgebracht hatte (Sturmflut II, 292 f.) – ist zugleich, ungleich schwerer wiegend als der materielle Verlust, eine Versündigung an der langen Familientradition der von Werbens.

Eine weitere Figur der Gründer, Spekulanten und Betrüger tritt in der Mitte des Romans, zu Beginn des vierten Buches, in Erscheinung. Giraldi, der einem gegen den Adel gerichteten ressentimentbeladenen bürgerlichen Leistungsprinzip das Wort redet (vgl. Sturmflut II, 371), sieht seine Teilerfolge bei dem Unternehmen, die von Werbens mittellos zu machen, als »die Frucht mühseliger Arbeit so vieler Jahre« an (Sturmflut II, 413). Er zeichnet sich sowohl durch enormen finanzökonomischen Sachverstand aus (vgl. Sturmflut II 245) als auch durch einen instrumentellen Intellekt, der die Personen der Diegese, so lässt der Erzähler wissen, als »Werkzeug[e]« (Sturmflut II, 7) benutzt und planvoll und strategisch auf die Durchsetzung von Zielen hinarbeitet (vgl. Sturmflut II, 61). Sein kühl kalkulierender und analysierender Blick wird von der erzählerischen Instanz dämonisiert, indem er als jemand beschrieben wird, »der Alles durchschaute, Alles wußte, als stünde er mit dem bösen Teufel im Bunde« (Sturmflut II, 120). Darüber hinaus ist er nicht nur auf der Handlungsebene des Textes für das dramatische Anwachsen der undurchschaubaren, intriganten und komplexen Verstrickungen verantwortlich – etwa indem er dem klammen Grafen Golm erneut Finanzkapital zur Erwerbung der von Werben'schen Güter in Aussicht stellt (Sturmflut II, 48 f.). Die Handlungen Giraldis stehen zudem für ein analytisches Prinzip des Zerrechnens in Anteile, Prozente und Hypotheken. Seine Intrigen stehen in einem analogischen Verhältnis zu den komplexen Geldströmen der Berliner Börse, insofern sie die undurchsichtigen Zusammenhänge abbilden, in denen alles mit allem auf labile und schuldhafte Weise miteinander verstrickt ist. Philipp Schmidt, Ottomar von Werben und Giraldi werden in dieser Perspektive – ganz ähnlich zu den jüdischen, polnischen und adligen Figuren in *Soll und Haben* – lesbar als personifizierte Träger der nationalökonomischen Konzeptionierungen von Unproduktivität, Luxus, Konsum, Egoismus und Spekulation.[12] Sie stehen damit für eine Ökonomie, die mit den Prinzipien der Väter und deren Ökonomie bricht. Bezeichnenderweise erfährt man von ihnen im Verlauf des Romans oftmals aus der Vermittlung und Bewertung durch andere Figuren oder durch ihre eigene Figurensprache, die häufig gekennzeichnet ist durch Andeutungen, sprachliche Unklarheiten und *obscuritas* und die vermehrt in – nach narratologischen Maßstäben: *modernen* – Formen der Figurenrede, als erlebte Rede, als Gedankengespräch oder als innerer Monolog (Giraldi) dargestellt ist.

Mit Blick auf die Darbietungstechniken des Romans, der zu großen Teilen aus Gesprächen und Selbstgesprächen, aus Dialogen und Monologen, also aus der *parole* der Figuren besteht, ist zu beobachten, dass die Figurensprache der Väter General von Werben und Ernst Schmidt, die als die Repräsentanten der nationalökonomischen Konzepte und Prinzipien – Produktivität, Fleiß, Arbeitsamkeit, Sparsamkeit, Sittlichkeit, Mäßigkeit – ihren Söhnen gegenüberstehen, im Gegensatz zu deren Sprache in besonderer Weise durch eine Festigkeit und *claritas* ausgezeichnet ist, die der Roman etwa in der Form von Stellungnahmen, Argumentationen und Urteilen, meist als direkte und unvermittelte Figurenrede, wiedergibt. Ernst Schmidt, der, wie der Erzähler bzw. die zentrale Reflektorfigur des Romans, Reinhold, feststellt, »reich ohne Prunk« (Sturmflut I, 105) ist, verkörpert ein altes bürgerliches Kaufmannsethos, das sein Selbstbewusstsein aus der eigenen produktiven Leistung bezieht, die – im Falle Ernsts – im erarbeiteten Aufstieg vom kleinen Steinhändler zum Marmor-Großfabrikanten besteht:

> Welcher Fleiß, welche Energie und auch welche Intelligenz waren erforderlich gewesen, solche Resultate zu erreichen! Eine Welt, aus dem Nichts beinahe, zu schaffen! (Sturmflut I, 150)

In seiner Kritik an den ökonomischen Verhältnissen der Zeit – er spricht mit Bezug auf die Gründerzeitwirtschaft von einem »Jahrmarkt« und einer »Trödelbude«, wo »geschachert« werde (Sturmflut I, 113) – artikuliert sich das gleiche unbeugsame Urteil über eine ›sittliche‹ Wirtschaft, das er auch als Maßstab für die Bewertung der ökonomischen Tätigkeiten seines Sohnes anlegt:

> Was geht es mich an [...], wenn er sich Gift aus dem Honig sog? Wenn er mit der Scheu vor thörichten Vorurtheilen, die ich dem Knaben lächerlich gemacht, später auch die Ehrfurcht vor der Heiligkeit des Gesetzes verloren hat? wenn er deine Lehre, daß es des Mannes Pflicht sei, auf eigenen Füßen zu stehen, in seiner eignen Kraft zu ruhen, dahin verkehrt hat, daß es des Kraftvollen Recht sei, an sich zu reißen, was dem Arm er-

---

12 Vgl. auch Rakow: Ökonomien des Realismus, a. a. O., 307 f.

reichbar ist, unter die Füße zu treten, was sich, als das Schwächere, unter die Füße treten läßt? (Sturmflut II, 338)

Schwerer als die persönliche Enttäuschung über das individuelle Versagen des eigenen Sohnes wiegen für Ernst, der hierin zum Sprecher einer nationalökonomischen Weltsicht wird, welche – gegen die kalten Eigenlogiken des Ökonomischen – gerade auch die »verderblichen Folgen« für die »tausend Andere[n]« (Sturmflut II, 342) in den Blick nimmt, die durch die Spekulationsgeschäfte Philipps von Armut bedroht sind. Und auch das Urteil über die persönliche Schuld des Sohnes wird in dieser Sichtweise relativierbar. Indem Ernst feststellt,

> daß der Grundsatz schrankenloser Freiheit und absoluter Selbstbestimmung in seiner äußersten Consequenz schwächere Geister zu Abwegen führen kann, vielleicht führen muß [,] (Sturmflut II, 340)

weist er auf ein antagonistisches ökonomistisches Weltbild hin, welches in der Dogmatisierung des Ökonomischen, in der Apotheose »schrankenloser Freiheit« auf dem Gebiet des Wirtschaftlichen, persönliche Fehlleistungen ethischer Art und ihre Folgen für das Soziale geradezu provoziere. Vermittelt durch die Äußerungen der Figur Ernst Schmidt, d. h. aus der Perspektive eines Großunternehmers der Gründerzeit, konturiert der Roman dementsprechend eine Mentalität des ökonomischen Handelns bzw. ein Ethos des guten Wirtschaftens, das in klaren und – in der Sprache der Nationalökonomie: »sittlichen« Standpunkten fundiert ist,[13] die vor jeglicher politisch-ideologischer Auseinandersetzung und jenseits von klassenspezifischen Differenzen angesiedelt sind. Im Gespräch mit der Tochter des Arbeiters Kreisel, der sich an sozialistischen Aufständen in Schmidts Marmorfabrik beteiligt hatte, artikuliert sich dieser soziale und *caritative* Gestus unternehmerischer Verantwortung:

> Und was habe ich ihm gethan, daß er fürchten konnte, ich werde für ihn, für Euch nicht sorgen, wenn es zum Schlimmsten kommt? oder was hätte er mir gethan? – sein Socialismus – Nonsens! Mir bleibt er darum, was er ist – einer der paar ehrlichen Menschen in einer Welt von Schuften. (Sturmflut II, 316)

Eine ganz ähnliche, anhand von ökonomischen Beobachtungen entwickelte zeitkritische Einstellung hat auch die zweite Figur des Romans der Vätergeneration, General von Werben. Auch er setzt in seinen eigenen Worten die wirtschaftlichen Verirrungen der Gegenwart – »der Jobber, der Börsenspieler, der waghalsige Gründer« (Sturmflut II, 342) – ab gegen eine vergangene Zeit

---

13 Vgl. schlagend nur nochmals den Titel des ersten Teils von Schmoller: Grundriß der Allgemeinen Volkswirtschaftslehre I, a. a. O.: »Begriff. Psychologische und *sittliche Grundlage*. Litteratur und Methode. Land, Leute und Technik. Die gesellschaftliche Verfassung der Volkswirtschaft«, [Hervorh. M. A.].

ökonomischer Verantwortung und echter Produktivität des »ehrenfeste[n]
Mann[es]« und des »solide[n] Fabrikherr[n]« (Sturmflut II, 342f.). Schon zu
Beginn des Romans zeigt sich von Werben als entschiedener Gegner des
Gründungsprojekts. Seine Argumentationen dagegen sind eindeutig als nationalökonomische Erwägungen zu identifizieren, insofern von Werben die Trag-
weite des Projekts in Bezug auf die gesamte nationale Ökonomie im Blick hat
(vgl. Sturmflut II, 102) und das Unternehmen dementsprechend als »*staatsge-
fährliche* Thorheit« (Sturmflut II, 103, Hervorh. M. A.) bezeichnet.[14] Von Werben
vertritt somit einen spezifisch volkswirtschaftlich kalkulierenden Standpunkt,
dem die nationalökonomische Vorstellung der Zeit zu Grunde liegt, das Ge-
samtkapital der nationalen Ökonomie bilde so etwas wie ein allgemeines, gewissermaßen sozialisiertes Vermögen aller ›Volksgenossen‹ – unabhängig von
der teils zufälligen Verteilung von Kapital und Vermögen auf den Einzelnen.[15]
Immer wieder weist er darauf hin, dass es sich um ein Projekt handele,

> dessen Ausführung nach meiner festen Ueberzeugung eine offenbare Schädigung
> unserer Wehrkraft und eine gewissenlose Verschleuderung unserer Mittel sein würde,
> die, straff zusammenzuhalten, wir die gegründetste Veranlassung haben. (Sturmflut I,
> 303)

Zugleich überführt der Roman dieses nationalökonomische Kalkül der Sparsamkeit und der umsichtigen Verwendung kollektiver Mittel in eine Geschichte
des persönlichen Verzichts und der Entsagung. Der verarmte Adlige würde vom
Bau der Bahn in erheblicher Weise finanziell profitieren, auch auf spätere Be-
stechungsversuche geht er nicht ein (vgl. Sturmflut II, 38). Er entscheidet sich, so
seine eigene Aussage, für seine »klar erkannte Pflicht« und gegen einen »äußeren
Vortheil[]« – und »wäre er [auch] tausendmal größer, als er hier gleißt und lockt«
(Sturmflut I, 303). Als das Bahnprojekt – auch gegen ein staatliches Gutachten –

---

14 Dieses Argument des *Allgemeinen Wohls* hatte zuvor im übrigen schon Graf Golm in gegenläufiger Absicht für den Bau der Bahn instrumentalisiert, insofern er behauptet hatte, auf
  die Verwirklichung der Pläne nicht aus »allerordinärste[r] Gewinnsucht«, sondern aus
  »Patriotismus« (Sturmflut I, 71) hinzuarbeiten.
15 So etwa in den entsprechenden Abschnitten zu *Vermögen, Eigentum,* und *Kapital* bei
  Wagner: Allgemeine oder theoretische Volkswirtschaftslehre, a. a. O., 24–36, 126–135: Besitz
  und Vermögen sind dort ursprünglich »Volksvermögen«. Privatvermögen und -kapital sind
  in dieser normativen Theorie lediglich historisch spätere Erscheinungsform dieses
  »Volksvermögens« und im Grunde also nur »*gewisse Verfügungsbefugnisse*« (27) daran;
  private Kapitaleigner sollen, so Wagner explizit, »*Functionäre der Gesammtheit (des Volkes)*«
  (33) sein. Diese Argumentation dient im übrigen auch als Begründung für die Erhebung von
  Steuern: siehe Gustav Schmoller: Die Lehre vom Einkommen in ihrem Zusammenhang mit
  den Grundprincipien der Steuerlehre, in: Zeitschrift für die gesamte Staatswissenschaft 19
  (1863), H. 1, 1–86; vgl. zur ideengeschichtlichen Vorgeschichte, dem Begriff des *allgemeinen
  Vermögens* bei Hegel, auch nochmals Priddat: Produktive Kraft, sittliche Ordnung und
  geistige Macht, a. a. O., 133–142.

bewilligt wird, liefert erst sein ironisches Urteil in aller Deutlichkeit nochmals
die egoistischen Motive, die letztlich zu Bahn- und Hafenbau geführt hätten

> [D]ie Herren haben ganz im Sinne unserer Zeit gehandelt: klug, rationell, in Eurem
> Interesse. Ihr Alle werdet, wenn der Verlauf so glänzend ausfällt, wie der Geheimrat
> triumphirt, mindestens um das Doppelte reicher. (Sturmflut II, 103)

Im abfälligen Urteil über ein ökonomisches Verhalten, das im Widerspruch steht
zu einem hypothetischen volkswirtschaftlichen Gesamtinteresse, gibt von
Werben jener nationalökonomischen Weltsicht eine Stimme, die sich auch über
persönliche oder schichtenspezifische Interessen erhebt. Über den Verrat der
Söhne an den Vätern urteilt er: »Der bürgerliche Banquerotteur und der adlige
Fälscher – sie standen auf einer Stufe« (Sturmflut II, 333).

Ganz ähnliche Stimmen und Statements finden sich im Roman auch bei
Nebenfiguren, die für den Handlungsverlauf keine erkennbare Funktion haben.
So lässt der Roman etwa auch einen Schankwirt zu Wort kommen, der das
Gründungsprojekt als »Unsinn« (Sturmflut II, 401) bezeichnet, oder den Pächter
Pölitz, der – durch einen geplanten Hotelbau von der Proletarisierung bedroht –
in seiner Sprache nicht nur das eigene individuelle Leid in den Blick nimmt,
sondern vielmehr auch die ernsthafte finanzökonomische Problematik des
Projekts aufdeckt – künstliche Aufwertung von Land durch Spekulation – und
die weitreichenden drohenden sozialen und gesellschaftlichen Implikationen
– Auswanderung – referiert:

> Eisenbahn, Kriegshafen, ja wohl! Da kann mancher Baum geschlagen und zu Gelde
> gemacht werden und mancher Morgen Sand, der keinen Schilling werth ist, und
> mancher Morgen Ackerland dazu, auf dem sich jetzt ein armer Mensch mit saurem
> Schweiß durch's Leben quält, der dann den Stock in die Hand nehmen und nach
> Amerika auswandern mag, wenn da noch Platz ist für unser einen. (Sturmflut I, 35)

Die Figurensprache des Romans, die, wie bemerkt, einen auch mengenmäßig
sehr großen Raum im Text einnimmt, ist in weiten Teilen gekennzeichnet von
eigentlich ›erzählfremden‹ Äußerungsformen des Argumentierens, des Stel-
lungnehmens und des Urteilens. In funktionaler Betrachtung wird dies als eine
Form veränderter bzw. modifizierter Narrativität beschreibbar: Der Zeitroman
gewinnt somit als narrative Kompositionsform zunehmend Kontur, insofern
sich dieses Erzählen nicht (mehr) vornehmlich auf das Darstellen von Hand-
lungsabläufen richtet, sondern vielmehr auf das Darstellen heterogener Stimmen, Töne und Perspektiven der Zeit.[16] Narrativer Sinn wird hier, so ließe sich

---

16 Siehe nochmals Göttsche: Zeit im Roman, a. a. O., 573 ff. sowie Renate Böschenstein-Schäfer:
   Zeit- und Gesellschaftsromane, in: Deutsche Literatur. Eine Sozialgeschichte, Bd. 7: Vom
   Nachmärz zur Gründerzeit: Realismus. 1848–1880, hrsg. v. Horst Albert Glaser, Reinbek
   1982, 101–123.

sagen, zunehmend konstituiert anhand der Vermittlung und (Re-)Aktualisierung von – im Bewusstsein der Zeit intrinsisch aufgehobenem – (nationalökonomischem) Wissen und Ideologie.

4.1.3. Die Integrationsleistung nationalökonomischen Sprechens – Der Erzähler und sein Protagonist

Neben dieser ersten literarischen Funktionalisierung nationalökonomischer Vorstellungen und Konzepte, die in der Erzeugung argumentativer Vielstimmigkeit und in der Profilierung spezifisch nationalökonomischer ›Töne‹ besteht und als eine Modernisierung erzählerischer Formen beschreibbar ist, lässt sich auch mit Blick auf die narrative Reintegration und Homogenisierung dieser Vielstimmigkeit eine funktionale Aneignung des nationalökonomischen Diskurses beobachten. Kohärenz und Sinn, Ordnung und Orientierung, klare diskursive Positionen – und in diesem Sinne etwa auch Handlungsmaximen im Sinne von »›Lebensstile[n]‹«[17] – werden einerseits erzeugt durch die narratoriale Anlage des Romans und andererseits durch seine figurale Perspektivierung.[18] Beide – der heterodiegetische Erzähler sowie seine Reflektorfigur Reinhold Schmidt – zeichnen sich gleichermaßen axiologisch und gewissermaßen habituell dadurch aus, dass sie spezifische Formen eines *volkswirtschaftlichen* Argumentierens, Denkens, Meinens und Handelns repräsentieren und in diesem Sinne zu Statthaltern eines dezidiert nationalökonomischen Weltbildes im Text werden – Schmidt ist also im Blick auf seine nationalökonomisch-realistische Perspektive das Pendant zum alten Schroeter in *Soll und Haben*.[19]

Der »Kauffahrercapitain« Schmidt, durch den der Roman im wesentlichen perspektiviert ist, stellt in dem Sinne die Personifizierung eines wissenschaftlichen Beobachtungsprinzips dar, dass er auf Grund wissenschaftlicher Sachkenntnis die Sturmflut – in der Logik der Analogie zugleich auch die »andere Sturmflut« – vorhersagt und anhand eines Gutachtens die volkswirtschaftliche Unsinnigkeit von Bahn- und Hafenbau nachweist (vgl. Sturmflut II, 103).[20] Neben seiner Gutachter-Funktion und seiner in Bezug auf die Geschehnisse des

---

17 Link / Link-Heer: Diskurs/Interdiskurs und Literaturanalyse, a. a. O., 95.

18 Der Begriff *narratorial* ist hier als Gegenbegriff zu *figural* verwendet und bezieht sich auf die Wahrnehmung und Sprache der *erzählerischen Instanz* in Abgrenzung von Wahrnehmung und Sprache der *Figur(en)*; siehe dazu: Schmid: Elemente der Narratologie, a. a. O., 127–129.

19 Siehe Kap. 3.4. zur *Darstellung von Zeit und Gesellschaft aus nationalökonomisch-realistischer Perspektive*.

20 Seine spätere Berufsbezeichnung »Lootsencommandeur« (Sturmflut II, 95) trägt zudem eine doppelte Bedeutung in sich, sofern sich Momente von Orientierung und Steuerung (»Lotse«) einerseits und Momente von Führerschaft und Autorität (»Kommandeur«) andererseits in ihr verbinden.

Romans vergleichsweise unbeteiligten und distanzierten Beobachterposition, weisen ihn vor allem seine Äußerungen als eine in spezifisch volkswirtschaftlichen Mustern argumentierende und in nationalökonomischen Kategorien denkende Stimme aus. Seine Argumentation für die Reichsgründung ist in einem Begriff der *Nation als Handelsgemeinschaft* sowie in einem *caritativ-sozialökonomischen* Argument der nationalen Vergemeinschaftung fundiert:

> [D]enn nicht weniger als ein deutscher Kaiser mußte es sein, wenn dem Engländer, dem Amerikaner, dem Chinesen *ad oculos* demonstrirt werden sollte, daß sie fürder nicht mehr mit Hamburgern und Bremern [...] oder selbst mit Preußen Handel treiben und Verträge schließen, sondern mit Deutschen, die unter einer und derselben Flagge segeln, einer Flagge, die den Willen und die Macht hat, den Letzten und Aermsten zu schützen und zu schirmen, der der Ehre und des Glückes theilhaftig ist, ein Deutscher zu sein. (Sturmflut I, 73)

Was sich hier in der Form einer Stellungnahme des Protagonisten der Erzählung manifestiert, ist nicht weniger als Teil einer modernen erzählerischen Strategie, die nationalökonomische Argumentationen und Statements im Modus authentischer, gleichsam affektierter Figurenrede in die Erzählung einbettet. Damit ist eine narrative Funktion bezeichnet, die in der Vermittlung volkswirtschaftlichen Wissens und – wie die folgende Stelle an Begriff und Konzept der Arbeit zeigt – im Einspielen nationalökonomischer Ideologie besteht: Reinhold urteilt über die sozialistischen Arbeitsniederlegungen:

> [W]eil ein paar hundert Menschen verdrossen ihre Werkzeuge aus den schwieligen Händen geworfen, sollte Jeder das Leben als eine Last empfinden und diese Last nicht mehr tragen wollen [...]. Nein, und tausendmal nein! [...] [G]ehe du wieder an deine Arbeit, die für dich keine rauhe Pflicht, sondern eine Freude und eine Ehre ist. (Sturmflut I, 353)

Reinholds Perspektive ist insofern erzählerisch vor den anderen Figurenperspektiven privilegiert, als sie unmittelbar mit einer übergeordneten ›olympischen‹ Erzählerstimme zusammenhängt, die das Geschehen als »Er-Erzählung« wiedergibt. Kongruent scheinen Erzähler und Protagonist dementsprechend nicht nur im Urteilen und im Argumentieren – also im Sprechen – zu sein.[21] Oftmals fallen auch Bewusstsein bzw. Wahrnehmung von Erzähler und Hauptfigur zusammen, wie etwa die folgende Stelle deutlich macht, die Reinholds Blick auf die Proletarier und Sozialisten darstellt:

> [U]nd während seine [Reinhold Schmidts] Blicke über die Leute schweiften, begegneten sie manchem verwegenen, ja verwilderten Gesicht. (Sturmflut I, 151)

---

21 Einen systematischen Überblick über das hier in Rede stehende Phänomen des Ineinandergreifens von Erzählerrede und Rede der auftretenden Figuren gibt das Kapitel *Interferenz von Erzählertext und Figurentext* bei Schmid: Elemente der Narratologie, a. a. O., 163–204.

Die übergeordnete, auktoriale und heterodiegetische erzählerische Instanz wird mit Blick auf das Gesamtarrangement des Romans erkennbar als eine narratoriale Funktion, die auf die Herstellung narrativer Totalität zielt und somit als das zentrale Element eines holistisch-panoramatischen Erzählprogramms des ›Alles-Zeigen-Wollens‹ beschreibbar wird. Neben der Kernhandlung um das Gründungsprojekt weist der Text bekanntlich eine Vielzahl von Nebenhandlungen, Schauplätzen und Figuren auf, die nicht nur das Innenleben einzelner oder weniger gesellschaftlicher Schichten (etwa des Adels oder des Wirtschaftsbürgertums) darstellen. Vielmehr offenbart sich im erzählerischen Blick auf verschiedene soziale Teilmilieus (etwa auf die sozialistische Arbeiterwelt, auf das Schicksal einer Landpächter-Familie, auf Bedienstete und Landarbeiter, auf das Leben eines Gründerzeitbildhauers, auf die neureiche Lebenswelt im Umfeld Philipp Schmidts, u. a.) der Versuch, ein umfassendes Gesellschaftspanorama herzustellen, das auch räumlich auf Totalität der Darstellung zielt, insofern die Handlung sowohl in der Hauptstadt Berlin als auch in der nordostdeutschen Provinz angesiedelt ist.

Zudem kann allein der Versuch einer Literatur, die noch stark im Zeichen der idealrealistischen Verklärungsästhetik steht,[22] auch die abgründigen und hässlichen Seiten des ökonomischen und gesellschaftlichen Modernisierungsprozesses – neben dem zentralen Handlungskomplex um Börsen- und Spekulationsbetrug etwa auch das Darstellen von Innenleben der Fabrik und modernem sozialen Leid – zumindest am Rande mit abzubilden, als Indiz für ein modernisiertes, auf panoramatische Totalität zielendes Erzählprogramm gelten.[23] Diese narrative Modernisierungstendenz, die auf das *quantitative* Ausbreiten differenter Sozialwelten zielt, findet ihre ›methodologische‹ Bedingung erst in einem holistisch-kulturwissenschaftlichen Beobachtungsmodus, d. h. in einem spezifischen Blick auf die moderne Gesellschaft, ihre Ökonomie und die Gesamtheit ihrer heterogenen Erscheinungsformen, wie ihn die zeitgenössische Nationalökonomie in einer Vielzahl methodologischer Schriften und anhand umfangreicher Einzelstudien konturiert.[24] In Hinblick auf die konkreten die-

---

22 Eine Aufarbeitung der Verklärungs- und Idealisierungsstrategien des Realismus findet sich auch nochmals bei Rakow: Ökonomien des Realismus, a. a. O., 128–216.

23 Hier zeigt sich bereits jene Modernisierungslogik, deren spezifisch rückbettender Charakter im weiteren Verlauf der Arbeit noch thematisiert werden wird. Spielhagens Innovationen und Modernisierungen des Erzählens konstituieren sich (auch) im Rückgriff auf vorgängige Konzepte und Strukturmodelle – bspw. Sozialroman des Vormärz, Zeitbild-Technik des Frührealismus der 1810–1830er Jahre sowie vor allem Karl Gutzkows *Roman des Nebeneinander*. Siehe dazu v. a. die entsprechenden Kapitel bei Göttsche: Zeit im Roman, a. a. O., bes. 433 ff., 678 ff.; Spielhagen hat dies im übrigen auch selbst zum Thema gemacht: siehe Friedrich Spielhagen: Alles fließt. Novelle [1897], Leipzig 1902.

24 Vgl. exemplarisch etwa nur die in Kap. 2.2.1. angeführten Untersuchungen zur Geschichte

getischen und narrativen Formierungen dieser totalisierenden Perspektive erscheint der *discours* des Romans zunehmend als ein Erzählen, das die moderne Ökonomie und ihren Diskurs – also Text – darstellt, d.h. als eine Technik, die ihren narrativen Sinn mehr aus der ›Objektivierung‹, dem distanzierten ›Vor-Augen-Führen‹ von Welt und dem Referieren von Argumenten und immer weniger aus dem bezieht, was eigentlich unter Erzählen verstanden wird.[25] Dem quasi-wissenschaftlichen Abbilden und Dokumentieren gesellschaftlicher Totalität, die sich auszeichnet durch Heterogenität und Differenziertheit entspricht – auf der Ebene der konkreten Darstellung – ein Arsenal modifizierter und modernisierter sprachlicher Formen: Die beschriebene, vielschichtige und teils merkwürdig verunklarte Figurensprache wird oftmals in erlebter Rede oder als Gedankengespräch der Figuren (Sturmflut II, 48f., Sturmflut II, 245, 248) dargestellt, weist häufig einen elliptischen, fragmentarischen und gewissermaßen gehetzten Sprachstil auf (Sturmflut II, 169) oder ist in quasi-naturalistischem Reportage- bzw. Berichtsstil gestaltet (Sturmflut II, 291). Charakteristisch für diesen Komplex modernisierter Formen des Erzählens ist besonders die (phono-photo-)naturalistische Darstellung der Maschinen, die sich in der »traurigen Werkstatt« (Sturmflut I, 146) der Marmorfabrik befinden:

> Reinhold hatte Mühe, die Worte, die ihm ein Arbeiter ins Ohr schrie, zu verstehen; so groß war der nervenzerreißende, kreischende Ton der ungeheuren Sägen, welche die Kraft des Dampfes mit unheimlicher Geschwindigkeit hinüber und herüber durch die auf der hohen Kante stehenden mannshohen Blöcke zog: acht, zehn, zwölf Sägen zu gleicher Zeit [...] um abermals hinauf und wieder hinunter zu fahren in sinnverwirrenden zitternden Linien; zwar sausten auch hier die Räder, klapperten und rasselten, stöhnten, knirschten und kreischten die Eisen, welche in den Marmor schnitten, bohrten, an ihm meißelten, feilten, schabten, kratzten, und in jeder möglichen Weise ihn aus seiner Unform in künstliche, ja zum Theil künstlerische Formen brachten [...]. (Sturmflut I, 148f.)

All die bedrohlichen Potenziale einer als »gewaltig[]« und »ungeheu[er]« (Sturmflut I, 149) erlebten ökonomischen Modernisierung sowie ihre als bloßer »Schein« (3x Sturmflut II, 156f.) wahrgenommenen, undurchschaubaren und anonymen Funktionsmechanismen, all die konfliktuösen Verwerfungen und widerstreitenden Meinungen und Stimmen werden allerdings nicht nur panoramatisch und quasi-dokumentarisch abgebildet.

---

des Handwerks, die auf hunderten von Seiten statistische Erhebungen aneinanderreihen und insofern auch erst in ihrer quantitativen Argumentation zu einer Geschichte werden.

25 Erzählen lässt sich grundsätzlich bestimmen als das (dynamische) *Darstellen von Zustandsveränderungen in der Zeit* gegenüber tendenziell *statischen* Formen der Darstellung i.S. von *Zustandsbeschreibungen*. Siehe zu den definitorischen Merkmalen, die Darstellungen zu Erzählungen machen vor allem die Ausführungen zur »Narrativität« von Schmid: Elemente der Narratologie, a.a.O., 1–11.

Vielmehr wird diese Vielstimmigkeit der ausgestellten differenten sozialen Teilwelten und ihrer unterschiedlichen Perspektiven, Interessen und Konflikte zugleich insofern in kompensierender und homogenisierender Weise überschaut, als sie nicht allein deskriptiv und gewissermaßen mechanistisch abgeschildert wird. Spielhagens Erzählung entspricht vielmehr jener volkswirtschaftlichen Theorie, welche es als die Hauptaufgabe des Nationalökonomen ansieht, das Gesellschaftliche »unter dem Gesichtspunkte seiner geschlossenen Weltanschauung zu einem Ganzen zu vereinigen«.[26] Narrativ integriert und nur so eigentlich erzählbar wird das Dargestellte erst durch erzählerische Einordnung, Wertung und Kommentierung sowie durch die Erzeugung narrativer Kohärenz und eines narrativen Gesamtsinns, der sich konstituiert aus einer das soziale Ganze umschließenden, synthetisierenden, eben nicht nur totalisierenden, sondern auch axiologisch stark markierten und wertenden Erzählposition. Als Golm für das Projekt gewonnen werden soll zeigt sich eine starke erzählerische Kommentierung, die durch den ironischen Gebrauch der indirekten Rede die Absprachen zwischen den Gründern als hinterlistiges Intrigenspiel durchschaut und entlarvt:

> Ob der Herr Graf sich beteiligen wolle? Es sei der rechte Augenblick! Der Herr Graf habe kein baares Geld? Spaß! Das Geld spiele überhaupt in der ganzen Sache gar keine Rolle! Wie viel der Herr Graf wolle? Fünfzigtausend? Hunderttausend? Hundertfünfzigtausend? Der Herr Graf brauche nur eine Zahl zu nennen! Der Herr Graf solle ja nichts geschenkt haben! (Sturmflut I, 224)

Weitere Wendungen in diesem Zusammenhang – »sagte der Geheimrat mit gut gespielter bescheidener Ungeduld« (Sturmflut I, 213); »Philipp lachte in sich hinein« (Sturmflut I, 216); »Sie tauschten schnelle Blicke unter einander aus und verzogen sämmtlich die Gesichter zu einem schadenfrohen Lächeln« (Sturmflut I, 222); »sagte Philipp, mit cynischem Lächeln dem Grafen sein Glas hinhaltend.« (Sturmflut I, 229); über Giraldi heißt es später ganz explizit »das mit allem Aufwand seines scharfsinnigen Geistes, mit unendlicher Mühe gesponnene Intriguennetz« (Sturmflut II, 363) – sind Ausweis einer erzählerischen Instanz, die die wirtschaftlichen Vorgänge des Romans eben nicht nur ›wertneutral‹ ausstellt, sondern deren zentrale Funktion gerade im Kommentieren und Bewerten dieser Vorgänge zu bestehen scheint. So endet die entsprechende Episode als Börsenplanspiel: »Sie wollten in einer Gesellschaft von Gründern endlich einmal erfahren, was Gründen sei? wie man gründe? sie wollten einmal Gründer spielen!« (Sturmflut I, 227). Die im Sinne einer *mise en abyme*-Konstruktion gestaltete Simulation von Planung, Finanzierung und Bau einer »Luftbahn nach

---

26 Gustav Schmoller: Grundriß der Allgemeinen Volkswirtschaftslehre. Erster, größerer Teil: Begriff. Psychologische und sittliche Grundlage. Litteratur und Methode. Land, Leute und Technik. Die gesellschaftliche Verfassung der Volkswirtschaft, Leipzig 1900, VI.

dem Monde« (Sturmflut I, 227) wird sogleich kommentiert und vom Erzähler bewertet: »höher und höher gingen die Wogen der Lust und schlugen über dem letzten Rest von Anstand und Sitte brausend zusammen.« (Sturmflut I, 229). Diese narratoriale Führung des Romans, der besondere erzählerische Blick auf die Diegese erschöpft sich allerdings nicht darin, was Hugo Aust als den Rückgewinn narrativer »Orientierungssicherheit« bezeichnet, insofern Spielhagen lediglich »auktoriale[] Erzählabsichten« mit anderen, »moderneren Mitteln« verfolge.[27] Vielmehr lässt sich das zu Grunde liegende narratoriale Modell als analogische Nachbildung wissenschaftlicher Wirtschaftsbeobachtungen beschreiben, insofern als sich auch die Nationalökonomie der Zeit nicht auf das Zeigen der ökonomischen und gesellschaftlichen Moderne beschränkt, sondern ihren Begriff von »Objektivität« als ethisch wertende Kulturwissenschaft vielmehr in »Werturteilen« über ökonomische Prozesse fundiert.[28] Die Literatur, so ließe sich sagen, transformiert diesen Begriff von »Objektivität«, der dezidiert nicht Wertneutralität meint, in eine erzählerische Perspektive, die anhand bestimmter rhetorischer Mittel der Sympathielenkung oder der Etablierung einer spezifischen »diskursive[n] Position«[29] – Ironie, suggestiver Einsatz der erlebten Rede,[30] Blick in die Gedanken der Figuren im Sinne einer Figuren-Mitsicht, Erzählerkommentare – ein Weltbild nationalökonomischer Vernunft mitkonfiguriert, das den Roman zugleich ästhetisch und ideologisch schließt.

4.2. *Was will das werden?* (1885)

Eine zentrale Rolle von nationalökonomischem Wissen lässt sich auch in späteren und weniger bekannten Texten Spielhagens nachweisen.[31] Dies soll nun exemplarisch an dem 1885 erschienenen Roman *Was will das werden?* gezeigt

---

27 Aust: Realismus, a. a. O., 141.

28 Bezeichnenderweise wird sich, wie noch gezeigt werden wird, genau an dieser Frage (»Werturteile«) eine Auseinandersetzung innerhalb der Disziplin entfachen, infolge derer sich die Soziologie aus der Nationalökonomie ausdifferenzieren wird. Siehe vorgreifend schon einmal: Johannes Glaeser: Der Werturteilsstreit in der deutschen Nationalökonomie. Max Weber, Werner Sombart und die Ideale der Sozialpolitik, Marburg 2014.

29 Link / Link-Heer: Diskurs/Interdiskurs und Literaturanalyse, a. a. O., 97 ff.

30 Vgl. Schmid: Elemente der Narratologie, a. a. O., 185 f.

31 Seit einigen Jahren wird im Sinne einer Neuentdeckung Spielhagens von Jeffrey L. Sammons vermehrt auf dieses Desiderat hingewiesen: Jeffrey L. Sammons: Friedrich Spielhagen. The Demon of Theory and the Decline of Reputation, in: Todd Kontje (Ed.): A companion to German realism. 1848–1900, Columbia 2002, 133–158; Ders.: Friedrich Spielhagen. Novelist of Germany's false dawn, Tübingen 2004. Einen Blick auf einige Schlüsselromane des Spätwerks hat zuvor schon geworfen Henrike Lamers: Held oder Welt. Zum Romanwerk Friedrich Spielhagens, Bonn 1991.

werden, der den ökonomischen Strukturwandel der 1860er und 1870er Jahre als Ich-Erzählung aus der Perspektive des Handwerkersohnes Lothar Lorenz erzählt.

4.2.1. Die ›alte Welt‹, das »ganze Haus« und der »Niedergang des Handwerks« – Erzählen, Idealisieren und Verklären

Die ersten drei bzw. fünf Bücher des insgesamt neun Bücher umfassenden Romans zeichnen das Bild einer idyllischen, von Konkurrenzlosigkeit und symbiotischem Zusammenleben handwerklicher Kleinbetriebe geprägten kleinstädtischen ›alten Welt‹ der 1860er Jahre. Die zentrale Gestalt dieser, kapitalistischen Effizienz- und Profitzwängen enthobenen, ganzheitlichen Welt des »ganze[n] wonnige[n] Erden- und Meeresrund[s]«[32] ist der Vater des Protagonisten Lothar Lorenz, der Sargtischler Peter Lorenz, der – wie man erfährt – ein »Monopol« (Wwdw I, 21) auf die Sargtischlerei der Kleinstadt hat. Peter Lorenz, der den »ganzen Tag vom frühen Morgen bis zum späten Abend« (Wwdw I, 46) arbeitet, ist Repräsentant eines sozialen, gleichsam *caritativen* Handwerker-Ethos, das sich nicht an ökonomischen Gewinnüberlegungen, sondern vielmehr an »Mitleid« (Wwdw I, 92) orientiert, insofern sich etwa seine Preise nach dem Einkommen seiner armen Kundschaft richten (vgl. Wwdw I, 62, 66). Die Nachbarschaft der Lorenzschen Werkstatt ist geprägt von Familialität und lustvoller Gemeinschaft unter dem Dach des *ganzen Hauses*. Der *oikos* der Kleinunternehmerfamilie Hopp wird folgendermaßen beschrieben:

> […] mit seinem geräumig niedrigen Wohnhaus und den Appendixen der Ställe, Scheunen und Wagenremisen in behaglicher, schier endloser Breite hingelagert […]. Roch es dort beständig nach Pferden und frischem Heu […] Wimmelte es doch in der Hoppschen Familie von pausbäckigen, blondhaarigen Kindern beiderlei Geschlechts und jeden Alters! […] Dazu Onkel, Tanten, Vettern, Kousinen, Verwandte aller Grade, die kamen und gingen, wochen- und monatelang blieben, so daß keiner, und manchmal wohl sie selbst nicht, wußten, ob sie zum eigentlichen Hausstand gehörten oder nicht – ein sorgloses, lebensfrohes, immer essendes und trinkendes, lärmendes […] aber im Grunde gemütliches germanisches Wesen, für das Vater und Mutter Hopp die wahren Repräsentanten waren. (Wwdw I, 35 f.)

Die hier beschriebene Welt des Handwerks und der idyllischen Kleinstadt-Wirtschaft, die in ihrer Darstellung des ungeteilten Lebens unter dem Dach des »Hausstands« ganz offensichtlich auf nationalökonomische *oikos*-Konzepte zu-

---

32 Friedrich Spielhagen: Was will das werden? Roman in neun Büchern [1885], 2 Bde., 5. Aufl., Leipzig 1892/1893, 17. Zitate aus dieser Ausgabe werden im folgenden im Text unter Angabe der Sigle Wwdw, Bandnummer und Seitenzahl nachgewiesen.

rückgreift, – und die nationalökonomische Geschichte des deutschen Handwerks literarisch konkretisiert und idealisiert –[33] ist zugleich eine Welt simpler
ökonomischer Unterscheidungen und Stereotype. In diesem Sinne bildet sie
einen Gegenort (»zwei verschiedene Welten«, Wwdw I, 36) zur Welt des
»dunklen Judenhauses« (Wwdw I, 68) der benachbarten Kaufmannsfamilie Israel, die anhand plakativer ökonomisch-antisemitischer Stereotype beschrieben
wird.[34] Die Israels sind »häßlich« und »kurzsichtig«, sie haben »lange[] flei-
schige[] Nase[n]«, etwas »Vogelartiges« (Wwdw I, 37) an sich und ein Wesen
»schmeichelnder Höflichkeit« (Wwdw I, 133); vor allem sind sie aber geldgierig,
geizig und reich: Sie besitzen »märchenhafte[] Schätze« (Wwdw I, 68), ihr
Symbol ist der »eiserne[] Geldschrank« (Wwdw I, 132).

Eine besondere erzählerische Profilierung erfährt die alte idyllische Hand-
werkerwelt insofern, als sie nicht nur den Ausgangspunkt der Romanhandlung
markiert. Darüber hinaus wird sie in einer in erzähltemporaler Hinsicht
merkwürdigen Weise durch den Gebrauch des erzählerischen Präsens sowie
durch Gesten des Hörens und des Sehens unmittelbar wachgerufen und gewissermaßen *versinnlicht:*

> Der Vater ist in der Werkstatt und ich sehe ihn durch die jetzt im Sommer stets offene
> Thür ein Brett hobeln. (Wwdw I, 21)
> [...]
> Wenn ich in meinem Kämmerchen, dessen Fenster nach dem Hof hinausgeht, über
> meinen Schularbeiten sitze, höre ich Zug um Zug des Vaters Säge und jeden Strich
> seines Hobels. (Wwdw I, 49)

Diese Welt des Kleinhandwerks, dessen Zentrum die väterliche Werkstatt ist, in
der der Vater »die einzelnen Stücke zum Ganzen zusammenfügt[]« (Wwdw I, 92)
und die sich durch gesunde nachbarschaftliche Verhältnisse, konkurrenzlose
und loyale Gemeinschaftlichkeit und simple Logiken von Ein- und Ausschluss
auszeichnet, wird allerdings nicht nur (durch die Darstellung im erzählerischen
Präsens) narrativ reaktualisiert und also schon darin poetisch überhöht. Vielmehr handelt es sich dabei selbst um eine allegorische Welt von »reinste[r],
heiligste[r] Poesie« (Wwdw I, 208), die sich auszeichnet durch einen Charakter
von Kunst und Poesie. Ihre Bewohner sind *poietisch* in einem spezifischen
Doppelsinn ökonomisch-handwerklicher und poetischer Produktivität, die
vielsagend gleich-rhythmisch aufeinander bezogen sind:

> Es ist sehr still in dem kleinen Hause. Ich höre jetzt nichts als das Kritzeln meiner Feder,
> die in fliegender Eile auf dem Papier weiter hastet an meinem Aufsatz über: ›Die
> Freuden der Jugend‹, und den gleichmäßigen Zug von des Vaters Hobel an irgend

---

33 Siehe nochmals Kap. 2.2.1. und 2.2.3. dieser Arbeit sowie Brunner: Das »ganze Haus« und
    die alteuropäische »Ökonomik«, a. a. O.
34 Vgl. auch Gubser: Literarischer Antisemitismus, a. a. O., bes. 64–68.

einem Brett zu einem Sarge. Ich bin an einen schwierigen Punkt geraten und lege sinnend die Feder hin; der Vater mag auf eine schlechte Stelle im Brett gestoßen sein, die er jetzt prüfend betrachtet, während der Hobel ruht. (Wwdw I, 49 f.)

Die alte Welt der vorkapitalistischen Handwerkergemeinschaft und das Leben in edler Armut zeichnen sich nicht nur durch unmittelbare Wahrnehmung, durch die direkte ästhetische Erfahrung – man beachte vor allem die vielfachen Gesten des Sehens und des Schauens (s. Wwdw I, 22, 27, 54 u. ö.) – und eine spezifische Musikalität (siehe Wwdw I, 209, 316) aus. Zugleich ist sie auch eine Welt des Erzählens und der Erzählung selbst, da sie sich selbst als *mise en abyme* in gesteigerter Form enthält: »Es war also einmal ein armer Junge, der hieß Peter Lorenz, gerade wie ich.« (Wwdw I, 97), beginnt die Erzählung in der Erzählung, in der Peter Lorenz seinem Sohn Lothar die eigene *Bildungs- und Entwicklungsgeschichte* erzählt. Das Schicksal des Sargtischlers, des »Junge[n] vom Walde« (Wwdw I, 100), der aus einer jahrhundertealten Nagelschmiede-Tradition stammt und sich selbst als einen »Künstler, der zum Handwerker geworden war« (Wwdw I, 111) bezeichnet und dessen Lebensmaxime es ist, *entweder* dem »Ehrgeiz« *oder* dem »Herzen« (Wwdw I, 103) zu folgen, endet bezeichnenderweise als Geschichte des persönlichen Verzichts und der Entsagung, insofern sich Lorenz gegen eine vielversprechende Künstler-Karriere und für die Adoption Lothars und die Ehelichung von dessen Mutter entscheidet. Das Erzählen und das *Vor-Augen-Stellen* der alten Welt, ihre narrative Wiedergewinnung im Medium des erzählerischen Präsens ist allerdings von einer rückblickenden bzw. analeptischen Erzählsituation grundiert und bezieht daher einen spezifisch sentimentalischen Charakter: Häufige, über den gesamten Text verstreute Wendungen der Art »als wäre es gestern gewesen« (Wwdw I, 19, vgl. I, 28, 425, II, 210) weisen den Roman als eine fiktive Autobiographie Lothars aus, der mit zeitlichem Abstand auf die Geschehnisse der Handlung zurückblickt und in einem Akt erinnernden Erzählens die eigene Lebens- und Entwicklungsgeschichte reaktualisiert.

Mit Blick auf das narrative Gesamtarrangement – idyllische alte Handwerkswelt, Verdrängung der Handwerkerfamilien in die Stadt und Proletarisierung – erscheint *Was will das werden?* als eine literarische Applikation der nationalökonomischen Erzählungen vom deutschen Kleingewerbe und dem »Niedergang des Handwerks«.[35] Ablesen lässt sich das nicht nur an der trauernd

---

35 Vgl. Kap. 2.2.1. dieser Arbeit. Ganz in der Sprache von Bücher: Entstehung der Volkswirtschaft, a. a. O., 215–248, der den »Niedergang des Handwerks« beschreibt, bezeichnet die Romanfigur Lothar das Schicksal der Familie Hopp als eine »tragische Geschichte von [...] Niedergang und Fall« (Wwdw II, 42); siehe dazu auch den Abschnitt über *Die Gewerbegeschichtsschreibung der Historischen Schule. Einige zentrale Konzepte und ihr sozialpolitischer Kontext* bei Friedrich Lenger: Sozialwissenschaft um 1900. Studien zu Werner Sombart und einigen seiner Zeitgenossen, Frankfurt/M., Berlin, Bern u. a. 2009, 30–41, der im Blick auf

retrospektiven Erzählweise des Romans, an der spezifischen Stimmlage des Mitleids und der narrativen Suggestion einer edlen Armut sowie an der ausgiebigen Idealisierung und Verklärung ›des‹ deutschen Handwerks. Auch auf der Ebene konkreter sprachlicher Realisierungen zeigen sich starke Ähnlichkeiten zwischen wissenschaftlichem und literarischem Erzählen: Lothars Besuche bei der armen Landbevölkerung (vgl. Wwdw I, 525–529) und mehr noch das Schicksal der Nagelschmiede in der väterlichen Erzählung, die abhängen vom »Mitleid« (Wwdw I, 98) ihrer Kundschaft und trotz ihrer Armut glücklich und genügsam (Wwdw I, 99) sind, scheinen den entsprechenden Stellen aus Schmollers *Geschichte der deutschen Kleingewerbe im 19. Jahrhundert* nachempfunden zu sein. Im Roman heißt es:

> Er mußte aber wohl bei der Arbeit bleiben, der gute Alte: es waren da viele hungrige Mäuler zu stopfen, und Nägelschmieden ist ein kümmerlich Handwerk. Für einen Sack mit tausend Nägeln, von denen jeder einzeln auf dem Amboß gehämmert werden mußte, bekam er, wenn der Preis gut war, zehn Groschen. (Wwdw I, 98)

In der Erzählung der Nationalökonomie heißt es:

> Die Nagelschmiede sind theilweise schon ganz verschwunden, im Erzgebirge und Oberfranken aber hämmern sie sich in den Drahtstiftfabriken zum Trotze noch müde, unter deren Konkurrenz sie verkümmern […]. [D]ie Krugmacher des Westerwaldes, die pfälzer Bürstenbinder, alle diese Hausindustrien haben zu kämpfen mit dem beginnenden Fabriksystem und halten sich vorerst durch die staunenswerthe Bedürfnislosigkeit und Genügsamkeit der Arbeiter.[36]

Das Verhältnis zwischen literarischer Fiktionsbildung und den nationalökonomischen Schriften über Genese und Zustände der zeitgenössischen Ökonomie ließe sich mit Blick auf derartige Konstellationen als affirmativ, replikativ und applikativ beschreiben. Die Literatur ›verdoppelt‹ die nationalökonomische Geschichte vom vermeintlichen »Niedergang des Handwerks« insofern sie sie exemplarisch an der Geschichte der Familie Lorenz illustriert.[37] Blickt man in diesem Zusammenhang auf vergleichbare Erzählungen der Zeit – etwa auf Max Kretzers *Meister Timpe* oder entsprechende Passagen bei M. G. Conrad und

---

den Kern der nationalökonomischen Handwerkserzählungen von Schmoller, Bücher u. a. treffend von einem »Verfallstopos« (35) spricht.

36 Schmoller: Geschichte der deutschen Kleingewerbe, a. a. O., 657.

37 Die Frage, ob Handwerk und Kleingewerbe am Ende des Jahrhunderts nun tatsächlich (faktisch) vom Untergang bedroht sind, oder es sich dabei um ›reine Fiktion‹ handelt ist in diesem Zusammenhang völlig unerheblich; vgl. dazu auch die instruktiven Ausführungen in dem Abschnitt über den *Mythos vom bedrohten Mittelstand* bei Lindemann: Das Warenhaus. Schauplatz der Moderne, a. a. O., 45–51, der hier vor allem im Blick auf Entsprechendes bei Zolas *Au Bonheur des Dames* beobachtet; vgl. auch das gesamte Kapitel über *Verlusterzählungen*, 263–283.

Conrad Alberti –,[38] dann lässt sich daran ein reihenbildender Charakter, ein generisches Verfahren der Literatur beobachten: Sie erzählt ein archetypisches Narrativ – den Untergang des deutschen Handwerks – in unterschiedlichen Varianten immer wieder.

Dementsprechend stellt der Tod von Peter Lorenz eine zentrale Zäsur des Romans dar, insofern er zugleich ein Ende des idealen, ökonomisch vor-modernen und poetischen Zeitalters des Handwerks markiert – Lothar kommentiert: »Aber nun ist die schöne Musik tot« (Wwdw I, 316). Der Roman setzt nun, wie zu zeigen sein wird, auch mit Blick auf die Techniken und Verfahren des Erzählens, neu ein und Lothar leistet am Sarg des Vaters einen Schwur, der fortan die Geschichte im Sinne eines Strukturmotivs durchziehen wird:

> Nie wieder will ich Dein vergessen, Du Armer, Verlassener! und will der Sache der Armen und Verlassenen treu bleiben, bis mein Herz stillsteht, wie Deines! (Wwdw I, 312)

Das Vermächtnis der alten Welt, das Fortführen der väterlichen Ideale im Sinne einer *ideellen* Erbschaft – der Grabschwur wird mehrfach wörtlich wiederholt: Wwdw I, 542, II, 56 f. – geht einher mit Lothars Verzicht auf die *materielle* Erbschaft der Mutter. Obwohl er im Verlauf der Geschichte mehrfach von Bettelarmut bedroht ist, schlägt er die mütterliche Erbschaft, die sich ihm als »vorläufig illimitierter Kredit« (Wwdw II, 233) bieten würde, immer wieder aus (Wwdw I, 321 f., II, 234) und bekräftigt, dass »ihr Reichtum nie der meine sein soll« (Wwdw II, 363).[39]

Auf den narrativen Wiedergewinn der idyllischen Vorzeit von Kindheit und Jugend Lothars im Schoß der väterlichen Werkstatt durch den sentimentalischen Blick in die Vergangenheit (Bücher 1–3) folgt der größere Teil der Romanhandlung, der Lothars Erwachsenwerden in und an einer »neuen Welt« des ökonomischen Strukturwandels abbildet (Bücher 4–9). Diese setzt um etwa 1870 ein und entfaltet sich anhand des persönlichen Lebenswegs Lothars, dem sich die eigene Zukunft nach des Vaters Tod als »Kampf und [...] Not um ein elendes Dasein« (Wwdw I, 323) darstellt und der zunächst den Sinn des Lebens im Deutsch-Französischen Krieg und sodann – in Wilhelm Meister-Manier – auf dem Theater sucht. Das Schicksal des Protagonisten und Ich-Erzählers Lothar Lorenz entfaltet sich an und mit einer sich ökonomisch und gesellschaftlich modernisierenden Welt, die gekennzeichnet ist durch Logiken von Kontrakt und Zahlung – Lothars Adoption durch Familie Hopp wird mit einem Vertrag besiegelt – und durch wirtschaftlichen Strukturwandel und ökonomische Kon-

---

38 Siehe zu Kretzer Mayer: Roman vom Untergang des Kleinhandwerks in der Gründerzeit, a. a. O.; siehe zu Conrad und Alberti Kap. 7 dieser Arbeit.

39 Siehe zu realistischen »Entsagungen«: Moritz Baßler (Hg.): Entsagung und Routines: Aporien des Spätrealismus und Verfahren der frühen Moderne, Berlin / Boston, 2013.

zentrations- und Verdrängungsprozesse – etwa die Verpfändung landwirtschaftlicher Betriebe (vgl. Wwdw I, 293) oder die Verdrängung von Hand-
werksfamilien aus der Kleinstadt (vgl. Wwdw II, 1 ff.). Weiterhin stellt sich diese
vom Roman imaginierte ökonomisch-gesellschaftlich-soziale Moderne auf der
Ebene der Diegese dar im Aufkommen einer globalen Finanzwirtschaft, in der
Verlagerung der Romanhandlung von der Provinz in die Hauptstadt Berlin sowie
in der Proletarisierung der verdrängten Handwerkerfamilien.

Mit Blick auf die narrative Struktur des Textes ist zu bemerken, dass der
Roman den Kontrast zwischen ›alter‹ und ›neuer‹ Welt, zwischen handwerklich-
caritativer Idealwelt des kleinstädtischen Unternehmertums auf der einen und
der modernen ökonomisierten Welt auf der anderen Seite insofern durch Formen eines gewissermaßen *gegenstandssensiblen Erzählens* herstellt, als die väterliche Welt des konkurrenzlosen Handwerks und des poetischen Lebens der im
engeren Sinne *narrativen* Komposition zugänglich ist und auch tatsächlich erzählt wird; in diesem Sinne stellt sich das Erzählen hier als spezifisch idealrealistisches Erzählen dar. Der weitere Lebensweg Lothars durch die ›neue Welt‹
erscheint dagegen weniger als eine kohärente – idealrealistische – *narratio*. Er
stellt sich vielmehr als eine Abfolge verschiedener, fast statischer Geschehens-
momente und Stationen dar, die sich tendenziell den Logiken ästhetischer
Verklärung und narrativer Kohärenzbildung entziehen und demgegenüber eher
als Formen erzählerischen Beobachtens, Zeigens, Schilderns und Referierens
beschrieben werden können. In dieser Perspektive scheinen der Tod des Vaters,
der Einzug des Projektemachers »Ernst Streben« in dessen ehemalige Werkstatt,
d. h. das Untergehen der alten Welt, zugleich eine Krise bzw. das Ende ideali-
sierender und verklärender Darstellungsmodi im Medium der *narratio* überhaupt anzudeuten. Die diegetische Kontrastierung zwischen ›alter‹ und ›neuer‹
Welt problematisiert zugleich, gewissermaßen poetologisch, die Möglichkeiten
idealrealistischer Darstellungsformen moderner Lebenswelt; ökonomische Moderne, so die Suggestion, *kann* nicht im Medium idealrealistischer Erzählungen
dargestellt werden.

4.2.2. Die »neue Welt« darstellen – Vielstimmigkeit, Kompensation und Integration

Die Ablösung der alten durch die neue Welt auf der Ebene der Diegese geht
insofern mit der Substitution ›konventioneller‹, idealrealistischer Mittel der
narrativen Darstellung einher, als der zweite, größere Teil des Romans auch in
erzähltechnischer Hinsicht sich deutlich unterscheidet. An die Stelle der über-
sichtlichen und einfachen alten Welt tritt ein *tableau* verschiedener Figuren, die
sich in Form widerstreitender Stimmen, Meinungen und Weltbilder artikulie-

ren. Die diegetische Transformation ist in dieser Weise unmittelbar bezogen auf eine Modernisierung erzähltechnischer Mittel und Verfahren, welche die erzählte Welt gewissermaßen perspektivisch öffnen; narrativer Sinn wird mit dem Fortschreiten des Textes immer weniger durch das *einsinnige Erzählen* Lothars und immer mehr durch die Vielfalt und Heterogenität von Gesprächen, Statements und Argumentationen erzeugt. Das erste von zahllosen Sinnangeboten, die durch die verschiedenen Figuren in den Roman eingespeist werden und Lothar in der modernen Welt erwarten, findet bezeichnenderweise durch die Figurensprache des jüdischen Händlers Israel Eingang in die Geschichte:

> Und Sie sind dann auf sich angewiesen – *à la bonne heure!* Robinson Crusoe? he? Lamas – Kartoffeln in der Asche – Goldklumpen? he? Alles Hirngespinste, glauben Sie mir: pure Hirngespinste! In der Welt, wie sie geht und steht, da heißt es Konnexion, Protektion; Gehorsamsein, Katzenbuckeln, den Mantel nach dem Wind hängen, Ja und Nein sagen in einem Atem. Sie sagten – ? Das sei nicht ihre Art? he? Das ist es ja eben, weshalb Sie Kaufmann werden müssen. Heutzutage gibt es nur einen freien Mann: den Kaufmann – natürlich, wenn er Geld hat. Aber just ist er Kaufmann, um welches zu machen. Es giebt heutzutage keine Macht, als das Geld. Alles andere scheint nur Macht, ist aber keine. Sie müssen alle zu uns kommen: Edelleute, Bauern, Fürsten, Konservative, Liberale, selbst die Sozialdemokraten – alle! alle! alle! he? (Wwdw I, 134f.)

Die Worte, die Israel hier an Lothar richtet, um ihn für den Kaufmannsberuf zu gewinnen, sind nicht nur insofern vielsagend, als sie eine Reihe von Anspielungen und Kurzzitaten – »*à la bonne heure!*«, »Robinson Crusoe«, »Lamas«, »Goldklumpen«, »Hirngespinste« – enthalten, die ihrerseits wieder auf Referenzwissen eines vielgestaltigen ökonomischen Diskurses verweisen.[40] Darüber hinaus findet durch die zitierte Figurenrede auch eine philosophische Haltung Eingang in den Roman, welche kaufmännische Tätigkeit, Geldverdienen und persönliche Freiheit aneinander schließt sowie ein relativistisches Argument – den »Mantel nach dem Wind« zu hängen –, das sich ausschließlich auf das Erreichen ökonomischer Resultate und Ziele bezieht. Stark narratorial markiert

---

40 Die zitierte französische Redewendung *à la bonne heure* erinnert stark an den Titel des 1884 erschienenen Zola-Romans *Au Bonheur des Dames*, der zeitgleich seinerseits Prozesse des ökonomischen Strukturwandels (Konkurrenz zwischen der ab den 1880er Jahren zunehmend aufkommenden großstädtischen Waren- und Kaufhaus-›Kultur‹ und dem klein- und mittelständischen Gewerbe) darstellt. Die Signalwörter »Robinson Crusoe« und »Lamas« können als Verweis auf die vielfachen Vorkommen und Funktionalisierungen der *Robinsonade* in den ökonomischen Schriften der Zeit (etwa bei Smith und Marx sowie später bei Heinrich Dietzel und Friedrich Gottl-Ottlilienfeld, s. Kap. 2.2.2. dieser Arbeit) gelten. »Goldklumpen« ist eine deutliche Anspielung auf das berühmte Grimm-Märchen von *Hans im Glück*, das bekanntermaßen ökonomische Schlüsselthemen wie Besitz und Tausch zum Thema hat. »Hirngespinste« referiert auf den berühmten ersten Satzes des 1848 erschienenen *Manifests der Kommunistischen Partei* von Marx und Engels, der bekanntermaßen ironisch von einem »Gespenst des Kommunismus«, das in Europa umgehe, spricht.

ist das insofern, als das hier vorgebrachte Argument von der Eigenlogik des
Ökonomischen der Figur Israel vom Erzähler nicht nur in den Mund gelegt wird,
vielmehr wird es darin zudem unmittelbar an den unruhigen, aufdringlichen
und geradezu manischen Sprachstil der Figur gebunden. Die paradoxe Spannung zwischen Israels rationalistisch-materialistischer Argumentation und
ihrer sprachlich nachgerade irrational gestalteten Präsentation müssen, das legt
der Text nahe, beunruhigen. Diese Form der Figurenrede, die im Sinne einer
Textinterferenz auch immer variierend starke narratoriale Markierungen aufweist,[41] prägt den gesamten Romantext in entscheidender Weise; so zeigt sich
etwa der geheimnisvolle Herzog, der Lothar unter Vorwänden an seinen Hof
gelockt hatte, als entschiedener Gegner liberalistischer und als Verfechter
staatssozialistischer Ideen. Er sagt, dass

> den Deutschen also für ihr Lassen – für ihr *laissez aller!* Und das *faire* dann in die
> Hände von Leuten kommt, die es derartig besorgen, daß man sich über das alles nicht
> wundern, – sich nur wundern kann, daß es nicht noch schlechter [sei]. (Wwdw I, 444)

Volkswirtschaftliche Prinzipien – etwa das Dogma vom *laissez faire* (›ungezü-
gelter‹ Liberalismus, Freihandel) – finden hier nicht nur schlagwortartig Eingang in den Diskurs der Literatur. Ökonomisches Wissen und wirtschaftstheoretische Standpunkte werden thematisiert, kritisiert und verhandelt. Derartige Statements können allerdings als bloßes ›Gerede‹ entlarvt werden und
somit Hinweise geben in Bezug auf die Prozesse von Popularisierung, Verschlagwortung und den Möglichkeiten der Funktionalisierung ökonomischen
Wissens und ökonomischer Konzepte: Später erfährt man etwa von den Bewohnern der herzoglichen Güter, dass ihr Herr, der sich als glühender Lassalle-
Verehrer gegeben hatte (Wwdw I, 447), jemand sei,

> der für den kleinen Mann kein Herz hat und auch sonst nicht für das Land sorgt, immer
> bloß für sich, wie in der Domänensache, wo er auch nicht gefragt hat, was ist gut für den
> Fiskus, sondern was ist gut für deine Tasche? (Wwdw I, 540)

Einen weiteren Beleg für die Integration ökonomischen Wissens, wirtschaftspolitischer Statements und nationalökonomischer Schlagworte bilden auch die
zahlreichen Äußerungen des Major von Vogtriz, der in langen Plädoyers (siehe
v. a. Wwdw II, 202–209) die »Aufgaben des Staates« (Wwdw II, 215) auslotet und
sich in seinen Argumentationen für den »Staat« und das »Gemeinwesen« und
gegen die »Orgien, welche der Egoismus rings um ihn feiert« (Wwdw II, 208) als
Verfechter sozialökonomischer Ideen erweist.[42] Signifikante Teile des Romangeschehens, so lässt sich sagen, bestehen aus der fortlaufenden Bildung von
Positionen und Gegenpositionen im Medium der Figurensprache. So trifft Lo-

---

41 Vgl. Schmid: Elemente der Narratologie, a. a. O., 173.
42 Siehe nochmals Wülfing: Schlagworte des Jungen Deutschland, a. a. O. sowie Kap. 2.3.

thar auf seinem Lebensweg etwa auch auf einen Professor, der sich folgendermaßen über den »Liberalismus« äußert:

> Es geht mit dem Liberalismus abwärts, jetzt noch langsam, aber die retrograde
> Schnelligkeit wird schon kommen nach den Gesetzen des Falles auf der schiefen Ebene.
> Es ist das Schicksal aller Mittelparteien in Zeiten, wie die unsere, wo die Gemüter in
> einer Weise erregt sind, daß ihnen nur das Extremste genügt. Der Staatssozialismus auf
> der einen, der Sozialismus *sans phrase* auf der anderen Seite; was dazwischen ist: die
> fleißige stetige Arbeit; die Aufbesserung der materiellen Verhältnisse des Volkes peu à
> peu; die allmähliche, wenn auch in kleinen Dimensionen fortschreitende Hebung
> seines moralischen Niveau [...]. (Wwdw II, 348)

Zum einen finden also durch die skizzierten Erzähltechniken und -verfahren
– etwa Schlagwort oder Kurzzitat im Medium der Figurenrede – ökonomisches
Wissen, politisch-ökonomische Argumente, Positionen, Dogmen und Ideologien auf einer basalen Ebene der Nennung und des Zitats Eingang in den literarischen Text. Darüber hinaus ergeben sich allerdings auch Möglichkeiten,
anhand der *parole* der Figuren spezifische Konturierungen, Profilierungen und
Differenzierungen auf der Ebene der konkreten sprachlichen Äußerungsformen
nachzuvollziehen – man beachte nur die Identifizierung von ›jüdischer Scha-
chermentalität‹ und abgehacktem, elliptischem und geradezu manischem
Duktus der ›jüdischen Sprache‹ im Zitat oben oder die authentisch wirkenden
Klagen der ›kleinen Leute‹ sowie den resignativen Tonfall des Professors. Die mal
stärker, mal schwächer narratorial bzw. erzählerisch markierte Figurenrede
weist also im Blick auf ihre ethnologisierenden, authentifizierenden oder an-
derweitig spezifizierenden Abstufungen tendenziell ›naturalistische‹ Momente
auf und ermöglicht darin die Ausbildung sprachlich heterogener und differen-
zierter Stimmen und Töne des Ökonomischen.

In den gleichen Katalog erzähltechnischer Modernisierungen gehören auch
die zahlreichen Passagen, in denen die diversen Positionen und Meinungen in
der Form von Referaten durch den beobachtenden Ich-Erzähler Lothar in die
Erzählung eingebracht werden.[43] Die Stellungnahme des Generals von Vogtriz
zur allgemeinen Kriegsbegeisterung im Jahr 1870 wird beispielsweise folgendermaßen referiert:

> Jawohl Krieg! Das sage sich so leicht und möchte auch ein prächtiges Ding sein für
> junge Herren besonders [...] mit einem tüchtigen Pack Schulden auf dem Rücken, die
> dann hübsch zu Hause bei dem Herrn Papa bleiben, der sie bezahlen möge, wenn er

---

43 Das Phänomen des Ich-Erzählens bei Spielhagen ist Gegenstand einer eigenen Untersuchung
geworden: Lamers: Held oder Welt, a. a. O. untersucht ausschließlich Spielhagens Romane,
die aus dieser Perspektive erzählt sind – neben *Was will das werden?* sind das *Hammer und
Amboss* (1869), *Sonntagskind* (1893), *Opfer* (1899) sowie *Freigeboren* (1900). Über inhaltliche Erschließungen und biographisch-kontextuelle Klärungen kommt die Studie allerdings
nicht hinaus.

könne! Jawohl bezahlen! Bezahlen, wenn so schon an Grund- und Gebäudesteuern ein Unerschwingliches zu leisten sei! Erst solle einmal der Herr Kanzler der schreienden Not der Landwirte steuern durch vernünftige Kornzölle und staatliche Unterstützung der Kommunen, die, ebenso wie die Privaten, sich nicht mehr zu raten und zu helfen wüßten, außer durch Schuldenmachen bei den Juden, was denn freilich eine famose Sorte von Hilfe sei! Schlachten schlagen, Festungen erobern – *à la bonne heure*, wenn kein Geld im Lande, außer in den jüdischen Geldschränken! Das seien die wahren feindlichen Festungen, die erst gebrochen werden müßten, bevor man an den Krieg denken dürfe mit den Franzosen, die hundertmal reicher seien, als wir. (Wwdw I, 293 f.)

Nicht nur, dass diese Argumentation für eine staatliche »Steuerung« der nationalen Ökonomie mittels Steuer-, Zoll- und Haushaltspolitik – »Grund- und Gebäudesteuern«, »Not der Landwirte«, »Kornzölle«, »staatliche Unterstützung der Kommunen«, »Geld im Lande« – inhaltlich identisch ist mit den staatssozialistischen Positionen und Programmen der zeitgenössischen Nationalökonomie.[44] Derartige Verlautbarungen – die sich hier in vielsagender Weise als volkswirtschaftliche Argumentation eines *Generals* gegen die eigene Bestimmung und Funktion, d.h. gegen die kriegerische Auseinandersetzung, richtet – wirken durch den berichtenden, distanzierten Stil der indirekten Rede authentisch und gewissermaßen ›vernünftig‹ und finden auch überhaupt erst – gerade auch in ihrer Länge und Ausführlichkeit – durch Lothars selektives Referieren Eingang in den Romandiskurs.

In strukturell gleicher Weise gelangen auch die Argumente des ›kleinen Mannes‹ und ›der Straße‹ in die Erzählung: So urteilt der aus der Kleinstadt nach Berlin abgewanderte Fuhrknecht Karl Brinkmann über die zirkulierenden sozialrevolutionären Ideen seiner Klassengenossen in kritischer Weise:

[A]ls ob der Reichtum der Leute vom Himmel gefallen wäre, und dumme Reiche lange reich blieben – so wäre dagegen auch nicht viel zu sagen […]. Denn, was so ein kluger Mensch ist, der muß immer gleich für zehn und zwanzig und auch wohl für noch mehr sorgen und sich abrackern […]. (Wwdw II, 71)

Im Gegensatz zu diesem eingängigen Standpunkt, der die ›Volksmeinung‹ – die nationalökonomische Bestimmung, dass jede »Privatarbeit« eine »gesellschaftliche Bestimmung«[45] haben und zudem *»sittlicher Beruf und Lebensaufgabe«*[46] sein solle – aus dem Munde eines glaubwürdigen, soliden und arbeit-

---

44 Siehe zur betreffenden neokameralistischen bzw. staatssozialistischen Neuausrichtung der Disziplin in den 1870er Jahren Wagner: Allgemeine oder theoretische Volkswirtschaftslehre, a. a. O.; siehe zur Einordnung dieser Prozesse, die eng mit der Entwicklung des Dt. Reiches zu einem »Interventionsstaat« zusammenhängen auch Henning: Deutsche Wirtschafts- und Sozialgeschichte im 19. Jahrhundert, a. a. O., 783–791, 809–818 sowie Wehler: Deutsche Gesellschaftsgeschichte III, a. a. O., 1250–1295.

45 Hildebrand: Die Nationalökonomie der Gegenwart und Zukunft, a. a. O., 206.

46 Wagner: Allgemeine oder theoretische Volkswirtschaftslehre, a. a. O., 5.

samen Fuhrknechts verkündet, referiert Lothar etwa auch eine philosophische und intellektuell verstiegene Rede über die Gründe und Ursachen der ökonomischen Krisenerscheinungen. Vor einer Versammlung von Proletariern spricht der Gründer eines sozialreformerischen Kreises, Adalbert von Werin davon, dass

> es thöricht sei, irgend eine besondere Erscheinung unsers sozialen Lebens [...] zur Ursache oder auch nur einer der Ursachen der augenblicklichen Kalamität zu machen; ja, daß man von einer solchen im eigentlichen Verstande gar nicht sprechen könne, nicht, weil ihre Existenz fraglich, sondern deshalb, weil sie keine augenblickliche, vorübergehende, vielmehr eine permanente sei, die genau so dauern werde wie die Gesamtheit der Zustände, aus denen sie mit der Notwendigkeit der Folge zur Ursache hervorgehe. Sich an die besondere Erscheinungsform des Allgemeinübels, wie Ueberproduktion, Strikes oder dergleichen, halten und vermeinen, durch die Abmilderung derselben etwas gewonnen zu haben, heiße den ärztlichen Pfuschern gleichen, welche der Krankheit beikommen zu können wähnen, wenn sie den Symptomen nur kräftig zu Leibe gehen. (Wwdw II, 91)

Von Werin sagt weiter, dass

> man die Ursachen unsrer heutigen Geschäftskrise freilich zum Teil in jenen notwendigen Opfern zu suchen hat, eben darum aber auch diese Geschäftskrise ein Notwendiges ist, welches man, wie andre Notwendigkeiten, ertragen muß, solange man den modernen Staat will. (Wwdw II, 92)

Mit dem vielfachen Referieren und Wiedergeben differenter Argumente wird nicht nur stellenweise, wie hier, eine nachgerade szenische Unmittelbarkeit erzeugt – das Gefühl, die Äußerung bzw. Rede aus erster Hand zu erfahren (»Nun trat er in sein Thema ein: Den Nachweis, daß es thöricht sei [...]«). In seiner Gegen- und Zusammenstellung mit anderen, gewissermaßen ›nicht-szenischen‹ Passagen ist zugleich ein Spannungspotenzial beschlossen – so etwa im Blick auf die zahlreichen Binnenerzählungen, die ein weiteres Moment der Heterogenität und Vielstimmigkeit, bzw. auch: der *verschiedenen Erzählungen und Erzähler* innerhalb des Romans markieren. Der zentrale Handlungsstrang des zweiten Romanteils um den ökonomischen Strukturwandel wird bezeichnenderweise von einem Betroffenen *erzählt* und von Lothar als eine »tragische Geschichte« von »Niedergang und Fall« der Kleinunternehmerfamilie Hopp wiedergegeben (Wwdw II, 42–45).

Durch den großen und prägenden Anteil der indirekten und direkten Figurenrede ergeben sich allerdings nicht nur die gezeigten Möglichkeiten der Etablierung schichtenspezifischer und ethnologisierender Töne im Ökonomie-Diskurs des Romans. Damit werden auch Funktionen in Bezug auf die Hervorbringung und Konturierung des verhandelten wirtschaftlichen Wissens, der ökonomischen Konzepte, Dogmen und Weltbilder sichtbar, indem sie in der

Form konkreter Aussagen thematisiert, kritisiert, affirmiert oder wiederholt werden. Die *parole* der Figuren – Verhandlungsort des ökonomischen Wissens im Text – hat auch in Bezug auf *das Erzählen selbst* wichtige Funktionen, insofern die Figurensprache das narrative Gesicht des Romans prägt – und somit zugleich auch an der Konturierung des abstrakten Genre-Modells des Zeit- und Gesellschaftsromans beteiligt ist. Dürfen schon die Erzeugung von diskursiver bzw. sprachlicher Vielheit und Vielstimmigkeit und die damit implizierte Andeutung narrativer Vielsinnigkeit als Indizien für ein neues und modernisiertes Erzählen gelten, so darf dies ein Erzählen, das sich in großen Teilen als *Referieren* von Meinungen und Stimmen darstellt, erst recht. Der Diskurs des Romans teilt sich als ein Erzählen mit, welches wegführt von *narratio* im engeren Sinne, welches sich zunehmend entfernt von narrativer Kohärenz und hinführt auf modernere Formen der Erzeugung narrativen Sinns, die sich im *discours* als *per definitionem* nicht-narrative Formen des Berichtens, des Referierens und des ›Zeigens‹ gestalten. Eine Tendenz zur De-Narrativierung bzw. De-Episierung ist damit insofern – stärker noch als in *Sturmflut* – angezeigt, als das Erzählen einer einsinnigen Geschichte nach der Formel »Es war also einmal ein armer Junge, der hieß Peter Lorenz, gerade wie ich« (Wwdw I, 97) überführt wird in ein heterogenes narratives Arrangement, das sich anhand von Statements, Argumentationen und Erzählungen der Zeit entfaltet. In das Epische, so lässt sich sagen, geht zunehmend auch Dramatisches ein. Mit der wichtigen Rolle der *parole* im Text sind sowohl dramatische als auch dramaturgische Aspekte verbunden, wollte man den unzähligen Wort- und Redebeiträgen, den Monologen und Dialogen der Figuren einen tendenziell szenischen Charakter unterstellen, insoweit sie als retardierende Gegenmodelle zum ›eigentlichen Erzählen‹, zumindest als Aufschub, Irritation oder Unterbrechung der Erzählung beschrieben werden können. Mit Blick auf die Frage nach einer ästhetischen Selbstaussage des Romans ist zu beobachten, dass er in der Präsentation seines vielstimmigen und perspektivisch vielfach gebrochenen Ökonomie-Diskurs gewissermaßen *en miniature* die *eigene* Perspektivität wiederholt und damit in einem ganz grundsätzlichen, ästhetischen, philosophischen und auch epistemologischen Sinne die Möglichkeit bzw. Unmöglichkeit eines reinen, meta-perspektivischen Weltzugangs im Medium der Kunst – also etwa ein *Sehen in das Wesen der Dinge*[47] und damit letztlich die Möglichkeiten realistischer Kunst überhaupt – zur Disposition stellt.[48]

---

47 Siehe bspw. Friedrich Theodor Vischer: Kunst und Naturnachahmung [1851], abgedr. in: Gerhard Plumpe (Hg.): Theorie des bürgerlichen Realismus. Eine Textsammlung, bibl. erg. Aufl., Stuttgart 1997, 70–72.
48 Vgl. auch: Lothar L. Schneider: Realistische Literaturpolitik und naturalistische Kritik. Über die Situierung der Literatur in der zweiten Hälfte des 19. Jahrhunderts und die Vorgeschichte der Moderne, Tübingen 2005, 79–104.

Dieser ›ästhetische Kritizismus‹ ist allerdings insofern kompensiert, als mit Blick auf die Figurenrede und ihre Funktion in Bezug auf die narrative Gestalt des Gesamttextes der *parole* der Hauptfigur eine besondere Stellung zukommt.[49] Anhand von unzähligen Meinungsäußerungen, Stellungnahmen und Selbstbekundungen Lothars lässt sich eine Art Katalog ökonomischer Überzeugungen und Konzepte ablesen, die den Protagonisten als Sprecher der Nationalökonomie kennzeichnen und darin – die skizzierte Perspektivenvielfalt kompensatorisch übergreifend – wiederum eine privilegierte perspektivische Meta-Position markieren. Die nationalökonomischen Maximen von Enthaltsamkeit, Sparsamkeit und Bedürfnisaufschub finden sich nicht nur in ihrer narrativen Übersetzung im Handlungsstrang um die Ablehnung der mütterlichen Erbschaft, vielmehr sind sie auch in der Form konkreter Aussagen sichtbar:

> Nein, lieber Herr Israel, wenn ich was könnte, dann würde ich machen, daß es gar kein Geld mehr in der Welt gebe, und keiner mehr zu katzenbuckeln brauchte, und alle Menschen freie Menschen wären, alle, alle! (Wwdw I, 135)

Lorenz redet hier einem ökonomischen Immaterialismus das Wort, der ökonomisches Handeln nicht nach dem »unsinnigen Gelde« (Wwdw I, 399), nach materiellem Reichtum und Luxus ausrichtet.[50] Er ist vielmehr Sprachrohr eines gegen die Eigenlogiken des Ökonomischen gerichteten, metaphysischen Wirtschaftsdenkens, in welchem ökonomische Unabhängigkeit im Sinne von materieller Schuldlosigkeit in einem unmittelbaren philosophischen Bedingungsverhältnis zur Möglichkeit existenzieller Freiheit des Subjekts steht:

> Besser, in mein altes Elend zurück, als in Herrlichkeit und Freuden leben um diesen Preis! Ich kann nicht von der Gnade anderer leben. (Wwdw I, 474)

Kurz darauf bemerkt er über ein Leben in ökonomischer Abhängigkeit und Schuld:

> [Das] war das Leben nicht, das ich führen konnte, war eines in Ketten und Banden, die ich doch früher oder später hätte sprengen müssen. (Wwdw I, 479)

Wenn sich hier ein aus dem Diskurs der Nationalökonomie bekanntes Bewusstsein artikuliert, das materielle Geldschuld und existenzielle Schuld bzw. Versündigung in einem *doppelsinnigen Begriff von Schuld und Verschuldung* gleichsetzt,[51] dann lässt sich diese ökonomische Metaphysik auch in anderen Aussagen Lothars über wirtschaftliche Zusammenhänge und Begriffe nach-

---

49 Vgl. ebd., 92, 95f.

50 An anderer Stelle spricht er abfällig von den »Geldfürsten mit ihren Weibern« (Wwdw II, 365) und kritisiert den zur Schau gestellten Überfluss und Luxus scharf (vgl. Wwdw II, 347f.).

51 Vgl. 2.2 dieser Arbeit sowie – allerdings ohne Bezug auf Spielhagen – Brock: Kunst der Ökonomie, a.a.O., 27f.

weisen. So ist auch der von Lothar propagierte Arbeitsbegriff fundiert in einer philosophischen Idee, die die Resultate von Fleiß, Arbeit und Tätigkeit nicht mit ihrem Äquivalent materiellen Zugewinns verrechnet, sondern sie vielmehr als Bedingungen existenzieller Freiheit ansieht.

> Ich, der Sohn des Sargtischlers, der schon als Knabe seine bitteren Thränen geweint hatte, daß er das kärgliche tägliche Brot nicht mit seiner Arbeit verdiente; dessen Sinne und Trachten, sobald er so viel Einsicht in das Menschentreiben gewonnen, darauf gestanden, sich frei zu machen beides [sic!]: von der Güte der Befreundeten und von dem Mitleid der Fremden; der eben darum keine Erholung gekannt hatte, als in der Arbeit […]. (Wwdw I, 520)

Lothars ökonomische Aussagen erscheinen nicht nur in den Gesprächsszenen mit den anderen Figuren des Romans, zumeist artikulieren sie sich in der Form innerer Selbstgespräche, als fortwährende, redundante, gewissermaßen dogmatische Rückversicherungen des Selbst. So wird auch der Schwur, den er am Totenbett des Vaters leistet, »der Sache der Armen und Verlassenen treu [zu] bleiben« (Wwdw I, 312) im Verlauf des Romans mehrfach wörtlich wiederholt (Wwdw I, 542, II, 56f.). In der Reihe der vom Roman ständig wiederholten, formelhaften und *per definitionem* nicht-narrativen Selbstaussagen, Standpunkte und Überzeugungen Lothars nimmt genau diejenige Position eine Zentralstellung ein, die ihre Kontur anhand der nationalökonomischen Schlagworte von *Gemeinsinn* und *Allgemeinem Wohl* sowie durch die Vorstellung einer caritativ-sozialen Ökonomie gewinnt und in der Idee eines ›geerdeten‹ und poetischen Handwerks fundiert ist:

> Ich weiß bloß, ich möchte eine Thätigkeit, der ich wirklich gewachsen, und von der ich überzeugt wäre, daß bei derselben, und sei sie noch so gering, wirklich etwas, und sei es noch so wenig, zum Vorteil und Nutzen der anderen Menschen herauskäme. Und eine, bei der man die leidigen Gedanken, die sich nur immer um unser eigen Ich drehen, los würde und Zeit und Geistesfreiheit behielte, an die anderen und ihr Wohl und Wehe zu denken; – zum Beispiel die Thätigkeit eines Handwerkers. (Wwdw II, 13)

Mit Blick auf die übergeordnete Fragestellung nach dem Verhältnis von ökonomischem und literarischem Diskurs ist es allerdings nicht nur aufschlussreich, dass die zitierten Stellungnahmen sämtlich durch Theorie, Konzept und Sprache der Nationalökonomie – lexikalisch, semantisch, ideologisch und axiologisch – bedingt sind. Man vergleiche nur das letzte Zitat mit den nahezu identischen Ausführungen der Nationalökonomie über die Stellung des Einzelnen in der und für die nationalökonomische Gemeinschaft:

Der ideal-sittliche Mensch könnte vielleicht erkennen, dass gerade in den grössten Opfern seine höchste sittliche Vollendung d. h. sein idealer Vortheil liege, dass er in einem Leben der Gemeinschaft und für die Gemeinschaft sein wahrstes Leben lebe.[52]

Vielmehr werden in dieser Hinsicht auch Modernisierungen des Erzählens selbst, Modifizierungen der Narrativität des Romans, sichtbar, insofern sich gerade am *discours* Lothars, der zugleich Erzähler und Protagonist des Romans ist, ein seltsames Spannungsverhältnis zwischen Erzählerrede und Figurenrede, zwischen Erzählen und Nicht-Erzählen offenbart. Der Text schreibt zwar Traditionen des Bildungs- und Entwicklungsromans fort, indem er in gewisser Weise den Karriere- und Entwicklungsweg eines exemplarischen, sich bildenden bürgerlichen Subjekts darstellt.[53] Allerdings erscheinen die gesellschaftlichen »Einflüsse[]«, an und mit denen sich die Hauptfigur in *Was will das werden?* tatsächlich *bildet* vielmehr als ein ständiges »Einreden« (Wwdw I, 340), gewissermaßen als ein ›Gerede der Moderne‹, dem Lorenz als exemplarisches ›Bildungs-Subjekt‹ fortwährend ausgesetzt ist. Dieser Hallraum heterogener Stimmen, Perspektiven und Weltbilder scheint allerdings allein die Funktion zu haben, Lothars nationalökonomische, sozialökonomische und gemeinwohlorientierte Ideologie an verschiedenen Stationen seines Lebenswegs durchzuspielen und einzuschleifen. Bruch und Zäsur der ökonomischen Ordnung und ihres Diskurses werden durch die Souveränität des Ich-Erzählers kompensiert. Das Subjekt, so lässt sich andererseits akzentuieren, wird in der Erzähllogik des Romans durch seine eigene Vermittlungsfunktion substituiert, insofern auch die Hauptfigur des Romans weniger als tatsächlich zu bildendes Subjekt in emphatischem Sinne in Erscheinung tritt, stattdessen mehr als Träger und Vermittler von Wissen, Meinung und Überzeugung auftritt und somit hinter seiner Funktion verschwindet.

4.2.3. Erzählen – Beobachten – Erzählen. »Das Bild der Gesellschaft« als sozial-ökonomische Tat

Auf dieser Ebene zeigen sich spezifisch analogische Aneignungs- und Transformationsmechanismen, welche die narratoriale Positionierung, den narrati-

---

52 Schmoller: Lehre vom Einkommen in ihrem Zusammenhang mit den Grundprinzipien der Steuerlehre, a. a. O., 48.
53 Vgl. zum Bildungsroman Rolf Selbmann: Der deutsche Bildungsroman, 2., überarb. und erw. Aufl., Stuttgart / Weimar 1994. Im Text selbst deuten auf diese Gattungs-Tradition etwa der Handlungsstrang um den geheimnisvollen Baron und seinen Adjutanten Weißfisch, die stark der Turmgesellschaft des Wilhelm Meister ähneln sowie Lothars kurzzeitige Sinnsuche am Theater hin. Vgl. auch Jeffrey L. Sammons: Spielhagen. Novelist of Germany's False Dawn, a. a. O., der die Kontinuitäten zum Bildungsroman hervorhebt.

ven Fokus, also die Perspektive und den Blick der Erzählung betreffen. Wie
beschrieben, ist die Perspektive des panoramatischen Gesellschaftsromans, der
in sämtliche Bereiche moderner Lebenswelt vordringt und ihren unablässigen
Gesprächen beiwohnt, durch eine spezifische erzählerische Position integriert.
Sie entsteht erst im Blick des Ich-Erzählers und Protagonisten Lothar Lorenz, der
die vielgestaltige Welt und ihre heterogenen Stimmen und Töne nicht bloß
homogenisiert, sondern diese im Erzählen der eigenen Lebensgeschichte allererst
herstellt. Wenn Lothar am Beginn des Romans das Vorhaben artikuliert,

> aus der Betrachtung meines Lebens zu entnehmen, wie sich aus dem Früher das Später,
> aus dem Damals das Jetzt entwickelt hat; wie ich werden mußte, was ich geworden
> bin[,] (Wwdw I, 28)

und wenn gegen Ende des Romans dann diese Artikulation im Sinne einer
ringförmigen Struktur wiederkehrt, insofern als Lothar bekundet, die »Geschichte«
seines »Lebens« mit der »Gewissenhaftigkeit eines ehrlichen Historikers«
erzählt zu haben (Wwdw II, 326), dann ist damit ein spezifisch genetisches
Beobachtungsinteresse markiert. Damit ist eine exemplarische Perspektive
moderner Selbstbeobachtung bezeichnet, die im Blick auf lebensweltliche
Wandlungsprozesse nicht nur nach dem Werden, dem Gewordensein und nach
dem *Was will das werden?*[54] fragt, sondern diese Wandlungs- und Transformationsprozesse
in Kategorien des Sozialen, des Ökonomischen und des Gesellschaftlichen
– im Sinne eines ›Erzählzwangs‹ – überhaupt erst narrativ
konstruieren muss. In diesem spezifischen Blick auf die Moderne ist ein wissenschaftlich-analytisches
Moment aufgehoben, insofern sich das Verhältnis
von erzählendem Subjekt – hier also die Figur Lothar Lorenz – und der narrativ
zu objektivierenden Welt als ein Verhältnis beobachtender Rekonstruktion
kenntlich macht:

> Was ich aber aus den sich durchkreuzenden und zum Teil widersprechenden Berichten·
> als Faktum herausschälen konnte, war folgendes […] (Wwdw II, 44)

Damit ist ein Modus der Perspektive, ein Habitus der Beobachtung, ein spezifischer
Blick auf die Realitäten einer sich modernisierenden Lebenswelt bezeichnet,
der starke Ähnlichkeiten zu den »kulturmorphologische[n]«,[55] historisch-genetischen
und proto-soziologischen Beobachtungen der Nationalökonomie
aufweist. Erkenntnisse über das harte Leben in den Proletariervierteln
Berlins bezieht der Protagonist als empirisches Material in Form unvermittelter
Beobachtungen; in der Hauptstadt, so lässt er wissen,

---

54 Die Wendung »*Was will das werden?*« entstammt ursprünglich der Bibel. Es handelt sich um
    ein wörtliches Zitat aus der Apostelgeschichte des Lukas (Apostelgeschichte 2,12).
55 Kolb: Geschichte der Volkswirtschaftslehre, a.a.O., 117.

war ich längst kein Fremdling mehr. Und ich kannte sie nicht bloß vom Vorübergehen auf der Gasse. In wie vielen dieser dunklen Häuserkasernen war ich, der Handwerker zu Handwerkern [...] und hatte in den engen Räumen so viel Hunger und Kummer, physische Gebrechlichkeit und moralische Häßlichkeit gesehen und beobachtet. (Wwdw II, 69f.)

Ganz ähnliche Passagen, die milieustudien- und sozialreportageartig auch die Abseitigkeiten der ›neuen Welt‹ in den Blick bekommen, sind auch an weiteren Stationen Belege für eine quasi-soziologische Erzählperspektive. So lässt sich etwa Lothars Blick auf die Lebenswelt von Landarbeitern als eine eigentümliche Mischung aus einer erzählerischen Perspektive der soziologischen, ethnologisch-volkskundlichen Neugier, aus den quasi-naturalistischen Verfahren der sprachlichen Darstellung dieser authentischen Beobachtungs-Szene sowie aus verklärenden Gesten der Idealisierung des einfachen Lebens und der edlen Armut beobachten:

Die Thür zu der Stube hatte sie offen gelassen. Ob ich einen Blick hineinwerfen dürfe? – Gern. – Die Thür so niedrig – ich mußte mich bücken, um einzutreten; die durchgebogenen Balken der Decke so dicht über mir–ich berührte sie beinahe mit dem Scheitel. Ein Spinnrad in der Nähe des Fensterchens mit den vergilbten Buzzenscheiben; ein Tischchen [...] ein Schränkchen mit ein paar thönernen Tellern und Kannen – alles von großer Sauberkeit. (Wwdw I, 528)

Auch an weiteren Stationen von Lothars Lebensweg nehmen seine forschenden Beobachtungen die Form quasi-naturalistischer Milieustudien an, in den Hafenkneipen kann er beispielsweise »aufgedunsene, totbleiche oder gräßlich gerötete Gesichter, aus denen die verglasten Augen stumpfsinnig ins Leer stierten, oder wie im Wahnsinn brannten« (Wwdw I, 586) beobachten, und auch bei seiner Ankunft in der bankrotten brüderlichen Werkstatt finden sich sprachlich äquivalente (Wwdw II, 37f.), bei seinen Aufenthalten in der neureichen Gründergesellschaft um Emil Israel (Wwdw II, 347f.) oder in der Adelsgesellschaft um den Jugendfreund Schlagododro (Wwdw I, 235) ganz ähnliche, gewissermaßen milieuspezifische Beobachtungspassagen.

Eine zentrale Implikation dieser wissenschaftlichen Perspektive, die sich in den nationalökonomisch fundierten Äußerungen Lothars ebenso niederschlägt wie in seinem genetisch-soziologischen Blick, ist ihre *pragmatische Wendung*. Der Roman ermöglicht in dieser Hinsicht die Erprobung von Pragmatiken der Veränderung und Verbesserung von Welt durch Taten, als deren Träger das Subjekt durch seine »Ueberzeugungen« (Wwdw I, 475; II, 189) schon determiniert ist.[56] Letztlich gründen im skizzierten spezifischen Blick auf die Formen

---

56 Auch die Nebenhandlung und das den Roman beschließende Motiv des sozialreformerischen Kreises um Adalbert von Werin, Major von Vogtriz und Graf Pahlen, die Lothar für sich und ihre Sache gewinnen wollen, zeigt einen starken pragmatischen Zug.

des modernen Gesellschaftlichen Akte der Hilfe, der *Reform* und also *Handlungen des Sozialen*.[57] Konstitutiv für das Voranschreiten der Erzählung ist das insofern, als es genau dieser pragmatisch-soziale Impuls ist, der Lothar nach Berlin führt, um mit seiner Arbeitskraft und seinem schmalen Kapital eine »neue Ordnung« (Wwdw II, 67) in die brüderliche Werkstatt zu bringen. In entsprechender Weise endet der Roman auch mit einem mehrseitigen Gespräch unter den Mitgliedern eines sozialreformerischen Kreises, die die Voraussetzung für die Schaffung einer gerechteren Welt bezeichnenderweise darin erblicken, zunächst ein »Bild unsrer Gesellschaft« (Wwdw II, 452) zu zeichnen. Lothar begreift diesen Appell als persönliche, den Roman abschließende Aufgabe: Der Anführer des Kreises, Major von Vogtriz hatte, so Lothar,

> während er die Aufgabe [ein Bild der Gesellschaft anzufertigen] zeichnete, deren Lösung er von einem Dichter der Zukunft heischte […] seine Hand auf meine Hand gelegt. Und ich hatte ihn wohl verstanden. Und mir geschworen, ich wolle, wenn die Himmlischen mir gnädig seien, an diese Arbeit gehen, nach meiner besten Einsicht, mit meinen besten Kräften, mich im voraus gern bescheidend, so es mir auch nur gelänge, ein paar Bausteine herbeizuschaffen für den Meister, der nach mir kommen wird. (Wwdw II, 453)

Damit ist nicht nur ein merkwürdig offenes Ende in der narrativen Handlungslogik des Romans markiert – die Geschichte endet nicht mit einer Handlung bzw. mit einem *Ereignis* im eigentlichen Sinne, sondern bezeichnenderweise im *Gespräch*. Der Erzählung würdig,[58] so ließe sich die meta-textuelle Aussage fassen, ist das Projekt, das zukünftige Vorhaben, »ein Bild« der »Gesellschaft« zu zeichnen. Vielsagend ist zudem die Aussage, dass diese Aufgabe von einem »Dichter der Zukunft« zu übernehmen sei, womit der Appell zur sozialen, ökonomischen und gesellschaftlichen Reform nicht nur ins Ästhetische gewendet ist, sondern umgekehrt auch eine pragmatische Öffnung des Kunstwerks und seiner Poetik angezeigt ist. Wobei diese Pragmatik, das Tätigwerden, die politische, soziale oder gesellschaftliche Tat bezeichnenderweise in Akte des Schreibens zurückführt und insoweit das Schreiben selbst, das Anfertigen eines Bildes der Gesellschaft, als tatsächliche Handlung bzw. als Tat im eigentlichen Sinne profiliert wird. Damit beschreibt der Roman insgesamt ein eigenartig ringförmiges narrationslogisches Modell: Auf das Erzählen der ›alten Welt‹ erfolgen Beobachten und Agieren Lothars in der ›neuen Welt‹, hierauf am Ende des Romans die Tat durch das Schreiben und somit also wiederum das Erzählen, insofern als »das Bild unsrer Gesellschaft« nur in Form einer ihrerseits

---

57 Vgl. nun auch nochmals die schon zitierte Kritik der Brüder Hart, dass Spielhagen wie ein »nationalökonomische[r] Reformator« schreibe.
58 Vgl. zu den jüngst in der Narratologie diskutierten Kategorien der »Ereignishaftigkeit« und der »Erzählwürdigkeit« Schmid: Elemente der Narratologie, a. a. O., 12–30, bes. 19f.

wieder narrativen Darstellung vorstellbar wäre.[59] Ein enges Verhältnis zwischen den literarischen und den wissenschaftlichen Beobachtungen der Zeit besteht also insofern, als die Literatur, indem sie das kulturwissenschaftlich-universalistische Blickfeld und das wirtschaftspolitische Programm der Nationalökonomie verdoppelt und in das eigene System übersetzt, ihren erzählerischen Blick auf das Werden und Gewordensein der Wirtschaft der Zeit in einer soziologisch-genetischen Weise perspektiviert und die eigenen Beobachtungen in Richtung einer pragmatischen, tätig und in ganz spezifischer Weise auch *produktiv* werdenden Kunst hin öffnet. Es zeigt sich hier einmal, wie bzw. dass der literarische Realismus Möglichkeiten vorhält, Reform- und Interventionsnotwendigkeiten narrativ zu begründen und ihre Notwendigkeit dadurch erst herzustellen. Im Zuge dessen zeigt sich hier zweitens, wie bzw. dass der literarische Realismus Möglichkeiten vorhält, sich selbst zu transzendieren: Die fiktiven Reformpläne der fiktionalen Diegese, so wird sich noch zeigen, drängen zunehmend in die ›reale Realität‹ jenseits von Texten. Der literarische Realismus wird in einem Prozess des ›Referenz-Transfers‹ gegen Ende des Jahrhunderts sein Bezugsfeld von Kunst zu Leben wechseln.

---

59 Der gleichen Logik von Beobachten, Erzählen und Handeln untersteht auch die Nationalökonomie der Zeit, die sich 1873 mit dem *Verein für Socialpolitik* ein Organ der ordnungs-
   und wirtschaftspolitischen Intervention schafft und ihre Appelle für ökonomische Reformen
   zunächst, wie in Kap. 2.1. und 2.2.4. dieser Arbeit skizziert, *narrativ* begründet.

5. Exkurs: Nationalökonomie in Romantheorie und Poetik (Spielhagen, Wilhelm Scherer)

Neben ihrem Wirken in und auf literarische Werke haben nationalökonomische Konzepte und Methodologie auch Eingang gefunden in die ästhetischen und poetischen Vorstellungen des letzten Drittels des 19. Jahrhunderts. Sie spielen etwa, wie hier erstmals dargestellt werden soll, eine große Rolle für die einflussreichen romantheoretischen Schriften Spielhagens.[1] Zudem ist das Wissen der Volkswirtschaftslehre auch in den akademischen Diskurs über Poetik, Literaturtheorie und Ästhetik eingegangen: In der Früh- und Formationsphase der *Neueren Deutschen Literaturwissenschaft*, etwa in Schriften Wilhelm Scherers, lassen sich bemerkenswerte nationalökonomische Einflüsse beobachten. Neben seinen viel rezipierten literaturgeschichtlichen Studien[2] hat er auch eine bis in die 1970er Jahre vergleichsweise wenig beachtete fragmentarische *Poetik* hinterlassen, die nach Anregung von Wilhelm Dilthey nach Scherers Tod von Richard M. Meyer 1888 veröffentlicht wurde und 1977 aus einem gestiegenen,

---

1 Als ausgesprochen einflussreich können Spielhagens romantheoretische Schriften insofern gelten, als sie nicht nur, laut Neumann: Spielhagen: *Sturmflut* (1877), a. a. O., 262 f., eine starke Wirkung auf die ›großen‹ Autoren der Zeit hatten – etwa auf Keller und Fontane. Ihr Einfluss manifestiert sich auch darin, dass sie am Beginn der 1880er Jahre in produktiver Weise von der sich formierenden Programmatik des Naturalismus rezipiert wurden: Das sechste und letzte Heft der von Heinrich und Julius Hart herausgegebenen *Kritischen Waffengänge* von 1884 macht sich *Friedrich Spielhagen und der deutsche Roman der Gegenwart* zu Titel und Thema, vgl. Lothar L. Schneider: Realistische Literaturpolitik und naturalistische Kritik. Über die Situierung der Literatur in der zweiten Hälfte des 19. Jahrhunderts und die Vorgeschichte der Moderne. Tübingen 2005, 120–129. Vgl. zu Einfluss und Wirkung der Spielhagenschen Romantheorie auf die Erzähltheorie der deutschen Literaturwissenschaft des 20. Jahrhunderts (v. a. auf die richtungweisenden Studien von Franz K. Stanzel und Käte Hamburger in den 1950er Jahren) Andrea Fischbacher-Bosshardt: Anfänge der modernen Erzählkunst. Untersuchungen zu Friedrich Spielhagens theoretischem und literarischem Werk, Bern [u. a.] 1988.
2 Vor allem Wilhelm Scherer: Geschichte der deutschen Litteratur, Berlin 1883. 1905 erschien die 10. Auflage.

auch: ideologiekritischen Interesse der Germanistik an der Geschichte des eigenen Fachs neu und kommentiert herausgegeben wurde.[3]

5.1. Spielhagens Schriften zur Theorie des Romans

Einen ersten Eindruck von der Präsenz nationalökonomischen Wissens in den romantheoretischen Schriften Spielhagens mögen die vielfachen lexikalischen Aneignungen geben, die sich am regen Gebrauch ökonomischer und wirtschaftstheoretischer Begrifflichkeiten zeigen. Spielhagen spricht etwa, um nur einige Beispiele stichwortartig zu nennen, von literarischen »Produkten« im allgemeinen, vom »epischen Produkt« im besonderen,[4] von einem »Kapital für Geist und Gemüt«,[5] von der »Rechnung« und der »poetische[n] Rechnung«,[6] von »Faktoren« und der »Methode der Beobachtung«.[7] Der Roman, so Spielhagen weiter, sei ein »Produkt [...] der Kultur«.[8]

Diese Anreicherung des ästhetisch-poetologischen Diskurses mit Begriffen der Ökonomie hat aber, wie die Nicht-Beachtung seitens der Forschung vermuten lassen könnte, nicht bloß metaphorischen oder gar nur illustrativen Charakter.[9] Vielmehr hat die ökonomische Sprache, so wird sich zeigen, einen konstitutiven Anteil an der poetologisch-reflexiven Genese und der programmatischen Etablierung einer neuen und modernen Romankunst.[10] Vor dieser

---

3 Wilhelm Scherer: Poetik [1888], m. e. Einleitung und Materialien z. Rezeptionsanalyse hrsg. v. Gunter Reiss, Tübingen 1977.

4 Friedrich Spielhagen: Neue Beiträge zu Theorie und Technik der Epik und Dramatik, Leipzig 1898, 20, 23, 33 sowie Ders.: Beiträge zur Theorie und Technik des Romans, Leipzig 1883, zit. n. Realismus und Gründerzeit. Manifeste und Dokumente zur deutschen Literatur 1848–1880, mit e. Einf. in d. Problemkreis u. e. Quellenbibliogr. hrsg. v. Max Bucher, Werner Hahl, Georg Jäger und Reinhard Wittmann, Bd. 2: Manifeste und Dokumente, Stuttgart 1981, 250.

5 Spielhagen: Neue Beiträge, a. a. O., 39.

6 Spielhagen: Beiträge, zit. n. Realismus und Gründerzeit, a. a. O., 387 bzw. Ders.: Neue Beiträge, a. a. O., 41.

7 Spielhagen: Beiträge, zit. n. Realismus und Gründerzeit, a. a. O., 254.

8 Spielhagen: Neue Beiträge, a. a. O., 22.

9 So weit ich sehe, haben die Korrelationen zwischen der Romantheorie des Spätrealismus und dem (national-)ökonomischen Wissen der Zeit in der Spielhagen-Forschung bislang keine Rolle gespielt. Entsprechende Hinweise fehlen bei Hellmann: Objektivität, Subjektivität und Erzählkunst, a. a. O.; ebenso bei Günter Rebing: Der Halbbruder des Dichters. Friedrich Spielhagens Theorie des Romans, Wiesbaden 1972 und auch bei Fischbacher-Bosshardt: Anfänge der modernen Erzählkunst, a. a. O.

10 Auf die *Zwischenstellung* von Spielhagens Romantheorie zwischen den ästhetischen Vorstellungen des (Ideal-)Realismus des 19. Jahrhunderts und einer gegen Ende des 19. Jahrhunderts zunehmend sich modernisierenden Romankunst haben etwa hingewiesen: Fischbacher-Bosshardt: Anfänge der modernen Erzählkunst, a. a. O. sowie Schneider: Realistische Literaturpolitik und naturalistische Kritik, a. a. O., 79, der die romantheoretischen Schriften Spielhagens als »Bindeglied zwischen Realismus und Naturalismus« beschreibt.

Annahme erscheint das, was Spielhagen selbst explizit als ein Verhältnis von »furchtbare[r] Konkurrenz«[11] beschrieben hat, die Beziehung nämlich zwischen Romankunst und Wissenschaft der Zeit, allerdings nicht als ein tatsächlich paralleles oder gegenläufiges Verhältnis von Konkurrenz und Rivalität. Vielmehr ist damit ein Prozess umschrieben, der mehr den Charakter von Evolution und Ko-Evolution trägt, d.h. im Sinne einer Mit-Entwicklung und eben nicht als Gegen-Entwicklung zu verstehen ist.

Spielhagens Konzept einer modernen Romankunst ist zum einen analogisch bezogen auf eine übergreifende Methodologie moderner Wissenschaft, insofern es das »Bezeichnende des epischen Verfahrens« sei, »daß es von Anfang an inductorisch« verfahre und »bis zum Ende inductorisch« bleibe.[12] Spielhagen hat dabei allerdings weniger, wie ein in der Forschung sich hartnäckig haltendes Vorurteil behauptet,[13] die Naturwissenschaften im Blick, als vielmehr die modernen Wissenschaften der ›Kultur‹, der ›Gesellschaft‹, des ›Sozialen‹, der Geschichte, des Rechts und der Ökonomie: Die »Eigentümlichkeit der epischen Phantasie« bestehe genau darin, so Spielhagen,

> den Menschen immer auf dem Hintergrunde der Natur, immer im Zusammenhang mit
> – und in Abhängigkeit von den Bedingungen der Kultur, d.h. also so zu sehen, wie ihn
> die moderne Wissenschaft auch sieht.[14]

Spielhagen hat also, wenn er von »moderner Wissenschaft« spricht, wie weitere Belege zeigen,[15] genau jene historisch und ›soziologisch‹ kontextualisierenden Wissenschaften »von den Bedingungen der Kultur« im Blick, unter welchen die historisch-empirisch verfahrende Nationalökonomie zwischen 1850 und 1900 eine Vorrangstellung innehat.[16] Der Roman, so Spielhagen, sei nicht nur mit Blick auf den »Kulturzustand der Zeit« zu konzipieren, er sei auch selbst ein »Produkt einer Phase der [...] Kultur«.[17]

---

11 Spielhagen: Beiträge, zit. n. Plumpe (Hg.): Theorie, a.a.O., 252.
12 Spielhagen: Beiträge, zit. n. ebd., 255.
13 So zum Beispiel bei Schneider: Realistische Literaturpolitik und naturalistische Kritik, a.a.O., 95.
14 Spielhagen: Beiträge, 41, zit. n. Schneider: Realistische Literaturpolitik und naturalistische Kritik, a.a.O., 91.
15 An anderer Stelle formuliert Spielhagen die »Aufgabe« der Zeit folgendermaßen: »zu untersuchen, festzustellen und zu regeln die Beziehungen der Menschen untereinander: also die Rechtswissenschaft mit ihren Hilfswissenschaften, zu welchen auch die historischen Wissenschaften, als Darstellung der Entwickelung der Menschheit bis zu ihrem jetzigen Zustande, zu rechnen wären; *zweitens* [Hervorh. M. A.] [...] die Naturwissenschaft; zusammen: die Betrachtung des Menschen in stetigem Bezug auf die sozialen und natürlichen Bedingungen seiner Existenz.« Spielhagen: Beiträge, zit. n. Plumpe (Hg.): Theorie, a.a.O., 251.
16 Siehe vom Bruch / Graf / Hübinger: Kulturbegriff, Kulturkritik und Kulturwissenschaften um 1900, a.a.O., 18.
17 Spielhagen: Neue Beiträge, a.a.O., 19 bzw. 22.

5.1.1. Überschauen vs. Tiefenblick – Die Identität von »epischer Totalität« und kulturwissenschaftlichem Universalismus

Die Aneignung lexikalisch-begrifflicher Elemente und der Vorsatz, den Menschen – in wissenschaftlicher Manier – »immer im Zusammenhang mit [...] der
Kultur« zu beobachten, bilden wichtige Bedingungen für die poetologisch-äs-
thetischen Kernmomente der Spielhagenschen Romantheorie. So scheint vor
diesem Hintergrund etwa eine ganz zentrale Kategorie der Romantheorie, die
der »epische[n] Totalität«,[18] beobachtungsmethodologisch in der universalisti-
schen und totalisierenden Perspektive der Volkswirtschaftslehre der Zeit zu
gründen, die schon früh und immer wieder die »Nothwendigkeit« formuliert,
»sich das gesammte Volksleben vor Augen zu führen, um sein wirthschaftliches
Leben ganz zu begreifen«.[19] In ganz entsprechender Weise schreibt Spielhagen
mit Blick auf die Darstellungsaufgaben des modernen Romans,

> daß es sich [...] gar nicht um den Menschen handelt, wie er sich als Individuum
> darstellt [...], sondern vielmehr um die Menschheit, um den weitesten Überblick über
> die menschlichen Verhältnisse, um den tiefsten Einblick in die Gesetze, welche das
> Menschenleben regieren, welche das Menschenleben zu einem Kosmos machen.[20]

Spielhagen formuliert hier gewissermaßen eine ästhetische Totalperspektive,
insofern als der Romandichter den Menschen in seiner gesellschaftlichen Bedingtheit, in seinen sozio-ökonomischen Vernetzungen zeigen solle, um die
zunehmend als vielgestaltig und heterogen wahrgenommene moderne Sozialwelt in ihrer Gesamtheit in Form einer künstlerisch zu konstruierenden »epischen Totalität« darzustellen. Damit ist zunächst ein schlichter Prozess der
Akkumulation, der Reihung und Sammlung quantitativ differenter Elemente
bezeichnet: die beste Möglichkeit, »den weitesten Überblick« in »epische Totalität« zu überführen, bestehe für den Romandichter darin, »daß er in seiner
Dichtung Gestalten über Gestalten vorführt, Ereignisse auf Ereignisse, Fakta auf
Fakta häuft, Handlung in Handlung schlingt.«[21] Explizit artikuliert sich hier ein
empirisch-»inductorisch[es]«,[22] auf die Darstellung gesellschaftlicher Totalität
zielendes Anliegen, das sich ab den 1870er Jahren auf dem Gebiet der ökonomischen Theorie in Form zahlreicher und umfänglicher empirischer und statistischer Einzeluntersuchungen gezeigt hatte.[23]

---

18 Spielhagen: Beiträge, zit. n. Realismus und Gründerzeit, a. a. O., 384.
19 Knies: Politische Oekonomie, a. a. O., 247; vgl. Kap. 2.2 dieser Arbeit.
20 Spielhagen: Beiträge, zit. n. Realismus und Gründerzeit, a. a. O., 384.
21 Spielhagen: Beiträge, zit. n. ebd., 384. Eine Seite weiter heißt es entsprechend, dass
    »Übermaß« zwar »unkünstlerisch«, keineswegs aber »unpoetisch« sei.
22 Spielhagen: Beiträge, zit. n. Realismus und Gründerzeit, a. a. O., 255.
23 Auch die Nationalökonomie häuft also ab den 1870er Jahren in einer Vielzahl statistischer

Damit ist eine entscheidende Transformation bzw. gar die »Verabschiedung«[24] der an Hegel geschulten idealrealistischen Ästhetik markiert, die noch bis weit in die zweite Hälfte des 19. Jahrhunderts hineinwirkt, blickt man auf eine wichtige, die Kernmomente dieser Tradition versammelnde *Ästhetik auf realistischer Grundlage* von Julius Hermann von Kirchmann, die noch ganz im Zeichen einer auf Idealisierung und Verklärung beruhenden Ästhetik steht: Das realistische Kunstwerk müsse, so Kirchmann, »reiner, dichter, harmonischer und stärker« als die empirische Realität sein, da diese neben dem »Bedeutenden auch des Gleichgültigen viel« enthalte.[25] Die Literatur müsse, so das Verständnis der idealrealistischen Programmatik, vermittels eines poetischen *Tiefenblicks* in das Wesen der Dinge gegenüber der *per se* defizitären Welt Leistungen von »Verdichtungen und Steigerungen« erbringen.[26]

Bei Spielhagen heißt es demgegenüber, dass es zwar Aufgabe des Romanschriftstellers und der Literatur sei, einen »möglichst tiefen Einblick« in das »menschliche[] Wesen« und in die »Beziehungen der Menschen untereinander« zu erhalten, dass jedoch – und das ist die entscheidende Modifikation – »dieser Einblick unmöglich ist ohne den weitesten Überblick«.[27] Damit wird eine ästhetische Perspektive etabliert, die sich immer weniger als ein *Durch*schauen, als qualitatives Sehen im Sinne einer Wesensschau beschreiben ließe und durch eine Bewegung der Schließung und Ver-Dichtung charakterisiert wäre, sondern die demgegenüber tendenziell auf breites Abbilden, auf das (quantitative) *Über*-schauen zielt und sich hierin weitet und öffnet. Oder anders ausgedrückt: Das Stiften von Sinn im Medium der Literatur wird nun nicht mehr in der verklärenden Konstruktion eines metaphysisch-wesenhaften Naturschönen gesucht, welches der realistische Dichter durch die Kontingenzen der mangelhaften empirischen Realität hindurch er-schaut. Das Schöne erfährt vielmehr eine spezifische Akzentuierung quantitativer Art, insofern es sich fortan durch die überschauende Darstellung der modernen Gesellschaft und ihrer Realien gewinnen lässt.

Von einem Verhältnis enger Kopplung lässt sich also insoweit sprechen, als beide – Nationalökonomie und Poetik – dem Darstellungsdruck einer wachsenden gesellschaftlichen Komplexität in nahezu identischer Weise begegnen; und zwar mit dem Versuch, die Moderne, so sie nicht mehr zu *durch*schauen ist, zumindest zu *über*schauen. Aufgabe und Sinn moderner Romankunst sei es, so

---

Einzeluntersuchungen »Fakta auf Fakta«, um die Gesamtheit ökonomischer Erscheinungsformen und ihrer Genese zu zeigen; siehe Kap. 2. dieser Arbeit.

24 Schneider: Verabschiedung des idealistischen Realismus, a. a. O.

25 Julius Hermann von Kirchmann: Der Begriff der Idealisierung [1868], zit. n. Plumpe (Hg.): Theorie, a. a. O., 74–79, 75; siehe auch nochmals die Ausführungen zur ästhetischen und literaturpolitischen Programmatik der *Grenzboten* in Kap. 3.3.

26 Kirchmann: Idealisierung, zit. n. Plumpe (Hg.): Theorie, a. a. O., 77.

27 Spielhagen: Beiträge, zit. n. ebd., 251.

Spielhagen, das potenziell »unendlich[e]«[28] epische Material der modernen Welt
in »ein für die Phantasie überschauliches Ganzes« zu überführen.[29] Auf dem Feld
der Nationalökonomie heißt es in ganz analoger Weise, dass zu einer »genauen
erschöpfenden [...] Beschreibung« vor allem die Fähigkeit gehöre, »Tausende
von Einzeldaten [...] in einer vollendeten Synthese zusammenzufassen«.[30] Be-
obachtungs- und erkenntnislogisch ist Spielhagens normatives Konzept von der
»epischen Totalität« identisch mit dem kulturwissenschaftlich-panoramati-
schen Blick der Volkswirtschaftslehre auf Ökonomie und Gesellschaft.

5.1.2. Das ›objektive Weltbild‹ und seine integrierende Funktion

Auch mit Blick auf weitere Aspekte lassen sich enge Korrelationen zwischen
Nationalökonomie und Romantheorie nachweisen. So beispielsweise mit Blick
auf den Begriff der »Objektivität«, welche Spielhagen als das »oberste Gesetz«
des Romans bezeichnet.[31] Gemeint ist damit die Etablierung einer »objektiven«
Meta-Position, einer kulturalistischen Beobachterinstanz, welche zwar theore-
tisch die unzähligen subjektiven Einzel-Perspektiven einer Roman-Diegese
universalierend übergreife, selbst allerdings auch perspektivisch und deshalb
auch explizit an einen seinerseits unmöglich *objektiven* »Standpunkt« gebunden
sei.[32] Diese »objektive« Metaposition, d. h. der Erzähler, solle zwar nicht in Erscheinung treten – also sparsam sein mit »Reflexion« und der Zugabe von
»individueller Erfahrung« –[33] aber dennoch explizit ein »Weltbild« geben; und
zwar ein »Weltbild«, dessen »Material [...] durch unablässige, scharfe Beobachtung der realen Welt zusammengebracht wird«.[34] Von ästhetischem Wert ist
in diesem Verständnis also lediglich derjenige Roman, der nicht nur alles zeigt,
sondern im und durch das Alles-Zeigen ein »Weltbild« gibt.[35] Mit »Weltbild« und
»objektivem« Standpunkt ist allerdings eine spezifische Perspektive verbunden,
die selbst zwangsweise an eine spezifische *axiologische* Struktur der Wertung
und der Kommentierung (und in pragmatischer Hinsicht an Momente der Intervention und der Steuerung) gebunden ist, und somit dem Begriff der Objektivität – im heutigen Verständnis – geradezu diametral entgegensteht.

---

28 Spielhagen: Beiträge, zit. n. ebd., 253.
29 Spielhagen: Neue Beiträge, a. a. O., 212.
30 Gustav Schmoller: Volkswirtschaft, Volkswirtschaftslehre und -methode, in: Ders.: Histo-
    risch-ethische Nationalökonomie als Kulturwissenschaft. Ausgewählte methodologische
    Schriften, hrsg. v. Heino Heinrich Nau, Marburg 1998, 282, vgl. 293 f.
31 Spielhagen: Beiträge, zit. n. Plumpe (Hg.): Theorie, a. a. O., 255.
32 Spielhagen: Beiträge, zit. n. ebd., 255 sowie Spielhagen: Neue Beiträge, a. a. O., 212.
33 Spielhagen: Beiträge, zit. n. Realismus und Gründerzeit, a. a. O., 384.
34 Spielhagen: Beiträge, zit. n. ebd., a. a. O., 249 u. 254.
35 Vgl. Hellmann: Objektivität, a. a. O., 127 f.

Mit Blick auf die Nationalökonomie der Zeit erweist sich diese Konzeption einer »objektiven« Romankunst weniger, wie oftmals behauptet, als eine Strategie Spielhagens, die »tatsächliche Subjektivität« des Erzählens zu verbergen.[36] Vielmehr ist sie zu verstehen im Sinne einer Applikation oder Transformation der Konzeption wissenschaftlicher und »objektiver« Beobachtung moderner Gesellschaft, das in der Methodologie der Nationalökonomie beschlossen liegt, die sich, wie beschrieben, explizit nicht nur als beschreibende – im heutigen Verständnis *objektive* –, sondern mehr noch als einerseits normgebende und wertende und andererseits als pragmatische und gewissermaßen kybernetische Kulturwissenschaft versteht.[37]

Entsprechende Funktionen der Be-Wertung, der Lenkung und Steuerung sowie der Pragmatisierung werden im Mikrokosmos des Romans, laut Spielhagen, von einer spezifischen Instanz übernommen, die Spielhagen als den »Helden« des Romans bezeichnet.[38] Dieser exemplarische Held hat nicht nur die Funktion des Stiftens von narrativer Kohärenz, insofern als er das »Grenzenlose«[39] des tendenziell unendlichen epischen Stoffs perspektivisch und figural begrenzt, (an)ordnet, das disperse Weltgeschehen der Romanwelt somit homogenisiert sowie die Funktion einer fixierten erzählerischen Position, die *vor* einer ›objektiven‹ und wertneutralen Beobachtung angesiedelt ist. Darüber hinaus – und das ist die entscheidende Transformationsleistung der Spielhagenschen Romantheorie – werden die genannten Momente in ein stark desubjektivierendes, gleichsam de-individualisierendes Moment überführt: Der Held im Roman ist im Verständnis Spielhagens viel weniger Held bzw. Person bzw. Individuum im eigentlichen Sinne, als vielmehr *Funktion* in Bezug auf Entitäten, die außerhalb seiner selbst liegen.[40] Neben der spezifisch ästhetischen

---

36 Hellmann: Objektivität, a. a. O., 86; vgl. Schneider: Realistische Literaturpolitik und naturalistische Kritik, a. a. O., 92 f.

37 Die institutionelle Seite dieses Selbstverständnisses lässt sich etwa an der Gründung des *Vereins für Socialpolitik* im Jahr 1872 ablesen. Im weiteren fachgeschichtlichen Verlauf wird sich an der Frage nach dem Status von »Objektivität« und »Werturteil« und ihrem Verhältnis zueinander in der ökonomischen Wissenschaft der sogenannte Werturteilsstreit entzünden, der eine zentrale Stellung einnimmt im Zusammenhang mit der disziplinären Ausdifferenzierung der frühen Soziologie (Max Weber und Werner Sombart) aus der Nationalökonomie. Vgl. auch Johannes Glaeser: Der Werturteilsstreit in der deutschen Nationalökonomie: Max Weber, Werner Sombart und die Ideale der Sozialpolitik, Marburg 2014.

38 Wobei ganz richtig darauf hingewiesen worden ist, dass Spielhagen nicht zwischen den Instanzen Autor, Erzähler und Held des Romans differenziert, siehe etwa Schneider: Realistische Literaturpolitik und naturalistische Kritik, a. a. O., 95 f.

39 Spielhagen: Beiträge, zit. n. Realismus und Gründerzeit, a. a. O., 386 sowie Ders.: Neue Beiträge, a. a. O., 212.

40 Ganz in diesem Sinne ist deshalb auch oftmals vom »formalen Helden« gesprochen worden; siehe nur Dieter Kafitz: Figurenkonstellation als Mittel der Wirklichkeitserfassung. Dargestellt an Romanen der 2. Hälfte des 19. Jahrhunderts (Freytag, Spielhagen, Fontane, Raabe), Kronberg / Ts. 1978, 93–97.

Funktion der Herstellung von erzählerischer Kohärenz und narrativem Sinn ist dies vor allem eine mehr inhaltlich-motivische, diegetische Funktion des Helden in Bezug auf die im Roman abgebildete moderne Gesellschaft und für die Gestaltung der »Beziehungen der Menschen untereinander« im Modus der Fiktion.[41] Spielhagens poetologisches Programm zielt auf Romane, die sich eben nicht im Abbilden exemplarischer Subjektwerdung oder im Darstellen eines individuellen Bildungswegs erschöpfen, sondern die vielmehr – in gewisser Hinsicht *simulativ* – auf das Darstellen und die Konstruktion *potenzieller Funktionen des Subjekts in Bezug auf ein Über-Subjektives* zielen: in den besprochenen Romanen in Bezug auf die *nationale Ökonomie*. Spielhagens Theorie hält also die gleiche integrierende, re-differenzierende und synthetisierende Funktion vor, wie sie sich in den analogen Integrations-Erzählungen und -konzepten der Nationalökonomie artikuliert und sich in exemplarischer Weise nochmals an ihrem spezifischen Begriff von »Objektivität« ablesen lässt:

> Die Maßstäbe, welche diese Ordnung alles Wertes beherrschen, sind nicht bloß aus subjektiven Erlebnissen erwachsen, obwohl schon diese das einzelne Werturteil durch Erinnerung in einen allgemeinen Wertzusammenhang stellen; sie sind ein Ergebnis der Sprache, der Verständigung, der gesellschaftlichen Zusammenhänge. Und so steckt in jedem subjektiven Werte ein Objektives. Jedes Wertgefühl und Werturteil […] ist in der Seele des einzelnen entstanden, von dem Individuum […] bedingt, aber es ist zugleich der Ausdruck von […] Vorstellungen und Überlieferungen eines gesellschaftlichen Kreises, einer geistig-socialen Atmosphäre.[42]

5.1.3. Die nationalökonomische Statistik und der »Held im Roman« als »Durchschnittsmensch«

Dies hat verständlicherweise tatsächlich Folgen für den paradigmatischen Helden, der von Spielhagen zunächst als »Maßstab«, »Perspektive« und »Auge« beschrieben wird[43] und dessen theoretische Konzeption, so die Annahme, im nationalökonomischen Wissen der Zeit fundiert ist. Eine wichtige Rolle in diesem Zusammenhang spielt auch das Eingehen statistischer Methoden – und damit das Einspielen von Kategorien der Menge, der Relation, des Durchschnitts, des Mittelwerts, der Normalität –[44] in den Diskurs der Nationalökonomie seit den 1850er Jahren.[45]

---

41 Spielhagen: Beiträge, zit. n. Plumpe (Hg.): Theorie, a. a. O., 251.
42 Schmoller: Grundriß der Allgemeinen Volkswirtschaftslehre II, a. a. O., 102 f.
43 Spielhagen: Beiträge, zit. n. Realismus und Gründerzeit, a. a. O., 386.
44 Vgl. Jürgen Link: Versuch über den Normalismus. Wie Normalität produziert wird, 4. Aufl., Göttingen 2009.
45 Vor allem durch den Göttinger Statistiker Johann Eduard Wappäus sowie durch Karl Knies:

In der wichtigen Schrift *Die Gesetzmäßigkeit in den scheinbar willkührlichen menschlichen Handlungen vom Standpunct der Statistik*, die im übrigen, wie das Vorwort verrät, auf einen Vortrag des Verfassers vor den Mitgliedern einer »literarischen Gesellschaft« namens »Athenäum« zurückgeht,[46] untersucht der Nationalökonom Adolph Wagner systematisch die Frage nach Nutzen und Möglichkeiten statistischer Untersuchungen für volkswirtschaftliche Fragestellungen. Die Schrift importiert dabei Konzepte in den Diskurs der deutschen Volkswirtschaftslehre, die der *physique sociale* des belgischen Statistikers Adolphe Quételet entlehnt sind, dessen Schriften im übrigen, wie Wagner bemerkt, trotz bzw. gerade wegen des mathematischen Inhalts von »wahrem Pathos« seien, wo ein »ein tragischer Effect zu Tage« komme »wie nur in den Dramen großer Dichter«.[47] Die Feststellungen Wagners, dass sich statistische Einzeldaten ausschließlich im Vergleich, im Verhältnis, in der Relation deuten ließen,[48] sowie seine Einschätzung, dass es die Aufgabe der Statistik für die Volkswirtschaftslehre sei, »vom einzelnen Menschen zu abstrahieren« und demgegenüber »die grosse Zahl der Menschen« ins Auge zu fassen bzw. »Quantitäten« in den Blick zu bekommen und »Mengen in Relation zu einander [zu] bringen«, sind genau deshalb aufschlussreich,[49] weil durch diese Verfahren die »Mengenbestimmung«, indem »die Mengen in Relation zu einander« gebracht werden, »von selbst zu einer Qualitätsbestimmung« wird.[50] Damit ist eine Sicht auf Soziales, Ökonomisches und Gesellschaftliches etabliert, die ihren Begriff von »Qualität« bezieht aus Faktoren relationierbarer Quantitäten im Sinne eines »Gesetz[es] der großen Zahl«[51] und nicht aus *qualitas* im Sinne von Merkmal oder Eigenschaft. Diese Verfahren der Massenbeobachtung führen, indem sie den »mittleren Menschen unter mittleren Verhältnissen« zeigen,[52] »nothwendig«, so Wagner, »zur Aufstellung eines mittleren oder Durchschnittsmenschen«[53] – der allerdings empirisch gar nicht vorkomme und insofern paradoxerweise einen quasi-ästhetischen Charakter des Mittel-Konstrukts und der Durchschnitts-Fiktion hat.

In analogischer, gleichsam applikativer Weise konzipiert nun Spielhagen den

---

Die Statistik als selbstständige Wissenschaft. Zur Lösung des Wirrsals in der Theorie und Praxis dieser Wissenschaft, Kassel 1850.

46 Adolph Wagner: Die Gesetzmässigkeit in den scheinbar willkührlichen menschlichen Handlungen vom Standpunct der Statistik, Hamburg 1864, XI.
47 Ebd., XV.
48 Ebd., XI–XX.
49 Ebd., 7 bzw. 10.
50 Ebd., 10, vgl. 70, 77.
51 Ebd., 76.
52 Ebd., 77; den »mittleren Menschen« hatte zuvor schon Quételet als den *homme moyen* beschrieben.
53 Ebd., 8.

Helden des modernen Romans eben nicht als einen herausragenden, exponierten Ideal-Menschen mit hervorragenden Eigenschaften – der in der Logik
der Statistik einen Ausnahmefall, eine ›Extremabweichung‹ darstellen würde.[54]
Der Held solle vielmehr, so Spielhagen, ein »Repräsentant der ganzen Menschheit« sein.[55] Der *homme moyen* der wirtschaftstheoretischen Statistik tritt bei
Spielhagen als ein »Allerweltsmann« in Erscheinung, der nur »etwas über Mit-
telgröße« und »nicht zu aktiv«[56] sein solle und der zudem, so heißt es ganz
explizit, als ein »normaler Mensch« und ein »Durchschnittsmensch[]« konzipiert sein solle.[57] Dass damit nicht nur eine vergleichsweise simple lexikalische
Aneignung bezeichnet ist, sondern zudem ein starkes quantitatives Kalkül
Eingang in die Poetik des Romans findet, kann das folgende Zitat illustrieren:
»Der Held«, so Spielhagen im Aufsatz *Wie ich zu dem Helden von Sturmflut kam*,

> ist das Centrum, welchem innerhalb der Peripherie alles zustrebt; er ist auch der
> Radius, welcher den Umfang der Peripherie bestimmt. Wer und was nicht mit dem
> Helden in irgend einem Zusammenhange steht, gehört nicht in den Roman, und dieser
> Zusammenhang darf nicht zu entfernt sein, oder der Roman verliert in dem Maße der
> Entfernung an Übersichtlichkeit und mit der Übersichtlichkeit an Schönheit.[58]

Der Roman wird, so lässt sich referieren, als ein geometrischer Raum imaginiert,
der anhand messbarer, gleichsam mathematischer Entitäten konstruiert werden
könne. Die zentrale ästhetische Kategorie – »Schönheit« – wird somit zu einer
Frage von Grad und Maß, zu einer Frage quantitativer Relationen, nach Ab-
ständen und »Entfernungen«, nach der räumlichen Beziehung zwischen »Cen-
trum« und »Peripherie«. Mit Blick auf die merkwürdige und entscheidende
Vermittlungsgröße – »Übersichtlichkeit« – zeigt sich eine ästhetische Verschiebung, insofern als Harmonie zunehmend durch Proportionalität substituiert zu werden scheint, ästhetischer und geometrischer Sinn also mehr und
mehr in eins fallen sollen.

Neben und mit diesen positivistischen Momenten der Zahl, der Messbarkeit
und der Empirie gehen noch weitere nationalökonomische Ideen in Spielhagens
theoretische Konzeption von Held und Roman ein. Ohne Theorie und Praxis in
schlichter Weise kurzzuschließen, können sich mit einem Blick auf Spielhagens
Romane dennoch wichtige Beobachtungen machen lassen zum Verhältnis von

---

54 Plausibilität bezieht diese quantitativ-äquilibristische Vorstellung eines »mittleren Helden«
    auch daher, dass das Konzept auch über andere Vermittlungswege – Walter Scotts historische
    Romane – in die deutschsprachige Erzählliteratur – bes. in die historischen Romane von
    Willibald Alexis oder Wilhelm Hauff – gefunden hat; siehe dazu Hugo Aust: Der historische
    Roman, Stuttgart / Weimar 1994, 52 ff.
55 Spielhagen: Beiträge, zit. n. Realismus und Gründerzeit, a. a. O., 387.
56 Spielhagen: Neue Beiträge, a. a. O., 213, 215, 220.
57 Spielhagen: Beiträge, zit. n. Realismus und Gründerzeit, a. a. O., 254, 252.
58 Spielhagen: Neue Beiträge, a. a. O., 213.

wirtschaftswissenschaftlichen Konzepten und Romantheorie: Spielhagens Romane handeln – um in der Logik der Wissenschaft zu bleiben – von den *Extrem*zuständen der modernen Gesellschaft. Ihr Thema ist, wie die Analysen gezeigt haben, der wirtschaftliche Ausnahmezustand. Ihre Helden – Philipp Schmidt und Lothar Lorenz – bilden gegen die dargestellten Krisen und Dysbalancen nicht nur in ihrer persönlichen Durchschnittlichkeit einen ruhenden Gegenpol, sie steuern den ökonomischen Extremsituationen auch in Wort und Tat entgegen, indem sie für ökonomische Normalität und Durchschnittlichkeit, für mittelmäßige und vor allem mäßige, d. h. eben nicht-extreme ökonomische Verhältnisse eintreten. Nationalökonomie und Konzeption des modernen Zeit- und Gesellschaftsromans, so ließe sich abschließend sagen, überschneiden sich also nicht zuletzt in ihren normativen Vorstellungen über die Gesellschaft und ihre Ökonomie, die ihren deskriptiven Intentionen in merkwürdiger Weise entgegenstehen.

5.2.   Das »poetische Product« und die »Poesie« als »Waare« – Nationalökonomie in Wilhelm Scherers *Poetik* (1888)[59]

5.2.1.   Persönliche Kontakte und Rezeptionen

Wilhelm Scherers Theorie und Programm einer »empirische[n] Poetik«[60] ist weniger, wie lange Zeit angenommen und bis in die jüngste Zeit zuweilen behauptet,[61] zu verstehen vor dem Hintergrund einer im Sinne Comtes: *positivistischen* oder streng »naturwissenschaftlichen« Tradition. Seit den 1970er Jahren wird diese Fehleinschätzung in Bezug auf die diskursiven Bedingungen der *Poetik* und anderer Schriften zunehmend korrigiert zu Gunsten einer konzeptgeschichtlichen Verortung, die einerseits die Vorstellung vom vermeintlichen Hiat zwischen ›Positivismus‹ und ›Geisteswissenschaft‹ korrigiert[62] und andererseits stärker die Einflüsse der spezifisch deutschen Tradition national-ökonomischer Vorstellungen und Begriffe auf die Theorien Scherers fokus-

---

59 Die folgenden Überlegungen sind in leicht veränderter Form bereits erschienen: Matthias Agethen: Angeeignete Konzepte. Wilhelm Scherers *Poetik* (1888) und die Wirtschaftstheorie der Zeit, in: Internationales Archiv für Sozialgeschichte der deutschen Literatur (IASL) 41 (2016), H. 1, 122–145.

60 Scherer: Poetik, a. a. O., 35.

61 So z. B. noch Dieter Burdorf: Poetik der Form. Eine Begriffs- und Problemgeschichte, Stuttgart [u. a.] 2001, 277 f.

62 Tom Kindt / Hans-Harald Müller: Dilthey gegen Scherer – Geistesgeschichte contra Positivismus. Zur Revision eines wissenschaftshistorischen Stereotyps, in: DVjs 74 (2000), H. 4, 685–709.

siert.[63] Ein Befund, der sich leicht nachvollziehen lässt, blickt man auf die vielen verschiedenen Selbstaussagen in Scherers sprach- und literaturgeschichtlichen sowie poetologischen Schriften, die Zeugnis ablegen von einem mit Bezug auf die eigene Theoriebildung tatsächlich *applikativen* und *generativen* Gebrauch volkswirtschaftlicher Konzepte der Zeit: In einer Rezension von 1866 zu Ernst Petsches im Jahr zuvor erschienenen *Geschichte und Geschichtsschreibung unserer Zeit* weist Scherer etwa nicht nur fundierte Kenntnisse der nationalökonomischen Literatur nach, er beruft sich darüber hinaus auch ganz explizit auf einschlägige Schriften Wilhelm Roschers – zitiert werden etwa *Grundriß zu Vorlesungen über die Staatswirthschaft* (1843), *System der Volkswirtschaft* (1854 ff.) sowie *Ansichten der Volkswirthschaft aus dem geschichtlichen Standpunkte* (1861) – sowie auf *Die politische Oekonomie vom Standpunkt der geschichtlichen Methode* (1853) von Karl Knies.[64] Ab den 1870er Jahren steht Scherer zudem in engem persönlichen Kontakt mit Gustav Schmoller, einem der führenden Köpfe der Nationalökonomie; ab den 1880er Jahren verbindet die beiden gar eine Freundschaft.[65] Im Vergleich zu den anderen in dieser Arbeit untersuchten Korrelationen zwischen nationalökonomischem Wissen und literarischen und literaturtheoretischen Texten, handelt es sich bei der hier in Rede stehen Konstellation also um einen intentionalistischen Sonderfall – Scherer hat sich Begriffe und Konzepte der Volkswirtschaftslehre ganz bewusst und explizit angeeignet.[66]

---

63 Auf die Bezugnahmen von Scherer auf die Schriften des Nationalökonomen Wilhelm Roscher wurde hingewiesen von Gunter Reiss: Einleitung, in: Scherer: Poetik, a. a. O., S. IX–XLII und mit dem Abdruck von Auszügen aus Roschers Schriften im Anhang dieser Ausgabe, 221–232 sowie von Jürgen Sternsdorff: Wissenschaftskonstitution und Reichsgründung. Die Entwicklung der Germanistik bei Wilhelm Scherer. Eine Biographie nach unveröffentlichten Quellen, Frankfurt/M. 1979; Wolfgang Höppner: Das »Ererbte, Erlebte und Erlernte« im Werk Wilhelm Scherers. Ein Beitrag zur Geschichte der Germanistik, Köln / Weimar / Wien 1993, 107–113. Einen synoptischen Blick auf Roscher und Scherer hat jüngst geworfen Rakow: Ökonomien des Realismus, a. a. O., 29–43.

64 Siehe Wilhelm Scherer: Geschichte und Geschichtsschreibung unserer Zeit, in: Scherer: Poetik, a. a. O., 213–221.

65 Siehe Sternsdorff: Wissenschaftskonstitution, a. a. O., 221. Tatsächlich laufen die Karrieren von Scherer und Schmoller geradezu parallel: Scherer ist zwischen 1872 und 1877 Professor an der Universität Straßburg und zwischen 1877 und 1886 in Berlin. Schmoller ist ab 1872 nicht nur ebenso in Straßburg, sondern anschließend ab 1882 auch ebenso in Berlin. Hans-Harald Müller: Wilhelm Scherer (1841–1886) in Berlin, in: Zs. f. Germanistik 20 (2010), H. 1, 140–155, 143 weist darauf hin, dass Scherers Straßburger Zeit, in der er vor allem an Studien zur Literatur des 16.–18. Jahrhunderts arbeitet, kaum erforscht sei.

66 Vgl. auch Rakow: Ökonomien des Realismus, a. a. O., 29 f.

5.2.2. Textverkehr – lexikalische und analogische Aneignungen

Neben den angesprochenen Verbindungen auf der Ebene der direkten Rezeption und des persönlichen Austausches lassen sich auch mit einem ersten Blick auf die Ebene des Textverkehrs tiefe Spuren des nationalökonomischen Diskurses in Scherers Schriften beobachten. Bereits die schlichte Übernahme begrifflicher Entitäten darf als Versuch gedeutet werden, anhand einer ökonomischen Beschreibungssprache, anhand eines hypothetischen nationalökonomischen Lexikons, über die Belange der Poesie zu sprechen. In der *Poetik* ist etwa die Rede von einem angesammelten »Kapital von Bildung und Kunst«, vom »poetische[n] Product« und den »Factoren der Production«.[67] Ein wichtiges Unterkapitel ist überschrieben mit »Der Tauschwerth der Poesie und der litterarische Verkehr«[68]; und schon in den 1870er Jahren diskutiert Scherer die Kooperations-Möglichkeiten unterschiedlicher wissenschaftlicher Disziplinen anhand der Opposition von »Arbeitstheilung« und »Arbeitsvereinigung«.[69]

Auf dieser Spur werden konstitutive Elemente der *Poetik* als Folgen manifester textueller, methodologischer, begrifflicher und konzeptioneller Übertragungen vom Feld der Ökonomie auf das Feld der Poetologie im Modus der Analogie beschreibbar. In analogischer Transformation volkswirtschaftstheoretischer Vorstellungen etwa von ökonomischen Gütern, welche gemäß den gängigen nationalökonomischen Produktionslehren aus einem Zusammenspiel der Faktoren *Natur*, *Arbeit* und *Kapital* hervorgebracht werden, schreibt Scherer über die »dichterische Production«:

> Zunächst ist auch hier ein wichtiger Factor die Natur: die Natur ist der unerschöpfliche Stoff des Dichters und dadurch Factor der Production […] Doch auch dem Kapital entspricht ein Factor: es sind schon angesammelte Producte vorhanden, Tradition, traditionelle Stoffe, traditionelle Behandlungsart der Form, die der Dichter vorfindet: das ist das Kapital, das frühere Generationen für ihn sammeln. […] Endlich Arbeit: die Art, wie er diese Tradition sich aneignet, das Kapital fortpflanzt und vermehrt und von neuem aus der poetischen Stoffwelt schöpft.[70]

In der schlagwortlogischen Beschreibung der dichterischen Tätigkeit in den Begriffen von *Produktion*, *Natur*, *Kapital* und *Arbeit* werden ökonomische und poetische Entwicklungsprozesse auf eigensinnige Weise verähnlicht, sofern beide im Zusammenspiel der gleichen Faktoren fundiert sind. Ökonomie und Kunst, so lässt sich sagen, werden somit wesensverwandt und vergleichbar in

---

67 Scherer: Poetik, a. a. O., 13, 85, 101.
68 Ebd., 84.
69 Wilhelm Scherer: Die neue Generation, in: Ders.: Vorträge und Aufsätze zur Geschichte des geistigen Lebens in Deutschland und Oesterreich, Berlin 1874, 408–414, 410.
70 Scherer: Poetik, a. a. O., 101.

Bezug auf ein Drittes, auf das Prinzip der *poiesis:* Beide sind in dieser Logik Hervorbringungen in einem elementaren Sinne. Neben der Beobachtung, dass die Übertragung der Begriffe von Produktion und Arbeit bereits deutlich auf spätere spezifische Vorstellungen einer Geistesarbeit vorausweist[71], ist vor allem der Hinweis auf die hier sich artikulierende Vorstellung zunehmender geistig-literarischer ›Kapitalisierung‹, welche sich über die Bildung technischer, stofflicher und formaler Traditionen herstelle, von Bedeutung. Im Begriff des *poetischen* bzw. *literarischen Kapitals* ist nicht nur ein Moment der historischen Vermittlung und Akkumulation traditioneller ›Poesie-Bestände‹ impliziert, er enthält auch die Vorstellung einer dynamischen Höherentwicklung und des quantitativen Anwachsens literarischer Werke im geschichtlichen Prozess.[72] Einer analogisch engen Argumentationslogik folgt das insofern, als die Vorstellung über ein ständig wachsendes geistiges Kapital der Menschheit, der Kultur, der Nation ganz offensichtlich älteren nationalökonomischen Theorien – und ihrem dezidiert narrativen Moment – von wirtschaftlichem Fortschritt entlehnt ist:

> Der jetzige Zustand der Nationen ist eine Folge der Anhäufung aller Entdeckungen, Erfindungen, Verbesserungen, Vervollkommnungen und Anstrengungen aller Generationen, die vor uns gelebt haben; sie bilden das *geistige Kapital der lebenden Menschheit*, und jede einzelne Nation ist nur produktiv in dem Verhältnis, in welchem sie diese Errungenschaften früherer Generationen in sich aufzunehmen und sie durch eigene Erwerbungen zu vermehren gewußt hat.[73]

Die Idee eines »geistigen« Produktivkapitals generational vermittelter, explizit nationaler Leistungen, Fertigkeiten und Wissensbestände kann, wie das Kapitel über die Narrativität der Nationalökonomie gezeigt hat, eben genau deshalb von den theoretischen Schriften des Literatursystems aufgenommen werden, weil der Diskurs der Nationalökonomie in spezifischer Weise Möglichkeiten der Applikation, der Analogisierung und der Re-Produktion des eigenen textuellen Materials bereithält. Zudem sind Scherers Anmerkungen zum Verhältnis von allgemeiner »Culturstufe«[74] der Nation und dem ›Gütegrad‹ ihrer poetischen Erzeugnisse Ausweis dafür, dass sich der Prozess der Aneignung auf zwei Ebenen vollzieht. Neben der Übernahme der analogischen Argumentationslogik der Volkswirtschaftslehre der Zeit in einem technisch-methodologischen Sinne

---

71 Vgl. Rolf Parr: Autorschaft. Eine kurze Sozialgeschichte der literarischen Intelligenz in Deutschland zwischen 1860 und 1930, Heidelberg 2008. Insgesamt, so scheint mir, sind die möglichen Zusammenhänge zwischen Konzepten der *geistigen Arbeit* im System der Literatur und den Konzepten von *Arbeit* und *Produktivität* im System der ökonomischen Theorie von literaturwissenschaftlicher Seite kaum bzw. gar nicht erforscht.

72 Vgl. Scherer: Poetik, a. a. O., 13.

73 List: Das nationale System, a. a. O., 149.

74 Scherer: Poetik, a. a. O., 68.

argumentiert Scherer zudem auch tatsächlich in der nationalökonomischen Analogiebildung Wirtschaft / Kultur: Die Errungenschaften der Ökonomie und der Kultur, d. h. die nationale »Civilisationsstufe«[75] wird in ein komplementäres Verhältnis zur Entwicklungsstufe ihrer Poesie gesetzt:

> Und so darf man sagen: bei der heutigen Organisation des litterarischen Verkehrs haben im Allgemeinen die Culturvölker die Poesie, die sie verdienen.[76]

Im Hinweis auf den Gebrauch nationalökonomischer Argumentationsweisen, Kategorien und Begriffe sowie in den Präsenzen ökonomischer Analogien auf der argumentativen Oberfläche der literaturtheoretischen Schriften zeigt sich zugleich – und darüber hinausgehend – eine tiefer liegende Struktur der Aneignung von wissenschaftlicher Theorie auf einer fundamentalen, gewissermaßen makro-methodologischen Ebene.

5.2.3. Nationalökonomische Methodologie und die Transformation des Ästhetischen

Bereits ab den 1860er Jahren, in Scherers früheren Schriften, finden sich zahlreiche methodologische und wissenschaftsprogrammatische Äußerungen, die Aufschluss geben über eine Idee der Einbettung poetischer Fragen in eine »historische[] Universaldisziplin«.[77] Scherer hat zu diesem Zeitpunkt bereits eine *Universalwissenschaft der Kultur* im Sinn, die alle Bereiche des menschlichen Lebens historisch erklären könne. In der oben zitierten Rezension *Geschichte und Geschichtsschreibung* von 1866 heißt es dazu:

> [S]o bedürfen wir einer Lehre von den Bedingungen und Folgen der Wirthschaftssysteme, der Staatsformen, der Entdeckungen und Erfindungen [...] der individuellen Charaktertypen, der Sprachperioden, der wissenschaftlichen, moralischen und künstlerischen Anschauungen der Dichtungsgattungen u. s. w. [...] Die Geschichte ist die Wissenschaft von dem Leben der Völker.[78]

Konkreter noch wird dieses Anliegen in den 1870er Jahren formuliert. Im gleichnamigen Programmtext fordert Scherer eine bzw. *Die neue Generation* der Wissenschaft, um den gnoseologischen Problemen einer ab den 1850er Jahren als zunehmend unüberschaubar wahrgenommenen Lebenswelt zu begegnen. In

---

75 Ebd., 68.
76 Ebd., 89.
77 Sternsdorff: Wissenschaftskonstitution, a. a. O., 85 f.; vgl. Kindt / Müller: Dilthey gegen Scherer, a. a. O.
78 Wilhelm Scherer: Geschichte und Geschichtsschreibung unserer Zeit, in: Ders.: Poetik, a. a. O., 213–221., 215.

der »lebendigen Berührung scheinbar getrennter Wissenszweige«,[79] so Scherer, liege das Hauptpotenzial wissenschaftlicher Erkenntnis. Für eine totalisierende, universalistische und empirische Wissenschaft als Strategie, ›die Moderne‹ wissenschaftlich zu beobachten, wird argumentiert mit der »Universalität erfahrungsmäßiger Betrachtung«.[80] Bezogen auf die spezifisch literaturwissenschaftliche Seite einer avisierten historisch-analytischen Totalperspektive wissenschaftlicher Untersuchungen, formuliert Scherer als eines der Hauptziele der eigenen poetologischen Überlegungen, eine »Übersicht der gesammten Erscheinungen« zu erlangen.[81] Darin artikuliert sich ein methodologisches Kalkül, das in unmittelbarer Verwandtschaft zur Nationalökonomie der Zeit verortet ist, die sich, wie beschrieben, als eine holistische, den »Gesammtzustande eines Volkes«[82] beobachtende und ihren Gegenstand, die Volkswirtschaft, als ein »Ganze[s]« von »nebeneinander und übereinander sich aufbauenden Wirtschaften«[83] beschreibende sowie das historische Gewordensein der nationalen Ökonomie empirisch beobachtende *Wirtschafts- als Kulturwissenschaft* versteht.

Der mit dieser Ausrichtung verknüpfte empirische Duktus, der programmatisch von den Vertretern der Historischen Schulen der Volkswirtschaftslehre vertreten wird, findet sich in analoger Weise in Scherers *Poetik* wieder. Wenn dort nach dem »Ursprung der Poesie« gefragt wird, dann geht dieser Frage insofern eine methodologische Vorentscheidung voraus, als sie festlegt, dass die

> Schwierigkeit der Frage oder wenigstens eine der Schwierigkeiten darin [liegt], daß wir, wenn wir von Poesie sprechen, die Poesie nur anschauen dürfen als die Masse der überhaupt vorhandenen Poesie, und daß wir, ehe wir eine weitere Ansicht aufstellen, erst wissen müßten, in welcher Reihenfolge die einzelnen Gattungen entstanden sind.[84]

Dieser nüchterne Blick auf literarische Werke bezieht sich nun ganz offensichtlich zunächst, gewissermaßen extensional, auf empirisch gegebenes Material, das tendenziell den Prinzipien statistisch-quantitativer Messbarkeit, der Skalierung, der Einteilung in Grade und Maßstäbe gehorcht und sich eben nicht – gewissermaßen intensional – auf philosophische Kategorien ästhetischer Qualität beziehen ließe. Poesie, so ist Scherer zu verstehen, ist zunächst einmal zu behandeln als eine »Masse« von tatsächlich gegebenen Exemplaren, die sich chronologisch anordnen und vergleichen lassen und somit einen prinzipiell kommensurablen Charakter aufweisen. In dieser Perspektive ist ›das Poetische‹

---

79 Scherer: Neue Generation, a. a. O., 411.
80 Ebd., 410.
81 Scherer: Poetik, a. a. O., 53.
82 Knies: Politische Oekonomie, a. a. O., 62.
83 Schmoller: Grundriß der Allgemeinen Volkswirtschaftslehre I, a. a. O., 4.
84 Scherer: Poetik, a. a. O., 55.

– in seinen *physisch* vorhandenen Formen – nichts, was Kategorien des *Meta*physischen zugänglich sein oder in deduktiven Verfahren herstellbar sein könnte. Die Zielstellung der avisierten Betrachtungsweise bezieht sich gerade nicht auf das Nachvollziehen einer Idee der »wahren Poesie« oder auf die Frage nach einem überzeitlich und wesenhaft Schönen. Gefordert wird vielmehr eine »*Methodik*«, die sich eignet, »nicht etwa [...] die wahre Poesie zu suchen, aber wohl um das für eine bestimmte Zeit Zweckmäßige und Wünschenswerthe zu finden.«[85] Bezeichnenderweise wird dieses Grundanliegen der Schererschen *Poetik* abgeleitet aus einer explizit »nationalökonomischen« Betrachtungsweise, welche folgendermaßen charakterisiert wird:

> [D]ie Scala aller möglichen Erscheinungen und ihrer Wirkungen wird erforscht. Hiernach dann Regelung für den einzelnen Fall: bestimmte Stufen und Formen der Wirthschaft sind zweckmäßig für bestimmte Epochen; nicht aber ist eine wahre Wirthschaft zu finden.[86]

Die Kategorien des »Schönen« bzw. der »wahren Poesie«, die von Hegel und seinen Nachfolgern als Leitmaximen des Ästhetischen etabliert worden waren[87], geraten – folgt man der analogischen Argumentation Scherers zur Verabschiedung der Idee einer vermeintlich »wahren«, da historisch und kulturell indifferenten und überzeitlich gültigen Wirtschaftsverfassung – fast vollständig aus dem Blickfeld.[88] In Analogie zur nationalökonomischen Methodologie geht es Scherer vielmehr um die Feststellung, dass poetische Produkte im Kontext bestimmter historischer Epochen entstehen und spezifische *Funktionen* – in Variation von *prodesse et delectare* etwa das »Zweckmäßige« und »Wünschenswerthe« – erfüllen.

Sein Modernisierungspotenzial bezieht dieser Ansatz neben der Überführung von empirischen und induktiven Prinzipien und Verfahren vor allem aus der Fokussierung auf die historischen, kulturellen und in diesem Sinne auch kontingenten Bedingungen von Poesie. Der Beobachtungsmodus der Nationalökonomie wird dabei insoweit angeeignet, als die ›neue Poetik‹ Scherers darauf zielt, literarische Werke als in gesellschaftlichen Produktions-, Distributions- und Rezeptionsbedingungen fundierte Entitäten zu betrachten. Literaturgeschichte und -theorie, so Scherers Anliegen, sollen fundiert sein in einer das

---

85 Ebd., 52.
86 Ebd., 52.
87 Vgl. Gerhard Plumpe: Einleitung, in: Ders. (Hg.): Theorie, a. a. O., 9–40, 9 f., 38 sowie die abgedruckten Textausschnitte von Friedrich Theodor Vischer über *Kunst und Naturnachahmung* (70–72) oder Julius Hermann von Kirchmanns *Der Begriff der Idealisierung* (74–79).
88 Höppner: Das »Ererbte, Erlebte und Erlernte«, a. a. O., 109, sagt, dass mit der *Poetik* der Literaturbegriff »weit aus dem Kanon der Schönheitsmetaphysik und Autonomiekonzeptionen herausgeführt wurde«.

Poetische *kontextualisierenden* und in seine Entstehungs- und Funktionszu-
sammenhänge *einbettenden* Methode.[89]

Zwei wichtige transformative Momente sind mit dieser kulturalistisch bet-
tenden Methode, welche die Formen der Literatur eigentlich als Konkretionen
bzw. Ausformungen von historisch und kulturell variablen *Verhältnissen* versteht, gegeben. Eine wichtige Implikation besteht in der Reduzierung von – in
abstrakt-metaphysischer Hinsicht: ontologischer und in konkreterer Hinsicht:
typologischer – Trennschärfe zwischen Poesie und Nicht-Poesie. Scherers *Poetik*
ist stark geprägt von Gesten der Abstufung, der Darstellung von flexiblen
Übergängen und Nuancen sowie der Relativierung.[90] Darin, so lässt sich sagen,
weist sie bereits vorsichtig voraus auf ein späteres literaturwissenschaftliches
Paradigma, das nicht mehr auf der Suche sein wird nach ›Literatur‹ oder ›Poesie‹,
sondern eher nach der ›Literarizität‹ oder nach der ›Poetizität‹ von *Texten* fragen
wird.[91]

Die zweite wichtige Implikation der von Scherer angestrebten kontextualisierenden Forschungsperspektive besteht in ihrer Fokussierung auf funktions-
geschichtliche und funktionale Aspekte der Poesie. Mit der Überführung des
Wert-Begriffs vom Feld der Ökonomie auf das Feld der Poetologie[92] werden
Sinn, Zweck und die Funktionen literarischer Erzeugnisse in genau jene Logik
immaterieller und metaphysischer Produktivität eingezogen, welche die Nationalökonomie mit ihren eigenwilligen Konzeptionen eines subjektiv-objekti-
ven Werts etabliert hatte.[93] Mit der Rede vom *idealen Wert der Poesie* sind
eigentlich, so ließe sich sagen, ihre Aufgaben und ihre Effekte in Bezug auf
Macht, Erziehung und Sittlichkeit umschrieben, auf all das also, was man mit
dem notwendigen kritischen und historischen Abstand unter den Begriff der
Ideologie subsumieren würde.[94] Der »ideale[] Werth[] der Poesie« falle, so·

---

89 Ganz Ähnliches ist auch schon angedacht in Wilhelm Scherer: Die Anfänge des deutschen
     Prosaromans und Jörg Wickram von Colmar. Eine Kritik, Strassburg / London 1877.
90 Vgl. Scherer: Poetik, a.a.O., 9–29, bes. 26f., 122; als Beispiele für künstlerisches und quasi-
     poetisches Schreiben führt Scherer etwa die Schriften seiner großen Vorbilder Karl Lach-
     mann und Jacob Grimm an.
91 Vgl. zu den Begriffen der *Poetizität* und der *Literarizität* im Zusammenhang mit der For-
     mierung des russischen Formalismus Roman Jakobson: Die neueste russische Poesie [1921],
     in: Texte der russischen Formalisten, Bd. 2: Texte zur Theorie des Verses und der poetischen
     Sprache, eingel. u. hrgs. v. Wolf-Dieter Stempel, München 1972, 18–135.
92 Im Abschnitt über »*Idealer Werth der Poesie*«, Scherer: Poetik, a.a.O., 94–100.
93 Scherers Begriff des *idealen Werts* ist eine Übertragung des nationalökonomischen Begriffs
     vom *Gebrauchswert*, welcher dort als diejenige Wertzuschreibung bzw. als dasjenige kol-
     lektive und objektive Werturteil beschrieben ist, das sich gerade nicht in einem manifesten
     materiellen Tauschwert ausdrücken lässt. Vgl. Kap. 2.1. dieser Arbeit.
94 Vgl. Reiss: Einleitung, a.a.O., XXVIII–XXXIV, der die ideologischen Implikationen der
     Schererschen Poetik herausarbeitet, m.E. jedoch – aus wissenschaftshistorisch allerdings
     sehr nachvollziehbaren Gründen – überbewertet.

Scherer, zusammen mit ihrer Funktion als einer »Macht«, die nicht zuletzt darin bestehe, ein »Hebel« zu sein, der auf den »Verstand« und den »Willen« der Menschen einwirken könne.[95] Eine funktionale Eigenschaft der Kunst, zugleich ihr »Wert«, der auch mit Blick auf die Geschichte plausibel gemacht werden kann:

> Historisch ist unzweifelhaft, daß die Poesie eine große sittliche Bildnerin der Völker ist, daß sie ein Haupterziehungsmittel der Nationen ist.[96]

Das Modernisierungspotenzial, das diese spätrealistische Korrelation von ökonomischer Theorie und poetologischen Vorstellungen birgt, geht insofern über die teils von der Forschung zwar registrierten, nicht aber näher untersuchten Prozesse der metaphorischen und lexikalischen Übertragung hinaus, als sich mit der Aneignung nationalökonomischer Theorie der poetologische Diskurs selbst verändert.[97] Die von Scherer entwickelte ökonomische und ökonomisierende Sprache ist nicht nur eine tatsächlich neue Beschreibungssprache des Poetischen, sie geht darin zudem einher mit strukturell tiefer liegenden methodologischen Transformationen, welche, wie skizziert, zentrale ontologische und funktionale Aspekte des Ästhetischen betreffen. Damit, und darin zeigt sich das innovative Potenzial ganz deutlich, eröffnen sich zugleich Möglichkeiten weiterer Modernisierungsschübe programmatischer, disziplinärer und pragmatischer Art.

5.2.4. Ansätze zu einer kulturwissenschaftlichen Literaturwissenschaft *avant la lettre*?

In diesem Sinne kann das, was sich an der vorliegenden Konstellation zeigt, gewertet werden als früher Versuch der akademischen Germanistik, eine historisch-soziologische, rezeptions- und funktionsgeschichtlich fokussierte Literaturwissenschaft als ›Kulturwissenschaft‹ zu etablieren. Scherer geht es gerade

---

95 Scherer: Poetik, a.a.O., 100.

96 Ebd., 95.

97 Anders als Rakow: Ökonomien, a.a.O., 35, der argumentiert, dass sich die »Leistung dieser eher unscharfen Metaphorik« darin erschöpfe, »gängige literaturwissenschaftliche Themen mithilfe ökonomischer Kategorien neu zu perspektivieren« hat nicht nur schon die zeitgenössische Kritik auf die Innovativität hingewiesen: Bei Georg Ellinger: Wilhelm Scherer. Poetik [Rezension, 1890], in Scherer: Poetik, a.a.O., 287–292, 291, heißt es etwa, dass Scherer das »unvergleichliche verdienst gebührt, zum ersten male die grundsätze einer vergleichenden empirischen poetik« formuliert zu haben. Auch die jüngere Forschung attestiert der *Poetik* völlig zurecht den Charakter einer Neugründung der Literaturwissenschaft: Vgl. Höppner: Das »Ererbte, Erlebte und Erlernte«, a.a.O., 109f. sowie Burdorf: Poetik der Form, a.a.O., 280.

um die Untersuchung der *Verhältnisse*, in denen Poesie entsteht und um die Frage, wie diese Verhältnisse auf konkrete literarische Formen einwirken.[98] Der Versuch der Rückbindung poetischer Phänomene an empirisch zu prüfendes Material bedeutet zugleich die Verortung des literarischen Kunstwerks in einer gewissen historischen Situation, die durch ganz spezifische zeitliche, soziale, gesellschaftliche, ökonomische und also kontingente Einflüsse, Moden und »Factore[n]« gekennzeichnet ist.[99]

Anhand dessen lassen sich nicht nur die skizzierten ästhetisch-poetologischen Transformations- und Modernisierungsprozesse nachvollziehen. Ebenso resultiert daraus eine Neu-Orientierung der Disziplin in einer auch ganz konkreten wissenschafts*programmatischen* Hinsicht. Im Abschnitt über den *Tauschwerth der Poesie und den litterarischen Verkehr* heißt es etwa:

> Die Poesie ist also schon in alter Zeit eine Art von Waare. Ihr Werth regelt sich nach Angebot und Nachfrage, nach dem Verhältniß von Production und Consumtion [...] Die Poesie oder, besser gesagt, das poetische Product, ist heut eine Waare wie eine andere, und die nationalökonomischen Gesetze des Preises und Umsatzes haben auch auf das poetische Product, wie auf das Buch im Allgemeinen, ihre Anwendung [...].[100]

An derartigen Aussagen lässt sich eine Betrachtungsweise beobachten, die in der ›Erdung‹ ihres Gegenstandes auf die Untersuchung profaner, um einen Begriff des 20. Jahrhunderts zu bemühen: *literatursoziologischer* Fragestellungen zielt – etwa auf historische Analysen von Buchmarkt und -handel, auf den Nachvollzug von Kommerzialisierungstendenzen und generell auf Fragen, die das Ökonomische und den Bereich ›das Buch als Ware‹ umfassen. In forschungsprogrammatischer Hinsicht ist damit eine Erweiterung literaturtheoretischer und -geschichtlicher Belange um Fragen nach den Produktionsbedingungen, nach den Verhältnissen zwischen Produktion, Distribution und Rezeption poetischer Erzeugnisse markiert. In der *Poetik* heißt es dazu:

> denn die Factoren der Vermittlung zwischen Producent und Consument, d. h. zwischen Dichter und Publicum, sind außerordentlich complicirt geworden; und diese haben einen gewissen Einfluß auf die Production.[101]

Neben diesem rezeptionstheoretischen Moment, das einen starken Akzent legt auf das Einwirken der ›Literatur-Konsumenten‹,[102] wirken auch noch weitere

---

98 Vgl. Sternsdorff: Wissenschaftskonstitution und Reichsgründung, a.a.O., 112f.
99 Scherer: Poetik, a.a.O., 87.
100 Ebd., 84–94, hier 85.
101 Ebd., 85.
102 Mit Blick auf den Gesamttext lässt sich festhalten, dass das zweite Kapitel über *Dichter und Publicum* (Scherer: Poetik, a.a.O., 54–136) insgesamt und in Relation zu den Kapiteln drei bis fünf, die die traditionellen Kernfragen der Poetik – *Die Stoffe* (137–149), die *Innere Form* und die *Äußere Form* (150–183) – behandeln, den eindeutig größten Teil einnimmt.

Faktoren auf die »poetische Production« und auf das Entstehen literarischer »Formen ganz neuer Art« ein.[103] Als Einflussfaktoren bekommt Scherer neben den Institutionen der Kritik und des Rezensionswesens und neben den Vermittlungsfunktionen des Verlagswesens[104] somit beispielsweise auch die in einer bestimmten Epoche herrschenden politischen Systeme oder das Aufkommen und Verschwinden von gewissen »Moden« in den Blick.[105] Vor dem Hintergrund derartiger Ergebnisse einer kontextualisierenden historischen Literatursoziologie *avant la lettre* seien, so Scherer, etwa Prozesse der Kanonbildung sowie Tendenzen literarischer Gattungsbildung (etwa Roman vs. Drama) zu beobachten. Anhand dieser programmatischen Neuausrichtung ließen sich dann etwa auch Aussagen über die Einflüsse bestimmter sozialer, politischer und ökonomischer »Zeitverhältnisse«[106] treffen sowie über das Entstehen umfänglicher oder kürzerer Texte, über die Verwendung gewisser Stoffe und Themen, über das Fortleben traditioneller Erzählformen – etwa Märchen, Anekdote, Novelle, Legende u. a. – im modernen Zeitungs- und Journalwesen oder gar über den Einfluss des Alphabetisierungsgrads auf das Verhältnis von Illustration und Text im poetischen Werk.[107] Was hier unter Einbeziehung etwa einer »Geschichte der Honorare« als die »Lehre vom Erfolg«[108] systematisch und programmatisch in der Frühphase der *Neueren Deutschen Literaturwissenschaft* in ihren sich formierenden poetologischen Diskurs eingezogen werden soll, deutet hin auf die sehr moderne Vorstellung, dass die Marktförmigkeit des Buches, dass also Status und Eigenschaft der Poesie als einer kapitalistischen Marktgesetzen unterstehenden Ware, in erheblicher Weise auf die Ausbildung konkreter literarischer Formen einwirke.

Mit all dem kündigt sich bereits ein Forschungsinteresse an, welches von Verfahren strenger philologischer Analyse oder geschlossener hermeneutischer Exegese des literarischen Werks tendenziell wegführt und demgegenüber zunehmend auf die Untersuchung der *Wechselwirkungen* zwischen Poesie und dem historisch-kulturellen Feld der Voraussetzungen und Bedingungen ihrer Entstehung abzielt. In der darin sich manifestierenden Vorstellung, literarische Werke seien zu verstehen als Verdichtungen historisch und kulturell variabler Relationen und Verhältnisse des Gesellschaftlichen, des Sozialen und des Ökonomischen, sind bereits, so lässt sich abschließend bemerken, konzeptionelle und diskursive Vorleistungen für sehr viel jüngere postmoderne und kultur-

---

103 Ebd., 86.
104 Mit Blick darauf fordert Scherer u. a. eine »Analyse [...] des Feuilletons« (Scherer: Poetik, a. a. O., 86), eine »Geschichte der Recensionen« (87) sowie die »Analyse der Kritik« (89).
105 Ebd., 92, vgl. 89.
106 Ebd., 87.
107 Vgl. ebd., 86–92.
108 Ebd., 85 u. 90.

wissenschaftliche Vorstellungen gegeben, welche die Poesie und das Literarische beispielsweise als Konzentrationen zirkulierender sozialer Energien begreifen.[109]

---

109 So etwa bei Stephen Greenblatt: Shakespearean Negotiations. The Circulation of Social Energy in Renaissance England, Berkeley / Los Angeles 1988; s. bes. die Einleitung *The Circulation of Social Energy*, 1–20.

6. Die Krise der Nationalökonomie und ihr Zusammenhang mit den Veränderungen in der Erzählliteratur des Realismus – Die Entwicklungen ab 1870

Um nach diesem Ausflug auf das Feld von Theorie und Ästhetik noch einmal in Erinnerung zu rufen: Im Blick auf die Romane von Freytag und Spielhagen – zu ergänzen wäre die Reihe etwa noch durch Max Kretzer, Wilhelm von Polenz und, wie sich noch zeigen wird: Conrad Alberti – ist deutlich geworden, wie der literarische Realismus in Bezug auf das Wissen der deutschen Nationalökonomie verfährt: Er transformiert das Konstitutions- und Gründungsnarrativ von der nationalen Vergemeinschaftung durch Ökonomie (Wertegemeinschaft) – und das daraus hervorgehende Narrativ vom Untergang des Handwerks – in literarische Konstituenten bzw. Realisierungen dieser kompensatorischen und integrierenden Vergemeinschaftungserzählung. Die Literatur des Realismus verfährt also, so lässt sich zwischenzeitlich bilanzieren, reihenbildend und generativ: Nach seiner erstmaligen Literarisierung – *Soll und Haben* – verdoppelt, wiederholt und re-konstituiert sie den narrativen Archetypus der nationalökonomischen Vergemeinschaftung immer wieder. Ab den 1870er Jahren lassen sich im Blick auf diese Diskurskonstellation allerdings Verschiebungen registrieren. Es wird sich zeigen, wie eng die Modernisierungsprozesse des (national-)ökonomischen Diskurses mit den zeitgleich sich vollziehenden Modernisierungsprozessen auf dem Feld der realistischen Erzählliteratur korreliert sind.

6.1. Die Eigenlogik des Ökonomischen – Die Österreichische Schule und ihre Grundsatzkritik an dem »organischen Verständniss der Socialerscheinungen«

In den 1880er Jahren kommt es zu einer umfassenden und grundlegenden Kritik an der deutschen Nationalökonomie und ihren Methoden. Die Auseinandersetzung, die zwischen dem Wiener Nationalökonomen Carl Menger und dem einflussreichsten Vertreter der deutschen Nationalökonomie der Zeit, Gustav Schmoller, geführt wurde, ist später als der *Ältere Methodenstreit der Natio-*

nalökonomie in die Fachgeschichte eingegangen.[1] Ausgangspunkt war eine
überaus polemische Schrift Mengers *über die Methode der Socialwissenschaften
und der Politischen Oekonomie*.[2] In der Streitschrift fordert der Verfasser den
Umbau der Volkswirtschaftslehre zu einer »exacten Theorie«,[3] die sich an den
Methoden der Naturwissenschaften – an den Methoden von Physik, Chemie und
Mathematik – und nicht an denen der Geschichts- und der historischen
Rechtswissenschaft orientieren solle.[4] In Betonung der »formalen Natur der
Politischen Oekonomie«[5] fordert Menger programmatisch die »erkenntniss-
theoretische«[6] Erneuerung der Nationalökonomie zu einer auf Formalisierung
ihrer Aussagen, auf die Deduktion von ökonomischen »Gesetze[n]« zielenden
Disziplin, die nicht am Auffinden von »individuellen« Einzeltatsachen, sondern
an den regelmäßig sich wiederholenden »Erscheinungsformen« des Ökonomischen interessiert sei und somit Aussagen treffen könne über das *»generelle«*
Wesen der Ökonomie.[7] Die Forderung einer von der Beobachtung historischer
Einzeltatsachen abstrahierenden, gewissermaßen ›synchronistischen‹ Theorie
der Ökonomie wird unmittelbar aus einer vernichtenden Kritik an den Methoden der ›theoriefernen‹ und gewissermaßen ›diachronistisch‹ verfahrenden
deutschen Nationalökonomie entwickelt, die sich – insgesamt, am stärksten
jedoch in Gestalt ihrer Historischen Schulen – im bloßen Sammeln und Beschreiben historisch-empirischen und statistischen Materials erschöpfe.[8]
Zudem, so ein weiterer Kritikpunkt Mengers, müsse sich die Volkswirtschaftslehre als dezidiert theoretische Wissenschaft nicht nur von der Wirtschaftsgeschichtsschreibung trennen. Die Disziplin müsse sich zudem von ihrem seit Karl

---

1 Gerhard Ritzel: Schmoller vs. Menger. Eine Analyse des Methodenstreits im Hinblick auf den
  Historismus in der Nationalökonomie, Frankfurt/M. 1950; Hans-Werner Holub: Eine Einführung in die Geschichte des ökonomischen Denkens, Bd. IV, 2: Die Ökonomik des
  19. Jahrhunderts ohne Sozialisten, Wien 2010, 273–284; Aliki Lavranu: Deskription, Kausalität und Teleologie. Zu Gustav Schmollers methodologischen und wissenschaftstheoretischen Positionen im Anschluss an den ›Methodenstreit‹, in: Otto Gerhard Oexle (Hg.): Krise
  des Historismus – Krise der Wirklichkeit. Wissenschaft, Kunst und Literatur 1880–1932,
  Göttingen 2007, 181–206; Bettina Wentzel: Der Methodenstreit. Ökonomische Forschungsprogramme aus der Sicht des kritischen Rationalismus, Frankfurt/M. [u. a.] 1999.
2 Carl Menger: Untersuchungen über die Methode der Socialwissenschaften, und der Politischen Oekonomie insbesondere, Leipzig 1883.
3 Ebd., 81.
4 Vgl. ebd., 78 f. Vgl. auch schon die *Vorrede* zu Mengers *Grundsätzen* aus dem Jahr 1871: Carl
  Menger: Gesammelte Werke, hrsg. m. e. Einleitung u. e. Schriftenverz. v. Friedrich August von
  Hayek, Bd. 1: Grundsätze der Volkswirtschaftslehre, Nachdruck d. Ausg. Wien 1871, Tübingen 1968, V–X.
5 Ebd., XVII.
6 Ebd., X.
7 Ebd., 12, Hervorhebung M. A.
8 Vgl. ebd., besonders den Abschnitt *Ueber den historischen Gesichtspunkt der Forschung in der
  Politischen Oekonomie*, 93–137.

Heinrich Raus Einteilung in *Volkswirthschaftslehre, Volkswirthschaftspolitik* und *Finanzwissenschaft*[9] stets mitbehandelten, ganz in der Tradition von Kameralismus und Polizeiwissenschaft stehenden, staatswissenschaftlichen Teil – d.h. von der Nationalökonomie als anwendungsbezogener »Kunstlehre[]«[10] – abtrennen.

Wenn Menger zudem im Untersuchungsgegenstand der Disziplin, in der Volkswirtschaft – explizit gegen die organische und kulturmorphologische Auffassung der deutschen Kollegen – nichts mehr sieht als ein kompliziertes In- und Gegeneinanderspiel einzelwirtschaftlicher Privatinteressen, das »Ganze« der nationalen Ökonomie also in einen Zusammenhang von bloßen »singularwirthschaftlichen Factoren« zerlegt,[11] dann ist damit zugleich auch das kompensatorische und synthetisierende Konstituens der deutschen Volkswirtschaftslehre – die Erzählung von der nationalen Vergemeinschaftung durch ein gemeinsames ökonomisches Nationalinteresse – negiert und explizit dem Bereich der »Fiktion« zugeschlagen.[12] Gegen die kollektivistische und historisch-kulturalistische Argumentation der Gegenseite, gegen *Das organische Verständniss der Socialerscheinungen* also,[13] setzt Menger nun eine – in der Sprache der Zeit: *atomistisch-individualistische* Argumentation:[14] Alle sozialen Erscheinungen, Institutionen wie Sitte und Recht, Einrichtungen staatlicher Administration und wirtschaftliche Organisationsweisen wie etwa die *Volkswirtschaft* entstünden, so Menger, ausdrücklich »unreflektiert« und als nachgängige und mehr oder weniger ›zufällige‹ Folgen nicht kollektiver, sondern »individueller Bestrebungen«.[15] Dies bildet einen unüberbrückbaren Gegensatz zu der Grundannahme der sich als »Kulturwissenschaft« verstehenden »[h]istorisch-ethischen Nationalökonomie«,[16] dass ökonomische Privataktivität, ›sozialethischer‹ Gemeinsinn und die rechtlichen, politischen und sozialen Institutionen der Gemeinschaft bzw. Gesellschaft gemeinsam entstanden seien (genetisches Verhältnis). Menger plausibilisiert seine gegenläufige Theorie von der unre-

---

9   So die jeweiligen Bandtitel bei Karl Heinrich Rau: Lehrbuch der politischen Ökonomie, 3 Bde., Heidelberg 1826–1837. Vgl. zur kameralistischen Vorgeschichte der Nationalökonomie Hennings: Aspekte der Institutionalisierung, a.a.O. sowie Priddat: Produktive Kraft, a.a.O., 183–217.

10 Menger: Untersuchungen über die Methode der Socialwissenschaften, a.a.O., 7.

11 Ebd., 236, vgl. 87f.

12 Ebd., 87, im Anhang I der Schrift, *Ueber das Wesen der Volkswirthschaft*, 232–237, wird der deutschen Nationalökonomie auf wenigen Seiten viermal vorgeworfen, ihre Theorie beruhe auf »Fiktion«.

13 So der Titel des dritten Buchs der Schrift, ebd., 139–185.

14 Siehe ebd., den Abschnitt *Ueber das exacte (das atomistische) Verständniss des Ursprungs jener Socialgebilde, welche das unreflectirte Ergebniss gesellschaftlicher Entwickelung sind*, 171–186.

15 Ebd., 176, 178.

16 Schmoller: Historisch-ethische Nationalökonomie als Kulturwissenschaft, a.a.O.

flektierten und der privaten wirtschaftlichen Aktivität *nachgängigen* Evolution des Sozialen und ihren Formen etwa mit Blick auf die Entstehung des Geldes, mit Blick auf die Bildung von Städten und Staaten, auf die Entstehung von Märkten und der Arbeitsteilung sowie mit Blick auf die Organisation von Handelssystemen.[17]

Dabei zeigt sich bezeichnenderweise, wie auch der Diskurs einer exakten, abstrahierenden und formalisierenden Theorie paradoxerweise nicht auf die *narrative* Einbettung seiner Aussagen verzichten kann. Auch Menger muss einen hypothetischen Anfang des Ökonomischen imaginieren, von dem aus Prozesse der Entwicklung, der Entfaltung und der Differenzierung ausgehen. Über die Entstehung von Ortschaften heißt es beispielsweise:

> Die ersten Landwirthe, welche ein Territorium in Besitz nehmen, der erste Handwerker, welcher sich in der Mitte ansiedelt, haben der Regel nach nur ihr individuelles Interesse im Auge, ebenso der erste Gastwirth, der erste Krämer, der erste Lehrer u. s. f. Mit den steigenden Bedürfnissen der Gesellschaftsmitglieder finden noch andere wirthschaftende Subjecte es vortheilhaft, in der allmälig wachsenden Gemeinde neue Berufe zu ergreifen [...]. So entsteht allmälig eine Organisation der Wirthschaft, welche den Interessen der Gemeindeglieder in hohem Grade förderlich ist [...] während diese Organisation doch keineswegs das Ergebniss der Bethätigung eines auf die Begründung derselben gerichteten Gemeinwillens ist.[18]

Dass Menger hier genau in jenen Bahnen historischer und narrativer »Fiction[en]« verfährt,[19] die er am narrativen Historismus der Gegenseite kritisiert hatte, insofern als sich allein der ›diegetische Inhalt‹ seiner Geschichte von der bzw. den Geschichte(n) der deutschen Nationalökonomen unterscheidet, kann wenig überraschen. Belegt ist hierin vielmehr, dass die Zwänge narrativer Gegenstandskonstitution die Grenzen vermeintlich verschiedener »Diskursivitäten« überschreiten.[20]

Die sozialen Formen ökonomischer Organisation (hier die Stadt) entstehen in dieser ätiologischen Erzählung nicht aus einem kollektiven nationalen Willen oder aus dem »Volksgeist«, vielmehr entstehen sie dadurch, dass sich ver-

---

17 Menger: Untersuchungen über die Methode der Socialwissenschaften, a. a. O., 178–183.
18 Ebd., 178 f.
19 Ebd., 74 f.
20 Anders Rakow: Ökonomien, a. a. O., 326–374, Zitate 349. Er meint, die Texte der Österreichischen Schule um Carl Menger unterschieden sich von einem »realistischen Weg«, der sich gleichermaßen in den wissenschaftlichen Schriften der deutschen Nationalökonomie als auch in den literarischen Werken »des Realismus« zeige durch eigene, nicht-realistische »Darstellungsmittel« bzw. gar durch eine »eigene Poetik, eine eigene Darstellungskunst«. Inwiefern die wissenschaftlichen Texte der österreichischen Ökonomen tatsächlich eine spezifische »eigene Darstellungskunst« ausbilden und zudem noch in Verbindung mit besonderen »Literaturen« und »literarischen Verfahren« stehen, mit denen sie tatsächlich auch noch spezifische »Darstellungsmittel austauschen«, wird nicht erklärt.

schiedene Wirtschaftsteilnehmer der Verfolgung ihrer *eigenen* ökonomischen Interessen widmen – ohne dabei einem »Gemeinwillen« zuzuarbeiten. Die schlagenden Wendungen vom *ökonomischen Eigennutzen*, vom *wirtschaftlichen Einzelinteresse* bzw. vom *individuellen Streben* war den Vertretern der Historischen Schulen stets Mittel gewesen, der theoretischen Volkswirtschaftslehre in der Tradition von Physiokratismus, Smithianismus und Manchester-Liberalismus vorzuwerfen, sie bilde reduktionistische und isolierende Theorien.[21] In gegenläufig polemischer Weise wird dieses nun von Menger demonstrativ zum Kern der Disziplin erklärt: Im Abschnitt *Ueber das Dogma vom Eigennutze und seine Stellung im System der theoretischen Nationalökonomie* fordert Menger explizit, die theoretische Nationalökonomie als eine Theorie vom wirtschaftlichen Eigennutzen zu konstituieren.[22] Die Theorie nämlich, so Menger,

> welche uns die Aeusserungen des menschlichen Eigennutzes in den auf die Deckung ihres Güterbedarfs hinzielenden Bestrebungen der wirthschaftenden Menschen in exacter Weise verfolgen und verstehen lehrt, ist nun die »*exacte Nationalökonomik*«.[23]

In einer unverzüglichen Reaktion auf die Polemik Mengers hält Gustav Schmoller, bezeichnenderweise nun in Anlehnung an den jungen Wilhelm Dilthey, an der Forderung der Nationalökonomie fest, einen »Überblick über das Ganze« des Ökonomischen anzustreben, der ausschließlich mittels Fortführung und Ausweitung historisch-empirischer Arbeiten erreicht werden könne.[24] Das, was Menger als die Aussagen seiner »exakten« Theorie bezeichne, so Schmoller, seien nichts weiter als realitätsfremde Hypothesen, nichts mehr als »schemenhafte Phantome« und »geträumte Robinsonaden«, die lediglich »abstrakte[] Regelbilder« lieferten.[25] Nicht weniger polemisch als der Gegner verfahrend, bescheinigt Schmoller jenem eine »manchesterliche[] Abneigung gegen jede bewußte Thätigkeit kollektiver Gesellschaftsorgane« und rekonturiert damit den Gegenstandsbereich der Disziplin erneut anhand der schlagenden Opposition von *Eigenwohl* und *Gemeinwohl*:

---

21 Siehe etwa das dritte Kapitel über *Die Organisation der Volkswirtschaft* bei Wagner: Allgemeine oder theoretische Volkswirtschaftslehre, a. a. O., 156–261, bes. 160–171 sowie Kap. 2 dieser Arbeit.

22 Menger: Untersuchungen über die Methode der Socialwissenschaften, a. a. O., 71–81.

23 Ebd., 78.

24 In Gustav Schmoller: Zur Methodologie der Staats- und Sozialwissenschaften, in: Jahrbuch für Gesetzgebung, Verwaltung und Volkswirtschaft im Deutschen Reich 7 (1883), 975–994, Zitat 989, antwortet der Verfasser nicht nur auf die *Untersuchungen* Mengers, zugleich bespricht er auch ausführlich und affirmierend Wilhelm Dilthey: Einleitung in die Geisteswissenschaften. Versuch einer Grundlegung für das Studium der Gesellschaft und der Geschichte. Erster Band, Leipzig 1883.

25 Schmoller: Methodologie der Staats- und Sozialwissenschaften, a. a. O., 980, 983.

> Aber das individuelle Seelenleben erschöpft sich nicht in dem Gegensatz: Verabredung
> und egoistische Bestrebung, es setzt sich aus einer unendlichen Menge von selbstischen
> und sympathischen Gefühlen und Strebungen zusammen.[26]

Die hier skizzierte Debatte zwischen Menger und Schmoller um Gegenstandsbereich und Methoden der ökonomischen Wissenschaft hat drei diskurs- und
bewusstseinsgeschichtliche Effekte, die mit Blick auf das Verhältnis zwischen
wissenschaftlichem und *literarischem* Diskursfeld bemerkenswert sind.

Erstens handelt es sich um einen äußerst *polemischen* Schlagabtausch.
Menger geht es um die »Irrthümer« der deutschen Volkswirtschaftslehre;[27] ihre
Vertreter seien zwar »tüchtige Historiker, aber schwache Theoretiker«, ihre
Aussagen seien von »Widersinn« und »Widerspruch« geprägt,[28] ihr gesamtes
Lehrgebäude basiere auf »missverständliche[n] Analogien« bzw. »unklare[n]
Analogien«,[29] auf bloßer »Phraseologie« und »nichtssagende[n] Redewendun-
gen«.[30] Mit der Polemik und dem eigenartig ›unwissenschaftlichen‹ Ton dieser
Debatte ist nicht nur ein weiterer Beleg für die konstitutiven narrativen Momente
und für die spezifischen Prozesse der Verschlagwortung und der semantischen
Prägung einer ›Sprache der Ökonomie‹ gegeben. Hierin zeigt sich zudem, wie
der wissenschaftliche Ökonomie-Diskurs im Rückgriff auf polemische, rhetorisch gewissermaßen überformte und auf Popularisierung und breite Distribution zielende Aussageformate Wissen und Zeitbewusstsein des Ökonomischen sprachlich konfiguriert.[31]

Zweitens geht es in der Debatte nicht bloß um individuelle Fehlleistungen
einzelner Wissenschaftler. Menger polemisiert – unter Berücksichtigung weniger Ausnahmen – gegen die *gesamte* deutsche Nationalökonomie, die sich, als
Disziplin, mit Blick auf ein zunehmend sich internationalisierendes Wissenschaftssystem, seit fünfzig Jahren auf einem »vereinsamenden Irrweg« befinde.[32]

---

26 Ebd., 985f.
27 Carl Menger: Die Irrthümer des Historismus in der deutschen Nationalökonomie, Wien
    1884. Mit diesem bezeichnenden Titel, hinter dem sich eine in 16 Briefen verfasste Polemik
    verbirgt, antwortet Menger wiederum auf Schmoller. In der Vorbemerkung fordert Menger
    abermals die Erneuerung der ökonomischen Wissenschaft zu einer »exacten Nationalöko-
    nomie« (VIII). Die Schrift versammelt nochmals alle wesentlichen Kritikpunkte an der
    deutschen Volkswirtschaftslehre und bezieht sich nochmals explizit auf ihre unzulässige
    Vermischung von Wirtschaftsgeschichtsschreibung und (exakter) Wirtschaftstheorie.
28 Menger: Untersuchungen über die Methode der Socialwissenschaften, a.a.O., 24, 88f.
29 Ebd., XVII, 182.
30 Ebd., XXI, 182.
31 Im übrigen ist auch Menger, wie viele seiner Kollegen (s. Kap. 2 dieser Arbeit), vor seiner
    Karriere als Ökonomie-Professor publizistisch und als Redakteur für diverse Zeitungen tätig
    und insofern mit dem Adressieren einer breiten Öffentlichkeit vertraut. Siehe Hans Abele:
    Eintr.: Menger (von Wolfensgrün) Karl [!], in: Österreichisches Biographisches Lexikon
    1815–1950 (ÖBL), Bd. 6, Wien 1975, 221f.
32 Menger: Untersuchungen über die Methode der Socialwissenschaften, a.a.O., 81. In An-

Drittens bezieht sich die Auseinandersetzung nicht auf die Korrektur von wissenschaftsprogrammatischen Detailfragen; sie betrifft vielmehr die (narrativen) *Kern*konzepte der deutschen Nationalökonomie, ihre Erzählung von der gemeinschaftsstiftenden Natur des Ökonomischen, ihre Erzählung von der Vereinigung durch Arbeit und Handel, ihre narrative Analogisierung zwischen dem wirtschaftlichen und dem kulturellen Fortschritt und ihre Erzählung von einem durch das Ökonomische zu sich selbst kommenden nationalen Gemeinwillen.[33] In der Folge, so wird sich zeigen, verlieren auch die literarischen Varianten dieser nationalökonomischen Erzählung(en) an Bindekraft und Eindeutigkeit.

Wenn mit Mengers Fundamentalkritik am kollektivistischen Narrativ von der Entstehung der Volkswirtschaft und seiner Feststellung, dass ökonomische Organisationsweisen genetisch an eine Vielzahl individueller *und* sozialer, gemeinwohlorientierter und legislativer Faktoren gebunden seien und nicht bloß das »unreflektierte« Resultat egoistischer Willenskämpfe seien, wenn darin also die Nationalökonomie in einem ihrer sensiblen (da konstituierenden) Argumente getroffen ist, dann lässt sich der Anfang vom ›Ende der Erzählung‹ der Nationalökonomie bereits auf den Beginn der 1870er Jahre datieren: Eine geradezu revolutionäre Erneuerung volkswirtschaftlicher Theorie geht mit den Schriften Mengers insofern einher, als sich seine Kritik am historistischen Faktensammeln der deutschen Kollegen und ihrer Vermengung von wissenschaftlicher Theorie, Wirtschaftspolitik und nationaler Wirtschaftsgeschichtsschreibung von Beginn an auf seine Arbeiten zur Theorie des ökonomischen Wertes stützen kann. Die Neue Werttheorie, so wird sich nach dem zunächst folgenden Blick auf die ›oberflächlichen‹ Bedeutungs- und Sinnstrukturen von zwei Erzählungen Wilhelm Raabes zeigen, weist noch einmal andersartige und komplexe Korrelationen mit der Literatur des letzten Jahrhundertdrittels auf.

6.2. Kontinuierungen – Die Krise als Krise erzählen – Nationalökonomie bei Wilhelm Raabe I

Die beiden Erzählungen *Zum wilden Mann* (erstmals 1874 in *Westermanns Monatsheften* erschienen) und *Pfisters Mühle* (1885), die aus Raabes Braunschweiger Zeit stammen, handeln von wirtschaftlichen und sozialen Transfor-

---

hang II, *Ueber den Begriff der theoretischen Nationaloekonomie und das Wesen ihrer Gesetze*, 238–244, werden dann auch auf wenigen Seiten nahezu alle führenden Vertreter der deutschen Theorietradition namentlich attackiert, so etwa Gustav von Rümelin, Karl Heinrich Rau, Wilhelm Roscher, Bruno Hildebrand, Hans von Mangoldt, Julius Kautz, Adolph Wagner, Albert Schäffle, Gustav Cohn u.a.

33 Vgl. Kapitel 2. dieser Arbeit.

mationsprozessen, die sich in den 1860er und verstärkt noch einmal in der Gründerzeit der 1870er Jahre ergeben haben; von den gesellschaftlichen Prozessen also, die sich im »Wirbel des Übergangs der deutschen Nation aus einem Bauernvolk in einen Industriestaat« ereignet haben.[34] Strukturwandel, Industrialisierung, der Prozess umfassender gesellschaftlicher Modernisierung werden erzählt als Geschichten des Verfalls überkommener Sozialstrukturen und traditioneller ökonomischer Organisationsweisen. Was im einen Falle gezeigt wird als Auflösung einer traditionsreichen Dorfapotheke und anschließende Verarmung ihrer Besitzer, des Geschwisterpaares Philipp und Dorette Kristeller, im anderen Falle als Verdrängung und Abriss einer Mühle und der angrenzenden Mühlenwirtschaft, sind exemplarische literarische Veranschaulichungen ökonomischer Modernisierungsprozesse, in deren Zuge Haus- und Subsistenzwirtschaft, Handwerk und Kleingewerbe verdrängt werden durch Fabrikindustrie und kapitalistische Großunternehmungen. In dieser Hinsicht handelt es sich also um variante Konstituenten der nationalökonomisch-literarischen Ursprungs-, Vergemeinschaftungs- und Verfallserzählungen.

6.2.1. *Zum wilden Mann* (1874)

Die Welt der Apotheke *Zum wilden Mann* zeichnet sich, wie der Erzähler gleich eingangs bemerkt, aus durch eine spezifisch vormoderne, antikapitalistische Mentalität seiner Bewohner, durch eine ausgesprochen genügsame Haltung in Bezug auf Fragen ökonomischer Potenz und materiellen Besitzes:

> Sie waren [...] vollkommen zufrieden mit dem, was sie erhalten hatten, und hätten gern auf alles Weitere verzichtet, allein das Weitere und Übrige kam, und sie hatten es hinzunehmen, wie es kam.[35]

Erster Repräsentant der altdeutschen Dorfidylle vom Beginn der 1870er Jahre, die Schauplatz der Handlung ist, ist der Apotheker Philipp Kristeller, der einer tatsächlich gegen-wirtschaftlichen, gewissermaßen anachronistischen, nicht in kaufmännischem Gewinnstreben, sondern in solidarischen Erwägungen fundierten un-ökonomischen Einstellung das Wort redet:

---

34 Wilhelm Raabe: Pfisters Mühle. Ein Sommerferienheft, in: Ders.: Sämtliche Werke. Braunschweiger Ausgabe, hrsg. v. Karl Hoppe, Bd. 16, bearb. v. Hans Oppermann, 2., durchges. Aufl., Göttingen 1970, 5–178, 114. Zitate fortan aus dieser Ausgabe unter Angabe der Sigle PM und Seitenzahl.
35 Wilhelm Raabe: Zum wilden Mann, in: Ders.: Sämtliche Werke. Braunschweiger Ausgabe, hrsg. v. Karl Hoppe, Bd. 11, bearb. v. Gerhart Mayer u. Hans Butzmann, 2., durchges. Aufl., Göttingen 1973, 159–256, 161, vgl. 176. Zitate fortan aus dieser Ausgabe unter Angabe der Sigle ZwM und Seitenzahl.

›Eine ungesunde Jahreszeit – ein Apothekerherbst! – Gute Kasse, aber doch ein schlechtes Geschäft.‹ Er seufzte dabei und das Wort wie der Seufzer zeugten unstreitig von einem guten Herzen. (ZwM 167)

In Bezug auf sein wirtschaftliches Gebaren erscheint Kristeller in dieser Weise als Figuration genau derjenigen nationalökonomischen Anthropologie, die dem nackten ›egoistischen‹ Streben nach materiellem Gewinn noch andere, besonders *caritative* und ethische Motive beiordnet. Diese Haltung wird den Apotheker bis zuletzt auszeichnen und ihn und seine Schwester in das persönliche Verderben führen: In den späteren Verhandlungen mit dem Südamerika-Heimkehrer bzw. Heimatbesucher Agonista sowie in der freiwilligen Übergabe des gesamten Besitzes an eben diesen wird klar, dass er – ganz im Gegensatz zu seiner Schwester Dorette (vgl. ZwM 245) – tatsächlich weder das ökonomistische Kalkül Agonistas durchschaut, noch versteht, dass er der eigenen Enteignung, der Beraubung der eigenen ökonomischen Existenzgrundlagen beiwohnt. Bis zuletzt werden ihm vom Erzähler Worte in den Mund gelegt, die Zeichen sind für ein merkwürdiges, in seiner Absurdität und Un-Logik kaum zu verstehendes Bewusstsein von Sinn, Funktion und Eigenschaften des Geldes:

[U]nd sein Geld hat doch wenigstens zum zweiten Male einem Menschen für eine Stunde Behagen gegeben, was man wahrhaftig nicht von jedem Gelde sagen kann, und wenn es auch wie hier zwölftausend Taler wären. (ZwM 255)

Zudem bewegt sich die Apotheke, die als »das ganze Haus« (ZwM 163, 174, 228) seit 30 Jahren liebevoll von dem Geschwisterpaar Kristeller bedarfswirtschaftlich geführt wird, in unmittelbarer Nähe zum Vorstellungshaushalt desjenigen wirtschaftshistorischen und -theoretischen Modells vom *ganzen Haus*, das die Nationalökonomie und die frühe Volkskunde der Zeit ins Zentrum der sogenannten *oiken*-Wirtschaft stellen.[36] Die Mischwirtschaft, die die Kristellers mit der Apotheke und einer angrenzenden kleinen Landwirtschaft betreiben, scheint in merkwürdig märchenhaft-romantischer Weise aus der Zeit zu fallen, blickt man etwa auf das Verhältnis, das Dorette Kristeller zu den landwirtschaftlichen Nutztieren hat:

[D]enn Bleß und Muhtz waren ihre Herzensfreude und ihr Stolz, und sie mußte sich von beiden trennen. (ZwM 253)

Kristeller geht es in dieser Lesart nicht um wirtschaftlichen Aufstieg. Er zeigt etwa kein Interesse daran, die Gewinne aus seinem proto-industriell hergestellten und vertriebenen Kräuterlikör »Kristeller« zu maximieren; stattdessen erfreut er sich am Anblick seiner nicht unter Maß und Zahl zu bringenden Bildergalerie, einer Sammlung »bunte[r], kuriose[r] Nichtsnutzigkeit« (ZwM

---

36 Vgl. Kap. 2.2.3. dieser Arbeit.

165), deren Hauptstück ein »echter alter Dürerscher Kupferstich« mit dem Titel »*Melancholia!*« (ZwM 166) ist. Gesteigert und poetisch verdoppelt ist diese Welt, die von den kalten Systemlogiken einer modernen Gründer-Ökonomie, von Industrialisierung und Kapitalisierung, von der Ökonomisierung des Lebens und Carl Mengers Programm einer ›reinen Theorie‹ der Wirtschaft im Sinne einer »*exacte[n] Nationalökonomik*«[37] noch völlig unberührt ist und die sich auf dem Feld des Sozialen daher auch noch als lustvolle und von familialen und loyalen Bindungen getragene »Gemeinschaft« selbst genießen kann – etwa aus Anlass des 30-jährigen Apothekenjubiläums, das mit den Freunden Förster Ulebeule, Pastor Schönlank und dem Landarzt Doktor Hanff gefeiert wird (ZwM 173–177) – noch einmal in Kristellers Erzählung im Kreise ebendieser Jubiläumsgäste.

Kristeller erzählt seine eigene Lebensgeschichte als Bildungsgeschichte aus einem sentimentalisch-analeptischen Blickwinkel. Er spricht dabei von einer Zeit ubiquitärer Identitäten, in der noch »jedes Haus ein guter Bekannter!« (ZwM 172) war, von seinem »Lehrherr[n], mit seinem ganzen Haus und Hauswesen« (ZwM 169), von einer »glückliche[...] Zeit!« (ZwM 178) also, in der »das Geschäft, die Kunst« (ZwM 169) noch keine Gegensätze waren und von der aus alles Spätere – »Alles, was nachher kam« (ZwM 169) – melancholisch als Schwundstufe einer ehemals intakten und »gesunde[n]« (ZwM 169) Vorzeit des Glücks, der Jugend, der Bildung und der Poesie erscheinen muss. In diese Zeit fällt bezeichnenderweise auch die Geschichte um Kristellers Jugendliebe Johanne: »›Sie hatte wenig und ich gar nichts; aber der liebe Gott hatte ungezählte Schätze für uns und gab eine kurze, kurze Zeit alles mit vollen Händen‹« (ZwM 172), so dass sie in ihrem »›Glück‹« und in ihrer »›Hoffnung Millionär gewesen waren‹« (ZwM 172). Kristeller scheint die eigene Armut, die Abwesenheit von Materiellem und ökonomischem Erfolg geradezu als Bedingung für das Glück jener Vorzeit zu deuten.[38] Eine bedrohliche Trübung erfahren Liebes- und Bildungsgeschichte der Jugendzeit bezeichnenderweise in Form von Zukunftsängsten, die sich aus ökonomischen Sachzwängen ergeben, wie der Binnenerzähler Kristeller berichtet:

> ›[N]och lange war und blieb im Freien alles für mich Gegenwart, und erst nach und nach wurde drunten im Städtchen alles Zukunft, sorgenvolle, angstvolle, nebelige Zukunft‹. (ZwM 180)

Genau an dem Punkt, an dem Kristeller an den materiellen Sorgen erkrankt, macht er auf einer botanischen Expedition zum sagenumwobenen Blutstuhl,

---

37 Menger: Untersuchungen über die Methode der Socialwissenschaften, a. a. O., 78.
38 Die Nähe zu der skizzierten nationalökonomischen Vorstellung eines immateriellen, metaphysischen Werts, die einhergeht mit einer Abwertung materialistischer Wertbegriffe – Smith, Marx – ist hier unverkennbar; vgl. Kap. 2.1.

einer Felsformation, die in »heidnischer ältester Urzeit« als »Opferstelle« (ZwM 191) gedient hatte, die »seltsame, geheimnisvolle« und »eigentlich unheimliche Bekanntschaft« (ZwM 181) mit August Mördling, der später als Agostin Agonista in Handlung und Apotheke eintreten wird. Nachdem unter nebulösen Umständen eine noch nebulösere Vereinbarung zwischen Kristeller und dem seelisch zerrütteten August geschlossen wurde – Kristeller lässt lediglich verlauten: »›Laß uns einander zum Rat und Trost sein!‹« (ZwM 194) –, erhält Kristeller von ebendiesem ein Schreiben, das Staatspapiere im Wert von 9500 Talern enthält, mit der Bitte, mit diesem Geld eine Familie mit Johanne zu gründen.

Wenn Kristeller also, wie skizziert, Repräsentant einer poetischen Welt ist, die den Systemlogiken einer modernen und kapitalistischen Ökonomie entgegensteht – und er darin zum Statthalter »sittlicher« und nationalökonomisch integrierender Prinzipien des wirtschaftlichen Handelns wird –, dann ist mit dem plötzlichen Wiedereintreten Augusts, mit dem »raschen Überfall« (ZwM 201) durch Agostin Agonista zugleich der Einzug eines gegensätzlichen radikalen und egoistischen ökonomischen Liberalismus markiert, der das Wirtschaftliche eben nicht (wie Kristeller) in ethischen, *caritativen* oder das Soziale betreffenden Argumenten fundiert, sondern in den spezifischen Momenten einer rein ökonomischen Systemlogik – und hierin in gewisser Weise Carl Mengers Erzählung vom wirtschaftlichen Eigeninteresse als dem Motor jeder ökonomischen Aktivität entspricht. Agonista, der sich seit 30 Jahren in Südamerika aufgehalten hat und dort zuletzt als Offizier in Diensten des brasilianischen Kaisers gestanden hat, unterbricht nicht nur die Binnenerzählung Kristellers und verdrängt diesen somit als Erzähler in der Erzählung.[39] Zugleich tritt durch die Agonista-Figur eben jenes Prinzip ökonomisch-materialistischer Eigenlogik in Text und erzählte Welt ein, das sich rätselhafterweise schon, wie Agonista erzählt, bei seinen Vorfahren gefunden hatte, die einem der »anrüchigsten Geschlechter Deutschlands« angehört hatten (ZwM 209):

> Sie hatten regelrecht Buch geführt, und es war ein recht nettes Hauptbuch daraus geworden mit allen Zahlen und sonstigen Belegen: Und ich las und rechnete es nach […] – ich las es vom Anfang bis zum Ende, Wort für Wort, Datum für Datum, Zahl für Zahl. (ZwM 213)

Wenn Agonista also in Diensten des brasilianischen Kaisers in Rio die Henker-Tradition der Familie fortsetzt, dann folgt er darin genau demselben ökonomischen Kalkül und geht mit derselben materialistischen und zweckorientierten

---

39 Will man mutig in Bezug auf das Zeigen von diskursiven Analogien sein, dann lässt sich die Substitution des *Erzählers* Kristeller durch den *Erzähler* Agonista in Raabes Novelle durchaus vergleichen mit der ab den 1870er Jahren einsetzenden Substitution des ›Erzählers‹ Gustav Schmoller durch den ›Erzähler‹ Carl Menger innerhalb der ökonomischen Wissenschaft.

Nüchternheit zu Werke, wie seine Vorfahren, die den Henkersberuf mit kaufmännischer Akribie ausgeübt hatten.

> [W]enn ich das Köpfen aufgegeben habe, so habe ich mich desto energischer auf das
> Hängen gelegt und gefunden, daß es eine viel reinlichere Arbeit ist und seinen Zweck
> ebenso gut erfüllt. (ZwM 219f.)

Agonista, dem es darauf ankommt, das Leben »nach dem richtigen Maße zu schätzen« (ZwM 218), dies wird durch seine Äußerungen und seine Handlungen klar, unterwirft alles und jedes rein ökonomischen Nützlichkeitserwägungen; er verkörpert somit eine für seine Zuhörer in der deutschen Provinz gänzlich *neue* ökonomistische Ideologie, die das Ökonomische vom Sozialen isoliert und hierin Fundament eines neuen wirtschaftlichen Bewusstseins wird, dem es ausschließlich um persönlichen Gewinn, um Maß und Zahl, um verrechenbare und materielle Werte geht. Er erkundigt sich sehr genau nach den Vermögens- und Lebensumständen der Dorf- und Landbewohner (vgl. ZwM 232) und inventarisiert und katalogisiert mit analytischem Interesse das Eigentum Kristellers:

> Philipp, jetzt zeigst du mir vor allen Dingen dein Heimwesen im einzelnen: Herd und
> Hof – ach, wie schade, daß du mir nicht auch Weib und Kinder und Enkel zeigen
> kannst! – und Garten, die Offizin, das Laboratorium, die Materialkammer, Küche und
> Keller, Stall und Viehstand – alles interessiert mich! (ZwM 233)

Auf diese Informationen ist Agonista angewiesen, um seine längerfristigen privaten Ziele durchzusetzen – Heirat mit einer Dame, »nicht ohne Vermögen« (ZwM 234), und Vorsatz, »Goldene Berge für uns und unsere Nachkommen aufzuschütten« (ZwM 247) –; vor allem aber benötigt er Kapital für seine wirtschaftlichen Projekte, genauer: für den Aufbau einer Fleischextraktionsfabrik, für die er zunächst noch Kristeller gewinnen will:

> Kristeller, da können wir einander gleichfalls gebrauchen – ich liefere dir das Vieh, und
> du lieferst mir den Extrakt; – Philipp, ich gebe dir mein Ehrenwort drauf, in drei Jahren
> machen wir den Herren zu Fray Bentos eine Konkurrenz, die sie zu Tränen rühren soll.
> (ZwM 235)

Als Kristeller diesen Plan, in dem sich ein tiefes Vertrauen auf die Kernmechanismen moderner Ökonomie – Kapitalisierung, Arbeitsteilung, Gewinnmaximierung, Konkurrenzkampf – artikuliert, für einen Scherz hält, schlägt ihm der reine ökonomische Eigensinn in den Worten Agonistas entgegen:

> ›Humor?‹ fragte der Oberst sehr ernsthaft und setzte fast schreiend hinzu: ›Zahlen!
> Zahlen! Die eingehendsten, unumstößlichsten Berechnungen: Hier! – da! –‹ Er hatte
> bereits seine Brieftasche hervorgezogen und las im Fluge dem Freunde einige in der Tat
> sehr eingehend auf die Fleischextrakt-Fabrikation Bezug habende Zahlenreihen her.
> (ZwM 235)

6.2.2. *Pfisters Mühle* (1885)

Einer ganz ähnlichen erzählerischen Struktur, die zunächst eine Welt überkommener Wirtschafts- und Sozialformen etabliert und poetisch überhöht
– und im Rückblick auf diese Welt den sentimentalischen Gestus der nationalökonomischen Erzählungen vom Untergang des deutschen Kleingewerbes, vom
Verschwinden einer schutzbedürftigen, agrarisch und handwerklich geprägten
deutschen Kulturwelt wiederholt –, um diese dann unter dem Druck ökonomischer Zwänge untergehen zu lassen, folgt auch die Erzählung *Pfisters Mühle*
(1885). In der Erzählung, die gut zehn Jahre nach der Hochphase der Gründerzeit erschienen ist und deren Handlung sich während ebenjener ereignet,
geht es ganz explizit um Ökonomisches, und, wie hier in der doppelten Bedeutung von »Soll und Haben« angedeutet ist: um den Diskurs des Ökonomischen.

> Und wie der Junge aus Pfisters Mühle, so war auch das ganze deutsche Volk ein anderes
> geworden; denn die Jahre achtzehnhundertsechsundsechzig und -siebenzig waren
> ebenfalls gewesen und man zählte, rechnete und wog Soll und Haben mit ziemlich
> dickem, heißem Kopfe so gegen die Mitte der Siebenziger heran. (PM 42)

Im Zentrum von Erzählung und erzählter Welt steht Pfisters Mühle, ein *locus
amoenus*, der seit »Urväterzeiten« in Besitz der Familie Pfister ist, die dort neben
dem eigentlichen Mühlenbetrieb eine Schankwirtschaft betreibt. Das Arrangement von Mühle und Wirtschaft – von »unserm Stück Erde« (PM 44), wie der
erzählende Eberhard Pfister, betont – folgen – ähnlich wie die Apotheke in *Zum
wilden Mann* – einer patriarchalischen *oikos*-Logik, die auf Prinzipien von
Erbschaft, Tradition, Familie und Loyalität aufruht. Sie stehen für eine lustvolle
und sinnliche »Vorwelt« (PM 8) einer noch nicht durch die Mechanismen von
Industrialisierung, Kapitalisierung und Klassendifferenzen geteilten identischen, nationalen bzw. nationalökonomischen Gemeinschaft, die sich in quasi-
paradiesischer Fülle selbst genießt: Es gibt »nichts Lebendigeres [...] als Pfisters
Mühle« (PM 18), der »Garten [ist] voll bis zum Überquellen! Ist es nicht, als habe
sich die halbe Stadt ein Stelldichein in Pfisters Mühle gegeben? [...] Lehrstand,
Wehrstand und Nährstand!« (PM 26). Allerdings ist die Zerstörung dieses
»alte[n] romantische[n] Land[es]'« (PM 5) in Form umfassender industrieller
Modernisierungserscheinungen, die zunehmend in die Idealwelt um Pfisters
Mühle buchstäblich vordringen (vgl. PM 76), in vollem Gange. Konkret sind es
die groben Luft- und Umweltverschmutzungen der benachbarten Zuckerfabrik
Krickerode, die das klare Wasser des Mühlbachs in eine »milchigtrübe, schleimige Fäden absetzend[e]« (PM 89) Flüssigkeit verwandeln und einen uner-
träglichen Gestank erzeugen, der – so scheint es zunächst – für ein Ausbleiben
der Gartengäste sorgt.

Schärfere Konturen erhält die Differenz zwischen der Tradition der alteuro-
päischen *oikonomia* des Mühlenumfeldes und dem modernen Industriekapitalismus allerdings erst durch die Geschichte um Aufstieg und Erfolg einer
zentralen Figur der Erzählung: August Adam Asche ähnelt seinem Pendant in
Zum wilden Mann nicht nur namentlich. Genau wie Agostin Agonista erscheint
Asche, der sich im Verlauf der Geschichte – reziprok zum Untergang der
Mühlenwelt – vom zwielichtigen und überschuldeten Kleinstunternehmer, der
»kuriose[] wissenschaftlich-industrielle[] Studien« (PM 61) anstrengt, zum
mächtigen Industriellen und Betreiber einer chemischen Textilreinigung em-
porarbeitet, als Figuration eines neuen ökonomischen Bewusstseins, das seine
gesamte Energie auf die Verwirklichung ökonomisch-kapitalistischer Projekte
richtet.[40] Zugleich ist Asche, der sich von der »Lust des Gartens so weit als
möglich entfernt« hält (PM 22), allerdings auch Repräsentant einer reflexiven
Seite des Ökonomischen und seiner Modernisierung, als er nicht nur durch
seine Handlungen, sondern auch durch seine Reden, Meinungen und Statements
ökonomische Dogmen, Ideologeme und Argumente in die erzählte Welt ein-
bringt. Wenn er beispielsweise vom Adoptivvater, dem alten Pfister, eine Uhr
geschenkt bekommt, tauscht er diese umgehend gegen, wie er selbst sagt, »andere Werte und momentan Nützlicheres« ein (PM 39). Den Klagen der Pfisters
über das verschmutzte Mühlwasser begegnet er mit kühlem Zynismus und bekräftigt die Absicht,

> selber einen sprudelnden Quell, einen Kristallbach, einen majestätischen Fluss, kurz,
> irgendeinen Wasserlauf im idyllischen grünen Deutschen Reich so bald als möglich
> und so infam als möglich zu verunreinigen. (PM 67)

Als der alte Familienfreund Asche dennoch als Sachverständiger von Vater
Pfister angestellt wird, um den Gerichtsprozess gegen Krickerode zu gewinnen,
handelt jener ausdrücklich nicht nur im eigenen monetären Interesse, weil er
durch den Prozessgewinn wahrscheinlich zu großem Vermögen gelangen wird.
Zudem handelt er auch explizit »im eigenen industriellen Interesse« (PM 89),
weil ihm die Wasserverseuchung Anschauungsmaterial für seine chemischen
Experimente liefert, welche ihm Expertenwissen und damit den entscheidenden
Vorteil im gründerzeitlichen Konkurrenzkampf verschaffen. Pfisters Ekel vor
dem stinkenden Mühlenwasser setzt er eine Gegenrede entgegen, die Hinweis ist
auf eine gleichermaßen zynische wie materialistische und relativistische
Denkweise, die alles mit allem vergleichen und äquivalent machen kann:

---

40 Vgl. zur voluntaristischen Motivierung der Raabe-Figuren die einschlägige Studie von Søren
    R. Fauth: Der metaphysische Realist. Zur Schopenhauer-Rezeption in Wilhelm Raabes
    Spätwerk, Göttingen 2007; für *Zum wilden Mann* dort bes. 53–158.

> Was wollen Sie denn eigentlich, alter Schoppenwirt? Ein ewig Kommen und ein ewig Gehen! Haben die Familien Schulze, Meier und so weiter den Verkehr in Pfisters Mühle eingestellt, so haben Sie dafür die Familien der Schizomyceten und Saprolegniaceen in fröhlichster Menge, sämtlich mit der löblichen Fähigkeit, statt Kaffee in Pfisters Mühle zu kochen, aus den in Pfisters Mühlwasser vorhandenen schwefelsauren Salzen in kürzester Frist den angenehmsten Schwefelwasserstoff zu brauen. (PM 90)

Was sich in Gestalt Asches mitteilt, wird in dieser Hinsicht beschreibbar als ein Bewusstsein, das ein Verständnis für die *rein ökonomische Seite* entwickelt hat. Die chemische Betrachtungsweise wird ja überhaupt erst durch Asches »industrielle[s] Interesse« sichtbar. Die Welt wird nicht mehr als harmonisches Ganzes wahrgenommen, sondern auf ihre wirtschaftlich verwertbaren Teile hin angeschaut – die Vertreter der deutschen Nationalökonomie würden mit Blick hierauf von einer »isolierenden« oder »*atomistisch-mechanistische[n]* Auffassung« sprechen.[41] Asches erster Gedanke beim Anblick der Fabrik, die für die Misere von Mühlbach und der poetischen Pfister-Welt verantwortlich ist, bezieht sich darauf, dass er möglichst bald Aktionär von Krickerode werden müsse (siehe PM 99). Asche ist damit die Personifizierung einer eigensinnigen Willensenergie, die ausschließlich auf ökonomische Potenz fokussiert ist und in deren Ermächtigungsbestreben sich wirtschaftliches Überlegenheitsdenken mit allgemeinen Machtphantasien durchmischt:

> Ich werde es durchsetzen […], ich [werde] Geld machen, um meine Meinung und jedem Lumpen das, was er wert ist, sagen zu können. Im nächsten Frühjahr legen wir den Grundstein zu A. A. Asches eigenem Erdenlappenlumpenundfetzenreinigungsinstitut am Ufer der grauen Spree. (PM 141)

Als Gründerzeiterzählungen, als Zeitromane über die Frühphase des Deutschen Reichs, dokumentieren beide Erzählungen die Prozesse des ökonomischen Strukturwandels vom Beginn der 1870er Jahre und stellen diese als Erfahrung plötzlicher Brüche und Zäsuren dar, insofern als beide in die Ablösung alter, gewissermaßen vormoderner Wirtschaftsmodelle durch Modelle einer neuen technologisch-industrialisierten Ökonomie münden. Die Freisetzung des Investitionskapitals, das Agonista brauchen wird, um am Ende von *Zum wilden Mann* mit seinem wirtschaftlichen Projekt nach Südamerika aufzubrechen, ist unmittelbar gekoppelt an den Niedergang der Apotheke, an das Auseinanderfallen der Dorfgemeinschaft und an die Auflösung und Versteigerung des Kristellerschen Hausstandes. Die Behaglichkeit der bis dahin von Konkurrenz, Industrialisierung, Kapitalisierung und ehrgeizigem Gewinnstreben wenig be-

---

41 Siehe nochmals das Kapitel über *Die Organisation der Volkswirtschaft* bei Wagner: Allgemeine oder theoretische Volkswirtschaftslehre, a. a. O., 156–261, Zitate 161; vgl. Knies: Politische Oekonomie, a. a. O., 114 sowie Mengers ›Gegenerzählung‹: Menger: Untersuchungen, a. a. O., 171–186.

helligten deutschen Provinz wird substituiert durch eine neue ökonomische Ideologie, welche der Doktor im Gespräch mit Agonista in folgender Weise artikuliert:

> Mein gesunder nächtlicher Schlaf ist hin, seit du im Lande bist, und wie mir, so geht es der Mehrzahl meiner Bekannten. Du hast sozusagen der ganzen Gegend die Phantasie verdorben. Ich kenne auf drei Meilen in die Runde niemanden, der noch ruhig auf seinem Stuhle sitzen kann. Da ist nicht einer, der nicht hin und her rückt und überlegt und berechnet, was alles er bis dato im Leben versäumt habe. (ZwM 251)

Und auch in *Pfisters Mühle* hat bezeichnenderweise Asche, der Profiteur des Gründerbooms, das letzte Wort (vgl. PM 178). Auch hier Substitution von wirtschaftlich vormodernen Verfasstheiten durch Industriekapitalismus. Obwohl Pfister den Prozess gegen die Krickeroder Zuckerfabrik gewinnt, werden Mühle und Schankwirtschaft geschlossen, abgerissen und an ihrer Stelle eine neue Fabrik gebaut (vgl. PM 113). Der dokumentarisch-thematische Charakter der Gründerzeitdarstellungen, der sich etwa darin zeigt, dass die Erzählungen fortwährend ökonomische Themen und Begriffe wie Wert, Arbeit, Tausch, Eigentum, Konkurrenz u. a. verhandeln,[42] lässt sich auch schon auf der lexikalischen Oberfläche der Texte registrieren.[43] Zudem werden die widerstreitenden ökonomischen Positionen der Zeit insofern figuralisiert und personifiziert, als sie sich in der oppositionalen Anordnung von Kristeller vs. Agonista und Pfister vs. Asche wiederfinden. Und auch die skizzierten *narrativen* Konzepte der Nationalökonomie – *Das ganze Haus* und der *Niedergang von Handwerk und Kleingewerbe unter dem Konkurrenzdruck der Industrie* – lassen sich unschwer wiedererkennen.

Neben dieser – auch vor dem Hintergrund wirtschafts-, sozial- und gesellschaftsgeschichtlicher Beobachtungen nachvollziehbaren –[44] narrativen, thematischen, motivischen und figuralen Ebene der Bezugnahme von Literatur auf das ökonomische Bewusstsein der Zeit lässt sich allerdings noch eine weitere, subtilere Ebene der Aneignung nationalökonomischen Wissens beobachten. Raabes Erzählungen sind eben nicht nur ›ökonomisch‹ relevant in dem Sinne, dass sie Prozesse ökonomischer und gesellschaftlicher Transformation dar-

---

42 Vgl. Marianne Wünsch: Eigentum und Familie. Raabes Spätwerk und der Realismus, in: Jahrbuch der Deutschen Schiller-Gesellschaft 31 (1987), 248–267.

43 Mit Blick auf *Pfisters Mühle* ist etwa besonders der inflationäre Gebrauch von *Nutzen / nutzen / nützlich* und weiteren Formen dieses lexikalischen Elements unübersehbar (siehe PM 8, 20, 22, 25, 35, 50, 53, 84, 96, 101, 104, 117, 125, 148, 174 u. ö.).

44 Henning: Deutsche Wirtschafts- und Sozialgeschichte im 19. Jahrhundert, a. a. O., 426 ff.; Wehler: Deutsche Gesellschaftsgeschichte III, a. a. O. sowie Siemann: Gesellschaft im Aufbruch, a. a. O.; einen jüngeren, orientierenden Beitrag zur Geschichte der ökonomischen Modernisierung in Deutschland bietet Dieter Ziegler: Die Industrielle Revolution, 3. Aufl., Darmstadt 2012, bes. 51 ff.

stellen, indem sie diese verhandeln, kritisieren und gegebenenfalls sentimentalisch gegen eine un-ökonomische gesunde Vorwelt profilieren – dies tun andere realistische Gründerzeiterzählungen, wie der Blick auf Spielhagens *Sturmflut* und *Was will das werden?* gezeigt hat, auch. In einem engen Zusammenhang zu den Entwicklungen auf dem Feld der Nationalökonomie der Zeit stehen gerade auch diejenigen modernen Formen und Verfahren, diejenigen kompositorischen, erzähltechnischen, poetologischen und axiologischen Neuerungen in Raabes Erzählungen, die in der jüngeren Forschungsgeschichte immer wieder betont wurden und ihre eindeutige literaturgeschichtliche Zu- und Einordnung erschweren.[45]

Die literarischen Modernisierungsprozesse, um die es hier geht, werden auf ihre diskursiven und ›methodologischen‹ Bedingungen hin dann plausibel, blickt man auf die synchron verlaufenden Modernisierungsprozesse des wissenschaftlichen Ökonomie-Diskurses, die sich im letzten Drittel des 19. Jahrhunderts in besonderer Weise in den wissenschaftlichen Debatten um den *Wert* ökonomischer Güter vollzogen haben.

6.3. Der Anfang vom Ende der *Wertegemeinschaft* – Die *Neue Werttheorie* und die Irritation des kollektiven Bewusstseins

Bezeichnend und aufschlussreich in Bezug auf die Beschaffenheit des wissenschaftlichen Diskurses der Volkswirtschaftslehre in Deutschland ist der Hinweis darauf, dass die Kernmomente der nun in Rede stehenden theoretischen For-

---

45 Insbesondere gilt das für das mittlere und spätere Werk Raabes (etwa ab 1870), auf das sich die Forschung seit der Neuentdeckung des Autors in den 1960er Jahren konzentriert hat; vgl. Dirk Göttsche: Wilhelm Raabes Erzählungen und Romane, in: Christian Begemann (Hg.): Realismus. Epoche – Autoren – Werke, Darmstadt 2007, 121–138, bes. 129–135; Göttsche weist, 122, etwa darauf hin, dass allein schon die Gattungsbezeichnung von *Pfisters Mühle* – »Ein Sommerferienheft« – eine bewusste Durchbrechung realistischer Gattungskonventionen bedeute; vgl. Fauth: Metaphysischer Realist, a.a.O.; Heinrich Detering spricht im Untertitel seiner prominenten Raabe-Studie etwa von »narrative[n] Experimente[n]«: H. D.: Theodizee und Erzählverfahren. Narrative Experimente mit religiösen Modellen im Werk Wilhelm Raabes, Göttingen 1990; bei Sigrid Thielking: ›Du hast sozusagen der ganzen Gegend die Phantasie verdorben‹: Raabeskes Erzählen am Beispiel der Fallgeschichte ›Zum wilden Mann‹ (1873), in: Der Deutschunterricht 59 (2007), H. 6, 36–47, hier 40, wird Raabe etwa gar als »›Protomoderner‹« bezeichnet; vgl. auch Horst Denkler: Die Antwort literarischer Phantasie auf eine der »größern Fragen der Zeit«. Zu Wilhelm Raabes »Sommerferienheft« *Pfisters Mühle*, in: Ders. (Hg.): Neues über Wilhelm Raabe. 10 Annäherungsversuche an einen verkannten Schriftsteller, Tübingen 1988, 81–104, 93f.; vgl. Michael Dobstadt: »unter das schützende Dach dieser neuen Geschichte zu gelangen«. Wilhelm Raabes Erzählung »Zum wilden Mann« als Versuch, der Moderne literarisch beizukommen, in: Dirk Göttsche / Ulf-Michael Schneider (Hg.): Signaturen realistischen Erzählens im Werk Wilhelm Raabes, Würzburg 2010, 19–40.

mation, die ab den 1870er Jahren als *Neue* bzw. *Reine Werttheorie* ein konstitutives Konzept der Nationalökonomie, ihren eigensinnigen philosophisch-metaphysischen Wertbegriff nämlich, verdrängen wird, grundsätzlich schon in den 1850er Jahren formuliert worden war.[46] Bemerkenswert ist dieser Umstand zum einen insofern, als er ein deutliches Indiz ist für die Widerständigkeit des in sich geschlossenen Wissenssystems der ethisch-historisch-empirischen Nationalökonomie, das seine Konsistenz als Wissenssystem bis weit in die 1880er Jahre auch aus seinen literarischen Affirmationen – wie gezeigt, etwa durch Gustav Freytags *Soll und Haben* oder durch die untersuchten Romane Friedrich Spielhagens – bezieht. Zum anderen lässt sich vor diesem Hintergrund die tatsächliche wissenschaftspolitische Dominanz ihrer führenden Köpfe verstehen,[47] die mit der innovativen und fremdartigen Werttheorie Gossens ganz offensichtlich wenig im Sinn hatten: Bis zum Beginn der 1870er Jahre wurden die später so genannten *Gossenschen Gesetze* überhaupt nicht, an deutschen Universitäten auch dann erst sehr zögerlich rezipiert. In diesem Sinne lässt sich mit Blick auf die disziplinäre Spezialisierung der Volkswirtschaftslehre in Deutschland gar von einer doppelten Modernisierungsverzögerung sprechen, insofern als das neue Wertparadigma auch zum Zeitpunkt seiner breiten Entfaltung am Beginn der 1870er Jahre keinen Eingang findet in Denken und Schriften der deutschen Nationalökonomen,[48] die sich insofern, wie Menger polemisiert hatte, tatsächlich auf einem »vereinsamenden Irrwege« befinden.[49]

Wie skizziert, hatten sich die Historischen Schulen der Nationalökonomie nicht zuletzt gegen die objektiv-materialistischen Werttheorien gestellt, die seit dem Ende des 18. Jahrhunderts konstitutive Funktionen für unterschiedliche und gegensätzliche dogmatische Positionen gehabt hatten.[50] Im Sinne eines

---

46 Hermann Heinrich Gossen: Entwickelung der Gesetze des menschlichen Verkehrs, und der daraus fließenden Regeln für menschliches Handeln, Braunschweig 1854. [Neuauflage Berlin 1889]. Vgl. auch Jochen Schumann: Die Wegbereiter der modernen Preis- und Kostentheorie, in: Issing (Hg.): Geschichte der Nationalökonomie, a. a. O., 169–201, bes. 174–179.

47 Siehe zur dominanten und nachgerade hegemonialen Stellung der historischen Nationalökonomie vom Bruch, Hofmeister (Hg.): Gelehrtenpolitik, Sozialwissenschaften und akademische Diskurse, a. a. O.

48 Wohl ohne Kenntnis von Gossens Schrift und wohl auch ohne Kenntnis voneinander haben am Beginn der 1870er Jahre fast zeitgleich und in sehr ähnlicher Weise die *Neue Werttheorie* begründet: Carl Menger: Grundsätze der Volkswirthschaftslehre, Wien 1871; William Stanley Jevons: The theory of political economy, London / NY 1871; Léon Walras: Élements d'économie politique pure ou théorie de la richesse sociale, Lausanne 1874.

49 Menger: Untersuchungen, a. a. O., 81.

50 Ohne allzu stark zu vereinfachen, lassen sich doch die unterschiedlichen ›klassischen‹ Positionen von Smith, Ricardo und Marx dahingehend einem gemeinsamen werttheoretischen Paradigma zuordnen, dass sie die Entstehung ökonomischer Werte – materialistisch – an *physische* Tätigkeit bzw. *labour* binden und darüber auch zu der Annahme gelangen, dass sich Werte über den Faktor *aufgewendete Arbeit* bzw. *Arbeitszeit* tatsächlich *objektivieren* ließen.

Gegenprogramms hatte sich die sogenannte *subjektive Wertlehre* der deutschen Nationalökonomie etabliert, indem der ökonomische Wert emphatisch als ein *poietisches* Potenzial der (nationalen) Kultur, als ihr »geistige[s] Kapital« beschrieben wurde,[51] welches den materiellen, physisch manifesten Werten, die als »Tauschwerte« bloße *Erscheinungen* des wechselhaften Marktgeschehens seien, vorausliege. Wert, so die Ansicht der Nationalökonomen, entspringe zwar einem subjektiven Urteil und sei somit keine Eigenschaft der Dinge an sich; allerdings, und das ist entscheidend, seien die subjektiven Wertbeilegungen der einzelnen Glieder der Volkswirtschaft – die individuellen und also *tatsächlich: subjektiven* Wertzuschreibungen – in einem hypothetischen *kollektiven* Urteil der nationalen Ökonomie als Ganzer homogenisierend übergriffen.[52] Auch wenn – insbesondere aus dem Kreis der neuen Richtung selbst – betont worden ist, dass sich die nun in Rede stehende theoretische Formation unter den Bezeichnungen *Neue Werttheorie, Grenznutzenschule* bzw. *-theorie* oder etwas später: *Marginalismus* – nicht gegen die, sondern mit und aus den etablierten Wertlehren der Zeit entwickelt hat,[53] so handelt es sich dabei nichtsdestotrotz um ein gänzlich neues Paradigma, welches mit den objektiven (Smith, Marx) und den subjektiv-kollektivistischen (Historische Schulen der Nationalökonomie) Wertlehren der Zeit unvereinbar ist.

Eingebettet ist die *Neue Werttheorie* bei Carl Menger in ein grundierendes narratives Moment, das die Menschheitsgeschichte als die Geschichte wachsender ökonomischer Bedürfnisse begreift und somit zugleich zu einer umfassenden Geschichte über die irreversibel fortschreitende Ökonomisierung von Welt wird: Der Lauf der Zeit habe zur Folge,

> dass mit der wachsenden Cultur die nicht ökonomischen Güter die Tendenz haben, den ökonomischen Charakter anzunehmen, und zwar hauptsächlich desshalb, weil das eine der hier Einfluss nehmenden Momente, der menschliche Bedarf nämlich, mit der Culturentwickelung sich steigert.[54]

Eine *Ökonomisierung* des Seienden, so lässt sich Menger verstehen, vollzieht sich insofern gewissermaßen von selbst und gesetzmäßig, als die »nicht öko-

---

51 List: Das nationale System, a. a. O., 149.
52 Vgl. Knies: Die nationalökonomische Lehre vom Werth, a.a.O; auch: Abschnitt *Der Wert und die Preise* bei Schmoller: Grundriß der Allgemeinen Volkswirtschaftslehre II, a. a. O., 100–173 sowie Kapitel 2 dieser Arbeit.
53 Vgl. Holub: Ökonomik des 19. Jahrhunderts ohne Sozialisten, a. a. O., 402f. Siehe auch das Vorwort bei Friedrich von Wieser: Der natürliche Werth, Wien 1889, III–XII, wo der Verfasser nachdrücklich die Vorleistungen der »deutschen Schule der Nationalökonomie« bzw. der »deutsche[n] Theorie« für die Neue Werttheorie hervorhebt, ohne allerdings auf konkrete Namen oder Schriften zu verweisen.
54 Menger: Grundsätze, a. a. O., 62f.; vgl. auch den Abschnitt *Ueber die Productivität des Capitals*, 126–132.

nomischen Güter« mit dem Fortlauf der Geschichte und unter dem Vorzeichen eines wachsenden Bedarfs an wirtschaftlichen Gütern tendenziell »ökonomischen Charakter« annehmen. Wenn also in diesem Sinne das Kontinuum von Welt und menschlicher Existenz mehr und mehr zu einem ökonomischen Phänomen wird, indem grundsätzlich alles und jedes ökonomische Relevanz erlangen und auf seine wirtschaftliche Brauchbarkeit hin angeschaut werden kann, dann richtet sich logischerweise auch zunehmend menschliches Handeln – wie gezeigt, unter der Maxime der Steigerung des *individuellen* Wohls[55] – tendenziell nach einer spezifischen und eigenen Systemlogik des Ökonomischen.

Vor dieser Grundannahme ist es zu verstehen, dass der Faktor Zeit erstmals in der Geschichte der ökonomischen Wissenschaft eine signifikante theoretische Berücksichtigung im Sinne einer prospektiven ›ökonomischen Eigenzeit‹ erfährt.[56] Wirtschaften heißt im Verständnis Mengers und seiner Schüler in erster Linie Vorausschauen, Ausrichten von Denken und Handeln nach Zukünftigem. Die kulturell und ökonomisch entwickelten Gesellschaften vorangegangener Zeiten zeichneten sich dadurch aus,

> dass sie nicht nur für eine kurze Spanne Zeit, sondern weit hinaus für die Befriedigung ihrer Bedürfnisse sorgen, die Sicherstellung derselben für viele Jahre, ja für ihr ganzes Leben anstreben und der Regel nach noch darüber hinaus dafür Sorge tragen, dass es auch ihren Nachkommen an den zur Befriedigung ihrer Bedürfnisse erforderlichen Mitteln nicht fehle.[57]

Ökonomisches Handeln, so lässt sich trotz der vermeintlichen Banalität dieser Aussage über wirtschaftliche Weitsicht ableiten, wird tendenziell vom Blick in die Vergangenheit emanzipiert.[58] Das ökonomisch Ausschlaggebende liegt im Kommenden, in einer durch Plan und Projekt zu gestaltenden Zukunft. Eine mit Blick auf die Fortentwicklung der ökonomischen Theorie, insbesondere der Neuen Werttheorie entscheidende Weichenstellung ist mit der Fokussierung des projektiven Charakters ökonomischer Tätigkeit insofern gegeben, als damit ein

---

55 Vgl. nochmals Menger: Untersuchungen, a. a. O.
56 Vgl. auch Friedrich August von Hayek: Einleitung, in: Menger: Grundsätze, a. a. O., VII–XXXVI, XIV.
57 Menger: Grundsätze, a. a. O., 33; vgl. auch 21–26 sowie 32–50.
58 Gegen die objektive Wertlehre führt Menger: Grundsätze, a. a. O., 120, etwa an: »Wohl zeigt uns die Vergleichung des Werthes des Productes mit dem Werthe der zur Hervorbringung desselben verwandten Productionsmittel, ob und in wie weit die Production desselben, also ein der Vergangenheit angehörender Act menschlicher Thätigkeit, ein zweckmässiger, ein ökonomischer war; auf den Werth des Productes selbst haben die auf seine Hervorbringung verwandten Güterquantitäten aber weder einen nothwendigen, noch auch einen unmittelbar massgebenden Einfluss.« Vgl. auch Mengers Hinweis darauf, dass der Käufer eines Grundstücks »bei seinem Calcül wohl die ›Zukunft‹, nicht aber die ›Vergangenheit‹ des Grundstückes in Rechnung« bringe, 145f.

Kalkül von Berechnung und mathematischer Kalkulation in die Volkswirtschaftslehre Eingang finden kann.[59]

Die hier rasch skizzierten Momente einer historisch zwingenden und universellen Ökonomisierung sowie der Verzeitlichung des Ökonomischen sind
ihrerseits in einer spezifischen, konstitutiven und eben gänzlich neuen Güter-
und Wertlehre fundiert. Ob ein Ding oder eine Handlung als ökonomisches Gut
anzusehen sei, so Menger auf den ersten Seiten seiner *Grundsätze*, hänge einmal
(aber eben nicht ausschließlich) davon ab, inwiefern dem betreffenden Ding
oder der betreffenden Handlung – subjektiv – Brauchbarkeit und Nützlichkeit
beigemessen werde. In gleicher Weise hänge der Güter*status* bzw. der Güter*charakter* jedoch von der potenziellen Verfügbarkeit bzw. genauer: von der
zur Verfügung stehenden *Menge* des Begehrten ab.[60] Menger definiert das Gut
bzw. das ökonomische Gut also nicht in Bezug auf wesenhafte, ontologische oder
irgendwie manifeste Eigenschaften eines Dings, der Begriff bezeichnet vielmehr
ein *Verhältnis*. Ein Ding oder eine Handlung werden zu einem ökonomischen
Gut erst auf Grund eines spezifischen Verhältnisses zwischen einem persönlichen Bedarf (ermittelt als Folge einer subjektiven Abschätzung über den zu
erwartenden Nutzen) und einer bestimmten Verfügungsmenge. In dieser Logik
kann, wie beschrieben, prinzipiell alles Seiende zum ökonomischen Gut, d.h. zu
einer *ökonomischen Funktion* werden, oder umgekehrt auch – im Falle eines
Wechsels der skizzierten Relation – aus dem Bereich der ökonomischen Relevanz ausscheiden und somit in die *ökonomische Funktionslosigkeit* zurücksin-
ken. Die Neukonzeptionierung des Wertes wird von Menger anschließend in
strenger Analogie zu dieser in spezifischer Weise relationistischen und funktionalistischen Güterlehre vollzogen:[61]

> Der Werth ist demnach nichts den Gütern Anhaftendes, keine Eigenschaft derselben,
> eben so wenig aber auch ein selbstständiges, für sich bestehendes Ding. Derselbe ist ein
> Urtheil, welches die wirthschaftenden Menschen über die Bedeutung der in ihrer
> Verfügung befindlichen Güter für die Aufrechterhaltung ihres Lebens und ihrer
> Wohlfahrt fällen, und demnach ausserhalb des Bewusstseins derselben nicht vorhan-
> den [...]. Denn das, was objektiv besteht, sind doch immer nur die Dinge, bezie-

---

59 Vgl. ebd., 21–26 sowie 32–50. Mengers Theorie selbst ist allerdings, im Gegensatz zu den
   zeitgleich im englisch- und französischsprachigen Raum entstehenden neuen Theorien der
   Ökonomie von Jevons und Walras, dezidiert nicht mathematisch. Menger legt dennoch die
   gewissermaßen philosophisch-theoretischen Grundlagen für eine Mathematisierung der
   Disziplin im deutschsprachigen Raum, die dann in den 1880er Jahren, etwa mit Wilhelm
   Launhardt: Mathematische Begründung der Volkswirtschaftslehre, Leipzig 1885, auch erfolgen wird.
60 Siehe Menger: Grundsätze, a.a.O., 1–10.
61 Vgl. das gesamte dritte Kapitel *Die Lehre vom Werthe*, ebd., 77–152.

hungsweise die Quantitäten derselben, und ihr Werth ist von denselben etwas sehr verschiedenes.[62]

Nicht nur, dass sich ökonomischer Wert in dieser Perspektive nur relativ bzw. relational und nicht absolut bestimmen lässt, er also weder ein »für sich bestehendes Ding« noch »objectiv« gegeben ist, sondern nurmehr als eine Operation des »Bewusstseins« markiert ist; zudem – und das ist der entscheidende Gegensatz zum *subjektiven*, d.h. tatsächlich: *kollektivistischen* Wertbegriff der Historischen Schulen – ist die Zuschreibung, das Urteil darüber, was wert ist, dezidiert und ihrer »Natur nach durchaus *subjectiv*[]«.[63] Wert ist in Mengers Konzeption also zu verstehen als subjektive Wertbeilegung, als eine dezidiert *individualistische* und insofern: eine an eine individuelle *Perspektive* gebundene Operation der *Zuschreibung von Bedeutung*, die in keiner Idee eines kollektiven Urteils oder eines gemeinsamen nationalökonomischen Wollens verankert ist. Der Wert wird insofern perspektivisch, als er sich von einer in sachlogischer Hinsicht *unmöglichen* ›Universalperspektive‹ seiner Festschreibung emanzipiert und sich dagegen in die Perspektivität differierender Bedürfnissubjekte entlässt. In diesem Blick vollzieht sich Wertschöpfung bzw. besser: Wertzuschreibung völlig unabhängig von der historisch, kulturell und sozial konkretisierbaren Bettung des Ökonomischen:

> Der Werth der Güter ist, gleichwie der ökonomische Charakter derselben, unabhängig von der menschlichen Wirthschaft in ihrer socialen Erscheinung, unabhängig auch von der Rechtsordnung, ja von dem Bestande der Gesellschaft.[64]

Das Konzept des ökonomischen Werts erfährt ab den 1870er Jahren also nicht nur eine radikale Subjektivierung, dadurch dass es nicht mehr in objektivierenden Instanzen (Arbeit, Kollektivurteil, volkswirtschaftlicher Interessenausgleich) fundiert wird; ebenso wird der Wert – eine Zentralkategorie der Nationalökonomie – nicht mehr als etwas tatsächlich, gewissermaßen *ontisch* Seiendes aufgefasst, sondern bezeichnet im Rahmen der Neuen Werttheorie vielmehr

---

62 Ebd., 86.
63 Ebd., 86. Bei Schmoller etwa heißt es noch um 1900, wie schon in Kap. 2 dieser Arbeit gezeigt, dass die subjektiven Wertbeilegungen immer in einem »allgemeinen Wertzusammenhang« stünden, dass in »jedem subjektiven Werte ein Objektives« stecke. Werte seien ein »Ergebnis der Sprache, der Verständigung, der gesellschaftlichen Zusammenhänge« und insofern letztlich nicht das Ergebnis tatsächlich individueller Urteile, sondern vielmehr in einem »gesellschaftlichen Urteile« homogenisiert und objektiviert. Zitate Schmoller: Grundriß der Allgemeinen Volkswirtschaftslehre II, a.a.O., 102f., 108.
64 Menger: Grundsätze, a.a.O., 80. Entsprechendes schlägt sich in Mengers Äußerungen zum Begriff des *Vermögens* nieder, siehe 70–76, Zitate 74f., 76; das, was die zeitgenössische Volkswirtschaftslehre als das »Volksvermögen« bezeichnet, wird dem Bereich der »Fiction« zugeschlagen, weil es sich dabei eben nicht um ein einheitliches Vermögen, sondern vielmehr um einen bloßen »Complex [von] Individualvermögen« handele.

die *Relation* zwischen ihrerseits wechselnden menschlichen Bedürfnissen und wechselnden, da über Märkte distribuierten, Verfügungsmengen von ökonomischen Gütern. Das, was die Nationalökonomie gemeinhin als Wert bezeichnet hatte, wird damit in einen Kontingenz-Bereich von individuellem, zeitlichem, örtlichem und situativem Wechsel überstellt.[65] Die Konturierung eines Wertkonzepts, das den Wert relational und differenziell fasst und ihn hinsichtlich seiner spezifischen Funktion innerhalb eines eigenlogischen und geschlossenen Systems der Ökonomie definiert,[66] führt dann zu einer vorläufigen Formulierung derjenigen Aussage, die den Kern der *Grenznutzentheorie* ausmacht, insofern als sie im Sinne einer psychologischen Bedürfnislehre den Prozess der Wertentstehung erklärt: Menger stellt fest, dass

> die Befriedigung irgend eines bestimmten Bedürfnisses bis zu einem gewissen Grade der Vollständigkeit für uns die relativ höchste, die darüber hinausgehende Befriedigung aber eine immer geringere Bedeutung hat, bis zuletzt ein Stadium eintritt, wo eine noch vollständigere Befriedigung des betreffenden Bedürfnisses den Menschen gleichgiltig ist und schliesslich ein solches, wo jeder Act, welcher die äussere Erscheinung der Befriedigung des betreffenden Bedürfnisses hat, nicht nur keine Bedeutung mehr für die Menschen besitzt, sondern ihnen vielmehr zur Last, zur Pein wird.[67]

Weiterentwickelt und zur paradigmatischen Schulmeinung wird Mengers radikal-subjektivistische Wertlehre, welche den Verfall ökonomischer Werte bedürfnispsychologisch herleitet,[68] indem sie die Ent-Wertung wirtschaftlicher Güter daraus erklärt, dass (ökonomische) Bedürfnisse nicht nur neutralisiert werden, sondern diese im Falle der ›Übersättigung‹ auch umschlagen können in Gleichgültigkeit und Überdruss und somit vormals als wertvoll beurteilte Güter ihren (ökonomischen) Wert verlieren und »zur Last, zur Pein« werden, ab den 1880er Jahren von einer neuen Generation österreichischer Ökonomen, deren führende Vertreter Friedrich von Wieser, Eugen von Böhm-Bawerk und Emil Sax sind.[69] Eine Formulierung der Grenznutzentheorie, die darauf führt, dass sich

---

65 Vgl. ebd., 85, 51–70.
66 Niklas Luhmann: Die Wirtschaft der Gesellschaft, 2. Aufl., Frankfurt/M. 1996, bes. 43–90.
67 Menger: Grundsätze, a. a. O., 92, vgl. 88–95.
68 Bei Mengers Schüler Friedrich von Wieser: Der natürliche Werth, a. a. O., 5 bzw. 3 heißt es etwa: »Der Güterwerth ist vom Bedürfnisswerth abgeleitet.« und »Wer den Werth erklärt, erklärt in Wahrheit das Verhalten derer, die den Werth schätzen.«
69 Friedrich von Wieser: Über den Ursprung und die Hauptgesetze des wirthschaftlichen Werthes, Wien 1884; von Wieser: Der natürliche Werth, a. a. O.; Eugen von Böhm-Bawerk: Rechte und Verhältnisse vom Standpunkte der volkswirthschaftlichen Güterlehre. Kritische Studie, Innsbruck 1881; Eugen von Böhm-Bawerk: Macht oder ökonomisches Gesetz, in: Zeitschrift für Volkswirtschaft, Sozialpolitik und Verwaltung 23 (1914), 205–271; Emil Sax: Grundlegung der theoretischen Staatswirthschaft, Wien 1887; vgl. auch die Überblicks-

ökonomische Werte bestimmen lassen als *Relationen* aus Bedürfnis und Verfügbarkeit, aus dem Verhältnis von Mangel und Knappheit gegenüber Sättigung
und Überfluss also, findet sich etwa bei Friedrich von Wieser:

> In aller Regel sind die verfügbaren Gütervorräthe so knapp, dass man mit der Be
> friedigung auf einem Punkte der Sättigung-Scala, der vor der vollen Sättigung liegt,
> abbrechen muss. Der Grad, bei dem man, die vollste überhaupt durchführbare Aus
> nützung der Güter vorausgesetzt, abzubrechen genöthigt ist, der *geringste noch er*
> *reichbare Nutzen* ist für den Act der Werthschätzung, wie für die ganze Wirthschaft,
> von besonderer Bedeutung.[70]

Mit der Zentrierung der ökonomischen Theorie auf ein individuelles Nutzenkalkül, welches sich an einem hypothetischen »*geringste[n] noch erreichbare[n]*
Nutzen« orientiert und somit die Minimierung eines subjektiven Grenznutzens
zur obersten Maxime wirtschaftlichen Handelns wird, ist zudem eine mathematisch-ökonometrische Tendenz markiert, die auf die Einebnung von Qualitäten durch Quantifizierung zielt. Letztlich zielt die Grenznutzentheorie auf die
Herleitung ökonomischer Werte dadurch, dass sie zunächst ein »allgemeines
und exactes Mass für Lust und Unlust« aufzufinden hofft und insofern auf die
Berechnung von Bedürfnissen zielt, um diese in »Ziffern auszudrücken und mit
einander zu vergleichen«[71] und sie nach »*Sättigungs-Scalen*«[72] ordnen zu können, um auf diese Weise »das Innerliche rechenbar« zu machen.[73]

Ebenso paradoxer- wie bezeichnenderweise stellt sich für Wieser das behandelte Problem des wirtschaftlichen Wertes dennoch zunächst als ein genuin
sprachlich-begriffliches Problem dar. Im Vorwort zu seiner Schrift *Über den*
Ursprung und die Hauptgesetze des wirthschaftlichen Werthes beklagt er, dass
die Wertlehren der Zeit nichts mehr seien als »Irrthümer der Volkstheorien über
den Werth«, da diese auf »Begriffen der Volkssprache« basierten.[74] So behandeln
allein auch die ersten beiden Kapitel der gerade einmal gut 200 Seiten starken
Schrift *Die wissenschaftliche Bedeutung der Sprachbegriffe* und *Die sprachübli*
chen Werthbegriffe.[75] Das Wertproblem wird damit zu einem Problem sprachlicher Repräsentation, insofern es exemplarisch ein grundsätzliches Spannungsverhältnis von »Sprachgebrauch« und wissenschaftlichen »Thatsachen«
anzeigt:[76] In diesem Sinne moniert Wieser etwa das Auseinanderfallen von

---

    darstellung zu dieser zweiten Generation der Österreichischen Schule der Nationalökonomie
    Holub: Ökonomik des 19. Jahrhunderts ohne Sozialisten, a. a. O., 415–451.
70 Von Wieser: Der natürliche Werth, a. a. O., 11 f.
71 Ebd., 9.
72 Ebd., 9–11.
73 Von Wieser: Ursprung und Hauptgesetze des wirthschaftlichen Werthes, a. a. O., 214.
74 Ebd., III–XII, IV; vgl. auch Von Wieser: Der natürliche Werth, a. a. O., VII.
75 Von Wieser: Ursprung und Hauptgesetze des wirthschaftlichen Werthes, a. a. O., 1–21.
76 Ebd., 2.

wirtschaftlichem Wert als tatsächlichem, rein ökonomischem Phänomen auf der einen und seiner begrifflichen Repräsentation im Medium der Sprache in Gestalt »gemeinübliche[r] Werthbegriffe« auf der anderen Seite.[77]

Dieser Verweis auf die sprachliche Sensibilität des ökonomischen Diskurses ist gerade mit Blick auf ein meta-methodologisches Moment aufschlussreich, das noch einmal seine spezifische wissenspoetologische, gleichsam kulturpoetische Relevanz freisetzt.[78] Wenn von Wieser über den titelgebenden *natürlichen Werth* schreibt: »das ist der Werth, wie er wäre, wenn eine wirthschaftlich hoch entwickelte Gesellschaft ohne Tausch und Preis bestünde«[79] und wenn er zudem einen fiktionalen Staat als hypothetischen Geltungsbereich dieses natürlichen Wertes in der Form eines isolierenden Modells konstruiert:

> Alles soll auf das beste geordnet sein, kein Missbrauch der Gewalt seitens der Beamten, keine eigennützige Absonderung einzelner Bürger, auch kein Irrthum und keinerlei sonstige Störung soll vorkommen. Der natürliche Werth soll jener sein, den ein ganz und gar geeinigtes und höchst vernünftiges Gemeinwesen erkennen würde.[80]

Und wenn überdies dies dezidiert, wie eine Fußnote verdeutlicht, im Sinne eines Gedankenspiels verstanden sein will, insofern folgendes erklärt wird:

> Die Frage, ob ein solches Gemeinwesen bestehen könnte oder einmal bestehen werde, interessirt uns gar nicht. Wir lassen uns an seiner Vorstellung genügen, die ein vortrefflicher Behelf ist, um dasjenige zusammenzufassen, was von unserer heutigen Volkswirthschaft bleibt, wenn wir das Privateigentum sowie alle Störungen, die aus der menschlichen Unvollkommenheit folgen, hinwegdenken.[81]

Nimmt man also all diese Aussagen der Begründer einer »exacten Theorie« der Volkswirtschaftslehre als methodologisch notwendige Aussagen ernst, dann zeigt sich darin nicht nur, inwiefern wissenschaftliche Argumentationen, Lehren und Theorien gerade *nicht* als reine, gewissermaßen nicht-sprachliche Propo-

---

77 Ebd., 8. Hierin, so lässt sich bemerken, dokumentiert von Wieser – freilich ohne Blick auf den Roman – die zentrale Beobachtung zur konkreten Konstellation von Nationalökonomie und Erzählliteratur, die der vorl. Arbeit zu Grunde liegt. Das Verhältnis zwischen dem Diskurs der Nationalökonomie und dem Diskurs der Literatur ist, wie an anderer Stelle (Kap. 2.3) gezeigt, eben genau deshalb eng und insofern der Untersuchung wert, weil die wissenschaftlichen Begriffe, Definitionen, Argumentationen und Konzepte der Nationalökonomie im gleichen Moment entstehen, in dem sie durch popularisierende Interdiskurse (Zeitschriften, Literatur, sozialpolitische Schriften), in Wiesers Worten eben durch »Volkstheorien«, »Begriffe der Volkssprache« und den »Sprachgebrauch« gespiegelt, verdoppelt, funktionalisiert, und insofern mitkonfiguriert werden.

78 Vgl. für den deutschsprachigen Raum etwa Baßler: Die kulturpoetische Funktion und das Archiv, a. a. O. sowie den Band von Joseph Vogl (Hg.): Poetologien des Wissens um 1800, München 1999.

79 Von Wieser: Der natürliche Werth, a. a. O., 37.

80 Ebd., 60.

81 Ebd., 60.

sitionen vorliegen. Ebenso wird darin deutlich, dass wissenschaftliche Konzeptualisierung – darstellungslogisch zwingend – in ihrer Konstitution und Genese an Formen sprachlicher Gestaltung bzw. hier: an die Konstruktion eines fiktionalen und isolierenden Modells, an eine Staats-Imagination, an die »Vorstellung« eines »Gemeinwesen[s]« gebunden ist.[82] In diesem meta-methodologischen Kalkül, das sich durch Verfahren der Fiktionsbildung, der Abstraktion, der Modellbildung und der idealtypischen Isolierung spezifischer Einzelmomente eigene Bedingungen und Geltungsregeln schafft, erscheint der empirische, reale Wert nur mehr als ein von »Störungen«, »Zufall« und historisch varianten Zuständen gesellschaftlicher Organisation kontaminiertes »Zerrbild« eines *reinen* Wertes.[83]

Aus diesen sprachsensiblen und wissenspoetologischen Implikationen tritt jedoch ein weiteres, oben bereits skizziertes Moment in seiner Relevanz für die Korrelation von Wissenschaft und Literatur deutlich hervor:[84] Die Wertlehre der Grenznutzenschule ist eine reine *Differenz*-Theorie. Die wissenschaftlichen Wert-Begriffe der Zeit werden in de-essenzialisierender Weise umkonzeptioniert und in einen rein differenzlogischen Funktions- und Verhältnisbegriff des wirtschaftlichen Wertes überführt, der sich auf die Relation von zukünftig eintretendem Bedarf und voraussichtlicher Verfügungsmenge bezieht:

> Man denkt gemeinhin den Werth als einen einfachen und schlechthin wünschenswerthen Gütercharakter, mathematisch ausgedrückt als eine positive Grösse. Dem entspricht es, wenn die Reihe zu Anfangs mit der Vergrösserung des Besitzes auch einen erhöhten Werth zeigt, aber es widerspricht durchaus, dass gegen ihr Ende zu, bei noch weiterer Zunahme des Vorraths der Werth abnimmt, ja dass derselbe endlich in dem Augenblick völlig verschwindet, in dem der Überfluss erreicht ist.[85]

Damit ist insofern eine einschneidende Ent-Substanzialisierung bzw. De-Zentrierung der Vorstellung ökonomischen Werts markiert, als dieser im Sinne der

---

82 Hierhin gehört auch, wie in Kap. 2 dieser Arbeit schon beschrieben, die vielmalige Indienstnahme der *Robinson Crusoe*-Geschichte durch die Texte diverser Volkswirte. Die *Robinsonade*, die auch von Menger: Grundsätze, a.a.O., 95, 100–103 und von von Wieser: Der natürliche Werth, a.a.O., 32, 45, ins Feld geführt wird, ist in diesem Sinne nur ein relativ prominentes Beispiel für die auch *narrativen* Darstellungszwänge, an denen sich Funktionen von (vermeintlich bloß ornamentaler) Theorie-Illustration und (vermeintlich ›harter‹) Theorie-Konstitution in eigenartiger Weise überschneiden.

83 Zitate aus von Wieser: Der natürliche Werth, a.a.O., 61 f.

84 Es geht hier, wie schon gesagt, in Anlehnung an interdiskursanalytische und andere funktionalistisch informierte Ansätze um das funktionale Verhältnis von Wissenschaft und Literatur. Vgl. Link: Literaturanalyse als Interdiskursanalyse, a.a.O.; Titzmann: Strukturale Textanalyse, a.a.O. sowie zur Einordnung nochmals den konzisen Aufsatz von Krämer: Intention, Korrelation, Zirkulation. Zu verschiedenen Konzeptionen der Beziehung zwischen Literatur, Wissenschaft und Wissen, a.a.O.

85 Von Wieser: Der natürliche Werth, a.a.O., 28.

neuen Theorie eben nicht begriffen wird als »positive Größe«, sondern vielmehr rein differenziell gefasst wird, als Differenz- bzw. wörtlich als »Grenzwerth«.[86] Der Wert, so ließe sich sagen, löst sich also von all seinen vormaligen objektiven oder metaphysisch-symbolischen Zuschreibungen und wird zur nüchternen Distinktions-Funktion. Der Wert wird zur Grenze und zur reinen Unterscheidung, die selbst keinen eigenen (ontologischen) Seins-Status hat.

Die skizzierten Modernisierungen der ökonomischen Theorie haben einen enormen, bislang, soweit ich sehe, allerdings kaum untersuchten Einfluss auf das kollektive Bewusstsein des ausgehenden 19. Jahrhunderts gehabt; namentlich in Hinsicht auf die Relativierung eines lange Zeit stabilen, Gemeinschafts- und Kultursinn stiftenden und kompensatorischen nationalökonomischen Wissenskontinuums; oder in Hinsicht auf die größeren Zusammenhänge kultureller Verunsicherung, die sich generell am Zerfall von Wissensordnungen und besonders am Vertrauensverlust gegenüber – sprachlichen – Repräsentationen ablesen lassen.[87] Die Grenznutzen- bzw. Neue Werttheorie, so ließe sich auch formulieren, ist eine (bislang verdeckte) Teilkonstituente jener Umstellung der epistemischen Grundordnung von Identität auf Differenz, die sich im letzten Jahrhundertdrittel auf verschiedenen Feldern vollzieht und deren Vorleistungen für ästhetische Modernisierungsprozesse zunehmend in das Blickfeld des literatur- und kulturwissenschaftlichen Interesses rücken.[88]

Neben diesen ›verfallstheoretischen‹ Momenten hat das in Rede stehende neue Wissen der Ökonomie allerdings auch, das soll hier als weiterführende These erstmals formuliert sein, in produktiver Weise an Bewusstsein, Welt- und Menschenbild am Jahrhundertende gewirkt, insofern als es als Bedingung di-

---

86 Ebd., 29.
87 Vermutet werden darf, dass die kulturellen Vorbehalte gegen ›das Semiotische‹, die sich am Ende des 19. Jahrhunderts etwa in einer ›schweigenden‹ »Sprache der Gemeinschaft«, wie sie – siehe Stöckmann: Wille, a. a. O., 315–326. – vom Roman des Naturalismus hervorgebracht wird oder in der um 1900 endemisch um sich greifenden »Sprachkrise« – vgl. einführend Philip Ajouri: Literatur um 1900. Naturalismus. Fin de Siècle. Expressionismus, Berlin 2009, 147–162. – sowie in einem zeitgleich sich artikulierenden tiefen Misstrauen gegenüber Sprache – vgl. etwa Gerald Hartung (Hg.): An den Grenzen der Sprachkritik. Fritz Mauthners Beiträge zur Sprach- und Kulturtheorie, Würzburg 2013. – deutlich abzeichnen, wenn nicht in einem unmittelbaren Bedingungsverhältnis, so doch in einem mittelbaren Verhältnis gegenseitiger Plausibilisierung und Affirmierung zu den differenziellen, relationalen und de-essenzialisierenden Tendenzen der »exacten Theorie« der Ökonomie der Zeit stehen.
88 Siehe zu den analogen Prozessen im Feld der Ästhetik etwa jüngst Ingo Stöckmann: »Überhaupt stammt der Strukturalismus ja aus Deutschland«. Zur theoriegeschichtlichen Bedeutung der formalen Ästhetik im 19. Jahrhundert, in: Scientia Poetica 19 (2015), 88–135; Albrecht Koschorke: Wissenschaften des Arbiträren. Die Revolutionierung der Sinnesphysiologie und die Entstehung der modernen Hermeneutik, in: Joseph Vogl (Hg.): Poetologien des Wissens um 1800, 2. Aufl., München 2010, 19–52 sowie schon Manfred Frank: Das individuelle Allgemeine: Textstrukturierung und -interpretation nach Schleiermacher [1977], 2. Aufl., Frankfurt/M. 2001.

verser evolutionärer und sezessionistischer Prozesse angesehen werden kann. Zu denken ist dabei etwa an das Eingehen des Wertbegriffs in eine im letzten Drittel des 19. Jahrhunderts gänzlich neu entstehende (ästhetisch-)philosophische Axiologie bzw. sein Aufgehen darin;[89] oder an seine produktiven Vorleistungen für eine systematische Sprachwissenschaft, die sich vor allem durch ihre synchrone und differenzlogische Methodologie vom Paradigma der ›klassischen‹ historischen Sprachwissenschaft unterscheidet.[90]

Allerdings kann hier weniger diese neue Forschungsperspektive in der Breite verfolgt werden, welche das allgemeine Differenz-Bewusstsein vor und um 1900 und seine jeweiligen diskursiven Ausformungen aus dem tatsächlichen Kernbereich gesellschaftlich relevanten Wissens, nämlich aus dem Wissen der ökonomischen Wissenschaft der Zeit, hervorgehen lässt. Zunächst einmal sollen hier daraus die Einflüsse, Wechselwirkungen und Korrelationen mit dem spezifisch *literarischen* Bewusstsein der Zeit entwickelt werden.[91] In dieser Perspektive ist die Annahme zentral, dass das neue Paradigma der Ökonomik nicht nur eine Arbeit an ökonomischer Theorie, an Begriffen und Sachen des Wirtschaftlichen ist, sondern vielmehr auch tiefe Spuren im kulturellen Bedeutungs- und Symbolhaushalt hinterlassen wird: Nicht nur der Wert-Begriff selbst, auch

---

89 Vgl. Herbert Schnädelbach: Philosophie in Deutschland 1831–1933, 7. Aufl., Frankfurt/M. 2007, 198–234. Besonders augenfällig ist in diesem Zusammenhang auch die viel bemühte Rede von der *Umwertung aller Werte* im Anschluss an eine erstmals 1886 unter dem Titel *Jenseits von Gut und Böse. Vorspiel einer Philosophie der Zukunft* erschienene Aphorismensammlung: Friedrich Nietzsche: Jenseits von Gut und Böse. Zur Genealogie der Moral, hrsg. v. Giorgio Colli u. Mazzino Montinari, 9. Aufl., München 2007. Lohnenswert könnte es zudem sein, einmal über die Zusammenhänge zwischen dem Wertbegriff der neukantianischen Philosophie – siehe dazu Klaus Christian Köhnke: Entstehung und Aufstieg des Neukantianismus. Die deutsche Universitätsphilosophie zwischen Idealismus und Positivismus, Frankfurt/M. 1986 – und Wert-Konzeptionen und -begriffen der ökonomischen Wissenschaft nachzudenken.

90 Wie die Herausgeber Bally und Sechehaye im Vorwort des erst 1916 erscheinenden *Cours de linguistique générale* betonen, reicht die Geschichte seiner zentralen und revolutionären Konzepte und Theorie nicht nur bis zu den Vorlesungen, die Saussure zwischen 1906 und 1911 an der Universität Genf hielt, sondern bis ins 19. Jahrhundert, also bis in die Formationsphase der Neuen Wertlehre, zurück. Siehe Ferdinand de Saussure: Grundfragen der Allgemeinen Sprachwissenschaft, hrsg. v. Charles Bally u. Albert Sechehaye, übers. v. Herman Lommel, 2. Aufl., m. neuem Register u. e. Nachwort v. Peter v. Polenz, Berlin 1967, V–XI, VII.

91 Grenznutzenschule, Marginalismus und neue Werttheorie sind literaturwissenschaftlichen Arbeiten zum Thema Literatur und Ökonomie nahezu unbekannt. Als eine der wenigen nennt Franziska Schößler: Börsenfieber und Kaufrausch. Ökonomie, Judentum und Weiblichkeit bei Theodor Fontane, Heinrich Mann, Thomas Mann, Arthur Schnitzler und Émile Zola, Bielefeld 2009, 16f. dieses Desiderat, allerdings ohne es zu schließen. Rakow unterschätzt die Bedeutung der Grenznutzentheorie deutlich, indem er sie lediglich als Beleg für das Vorkommen der *Robinsonade* außerhalb der Literatur untersucht und die *Neue Theorie* der Ökonomie nicht in Verbindung setzt zu den literarischen Modernisierungserscheinungen der Zeit; siehe Rakow: Ökonomien, a. a. O., 349–375.

weitere, literarisch signifikante, besonders für die Werke des Bürgerlichen Realismus höchst bedeutsame Semantiken etwa von Arbeit und Boden, erfahren eine Ent- bzw. Um-Wertung.[92] Zudem bringt die Verschiebung des wirtschaftswissenschaftlichen Interesses von Fragen der Güter-Produktion und -Distribution hin zu Fragen der Konsumtion (Wertlehre als *Bedürfnis*lehre) das Einspielen neuer, schlagender und plakativer Begriffe mit sich, die das neue theoretische Wissen verkürzen, bündeln und somit verfügbar halten – und wiederum, so ist zu vermuten, auf Sprache, Bewusstsein und kulturelles Wissen der Zeit eingewirkt haben.[93]

Durch die hier skizzierten Modernisierungsprozesse innerhalb der ökonomischen Wissenschaft gerät die Nationalökonomie, in ihrer beschriebenen Funktion als diskursive Autorität, die nations- und gemeinschaftsbildende Funktionen erfüllt und mittels ihrer Erzählungen ein verbindliches (das letzte?) Kontinuum historischen, ökonomischen und kulturellen Wissens bereitstellt, in eine tiefe Krise.[94] Die Vertreter der historisch-kulturwissenschaftlichen Nationalökonomie können oder wollen das Differenzprinzip für ihren Gegenstandsbereich (Gemeinschaft, Gesellschaft, Ökonomie in ihrer sozialen bzw. nationalen Erscheinungsform, Kultur, »Volksleben«) nicht akzeptieren. Die Differenzierung des Sozialen in der Moderne wird erst gegen Ende des Jahrhunderts von einer neuen Generation von Sozialwissenschaftlern (Simmel, Weber) beschrieben.[95] Korreliert mit der Erzählliteratur der Zeit sind diese Prozesse insofern, als etwa die Ausdifferenzierungs- und Selbstschließungsprozesse der ökonomischen Wissenschaft eine diskurs- und modernisierungslogische Entsprechung in dem erhöhtem Aufkommen von literarischer Selbst-

---

92 Beispielsweise haben nach Menger: Grundsätze, a. a. O., 149 f., »Grund und Boden« für die Wirtschaft »keinen exceptionellen Charakter« mehr und auch die »Arbeitsleistungen sind [...] nicht an und für sich und unter allen Umständen Güter, oder gar ökonomische Güter, sie haben nicht nothwendigerweise Werth«. *Arbeit* und *Boden* sind hier ihrer symbolischen Sonderstellung enthoben und werden vielmehr in die Reihe ›normaler‹ Güter gestellt, deren Wert, wie beschrieben, von subjektiven, kontingenten und wechselhaften Faktoren abhängt. Vgl. besonders den Abschnitt *Ueber den Werth der Boden- und Capitalnutzung und der Arbeitsleistungen insbesondere* bei Menger: Grundsätze, a. a. O., 141–152.
93 Vgl. etwa die Wichtigkeit der Bedeutung von »Mangel« und »Seltenheit« bei von Wieser: Ursprung und Hauptgesetze des wirthschaftlichen Werthes, a. a. O., 44–68 sowie der analogen Begriffe »scarcity« bei Jevons: Theory of political economy, a. a. O., 155–161 und »rareté« bei Walras: Élements d'économie politique pure, a. a. O., bes. 23–27.
94 Vgl. auch Rüdiger vom Bruch (Hg.): Kultur und Kulturwissenschaften um 1900, Bd. 1: Krise der Moderne und Glaube an die Wissenschaft, Stuttgart 1989; Oexle (Hg.): Krise des Historismus – Krise der Wirklichkeit, a. a. O. sowie Klaus Lichtblau: Kulturkrise und Soziologie um die Jahrhundertwende. Zur Genealogie der Kultursoziologie in Deutschland, Frankfurt/ M., 1996, bes. 77–177.
95 Siehe besonders Georg Simmel: Über sociale Differenzierung. Sociologische und psychologische Untersuchungen, Leipzig 1890 sowie Kap. 7 dieser Arbeit.

referenzialität im letzten Drittel des Jahrhunderts finden.[96] Die Krise des nationalökonomischen Wissens eröffnet Möglichkeiten evolutionärer Schübe, gibt
sie doch Potenziale in Richtung eines ›neuen Erzählsinns‹ frei, der sich, wie mit
Blick auf Erzähltexte des späten Realismus und des Naturalismus (Raabe, Keller,
M. G. Conrad u. a.) gezeigt werden wird, in neuartigen Erzählverfahren, -tech-
niken und -strukturen niederschlägt, die ihre Spezifik etwa aus der Erzeugung
von Ambiguität und Polysemie, aus der Dynamisierung semiotischer Strukturen
sowie aus der Betonung ihrer eigenen Artifizialität, d. h. also aus ihrem Diffe-
renz-Charakter, beziehen. Eine starke literaturgeschichtliche Relevanz ist mit
dem Aufriss der skizzierten Konstellation insofern gegeben, als in jüngerer Zeit
immer wieder darauf hingewiesen wurde, dass der Bürgerliche Realismus ab den
1870er Jahren in eine neue Phase eintritt.[97] Die latente Modernität des späten
Realismus wurde hierbei ebenso sichtbar, wie die Modernisierungsleistungen
der naturalistischen Literatur.[98]

6.4.   Differenzlogisches Erzählen – Ökonomie bei Wilhelm Raabe II

6.4.1.   Die Illusionierung offenlegen – Selbstreferenz

Zum wilden Mann

Irritation stellt sich im Blick auf *Zum wilden Mann* insofern rasch ein, als der
Text von Beginn an ein merkwürdiges Spiel zwischen Realität und Fiktion,
zwischen der zu erwartenden Erzählung und dem – irritierenden – Hinweis auf
das eigene Erzählt-Sein treibt. Die desillusionierende Illusion, dass »wir, das
heißt der Erzähler und seine Freunde [...] unter das schützende Dach dieser
neuen Geschichte« (ZwM 162) gelangen, also gleichsam vermeintlich den diegetischen Raum – die Geschichte *Zum wilden Mann* – sowie ihr intradiegetisches
Zentrum – die Apotheke »Zum wilden Mann« – betreten, wird folgendermaßen
ausgeführt: Es komme

---

96 Der Begriff korreliert bzw. Korrelation meint hier in Anlehnung an Link, Titzmann und
    Krämer: Intention, Korrelation, Zirkulation, a. a. O., 95, dass Literatur und Wissenschaft
    zugleich zwei »miteinander ›gekoppelte‹« und dennoch jeweils »relativ autonome Bereiche
    sind«; s. auch Maillard / Titzmann: Vorstellung eines Forschungsprojekts »Literatur und
    Wissen(schaften) in der Frühen Moderne«, a. a. O., bes. 23 f.
97 Siehe etwa das Kapitel *Der späte Realismus (1870-1900)* bei Sabina Becker: Bürgerlicher
    Realismus. Literatur und Kultur im bürgerlichen Zeitalter 1848–1900, Tübingen / Basel 2003,
    229–269.
98 Siehe etwa Ralf Simon: Übergänge. Literarischer Realismus und ästhetische Moderne, in:
    Christian Begemann (Hg.): Realismus. Epoche, Autoren, Werke, Darmstadt 2007, 207–224;
    Stöckmann: Wille zum Willen, a. a. O. sowie Eva-Maria Siegel: High fidelity. Konfigurationen
    der Treue um 1900, Paderborn 2004.

der Erzähler, mit aufgespanntem Schirm von links, der Leser, gleichfalls mit aufgespanntem Schirm, von rechts. Schon hat der Erzähler die Tür hastig geöffnet und zieht
sich den atemlosen Leser nach, und schon hat der Wind dem Erzähler den Türgriff
wieder aus der Hand gerissen und hinter ihm und dem Leser die Tür zugeschlagen, daß
das ganze Haus widerhallt: wir sind darin, in dem Hause sowohl wie in der Geschichte
vom Wilden Mann! – – Daß wir uns in einer Apotheke befinden, merken wir auf der
Stelle am Geruch. (ZwM 163)

Verstärkt werden diese distanzierenden, illusions- und fiktionsbrechenden
Gesten etwa noch durch die anfänglichen Selbst-Bekundungen der erzählerischen Instanz, dass es sich bei den vorliegenden Aufzeichnungen um eine »In-
ventaraufnahme« (ZwM 165) bzw. »Katalogisierung« (ZwM 166) der Kristellerschen Stube und zugleich um die »Schilderung unserer *Bühne*« (ZwM 164;
Hervorh. M. A.) handele sowie durch die hierin implizierten Momente szenischen Erzählens, die etwa mit der Verwendung von Zeitadverbien – »jetzo« – und
dem Wechsel des Erzähltempus zwischen Präteritum und Präsens einhergehen
(siehe ZwM 166). Die Verabschiedung einer ›ungestörten‹ Illusionierung – bzw.
besser: die Inszenierung dieser Verabschiedung – und der Bruch mit der Erwartung ungebrochener Fiktion können nicht nur schon auf Grund ihrer exponierten Stellung am Beginn des Textes und ihrer nachgerade »wilden« Ein-
drücklichkeit als eine spezifische Funktion zur Erzeugung von erzählerischem
Sinn gedeutet werden; sie finden sich – den ›eigentlichen‹ Erzähldiskurs immer
wieder zäsuierend – auch an vielen weiteren Stellen des Textes. So verhindern
(die Inszenierungen) derartige(r) Fiktionsbrüche etwa auf spielerisch-ironische
Weise genau das, was den Zuhörern Agonistas in der Binnenerzählung passiert,
als sie sich von diesem allzu sehr faszinieren und in Bann ziehen lassen. »[U]nd
wir«, so der Erzähler,

– wir machen es vollständig umgekehrt als die aufs äußerste gespannten Lauscher in
der Hinterstube der Apotheke Zum wilden Mann: wir rücken ab vom Kaiserlich Brasilianischen Gendarmerieoberst Dom Agostin Agonista. (ZwM 218)
[...]
Wir lassen ihn, den Oberst Agonista, so ungefähr um ein Uhr morgens noch einmal mit
der flachen Hand über den Tisch streichen [...]. (ZwM 219)

Der Erzähler schneidet, wie er selbst bekundet, Agonista genau deshalb das Wort
ab, da seine Erzählung als typische Abenteuergeschichte ja längst bekannt und
deshalb auch wenig relevant sei. Über Agonistas abenteuerliche Erlebnisse heißt
es:

[A]llein das alles war doch schon von anderen hunderttausendmal erlebt und mündlich
oder schriftlich, ja sogar dann und wann durch den Druck mitgeteilt worden. (ZwM
219)

Als modernes Erzählverfahren lässt sich das insofern beschreiben, als der Text an derartigen Stellen doch ganz offensichtlich auf die Brechung fiktions-, literatur- und gar genretypischer Illusionierung und demgegenüber sehr stark auf die Inszenierung der eigenen fiktionalen Verfasstheit selbst zielt. Es zeigt sich hier, wie die Erzählliteratur des letzten Jahrhundertdrittels zu der Umstellung von Fremd- auf Selbstreferenz tendiert – und hierin eine gewisse Nähe zu den skizzierten analogen Schließungsprozessen der zeitgenössischen Ökonomik zur *reinen* Theorie aufweist. Das meta-poetische Spiel des Textes zwischen der Inszenierung von Realität und der Inszenierung von der Inszenierung von Realität hat nicht nur einen ornamentalen Zweck, sondern bezeichnet vielmehr eine wichtige Funktion in Bezug auf die spezifischen Formen und Funktionen und in Bezug auf den spezifischen Sinn des Erzählens.[99] Dieses Spiel lässt sich in nochmals gesteigerter Weise in *Pfisters Mühle* beobachten.

Pfisters Mühle

Der Roman beginnt mit einer expositorischen poetologischen Absichtsbekundung (PM 7f.), die in anspielungsreicher Weise Gestalten einer rätselhaften »›Vorwelt‹« beschwört und die »›Wunder‹« dieser Vorwelt in die imaginierte Jetzt-Zeit sichtbarer technologisch-industrieller Modernisierungserscheinungen der 1870er Jahre transponiert:

> Das ›alte romantische Land‹ liegt von neuem im hellsten Sonnenschein vor uns […] wie uns jetzt der ›Vorwelt Wunder‹, die wir in weiter Ferne vergeblich suchten, so nahe – dicht unter die Nase gelegt worden sind im Laufe der Zeiten und unter veränderten Umständen. (PM 8)

Diese »poetische[] Programmerklärung« endet nun in vielsagender Weise mit dem Abdruck von drei Kreuzen und mit der Absichtsbekundung,[100] dass von dieser mythisch-romantischen Vorzeit nun tatsächlich »erzählt werden soll« (PM 8); die Geschichte um Pfisters Mühle beginnt also mit der Fiktion eines demonstrativen Hinweises darauf, dass das kommende nun tatsächlich und unmittelbar erzählt werde. Bezeichnenderweise wird allerdings die Illusion des augenblicklichen Erzählens und des unmittelbaren Hörens umgehend wieder gebrochen, indem der Verfasser des titelgebenden »Sommerferienhefts«, der

---

99 Vgl. auch die sehr instruktiven Beobachtungen grundsätzlich zu ›realistischem Erzählen‹ – ohne besonderen Bezug auf den deutschen Realismus oder Ökonomie – von Rainer Warning: Die Phantasie der Realisten, München 1999, bes. den einführenden Abschnitt über *Mimesis als Mimikry: Die ›Realisten vor dem Spiegel‹*, 9–34.

100 Vgl. Alexander Honold: Geist, Gift und Geschäft in *Pfisters Mühle*, in: Hubert Winkels (Hg.): Katja Lange-Müller trifft Wilhelm Raabe. Der Wilhelm Raabe-Literaturpreis. Das Ereignis und die Folgen, Göttingen 2009, 32–70, hier 36–40.

– so die (Fiktions-)Fiktion – mit seiner Frau Emmy die letzten Tage im Garten der längst verkauften Mühle zubringt, über »das eben vom Leser Gelesene« meint, dass ihm nun im Garten mit seiner Frau nichts anderes übrig bleibe, »als unter meine unmotivierte Stilübung dahin drei Klekse zu machen, wo im Druck vielleicht einmal drei Kreuze stehen […]« (PM 9).

Erzählsituation und -anlage sind nicht nur insofern komplex, als Eberhard Pfister nicht nur fiktiver Autor des Sommerferienhefts, Ich-Erzähler der Geschichte um Verkauf und Abriss der Mühle und zudem selbst auftretende – erzählte – Figur ist; das heterogene, mit Heinrich Detering gesprochen, »experimentelle«[101] erzählerische Arrangement hat zudem spezifische Struktur- und Sinnfunktionen: Von der ersten Seite an entfaltet der Text nicht nur eine Geschichte – vom ökonomischen Strukturwandel am Beginn der 1870er Jahre, vom Untergang der Mühle, vom Aufstieg Adam Asches, von der nationalökonomischen Gemeinschaft und ihrem Zerfall. Der Text bildet vielmehr die Genese dieser Geschichte ab. In inflationärer Weise thematisiert er den Prozess der eigenen Entstehung aus Akten des Erzählens, des Erinnerns und des Aufschreibens und stellt damit die Prozesse der Fiktionsbildung – und weniger die gebildete Fiktion – demonstrativ aus. Es handelt sich, anders ausgedrückt, nicht um Entwurf und Gestaltung einer geschlossenen Erzählwelt, sondern um das Darstellen der eigenen Inszenierungs- und Illusionierungsgesten.

Ganz offensichtliche Beispiele hierfür sind unter anderem die fortwährenden volkslied- und formelhaften Wiederholungen der immer gleichen Wendungen, Versatzstücke und Motive[102] oder die vielen Spuren inszenierter Mündlichkeit wie Seufzen oder der Ausruf »Ach« (PM 13, 80, 83, 119 u. ö.). Ganz explizit wird die Fiktions-Illusion zudem gebrochen von zahlreichen Gesten der Unmittelbarkeit und der – bisweilen gar sinnlichen –[103] Vergegenwärtigung, die etwa durch vielmalige Wechsel des Erzähltempus angezeigt sind (vgl. PM 19, 24–26, 74, u. ö.) sowie durch die häufigen Unterbrechungen des fingierten Erzählprozesses durch Pfisters Ehefrau Emmy:

Und es ist auch ganz recht von dir, daß du jetzt im letzten Augenblick noch einmal alles aufschreibst, was du in ihr [in der Mühle, M. A.] erlebt hast (PM 37, vgl. 118, 124, 137).

---

101 Vgl. nochmals Detering: Theodizee und Erzählverfahren, a. a. O.

102 Leitmotivisch wiederkehrend etwa Gedichtstrophen aus *Die verlassene Mühle* von August Ferdinand Alexander Schnezler (vgl. PM 9, 28, 38, 133, 156; siehe auch den Abdruck des gesamten Schnezler-Gedichts im Kommentar zum Text in der benutzten Ausg., 517–544, hier 536 f.), das Versatzstück »von Pfisters Mühle« mit entsprechenden Zusätzen, bspw. ›der Sohn‹, ›die Gäste‹, ›der Garten‹, ›der Besitzer‹, ›der Erbe‹, ›der letzte Wirt von‹, ›das Wohl und Wehe‹, u. a. »von Pfisters Mühle« (PM 13, 21, 39, 41, 52, 57, 62, 73, 82, 110, 158, 169 u. ö.), sowie die Frageformel »Wo bleiben alle die Bilder?« (PM 30f., 33, 62, 75, 103, 151 u. ö.).

103 Eberhard Pfister unterbricht seine Erzählung etwa mit: »Es ist alles vor allen meinen fünf Sinnen« (PM 26).

Diese Selbstthematisierungen des Schreibens erscheinen zudem häufig in der
Form fingiert adressatenloser Reflexionen Pfisters, die nicht nur das Schreiben
beschreiben, sondern auch den ›Widerstand des Materials‹ beklagen:

> Ach, daß es so häufig, wenn man der nicht mehr vorhandenen Bilder gedenkt, nötig ist,
> so pragmatisch als möglich zu sein, sobald man von ihnen reden oder gar schreiben
> will! Wie strahlte Samses Visage in dem Lichte, [...] wie hübsch war das Bild im ganzen
> [...], wie ließe sich davon singen und sagen – märchenhaft wundervoll: ich aber habe
> [...] nüchtern zu berichten. (PM 80 f., vgl. 142 f.)[104]

Außerdem werden gegen Ende der Erzählung die verschiedenen Narrations-
ebenen zunehmend dynamisch ineinander und aufeinander bezogen bzw. mehr
noch: miteinander verwirrt, so ließe sich passender sagen, insofern als die
letzten Tage der Schreibfiktion im verlassenen Mühlengarten – die Sommer-
frische der Pfisters – mit dem Auftauchen der neuen Mühlenbesitzer und dem
Beginn der Abrissarbeiten enden und die Erzählung somit in eine vermeintliche
Erzählgegenwart einmündet (siehe PM 124: Emmy: »Jott sei Dank, da sind wir
denn endlich!«), nur um dann immer wieder aus ihr herauszufallen. Die Illusion,
die der Text fingiert, die Pfisters würden ›jetzt gerade‹ den »letzten Tag« ihres
Aufenthalts in Pfisters Mühle verbringen, Ebert selbst würde »jetzt« schreiben,
wird durch präsentische Expositionen am Beginn der letzten Kapitel explizit:

> Es ist in Wahrheit ein Sommerferienheft, zu dessen losen Blättchen ich jetzt die letzten
> zusammensuche [...]. Wie ich die Sache ›im Spiel der Gedanken‹ angefangen habe, so
> muß ich sie nun beenden, und der bitterste Ernst wird sich auch auf diesen letzten
> Blättern in die seltsame Form finden müssen, welche ihm nur eine solche unge-
> wöhnliche Sommerfrische geben konnte. (PM 150 f.)

Gebrochen wird die Fiktion der unmittelbaren Erzählgegenwart allerdings
wiederum insofern, als das, was die letzten Seiten der Erzählung als den zwar
unmittelbar erlebten – »grade« –, demgegenüber allerdings paradoxerweise
schon gewesenen – »stiegen« – Abschied von der Mühle verstanden wissen will –

> Wir stiegen grade in den Wagen [...] und dann – war Pfisters Mühle nur noch in dem,
> was ich mit mir führte auf diesem rasselnden, klirrenden, klappernden Eilzuge vorbei
> an dem Raum und an der Zeit. (PM 156, vgl. 161)

– eben nicht als erzählter Abschied, sondern vielmehr als die narrative Inszenierung eines erzählten Abschieds bzw. als eine selbstreflexive und insofern
meta-poetische, ihrerseits allerdings selbst wiederum inszenierte literarische
Inszenierung eines Abschieds erscheint. Verdopplung und Vervielfältigung von
Fiktions- und Inszenierungsebenen zeigen sich auch nochmals in besonderer

---

104 Diese Selbstthematisierungen haben auch eine dramaturgische Funktion, indem sie die
     fingierte Erzählzeit als dramatisch verrinnende Frist in Szene setzen: »Aber unsere Zeit hier
     zählt ja nur noch nach Stunden.« (PM 136, vgl. PM 110, 132).

Weise darin, dass sich das Spiel mit dem Wechsel von ineinandergeschobenen
Zeitebenen am Schluss des Textes noch einmal enorm intensiviert und sich
zudem die Frequenz dieser Wechsel erhöht; Pfisters Aufschreiben bleibt in
paradoxer Fügung tatsächlich ›endlos‹, als es an dem selbstwidersprüchlichen
Vorhaben scheitert, Gegenwärtiges und Vergangenes zugleich darstellen zu
wollen:

> Und da sitze ich wieder an meinem feststehenden, soliden Arbeitstisch […]. Nun
> könnte ich mich selber literarisch zusammennehmen, auf meinen eigenen Stil achten,
> meine Frau und alle übrigen mit ihren Bemerkungen aus dem Spiel lassen und we-
> nigstens zum Schluß mich recht brav exerzitienhaft mit der Feder aufführen. Wenn ich
> wollte, könnte ich jetzt auch noch das ganze Ding über den Haufen werfen und den
> Versuch wagen, aus diesen losen Pfisters-Mühlen-Blättern für das nächste Jahrhundert
> ein wirklich druck- und kritikgerechtes Schreibekunststück meinen Enkeln im Haus-
> archive zu hinterlassen. Und es fällt mir nicht ein – es fällt mir im Traume nicht ein! Ich
> werde auch jetzt nur Bilder, die einst Leben, Licht, Form und Farbe hatten, mir im
> Nachträumen so lange als möglich festhalten! So schreibe ich weiter, während ich
> Emmy nebenan fröhlich lachen und meine alte Wärterin und Pflegemutter einen
> ›wahren Trost im Dasein‹ betitulieren höre. (PM 163 f., vgl. 171)

Die Erzählung findet bezeichnenderweise ihr Ende bzw. eben ihr ›Nicht-Ende‹ in
einem unmittelbaren und szenischen Arrangement, das noch einmal die Fiktion
von Gegenwart evoziert – hervorgehoben durch das Zeitadverb »plötzlich« (PM
177) – und den Text somit in die Paradoxie von gleichzeitiger Abgeschlossenheit
und ›Ungeschlossenheit‹ entlässt.[105]

Anhand der vielfachen Inszenierungen des eigenen Gemachtseins, an den
ständigen und expliziten Hinweisen auf die Artifizialität der untergehenden und
untergegangenen Mühlenwelt[106] sowie besonders im Blick auf den in seinem
Sentimentalismus und in seiner Melancholie demonstrativ überzogenen Ton des
Erzählers Pfister zeigt sich eine bedeutsame Verfahrensstrategie des Textes:
Sentimentalität, »melancholische[s]« (PM 17, siehe 124) Erinnern, Erzählen und
Schreiben, die Lust an der Trauer, am »süßwehmütigen« (PM 111) Rückblick in
die Vergangenheit werden nicht nur als vordergründige Stimmungen erzeugt
oder als authentisches Bewusstsein eingefangen, sie werden vielmehr in einem

---

105 Vgl. zur ›Ungeschlossenheit‹ der Erzählung auch Horst Denkler: Die Antwort literarischer
      Phantasie auf eine der »größern Fragen der Zeit«. Zu Wilhelm Raabes »Sommerferienheft«
      Pfisters Mühle, in: Ders. (Hg.): Neues über Wilhelm Raabe. Zehn Annäherungsversuche an
      einen verkannten Schriftsteller, Tübingen 1988, 81–104, hier 100 f.
106 Die Mühle ist für Pfister ganz explizit ein »Bild«: »Ich wußte schon, daß sie, die nunmeh-
      rigen Eigentümer, sich große Dinge mit ihr [mit der Mühle, M. A.] vorgenommen hatten,
      für mich aber konnte leider Gottes mein Vätererbe nichts weiter sein als ein großes Wunder
      der Vorwelt, ein liebes, vergnügliches, wehmütiges Bild in der Erinnerung.« (PM 10, siehe
      20, 35, 37, 63, 103, 144 u. ö.)

nachgerade exhibitionistischen Gestus als erzählerische Verfahren, als narrative Funktionen inszeniert.[107]

Die Erzählungen, so lässt sich sagen, rekonfigurieren das Verhältnis von Realität und literarischer Fiktion, indem sie sich aus dem Anspruchsfeld einer ästhetisch-*philosophischen* Programmatik der Darstellung oder Idealisierung von Realität lösen und demgegenüber – und insofern: *selbstreferenziell* – die Verfahren künstlerischer Überhöhung und literarischer Verklärung inszenieren; sie führen, anders ausgedrückt, die Eigengesetzlichkeit ihrer systemeigenen, d.h. literaturspezifischen Verfahren und Formen zur Herstellung von Sinn vor. Die epistemologischen Bedingungen der hierin sich abzeichnenden Emanzipation der Literatur von außer-literarischen Bezugsgrößen (etwa von normativen Vorstellungen philosophischer Ästhetik oder von Orientierungen auf eine tatsächlich bzw. auch nur möglicherweise außerhalb von literarischer Fiktion liegende ›Realität‹) finden eine Entsprechung, wie schon angedeutet, in den analogen Selbstschließungsprozessen der ökonomischen Wissenschaft der Zeit – in der Ablösung des Ökonomischen aus nicht-ökonomischen Referenzbereichen (Kultur, Nation, das Soziale, ethisches Handeln, Institutionen von Recht und Sitte, die Geschichte der Ökonomie) sowie in der Freigabe des Wertbegriffs aus diesen Bezügen in Richtung auf reine System-Funktionalität, auf Differenzialität und Relationalität. In modernisierungslogischer, gleichsam ›methodologischer‹ Hinsicht ist dieser Prozess korreliert mit den neuen Formen der literarischen Sinngebung. Naheliegend ist diese Korrelation im Blick auf das gemeinsame Bezugsfeld von Literatur und Wirtschaftswissenschaft – Ökonomie, bürgerliche Gesellschaft.

6.4.2. Die Zwei-, Mehr- und Gleich-*Wertigkeit* literarischer Bedeutungen – Ambiguität und Äquivalenz

Zum wilden Mann

Als irritierend *uneindeutig* stellen sich in diesem differenzlogischen Sinne etwa die Ursprungs- und Seinswelten beider Protagonisten dar. Gerade das, was der Text als die vermeintlich idyllische deutsche Provinz und als die »wohlbekannte Ordnung und Reinlichkeit der deutschen Apotheken« (ZwM 163) verstanden wissen will, steht doch, sieht man einmal etwas genauer hin, *eindeutigen* Be-

---

107 Melancholie *im* Text und nicht Melancholie *des* Textes lässt sich auch in *Zum wilden Mann* beobachten: »Melancholia!« (ZwM 166) tritt dort als der Titel eines Dürerschen Kupferstiches auf, der den Mittelpunkt von Kristellers Bildergalerie bildet; siehe zur Rolle des Schopenhauerschen Melancholie-Begriffs bei Raabe Fauth: Metaphysischer Realist, a. a. O., 55–100.

deutungszuschreibungen diametral entgegen.[108] Apotheke und Apothekerberuf sind dem historischen Gedächtnis zutiefst suspekt, insofern als sie ein Feld schillernder Bedeutungen zwischen ›Heilung‹ und ›Vergiftung‹ besetzen; sie stehen in der Erzählung weniger als schlichter *topos* aus Sage und Literatur, sondern vielmehr als literarisches Artefakt, welches Uneindeutigkeit und Ambivalenz zeichenhaft bzw. symbolisch kulturell naturalisiert. Kristeller ist eben nicht nur passives Opfer eines hereinbrechenden Unheils. Er ist eben nicht, wie der Erzähler zu wissen meint, »vollkommen zufrieden mit dem, was [er] erhalten hatte[]« (ZwM 161), und er fügt sich also auch nicht brav in das, was ihm das Schicksal zugeteilt hat. Nach anderer Lesart ist er dagegen, so erfährt man auch, ein tüchtiger Geschäftsmann, dem es nur in »schwerer Arbeit« gelang, den »Platz zu behaupten«, an dem immerhin schon zwei seiner Vorgänger bankrott gegangen waren (ZwM 198). Der Förster bemerkt über Kristellers geschäftliche Erfolge und seinen ausgeprägten kaufmännischen Instinkt folgendes:

> Und Verstand [...], den richtigen Verstand von der Sache; denn in einer so gesunden Gegend, wie die hiesige zum Exempel, legt sich der richtige Apotheker eben auf etwas anderes, zum Beispiel auf den Magenbitter, wie der ›Kristeller‹ einer ist, auf die Fruchtsäfte im Großen, auf den Weinhandel und, nicht zu vergessen, auf den Kräuterhandel durch ganz Deutschland ins Unermeßliche. Heute abend ist denn im natürlichen Verlaufe der Dinge der Alte da in seinem Schlafrocke [d. i. Ph. Kristeller, M. A.] der allereinzige von uns, der es zu etwas gebracht hat. (ZwM 175f.)

Kristeller hat ein Handelsimperium – »durch ganz Deutschland ins Unermeßliche« – aufgebaut mit Geld, das ihm nicht gehört und das für einen anderen Zweck bestimmt war: für Heirat und Familiengründung mit der Jugendfreundin Johanne (vgl. ZwM 196). Entgegen dem Schein, so lässt sich sagen, wirkt Kristeller, egal ob er dies als Figur selbst so erfassen und reflektieren würde, als überregionaler Vertreiber eines ›modernen Markenprodukts‹ auch aktiv und gestaltend an den Mechanismen kapitalistischer Marktlogiken mit, welchen er doch gemäß einer anderen Suggestion des Textes naiv und machtlos gegenüber steht.

Hermeneutisch verwirrend uneindeutig erscheint auch Kristellers Kontrastfigur Agonista. Die von ihr verkörperten Prinzipien der Moderne – totale Rationalisierung, Kapitalisierung, Optimierung ökonomischer Prozesse, Materialismus – sind in mehrdeutiger Weise bezogen auf ihre alteuropäische Herkunftswelt, in welcher Agostin Agonista noch auf den Namen August Mördling hörte und in welcher sich Düster-Barbarisches, Rationalismus und Zivilisierung auf so merkwürdige Weise durchmischen.[109] Ebenso sind auch Agonistas Be-

---

108 Vgl. auch Dobstadt: »unter das schützende Dach dieser neuen Geschichte zu gelangen«, a. a. O., 26–30.

109 Ein besonderes Merkmal für die Diskontinuitäten innerhalb von Agonistas Familienge-

weggründe nicht ausschließlich rationalistischer, materialistischer oder rein ökonomischer Provenienz, wie der Text vordergründig nahelegt. In Differenz zu dieser Lesart ist sein Handeln ebenso motiviert in ressentimentalen Neid-Gefühlen (siehe ZwM 214, 231) wie in dem biederen Wunsch nach bürgerlichem Familienglück (vgl. ZwM 234). Weitere Belege dafür, dass der Text seinen Sinn darin findet, die gängigen Narrative des ökonomischen und nationalökonomischen Diskurses, die er zuvor selbst aufgerufen hatte – Strukturwandel als Verdrängungsprozess, rein ökonomische Handlungslogik vs. *ethos* volkswirtschaftlicher Handlungen – zu subvertieren, zu relativieren und dezidiert dem Bereich literaturspezifischer *Ambiguität* zuzuführen,[110] finden sich vielfach im *Obskuren* von vermittelnder Figurenrede und rätselhaften Andeutungen, die den *klaren* Blick darauf, ›wie es wirklich war‹, scheinbar versperren, und ließen sich leicht beibringen.[111]

Ambivalent ist der Text auch in einem manifesten Sinne textueller Bezugnahmen, insofern als er zahlreiche, in sich heterogene Figuren, Themen, Motive und Stoffe unterschiedlicher literatur- und kulturgeschichtlicher Provenienz intertextuell arrangiert – die intradiegetische Erzählsituation am Tisch in der Apothekerstube erinnert allzu stark an Goethes *Unterhaltungen deutscher Ausgewanderten*, die Beziehung zwischen Philipp und Dorette Kristeller scheint der Konstellation in *Hermann und Dorothea* nachempfunden; Faustisches und Teufelsbund sind ebenso präsent wie die alten Sagenstoffe um den »Blutstuhl« und die »wilden Männer« oder Elemente populärer Abenteuererzählungen.

Die fortwährend vom Text hervorgebrachten Uneindeutigkeiten – beispielsweise auch in Bezug auf unterschiedliche Konzeptionen von Natur oder in Bezug auf die Frage nach Mördlings Gesundheitszustand –[112] haben gerade deshalb

---

schichte zeigt sich etwa darin, dass sein Vater – ganz merkwürdig aus der düsteren Tradition der Henker-Familie Mördling herausfallend – »ein sanfter, gebildeter Mann« war, der als Humanist im besten Sinne des Wortes »Schiller verstand, Goethe verstand«, zudem »Kunst-« und »Naturliebhaber« war und der tatsächlich ihn, August, »zu einem gebildeten Menschen […] erzog«, wie dieser selbst kundgibt (ZwM 211).

110 Simon: Übergänge. Literarischer Realismus und ästhetische Moderne, a. a. O., 222, spricht in diesem Zusammenhang – allerdings ohne Bezug auf den ökonomischen Diskurs – von »narrativen Dekonstruktionen«.

111 In diesem Zusammenhang fällt etwa die Umkehrung der Kolonisierungsgeschichte auf: Es ist nicht August Mördling, der die Neue Welt kolonisiert, sondern Agostin Agonista, der »Oberst in brasilianischen Diensten«, der die Alte Welt ökonomisch ausbeutet, indem er sich ihre Rohstoffe, ihr Kapital und ihren Besitz durch »raschen Überfall« (ZwM 201) und einseitige Vertragsschlüsse – vgl. dazu auch: Julia Bertschik: Poesie der Warenwelten. Erzählte Ökonomie bei Stifter, Freytag und Raabe, in: JbRG 52 (2011), 39–54, bes. 48–52 – aneignet. Zudem ist die zwischen Kristeller und August wohl getroffene Vereinbarung alles andere als eindeutig: Handelt es sich um einen Freundschaftseid seitens Kristellers (vgl. ZwM 194)? Handelt es sich um eine zweckgebundene Schenkung Augusts (vgl. ZwM 196) oder, wie es Johanne vorschlägt, um ein »Darlehn« (ZwM 197)?

112 So bleibt etwa die Fragen danach, ob bspw. die Natur, die von Beginn an eine wichtige Rolle

Bedeutung, weil sie sich eindeutiger und einsinniger hermeneutischer Fixierungen entziehen. Differenz ist ihre spezifische Funktion, die sich etwa mit Blick auf einen Schlüsselsatz der Erzählung veranschaulichen lässt, in welchem Kristeller Aufschluss gibt – bzw. eben dies gerade nicht tut! – über die Eigentums- und Verfügungsrechte des in Rede stehenden Kapitalvermögens:

> Meine Hausbücher liegen zu deiner Einsicht bereit; du wirst mit meiner Schwester zufrieden sein, denn sie hat die Bilanz gezogen. Ich hoffe, du wirst finden, daß wir – meine Schwester und ich – unser – mein – dein Vermögen nach bestem Wissen verwaltet haben. (ZwM 247)

Die Erwartung der eindeutigen Klärung der Besitzverhältnisse wird ebenso enttäuscht, wie die propositionale Logik von Aussagen verletzt wird. Dagegen hat der Satz vielmehr die Funktion, gewissermaßen in einer Bewegung analogischen Überschreibens, eine Beziehung herzustellen zwischen der, auch typographisch durch Gedankenstriche kenntlich gemachten, Übertragung und *Verschiebung* von Identitäten und Besitzverhältnissen – »unser – mein – dein Vermögen« – einerseits und dem Text-Programm fortwährender Bedeutungs- und Referenz-*Verschiebungen* andererseits.

Die gleiche Funktion der Bildung von Polysemien und Unentscheidbarkeiten haben auch die fortwährenden Verdopplungen, Vervielfältigungen, Neu- und Mehr-Referenzialisierungen einzelner Motive und narrativer Versatzstücke. So findet sich beispielsweise das Motiv vom Teufelspakt auf mehreren Ebenen und lässt sich auf diverse Konstellationen beziehen;[113] insofern wird Mehrdeutigkeit

---

spielt (Wetter), vom Text als idyllischer Rückzugsort der Ruhe, als Schutzraum und Ort von Reinheit und Natürlichkeit (vgl. ZwM 179f.), oder, in widersprüchlicher Weise, als Welt düsterer, bedrohlicher und »wilder« Gewalten (vgl. ZwM 190f.) inszeniert wird, offen. Gänzlich unentscheidbar bleibt auch die Frage danach, ob August Mördling an pathologischen Wahnzuständen leidet oder ob er die Leiche des von ihm Enthaupteten tatsächlich zum »Blutstuhl« bringt (vgl. ZwM 193, 214f.).

113 Es lässt sich einfach nicht eindeutig entscheiden, wer in der Erzählung einen ›Pakt mit dem Teufel‹ eingeht: Ist es Agostin, der auf seiner Reise nach Brasilien mit dem ›schwarzen Wunderheiler‹ (ZwM 204f.) paktiert? Wird nicht Kristeller – naheliegend – zu einer modernen Faust-Figur, indem er sich mit dem oftmals als diabolisch inszenierten Agonista einlässt und mit diesem einen Pakt schließt? Lässt sich »der Leser« in seiner Faszination für die »wilde« und ›ungeheure‹ Geschichte nicht ebenso mit dem ›Teuflischen‹ ein? Zudem, dies ein bisweilen kaum einmal bemerkter Interpretationsaspekt, ist in alteuropäischer Vorstellung alle wirtschaftliche Aktivität ›des Teufels‹, die als *Chrematistik*, als die ›Kunst des Reichwerdens‹ der tugendhaften und maßvollen – ganz im Zeichen von aristokratischer *arete* stehenden – *oikonomia* gegenübersteht und im Streben nach einem Mehr an materiellem Reichtum über diese hinausgeht; siehe dazu Brunner: Das »ganze Haus« und die alteuropäische »Ökonomik«, a. a. O., 120. Ganz ähnlich verhält es sich im übrigen mit dem Motiv der Erbschaft. Auch das Erbschaftsmotiv findet sich in mehreren Konstellationen zugleich wieder, ist also nicht auf einen Bezug fixiert: Agostin hat von seinen Vorfahren nicht nur »ein unglücklich Blut« geerbt (ZwM 184), sondern auch eine Schuld am Menschlichen / Zivilisierten überhaupt, sofern er aus einer Henkersfamilie stammt. Kris-

durch die Bildung poly-referenzieller Bezugsmöglichkeiten erzeugt. Ein Strukturmuster, welches sich etwa auch besonders an den diversen Referenzmöglichkeiten von »wild« und »Wildheit« im Text beobachten lässt: Wer oder was ist eigentlich »wild« in oder an der Erzählung?[114]

In diesen Kernbereich eines neuen Erzählsinns, der mit den skizzierten Dynamisierungsprozessen im Bereich der neuen differenziellen Werttheorie der Zeit korreliert ist, gehört nicht nur die fortwährende Ambiguierung des Erzähldiskurses. Eine Dynamisierung des Verhältnisses zwischen Konnotaten und Denotaten, des Verhältnisses von *signifiant* und *signifié*, die Freigabe von Signifikationsprozessen in ein Spiel von Referenzierung und Perspektivierung, ist auch durch die vielfachen Prozesse der Bildung von Äquivalenzen markiert. Damit ist ein Verfahren der Herstellung von semantischen Gleichwertigkeiten beschrieben, das bezeichnenderweise oftmals durch die Figurensprache Agonistas in den Text findet. So bezeichnet dieser etwa die ›religiösen‹ Beziehungen »zwischen Himmel und Erde« als ›profanen‹ »Geschäftsgang« (ZwM 217); er beschreibt zudem das Auffinden Kristellers und dessen Likörs durch Werbeanzeigen in der Zeitung anhand einer Jagdmetaphorik (vgl. ZwM 232); er bildet darüber hinaus Äquivalenzen zwischen der Freiheit dichterischer Tätigkeit einerseits und dem Befreitsein von Tradition und überlieferten Moralvorstellungen andererseits (vgl. ZwM 219), oder, an anderer Stelle, zwischen der Tätigkeit seiner Mutter, die eine Geflügelzucht und -schlachterei betrieben hatte, auf der einen, und der Henkerstradition seiner Familie auf der anderen Seite (s. ZwM 210f.), oder, um ein letztes Beispiel zu nennen, die Äquivalenz zwischen den Kolonial-Abenteuern, die Agonista in Südamerika erlebt und seinem ›kolonialistischen‹ »Eindringen[]« (ZwM 201) in die deutsche Provinz (vgl. auch ZwM 206).[115]

Die Novelle, so lässt sich sagen, provoziert darin, dass sie sich hermeneuti-

---

teller erbt natürlich auch: nicht nur das Geld von Agonista, sondern zudem und damit auch dessen Schuld. Vielleicht zeigt sich am Motiv der Erbschaft ein zentrales Thema der Erzählung besonders deutlich: das Aufeinanderbezogensein von Materiellem und Symbolischem.

114 »Wild«, so ist festzuhalten, ließe sich auf sämtliche Aspekte der Geschichte beziehen: auf Personen (Agonista, Kristeller), Orte (Apotheke, Blutstuhl, Brasilien) und intertextuelle Bezüge (etwa auf die »wilden« Männer der altdeutschen Sagenwelt, vgl. den Kommentar zur Erzählung von Hans Butzmann in der benutzten Ausg., 472–491, hier 473 f.) innerhalb der Erzählung genauso wie auf die unterschiedlichen Zeitebenen des Erzählten: Die »wilde« Gegenwart des Erzählten findet ihre Entsprechung in der »wilden« Vergangenheit, in der etwa Agonistas Abenteuer oder die »seltsame […], unheimliche« Begegnung zwischen Kristeller und August stattfindet. Zudem findet »Wildheit« auch außerhalb des Diegetischen statt: Als Anspielung auf die Darstellung einer sowieso schon »wilden« Geschichte und auf ihre nochmals besonders ungewöhnliche, fremdartige und darin eben: »wilde« Darbietungsweise.

115 Vgl. zur ›globalen‹ Thematik bei Raabe die Beiträge in Dirk Göttsche / Florian Krobb (Ed.): Wilhelm Raabe. Global Themes, International Perspectives, London 2009.

scher Fixierungen fortwährend entzieht, dass sie ständig polyvalente und ambige Bedeutungsstrukturen hervorbringt und zugleich wieder verwirft, immer wieder neu und immer wieder anders gelesen zu werden.[116] Bei aller Vorsicht dieser Annahme scheint doch die »Kommentarbedürftigkeit«[117] dieser Literatur nicht ausschließlich den wechselhaften Konjunkturen von Forschungsinteressen geschuldet zu sein, sondern auch ein besonderes Merkmal, eine Art Charaktereigenschaft der Erzählung bzw. ein von ihr avisiertes Programm von Polysemie und Uneindeutigkeit des Erzählens zu sein.[118]

Pfisters Mühle

Ganz Ähnliches lässt sich auch in *Pfisters Mühle* beobachten: Doppel-, Mehr- und Vieldeutigkeiten werden hier oftmals bereits durch heterogene intertextuelle Arrangements sowie durch verschiedene literatur-, stoff- und motivgeschichtliche Anspielungen und Verweise geradezu provoziert: Romantisch-volkstümliche Gedichte (Schnezler-Gedicht) finden sich im Text genauso wie sprechende Tiere, die aus Fabel und Märchen bekannt sind (vgl. PM 13, 53). Neben Anspielungen auf die Schöpfungsgeschichte (PM 63), auf den Stoff des Teufelsbundes (vgl. PM 21, 48, 88 u. ö.) und Figuren der germanischen und der antiken Mythologie (Oberon, Hyon, Telemachos, siehe PM 8, 132, 141, 178) stehen authentifizierende Dokumente zur Erzeugung von »Realitätseffekten«[119] – man denke etwa an das einmontierte Gerichtsgutachten zum Prozess Pfister vs. Krickerode (PM 165), an das Herbeten lateinischer Vokabeln durch den »Studiosus der Philosophie« Adam Asche (PM 21, vgl. 24f.), an die von demselben

---

116 Die Zusammenstellung von kontroversen Interpretationen darf hierfür als Beleg gelten, vgl. Jakob Hessing: Verlustmeldungen. »Zum wilden Mann« – Drei Interpretationen, in: JbRG 38 (1997), 72–83; vgl. auch die Fest- und Zusammenstellung der bemerkenswerten Interpretationsfülle der letzten Jahre zu *Zum wilden Mann* bei Dobstadt: »unter das schützende Dach dieser neuen Geschichte zu gelangen«, a. a. O. 19.

117 Christoph Bode: Ästhetik der Ambiguität. Zur Funktion und Bedeutung von Mehrdeutigkeit in der Literatur der Moderne, Tübingen 1988, 9.

118 Vgl. zu literarischer Mehrdeutigkeit grundlegend etwa das 2010 von Wolfgang Klein und Susanne Winkler hrsgg. Heft *Ambiguität* der *Zeitschrift für Literaturwissenschaft und Linguistik*, darin besonders: Matthias Bauer / Joachim Knape / Peter Koch / Susanne Winkler: Dimensionen der Ambiguität, in: LiLi 158 (2010), 7–75 sowie Frauke Berndt / Stephan Kammer (Hg.): Amphibolie – Ambiguität – Ambivalenz, Würzburg 2009. Zum literaturgeschichtlichen Argument macht die wichtige Studie von Bode: Ästhetik der Ambiguität, a. a. O., hier 21, das Phänomen, insofern als sie Ambiguität als »konstitutives Merkmal oder Paradigma der literarischen Moderne« verstanden wissen will. Ganz ähnlich im historischen Argument, allerdings philosophisch weiter und soziologisch konkreter argumentiert Zygmunt Bauman: Moderne und Ambivalenz. Das Ende der Eindeutigkeit, aus d. Engl. v. Martin Suhr, Hamburg 1992.

119 Rolf Parr: Raabes Effekte des Realen, in: Jahrbuch der Raabe-Gesellschaft 52 (2011), 21–38, bes. 26f.

vorgebrachten chemischen Fach-Referate (vgl. PM 90, 98), an seine nüchtern beschriebenen Kalkulationen oder das Einbringen technischer Begriffe aus dem Bereich der chemisch-industriellen Reinigung (vgl. PM 126 f.). Die Möglichkeiten von Bedeutungsvielheit sind, so ließe sich sagen, in der Vielheit des textuellen Materials und der Heterogenität seiner Zusammenstellung bereits prästabiliert.[120]

Stellt sich schon diese stofflich-materiale Vielfalt gegen eindeutige Zuweisungen von Bedeutungen, dann gilt dies für das Zentrum der Erzählung – für die Mühle – erst recht. Ganz ähnlich wie die Apotheke ist auch die Mühle ein kulturgeschichtlich höchst zwiespältiger, ambivalenter Ort: Sie ist nicht nur Zeichen des Fortschritts, des Wirtschaftens und der Tätigkeit, sie ist ebenso sagenhafter Ort sexueller und gewalttätiger Exzesse;[121] zudem eine dem historischen Bewusstsein suspekte ›Maschine‹, die das ›heilige Wasser‹ ausnutzt und Korn in Mehl ›verzaubert‹. Müller stehen seit dem Mittelalter prinzipiell im Verdacht von Diebstahl und Betrug, und – mit Blick auf die vorliegende Erzählung nachgerade skandalös: Bis ins 19. Jahrhundert musste die »Unehrlichkeit« der Müllersöhne in den Taufschein eingetragen werden.[122] Der Wahrheitsgehalt von dem, was der vorgeblich erinnernde, schreibende und erzählende Müllersohn Eberhard Pfister hier präsentiert, steht also in ganz prinzipieller Weise zur Disposition – und zwar jenseits des genuin literarischen Anspruchs, Fiktionen zu generieren, die, um als ästhetische Kommunikation zu gelingen, gerade nicht an das Kriterium ›Wahrheit‹ gebunden sind. In dieser differierenden Lesart wird die tragische nationalökonomische Geschichte von Untergang und Verdrängung von Müllerhandwerk und Mühlenwirtschaft im Zuge der Gründung moderner Industrieunternehmungen, die der Text (durch die Perspektive Pfisters) ja auch erzählt, kontrapunktisch gebrochen.

Die spezifischen Ambiguitäten, Polysemien und perspektivisch wechselnden Wertigkeiten von Bedeutungen, die die erzählte Geschichte hervorbringt, treten vor diesem Hintergrund umso schärfer hervor: Es bleibt letztlich nicht entscheidbar, warum oder woran Pfisters Mühle, die im übrigen schon selbst modernisiert ist – sie weist immerhin schon eine »Turbinenstube« (PM 22, 75) auf – und bezeichnenderweise auch überhaupt keinen im engeren Sinne ökonomischen Zweck (Mehlherstellung) mehr erfüllt,[123] eigentlich zu Grunde geht.

---

120 Vgl. auch Denkler: Antwort der Phantasie, a. a. O., 95.
121 Vgl. Werner Danckert: Unehrliche Leute. Die verfemten Berufe, 2. Aufl., Bern / München 1979, 125–145.
122 Ebd., 127. Einen Nachweis aus dem Zeitbewusstsein liefert E. A. Stoltze: Unehrliche Leute, in: Zeitschrift für deutsche Kulturgeschichte, N. F., 2. Jg. (1873), 255–257.
123 Am Beginn der 1870er Jahre sind die Wassermühlen technologisch bereits überholt, ökonomisch spielen sie keine Rolle mehr, vgl. Horst Denkler: Die Antwort literarischer Phantasie auf eine der »größern Fragen der Zeit«. Zu Wilhelm Raabes »Sommerferienheft«

Die Aussagen darüber im Text sind mehrdeutig und widersprüchlich. Ohne die vielfältigen Deutungsangebote zu verfolgen, die der Text bereitstellt, soll doch zumindest darauf hingewiesen werden, dass es tatsächlich – entgegen den Suggestionen des Textes – überhaupt keinen Konflikt zwischen Pfisters Mühle und der Zuckerfabrik Krickerode gibt. Es besteht gerade keine »Konkurrenz« (PM 49) zwischen beiden, der alte Pfister gewinnt den Gerichtsprozess, Krickerode muss die Wasser- und Luftverschmutzungen einstellen, welche sich im übrigen sowieso ausschließlich auf die »Zuckerkampagne« zwischen Oktober und Februar beschränkten (vgl. 52f., 114f.). Während der Frühlings- und Sommermonate, wenn die Mühle also zum *locus amoenus*, zum Ort von Lust, Genuss und Gemeinschaft wird, ist tatsächlich das »Mühlwasser wieder klar und die Luft über [dem] Anwesen und in [dem] Hause wieder rein« (PM 114). Zudem wird der Untergang der Mühle immer wieder in anspielungsreicher und ambiger Weise auf das Schicksal der ihrerseits höchst ambivalenten Figur Felix Lippoldes bezogen: »Ja, sie hatten beide ihre guten Tage hinter sich, der Müller und der Poet.« (PM 106f., vgl. PM 157–159)

In diesen Bereich der Verrätselung, der Erzeugung heterogener Bedeutungsoptionen und ihrer fortwährenden Relativierung und Auflösung gehört auch, dass die beiden paradoxalen Zeit- und Sinndimensionen, die der Text hervorbringt – die Gegensätze von alt und neu, von traditionell und modern, von poetisch-romantisch und naturalistisch-materialistisch, von Identität und Disparatheit, von Melancholie und Kalkül – auf, wie der Text selbst nicht müde wird zu betonen: »merkwürdige« (PM 25, 32, 34, 54, 69 u.ö.) Weise aufeinander bezogen sind. Wenn es im Sinne dieser mehrdeutigen und selbstwidersprüchlichen Fügungen schon bezeichnend gewesen war, dass Adam Asche, erster Repräsentant des Neuen, des Modernen und des ökonomischen Fortschritts im Text, selbst aus der (scheinbar) ganz auf Tradition und Kontinuität gestellten Mühlengemeinschaft stammt, dann ist dies die Tatsache, dass der alte Pfister gerade diesen – obwohl er schon anfangs »ganz genau wußte, wen er vor sich hatte und was er tat.« (PM 21) und der über Asche eigentlich das folgende denkt: »In einem von der Sorte hat die Welt grade genug« (PM 40f.) – im Streit gegen die Zuckerfabrik um Rat und Hilfe bittet (PM 49f.), erst recht. Asche wird zudem nicht nur mit dem Verkauf der Mühle beauftragt; er, der symbolisch für den Untergang der Mühle steht, indem er von genau denselben Kräften energetisiert ist, die den industriellen Fortschritt vorantreiben, wird – wie ist das zu verstehen? – tatsächlich durch den alten Pfister zum symbolischen Erben gemacht:

> Für seine Mühe aber vermache ich dem Adam Asche meine Mülleraxt, die er sich über meinem Bette herunterholen soll, [...] und wobei er manchmal in seinem besagten

---

Pfisters Mühle, in: Ders. (Hg.): Neues über Wilhelm Raabe. Zehn Annäherungsversuche an einen verkannten Schriftsteller, Tübingen 1988, 81–104, 96.

neuen Geschäft gedenken mag, wie viele Pfister die seit vielen Jahrhunderten mit Ehren in der Faust hielten.‹ (PM 173f.)

Neben der Erklärung, Asche habe ihm, dem alten Pfister, das »Verständnis« für die »neue Welt« eröffnet, begründet der Alte den Bruch mit der Familien- und Erbtradition folgendermaßen:

> Denn das [Asche, M. A.] ist derjenige, von dem ich am festesten gedacht habe, daß er eher sein Herzblut hergeben werde, als die Wirtsstube und den Garten, die Wiesen, den Fluß und die Sonne von Pfisters Mühle! […] [G]rade Leute von [s]einem Schlage würden wohl noch am ersten die Traditionen von Pfisters Mühle auch unter den höchsten Fabrikschornsteinen und an den verschlammtesten Wasserläufen aufrechthalten […]. (PM 173–176)

Die paradoxen und ambigen Figuren und Fügungen entfalten ihre schlagende Funktion in Bezug auf die sinnhafte Strukturierung des Textganzen gerade in der Häufigkeit ihrer Rekurrenzen. Um nur einige weitere Beispiele zu nennen: Der *süße* Zucker der Zuckerfabrik *verbittert* Luft, Wasser und Leben,[124] genauso wie Asches Wäsch*ereinigung* für die *Verschmutzung* der Spree und anderer Flüsse verantwortlich ist. Die »Schubkarren«, »Schaufeln« und »Hacken« (PM 112f.), welche die Arbeiter der Neubesitzer der Mühle mitbringen, sind zugleich Symbol von Fortschritt, Gründung und Neuaufbau einerseits und morbide Symbole von Untergang und Tod andererseits, insofern sie Zeichen dafür sind, »daß es mit der Lust und dem Behagen am Leben an dieser Stelle zu Ende ging« (PM 113). Zudem zeigt sich in den vom Text immer wieder konturierten zeichenhaften Doppel-Wertigkeiten verschiedener Sprach-Bilder – hier etwa: das Rad – ein Aufeinanderbezogensein – bzw. wie hier: ein Verschmelzen und Ineinanderübergehen – von Differentem und Gegensätzlichem. So etwa, wenn Eberhard Pfister im Zug sitzt zwischen der Mühlenprovinz und der Hauptstadt Berlin – und sich Moderne (Eisenbahn) und Tradition (»des Vaters Mühlstube«) in Eberhards ästhetischer Wahrnehmung einerseits und im doppelwertigen Kollektivsymbol des Rades andererseits verschmelzen:

> [U]nd die Räder unter uns rasselten, klirrten und klapperten, und es war ein Rauschen dazu, daß ich, wenn ich auch die Augen schloß wie mein Weib neben mir oder die alte Christine mir gegenüber, wohl meinen mochte, die Jahre seien nicht hingegangen, ich sei noch ein Kind in meines Vaters Mühlstube und höre das Getriebe um mich und das Wehr draußen. (PM 161)

---

124 Vgl. weitergehend zur industriellen Zuckerherstellung als literarischer *topos* des 19. Jahrhunderts am Bsp. der Raabe-Erzählung Günter Bayerl: Herrn Pfisters und anderer Leute Mühlen. Das Verhältnis von Mensch, Technik und Umwelt im Spiegel eines literarischen Topos, in: Harro Segeberg (Hg.): Technik in der Literatur. Ein Forschungsüberblick und zwölf Aufsätze, Frankfurt/M. 1987, 51–102.

Bei all dem fällt im Blick auf das Verhältnis der beiden Erzählungen zum ökonomischen Diskurs der Zeit zum einen auf, dass sie Konzepte und Narrative der Nationalökonomie einerseits – und insofern in Kontinuität zu den Romanen von Freytag und Spielhagen – aufrufen, wiederholen und reaktualisieren und insofern auch gewissermaßen diskursiv affirmieren, diese andererseits aber – und insofern in Differenz zur literarisch-nationalökonomischen Erzählreihe – in der Weise rekonfigurieren und funktionalisieren, dass sie sie einem spezifisch literarischen Feld der Erzeugung von Mehrdeutigkeiten, der Äquivalenzbildungen und der Hervorbringung von Ambiguität zuführen. Zum anderen fällt dabei auf, dass dieser literaturgeschichtliche Transformationsprozess sich vor allem in der Etablierung eines neuen Sinns der erzählenden Literatur zeigt, der sich nicht konstituiert anhand von Darstellung oder Idealisierung von Realität und anhand der Identität seiner sprachlichen Zeichen, sondern der sich – gewissermaßen als ein neuer literarischer Sinn – herschreibt von der fortwährenden Differenzbildung, von der unablässigen Referenzialisierung, von der De-, Wieder- und Neu-Referenzialierung seiner Zeichen. Die Zeichen und ihre Bedeutungen, so lässt sich sagen, werden nicht mehr von den verblassenden nationalökonomischen Erzählungen vom Untergang des Kleingewerbes, von den Bestimmungen eines Allgemeinen Wohls der nationalen Ökonomie, von der Kohäsion stiftenden Idee einer nationalen Gemeinschaft als einer *Werte*gemeinschaft oder den Vorgaben eines volkswirtschaftlichen *ethos* gedeckt.

Dieses Prinzip der Bildung von Differenz zur Erzeugung von literarischem Sinn weist – abstrakt betrachtet – eine gewisse verfahrenslogische Ähnlichkeit zu der Neuen Werttheorie der ab den 1870er Jahren aufkommenden marginalistischen Richtung der Volkswirtschaftslehre auf. Die Texte vollziehen semiotisch eine systemische Schließung, welche in dieser Hinsicht eine analogische Entsprechung in der systemischen Schließung der Neuen Werttheorie – Entkoppelung von ökonomischem Wert und außer-ökonomischen Bestimmungen – hat. Die literarischen Erzählungen inszenieren genau zu dem Zeitpunkt den Prozess ihrer selbstreferenziellen Schließung und demonstrieren genau zu dem Zeitpunkt ihre Verfahren der eigenlogischen und differenziellen Erzeugung von Mehrdeutigkeiten, als sich der ökonomische Wert im Rahmen der Neuen Werttheorie als rein funktionale Differenzeinheit von seinen vormaligen nicht-wirtschaftlichen Bezugsgrößen löst.[125] Oder anders: Genauso wie der Nationalökonomie im Zuge der beschriebenen Entdeckungen ab den 1870er Jahren ein verbindlicher, objektivierbarer Wert – Wert als nationale Sammlung und Kollektivierung differierender ökonomischer Einzelwillen – unmöglich gewor-

---

125 Wie beschrieben, wird der ökonomische Wert ab dem Beginn der 1870er zur bloßen »*Re-chenform des Nutzens*« herabfunktionalisiert und explizit zur »*neutrale[n] Erscheinung*« erklärt, von Wieser: Der natürliche Werth, a. a. O., 33, 63.

den ist, so scheint es, ist auch der Literatur des Realismus die ›Unschuld‹ von
Indifferenz und Identität, von Eindeutigkeit, von der fixierbaren Valenz und
Wertigkeit ihrer Zeichen und Signifikationen abhanden gekommen.

Eine enge (und naheliegende) Analogie ist damit insofern isoliert, als es in
Raabes Texten tatsächlich um die »Konversion ideeller in materielle *Werte*«[126]
geht und zudem – abstrakter betrachtet – eine enge, schlagenderweise auch
metasprachlich sich im Begriff von *Valenz = Wertigkeit* manifestierende Verwandtschaft zwischen der Bedeutung (bzw. eben dem *Wert*) sprachlicher Zeichen und dem Wert bzw. der Wertzuschreibung ökonomischer Güter besteht. So
steht im Kern der Erzählungen tatsächlich jeweils auch kein Konflikt und schon
gar kein ökonomischer Konflikt im eigentlichen Sinne. Die Texte inszenieren die
Prozesse moderner Entzweiung, von Identitätsverlust und von dem Fremd-
werden an der Welt vielmehr gleichnishaft an zwei differierenden Wert-Be-
griffen und Wert-Ordnungen. Ihre Ambivalenz bzw. besser: ihre Doppel-Wer-
tigkeit beziehen die Schlüsselzeichen der Texte – Ehrensessel, Bildergalerie,
Mühle und Mühlwasser – gerade daraus, dass sie von den Figuren der Erzählung
völlig unterschiedlich be-*wertet* werden.[127] So hat etwa das, was für Kristeller
größte Bedeutung und höchsten (symbolischen / ideellen) Wert hat, seine Bildergalerie nämlich, welche gemäß alteuropäischer Kunstauffassungen in »Erstaunen« versetzt und »Überraschung« (ZwM 165) provoziert, die dem Erzähler
als »bunte[], kuriose[] Nichtsnutzigkeit« (ZwM 166) erscheint, zudem Zweck-
freiheit, Leidenschaft, Liebhaberei und Melancholie repräsentiert, darüber
hinaus von Kristeller in der symbolischen Zeitspanne von 30 Jahren zusammengebracht wurde und somit gewissermaßen zum Symbol des Symbolischen
wird, weder Wert noch Bedeutung für Agonista. Agonista, der sich, wie er selbst
ausdrücklich sagt, für »alles interessiert« (ZwM 233), was sich in Kristellers
Besitz finden lässt, hat nicht das geringste Interesse an der Bildergalerie. Ideelle
und symbolische Werte sind in seiner Perspektive auch dann nichts wert, wenn
sie tatsächlich mit materiell verrechenbarem Geldwert zusammenfallen, wie dies
merkwürdigerweise etwa mit Blick auf den »echte[n] alte[n] Dürersche[n]
Kupferstich« (ZwM 166), der aus Kristellers Sammlung heraussticht, der Fall
sein dürfte. Agonista, so ließe sich folgern, tritt als Personifikation einer Differenz in Erscheinung, welche die Möglichkeit von Nicht-Differenz gar nicht mehr

---

126 Rolf Parr: Materielle und semantische Tauschprozesse in Wilhelm Raabes *Zum wilden
     Mann*, in: Georg Mein / Franziska Schössler (Hg.): Tauschprozesse. Kulturwissenschaftli-
     che Verhandlungen des Ökonomischen, Bielefeld 2005, 275–290, hier 276 [Hervorh. M. A.];
     vgl. Wünsch: Eigentum und Familie, a. a. O., 264 ff.
127 Man vergleiche auch Raabes 1887 erschienene Erzählung *Im alten Eisen*. Die Benennungen
     für den Säbel, den Degen, das alte Eisen sind so vielfältig wie die möglichen Bedeutungen
     und Lesarten, die sich daran anlagern.

begreifen kann,[128] weil ihm genau jene unteilbaren, nicht in die Unterscheidungslogiken von Relationen aufzulösenden, und insofern: identischen Werte fremd (geworden) sind, in deren Symbolen (etwa die Bildergalerie) Kristellers Existenz noch ganz aufgehoben zu sein scheint.

Die Differenz unterschiedlicher Wert-Systeme zeigt sich zudem in den fortlaufend unterschiedlichen Deutungen derselben Begebenheiten durch die Figuren. Kristeller deutet Agonistas Auftauchen etwa nicht – wie jener dies selbst ausdrücklich tut – als »Überfall« und »Eindringen[]« (ZwM 201), sondern als glückliche Schicksalsfügung. Zudem stellt Kristeller – symbolisch – immer wieder einen kausalen Zusammenhang her zwischen der Annahme von Darlehen – Erbschaft – Schenkung einerseits und dem Tod seiner Verlobten andererseits. Johanne sei gestorben, in Kristellers Augen: als Opfer, gerade *weil* das Geld angenommen worden sei (vgl. ZwM 217); Agonista interpretiert völlig anders, misst Johannes Tod eine völlig andere Bedeutung bei:

> Das ist nicht der Geschäftsgang zwischen Himmel und Erde! Du würdest sie doch verloren haben – o, um meine Hinterlassenschaft hat sie dir das Schicksal nicht sterben lassen! Was hatte ihr Dasein und Geschick mit dem zu schaffen, was alles an den Talern hing, die ich damals auf der Flucht von mir warf und dir an den Hals, weil du mir zufällig zunächst standest. Das Kind ist nicht daran gestorben, Philipp! Ihr hättet ein schönes Leben auf die Erbschaft meiner Vorväter gebaut, wenn die Schöne, die Gute dir nicht doch hätte sterben müssen. (ZwM 217)

Kristeller, der den Gast im übrigen – im Unverständnis für dessen wütende Proteste – konsequent mit dem alten Namen August bzw. Augustin anspricht (siehe ZwM 231 f., 236), leidet zudem gerade nicht – wie etwa seine Schwester Dorette – an den Sorgen um die nun entzogene wirtschaftliche Existenzgrundlage. Krank wird er nicht an der bevorstehenden materiellen Armut, sondern vielmehr bezeichnenderweise an der »Trennung von dem Jugendfreunde« und besonders daran, dass das Weihnachtsfest ohne den am Abend des 23. Dezember abgereisten »Gast[], Freund[] und Wohltäter[]« (ZwM 246) begangen werden muss: »Über das Fest allein!« (ZwM 253). Als Kristeller – man ist versucht zu sagen: *endlich* – auf den Hinweis seiner Schwester hin (ZwM 244 f.) begreift, dass Agonista gekommen ist, um das geschenkte – geliehene Geld zurückzuholen, erkennt er darin eben nicht den eigenen finanziellen Ruin, sondern die Befreiung von der Schuld an der Verlobten Tod und überschreibt Agonista genau deshalb – freiwillig! – sein Vermögen (ZwM 247).

---

128 Das Differente kann das Identische allenfalls noch als ›vergangenen Zustand‹ (die Zeit *vor* dem Unterscheiden) imaginieren, es aber nicht mehr selbst sein, vgl. Bauman: Moderne und Ambivalenz, a. a. O., 18; vgl. auch Klaus Weimar: Modifikation der Eindeutigkeit. Eine Miszelle, in: Frauke Berndt / Stephan Kammer (Hg.): Amphibolie – Ambiguität – Ambivalenz, Würzburg 2009, 53–60.

Dieses für den Text ganz zentrale Missverstehen, das sich als Unvereinbarkeit von Kristellers Symbolverstehen einerseits und den durch Agonista repräsentierten Mechanismen der Moderne, als die Unvermittelbarkeit von Vorsehung und Zufall,[129] als der Antagonismus von Visualität und Akustik andererseits zeigt,[130] ist in prominenter Weise symbolisiert im von der Forschung vielfach diskutierten »Ehrensessel«:[131] Der »beste[] Platz« (ZwM 197) war zum Dank für das »Darlehn« (ZwM 197) seit Augusts Abreise für diesen freigehalten worden. Als dieser dann nach 30 Jahren als Agostin Agonista zurückkehrt, verweigert er ganz entschieden, sich auf den Platz zu setzen (siehe ZwM 208) und sich somit den symbolischen Ordnungen der ›alten Welt‹ zu fügen. Als er dort später »trotz allem Widerstreben« (ZwM 229) auf Drängen Kristellers doch einmal Platz nimmt, wendet sich dieser sogleich mit (symbolischen) Besitzansprüchen an ihn und meldet Bedenken an, Augustin könne den Kristellers »*unsere* Freude« und »*unser* Behagen« – und nicht etwa ›unser Vermögen‹ oder ›unser Kapital‹ entziehen:

> [W]ir werden dich zu halten wissen! […] Du bist unser! Du darfst nicht gehen, wie du gekommen bist – du würdest für lange Zeit alle unsere Freude, unser Behagen mit dir wegführen! (ZwM 230, Hervorh. M. A.)

Einem fortwährenden Prozess der symbolischen Ent-Wertung ist der Lehnstuhl insofern unterzogen, als er mit der Ausbreitung Agonistas in der Apotheke zunehmend seine ursprüngliche Bedeutung und ›Heiligkeit‹ verliert. Er wird zu einem nachgerade ›zufälligen‹ Ort eigentlich ordinärer Alltagsverrichtungen, zu einem beiläufigen Kommentar, zur bloßen Verortung von Alltäglichkeiten herabgewertet, indem die Wendung in »*seinem* Ehrensessel« [Hervorh. M. A.] an dieser Stelle, nachdem Kristeller Agonista »unser – mein – dein Vermögen« überschrieben hatte, bereits als ein Indikator für tatsächlichen (materiellen) Besitz an dem Möbelstück gedeutet werden kann und nicht mehr unbedingt zu verstehen ist im Sinne von *für ihn gedacht* oder *eigens für ihn freigehalten*:

---

129 Kristeller sieht prinzipiell Begebenheiten begründet im Wirken einer »Hand der Vorsehung« (ZwM 226) und nicht, wie demgegenüber Agonista, im ›Zufall‹ (siehe ZwM 217).

130 Das zeigt sich etwa in der Affinität Kristellers zum Visuellen (Bildergalerie; sein späteres Erblinden im Angesicht Agonistas: »der Apotheker Zum wilden Mann sah gar nichts, sein Gast und Freund schwamm ihm vor den Augen – wenigstens die ersten Minuten durch.« (ZwM 229)) einerseits und in Agonistas Verbundenheit mit dem *Phonischen* andererseits (siehe etwa ZwM 229, 240).

131 Vgl. neben zahllosen anderen nur: Hessing: Verlustmeldungen, a. a. O.; Parr: Materielle und semantische Tauschprozesse, a. a. O., bes. 288 f; Adolf Muschg: Der leere Blutstuhl. Einige Bemerkungen zu Wilhelm Raabes Erzählung »Zum wilden Mann«, in: JbRG 38 (1997), 85–93; Günter Oesterle: Die prekären Dinge in Wilhelm Raabes »Das Horn von Wanza« und »Zum wilden Mann«, in: JbRG 52 (2011), 55–70, bes. 65ff.

Man speiste, man hielt Siesta – der Oberst die seinige diesmal in *seinem* Ehrensessel im bilderbunten Hinterstübchen. Punkt drei Uhr trat er erfrischt wiederum in die Offizin, um noch einen ›Kristeller‹ zu nehmen. Dann wußte er den Weg in die Küche schon ganz genau und brauchte keinen Führer auf demselben. (ZwM 239, Hervorh. M. A.)

Die Transformation und (Re-)Referenzialisierung von Zeichen und ihren Valenzen, die Umkehrung der Symbolisierungsverfügungen im Text wird auf der Oberfläche des Handlungsgeschehens nicht zuletzt darin angezeigt und beschlossen, dass Agonista in einem Akt der symbolischen Selbstermächtigung nun, das Symbolische verkehrend, den rat- und wehrlosen Kristeller in den Ehrensessel drückt (ZwM 243 f.). In dieser Weise erscheint der Lehnstuhl in gewisser Hinsicht als ein Symbol des Symbolischen überhaupt, insofern als er zeichenhaft und ikonographisch die abstrakte Möglichkeit von Bedeutung und Wert abbildet: Er steht als Sitz bzw. als Platz für einen Ort, an dem die Valenz von Zeichen identifizierbar wird. Mit der Entwertung und Entweihung des Lehnstuhls, in der Ablösung von seinem ursprünglichen Sinn, mit seiner Ent-Ortung im Zuge der Versteigerung am Ende der Erzählung negiert der Text, so lässt sich sagen, in einem grundsätzlichen semiotischen Sinne die Möglichkeit von stabiler, fixierter, gleichsam mono-perspektivisch festgeschriebener Bedeutung, von Eindeutigkeit, von einsinnigem Verstehen und der Ein-Wertigkeit sprachlicher Zeichen überhaupt. Es besteht hier eine Nähe zu den de-essenzialisierenden, differenzialisierenden und perspektivistischen Argumenten der Neuen Werttheorie der Ökonomik.

Der prozesshafte Verlust der Möglichkeit sprachlicher Eindeutigkeit, ihre Substituierung durch Logiken differenzieller und relationaler Bedeutungsgenese wird in *Pfisters Mühle* bezeichnenderweise am fließenden Wasser des Mühlbachs veranschaulicht, das in seiner Eigenschaft als Wasser, im Flüssigsein, im Zirkulieren und im Fließen, in einer merkwürdig ›natürlichen‹ Analogie zu den subkutanen semiotischen Dynamisierungsprozessen steht, die es – gewissermaßen ikonographisch – abbildet. Am Wert des Wassers – *des* universellen Kollektivsymbols überhaupt –, an seiner Bedeutung, an seinem Status *als* Zeichen, scheiden sich in *Pfisters Mühle* die Geister. Die Erzählung führt vor, wie die Bedeutung bzw. besser: Bedeutungen des Wassers sich allererst durch Perspektiven und Positionen generieren und sich dann fortwährend zwischen zwei oder mehreren perspektivischen Polen verschieben. Dieses Verfahren der Literatur ist der differenziellen und relationalen Methodologie der ökonomischen Grenznutzenschule nicht unähnlich, welche die Entstehung von Werten, wie gezeigt, differenziell, subjektiv, bedürfnispsychologisch und insofern radikal perspektivisch erklärt. Der Text zeigt, wie sich die Bedeutung des Wassers nicht (mehr) aus dem Wirkungsfeld eines allgemein verbindlichen, historisch gewachsenen, kollektiven Urteils über den (symbolischen) Wert des Wassers ergibt, sondern als Ambi-Valenz (Zwei-Wertigkeit) – ganz ähnlich wie in *Zum wilden Mann* – erst am Missverstehen und an der Unvereinbarkeit zweier differierender Perspektiven (zweier differierender Ansichten darüber, was wert sei) beobachtbar wird. So erinnert sich etwa Ebert Pfister, in welchen Worten sein Vater im Zuge der Untersuchung des verschmutzten Mühlrades, in Gegenwart des ›Sachverständigen‹ Asche, über »Pfisters Mühlwasser« spricht:

> ›Mit der Nase brauche ich keinen draufzustoßen‹, ächzte mein Vater; ›aber die Augen und das Gefühl sollen ja auch das Ihrige haben! Ja, sehen sie sich nur um, Doktor [Adam Asche, M. A.], und dann seien Sie hier mal der Müller, der seit Jahrhunderten das klar wie 'nen Kristall und reinlich wie 'ne Brautwäsche gekannt hat! Da, guck, Junge, und streif mir meinetwegen den Ärmel auf und greif in das Einflußgerinne und fühle, was für einen Schleim und Schmier deiner Vorfahren hell und ehrlich Mühlwasser mir heute in meinem Gewerk und Leben absetzt! […] Und, junges Volk, ihr lacht darüber […]; aber mir ist das doch wie ein Lebendiges, zu dem ich den Doktor habe rufen müssen, um ihm den Puls zu fühlen. Und der Puls von Pfisters Mühle geht langsam […]!‹ (PM 88, vgl. 175)

Das Mühlwasser – als »Bild des Lebens und des Reinen« (PM 53) Symbol absoluter Identität – hat, wie auch viele andere Stellen im Text belegen (PM 50, 97, 161), für Pfister also einen absoluten Wert, der sich nicht in wie auch immer geartete Verhältnisse setzen ließe und der den Logiken differenzierender Einebnungen und Relativierungen *qua natura* entgegensteht. Ein völlig anderes Verständnis von der Bedeutung des Wassers und ein gänzlich anders gelagertes Interesse daran hat – wenig überraschend, dennoch von großer Relevanz – Adam Asche. Nicht nur, dass er am, wie er es nüchtern nennt: »*nützliche[n]* Element*« (PM 99, Hervorh. M. A.) ein ausschließlich »industrielle[s] Interesse« (PM 89) hat und in diesem Interesse auch zuallererst die sprachlich auffällig explizierte biologisch-chemische Seite der Verschmutzungen sichtbar wird (s. Zitat u.). Asche, der das Missverstehen zwischen alten Symbolisierungsordnungen und den modernen Prozessen der Substituierung dieser Ordnungen, die Substituierung also von Identität durch Differenzen, die ihrerseits keine Nicht-Differenzen mehr kennen, sehr genau durchschaut – »Was wollen Sie denn eigentlich, alter Schoppenwirt? […] Was wollen Sie?« –, relativiert zudem den symbolischen Wert des Wassers, indem er ihn zynisch mit der Bildung lapidarer Äquivalenzen einebnet:

> Was wollen Sie denn eigentlich, alter Schoppenwirt? Ein ewig Kommen und ein ewig Gehen! Haben die Familien Schulze, Meier und so weiter den Verkehr in Pfisters Mühle eingestellt, so haben Sie dafür die Familien der Schizomyceten und Saprolegniaceen in fröhlichster Menge, sämtlich mit der löblichen Fähigkeit, statt Kaffee in Pfisters Mühle zu kochen, aus den in Pfisters Mühlwasser vorhandenen schwefelsauren Salzen in kürzester Frist den angenehmsten Schwefelwasserstoff zu brauen. (PM 90)
> […]

Was wollen sie? Pilze wollen auch leben, und das Lebende hat recht oder nimmt es sich. Dieses Geschöpfe ist nun mal mit seiner Existenz auf organische Substanzen in möglichst faulenden Flüssigkeiten angewiesen, und was hat es sich um Pfisters Mühle und Kruggerechtsame zu kümmern? (PM 91)

Die symbolischen Implikationen und Konnotationen – das, was die Mühlenbewohner »*bezeichnet*« (PM 100, Hervorh. M. A.) hatten – werden von Asche, der hierin bezeichnenderweise den Familienberuf der »Schönfärber« (PM 23, 89 u. ö.) zum Beruf der »Schön- und *Neu*färber« (PM 164, Hervorh. M. A.) erweitert, »ruhig und wissenschaftlich« substituiert bzw. besser: *überschrieben*:

Das, was ihr in Pfisters Mühle dann, laienhaft erbost, als eine Sünde und Schande, eine Satansbrühe [...] bezeichnet, nenne ich ruhig und wissenschaftlich das Produkt der reduzierenden Wirkung der organischen Stoffe auf das gegebene Quantum schwefelsauren Salzes [...]. (PM 100, siehe auch 129)

Kleinere, dennoch aussagekräftige Beispiele dafür, dass der Text die Erosion einer Wertegemeinschaft und ihres kollektiven Begriffs dessen, was *wert* ist, darstellt als den Prozess fortwährenden Missverstehens zwischen antagonistischen Symbolsystemen und sich widersprechenden semiotischen Ordnungen, und insofern die wissenschaftlichen Wertedebatten der Zeit in literarische Fiktion transformiert, lassen sich leicht beibringen: Dem Architekten des Investitionskonsortiums, welches die Mühle gekauft hatte, erscheint der Erwerb derselben lediglich als ein »gutes Geschäft« (PM 153) und nicht als der Untergang eines »große[n] Wunder[s] der Vorwelt« (PM 10), dem Rechtsanwalt Riechei – neben Asche Hauptrepräsentant von Moderne und Fortschritt im Text – als ein juristischer »Spezialfall« (PM 116), auf den er schon lange warte, weil er »eine von den größern Fragen der Zeit. Deutschlands Ströme und Forellenbäche gegen Deutschlands Fäkal- und andere Stoffe« (PM 116) zum Gegenstand habe. Zudem betonen verschiedene Figuren immer wieder ihr Unverständnis dafür, dass der alte Pfister keine Aktien an der Zuckerfabrik Krickerode erworben habe (vgl. PM 117 f., 99). Die Magd der Mühle, Christine, die »letzte ›schöne Müllermaid‹ des Ortes« (PM 132), bezeichnet Asche genau als das Gegenteil dessen, was er darstellt – sie nennt ihn einen »›Nichtsnutz‹« (PM 84).

Beide Erzählungen, so sollte man vielleicht noch ergänzen, bedienen sich der Erzeugung ambiger und paradoxer Strukturen und Figuren der Vervielfältigung und Heterogenisierung von Bedeutungen nicht nur in einem erzähl- oder verfahrenstechnischen Sinne. Sie inszenieren darin zugleich die Möglichkeiten (sowie die eigenen Aktualisierungen dieser Möglichkeiten) literarischer Ambiguierung zum Zweck ästhetischer Sinngebung.[132] Indem sie die Wider-

---

132 Vgl. auch Bauer / Knape / Koch / Winkler: Dimensionen, a. a. O., 27–40.

sprüchlichkeiten, das Chaotische und das Unübersehbare der modernen Welt,
das »Disparate der Realität«,[133] bzw., um mit den Figuren der Erzählungen selbst
zu sprechen: das »Wirrwarr dieser Welt« (ZwM 210) sowie die Unmöglichkeit,
»das einander Ausschließende miteinander in Gleichklang [zu] bringen« (PM
19) darstellen, führen sie vor, dass es auch anders sein könnte; sie überführen
also – paradoxerweise – die dargestellten »Kontingenzprozesse«[134] in die Notwendigkeit ihrer eigenen Formentscheidungen.

6.4.3. Die Freisetzung des Axiologischen – oder: von der ›Schönheit‹ von Fortschritt und Niedergang

Das Problem der Überführung von Unordnung und Kontingenz in Notwendigkeit und ästhetische Formen tritt auch noch auf einer weiteren Ebene der
literarisch-ökonomischen Konstellation in Erscheinung. Es bricht auf im komplexen Aufeinanderbezogensein von Schönheit / Poesie einerseits und Ästhetik /
Ökonomie andererseits. Eine Besonderheit der Geschichte *Zum wilden Mann*
besteht ja gerade darin, dass der Heimkehrer Agonista tatsächlich als ein
»wunderliche[r] Erzähler« (ZwM 218) in die Geschichte tritt, der seine Fähigkeit,
ein Publikum mittels rhetorischer und performativer Kniffe, mittels Verzöge-
rungen, An-, Vorausdeutungen und anderer stilistischer und dramaturgischer
Gesten zu faszinieren, fortlaufend unter Beweis stellt (siehe ZwM 205, 218, 224f.
u. ö.) – auch der Erzähler der Rahmenerzählung hatte ja, wie bereits bemerkt, auf
den fiktionalen und gestalteten Charakter dessen hingewiesen, was Agonista
darbietet (ZwM 219). Zudem geht Agonistas Stimme, die gegen Ende der Erzählung zunehmend erstarkt, bezeichnenderweise »voll und rund durch die
Ohren ins Herz« (ZwM 230) und ist hierin auf *Wahrnehmung* und *Wahrge-
nommenwerden* in einem fundamentalen, *aisthetischen* Sinne gestellt – genau
wie Agonistas gesamte Erscheinung, was sich etwa bedeutungsschwanger darin
zeigt, dass Kristeller und Dorette im Angesicht seiner Erscheinung buchstäblich
erblinden (ZwM 229, 240). Wenn Agonista also schon in der Virtuosität seines
Erzählens zum ›Künstler‹ wird, er in ebenso besonderer wie irritierender Weise
wahrgenommen und angeschaut wird und zudem selbst eine explizite Analogie
herstellt zwischen der Ausgangssituation der eigenen wirtschaftlichen Projekte
einerseits und der *tabula rasa*, die am Beginn jedes künstlerischen Schaffens-
prozesses steht, andererseits – »– juchhe, wie der Dichter stellte ich meine Sache
auf – nichts!« (ZwM 219) –, dann zeigen sich seine Anliegen, Handlungen und

---

133 Denkler: Antwort der Phantasie, a. a. O., 95.
134 Parr: Effekte des Realen, a. a. O., 27.

Taten als spezifisch ästhetische in einer noch weiteren Hinsicht. Seine Pläne in Bezug auf den Kristeller-Likör bietet er etwa folgendermaßen dar:

> Bei den hohen Göttern, dieses hier ist vielleicht noch rentabler als Fray Bentos! Kristeller, wir werden drüben den feurigen siebenten Himmel durch deinen Destillierkolben auf die Erde herunterholen. Fräulein Dorette, wir werden die Sonne und den Blitz auf Flaschen ziehen und unsere Preise danach stellen. (ZwM 238)

In derartigen Äußerungen artikuliert sich ein ästhetischer Gestaltungswille,[135] in dessen Blick ökonomischer Plan und ästhetisches Projekt bzw. besser: ökonomischer Plan *als* ästhetisches Projekt in eins gesetzt scheinen, insofern als Agonista die vor ihm liegende Zukunft – eben »wie der Dichter« – als offenen und kontingenten Raum im Sinne eines leeren Blatts, als ungestaltete Zeit potenzieller Gestaltungen, auffasst. Dieses ästhetische Anliegen spricht sich etwa auch nachdrücklich in Agonistas Plan aus, »goldene Berge für uns und unsere Nachkommen aufzuschütten« (ZwM 247): Aufgehoben sind hier nicht nur Phantasma und Utopie vom märchenhaften Reichtum, von schlaraffenlandartigen Zuständen – Berge aus Gold –, sondern mehr noch die ernsthafte ›realwirtschaftliche‹ Möglichkeit der Umsetzung dieser utopischen Absicht und ihre moderne vorsorge-ökonomische Wendung auf die Zukunft. Das Ökonomische scheint einen Horizont zu öffnen, in dem das ›Phantastische‹ in der ›realen‹ Welt, über das Phantastische hinaus gewissermaßen, möglich werden kann. Es geht ihm mit all seinen Projekten abstrakt gesprochen darum, anhand von Formgebungen den *unmarked space* der Welt zu unterscheiden;[136] es geht ihm um das Stiften von Sinn also, so ließe sich sagen, im Medium der Ökonomie. Er ›verdirbt den Leuten die Phantasie‹ (s. Zitat o.), indem er sie, die Phantasie, durch wirtschaftliche Taten, durch Realisierungen von diffus – eben eigentlich nur phantastisch – Möglichem substituiert, indem er sie also tatsächlich ins *Werk* setzt.[137]

In stärkerer Weise noch stehen Agonistas Parallelfigur in *Pfisters Mühle*, August Adam Asche und die von ihr repräsentierte moderne Welt im Bezugsfeld dezidiert ästhetischer Intentionen und Auskleidungen. In eigentlich paradoxer Weise unterläuft der Text das eigene Programm vom ›Untergang der Kunst‹, welcher am Untergang der Mühle gezeigt werden soll; Kunst und moderne

---

135 Agonistas Formulierung erinnert stark an Wendungen der Marken- und Werbesprache, die in dieser Zeit entsteht; siehe dazu auch Bertschik: Poesie der Warenwelten, a.a.O., 51f.

136 Im Unterscheiden, so Luhmann, besteht die Sinn ästhetischer Formgebung. Niklas Luhmann: Die Kunst der Gesellschaft, Frankfurt/M. 1997, 48–52. Vgl. zur differenztheoretischen und funktionalistischen Konzeptualisierung von »Sinn« (im Gegensatz zur ontologischen Fassung des Begriffs) Niklas Luhmann: Sinn als Grundbegriff der Soziologie, in: Jürgen Habermas / Niklas Luhmann: Theorie der Gesellschaft oder Sozialtechnologie – Was leistet die Systemforschung? Frankfurt/M. 1971, 25–100; zum Zusammenhang von »Sinn« und »Form« bes. 68–75.

137 Vgl. auch Warning: Phantasie der Realisten, a.a.O., 27.

Ökonomie werden schon begrifflich als die »Kunst- und Erwerbsbetriebsamkeit« (PM 55) buchstäblich zusammengeschlossen. So bemerkt der erzählende Pfister etwa: »Es sind nur die Umrisse und die Farben, welche wechseln; die Rahmen und Leinwand bleiben« (PM 32). Wenn der neuen Welt ein – in romantisch-idealistischem Sinne: *poetischer* Charakter auch abgesprochen wird, den abgebildeten Industrialisierungsprozessen, gar ihrer hässlichen Abseite von Verschmutzung und Verpestung, werden tatsächlich genuin ästhetische Qualitäten beigeschrieben:

> Aus dem lebendigen klaren Fluß, der wie der Inbegriff alles Frischen und Reinlichen durch meine Kinder- und ersten Jugendjahre rauschte und murmelte, war ein träge schleichendes, schleimiges, weißbläuliches Etwas geworden, das wahrhaftig niemand mehr als Bild des Lebens und des Reinen dienen konnte. Schleimige Fäden hingen um die von der Flut erreichbaren Stämme des Ufergebüsches und an den zu dem Wasserspiegel herabreichenden Zweigen der Weiden. (PM 53)

Kunstfähig sind diese und andere Hässlichkeiten des Textes einerseits, insofern sie als widerwärtig, schmutzig, abseitig und ekelerregend überhaupt von der Sprache der Kunst, im Medium von Literatur, abgebildet werden und nicht etwa verklärt oder ganz ausgespart werden.[138] Andererseits ist mit dem »träge schleichende[n], schleimige[n], weißbläuliche[n] Etwas«, oder, wie es an anderer Stelle heißt, mit dem »milchigtrübe[n], schleimige Fäden absetzend[en], übelduftend[en] [Etwas]« (PM 89) ja tatsächlich etwas Neuartiges bezeichnet, das starke, besonders auch: *sinnliche* Qualitäten aufweist und das mit hoher Intensität auf die optische und olfaktorische Wahrnehmung einwirkt. Von der hässlichen industriellen Moderne und ihren Objekten, die etwa auch immer wieder in düstere, morbide Bilder gekleidet werden, gehen zudem bemerkenswerte Potenziale ästhetischer Faszination und Imposanz aus:

> Jenseits der Wiese erhob sich hoch aufgetürmt, zinnengekrönt, gigantisch beschornsteint – Krickerode! Da erhob sie sich, Krickerode, die große, industrielle Errungenschaft der Neuzeit, im wehenden Nebel, grau in grau, schwarze Rauchwolken, weiße Dämpfe auskeuchend, in voller ›Kampagne‹ auch an einem zweiten Weihnachtstage, Krickerode! (PM 99)

Wenn schon die »industrielle Errungenschaft der Neuzeit«, das Zeichen des ökonomischen, industriellen und technischen Fortschritts schlechthin, »phantastischer als irgendeine Ritterburg der Vergangenheit« (PM 100) erscheint und in ihrer Anschauung Gefühle der Ehrfurcht, der Demut, des Respekts und des nachgerade sinnlichen Überwältigtseins und insofern: als *ästhetische* Erfahrung sich einstellen, dann zeigt sich darin nicht nur ein zunehmend auf ›das Andere‹

---

138 So etwa, wie in Kap. 3.3. dieser Arbeit gezeigt, wie bei Gustav Freytag und im Programm des Idealrealismus der *Grenzboten*.

und ›das Neuartige‹ gestelltes, neues ästhetisches Bewusstsein. Zugleich zeigt sich darin eine, gewissermaßen ihr eigenes Paradoxon enthaltende, archaisierende Rückseite dieser neuen Ästhetik, etwa in der Imposanz der »gotischen« (PM 126-128) Bauweise der Reinigungsfabrik, in welcher Asche zunächst angestellt ist oder in der ungeheuer anspielungsreichen Szene, in der sich alteuropäische *curiositas*, künstlerischer »Genius« (PM 58) und Asches Experimentieren mit modernen industriellen Verfahrenstechniken der chemischen Wäschereinigung auf so sonderbare Weise mischen (vgl. PM 57-59). Das Hantieren mit der schmutzigen Wäsche wird hier von Asche unter den Augen der beiden Pfisters nicht nur inszeniert und gewissermaßen performativ zelebriert; dieser an sich schon künstlerisch-experimentelle Prozess wird ihm zudem zum Anlass von, wenn auch ironisch überzogener, poetischer Produktion und Reflexion: »›Gewichtiger, mein Sohn, als du es meinst, / Ist dieser dünne Flor – für deine Hand / Zwar leicht, doch zentnerschwer für meinen – Beutel; [...]‹« (PM 59). Und auch die Repräsentanten der ökonomischen Moderne, Adam Asche, der Rechtsanwalt Riechei oder der später kurz auftretende Architekt (!) werden vom Text ganz explizit in einen Zusammenhang mit Kunst und Akten künstlerischer Produktion gebracht.[139] Besonders Asche, der sich zudem, wie oftmals bemerkt, fortlaufend einer durch und durch rhetorischen, ›schönfärberischen‹ Sprache bedient, ließe sich insofern durchaus als ›künstlerische Existenz‹ oder als ›ästhetische Natur‹ bezeichnen, als er etwa immer wieder von verschiedenen Figuren als »Phantast«, »Phantasiemensch« oder »Phantastikus« bezeichnet und – hier vom Architekten gemeinsam mit Riechei – als Vertreter einer neuen Ästhetik des Praktischen und des Nützlichen gehandelt wird:

> Es sind beide Phantasiemenschen [Asche und Riechei, M. A.] [...], aber alle zwei mit dem richtigen Blick und Griff fürs Praktische. Und, lieber Pfister und gnädige Frau – das Ideale im Praktischen! Das ist auch meine Devise. Verlassen sie sich drauf, bester Doktor, sie sollen auch noch ihre Freude an dieser Stelle erleben [...]. Das Schöne, das Großartige im innigen Verein mit dem Nützlichen! (PM 125, siehe 102, 126, 175, 143)

In dieser Weise finden Stimmen einer »Ästhetik des Nützlichen«[140] in den Text, welche im Zusammenschließen von Schönem und Nützlichem nicht nur zentrale Momente älterer ästhetischer Vorstellungen – etwa der Aufklärungsästhetik –[141] reaktualisieren und hierin romantisch-idealistischen Vorstellungen von einer autonomen Kunst entgegenstehen; überdies werden das »Ideale«, das »Schöne« und das »Großartige« in einem spezifisch ökonomischen Nützlichkeitsbegriff

---

139 Vgl. auch Honold: Geist, Gift und Geschäft, a. a. O., 58 ff.
140 Markus Winkler: Die Ästhetik des Nützlichen in »Pfisters Mühle«. Problemgeschichtliche Überlegungen zu Wilhelm Raabes Erzählung, in: JbRG 38 (1997), 18–39.
141 Ingo Stöckmann: Ästhetik, in: Handbuch Literaturwissenschaft, hrsg. v. Thomas Anz, Bd. 1: Gegenstände und Grundbegriffe, Stuttgart / Weimar 2007, 465–491.

fundiert. Schön ist in dieser Hinsicht das, worin sich ökonomische Potenz und
kapitalistische Macht aussprechen; nützlich-schön sind die Prozesse, Figuren
und Zeichen neuer wirtschaftlicher Organisationsweisen; ästhetisches Potenzial
zeigt sich auf dem Feld des Wirtschaftlichen, als produktives Potenzial ökonomischer Taten.[142] Dass Asche tatsächlich Ästhet ist, der Text also das Bestehen
engster Analogien, eine Wesensverwandtschaft zwischen dem Ästhetischen und
dem Ökonomischen freilegt, zeigt sich besonders auch darin, dass der Text, der,
wie gezeigt wider Erwarten sonst das Phänomen der Konkurrenz gerade nicht
zum Thema hat, das Verhältnis zwischen dem wirtschaftlich tätigen Asche
(Ökonomie) und dem Dichter Felix Lippoldes (Kunst) dezidiert als Konkur-
renzverhältnis inszeniert, insofern als sich die beiden im Wettstreit um den
gleichen ›Markt‹ befinden.[143] Beide sind, wie der alte Pfister bemerkt, »Kollegen
in der Phantasie« (PM 85), beiden geht es – unter Zuhilfenahme unterschiedlicher Medien – darum, die Welt gestalterisch zu ordnen, oder abstrakter: Es geht
beiden auf ihre Weise darum, aus dem prinzipiell unendlichen Pool aktuali-
sierbarer Möglichkeiten, in dem es die Unterscheidung zwischen Ökonomie und
Kunst (noch) nicht gibt, Wahrnehmbares auszuschneiden und in konkrete
Formen zu überführen. Vor diesem Hintergrund wird auch ersichtlich, inwiefern
das verschmutzte Mühlwasser Asche zum Objekt konzentrierter Anschauung,
zum ästhetischen Erlebnis werden kann: Das Schmutzwasser ist insofern ästhetisches Objekt, als es Ökonomisierung und die Prozesse von Industrialisierung und wissenschaftlich-technischem Fortschritt bildhaft konzentriert und
hierin gänzlich neue Formen des Durchschauens etabliert:[144]

> [I]ndem er [Asche, M. A.] die letzte Flasche aus Samses Flaschenkorb gefüllt mit
> warmem, leise dampfendem Naß aus der Abflußrinne von Krickerode mit fast zärtli-
> cher Kennerhaftigkeit gegen den grauen Feiertagshimmel und vor das linke, nicht
> zugekniffene Auge prüfend erhob. (PM 100)

Dieser neuen Ästhetik des Nützlichen und Praktischen, der Ästhetik ökonomischer Akte, die sich in Figuren wie Asche ankündigt, kann nicht nur alles und

---

142 Vgl. Winkler: Ästhetik des Nützlichen, a. a. O., 37.
143 Asche wendet sich – mehr als gegen andere Figuren – feindselig und zynisch gegen den
   Dichter (vgl. PM 96, 101 f., 148) und ist in tatsächlicher Weise an dessen Tod mitschuldig
   (145 f.). Auf das Rezitieren eines Gedichts durch Lippoldes antwortet Asche mit einem
   eigenen Gedicht (PM 86). Auch Asche hatte vor, wie er selbst sagt und damit zynisch die
   Tätigkeit des Dichters entwertet, aus »Pfisters Mühle ein Gedicht zu machen« (PM 101).
144 Paradoxerweise wird in dieser Szene das Trübe und Undurchsichtige Anlass für Durch-
   sichtigkeit und Klarheit oder, in die Sprache der Rhetorik übersetzt: *ambiguitas* bzw.
   obscuritas werden – bezeichnenderweise wiederum in ambiger Weise – auf ihr Gegenteil,
   auf *perspicuitas* bzw. *claritas* bezogen; aus Mehr- bzw. Uneindeutigkeit wird in mehrdeutiger und paradoxer Weise Eindeutigkeit hergestellt; vgl. zum schillernden Verhältnis von
   ambiguitas und *perspicuitas* auch Bauer / Knape / Koch / Winkler: Dimensionen, a. a. O.,
   hier 17.

jedes zur Anschauung dienen; ein Kernmoment dieses neuen Blicks auf das Kunstvolle ist zudem mit der Abkehr des Interesses vom ›schönen Objekt‹ bzw. mehr noch mit der Verschiebung dieses Interesses von der »Schönheit« des Dargestellten auf die Kunstfertigkeit von Darstellungs- und Verfahrenstechniken, auf die *techné* des Darstellens selbst, bezeichnet: So lässt Asche etwa wissen:

> [D]er beste Mann wird immer derjenige sein, welcher sich auch mit dem schofelsten Material dem gegenüber, was über der Zeit und dem Raume liegt, zurechtzufinden weiß. (PM 101)

Ganz entsprechend äußert sich Vater Pfister, wenn er das Wort an Asche richtet:

> Hast es dem Vater kurios beigebracht, Freund Adam, wie dem Menschen auf dieser Erde alles Wasser auf seine Mühle werden kann (PM 175).

Mit dem Einzug des Ökonomischen ins Ästhetische, mit der Möglichkeit der Ästhetisierung des Ökonomischen, in der Ausweitung der ästhetischen Anschauung nicht nur auf Themen, Figuren, Objekte, sondern ebenso auf die Hässlichkeiten und Abseitigkeiten der modernen Wirtschaft, ist zugleich ein spezifisches Moment *axiologischer* Freisetzung beschlossen: Die Faszinationen, die von den Aktivitäten und Projekten einer explizit gegen das Soziale, gegen das *ethos* der Gemeinschaft, gegen bürgerliche Wert- und Moralvorstellungen gerichteten ökonomischen Energie, deren Wortführer beispielsweise der Rede von der »Blüte des nationalen Wohlstandes« allenfalls mit kaltem Zynismus begegnen (PM 68), sind ja, wie gezeigt, dezidiert ästhetische Faszinationen. Figuren, Objekte und Wortführer der modernen Ökonomie imponieren, obwohl (oder eher: *gerade weil*) sie die moralischen Regeln bürgerlichen Zusammenlebens überschreiten; sie faszinieren ästhetisch, gerade weil sie dem Allgemeinen Wohl, der Tradition, den angestammten Loyalitäten und Kontinuitäten einer volkswirtschaftlichen Kultur der Kooperation, der Vereinigung und der sozialen Orientierung, d. h. den kollektiven Interessen der Nationalökonomie als einer Wertegemeinschaft, unversöhnlich entgegenstehen und diese – in beiden Erzählungen – überwinden. Die neuen Repräsentations-, Symbolisierungs- und Signifikationsregeln, die Logiken einer ›neuen Ästhetik des unschönen Schönen‹, die die Texte durch die Figuren Asche und Agonista etablieren und die sich, wie gezeigt, in einem analogischen Verhältnis zu den differenzlogischen Konzepten der Neuen Werttheorie der Volkswirtschaftslehre der Zeit bewegen, entfalten sich als eigenlogische Differenzoperationen, die ihren Sinn aus ihrer spezifisch literarischen Eigenlogik beziehen und hierin gerade nicht gebunden sind an außerliterarische (etwa: ethische) Bezugsgrößen oder philosophisch-normative Schönheitsideale. Diese axiologische Freisetzung literarischer Signifikationsprozesse, die sich an und mit Erzählungen über die Ökonomie vollzieht und in den Erzählungen von den ökonomischen Gründern vorangetrieben wird, hat ihre Entsprechung, so ließe sich formulieren, in der Freisetzung des Wertbegriffs der Nationalökonomie am Beginn der 1870er Jahre. Wie skizziert, entsteht die ›Reine Theorie‹ der Volkswirtschaftslehre als Spezialwissenschaft für die Eigenlogiken des Ökonomischen – Menger und seine Adepten schauen etwa die »Aeusserungen des menschlichen Eigennutzes« ganz explizit nicht in moralischer Hinsicht an, sondern betrachten diese rein *funktional*, in Bezug auf ihre Funktionen hinsichtlich des *Ökonomischen*.[145] Die neue Ökonomik schreibt Werte nicht als Manifestierungen ethischer Kollektivurteile der Nationalökonomie fest, sondern etabliert Wert als ein perspektivisches, radikal-subjektivistisches und differenzielles Konzept der Relationalität. In modernisierungslogischer Hinsicht besteht hier eine Korrelation mit der Literatur, insofern sich zeitgleich spezifisch moderne Formen und Verfahren von Selbstreferenz und Ambiguität auf dem Gebiet literarischer Bedeutungsgenese ausbilden.

6.5. Gottfried Keller, *Martin Salander* (1886)

Schärfere Konturen gewinnen die beschriebenen literarischen Modernisierungsprozesse noch einmal mit Blick darauf, dass sie im literaturgeschichtlichen Feld der 1870er und -80er Jahre keineswegs als ›Sonderphänomene‹ etwa eines einzelnen Autors angesehen werden könnten. Blickt man auf ihren nationalökonomischen Referenzdiskurs, werden die Gründerzeiterzählungen Raabes durchaus kommensurabel – sieht man sich etwa Gottfried Kellers späten Roman *Martin Salander* an, der in der Korrelation mit dem ökonomischen Wissen der Zeit durchaus ähnliche Modernisierungspotenziale freisetzt.

6.5.1. Das »neue Volk« – Die Utopie einer idealen Volkswirtschaft

Worum es Martin Salander, der Hauptfigur des gleichnamigen Zeitromans,[146] geht, der – genau wie die untersuchten Texte Spielhagens und Raabes – vor dem Hintergrund der gesellschaftlichen Umwandlungsprozesse der 1870er Jahre spielt,[147] wird in einer aufschlussreichen Nebenszene des Textes sichtbar: Als

---

145 Siehe nochmals Menger: Untersuchungen, a. a. O., 78.
146 Vgl. Worthmann, Probleme des Zeitromans, a. a. O., 117–130; Göttsche: Zeit im Roman, a. a. O., 725 ff.
147 Die Geschichte spielt zu einer Zeit, in der sich – wie der Text expliziert – die »Geschäfte« durch »zu raschen Aufschwung« (MS 50) ungesund entwickeln, zu einer Zeit obskurer »Projektenmacher« (89) und eines »Umsichgreifen[s] der Baulust« (MS 242). Zum gesell-

sich ein Handwerker in einem Wirtshausgespräch in der Schweizer Kleinstadt Münsterburg,[148] dem fiktiven Handlungsort des Romans, mit einem deutschen Standesgenossen damit brüstet, mit sehr geringem Arbeitsaufwand ›durchzukommen‹, weil er sich weder der Familie, noch dem eigenen Meister- oder Handwerksbetrieb und schon gar nicht seinem Land, der Schweiz, ökonomisch verpflichtet fühle, sondern allein das eigene Wohlergehen im Kopf habe,[149] und als der deutsche Geselle dann noch bewundernd beipflichtet: »ich schäme mich, ein Deutscher zu sein!« (MS 80), schreitet Salander wütend ein: »Schämen sollte man sich, so zu reden, wenn man ein so gewaltiges Vaterland hat« (MS 80). Wie sich im Weiteren zeigen wird, erscheint Salander das unter der Führung Preußens 1870/71 gegründete Deutsche Reich genau deshalb als Ideal- und Vorbild, weil er meint, dass dort bereits das verwirklicht worden sei, was er sich für das »neue Volk« (MS 87), für die »schönere Zukunft« (MS 181 f.) seines eigenen Vaterlandes, der Schweiz, herbeisehnt: Nationale Vergemeinschaftung auf Grund »gewaltiger« ökonomischer Anstrengungen; wobei diese Anstrengungen – und darauf kommt es an – dezidiert in einem kollektivistisch-integrierenden Verständnis des Wirtschaftlichen fundiert sind und insofern nicht bloß als ökonomische, sondern als *national*ökonomische, nicht bloß als wirtschaftliche, sondern ganz ausdrücklich als *volks*wirtschaftliche Anstrengungen verstanden sein wollen. Das »Volk«, von dem der Text nahezu unentwegt spricht (MS 76, 87, 89 f. 167–185, 266 u. ö.), ist für Salander unmittelbar bezogen auf die Idee einer nationalökonomischen Solidar- und Wertegemeinschaft.

Ein Hinweis auf Salanders nationalökonomische »Gesinnung« (MS 79) zeigt sich bereits darin, dass es über seine geschäftlichen Aktivitäten heißt, dass diese »keine verwegenen Sprünge machte[n], dagegen in gleichmäßigem Flusse sich gelassen vorwärts bewegte[n].« (MS 247) Salanders Wirtschaften richtet sich weniger nach persönlichem Gewinnstreben als vielmehr nach dem idealen

---

schaftsgeschichtlichen Hintergrund dieser Gründerzeitphänomene nochmals Henning: *Handbuch Wirtschafts- und Sozialgeschichte*, a. a. O., 321 ff.

148 Gottfried Keller: *Martin Salander. Roman* [1886], in: Ders.: *Sämtliche Werke. Historisch-Kritische Ausgabe*, hrsg. unter d. Ltg. v. Walter Morgenthaler, Bd. 8: *Martin Salander*, hrsg. v. Thomas Binder, Karl Grob, Peter Stocker [u. a.], Zürich 2004, 78–81; Zitate und Verweise aus dieser Ausgabe fortan im Text unter Angabe der Sigle MS und Seitenzahl.

149 Hintergrund der Äußerungen des Handwerkers, der von »Freiheit«, »Vaterland« und nationaler Selbstbestimmung redet (MS 78–81), ist die Schweizer Verfassungsreform von 1874. Die sog. Totalrevision der bis dahin gültigen Verfassung von 1848 bewirkte nicht nur – nach dem Muster der deutschen Verfassung von 1870/71 – enorme wirtschaftspolitische Modernisierungsprozesse (Zentralisierung, Liberalisierung), sie hatte auch eine Ausweitung von direkter Demokratie, etwa in Form von Plebisziten zur Folge. Das Politische – und darauf spielt der Handwerker in dieser Szene ganz konkret an – nahm also ab 1874 mehr Zeit – und das heißt eben auch: mehr *Arbeitszeit* – des ›neuen Bürgers‹ in Anspruch; siehe: Volker Reinhardt: *Die Geschichte der Schweiz. Von den Anfängen bis heute*, 2., überarb. u. erw. Aufl., München 2013, bes. 371–414: Kapitel *Demokratie und Wirtschaftsmacht (1848–1914)*.

Gleichgewichtszustand einer ›gesunden‹ Volkswirtschaft, in der das Kapital »gleichmäßig[]« und »gelassen« fließt; nicht nach dem eigenen privaten Nutzen, sondern nach eigentlich ganz unökonomischen, tatsächlich ethischen und *caritativen* Maximen (vgl. MS 105, 327 f.). Salander geht es um den Entwurf einer ›wirtschaftlichen Kultur‹, die über die täglichen Streitereien wirtschaftspolitischer Richtungen, über differierende sozial- und gesellschaftspolitische Positionen sowie über ökonomische Partikularinteressen erhaben ist, um die Harmonisierung der Gemeinschaft (s. MS 129) und die »Versöhnung der Parteien« (MS 181) durch das Ideal einer kollektiven, nationalen Ökonomie: Der »Volksfreund Salander« (MS 185) lebt ganz für seine »mannigfaltige Thätigkeit für Volk und Staat« (MS 333), er wirtschaftet, wie man immer wieder erfährt, für das »Gemeinwesen« (MS 200), für die »Volkssache« (MS 290), für das »öffentliche[] Wohl[]« (MS 338); ihm geht es darum, »uneigennützig [...] dem Lande zu dienen.« (MS 348). Nach der Rückkehr von seinem zweiten entbehrungsreichen Aufenthalt in Brasilien lässt Salander wissen: »Und nun kann ich als unabhängiger Mann kommen, der seinen Boden hat und nichts zu suchen braucht, als die Gelegenheit, *zu helfen und zu nützen!*« (MS 74, Hervorh. M. A.). Die Parallelen zum alten Schröter, zu Wohlfart und den Spielhagen-Helden sind offensichtlich.

Die Distribution wirtschaftstheoretischer und -politischer Argumente, das Einspielen einer spezifisch nationalökonomischen Ideologie durch die Figur, zeigt sich besonders auch an jenen Stellen des Textes, in denen Salanders Positionen durch Figurenrede – und hierin: vermeintlich unmittelbar und authentisch – dargeboten werden: Gegen die Reden von der »Republik«, die besonders von den »ungeschulten, meist jüngeren Leuten« immer wieder und »statt eingehender Gründe« (MS 91) auf der Ratsversammlung vorgebracht werden (MS 91–93), weist er in einer Gegenrede ebendort als Stadtrat von Münsterburg auf die ökonomischen Sachzwänge und die daraus sich ergebenden Aufgaben staatsförmig organisierter Gemeinwesen hin:

> [N]ur darauf möchte ich aufmerksam machen, werte Mitbürger, daß auch der Republikaner alles, was er braucht, erwerben muß und nicht mit Worten bezahlen kann; über Naturgesetze hat die Republik nicht abzustimmen, die Vorsehung legt ihr den Plan über die dem Landwirte nützliche Witterung der Jahreszeiten so wenig zur Annahme oder Verwerfung vor, als den Unterthanen der Könige und diesen selbst, und der Weltverkehr kümmert sich nicht um die Staatsformen der Länder und Weltteile, die er durchbraust. Dies wollte ich mir zu bemerken erlauben, ehe ich zur Eröffnung meiner Absicht übergehe und dabei mich mehr mit den faktischen Verhältnissen beschäftige, als bisher geschehen ist. (MS 91 f.)

Er gibt, wie der Erzähler noch nachreicht, zu bedenken, »daß der Name Republik kein Stein sei, den man dem Volke für Brot geben dürfe.« (MS 93) An anderer Stelle wird die Hauptfigur des Romans folgendermaßen beschrieben:

Salander verfolgte den Mittelweg, die Fühlung mit dem gesellschaftlichen Umsturz abzulehnen, dagegen die Zustände durch das Verstaatlichen aller möglichen Dinge in den bisherigen Formen zu erleichtern und zu verbessern [...]. (MS 205)

und:

[I]n den Gemeinden und draußen im Bunde wehte der nämliche Wind, überall wurden Ausgaben beschlossen zu Hilfs- oder Kulturzwecken; Martin Salander aber war unermüdlich, mitzuwirken und neue Erfindungen in Umlauf zu bringen. (MS 205)

Salander erscheint in dieser Weise nicht nur als Sprachrohr, sondern auch als ein »unermüdlich Mitwirkender« im Dienst eines nationalökonomisch-sozialökonomischen »Mittelweg[s]« zwischen der proletarisch-revolutionären Sozialdemokratie, die auf den »gesellschaftlichen Umsturz« zielt einerseits, und all den – in Vehemenz und ›Radikalität‹ überaus heterogenen – liberalistischen Programmen und Verlautbarungen der Zeit andererseits, die sich ganz entschieden gegen »Ausgaben [...] zu Hilfs- und Kulturzwecken«, und schon erst recht gegen das »Verstaatlichen aller möglichen Dinge« richten würden.[150] Salander geht es also um die Regeneration eines zunehmend erodierenden Gesellschaftlichen mit den Mitteln staatlicher Reformpolitik, d. h. in den Grenzen der »bisherigen« – man müsste ergänzen: rechtlichen und institutionellen – »Formen«.[151] Der Protagonist des Romans wird hierin beschreibbar im Sinne einer literarischen Verdopplung genau derjenigen diskursiven Position ›zwischen Liberalismus und Sozialismus‹, die ab dem Beginn der 1870er Jahre von den Nationalökonomen Gustav Schmoller, Lujo Brentano, Adolph Wagner u. a. in zunehmend *sozialökonomischer* bzw. *staatssozialistischer* Orientierung vertreten wurde[152]

---

150 Zu denken ist hierbei nicht nur an die ideologisch und wissenschaftssoziologisch ganz im Zeichen des ›klassischen Liberalismus‹ stehende Österreichische Schule der Nationalökonomie um Carl Menger, Friedrich v. Wieser u. a., die, wie skizziert, darauf drängte, die ökonomische Wissenschaft zu einer *exakten Theorie* umzuformen, die von außer-ökonomischen, namentlich: *ethischen* Fragen, gereinigt sein sollte. Ebenso ist hierbei zu denken an jene Strömungen und Netzwerke, die sich grob unter den polemischen Begriff des ›Manchesterliberalismus‹ subsumieren lassen, sich ebenso wissenschaftlich – schlagend etwa: Handwörterbuch der Volkswirthschaftslehre. Unter Mitwirkung von namhaften deutschen Gelehrten und Fachmännern bearbeitet v. Hermann Rentzsch, Leipzig 1866, dessen 2. Ausg. 1870 von den führenden ›Manchesterliberalen‹ Julius Faucher, Max Wirth, John Prince-Smith u. a. herausgegeben wird – wie politisch betätigten, was sich besonders an ihren Institutionalisierungen – etwa im *Kongreß deutscher Volkswirthe* (gegr. 1858), im *Deutschen Handelstag* (1861) oder auch noch im *Centralverband Deutscher Industrieller* (1890) – ablesen lässt.

151 Salander spricht ganz ausdrücklich davon, dass es »nur eine Frage der Zeit« sei, bis eine »Verschiebung« der Wirtschaftspolitik eintreten müsse, von der die »heimlichen Sozialisten«, unter die er sich selbst wohl auch rechnet, immer sprächen (MS 205 f.).

152 Siehe nur schon die programmatischen Bekundungen in der *Vorrede* und auf den ersten Seiten bei Wagner: Allgemeine oder theoretische Volkswirtschaftslehre, a. a. O., V–XXII, 1–5; vgl. Heino Heinrich Nau: Politisches Ethos und sozialökonomisches Telos. Gustav

und schon bald den polemischen Beinamen »Kathedersozialismus« erhielt.[153]
Salander, der im übrigen mehrfach die Rede der »Kathedersozialisten« vom
Untergang »unsere[r] Handwerker« (MS 242, vgl. 208) nachspricht,[154] vertritt,
anders gesagt, genau diejenige nationalökonomische Position, die sich, wie
beschrieben, aus den theoretischen und den *narrativen* Impulsen ihrer wissenschaftlichen Genese gebildet, und sich im Jahr 1873 mit der Gründung des
Vereins für Socialpolitik institutionalisiert hatte – und hierin ihrer theoretisch-
reflexiven und narrativen Seite, gewissermaßen in der Reaktualisierung ihrer
kameralistisch-staatswissenschaftlichen Vorgeschichte,[155] eine durch wirtschaftspolitische Reformen steuernde, und insofern tatsächlich »mitwirkende«
Stoßrichtung gab.[156] Wenn Salander also nach anfänglichem Zögern letztlich
doch das Amt des Ratsherrn übernimmt, dann nur unter dem festen Vorsatz, die
öffentlichen Gelder verantwortlich zu verwalten und dem Wohle der Gemeinschaft tatsächlich etwas zu »nützen« (MS 186). Von Amts wegen mit genuin
nationalökonomischen – i. S. v. ›kameralistischen‹ – Aufgaben betraut, will er
seine Fähigkeiten in »Staatshaushalt und Volkswirtschaft« (MS 187) fortwährend verbessern, um »in jede[m] Augenblick über das ökonomische Gleichgewicht des Landes« (MS 188) im Bilde zu sein.

Konzepte und Ideologie der Nationalökonomie werden hier also vornehmlich
durch diejenigen Verfahren des realistischen Zeitromans präsentiert, die sich
auch schon in den in den anderen Kapiteln untersuchten Texten als Mittel der
Distribution, Popularisierung und Inszenierung nationalökonomischen Wissens – auf der Ebene des *discours* der Texte – gezeigt haben. Es sind dies etwa
Verfahren der figuralen und perspektivischen Markierung wissenschaftlicher
Aussagen durch das Einspielen von Argumentationen und Statements in Form
von Erzählerbericht und Figurenrede, das Aufrufen und Wiederholen von
schlagenden Wendungen – hier, wie gezeigt, beispielsweise »Gemeinwesen«,
»Volkssache«, »öffentliches Wohl«, »helfen und nützen« – sowie die Aktuali-
sierung und Konfiguration kollektiver Symbolik.[157]

Schmollers Konzept einer historisch-ethischen Nationalökonomie als Kulturwissenschaft,
in: Schmoller: Historisch-ethische Nationalökonomie, a. a. O., 13–45.

153 Siehe die polemische Schrift von Heinrich Bernhard Oppenheim: Der Katheder-Sozialismus, Berlin 1872.

154 Vgl. nochmals Kapitel 2. dieser Arbeit, vgl. Schmoller: Geschichte der deutschen Kleingewerbe, a. a. O.

155 Vgl. vom Bruch: Zur Historisierung der Staatswissenschaften, a. a. O.

156 Vgl. Henning: Handbuch Wirtschafts- und Sozialgeschichte, a. a. O., 783–791, 814–818.

157 Das Kollektivsymbol, das Volk, Grund und Boden, Ackerbau und Ökonomie semantisch
zusammenschließt, findet sich genauso im Bewusstsein Salanders – »Allein er faßte bald
wieder guten Mut, auf den unverlierbaren guten Ackergrund des Volkes vertrauend […]«
(MS 90), wie auch im Bewusstsein der Zeit, was ein Blick auf die Äußerungen des Ge-
richtsvollziehers zeigt, wenn dieser die Befürchtungen der Bevölkerung wiedergibt, die sich
in der Folge von Isidor Weidelichs Immobilienbetrug ergeben: »[D]er ganze Besitzstand

6.5.2. Die »Uebel der Zeit« – Die satirische Überzeichnung der Gegner der nationalökonomischen Vergemeinschaftung

Eine scharfe, besonders auch: axiologische Kontur erhält Salanders Ideal nationalökonomischer Integration insofern, als der Text es fortwährend mit den
ökonomischen »Zeitkrankheiten« (MS 329) der heraufziehenden Moderne
konfrontiert. So berichtet der Erzähler etwa in rascher Weise von den »Uebel[n]
der Zeit« (MS 270f., vgl. 289) in Form einer bitter-ironischen ›Chronik des
Verbrechens‹: In der Katalogisierung von Aktienbetrug, Verleumdung, Verun-
treuung und Korruption in Beamtenschaft und Administration, Immobilien-
schwindel und anderen Verwerfungen der Gründerzeit bildet der Text *en miniature* genau diejenigen ökonomischen Energien ab, die sich in den beiden
größeren Handlungssträngen um Louis Wohlwend einerseits und um die Familie Weidelich andererseits entfalten.

Durch die zwielichtige Gestalt Wohlwend, der seinen alten und gutgläubigen
Freund Salander zweimal um dessen Vermögen betrügt, finden genau jene
ökonomischen und ethischen Positionen – rechtliche, ethische und loyale Bindungen bestehen für Wohlwend nicht – in den Text, die dem nationalökonomischen Ideal-Modell Salanders zuwiderlaufen. Ganz schillernd und merkwürdig erscheint Wohlwend dadurch, dass sich sein fortwährendes Gefasel vom
»Idealismus« (MS 64, s. 329), den er angeblich schon immer vertrete und weil
sich seine »Possen[]«, sein »kindisch[er]« (MS 51f.) Dilettantismus und seine
fixen Ideen gegen Ende des Romans in eine absurde »Gottesstaatsidee« (MS 329)
übersteigern, in religiöse Spinnereien, die ironischerweise tatsächlich »jeder«,
nur Wohlwend selbst nicht, als »lächerlich« empfindet (MS 330). Durch die
ironisch-groteske Überzeichnung Wohlwends wird das von ihm repräsentierte
dogmatische Prinzip – Fundierung des Ökonomischen in den »Aeusserungen
des menschlichen Eigennutzes« –[158] nicht nur in moralische, sondern gar in
pathologische (vgl. MS 83f.) Kategorien eingeordnet. Zudem zeigt sich, sozusagen durch das Groteske hindurch, die Ambiguität von denjenigen Antriebs-
energien selbst, die die Handlungen Wohlwends motivieren: Keineswegs geht es
ihm um Gelderwerb um des Geldes willen. Seine List, Salander bzw. dessen Sohn
Arnold, den »Erbe[n] des bedeutenden Handelsgeschäftes« (MS 331), durch
seine Schwägerin Myrrha an sich zu binden, zielt eigentlich darauf, »den sträf-
lichen Hochmut der Madame [Salander] heimzuzahlen, die uns verachtet.« (MS
331) Das Geld der Salanders, so scheint es, ist ihm eher Mittel und Zweck dazu,
worum es ihm eigentlich geht: um Achtung und Anerkennung, um Wertschät-

---

scheine zu schwanken, wie bei einem Erdbeben; viele fürchteten von Haus und Hof zu
kommen [...]« (MS 295f.).
158 So bei Menger: Untersuchungen, a. a. O., 78.

zung und Bedeutung; das Handelsgeschäft erscheint ihm in vielsagender Weise eben nicht als ein ›reiches‹, ›mächtiges‹ oder ›aufstrebendes‹, sondern explizit als ein »*bedeutende*[s] Handelsgeschäft[]« (Hervorh. M. A.).

Ganz ähnlich verhält es sich mit dem parallelen Handlungsstrang, der von der unglücklichen Verbindung zwischen den Familien Salander und Weidelich handelt. Im Gegensatz zur Geschichte um Wohlwend, der stets etwas Versponnen-Groteskes, etwas stark ins Absurde Tendierendes anhaftet, lässt sich diese Geschichte als tendenziell possenhaft und satirisch beschreiben. Die Weidelichs, besonders Frau Weidelich, das wird schnell klar, haben mit dem »Gemeinwesen« und dem »öffentlichen Wohl« nichts im Sinn; ihnen geht es um Aufstieg, um das Emporkommen, um ihr »Privatglück« (MS 298), um – so sollte der Roman ursprünglich heißen: *Excelsior.*[159] Bezeichnenderweise schließen sie sich selbst bereits am Beginn des Romans aus dem Kreis einer in nationalökonomischen Kollektivanstrengungen vereinten Gemeinschaft ganz ausdrücklich aus: »Wir sind hier nicht Volk, wir sind Leute, die alle das gleiche Recht haben, empor zu kommen!« (MS 9) *Ihre* »Arbeit am Glücke« (MS 155) vollzieht sich jenseits der und gegen die integrierenden Bindekräfte der *Volks*wirtschaft. Genau wie die Eltern, die dem Erzähler immer wieder zum Anlass von bitterem Spott werden (MS 9–12, 150–156, 280–282 u. ö.),[160] sind auch die Zwillinge Isidor und Julian von nichts anderem getrieben als von ökonomischem Egoismus und von der Gier nach Aufstieg, Geld und Konsum. Sie huldigen einem kurzsichtigen Materialismus, dem nichts heilig ist und der sich etwa in Isidors Stellung zu dem äußert, was im Bewusstsein Salanders »nicht mit Geld zu bezahlen sei« (MS 220): zum heimatlichen Grund und Boden. Als im Zuge eines Gründungsprojekts das geschichtenumwobene und nachgerade poetische Wäldchen »Im Lautenspiel« von Gemeinde- in Privatbesitz übergehen soll, wittert auch Isidor sogleich ein Geschäft:[161]

> Da werd' ich unsere Buchen auch daran geben, es geht in einem zu und sie tragen ein schönes Geld ein! […] Dann zieht man weg und verkauft den ganzen Schwindel! Es ist ja langweilig, immer am gleichen Ort zu hocken! (MS 220)

---

159 Vgl. Thomas Binder: Martin Salander. Zwischen Experimentierfreude und Pflichtgefühl, in: Walter Morgenthaler: Gottfried Keller. Romane und Erzählungen, Stuttgart 2007, 154–171, 157.

160 Allein der Vater Weidelich rettet die Familienehre noch ein Stück weit. Später wird er in die Scheidung seiner Söhne von Salanders Töchtern einwilligen (MS 315f.) und sich nach der Verurteilung seiner Söhne gegen die eigene Scham und aus »Pflichtgefühl« (MS 325) nicht selbst umbringen.

161 Die Tatsache, dass unter denen, die ›schlecht wirtschaften‹ auch Figuren mit jüdischen Namen sind – Jakob und Isidor – zeigt an, dass auch hier das Ökonomische zum Anlass wird für Ethnologisierung und antisemitisches Ressentiment.

Diese Position Isidors ist – aus der Perspektive Salanders und der Nationalökonomie – gerade deshalb verwerflich, weil sie blind ist gegenüber jener Bedeutung, jenem metaphysischen Wert des heimischen Landes, der der Kollektivsymbolik von Grund und Boden, von Heimat und Nation, von Arbeit und
Ökonomie eingeschrieben ist. Wie stark der Text hier und an anderen Stellen mit
kollektiver Symbolik, mit den eingespielten Semantiken der Zeit arbeitet, die nur
deshalb so und nicht anders literarisch ›verarbeitet‹ werden können, weil sie
zugleich durch den wirtschaftstheoretischen Diskurs mitkonfiguriert werden,
zeigt etwa auch ein Blick auf das ›Inseldasein‹ der Zwillinge. Nachdem sie ihrer
jeweiligen Verbrechen gegen Staat und Gemeinwesen – »Mißbrauch des Amtes«
(MS 284) – überführt wurden, heißt es bei ihrer Gerichtsverhandlung, dass sie
»auf der Anklagebank wie auf einer Insel im Meere« saßen (MS 318). Sie sitzen
dort – so die kollektivsymbolische Suggestion – genau wie Robinson Crusoe auf
seiner einsamen Insel, der, wie gezeigt, immer wieder von der Wirtschaftstheorie der Zeit als Beispiel und Modellfall einer isolierten, nicht-vergesell-
schafteten Ökonomie – bzw. in gegenläufig-ironischer Weise als Beispiel genau
dagegen – angeführt wurde.[162] Was sie im Sinn haben, als sie sich nach einer
Reihe von Intrigen zu Stadträten ernennen lassen und sich danach vom Rat zu
Notaren wählen lassen, wird schnell klar: Es geht ihnen nicht um die gewis-
senhafte Erledigung ihrer administrativen Aufgaben, sondern darum, »zunächst
bei der Anrichte [zu] stehe[n]« (MS 138). Deutlich wird dies etwa mit Blick auf
ein Gespräch zwischen Vater Weidelich und seinen Söhnen, das der Erzähler in
wissender Halbdistanz referiert. Als der Vater auf die zukünftigen sozialen Re-
präsentationspflichten hinweist, gibt der Erzähler die Antwort der Zwillinge in
indirekter Rede wieder:

> Zu einem artigen Haus oder gar einem mäßigen Landgute zu kommen, ergebe sich die
> vorteilhafteste Gelegenheit aus dem amtlichen Geschäftsleben selbst, bei Anlaß von
> Konkursabsteigerungen, Erbverkäufen und andern Fällen von Handänderungen, wo
> ein gewandter Notar, wenn er die Augen aufthue und etwas wage, ja zunächst bei der
> Anrichte stehe. Vater Weidelich verstand sich nicht recht auf solche Geschäftsläufe; von
> den alten Landschreibern seines Gedenkens hatte man dergleichen Praxis nicht ver-
> nommen; doch war er selber kein Gewinnverächter [...]. (MS 138)

Wie sie die ›Spielräume‹ von notariellen »Handänderungen« und anderen
Winkelzügen in die Tat umsetzen, wird eher nebenbei erwähnt (vgl. MS 139 f.).
Wichtiger scheint dem Erzähler, der das, was er der Wiedergabe, des Referierens,
der Darstellung, des Erzählens für wichtig erachtet, sehr genau auswählt,[163] dass

---

162 Vgl. Kapitel 2 dieser Arbeit.
163 Binder: Martin Salander, a. a. O., 166 spricht mit Blick auf die komplexen Eingriffe des
     scharfsinnig selektierenden, komponierenden und steuernden Erzählers etwas missver-
     ständlich von »Zufallsregie«.

die Zwillinge durch ihre Handlungen erhebliche materielle und – wichtiger: symbolische Schäden an dem anrichten, um dessen Schutz und Nutzen Salander fortwährend bemüht ist: am »Gemeinwesen« (MS 320), an der nationalen Ökonomie:

> Alle waren es ihnen wohlbekannte Landleute, deren bürgerliches Dasein sie zu Grunde gerichtet hätten, wenn nicht der Staat mit seinen Steuerkräften eintrat […]. (MS 318 f.)

Die Implikationen liegen auf der Hand: Sie betrügen nicht nur »*Land*leute« im Sinne von Bundes- bzw. Nationalgenossen, sondern auch im Sinne von (moralisch gesunder und daher schützenswerter, vgl. MS 271) ländlicher Bevölkerung. Zudem wird von ihnen nicht nur das explizit »bürgerliche[]« i. S. von ›brave‹ und ›rechtschaffene‹ »Dasein« bedroht, sondern auch das ›kollektive Vermögen‹ der gesamten *civitas*, die zuallererst im »Staat mit seinen Steuerkräften« vergemeinschaftet ist. Sie versündigen sich überdies, so die dritte Implikation, an einem »Gemeinwesen«, das nicht nur auf rechtsstaatlichen Prinzipien aufruht, sondern außerdem *caritative* Schutz- und Fürsorgefunktionen übernimmt, indem es für seine Glieder tatsächlich »eintr[it]t«. Deutlich wird dies etwa auch an den Stellen, an denen der Text die Rede vom allgemeinen Vermögen und seinen nationalökonomischen Bindekräften in der Wiedergabe von Figuren- und Zeitbewusstsein ausfaltet: Der mit der Pfändung von Isidor Weidelichs Besitz beauftragte Gemeindebeamte beklagt nicht nur, dass die »Staatskasse« nun »herhalten« (MS 296) müsse, um die durch Isidor am allgemeinen Vermögen verursachten Schäden zu kompensieren (MS 295 f.); er gibt zudem das entsprechende Bewusstsein der Zeit, die Sorgen der »Bevölkerung« wieder: »[D]ie Bevölkerung sei ganz erhitzt und fabele von Millionen, die verloren seien.« (MS 296)[164] Neben den Verfehlungen des illegal Singvögel jagenden und verspeisenden Julian Weidelich (vgl. MS 226 f.), die im Fälschen von Pfandbriefen und Grundbüchern (vgl. MS 302) bestehen, sind es gerade Isidors Vergehen, die als Verbrechen an den ökonomischen Institutionen der nationalen Gemeinschaft erscheinen. In seiner Stellung als Notar bereichert er sich bezeichnenderweise an »bäuerliche[n] Gemeinden«, an »Genossenschaften« und am »Grundbesitz« der Gemeinde Münsterburg; er veruntreut die öffentlichen bzw. allgemeinen Mittel der Volkswirtschaft, nur um damit »sein Glück im Börsenspiel« (MS 301) zu versuchen. Der Erzähler berichtet zunächst ganz wissenschaftlich und in fachsprachlichen Wendungen und Begriffen über die volkswirtschaftstheoretischen Hintergründe von Isidors Immobilien- und Grundstücksbetrügereien:

---

164 Bezeichnenderweise ist es Salander selbst, der kurz darauf Anwesen, Kanzlei und übriggebliebene Kapitalien wieder in »amtliche Obhut« (MS 299) geben und sie somit wieder in das allgemeine Vermögen zurückführen wird.

> Isidors Wirkungskreis umfasste eine Anzahl bäuerlicher Gemeinden, die um diese Zeit
> just in der Verbesserung ihrer Kreditverhältnisse begriffen waren. Sie bildeten Ge-
> nossenschaften für gegenseitiges Gewährleisten der hypothekarischen Sicherheit und
> dergleichen, kündeten dann insgesamt die beschwerlichsten wie die schlechteren
> Pfandbriefe und boten den Gläubigern neue Titel zu billigerem Zinsfuße an. (MS 300)

Allerdings wird dieser Spezialdiskurs bzw. dieses Fachreferat unmittelbar und
ganz unvermittelt überführt in ein erzählerisches Urteil, in einen bitteren
Kommentar, der Isidor dem Spott und der Lächerlichkeit preisgegeben:

> Da er, wie recht und billig, als hohler Kopf, der ohne alles Urteil dareinfuhr, [im
> Börsenspiel] nur verlor, so sah er sich bald genötigt, einen veruntreuten Posten durch
> einen anderen zu ersetzen [...]. (MS 301)

In ganz ähnlicher Weise wie hier, anhand einer Vielzahl ironischer und satirischer Erzähl-Gesten, werden die Zwillinge immer wieder zum Gegenstand z.T.
hochkomischer Szenen, Beschreibungen und Charakterisierungen. So etwa,
wenn Julian Netti Salander die Liebe schwört, nachdem die Salander-Töchter
den Zwillingen vorgeworfen hatten, sie nur aus finanziellen Gründen heiraten zu
wollen:

> Das Gleiche that Julian und hielt eine noch feurigere Rede an Netti, in welcher er aber
> nicht arm, sondern reich werden zu wollen versprach, um zu beweisen, daß er nicht auf
> den Reichtum der Braut zu schauen brauche. Sie hielten die Hände der Mädchen
> umklammert und bedeckten sie, durch die eigenen Worte zu Thränen gerührt, mit
> Küssen. (MS 115)

Derartige axiologische Markierungen, die die Zwillinge in satirischer Weise als
lächerliche Existenzen darstellen, zeigen sich in großer Eindeutigkeit und bit-
terer Komik etwa auch in ihrem vorgeblichen Glauben an den »Idealismus«, der
sie etwa glauben lässt, auch »nach dem Falle [...] nicht zum Trosse verächtlicher
Sünder zu gehören« (MS 302) oder wenn sie ihre Parteizugehörigkeit buchstäblich auswürfeln (siehe MS 134–136), um ihren Einfluss zu verdoppeln, Intrigen zu spinnen, die politischen Lager gegeneinander auszuspielen zwecks
eigener Bereicherung und insofern das Politische *ad absurdum* führen.

In all dem ist allerdings nicht nur eine axiologische Markierung der Figuren,
sondern vielmehr auch der ökonomischen Prinzipien bezeichnet, die ihrem
Handeln zu Grunde liegen. Schlecht und »verdreht[]« (MS 320) sind die Brüder
genau deshalb, weil ihrem wirtschaftlichen Kalkül einzig das egoistische Streben
nach »Privatglück« (MS 298) zu Grunde liegt; lächerlich erscheinen sie, insofern
sie wirtschaften, als befänden sie sich wie Robinson auf einer einsamen Insel.
Aber die Weidelichs sind nur die Hauptrepräsentanten eines zutiefst korrupten
und nurmehr possenhaft, bitter-ironisch und satirisch darstellbaren administrativen und politischen Betriebs, in dem es, wie ein Ratspräsident älterer Generation bemerkt, »wie auf dem Fastnachtstheater« zugehe (MS 143, vgl. 140–

145, 189 f.). Die Verhältnisse, in denen sich Salander im Zuge seiner Ratstätigkeit bewegt, und die vom Erzähler mit spöttischem Blick auf Isidor und Julian Weidelich und die anderen »Herren Volksvertreter« (MS 143), die für nicht weniger verantwortlich sind als für die »nationalökonomische[n] Dinge« (MS 206), gezeigt werden, sind eigentlich alles andere als komisch. Dennoch – oder gerade deshalb – werden sie in ihrem Verlauf zunehmend in einer ihren ›Realismus‹ verfremdenden grotesken Weise dargestellt. Sie erscheinen somit »fast erheiternd« – Julian wird zum »Humorist« (MS 304) – und werden für Salander zu einem »traurig-lächerliche[n] Phänomen« (MS 307):

> Man müsse die Dinge jetzt anfangen, von der Seite der Merkwürdigkeit aus zu betrachten, sonst komme man schwer darüber hinweg. (MS 307)

Dieser Übergang von Ironie und Komik hin zum Grotesken, zum Bitteren und Absurden, zur »Merkwürdigkeit«, zu dem, was der *histoire* und dem *discours* des gesamten Romans seinen ganz charakteristischen Stempel aufdrückt, zeigt sich wie unter einer Lupe noch einmal mit Blick auf zwei von Julian und Isidor verfasste Briefe. Letzterer, im Gefängnis auf seine Verhandlung wartend, lässt verlauten:

> Da bin ich auf den Gedanken gekommen, sowohl um mir selbst Rechenschaft zu geben, als vielleicht auch der Gesamtheit nützlich zu sein, eine sozial-pädagogische Studie zu schreiben über Pflichtverletzungen und ihre Quellen im Staats- und Volksleben und die Verstopfung der letzteren, vom Standpunkt eines Selbstprüfers. (MS 308 f.)

Die scharfen satirischen Effekte werden hier nicht nur dadurch erzielt, dass der Erzähler Isidor – angezeigt etwa durch die schlagende Wendung, der »Gesamtheit nützlich« sein zu wollen oder durch einen umständlichen Satzbau – einen indifferenten staats- und sozialwissenschaftlichen Habitus imitieren lässt, der eigentlich, das hat der Leser bis hierhin längst begriffen, gar nicht zum Delinquenten passt; oder dadurch, dass der Beschuldigte bezeichnenderweise und in Wiederholung seiner ökonomischen Handlungsmaxime meint, zunächst sich selbst – »mir selbst« – Rechenschaft geben zu wollen, um erst dann – und auch nur »vielleicht« – der »Gesamtheit nützlich zu sein«. Noch einmal hyperbolisch übersteigert wird diese Komik, als Isidor unmittelbar nach dieser sehr knappen, satirisch stark überzogenen Reuebekundung dazu übergeht, eine Reihe von Wünschen zu formulieren; man möge ihm etwa nicht nur dringend benötigtes Bargeld, sondern auch eine »gute geographische und historische Beschreibung der nord- und südamerikanischen Staaten« (MS 309) ins Gefängnis senden.[165] Zu Protagonisten einer bitteren Satire, einer wahren Posse

---

165 Ganz offensichtlich soll diese Reiselektüre auf eine mögliche Flucht in die »wilde« Welt jenseits des großen Ozeans vorbereiten, in welche die Zwillinge, nebenbei bemerkt, gut passen würden. Eine Steigerung ins Urkomische, ins nachgerade Alberne erreicht der Text

werden die beiden – in ihrer Funktion als lebende Beispiele für eine isolierte,
›robinsonhafte‹ und dogmatische Ökonomie, die als »*»exacte Nationalökonomik«*« in der Wirtschaftstheorie der Zeit fundiert wird als die Lehre von den
»Aeusserungen des menschlichen Eigennutzes« –[166] insofern als ihre Verhandlung tatsächlich zu einem »öffentliche[n] Schauspiel« wird, bei dem »großes
Volk« anwesend ist (MS 318). Selbst der Staatsanwalt, Anwalt derjenigen Insti-
tution, die die beiden betrogen haben, kann ihren Verteidigungsversuchen nur
mit einem »ironischen Ausfall« (MS 319) begegnen:

> Isidors Verteidiger benutzte sogar den Anlaß, die Brüder Weidelich als eine Art ord-
> nungsliebender Männer ins Licht zu stellen, die nur durch einen betrügerischen Ver-
> trauensmann an den Rand des Verbrechens gebracht worden. Hiergegen bemerkte ein
> Staatsanwalt, ob jener nicht noch eine Bürgerkrone für die Angeklagten verlange? Es sei
> nur gut, daß der Staat nicht ganz allein die Suppe werde ausessen müsse, sonst erlebe
> man, daß die kolossale Anschröpfung als eine sozialpolitische Thatstudie bezeichnet
> werde, ein allerdings etwas weitgehender praktischer Umsatzversuch, der mit derje-
> nigen Achtung und Milde zu behandeln sei, welche den Opfern sozialischer Probleme
> gebühren. (MS 319)

6.5.3. »Ich kann es Dir jetzt nicht näher auseinandersetzen, es sind eben nationalökonomische Dinge!« – Die ironische Subvertierung des nationalökonomischen Wissens

Bei all dem ist es allerdings keinesfalls so, dass sich der Roman darin erschöpfte,
wie es bis hierhin den Anschein haben mag, das nationalökonomische Verge-
meinschaftungsideal erneut ungebrochen und einsinnig zu re-konstituieren, das
sich besonders in seiner Kontrastierung durch die satirische und possenhafte
Inszenierung seiner Gegenmodelle scharf konturiert. Den untersuchten Raabe-
Erzählungen nicht unähnlich, vollzieht sich die Genese des spezifischen Erzählsinns des Romans vielmehr in einem engen Verhältnis diskursiver Analogie
zu den skizzierten Prozessen einer differenzlogischen Wende der Wirtschaftstheorie der Zeit. Literarischer Sinn generiert sich auch hier anhand fortwährender Differenzbildungen; seine Herstellung zeigt sich als ein Prozess der

---

an dieser Stelle durch die Wiedergabe einer Liste von Wünschen, die Isidor an seine Frau
aus der Haft sendet; er bittet um Zusendung von »[...] Eidamerkäse, 1 Laib mittlerer Größe;
4. Salamiwurst, große 1 / 2, kleine 1 / 1; 5. ein Topf eingemachte Zwetschgen; 6. eine Flasche
Cognac [...]« und unterzeichnet den Brief tatsächlich noch mit den unfreiwillig hochko-
mischen Worten »Unwandelbar Dein treuer Isidor« (MS 310).

166 Menger: Untersuchungen über die Methode der Socialwissenschaften, a. a. O., 78, vgl. auch
nochmals Mengers Kapitel *Ueber das Dogma vom Eigennutze und seine Stellung im System
der theoretischen Nationalökonomie*, 71–81.

Überführung von epischer Einsinnigkeit in Ambiguität, Groteskes und Absurdes.[167]

Dies zeigt sich etwa bereits in der vielfachen Vervielfältigung des Narrativen, worin zugleich de-episierende Funktionen bezeichnet sind und Heterogenitäts-Effekte hervorgebracht werden: Neben der Tatsache, dass der Text nicht nur einen Haupthandlungsstrang, sondern mehrere aufweist – die Geschichten um Wohlwend, um die Weidelich-Zwillinge sowie um Salanders *Excelsior*-Geschichte (die in Form wiederholter Aufbrüche und Heimkehren selbst schon vervielfacht ist, vgl. MS 16–25) –, die einerseits zwar ›isoliert‹ für sich stehen, andererseits allerdings aufeinander bezogen sind, fallen die nahezu unzähligen Binnengeschichten, Klein- und Kleinsterzählungen und andere narrative Versatzstücke von unterschiedlicher Länge und Textsorte auf, die das vielgestaltige narrative Gesicht des Romans prägen. Beispiele für diese Binnennarrationen, die entweder vom heterodiegetischen Erzähler oder von verschiedenen Figuren dargeboten werden und in denen insofern Erzähler- und Figurentext fortwährend heteroglossisch interferieren,[168] lassen sich leicht beibringen: So etwa die Geschichte um den Bankrott von Marie Salanders Gastwirtschaft während Martins erster Abwesenheit; die gegenläufige Geschichte um ihren Erfolg als Kolonialwarenhändlerin, wie sie es schaffte, das niedergeworfene Familiengeschäft in ein »stilles Goldgrüblein« (MS 88) zu verwandeln sowie das gleichnishafte Märchen vom untergehenden Zwergenvolke, das sie ihren Kindern gegen den Hunger erzählt (MS 35–38).[169] Weiterhin etwa die Erzählung um Wohlwends Machenschaften in Ungarn, die einmal von Salanders Rechtsanwalt

---

167 Im Gegensatz zur älteren Forschung – etwa Adolf Muschg: Gottfried Keller, München 1977; Gerhard Kaiser: Gottfried Keller. Das gedichtete Leben, Frankfurt/M. 1981; Wolfgang Preisendanz: Gottfried Keller, in: Benno von Wiese (Hg.): Deutsche Dichter des 19. Jahrhunderts. Ihr Leben und Werk, 2. überarb. u. verm. Aufl., Berlin 1979, 508–531. –, die sich stark auf Kellers Biographie, seine Feuerbach-Rezeption, auf den *Grünen Heinrich*, den *Seldwyla*-Zyklus und mithin auf Kellers Verortung im Poetischen Realismus konzentrierte, weisen einschlägige jüngere Studien verstärkt auf die transzendierenden und grotesken Momente, gar auf ein »Jenseits der Poesie« – so Bernd Neumann: Gottfried Keller. Eine Einführung in sein Werk, Königstein/Ts. 1982, 266. – hin, welches sich verstärkt mit Blick auf Kellers Spätwerk *Martin Salander* registrieren lasse; siehe neben Neumann: Gottfried Keller, a.a.O. etwa Binder: Martin Salander, a.a.O.; Renate Böschenstein-Schäfer: Zeit- und Gesellschaftsromane, in: Horst Albert Glaser (Hg.): Deutsche Literatur. Eine Sozialgeschichte, Bd. 7: Vom Nachmärz zur Gründerzeit: Realismus. 1848–1880, Reinbek b. Hamburg 1982, 101–123 sowie Göttsche: Zeit im Roman, a.a.O., 725ff. Auch diese jüngeren Studien stellen allerdings keinerlei Bezug zum Diskurs der zeitgenössischen Wirtschaftstheorie her.

168 Vgl. Schmid: Elemente der Narratologie, a.a.O., 163–204 sowie jüngst Valerij Tjupa: »Heteroglossia«, in: LHN. The living handbook of narratology, ed. by Peter Hühn et al., Hamburg 2013ff. [http://www.lhn.uni-hamburg.de/article/heteroglossia, eingesehen am 03.11.2014].

169 Diese Episode von der Rettung eines »Zwergengeschlechts« ist eine Anspielung auf das 6. Kapitel im 3. Buch von Goethes Roman *Wilhelm Meisters Wanderjahre*.

(MS 85–87) und dann noch einmal aus anderer, aus Wohlwends eigener Perspektive dargeboten wird (MS 232–234); die Schilderung der »politische[n] Volkshochzeit« (MS 163, 167–185, s. u.); das Gleichnis über den »Fortschritt« in einem Brief von Arnold an seine Eltern (MS 158–163, s. u.); die Legende vom ›geizigen Junker aus dem Lautenspiel‹, die Salanders Tochter Setti erzählt (MS 221 f.) oder der von Möni Wighart geschilderte »Bauernstreit«, der die Folgen der wirtschaftlichen Verwerfungen für den sozialen Frieden *en miniature* abbildet (MS 304–307). Die spezifischen Funktionen dieser narrativen Vielheit – Vorausdeutung, Erzeugung von retardierenden und spiegelnden Effekten, Vervielfältigung von Fiktionen und Fiktionsebenen – zeigen sich in konzentrierter Weise etwa nochmals in der immerhin 15-seitigen ›Kurznovelle‹ um den Amtsvorgänger Salanders im Münsterburger Stadtrat (MS 190–204). Die Geschichte des Baumwollfabrikanten Kleinpeter, der genau wie Salander »vorsichtig und gemächlich« wirtschaftet, »ohne stark vorwärts-, aber auch ohne zurückzugehen« und mehr Wert legt auf ein Engagement für die Gemeinschaft »als auf den Erwerb von Reichtümern« (MS 194) und die von ihm verwalteten Steuergelder aus der »Staatskasse« (MS 197) gegen seine aus der Art geschlagenen Söhne verteidigt, verdoppelt Figur und Geschichte Martin Salanders insofern, als sie in Gestalt ihres Protagonisten die Prinzipien absoluter Loyalität gegenüber Staat und Gemeinwohl und der absoluten Aufopferung für die Interessen der nationalen Ökonomie versinnbildlicht.

Die Genese von literarischem Sinn durch die Bildung von Abweichung und Zäsuren, durch Ausfaltungen des ›Andersartigen‹ zeigt sich allerdings nicht nur in der Heterogenisierung des Erzähldiskurses. Sie zeigt sich in besonderer Weise auch in der Transformation des Einsinnig-Identischen in ambige, groteske und paradoxe Fügungen, die das eigentlich Vertraute merkwürdig fremd erscheinen lassen.[170] Wenn der Erzähler seinen Protagonisten anfangs etwa explizit als »de[n] Fremde[n]« (MS 10) bezeichnet, diesem andererseits allerdings qua Innensicht so nahe ist, dass er ohne weiteres dessen Gedanken, zumal in der unvermittelten Form direkter Rede, referieren kann – »Bei sich dachte er [Salander]: Nun weiß der nichts davon oder thut wenigstens so; ein Zeichen, daß er nicht ein einziges Mal dort war« (MS 13, vgl. 41, 46) – dann ist dies ein erster Hinweis darauf, dass der Text ein »*Spiel mit dem Absurden*« treibt.[171] Am *Martin Salander* lässt sich beobachten, wie die Literatur spezifische Verfahren der Ambiguierung, der Ironisierung und der grotesken Verfremdung entwickelt, welche nicht nur eine literatur- und verfahrensgeschichtliche Differenzierung,

---

170   Vgl. zum ›Grotesken‹ den Band Otto F. Best (Hg.): Das Groteske in der Dichtung, Darmstadt 1980; darin bes. die Beiträge von Philip Thomson: Funktionen des Grotesken (1972), 103–115 sowie von Otto F. Best: Einleitung, 1–22.

171   Wolfgang Kayser: Versuch einer Wesensbestimmung des Grotesken (1957), in: Best (Hg.): Das Groteske in der Dichtung, a. a. O., 40–49, 47, Hervorh. i. O.

sondern zudem eine diskursgeschichtliche Zäsur markieren, indem sie eben nicht (mehr) als Affirmierung des Kontinuums nationalökonomischen Wissens fungieren, sondern vielmehr an seiner Subvertierung, Fragmentierung und Rekonturierung teilhaben. Salander ist eben nicht in ganzer Person Sozialökonom; zugleich zählt er zu den »Kapitalisten und Kaufherrn« (MS 257). Dieses im Grunde widersprüchliche, zumindest ambivalente Moment zeigt sich etwa auch in den buchstäblich: *zweistimmigen* Äußerungen des Protagonisten selbst. Als er sich entschieden hat, die Bürgschaftspflichten des von Armut bedrohten Jakob Weidelich zu übernehmen, obwohl er damit letztendlich nur dessen betrügerische Söhne alimentiert, heißt es beispielsweise:

> ›Das wäre auch vorbei!‹, sagte Martin vor sich her, *und der Kaufmann in ihm fügte hinzu*, es sei doch fraglich, ob man nicht mit Recht ihn einen Narren heißen dürfe, da er eigentlich nur den jungen eingesperrten Verbrechern ein Geschenk gemacht habe [...]. ›Doch nein!‹ sprach wieder *der alte Martin*. ›Es ist so recht und die beste Auseinandersetzung mit den Buben, nachdem sie sich einmal in meine Lebenskreise haben drängen können!‹ (MS 327 f., Hervorh. M. A.)

Unabhängig von der Auffälligkeit, dass auch »der Kaufmann in ihm« seine Argumente nicht in streng kaufmännischen, d.h. ökonomischen Erwägungen fundiert, sondern paradoxerweise genauso in ethischen bzw. quasi-pädagogischen Kategorien argumentiert wie »der alte Martin«, ist eine derartig zwiespältige, nachgerade doppelperspektivische Äußerung doch ein eindeutiger Beleg für die Ambiguität der Figur und ihrer Handlungen, Haltungen und Meinungen.[172] Entsprechendes zeigt sich auch, als Salander mit seinem Sohn Arnold die Zukunft des Handelshauses bespricht und für eine kapitalistische Ausweitung desselben argumentiert (MS 340 f.). Sinn und Zweck der avisierten Expansion bleiben allerdings merkwürdig ambivalent:

> Was mich aber auf die Frage gebracht hat, ist die Zukunft unseres Landes. Ich fürchte, die Zeit ist nicht mehr fern, in welcher die Gesetzgebung die Hand kräftiger auf das Vermögen legen wird; da dürfte es, dacht' ich, gut sein, wenn man tüchtiger einzuschießen hat, ohne gerade zu verarmen. (MS 341)

Es bleibt dunkel, ob Salander auch hier Fürsprecher derjenigen nationalökonomischen Ideologie ist, der es ausschließlich um die »Zukunft unseres Landes« geht, die ihn tatsächlich nur wirtschaften lässt, um »tüchtiger« in das Kollektivvermögen der Staatskasse »einzuschießen«, oder ob er – das würfe ein ganz

---

172 Im übrigen ist es nicht nur auffallend, dass der *Kaufmann* Martin dem *alten* Martin gegenübergestellt wird; bezeichnend ist zudem die Fundierung seiner Entscheidung – dezidiert als Entscheidung – in einem gewissermaßen ›heroischen‹ Willen, der sich durch eine reine sprachliche Setzung – »›Doch nein!‹« – aufwirft und darin erst den Raum ethischer – »›Es ist so recht [...]‹« – (oder sonstiger) Argumentationen öffnet: Salander *entscheidet sich*, eben jener und nicht dieser zu sein.

anderes Licht auf seine Pläne – genau deshalb expandieren will, um in einer Zeit, in der die »Gesetzgebung die Hand kräftiger« auf das *eigene* »Vermögen legen wird«, selbst nicht »gerade zu verarmen«.

Zudem lässt sich an vielen weiteren Textstellen ablesen, dass Salanders Denken und Handeln noch andere Komponenten aufweist, die mit seinen national- und sozialökonomischen Intentionen eigentlich in Widerspruch stehen.[173] Widersprüchlichkeit und Ambivalenz zeigen sich etwa mit Blick auf seine Motivation, den Lehrerberuf aufzugeben und in Textilfabrikation und Handel einzusteigen. Obwohl er bekundet, er wirtschafte allein zum Nutzen der Gemeinschaft, weil er meint, dieser »alles schuldig zu sein« (MS 18), lässt er über die Gründe, warum er überhaupt in die Welt des Ökonomischen eintritt, wissen:

> Mir aber wandelten sich Schreck und Trauer bald in eine große Unruhe, als ich mich im Besitze des elterlichen Vermögens sah […]. Da wurde es mir plötzlich zu eng in der friedlichen Schulstube […]; ich zog hierher, in die Stadt dort hinter den Bäumen, wollte mitten im Verkehr stehen, unter Erwachsenen, auf Freiheit und Fortschritt ausschauen, ein Geschäftsmann, ein Muster von Brotherrn sein […]. (MS 18)

Wenn der Erzähler hier Salander erzählen lässt, er habe angesichts der vor ihm liegenden wirtschaftlichen Möglichkeiten eine »Unruhe« gespürt und ihm sei es »plötzlich zu eng« geworden in der »friedlichen Schulstube«, dann ist damit auch in vielsagender Weise der Blick auf dasjenige Bewusstsein der Figur freigelegt, das die Bedingungen von Subjektwerdung – »unter Erwachsenen«, »Freiheit« – und der Ausbildung von persönlicher Identität – »Geschäftsmann«, »Brotherr[]« – unmittelbar mit den individuellen Entfaltungsmöglichkeiten auf dem Gebiet des Wirtschaftlichen – die Möglichkeit, »mitten im Verkehr [zu] stehen« – verknüpft. Auch die Tatsache, dass er sich mit einem »Willensschlusse« (MS 70) dazu entscheidet, sich zum zweiten Male in das Abenteuer Brasilien zu begeben, passt eigentlich überhaupt nicht zu seinem naiven, ethischen und integrierenden Ideal der Volkswirtschaft, das auf Konzepten von Gleichmaß, Harmonisierung und kultureller Vergemeinschaftung aufruht. Er entscheidet sich tatsächlich, man ist versucht zu sagen: *absurderweise* dafür, in Brasilien »das Glück aufs neue zu versuchen« (MS 68), obwohl das aus finanziellen Gründen gar nicht nötig wäre (vgl. MS 58), obwohl er dort gerade erst sieben entbehrungsreiche Jahre ohne Frau und Kinder verbracht hat, obwohl dort, das weiß die Literatur spätestens seit *Zum wilden Mann*, ganz ›ungemütlich‹ und »wild« gewirtschaftet wird[174] und damit dezidiert

---

173 Vgl. auch Binder: Martin Salander, a. a. O., 161, der auf die »Zwiespältigkeit« des Protagonisten hinweist.

174 Im übrigen schweigt der Text bezeichnenderweise darüber, wie und mit welchen Mitteln der sonst so brave Salander im fernen Brasilien binnen relativ kurzer Zeit zweimal reich

gegen die ahnungsvolle Warnung seiner klugen Frau Marie, er möge doch »der
bösen Welt aus dem Wege gehen« (MS 69) und stattdessen wieder in das
bürgerliche Lehrerdasein zurückkehren. Er »fühle [sich]«, so erwidert Salander, »noch jung genug, freiwirkend in der Welt zu stehen, wozu [...] eben der
Geist [ihn] getrieben« habe (MS 70). Angetrieben ist Salander in seinen ökonomischen Unternehmungen also tatsächlich von einem – *qua natura*:
egoistischen – *Trieb*, der sich als die innere Notwendigkeit zeigt, das in die Tat
umzusetzen, was ihm sein spezifisches Wissen um die Funktionsregeln des
kapitalistischen Prozesses ermöglicht: »Ich kenne nun einmal den Weg, soll
ich ihn geflissentlich vermeiden?« (MS 69).

Jenseits dieser Konfigurationen wirtschaftstheoretischer Argumente und
Dogmen, wie sie sich in Rede und Selbstaussage der Figur zeigen, lassen sich
auch narratoriale bzw. erzählerische Einlassungen beobachten, welche Salanders Überzeugungen, seine ideologischen Positionen und seine nationalökonomischen Argumente gewissermaßen distanzieren und somit ihren gnoseologischen Status relativieren: Salander, so berichtet der Erzähler etwa, begann
seiner Familie

> von dem Unterschiede zu erzählen [...] zwischen den Urwäldern des Westens, wo nur
> Kampf und Ausrottung herrsche, und den von erquickender Luft durchwehten Forsten
> der alten Welt, wo der Wald gebaut und gepflegt würde fast wie ein Hausgarten. Und wie
> auch da noch Gegensätze zu treffen seien, zeigte er ihnen, indem er hier an dem
> reinlichen Boden und den sauber und lichtgehaltenen Stämmen eine Staats- oder
> Genossenschaftswaldung, dort an Gestrüpp, Wucherzeug und kränklichem Holze den
> Besitz nachlässiger Bauern erkennen wollte. (MS 61)

Neben dem ›typisch realistischen‹ Gestus, ›Welt‹ durch ein bestimmtes Figurenbewusstsein hindurch zu beobachten, d.h. die ›Wirklichkeit‹ durch die
Perspektive einer Figur allererst herzustellen,[175] expliziert der Text hier – und das
ist entscheidend –, dass epistemologische, wissenschaftliche, dogmatische,
ideologische, hier: nationalökonomische Aussagen und Gehalte nicht zu trennen sind vom perspektivischen und figuralen Relativismus ihrer Konstituierung.[176] Salanders Perspektive wird demonstrativ *als* Perspektive, zudem als
voluntaristisch fundierte Perspektive markiert: es geht nicht darum, was er
tatsächlich *erkennt*, sondern darum, was er, so der Text: »erkennen wollte«. Der
Text zeigt, wie Salander nicht nur national konnotierte Unterschiede – »der

---

      wird: Seine ersten sieben Jahre in Brasilien bleiben dunkel, sie werden lediglich in einem
      einzigen kleinen Absatz zusammengedrängt (siehe MS 22).

175 Der Perspektivierung in *Martin Salander* widmen sich u.a. etwa Eva Graef: Martin Salan-
      der. Politik und Poesie in Gottfried Kellers Gründerzeitroman, Würzburg 1992, 121–135
      sowie schon Margarete Merkel-Nipperdey: Gottfried Kellers »Martin Salander«. Untersu-
      chungen zur Struktur des Zeitromans, Göttingen 1959, 14–33.

176 Siehe dazu auch: Warning: Phantasie der Realisten, a.a.O., 12f., 33f.

Westen« vs. »die alte Welt« –, sondern auch die zwischen einzel- bzw. privat-wirtschaftlich und staatswirtschaftlich bzw. genossenschaftlich verwalteten Wäldern zu *erkennen meint.*

Zudem bewegen sich etwa Salanders Unterscheidungen zwischen der »neuen Welt« Amerika auf der einen und der heimischen »Volksentwicklung« auf der anderen Seite in unmittelbarer diskursiver Nähe zu den holistischen und kul-turalistischen Konzeptionen der Volkswirtschaftslehre der Zeit:

> Alles wird von vorn angefangen, die Leute sind gleichgültig, nur das Abenteuer des Werdens hält sie zusammen; denn sie haben keine gemeinsame Vergangenheit [...]. So lange ich aber das Ganze unserer Volksentwicklung auf dem alten Boden haben kann, wo meine Sprache seit fünfhundert Jahren erschallt, will ich dazu gehören, wenn ich es irgend machen kann! (MS 67)

Dieses nahe Verhältnis zwischen Salanders Rede von einer »Volksentwicklung«, die er auf Grund der »gemeinsame[n] Vergangenheit«, des geteilten »Boden[s]« und der gemeinsamen »Sprache« als ein »Ganze[s]« sich vorstellt und ihrem nationalökonomischen Referenz- und Prätext,[177] wird vom Erzähler allerdings nicht nur lediglich registriert. Der Text stellt vielmehr den Blick frei auf die historisierenden und idealisierenden Verfahren des nationalökonomischen Narrativs, das Salander hier durch seine Rede von der »Volksentwicklung«, an anderer Stelle durch seine Reden vom »Gemeinwesen« (MS 200), vom »öffent-lichen Wohle« (MS 338), von der »mannigfaltige[n] Thätigkeit für Volk und Staat« (MS 333) oder von der Bedrohung »unsere[r] Handwerker« (MS 242) fortwährend und variationslos vervielfältigt: Salanders oben zitierter Rede über den Unterschied zwischen »neuer Welt« und »alte[m] Boden« ist der folgende Erzählertext vorangestellt:

> Die geschichtlichen Erinnerungen wachten auf und schlossen sich aneinander, bis die Gegenwart daraus hervorging, und alles schien ihm [d. i. Salander, M. A.] das sichtbare Land noch mehr zu *verklären.* (MS 67, Hervorh. M. A.)

Salanders ambige, nicht-identische, gewissermaßen kontaminierte Haltung in Bezug auf die ökonomischen Modernisierungsprozesse der Zeit zeigt der Text auch immer wieder durch den Einsatz von erlebter Rede und Figurenmitsicht. So reflektiert Salander etwa, dass er auch selbst aktiv an der Gründerzeit-»Baulust«

---

177 Vgl. etwa nochmals das generische und ständig sich wiederholende nationalökonomische Diktum von einer als Kontinuum aus Geschichte, Volk, Kultur und Ökonomie imaginierten Volkswirtschaft; so etwa bei Knies: Politische Oekonomie, a. a. O., 114: Wirtschaft und Kultur, so Knies, »bilden zusammen und insgemein ein Ganzes, das sich zusammen und insgemein weiter bildet und entwickelt. Alle diese Manifestationen des Lebens führen auf den einheitlichen Charakter einer Zeit und eines Volkes zurück, aus welchem sich nichts Vereinzeltes herausreißen und nichts disparat gegenüberstellen läßt.« Vgl. auch nochmals Kap. 2 dieser Arbeit.

teilhat, sich allerdings nicht weiter um die registrierten und immerhin »bedenkliche[n]« national- und sozialökonomischen Implikationen schert, wie dies in ähnlicher Situation etwa der Unternehmer Ernst Schmidt in Spielhagens *Sturmflut* getan hatte, als dieser, wie gezeigt, ganz explizit auf die »verderblichen Folgen« für die »tausend Andere[n]« hingewiesen hatte (Sturmflut II 342). Der »Volksfreund Salander« (MS 185) denkt ausschließlich daran, dass *ihm selbst*, etwa im Falle eines »Häuserkrach[s]«, nichts passieren könnte:

> Hierüber fielen seine Gedanken auf das bedenkliche Umsichgreifen der Baulust, welcher er ja selbst Vorschub leistete, und auf die Reden, welche bereits von einem unvermeidlichen Häuserkrach umgingen. Mag er kommen, dachte er, ich habe nur erste Hypotheken, und ohne das: mit geflogen, mit gefangen! Man muß mit der Zeit marschieren, sie gleicht alles wieder aus [...]. (MS 242)

Neben diesen distanzierenden Ambiguierungs-Gesten, die Salander immer wieder im Zwielicht erscheinen lassen und hierin nicht bloß die Figur, sondern die Figur in ihrer Funktion als Trägerin zeittypischer Stimmen und Argumente der Nationalökonomie – und hierin zugleich diese Argumente selbst – relativieren, sind es vor allem ironisierende Verfahren, die Wissen, Ideologie und Narration der Volkswirtschaftslehre destabilisieren und subvertieren.

Inwieweit, andersherum ausgedrückt, der Diskurs der Nationalökonomie vom Text insofern funktionalisiert wird, als er nicht nur grundsätzliche Bedingung, sondern auch zum ganz konkreten Anlass wird für die Entwicklung spezifisch literarischer Ironie, kann der folgende Textzusammenhang zeigen, in welchem Salander seiner Frau Marie zunächst erklärt, warum es »nur eine Frage der Zeit« sei, dass es wirtschafts- und steuerpolitische Reformen geben müsse:

> Siehst du, ich meine es ungefähr so: durch den gebieterischen Fortschritt der Zeit wachsen die Ausgaben auf allen Punkten so sehr, daß die Einnahmen sie nicht mehr decken; wenn z. B. die Gemeinden die ihnen gestellten Aufgaben gehörig lösen wollen, so werden sie zu stark belastet, und der Staat, will sagen der Kanton, muß ihnen beispringen und einen Teil seiner Einkünfte abtreten. Da aber die Kantone selbst ihre erhöhten Aufgaben zu bewältigen haben, die Steuern aber nicht ins Unendliche vermehren können, so müssen sie den Bund in Anspruch nehmen, der sich zu erklecklichen Beiträgen wird verstehen müssen, wenn er seine höheren Pflichten erfüllen will. Wiederum sind die Einnahmen des Bundes nicht unerschöpflich und es mehren sich gleichzeitig seine eigenen gewohnten Ausgaben. Also müssen wir suchen, ihm neue Quellen zu eröffnen und die Mittel zu beschaffen, die er für alle[!] das braucht. (MS 206)[178]

---

178 Zum Hintergrund der Zentralisierung von Geld- und Fiskalpolitik im Zuge der 1874 erfolgten Erweiterung der Schweizer Verfassung siehe nochmals Reinhardt: Geschichte der Schweiz, a. a. O., 371–414.

Wichtiger als der Blick auf die spezifisch narratologischen Funktionen derartiger Erklärstücke in Bezug auf die Verfahren des modernen Zeitromans – hier exemplarisch: Zäsuierung und Verzögerung eines an sich dynamischen Erzählprozesses durch die statische Beschreibung der nationalökonomischen Hintergründe staatlicher Steuer- und Fiskalpolitik – scheint hier noch ein ganz anderer Aspekt zu sein: Salanders scheinbar so fachkundige Erklärung wird umgehend ironisch gebrochen: In ebenso beinahe kindlich-unbefangener wie auch in äußerst scharfsinniger Weise wendet Marie Salander ein, dass die von ihrem Mann soeben beschriebenen Verwaltungsakte doch mehr einem Taschenspielertrick und weniger einer sinnvollen Steuerpolitik ähnelten (siehe MS 206). Die ironische Überspannung wird noch einmal fortgesetzt dadurch, dass Salander die Scharfsinnigkeit und das kritische Potenzial dieses Einwands nicht ansatzweise durchschaut, sondern meint – und das ist der Gipfel ironischer Brechung –, diesen in überheblicher und nachgerade professoraler Weise abtun zu können:

> Ich kann es Dir jetzt nicht näher auseinandersetzen, es sind eben nationalökonomische Dinge! Man nennt es Volkswirtschaft! (MS 206)

Ironisch subvertiert, so ließe sich sagen, werden hier also nicht nur die steuer- und fiskalpolitischen Verwaltungspraktiken der Schweiz der 1870er Jahre sowie Salanders in Bezug darauf völlig unkritisch-affirmative Position. Die dritte – und wichtigste – Ebene ironischer Subvertierung besteht hier darin, dass an dieser Textstelle die professoralen Darbietungsformen nationalökonomischen Wissens komisch distanziert werden. Anders ausgedrückt: Was hier literarisch vollzogen wird, ist nicht weniger als die Entthronung nationalökonomischen Lehrbuchwissens, insofern gelehrter Habitus und diskursive Hegemonie der Volkswirtschaftslehre als wissenschaftliche Lehre[179] genauso ironisch unterlaufen werden wie die literarischen Erzählreihen, welche deren Konzepte fortwährend applizient und ihr Wissen fortwährend affirmiert hatten. Dass der Roman der ironischen Subvertierung des nationalökonomischen Erzählers Martin Salander darin der De-*Autorisierung* und der De-*Episierung* des nationalökonomischen Wissens der Zeit vorarbeitet und insofern auch auf ein ›Ende der Erzählung‹ der Nationalökonomie hindeutet, wird umso deutlicher, als er seiner Frau zudem ein von ihm ausgearbeitetes Modernisierungsprogramm des nationalen Erziehungssystems erläutert. Auf Salanders Reformvorschläge, die im Kern auf eine Verbreitung der ›Volks-

---

179 Vgl. auch Rüdiger vom Bruch: Nationalökonomie zwischen Wissenschaft und öffentlicher Meinung im Spiegel Gustav Schmollers, in: Ders. / Björn Hofmeister (Hg.): Gelehrtenpolitik, Sozialwissenschaften und akademische Diskurse in Deutschland im 19. und 20. Jahrhundert, a. a. O., 311–331.

bildung‹ und auf eine Verlängerung von Bildungs- und Ausbildungszeiten zielen,[180] antwortet Marie mit weitsichtigen Argumenten:

> Ich meine den schrecklichen Kriegszug, welchen die Schweizer nach Asien oder Afrika werden unternehmen müssen, um ein Heer von Arbeitssklaven, oder besser ein Land zu erobern, das sie liefert. Denn ohne Einführung der Sklaverei, wer soll denn den ärmeren Bauern die Feldarbeit verrichten helfen, wer die Jünglinge ernähren? Oder wollt Ihr diese besolden, bis sie zwanzig Jahre alt sind und dann alles verstehen, nur nicht zu arbeiten […]? (MS 209)

Bezeichnenderweise ist es die Frau des Nationalökonomen Salander, die dem geplanten Erziehungsprogramm ihres Mannes eine Argumentation der wirtschaftspolitischen Vernunft entgegensetzt. Ironischerweise findet hier durch Marie Salander – und gegen die Pläne ihres vermeintlich fachkundigen Mannes – ein volkswirtschaftlicher Pragmatismus, gewissermaßen eine ›Real-Ökonomik‹ in den Text, die nicht fundiert ist in (außer-ökonomischen) »Idealen« – etwa, wie hier, im Ideal eines ›demokratisierten‹ nationalen Bildungssystems –, sondern sich ausrichtet an den ›realen‹ Sachzwängen volkswirtschaftlicher Prozesse.[181]

Autorität und Wissensanspruch von Salander und seinem nationalökonomischen Weltbild werden zudem durch ihre Überführung in Satire und Humoreske unterlaufen: Die von ihm geplante »politische Volkshochzeit« (MS 163), als die er die Vermählung seiner Töchter mit den Weidelich-Zwillingen begangen wissen will, wird als beinahe 20-seitige Posse dargestellt (MS 167–185). Die Geltungsansprüche der Rede von der nationalen Gemeinschaftsbildung durch Bündelung wirtschaftlicher Kräfte werden dort genau deshalb zur Lächerlichkeit, weil sie sich durch die hohle Phrasendrescherei einer »künstlerisch abgerundete[n] Volksrede« (MS 177) mitteilen und von einem Lobredner in explizit »[s]ophisti[scher]« (MS 177) Weise und völlig überzogen als die »Ideale« Salanders herausgestellt werden:

> Und was sind das denn für Ideale, wo liegen sie? Sie liegen bei dir, o Volk, dein Wohl, deine Bildung, deine Rechte, deine Freiheit sind es, denen er einzig Zeit und Arbeit widmet, die er dem Geschäftsdrange abringen kann. Und was verlangt er dafür? Anerkennung? Ehrenämter? Titel und Würden? Nicht, daß ich wüßte, meine Freunde! Da

---

180 Der volkserzieherische Intertext der Geschichte findet etwa auch durch die Nennung eines Schlüsseltextes der Aufklärungspädagogik – des 1781–87 erschienenen Romans *Lienhard und Gertrud* von Johann Heinrich Pestalozzi – in den Text (MS 320); vgl. zu diesem Zusammenhang auch Neumann: Gottfried Keller, a. a. O., 270–276.

181 Bezeichnenderweise ist es auch Marie, die die nationalökonomische Rede ihres Mannes über die Not »unsere[r] Handwerker« (MS 242) als ideologisches, wirtschaftspolitisches und narratives Konstrukt durchschaut und sie demgegenüber von dem »Uebermut unseres üppigen Handwerkerstandes« (MS 208) spricht. Vgl. auch Kellers frühere Erzählung *Der Schmied seines Glückes* (1873), in welcher die Rede vom ›guten Handwerk‹ auf ähnliche Weise ironisch und ambiguierend distanziert wird.

sitzt er unter uns mit der verehrten Gattin, wie der Geringste so anspruchslos, um dem
Volke sein Bestes darzubringen, den jugendlichen Söhnen und Vertretern desselben die
geliebten Töchter! (MS 173)

Nicht nur, dass Salanders Überzeugungen in ihrer Form als »Ideale« bzw. gar
noch als »die Ideale seiner Jugend« (MS 173) in Zeiten des Realismus – etwa in
der Form von »Realpolitik« – lächerlich und naiv erscheinen müssen; sie werden
zudem Teil einer allegorischen Posse, in der sich »Demokratie« und »Liberalismus« unversöhnlich gegenüberstehen und politische »Gesinnung[en]« aus-
gewürfelt werden (MS 179–185) und hierin tatsächlich *ad absurdum* geführt.

Darüber hinaus weist der Text nachgerade absurd-komische Fügungen auf,
die diese ironischen und grotesken Momente noch übersteigen: Es mutet nicht
nur absurd an, dass Salander nach symbolträchtigen sieben Jahren offenbar nur
aus Brasilien zurückkehrt, um umgehend für die Dauer von (symbolischen) drei
Jahren erneut dorthin zu verschwinden; genauso absurd scheint es, dass Salander später nicht einmal mehr weiß, in welche Neubauprojekte er sein »flüs-
siges Kapital« (MS 242) investiert hat – Wohlwend: »Wie, Du kennst Deine
Häuser nicht?« (MS 244) – oder dass er die eigentumsrechtlichen Implikationen
seiner Immobiliengeschäfte nicht ansatzweise *durchschaut* (vgl. MS 257). Dis-
tanzierung zu Salander und zu den von ihm vertretenen Ansichten über die
»nationalökonomische[n] Dinge« (MS 206), ihre Überführung ins Absurde,
stellt der Text her durch Abbildung einer merkwürdigen, sich leitmotivisch über
den Text legenden *Blindheit*, die Salander von den ›Erkennenden‹ scheidet und
mit der er sich durch die diegetische Welt bewegt. Er erkennt nicht nur mehrfach
den eigenen Sohn nicht (MS 14f., 40); zudem durchschaut er bis zuletzt weder,
dass Wohlwend nicht Freund, sondern Betrüger ist, der lediglich nach seinem,
Salanders, Vermögen trachtet (vgl. MS 23f., 55f., bes. 239, 323), noch – im
Gegensatz zu seiner Frau Marie – die schlechten Absichten der Weidelich-
Zwillinge (vgl. MS 106f., bes. 130, 149–151, 228), in denen er auf Grund ihres
Ratsmandats wahre »Volksvertreter« in emphatischem Sinne erkennen will,
noch deutet er die Begebenheiten um seinen Amtsvorgänger und ›Doppelgän-
ger‹ Kleinpeter (vgl. MS 190–204) als Warnung in Bezug auf sein eigenes
Schicksal, sondern will im »wahren Bürgersinne« des Mannes, der die Einnah-
men der »Staatskasse« heldenhaft gegen die »räuberischen Söhne« (MS 197)
verteidigt, eine Demonstration der Funktionstüchtigkeit des »Gemeinwesen[s]«
(MS 200) erkennen.

Diese Blindheit und ihre Effekte absurder Komik gipfeln in den Begegnungen
Salanders mit Myrrha, der Schwägerin Wohlwends, durch welche sich dieser
verwandtschaftliche Bindungen zu den Salanders erhofft hatte: Myrrha wirkt
auf Salander verführerisch wie eine antike Schönheit, geradezu wie die »schöne
Helena selbst« (MS 240); er schwärmt: »Es ist doch, bei Gott! Eine schöne Sache

um das Schöne, das klassisch Schöne!« (MS 238). In der Begegnung mit Myrrha
gibt Salander genau jenes ökonomische Prinzip auf, das seinem Leben bis dahin
Maxime und Richtung gab: In der schwärmerischen Liebe zum »Schönheitsbild«
(MS 247) ersetzt er »Maßhalten« durch »Uebermaß« (MS 267). Buchstäblich
›vernebelt‹ (s. MS 247) von der personifizierten Verklärung Myrrha (s. MS 251)
verspricht sich Salander von dieser Liebe einen »Verjüngungshandel«, und zwar
bezeichnenderweise, um »seine mannigfaltige Thätigkeit für Volk und Staat mit
erneuter Kraft aufzunehmen« (MS 333 f.). In beidem ist Salander Idealist im
schlechtesten Sinne des Wortes – im Falle seines »ideale[n] Liebesverhält-
nis[ses]« (MS 265) handelt es sich, wie der Erzähler bemerkt, ebenso um eine
unbewusste »Selbsttäuschung« (MS 265) wie in seinem Glauben an eine ideale
nationale Ökonomie. Eine strukturelle Analogie ist damit insofern beschrieben,
als Salander beiden, der privaten wie der öffentlichen Illusion verfällt und sich
beide als schwärmerische Idealbilder,[182] als nachgerade lächerliche Naivitäten
herausstellen, die mit dem, worum es dem *Realismus* von seinem Wortsinn her
geht, nichts gemein haben.[183] Entzaubert wird Myrrha, bei der es sich tatsächlich
nicht um eine griechische Schönheit, sondern eher um eine beleibte ›Missge-
stalt‹ mit schlechten Manieren handelt, bei der – so die ironische Einlassung
eines in Schönheitsfragen fachkundigen Bildhauers – in grotesker Weise »Form
und Bewegung in eines gegossen!« (MS 260) erscheinen, bezeichnenderweise
von Salanders Sohn Arnold: Diesem gilt Myrrha »in hohem Grade einfältig« und
»blödsinnig [...], wo nicht gar verrückt« (MS 346). Spöttisch hebt er hervor, wie
sich in ihrer Gestalt »natürliche Anmut mit Blödsinnigkeit zu vertragen scheine.« (MS 346) Genauso wie Arnold das romantisch-idealistische Schönheitsideal
der *edlen Einfalt* – dem Salander nachschwärmt und das hier schlicht in *an-
mutige Blödsinnigkeit* übersetzt wurde – in seiner Lächerlichkeit entlarvt, entzaubert er auch Salanders Ideal des Öffentlichen, des Zivilen, des Politischen,
des Nationalökonomischen.

6.5.4. ›Entzauberung‹ – Der Übergang von der nationalökonomischen »Gesinnung« zum soziologischen »Standpunkt«

Arnold ist gerade nicht Teil jener »neue[n] Generation« (MS 161) bzw. jenes, wie
sein Vater es ausdrückt: »neuen Volk[es]«, welches nach dessen sozialrefor-

---

182 Vgl. zu Öffentlichkeit / Privatheit in *Martin Salander* auch Diana Schilling: Kellers Prosa, Frankfurt/M. 1998, 227–232.
183 Vgl. zu den Momenten, die auf eine Abwendung des Textes von der Kunstprogrammatik des poetischen Realismus und seiner Verklärungs- und Idealisierungsverfahren abzielen und die sich in der Episode um Myrrha nochmals verdichten auch Neumann: Gottfried Keller, a.a.O., 282–298.

merischen und ›kathedersozialistischen‹ Intentionen den gesellschaftlichen
»Fortschritt« vorantreiben und einen »kraftvollen Umschwung« (MS 160)
ökonomischer und sozialer Verhältnisse herbeiführen soll. Für Arnold ist
»Fortschritt« kein gerichteter, intentionaler Akt, sondern vielmehr ein kontin-
gentes bzw. eher noch: ein ›kreatürliches‹ Sich-Vollziehen, das *beobachtet, nicht
aber gesteuert* werden könne, wie es ein von ihm wiedergegebenes und durch
den Erzähler in indirekter Rede referiertes Gleichnis veranschaulicht (MS 158–
161):

> In diesem Lichte gesehen, sei der Fortschritt nur ein blindes Hasten nach dem Ende hin
> und gleiche einem Laufkäfer, der über eine runde Tischplatte wegrenne und, am Rande
> angelangt, auf den Boden falle, oder höchstens dem Rande entlang im Kreise herum-
> laufe, wenn er nicht vorziehe, umzukehren und zurückzurennen, wo er dann auf der
> entgegengesetzten Seite wieder an den Rand komme. (MS 160)

Arnolds Verhältnis zum »Fortschritt«, zur »neuen Generation«, zum »neuen
Volk«, zu den »Umschwüngen« und Entwicklungen *der Moderne* ist ganz dezidiert ein Verhältnis distanzierter *Beobachtung*. Arnold betrachtet die Welt als
Wissenschaftler – neben Rechtswissenschaft widmet er sich allgemeiner und vor
allem englischer Geschichte –, um, wie er selbst ganz explizit sagt, »die werdende
Geschichte besser zu verstehen und ihre Dimensionen messen, ihre Bedin-
gungswerte schätzen zu lernen.« (MS 159) Arnold zeichnet sich in dieser Weise
aus durch einen empirischen, proto-soziologischen Blick – er will »in Land und
Leuten einen Anschauungsunterricht genießen« (MS 158) – und ›funktionalis-
tisches‹ Denken (vgl. MS 159). Das, was sein Vater unter »Gesinnung« (MS 79)
versteht, ist ihm völlig fremd. Arnold hat, wie er selbst reflektiert, keine »Gesinnung«, sondern einen »*Standpunkt*« (MS 341, Hervorh. M. A., s. auch MS
161). Gegen Salanders Wunsch, der Sohn möge an den Belangen der nationalen
Ökonomie, an den »öffentlichen Dingen« (MS 347) sich beteiligen und gegen das
väterliche Drängen darauf, er möge seine »Urteilskraft« schulen, um ein »Mitwirkender« an der Gemeinschaft zu werden (MS 348), wendet er, wie der Erzähler wissen lässt, ein:

> Das sogenannte Mitwirken wolle er an sich kommen lassen, wenn es einst sein müsse,
> bis dahin aber das faktische Geschehen beobachten und die Früchte desselben be-
> trachten […]. Nur so fühle er sich frei und einst imstande, jedem zu sagen, was er für
> wahr halte. Manche junge Leute dächten jetzt so. (MS 348)

Was Salander erst als »Schrullen« und gar als »historische[n] Doktrinarismus«
(MS 162f.) seines Sohnes ansieht, als eine Haltung also, die gesellschaftlichen
Fragen gegenüber indifferent und insofern in den Augen Salanders: *un-sozial*
ist, ist nicht weniger als eine Bezugnahme des Subjekts auf Welt, die nicht auf
Verwirklichung eines Sein-Sollenden zielt, sondern sich damit begnügt, das
»faktische Geschehen [zu] beobachten«. Wenn sich Arnold nun in dieser Weise

mit dem paradoxen Konstituens der Moderne – mit ihrem Schicksal, »*werdende Geschichte*« (MS 159, Hervorh. M. A.) zu sein – beschäftigt und die Ideale und Handlungsabsichten seines Vaters hinter sich lässt, dann lässt sich hierin ein analogischer, gleichsam präfigurativer Vorgriff erkennen auf genau diejenigen gnoseologischen Positionen und diskursiven Gesten, anhand derer sich die frühe Soziologie gut zehn Jahre später – etwa in Gestalt von Max Webers früheren Schriften –[184] aus der Nationalökonomie ausdifferenzieren wird. Arnold, so lässt sich sagen, hat Webers Einsichten,

> daß es niemals Aufgabe einer Erfahrungswissenschaft sein kann, bindende Normen und Ideale zu ermitteln, um daraus für die Praxis Rezepte ableiten zu können[,][185]

dass also zwischen Wissenschaft und Politik, zwischen Sein und Seinsollendem, eben zwischen »Erfahrungswissen« und »Werturteil« bzw. »Wertideen«[186] eine scharfe Trennlinie verlaufe, schon vor Weber selbst erkannt. Anders ausgedrückt: Die klare methodologische Trennung der frühen Soziologie zwischen »denkendem Forscher«,[187] der das »faktische Geschehen beobachte[t]« (MS 348) auf der einen und der »Urteilskraft« und dem »Mitwirken« (MS 348) des »wollende[n] Menschen«[188] auf der anderen Seite, vollzieht sich auf dem Feld der Literatur als »seltsame[] Verhandlung« (MS 342) zwischen den Figuren des Romans. Die Gründungssätze der modernen Soziologie, anhand derer sie sich von ihrem wissenschafts- und disziplingeschichtlichen Erbe einer nationalen Volkswirtschaftslehre emanzipieren wird – Weber bezeichnet sich und seine Kommilitonen explizit als »Kinder[]« der »historischen Schule« –[189], könnten auch aus dem Munde Arnold Salanders, als Ratschläge an seinen Vater, stammen:

> Die Fähigkeit der *Unterscheidung* zwischen Erkennen und Beurteilen und die Erfüllung sowohl der wissenschaftlichen Pflicht, die Wahrheit der Tatsachen zu sehen, als der praktischen, für die eigenen Ideale einzutreten, ist das, woran wir uns wieder stärker gewöhnen wollen.[190]

---

184 So etwa in dem einflussreichen programmatischen Text von 1904, den Weber anlässlich der Übernahme der Herausgabe der Zeitschrift *Archiv für Sozialwissenschaft und Sozialpolitik* durch ihn, Werner Sombart und Edgar Jaffé verfasste: Max Weber: Die »Objektivität« sozialwissenschaftlicher und sozialpolitischer Erkenntnis. 1904, in: Ders.: Gesammelte Aufsätze zur Wissenschaftslehre, hrsg. v. Johannes Winckelmann, 7. Aufl., Tübingen 1988, 146–214.

185 Weber: »Objektivität« sozialwissenschaftlicher und sozialpolitischer Erkenntnis, a. a. O., 149.

186 Ebd., 149, 175, 184, 199 u. ö.

187 Ebd., 157.

188 Ebd., 157.

189 Ebd., 208.

190 Ebd., 155, Hervorh. i. O.

Arnold *entzaubert*; er tritt dem ›benebelten‹ Vater »wie eine lebendige Kritik« (MS 335) entgegen und ist für diesen insofern ganz *Auf-klärung* in mehrfacher Hinsicht: Er *öffnet seinem Vater die Augen* mit Blick auf die hinterlistigen Absichten Wohlwends (siehe MS 335 f.) genauso wie er ihn die idealisierte Liebe zu Myrrha als »Abirrung« (MS 338) erkennen lässt – der Erzähler bemerkt, wie der »bloße Anblick des Sohnes« das »Luftschloß« des Vaters »zertrümmerte« (MS 338). Auch wenn Arnold dem Familienunternehmen in Brasilien »gute Dienste« (MS 230) geleistet hat: Sein Interesse ist eben keines, welches die Familientradition fortführen wollte oder sich gar Meriten auf dem kaufmännischen Gebiet verdienen wollte. Im Gespräch über den Fortgang des Familienunternehmens, in dem sich der Vater, wie oben bemerkt, für eine Expansion der Geschäfte ausspricht (MS 339–342), weist Arnold jenen kühlen und distanzierten Habitus des unbeteiligten Betrachters auf, der völlig unemotional in Bezug auf die »Zukunft unseres Landes« ist, an dieser nicht gestaltend, sondern lediglich beobachtend teil hat und diese Zukunft somit auch nicht als – ökonomisch – zu gestaltenden Raum, sondern vielmehr als ›passierende‹ und eben als »werdende Geschichte« auffasst – er sagt: »so füge ich mich gelassen […].« (MS 341)

Zudem zeigt sich im Kreis um Arnold, der am Ende des Romans im Hause Salander zusammentritt und – im Moment der Gruppenbildung, nicht im sozialreformerischen Anliegen! – eine große Ähnlichkeit zu der Konstellation am Romanende von Spielhagens *Was will das werden?* aufweist, ein Hinweis auf die spezifischen Konstituierungsregeln der Moderne: Der Zusammenschluss von Arnold und all den anderen, die ›sich fügen‹, – »Manche junge Leute dächten jetzt so.« (MS 348, s. o.) – scheint in merkwürdiger Weise jene Logiken der Kreis- und Gruppenbildung anzukündigen, nach denen sich um 1900 wissenschaftliche und literarische Intelligenz zunehmend formieren werden.[191] Salander gelingt es bezeichnenderweise nicht, »ein Bild zu entwerfen« (MS 352) von Arnolds Gästen und ihren Gesprächen, da diese sich seltsam zu entziehen scheinen durch ihren »erfahrungsmäßigen Ton« und durch die Abwesenheit von »Zweideutigkeiten«, »Idee[n]« und »Phrasen« in ihren Gesprächen (MS 350). Sie bieten gerade keine Geschichte von der nationalen Vergemeinschaftung durch eine synthetisierende Volkswirtschaft oder einen integrierenden Mythus nationalökonomischer Proliferation mehr an, sondern bezeichnen vielmehr das ›Ende

---

191 Man denke dabei neben den berühmten Kreisen um Stefan George oder um Max Weber – vgl. dazu Rainer Kolk: Literarische Gruppenbildung. Am Beispiel des George-Kreises, Tübingen 1998; sowie Dirk Kaesler: Max Weber. Preuße, Denker, Muttersohn. Eine Biographie, München 2014, 674–690. – vor allem auch an die Kreise und Bünde der naturalistischen Generation – etwa die *Neue Gemeinschaft* oder den *Friedrichshagener Dichterkreis* –, die im folgenden Kap. noch zur Sprache kommen werden; siehe grundlegend auch Wülfing / Bruns / Parr: Handbuch literarisch-kultureller Vereine, Gruppen und Bünde, a. a. O.

der Erzählung‹, insofern Salander etwa bemerkt, dass »keiner« unter ihnen »sich als Lehrer oder Prophet hervor[that]« (MS 350). Arnold und sein Kreis präfigurieren hierin jenes asymmetrische Verhältnis von Subjekt zu Welt, das die Moderne um 1900 in ganz spezifischer Weise charakterisieren wird: Ein Verhältnis von objektivierender Beobachtung und Diagnose, von ebenso scharfsinniger wie tatenloser Reflexivität, welche die Wirklichkeit der Moderne in ihrem Erzähltsein durchschaut, indem sie sich selbst darüber aufklärt, dass diese Wirklichkeit den »genetisch[en]«[192] Akten ihrer Konstruktion untersteht, sie also »nur durch eine Kette von Vorstellungsveränderungen hindurch [zu] erfassen« sei.[193]

An diese Geburtsszenen von Gesten moderner Selbstbeobachtung und -beschreibung schließt sich in paradoxer Weise eine märchenhaft-versöhnliche *conclusio* der Geschichte an, die durch die befremdliche Verwendung einer topischen, allzu konventionalisierten Schiffsmetaphorik[194] einerseits und durch ihre merkwürdige Schließung im Sinne eines *Happy Ends* andererseits den epischen Gesamtsinn der Erzählung ironisch unterläuft (s. MS 352 ff.). Der Text endet damit, dass Wohlwend, der angetreten war, um etwas *Bedeutendes* zu finden (vgl. nochmals MS 331), die Erzählung verlässt, und zwar »um anderwärts das Nichts zu finden« (MS 354). Die Geschichte mündet also, anders ausgedrückt, in einem paradoxen semiotischen Szenario, in dem nichts mehr nichts bedeuten kann, insofern als selbst »das Nichts« in den Bereich der Signifikationen eingetreten ist: Was sich hier zeigt, ist nicht weniger als ein bemerkenswertes Bewusstsein des späten Realismus davon, dass das Gegenteil von Bedeutung eben nicht Bedeutungslosigkeit sein kann, sondern vielmehr sich zeigt als die Negation von Bedeutung, die selbst wiederum Signifikation ist, indem sie als *Unterscheidung* zwischen *Etwas*[195] und *Nichts* die prinzipielle Möglichkeit von Bedeutung in der Form von *Differenz-Sinn* allererst beobachtbar werden lässt.

---

192 Weber: »Objektivität« sozialwissenschaftlicher und sozialpolitischer Erkenntnis, a. a. O., 191, 194, 202, 204.
193 Ebd., 195.
194 Vgl. Demandt: Metaphern für Geschichte, a. a. O., 190–198.
195 Vgl. auch die Abschnitte zu M. G. Conrads Roman-Zyklus *Was die Isar rauscht* im folgenden Kap. dieser Arbeit.

7. Am Ende der Erzählung. Verausgaben, Vollenden, ›ins Leben rufen‹ – Nationalökonomie, frühe Soziologie und naturalistischer Roman

Erst jüngst wurde die Literatur des deutschen Naturalismus in zwei großangelegten Studien untersucht, die diesen anhand seiner zentralen Deutungsmodelle – *Treue, Wille* – beschrieben und seine literaturgeschichtliche Relevanz hervorgehoben haben. Hierbei wurden besonders auch jene, lange Zeit verdeckten, Modernisierungsleistungen sichtbar, die bislang meist im Schatten von herausragenden ästhetischen Einzelleistungen – etwa Gerhart Hauptmann – oder den proto-modernistischen Experimenten des ›konsequenten Naturalismus‹ (Arno Holz, Johannes Schlaf) standen. Die Studien von Siegel und Stöckmann haben die Vorleistungen des Naturalismus für die um 1900 sich konstituierende ästhetische Moderne überzeugend dargestellt.[1] Entgegen früheren Fehldeutungen, die in den Romanen von naturalistischen Autoren (etwa Michael Georg Conrad, Max Kretzer, Conrad Alberti, Karl Bleibtreu, Wilhelm von Polenz u. a.) nicht mehr als ästhetisch tief stehende Zola-Nachahmungen erkennen wollten,[2] kann nun zunehmend nicht nur die Wichtigkeit des naturalistischen Romans für das naturalistische Selbstverständnis in den Blick genommen werden;[3] es kann nun vor allem seine erhebliche Bedeutung für die »Formationsphase« der frühen Moderne und ihre spezifischen »ästhetischen Gestaltungsprobleme« sichtbar gemacht werden.[4] Die große Relevanz von ökonomischem Wissen bzw. die große Relevanz der zeitgenössischen Volkswirtschaftslehre in diesem Zusammenhang

---

1 Die folgenden Überlegungen schließen sich an die Studien von Eva-Maria Siegel: High fidelity. Konfigurationen der Treue um 1900, Paderborn 2004 sowie an Stöckmann: Wille zum Willen, a. a. O., an.

2 So etwa Helmut Schanze: Der Experimentalroman des deutschen Naturalismus. Zur Theorie der Prosa um 1890, in: Helmut Koopmann (Hg.): Handbuch des deutschen Romans, Düsseldorf 1983, 460–467.

3 Vgl. auch schon Günter Helmes: Der ›soziale Roman‹ des Naturalismus – Conrad Alberti und John Henry Mackay, in: York-Gothart Mix (Hg.): Naturalismus – Fin de siècle – Expressionismus. 1890–1918, München / Wien 2000, 104–115, der auf das Missverhältnis zwischen der denkbar niedrigen literaturgeschichtlichen Beachtung des naturalistischen Romans einerseits und seinem großen Einfluss auf das Bewusstsein der Zeit andererseits hinweist.

4 Stöckmann: Wille zum Willen, a. a. O., 442.

wurde zwar bermerkt, konnte dabei aber nicht grundlegend aufgearbeitet werden.[5] Dies hat, so scheint es, teilweise zu Missverständnissen oder gar zu Rat-
losigkeit geführt bei dem Versuch, so etwas wie verbindende Kernmomente,
einen ›kleinsten gemeinsamen Nenner‹ der ansonsten überaus heterogenen
Erzählkunst des deutschen Naturalismus zu isolieren: Besondere Verwunderung
hat etwa die Tatsache nach sich gezogen, dass die naturalistischen Romane zwar
sämtlich um ›emanzipatorische‹, ›reformerische‹ und ›progressive‹ Gesell-
schaftsthemen kreisen, die im Umfeld der Sozialen Frage stehen, ihre Verfasser
sich allerdings gerade nicht auf eine einheitliche, etwa sozialdemokratische
(Programme Franz Mehrings) Stoßrichtung verpflichtet haben.[6] Sonderbar
widersprüchlich mag der Naturalismus in Zusammenhang damit auch dadurch
erschienen sein, dass er etwa die aus heutiger Perspektive wohl unvereinbaren
Positionen von politischem Nationalismus[7] einerseits und ökonomischem Sozialismus andererseits miteinander zu verbinden suchte.

Erste Hinweise darauf, dass die Nationalökonomie eine bislang kaum sicht-
bare, allerdings entscheidende *homogenisierende und verklammernde Funktion*
für den Naturalismus, zumal für den naturalistischen Roman hatte, finden sich
bereits in seinen Programmschriften. Der moderne Künstler müsse sich nicht
nur mit »Naturwissenschaft« und »Technik« beschäftigen, sondern auch, so
heißt es etwa in einer theoretischen Abhandlung von Conrad Alberti, mit der
»Entwicklung und den Hauptgesetzen« der »Volkswirtschaft«.[8] »Die Moderne«,
so etwa Michael Georg Conrad in einer programmatischen Schrift über *Die
Sozialdemokratie und die Moderne* (1891), solle ausdrücklich »über den Parteien« stehen; sie solle sich in integrierend-vergemeinschaftender Weise auf das
»*ganze[] Volk[]*« beziehen und darin gerade auf die Integration von widerstreitenden politischen, ökonomischen und sozialen Partikularinteressen zielen.[9] An anderer Stelle verbindet Conrad diese Absichtsbekundungen bezeichnenderweise mit der Berufung auf jene Autoritäten (Freytag, Spielhagen, Keller),
die das nationalökonomische Vergemeinschaftungsnarrativ auf die Literatur

---

5 Vgl. die Hinweise bei Mayer: Max Kretzer: Meister Timpe (1888). Der Roman vom Untergang
   des Kleinhandwerks in der Gründerzeit, a. a. O., 354 sowie bei Stöckmann: Wille zum Willen,
   a. a. O., 330.
6 Siehe etwa Theo Meyer: Einleitung, in: Ders. (Hg.): Theorie des Naturalismus, bibliograph.
   erg. Aufl., Stuttgart 1997, 3–49, hier bes. 8 f. sowie Siegel: Konfigurationen der Treue um 1900,
   a. a. O., 149 f.
7 Claudia Stockinger: Das 19. Jahrhundert. Zeitalter des Realismus, Berlin 2010, 211 ff., spricht
   etwa von der »[n]ationalliterarische[n] Ausrichtung« der naturalistischen Literatur.
8 Conrad Alberti: Natur und Kunst. Beiträge zur Untersuchung ihres gegenseitigen Verhältnisses [1890], abgedr. in: Meyer (Hg.): Theorie des Naturalismus, a. a. O., 152–166, hier 165.
9 Michael Georg Conrad: Die Sozialdemokratie und die Moderne [1891], abgedr. in: Brauneck /
   Müller (Hg.): Manifeste und Dokumente zur deutschen Literatur. Naturalismus 1880–1900,
   a. a. O., 534–539, hier 536.

übertragen hatten.[10] Auch Wilhelm Bölsche umreißt die Aufgaben der naturalistischen Kunst in Bezug auf ein nationales sozial-ökonomisches Kontinuum,
wenn er in der Logik der historischen Nationalökonomie davon spricht, dass die
»moderne[] Dichtung« der Hebung des »ganze[n] Volk[es]‹« auf eine »bessere
soziale Entwicklungsstufe« dienen müsse.[11] Dass Kunstverständnis und Ästhetik
der 1880er und -90er Jahre stark an dem ökonomischen Wissen, an nationalökonomischen Begriffen, Konzepten und *Texten* orientiert sind, hatte sich schon
an Wilhelm Scherers Überlegungen zu einer »empirischen Poetik« gezeigt.[12]
Ganz Ähnliches zeigt sich zeitgleich auch im Blick auf die Überlegungen aus dem
nicht-akademischen Umfeld, etwa bei den naturalistischen Programmatikern
und Schriftstellern Karl Bleibtreu, Julius Hillebrand, M. G. Conrad und anderen
und besonders im Blick auf Conrad Albertis Überlegungen zu einer »neue[n]
induktive[n] Ästhetik«.[13] Diese ist insofern methodologisch eng bezogen auf die
deutsche Nationalökonomie der Zeit, als sie ihre ›historisch-kulturwissenschaftlichen‹ Argumente analogisch auf das Feld der Ästhetik überträgt. Bei
Alberti heißt es etwa, die »Schönheitsideale« seien »grundverschieden« in verschiedenen »Zeit[en]«, »Gesellschaftsklassen« und »Ländern«;[14] der »Kunst-
trieb« sei »kein primärer Trieb«, sondern ein »geschichtliches Produkt«,[15] welches sich »erst sehr, sehr langsam entwickelt« habe und zwar »bei den verschiedenen Völkern nach Art der nationalen Kultur« und aus den »natürlichen
Lebensbedingungen (Klima, Lage, Rasse) in völlig verschiedener Weise«.[16] Auch
Julius Hillebrand betont das spezifisch genetische Interesse der modernen
Kunst: »Der Naturalismus will darstellen, *was ist* und *wie es* geworden ist.«[17] Es
wird nun, wie schon der Blick auf Scherers zeitgleich entstehende ›kulturwissenschaftliche‹ Dichtungstheorie gezeigt hat, nach dem »Künstlerischen« gefragt, wie es sich eben auch jenseits von geschlossenen Werken – »Kunst« –
zeigen kann: »Die alte Ästhetik ist die Lehre vom Schönen, die neue die Lehre
vom Künstlerischen.«[18] Das Interesse der Zeit an Funktionen und Strukturen,[19]

---

10 Vgl. Michael Georg Conrad: Vom vaterländischen Roman [1885], abgedr. in: Meyer (Hg.):
   Theorie des Naturalismus, a. a. O., 244–246.
11 Wilhelm Bölsche: Die sozialen Grundlagen der modernen Dichtung [1897], abgedr. in:
   Brauneck / Müller (Hg.): Manifeste und Dokumente zur deutschen Literatur. Naturalismus
   1880–1900, a. a. O., 151–161, Zitate 160, 152.
12 Siehe nochmals Scherer: Poetik, a. a. O., 35; Kap. 5.2. dieser Arbeit sowie Agethen: Angeeignete Konzepte, a. a. O.
13 Alberti: Natur und Kunst, a. a. O., 158.
14 Ebd., 154.
15 Ebd., 156.
16 Ebd., 156, vgl. 162f.
17 Julius Hillebrand: Naturalismus schlechtweg! [1886], abgedr. in: Brauneck / Müller (Hg.):
   Manifeste und Dokumente zur deutschen Literatur. Naturalismus 1880–1900, a. a. O., 36–43,
   hier 40.
18 Alberti: Natur und Kunst, a. a. O., 157.

an dem »Künstlerischen«, steht also in direktem Zusammenhang mit dem nationalökonomischen Interesse an den Erscheinungsformen des ›Kulturellen‹. Wie stark die wirtschaftstheoretischen Debatten der Zeit um die historisch-kulturelle Bettung des Ökonomischen nicht nur auf die ›ökonomische Anthropologie‹ der Moderne,[20] sondern auch auf das Kunstverständnis des Naturalismus eingewirkt haben, zeigt sich etwa auch bei Karl Bleibtreu; über den »Realismus« heißt es in einer Programmschrift:[21]

> Denn wer diesen allein darin sucht, des Menschen Wesen als reines Ergebniss thierischer Instinkte, als eine maschinenhafte Logik des krassen Egoismus hinzustellen – der macht sich derselben Sünde der Unwahrhaftigkeit schuldig, wie der gefühllose Süßholzraspler und phraseologische »Idealist«.[22]

Die Argumentation der zeitgenössischen historisch-realistischen Nationalökonomie ist hier insofern wiederholt, als es nach Bleibtreu der realistischen bzw. naturalistischen Kunst eben gerade nicht darum gehen könne, den Menschen als *homo oeconimcus* – als ein »Wesen«, das »maschinenhaft« der »Logik des krassen Egoismus« folgt – aufzufassen, wie dies die individualistischen klassischen und neoklassischen Theorien der Ökonomie getan hatten, gegen die die kollektivistisch argumentierende deutsche Volkswirtschaftslehre seit Friedrich List Stellung bezogen hatte.

Im Blick auf die nun zu untersuchenden Romane wird sich zeigen, dass die »Weltanschauung«, in welcher der Naturalismus nicht nur begründet sein will, sondern mit der er seinen Selbstbekundungen zufolge tatsächlich in eins fällt,[23] mit der nationalökonomischen Weltanschauung bzw. mit der Nationalökonomie *als* Weltanschauung identisch ist. Im Blick auf diese Bezogenheit wird das naturalistische Erzählen beschreibbar im Sinne eines literaturgeschichtlichen Übergangs- und Transformationsprozesses, der gewissermaßen Tradition und Moderne miteinander vermittelt: Anhand des nationalökonomischen Wissens – Vergemeinschaftungsnarrativ, Schlagworte, Handwerkserzählungen, Wert-Begriff – werden, so wird sich zeigen, einerseits jene Momente sichtbar, die die untersuchten nationalökonomisch-literarischen Erzählungen des bürgerlichen

---

19 Vgl. auch nochmals Stöckmann: »Überhaupt stammt der Strukturalismus ja aus Deutschland«, a.a.O.
20 Vgl. Bauer: Ökonomische Menschen. Literarische Wirtschaftsanthropologie des 19. Jahrhunderts, a.a.O.
21 »Realismus« und »Naturalismus« wird von den Naturalisten meistens synonym verwendet; vgl. Stockinger: Das 19. Jahrhundert, a.a.O., 212.
22 Karl Bleibtreu: Revolution der Litteratur [1886], abgedr. in: Brauneck / Müller (Hg.): Manifeste und Dokumente zur deutschen Literatur. Naturalismus 1880–1900, a.a.O., 43–48, hier 46.
23 Alberti: Natur und Kunst, a.a.O., 160: »Der Realismus ist keine künstlerische Richtung, sondern eine Weltanschauung«.

Realismus kontinuieren, indem sie sie erneut erzählerisch variieren; und andererseits auch jene Momente, die diese transzendieren, indem sie sie an die um 1900 sich konstituierende ästhetische Moderne vermitteln.

7.1. Die ›Überproduktion der Zeichen‹ – Erschöpfendes Erzählen: Michael Georg Conrads unvollendeter Roman-Zyklus *Was die Isar rauscht* (1888–1893)

7.1.1. *Was die Isar rauscht* (1888) – »Ich will meine eigenen Werte prägen« oder vom endgültigen Scheitern der nationalökonomischen Utopie

Gerade einmal zwei Jahre nach dem Erscheinen von Gottfried Kellers *Martin Salander*, also 1888, erscheint mit Michael Georg Conrads Roman *Was die Isar rauscht*[24] der erste einer Reihe naturalistischer Sozialromane, die sich – genau wie die besprochenen Romane des späteren Realismus – mit der Gründerzeit beschäftigen und sich in besonderer Weise dadurch auszeichnen, dass sie spezifische Korrelationen mit dem nationalökonomischen Diskurs dieser Zeit aufweisen. Der Roman kreist thematisch um ein Bauspekulationsprojekt zur Umgestaltung des gründerzeitlichen Münchens und überzieht die gängigen – und bereits skizzierten – Genremuster des realistischen Zeit- und Gesellschaftsromans in hyperbolischer Weise:[25] Handlungsmomente treten gegenüber einem nicht abreißenden Fluss von Gesprächen, Gesellschafts- und Dialogszenen, Monologen, inneren Gesprächen und Reflexionen der Figuren und der Erzählinstanz sowie mit einmontierten Briefen, Zeitungsartikeln, quasi-soziologischen Abhandlungen, kulturpessimistischen Einlassungen und essayistischen Schreibversuchen diverser Figuren und anderen Dokumenten nahezu vollständig zurück.

Aus dem heterogenen Spektrum jener Figuren, Stimmen und Perspektiven, die sich im Umfeld eines von inneren Machtkämpfen und Intrigen zerfressenen Bau-Konsortiums von Bankiers, Großindustriellen, Immobilienspekulanten, Architekten und städtischen Beamten bewegen, stechen einige Figuren in besonderer Weise hervor. In ihren ausufernden Gesprächen, Stellungnahmen, Verlautbarungen und Gedankengesprächen beziehen etwa die beiden verfein-

---

24 Michael Georg Conrad: Was die Isar rauscht. Münchener Roman, 2 Bde., Leipzig 1888. [= 1. Teil des dreiteiligen Zyklus *Was die Isar rauscht*, 1888–1894] Zitate aus dieser Ausgabe fortan im Text unter Angabe von Kurztitel, Band und Seitenzahl.

25 Vgl. schon Josef Poláček: Zum »hyperbolischen« Roman bei Conradi, Conrad und Hollaender. Drei Deutungsversuche, in: Helmut Scheuer (Hg.): Naturalismus. Bürgerliche Dichtung und soziales Engagement, Stuttgart [u. a.] 1974, 68–92.

deten und um die Vorherrschaft im Verwaltungsrat des Immobilienprojekts konkurrierenden Herren Weiler und Raßler genau diejenigen argumentativen und wirtschaftspolitischen Positionen, die zeitgleich von unterschiedlichen Strömungen der Wirtschaftswissenschaft und -publizistik vertreten werden. In ihren vermeintlich authentisch, da unvermittelt im Medium der Figurenrede dargebotenen dogmatischen Aussagen wiederholen sie jene wirtschaftstheoretischen Argumente, die das privatwirtschaftliche Moment des wirtschaftlichen Eigennutzes ins Zentrum ökonomischer Überlegungen stellen – vertreten etwa durch Max Wirth, Julius Faucher, Heinrich Bernhard Oppenheim oder John Prince-Smith –[26] und zudem die Eigenlogik ökonomischer Prozesse betonen – in Gestalt der ›reinen Theorie‹ der Ökonomie von Carl Menger, Friedrich von Wieser und Eugen von Böhm-Bawerk. Ihre Argumente stehen damit in scharfer Opposition zu den integrierenden und kompensatorischen Positionen der Volkswirtschaftslehre in ihrer historisch-ethischen Ausrichtung. In zahllosen Wiederholungen hebt der Text demonstrativ hervor, dass Weiler, Raßler und all die anderen Jobber, Projektenmacher und Spekulanten, die »nimmersatte[n] Geldmensch[en]« der »Geldsack-Aristokratie« allein von der selbstsüchtigen Gier nach Profit getrieben sind (Isar, I 134, II 104): So spricht sich in Weilers unzweideutiger Maxime – »Es gibt nur *ein* Interesse in der Welt, das wirtschaftliche« (Isar I 134) – die gleiche materialistische und rein ökonomische Logik aus, wie sie in den Verlautbarungen einer Figur namens Xaver Schwarz, seines Zeichens Vorstand des Hausbesitzervereins und global agierender Kaffee-Großhändler, über die Bedeutung der »Ehre« für sein Metier wiederkehrt –

> Die Ehre! Kann ich mit der Ehre Häuser bauen? [...] Kann ich mit der Ehre Geschäfte machen? Man kann von der Ehre so wenig leben als von der Luft. (Isar II 127)

– oder wie sie in einem inneren Gespräch von Raßler formuliert wird, in welchem er über das Verhältnis eigener, »direkt gewinnbringende[r] Geschäfte« einerseits und »Gemeinde- und Staatsangelegenheiten« andererseits sinniert: man solle, so Raßler, »die Andern für sich arbeiten« lassen und sich damit begnügen, »seinen Namen, ab und zu auch das Repräsentations-Portemonnaie, zur Verfügung zu stellen. [...] Kurz, alles kann man von andern besorgen lassen und dafür Gewinn und Ehre einheimsen« (Isar II 166). Derartige Äußerungen wiederholt der Text in ebenso inflationärer wie entlarvender, satirisch stark überzeichneter und nachgerade »deklamatorisch[er]« Weise;[27] so beispielsweise durch eine ausufernde Invektive gegen den Redakteur der städtischen Boulevardzeitung, die den sprechenden Titel »Kloake« trägt (Isar I 335–374). Der »Preßbandit«, der parasitär von den sittlichen Entgleisungen und Exzessen, von

---

26 Vgl. nochmals Kap. 6.5.1. dieser Arbeit sowie 7.2.2.
27 Helmes: Der ›soziale Roman‹ des Naturalismus, a. a. O., 108.

den Verworfenheiten und Bestechungsgeldern der ›hohen Gesellschaft‹ lebt, wird von der erzählerischen Instanz nicht nur ganz explizit mittels Kommentaren und Andeutungen mit bitterem Spott belegt (Isar I 339, 371). Vielmehr wird er auch selbst zu einem weiteren Stichwortgeber jenes, wie es eine Romanfigur formuliert: »platten Materialismus« (Isar I 281), der sich im kaum einmal abreißenden Strom der Figurenreden immer wieder neu artikuliert:

> Ausbeuten heißt die Parole. Was bringt's ein? ist der Hauptgesichtspunkt in allem. [...] Geld, Geld, Geld regiert die Welt, Kanonendonnerwetter. Das ist das einzige Positive. (Isar I 352)

Eine spezifisch anti-nationalökonomische Seite weisen derartige Verlautbarungen – der »Preßbandit« stellt wenig überraschend »[s]einen Nutzen« über den »Patriotismus« (Isar I 345) – insofern auf, als sie sich ganz ausdrücklich gegen die Ökonomie in ihrem Verständnis als *nationale* Ökonomie richten. Die betreffenden Figuren versündigen sich am allgemeinen Vermögen der wirtschaftlichen Nationalgemeinschaft, das laut den skizzierten nationalökonomischen bzw. nationalökonomisch-literarischen Vorstellungen der Zeit in der Kooperation nationaler Anstrengungen, durch die Kräfte eines homogenen nationalökonomischen Kollektivs gebildet werde. So versucht Raßler etwa, mithilfe polnischer Spekulanten den »hiesigen Markt« (Isar II 280) unter Druck zu setzen, um die eigenen Profitinteressen durchzusetzen; so will Weiler in gleicher Weise »der einheimischen Produktion vom Auslande her energisch und systematisch Konkurrenz [...] machen« (Isar I 161), um die ansässigen Brauereien zu übernehmen und beantwortet die nationalökonomischen Einwände eines Gesprächspartners in zynischer Weise damit, dass »die Spekulation« keine »Verpflichtung zum Patriotismus habe«, dass das »Kapital [...] nicht patriotisch getauft« sei (Isar I 162). Weilers wirtschaftliches Privatinteresse ist dermaßen radikal, dass er es sogar über die Existenz der ›heiligen Nation‹ stellt, insofern als er sich aus ökonomischer Profitgier gar mit Deutschlands Erzfeind verbünden würde, wie sich aus einer einmontierten Geheimdepesche entnehmen lässt: »– Französisches Kapital letzte Zuflucht [...] – bayerische Gegenleistung im Kriegsfall [...]« (Isar I 348).

Wie stark der Text nicht nur *ex negativo* das nationalökonomische Bewusstsein der Zeit – Ineinandergreifen von nationalem und wirtschaftlichem Interesse, kollektivistischer Begriff der Ökonomie, Nation als Wirtschafts- und Kulturgemeinschaft auf Grund geteilter materieller und immaterieller Werte – darstellt, sondern den analogisch-synonymischen Begriff einer nationalen Wirtschafts- als Kultur- und Wertegemeinschaft der Nationalökonomie reaktualisiert und hierin auch in ›positiver‹ Weise zum Konstituens seines literarischen Sinns macht, zeigt sich besonders darin, dass es sich auch in der Form manifester ›textueller Ereignisse‹ zeigt, die das Gemachtsein des Textes, seine formalen Aspekte der Komposition und Montage betreffen: So beobachtet der

Text etwa in längeren Passagen Raßler bei der Lektüre und Kommentierung nationalökonomischer Zeitungsartikel und Abhandlungen (Isar II 196–204). Artikel über »›mobiles Kapital und Grundbesitz‹«, über die »›volkswirtschaftliche Mitleidenschaft des Rentenkapitals‹«, über »›Das Wohnungselend der arbeitenden Klassen‹«, über »›Volkswirtschaft und Schule‹« und weitere sind teilweise wörtlich und in längeren Passagen in den Text einmontiert:

> Für wenige hundert Mark erwirbt jemand eine Bodenfläche, abseits gelegen und wenig fruchtbar, ohne sonderlichen Wert für irgend einen Zweck. Einige Zeit später wird durch Neuanlage einer Straße, einer Eisenbahn, eines Kanals jene Gegend dem Verkehr erschlossen. Die Stadt dehnt sich nach jener Richtung hin aus und der Wert des Grundstücks wächst mit jedem Jahre. Bald ist die jüngst noch wertlose Fläche ein vielbegehrter Baugrund und der Eigentümer erhält für eine Quadratrute einen höheren Preis als ihn einst der ganze Morgen gekostet. Der Grundwert ist hier in wenigen Jahren verzehnfacht, vielleicht verhundertfacht. Und was hat der Eigentümer für ein Verdienst um diese beträchtliche Erhöhung jenes Kapitals? Gar keins. Er hat nicht durch Arbeit oder sonst welche Aufwendung den Wert seines Eigentums erhöht; ohne sein Zuthun ist dies geschehen. Durch wessen Verdienst? Durch das Verdienst der Gesamtheit – des Staates, der Gemeinde. Nur durch die gemeinsame Unternehmung, durch die Schaffung von Verkehrswegen und Verbesserung der Verkehrsmittel auf gemeinsame Kosten, durch Erhöhung des Kulturzustandes unter allgemeiner Mitwirkung, kommt die Werterhöhung des Grundbesitzes zu stande. Es wäre nun recht und billig, wenn der erhöhte Wert auch von der Gesamtheit in Anspruch genommen würde. Jetzt macht thatsächlich die Gesamtheit in solchen Fällen dem Einzelnen ein Geschenk, das er nicht verdient; ja sie macht sich sogar noch zum Schuldner des Beschenkten, denn dieser fordert für den erhöhten Wert seines Eigentums einen erhöhten Zins. Die Mieter auf dem im Werte gesteigerten Grundstück müssen dem Eigentümer das hohe Kapital verzinsen, das ihm die *Gesamtheit* erst *geschenkt* hat … (Isar II 201f.)

An derartigen Stellen inszeniert der Text den nationalökonomischen Diskurs, als würde er dokumentarisch geradezu für sich sprechen. Im einmontierten Artikel sprechen sich wissenschaftliche Autorität und ganz auf Evidenz gestellte Argumentation und Rhetorik aus – siehe etwa die rhetorischen Fragen. Zudem werden diejenigen zentralen und normativen Argumente, Positionen und Wendungen – »Erhöhung des Kulturzustandes«, »gemeinsame Unternehmung«, »Wert« und Wertschöpfung durch die »Arbeit« der »*Gesamtheit*« – der deutschen Nationalökonomie wiederholt, die seit einem halben Jahrhundert den Kern der Disziplin bilden und zeitgleich etwa in den Schriften von Gustav Schmoller, Lujo Brentano, Karl Bücher und anderen immerzu reaktualisiert werden. Auf das staatssozialistische Argument von der Wert- und Kapitalbildung durch »die *Gesamtheit*«, das sich ganz konkret in dem kollektivistischen und rechtstheoretisch fundierten Verständnis des Verhältnisses von »Privateigenthum« und »Nationalkapital«, von »private[m] Grundeigenthum« und der »[v]olkswirtschaftliche[n] und socialpolitische[n] Nothwendigkeit und Entbehrlichkeit desselben in der Gegenwart« bei Adolph Wagner findet,[28] reagiert Raßler »spöttisch« (Isar II 203):

> Solchen Unsinn muß man sich in unserer aufgeklärten Zeit bieten lassen. Die Unternehmungslust wird zum Verbrechen gestempelt, die kapitalistische Entwickelung wird gebrandmarkt! (Isar II 203, vgl. 211–213)

Derartige Arrangements weisen wirtschaftstheoretische Positionen und Argumentationen nicht nur als inhaltliche oder thematische Momente der Diegese aus, die den Textraum zum Kampfplatz ständiger Reflexionen und Verhandlungen des Ökonomischen und des Gesellschaftlichen machen – »Die soziale Frage wurde schon wieder zum ixtenmal gelöst.« (Isar II 116) Das diegetische Sprechen über Wirtschaft und Volkswirtschaft weist zudem Funktionen auf, die entscheidend sind etwa für die narrativen und axiologischen Fügungen des Erzählens. Es erzeugt in diesem Sinne eine Erzähloberfläche, die sich als Struktur heterogenen, nachgerade widerständigen Textmaterials zeigt, insofern die einmontierten wirtschaftstheoretischen Positionen, die nationalökonomischen Abhandlungen, sozialpolitischen Einlassungen und wirtschaftspolitischen Stellungnahmen und Verlautbarungen das ohnehin nur rudimentäre Geschehen – die eigentliche Geschichte – fortlaufend zäsuieren, verzögern, verschieben, substituieren und distanzieren und auf diese Weise das Verhältnis von Roman-Fiktion und vorgeblich authentischen, nicht-fiktionalen ›Dokumenten‹ ihrer Konstitution einer neuen Dynamik unterwerfen.

Zudem dient das im Text verbreitete volkswirtschaftliche Wissen der Herstellung axiologischer Rahmen und diskursiver Positionen und Normierungen. Die Einlassungen, die sich teils explizit, teils implizit gegen die nationale Ökonomie richten, verbinden sich mit den satirischen, grotesken und ekelerregenden Charakterisierungen derjenigen Figuren und Milieus, die sie artikulieren: Die »Orgie[n]« und »Exzesse« (Isar II 101, 106), die sich im Hause Raßlers – ein »Fettwanst« mit »gelben, angefaulten Zähnen« (Isar II 70, 74); »Wie er schnarchte und dünstete!« (Isar II 74) – abspielen und an denen Industrielle, Großkaufleute, Bankiers und Spekulanten, allesamt Akteure des Immobilienspekulationsprojekts, beteiligt sind, werden nicht nur Anlass von höchstem Spott und hyperbolisch gesteigerter Satire (bes. Isar II 136, 138). Sie sind zudem Ort jener wirtschaftlichen Fehlleistungen wie ausschweifendem Luxus, übermäßiger Konsumtion und Verschwendung *en miniature*, die sich in Form des

---

28 Wagner: Allgemeine oder theoretische Volkswirtschaftslehre, a. a. O., 510 ff., 628 ff.; vgl. auch Adolph Wagner: Die Abschaffung des privaten Grundeigenthums, Leipzig 1870; ganz im Zeichen derartiger Überlegungen, die das Verhältnis von privatem Grundeigentum und *ager publicus* (Grund und Boden in Staats- bzw. Gemeindebesitz) betreffen, stehen auch die frühen Schriften von Max Weber, so etwa seine Habilitationsschrift: Max Weber: Die römische Agrargeschichte in ihrer Bedeutung für das Staats- und Privatrecht, Stuttgart 1891.

gigantomanischen Bauspekulationsprojekts in größerem Maßstab wiederholen und – so die Suggestion der ewigen Invektiven und Anklagen des Textes – zwingend zur »Versumpfung echten Kunstgeistes« und zur »herabwürdigende[n] Veräußerlichung der Kunst zum wesenlosen Scheine« (Isar II 104) führen müssen. In der fortwährenden Wiederholung und Variation von Schmähreden und Selbstentlarvungen der ›ekelerregenden‹ Jobber, Spekulanten, Industriellen und »Preßbanditen«, die in ihrer grenzenlosen Egomanie unablässig die Zerteilung der Wirtschafts-, Werte- und Kulturgemeinschaft einer idealen nationalökonomischen Volksgenossenschaft vorantreiben, zeigt sich ein wichtiges bzw. das wichtigste Charakteristikum des Romans.

Strukturelle Entsprechung findet dies zudem in den unablässigen Wiederholungen der Thematisierung der gleichermaßen als Leitmotiv sowie als Titel des Romans fungierenden Isar. Sie bildet den Schnittpunkt einer spezifischen Leitdifferenz des Textes: für die Raßler, Weiler, Schwarz und all die anderen Spekulanten ist sie nicht mehr als ein Anlass zu einer »Bauspekulation im großen Stil« (Isar I 133). Sie ist ganz ›Ressource‹ jenes größenwahnsinnigen Plans, der umfassende Begradigungs- und Umleitungsmaßnahmen erfordert und eine Bebauung ihrer Ufer mit Prachtvillen und -straßen, mit gigantischen Mietskomplexen und Industrieanlagen, mit einer Talbahn und anderen Infrastruktur-Vorhaben vorsieht. Hierin wird sie ganz Objekt bloßer Mittel-Zweck-Relationen, bloßes Instrument von Rationalisierung, Ökonomisierung, Kapitalisierung und Monetarisierung (s. Isar I, 133): »Die Isar ist der Goldstrom für das neue München.« (Isar I 133); sie fungiert als Mittel der »Ausnützung der riesigen Wasserkraft, welche uns das Hochgebirge gratis in ungeheurem Schwall herunterschickt«, etwa »zur elektrischen Beleuchtung der Stadt.« (Isar I 133).

Das Sprechen über die Isar setzt nicht nur eine spezifisch semiotische Problemlage des Textes frei, die etwa auch über seine literaturgeschichtliche Relevanz – vgl. die Anmerkungen über das Mühlwasser in Raabes *Pfisters Mühle* – hergestellt wird. Es scheidet zudem die instrumentellen Perspektiven der Diegese, die zitierten Stimmen einer rein ökonomischen Verwertungslogik, von jenen kompensatorischen und nationalökonomisch-integrierenden Perspektiven, die ihr *symbolisches Kapital* in Anschlag bringen; oder, wie eine zentrale Figur das Thema des Romans zusammenfasst:

> An unserer Isar wird eine Entscheidungsschlacht geschlagen werden: wer in München als der Stärkste die nächsten Generationen beherrscht – der Kunstsinn oder der Kapitalismus, Geist oder Geldsack. (Isar II 31)

Durch die symbolische Bezeichnung der Isar stellt der Text spezifische axiologische und perspektivische Verbindungen zwischen der extradiegetischen Erzählerinstanz auf der einen und ihren stellvertretenden Beobachtern in der Diegese auf der anderen Seite her. Dem Architekten Joseph Zwerger, dem Baron

Max von Drillinger, dem Studenten Schlichting oder dem Ingenieur Pfaffenzeller erscheint die Isar, genau wie der starken und in Wertungen und Kommentaren sehr präsenten erzählerischen Instanz,[29] eben nicht als Spekulationsobjekt, sondern vielmehr als ein ›heroisches‹ Symbol reinster »Poesie« (Isar I 24, 134, II 257 u. ö.): Unablässig wird ihnen die »schöne[], wilde[] naturwüchsige[] Isar« (Isar II 11) zur Quelle einer »herbe[n], epische[n] Melancholie« (Isar I 56), fortwährend zum Symbol einer natürlichen, wilden und gesunden Kraft, zum Zeichen einer »gigantischen Naturgewalt«, die bezeichnenderweise der »kleinlichen Ökonomie der Menschen« (Isar I 55) geradezu spotte. Immer wieder wird das erzählerische Präteritum des Textes unterbrochen von den präsentischen Vergegenwärtigungen ihres urzeitlichen Rauschens (s. Isar I 55f., II 251 u. ö.).

In semiotischer Lesart stehen die de-substanzialisierenden, referenzlosen und ›entfärbenden‹ Geldströme der Bauspekulationen also insofern nicht nur für ein Ende von Symbolik und Poesie, sie sind zudem – in paradoxer Fügung: selbst Zeichen für ein ganz grundsätzliches Ende von sprachlicher Referenz überhaupt, insofern als die Isar im Sinne eines universellen bzw. Kollektiv-Symbols zeichenhaft und substanzialistisch für die Möglichkeit von Bezeichnung, Referenz und Bedeutung von und für »Etwas« steht (Isar I 4).[30] Narrativ strukturiert und mit einem sentimentalischen Sinn, mit einer »heroische[n] Trauer-Stimmung« belegt (Isar I 56), ist dieser Verfallsprozess durch Variation und Wiederholung der nationalökonomisch-literarischen Erzählung vom *Untergang des Handwerks und des Kleingewerbes* (Isar I 234–265, vgl. II 265–273). An den städtischen Ufern des Flusses befinden sich *amoene* Orte von Tradition, Kultur und von »geschichtliche[r] Weihe« (Isar I 243), die nun, im Zuge des »Isar-Ausbeutungsplan[s]« (Isar I 134), dem Untergang geweiht sind: Von der Bauspekulation besonders bedroht sind die alteingesessenen Schankwirtschaften – neben dem »Ketterl« oder dem »roten Thurm« etwa die Gartenwirtschaft »Zum grünen Baum«, die als die »eigentliche Heimat« (Isar I 242) ihrer Gäste, alteingesessener Handwerker, Manufakturisten und Gewerbetreibenden der ansässigen Betriebe, gilt. Seit jeher, so ist zu erfahren, hatten sich dort die Meister und Gesellen der »Mannhardtschen Turmuhrenfabrik«, der »Schwarzmannschen Lohgerberei«, der »Kunstschlosserei von Moraldelli« und anderer Kleinbetriebe als organische Gemeinschaft im Sinne einer nationalökonomischen Ideal-Gemeinschaft versammelt.

Eine der Figuren, die diesen Sinn des Textes durch ihre Beobachtungen, Diagnosen und Kommentare im Sinne von ›Co-Erzählerschaft‹ bzw. ›stellvertretender Erzählerschaft‹ erst herstellen, ist der Architekt Joseph Zwerger. Die Visionen Zwergers stehen den Plänen der, wie er sie nennt, »ästhetischen

---

29 Vgl. auch Helmes: Der ›soziale Roman‹ des Naturalismus, a. a. O., 107f.
30 Vgl. ähnlich: Stöckmann: Wille zum Willen, a. a. O., 445f.

Schnorrer« (Isar I 20) und »Mode-Architekten« (Isar I 21), die eine unheilige Allianz mit den Treibern der »korrupte[n] Wirtschaft« (Isar I 15) eingegangen seien, antagonistisch gegenüber. In zwei langen Briefen, welche die beiden Romanbände jeweils einleiten (Isar I 1–35, II 1–56), ergeht sich Zwerger über die zur substanzlosen ›Geldkunst‹ verkommene Gründerzeitarchitektur Münchens: »[W]ie schlägt diese trostlose Ausgeburt der Architektenspekulation aller Poesie des Isar-Ufers ins Gesicht!« (Isar I 24). *Sein* »Neu-München« (Isar II 20) soll nicht begründet sein in den Selbstlogiken des Wirtschaftlichen, in den Strömen des Kapitals, in den abstrakten Marktmechanismen und den Einebnungen ökonomischer Vermittlungen, wie er sie in der »arrogante[n] Mittelmäßigkeit« (Isar I 15) und in der »Öde der Stilmengerei« (Isar I 23) der architektonischen »Fabrikware« (Isar I 22) erblickt, die bereits große Teile der Stadt erfasst haben; und auch der von dem Schopenhauer-Exegeten und Dramatiker Dr. Trostberg geforderte – und in sich paradoxe! – »pessimistische[] Baustil« (Isar II 2) wird Gegenstand seiner ironischen und hyperbolischen Invektiven (Isar II 5–10). Für Zwerger kann, wie er sagt,

> der Charakter der Großstadt […] nur aus dem *großen Sinn der Bürgerschaft* hervorwachsen, aus dem großen Sinn, der im Vereine mit dem weiten Blick und dem *organisatorischen Genie* der Verwaltung aller Hemmungen Herr wird und dem stockenden geistigen, künstlerischen, merkantilen und geselligen Verkehr neue und immer gewaltigere Schwungräder einsetzt. (Isar II 24)

Bezeichnenderweise ist Zwergers Stimme beim Entwurf einer Ideal-Stadt in Aussage, Ton, Stil und Habitus genau derjenigen nationalökonomischen ›Erzählerstimme‹ zum Verwechseln ähnlich, die etwa bei Gustav Schmoller oder Karl Bücher die »wirtschaftliche[] Zusammenfassung der Kräfte« zur »*Volkswirtschaft*« genetisch und aus kluger Staatstätigkeit in ebenso historisch-idealisierender wie visionärer Weise hatte hervorgehen lassen aus der »*Stadtwirtschaft*« des »alten Deutschen Reiches«.[31] Zwergers architektonische Ideale, seine Vision einer modernen Architektur der ›Stadt der Zukunft‹, die den Spekulanten freilich als unrentabel, »viel zu großartig« und bezeichnenderweise als »zu spezifisch künstlerisch« (Isar II 209) erscheinen, werden in ihrem Moment der umfassenden nationalen Vergemeinschaftung somit zum literarischen – bzw. in der diegetischen Logik gar zum architektonischen – Konstituens ihrer übergreifenden, das Ökonomische und das Gesellschaftliche integrierend, historisch und kulturell einbettenden volkswirtschaftlichen Erzählung: Sein Projekt einer Architektur, die »unsere nationalen Bestrebungen, unsere sozialen Ideale verkörpern« (Isar I 22) und hierin »einen edleren, lebendigeren Zusammenhang

---

31 Bücher: Entstehung Volkswirtschaft, a. a. O., 157, auch 135–156; vgl. Schmoller: Straßburger Tucher- und Weberzunft sowie nochmals Kap. 2 dieser Arbeit.

zwischen den Menschen stiften« solle (Isar I 22), findet nicht nur ihr Vorbild im Kunstideal und den Isarbebauungsplänen König Ludwigs II. von Bayern (vgl. Isar II 30). Seine Utopie einer »nationalen Allkunst« (Isar II 13) basiert zudem geradezu darauf, dass sie sich den Funktionsmechanismen moderner Ökonomie entzieht. Ihm geht es um eine Kunst, die den »Gemeinheiten und Sorgen des politischen und wirtschaftlichen Werkeltaglebens« (Isar II 13) höhne, weil in ihrer Monumentalität und Exklusivität die »materielle Welt versinkt« (Isar II 14). Oder anders ausgedrückt: Zwerger will also keine Kunst, die nur mehr Mittel privatwirtschaftlicher Bereicherungszwecke ist, sondern eine universalistische »Allkunst«, die umgekehrt das Ökonomische – die Bereiche des »wirtschaftlichen Werkeltaglebens« und der »materielle[n] Welt« –, genau wie die Nationalökonomie, national, gesellschaftlich und kulturell integriert und das Kontinuum dieser Integration – Nationale Gemeinschaft, Kulturgemeinschaft, Volkswirtschaftsgemeinschaft – in Form *geteilter Werte* und »soziale[r] Ideale« begründet und fortschreibt.

In sonderbarer Verbindung mit Zwerger steht der verarmte Baron Max von Drillinger, der sich, genau wie Zwerger, in einem ständigen Zustand des Leidens befindet angesichts der Verschandelungen »Isar-Athens« in Gestalt der, wie er es nennt, »architektonische[n] Fabrikware« der »Stadterweiterer und Bauspekulanten« (Isar I 71). In ständigen Wiederholungen bringt auch Drillinger seinen Ekel gegen die Vorkommnisse im Umfeld des »Isar-Ausbeutungsplan[s]« zum Ausdruck (Isar I 134). In seiner Wahrnehmung verdichten sich die kapitalistischen Verwerfungen zu einem fatalistischen Urteil über die eigene Zeit, die von einer schwindelerregenden ›Totalität des Geldes‹ bestimmt werde: »Das ist heute die Strömung, eine schweinemäßige, stinkige Strömung, allein sie hat fortreißende Gewalt und kennt kein Hindernis.« (Isar I 152, vgl. I 158) Über lange Passagen hinweg beobachtet der Text Drillingers Haltungen, Positionen und Ansichten in Bezug auf soziale, gesellschaftliche und ökonomische Themen, die er in zahlreichen Gesprächen und Selbstgesprächen kundtut. Besonders im Gespräch mit dem Bankier Weiler, mit dem er durch unglückliche Fügungen verstrickt ist, werden Drillingers nationalökonomische Positionen – Kongruenz von Gemeinschafts-*ethos*, Kultur und Ökonomie; Wirtschaft im Dienste der Nationalgemeinschaft – sichtbar (Isar I 134–136, s. I 161f.). Verarmt ist er nicht nur auf Grund einer Spielsucht, der bereits das elterliche Haus und Erbe zum Opfer gefallen sind (vgl. Isar I 157); wichtiger scheint seine Resignation in Bezug auf die eigenen »Erwerbsexperimente« (Isar I 157) zu sein. Nach zweimaligem Scheitern im bürgerlichen Erwerbsleben – einmal hatte er sich als Buchhalter in einer Malzfabrik (Isar I 116f., II 308), ein andermal als Herausgeber einer Zeitschrift »Die Kunst in der Mode« (Isar I 119) versucht – wendet er sich resigniert und desillusioniert von der in Konkurrenz und Marktgesetzen fundierten ›Gesellschaft der Tätigen‹ ab, da er sich, wie er bekennt, nicht mehr als

»ein Überflüssiger im Wettbewerb der Kräfte« (Isar I 119) habe fühlen wollen.
Der Text stattet die Tatsache des bürgerlichen Scheiterns Drillingers allerdings
mit einem reflexiven und nachgerade wirtschafts-philosophischen Sinn aus,
indem er die Figur in der Folge des Scheiterns über die Bedeutung moderner
Erwerbsarbeit philosophieren lässt und hierdurch das Argument einführt, dass
Erwerbsarbeit überhaupt einen höheren, metaphysischen Sinn haben müsse,
der über die schlichte Befriedigung von Bedürfnissen hinausgeht. Drillinger
stellt eine rhetorische Frage:

> Wirft denn die bravste Tagelöhnerei im Dienste der Millionenhamster jemals so viel ab,
> daß der Tagelöhner einen nennenswerten Zuwachs an persönlicher Stärke, an Freiheit
> und Schönheit des Lebens herausschlägt? (Isar I 118)

Hier artikuliert sich nicht nur jene genuin nationalökonomische Vorstellung, die
ihren Begriff von Arbeit und den Prozess der Wertschöpfung dezidiert meta-
physisch – also als einen »Zuwachs an persönlicher Stärke, an Freiheit und
Schönheit des Lebens« – fundiert.[32] Zugleich müssen Drillinger im Sinne dieses
›metaphysischen‹ Ökonomieverständnisses die beobachteten Arbeitswelten als
entfremdend, leer und tatsächlich sinnlos erscheinen; sein Blick auf Finanzan-
gestellte, die ihre Tätigkeit »automatenhaft« (Isar I 116) vollzögen; auf Fabrikarbeiter, die Drillinger als unmündige »Heerdentier[e]« (Isar I, 119) bezeichnet,
überschneidet sich mit den Urteilen des Erzählers über diese Phänomene, der
ganz ähnliche, eigentlich ›sozialpsychologische‹ Argumente hinsichtlich der
Zurichtungen des Subjekts durch es umgebenden sozialen und ökonomischen Bedingungen in ganz ähnlichen Worten in Anschlag bringt (Isar II 173 f.).

Ein spezifischer Sinn des Romans besteht darin, dass seine Figuren – allen
voran Drillinger und Zwerger – in ihrem ausufernden Stellungnehmen und an
ihren ambitionierten Vorhaben immerzu verhindert werden, dass sie scheitern,
erlahmen und sich ›verausgaben‹. Zum tragischen Scheitern verurteilt ist
Zwergers Projekt der Modernisierung von Kunst und Baukunst – bzw. in seiner
totalisierenden Logik: der gesamten Gesellschaft –, insofern als es einerseits zum
Zeitpunkt seiner Gründung zurückgreift auf die skizzierten Momente nationalökonomischer Integration, die – auf diese Weise: paradox – aus der Zeit *vor*
der Gründung seiner ›Stadt der Zukunft‹ stammen und selbst nur mehr dem
Bereich sentimentalischer Passionen zugehören: Kontinuum von Nation, Ökonomie, Kultur und *ethos*; *oikonomische* Vergemeinschaftung, »unsere sozialen
Ideale« (Isar I 22); und andererseits in dieser Gründung verwiesen ist auf einen
zentralen und vielfach mit ›Hypotheken‹ belasteten Begriff des ökonomischen
Diskurses: Zwerger ruft mit Blick auf seine Vorhaben aus: »Ich will meine eigenen *Werte* prägen« (Isar I 29, Hervorh. M. A.). Allerdings versanden seine

---

32 Siehe Kap. 2 dieser Arbeit.

Visionen, die sich gerade dadurch auszeichnen, dass sie »nicht sofort rentierlich im kapitalistischen Sinne« sind (Isar II 337, vgl. II 209, 227 u. ö.), in den Mühlen der korrupten und lahmenden Bürokratie und in den fortdauernden Machtkämpfen des intriganten Baukonsortiums. Seine Pläne bleiben Plan, Projekt, Vorhaben, Entwurf; ihr Schicksal ist der ewige Aufschub, verdammt zum »Warten […] Warten! […] Warten! […] Warten! […]« (Isar II 20–22). Zwergers Vorhaben werden gerade nicht Einheit, Sammlung und Vollendung, sofern das Projekt einer »nationalen Allkunst« (Isar II 13) ›ins Werk gesetzt‹ würde. Vielmehr lösen sie sich am Ende des Romans ganz auf in das ›semiotische Chaos‹ eines überbordenden Schriftflusses und atomisieren sich geradezu in eine Überfülle disparater Zeichen, derer er in Form von Briefprojekten, die lediglich in ihrer Gigantomanie und Monumentalität die Gestalt seiner Baukunst angenommen haben, vergeblich Herr zu werden versucht (Isar II 376).

Und auch Drillinger ist, genau wie der verhinderte Künstler Zwerger, bloße Figur in einem größeren Prozess energetischer Erlahmung, bloß Symptom jener Verausgabung, in welche der gesamte Text am Ende des Romans mündet.[33] Beschäftigungslos durch das bereits von »architektonische[r] Fabrikware« (Isar I 71) und kalten Zweckbauten zugerichtete München irrend, nimmt seine Wahrnehmung zunehmend die Form des ihn umgebenden Stadtraumes an, wie er sich ihm etwa in Gestalt und Akustik der »wüste[n], kreischende[n] Kakaphonie [sic!] der Reklame, wie sie die Gegenwart immer frecher ausbildet« (Isar I 150) darstellt. Seine Wahrnehmung und sein Sprechen haben bereits Form und Logik ihres Objekts angenommen, sofern sich Drillingers Beobachtungen etwa vermehrt darstellen als unterschiedslose Reihungen, die weder Anfang noch Ende zu haben scheinen und in denen sich unterschiedliche Qualitäten und die Substanzialität der beobachteten Objekte auflösen in ein geradezu sinnloses Nebeneinander:

> Was wurde da nicht alles um die Wette annonciert! Konzert, Bälle, Wurstwaren, Kirchenbaulotterien, Schuhfabrikate, Zwerg-Ausstellung, Gemälde-Auktion, Einberufung der Ersatzmannschaften, Staatsanleihen, Rudersport, Bycicle-Klub, Vegetarianismus, Tanzunterricht, Ausverkauf, Zwangsversteigerung, Abzahlungs-Geschäft, Verein für deutsche Interessen im Auslande, Dampfschiffahrt auf dem Starnberger See, Münchener Kindl-Brauerei, Viehmarkt, Pferderennen, Orpheum, Westendhalle, Kils Kolosseum, Nähmaschinen, Zirkus, Kirchweihe, Schuhmacher-Innung, Militärmusik, Kinderbewahranstalt, Veteranen-Verein, Schlachtviehhof-Eröffnung, Bavarischer Kurier, ungespundetes Klosterbier, Vereinsbank, Panorama Kreuzigung Christi, Komikergesellschaft Geis, Heilige Erzbruderschaft, Madame Dava, Knabenhort […]. (Isar I 150)

---

33 Vgl. Stöckmann: Wille zum Willen, a. a. O., 439–465.

Das Prinzip der De-Substanzialisierung durch erschöpfende Wiederholung und Auflistung des Immergleichen greift zunehmend auch auf Drillinger selbst über, dessen Positionen und Meinungen sich – so der Text ganz explizit – in endlosen »Gesprächen« und »Gedankenreihe[n]« (Isar I 120), in fortwährenden »Selbstgespräche[n]« (Isar I 198) und »Monologen« (Isar II 318) abnutzen und in ihrer ständigen Repetition selbst substanz- und somit sinnlos werden:

> Wer Geld hat, hat alles. Nur mit Geld und mit dem, was Geld bringt, kann man diesem Viehvolk noch imponieren, mit nichts anderem. Der Geldsack weiht und heiligt alles. Sei ein Hundsfott und habe Geld, sehr viel Geld, rasend viel Geld – und sie vergöttern dich. *Brauchte er sich das noch zu wiederholen?* (Isar II 289, Hervorh. M. A.)

Die endlosen Wiederholungen der immergleichen Klagen und Invektiven sind nur mehr Vorstadien einer mentalen Zerrüttung – »nervös« (Isar II 245, 288), »Hysteri[e]« (Isar II 354) –, die am Ende des Romans zum endgültigen Erlahmen der Figur führen wird, was sich ganz explizit in ihrer veränderten Wahrnehmung der empirischen Realität zeigt. In analogischer Weise gehorcht Drillingers Wahrnehmung nun tatsächlich genau denjenigen relationistischen und eigenlogischen Funktionsmechanismen der modernen Wert- und Preisbildung, wie sie, wie skizziert, seit den 1870er Jahren von der Grenznutzenschule beschrieben worden waren und wie sie zudem seit dem Beginn der 1890er Jahre – also *nach* Etablierung der ökonomischen Grenznutzentheorie und auch *nach* Erscheinen von Conrads *Isar*-Zyklus – zum Ausgangspunkt der epochemachenden *Philosophie des Geldes* von Georg Simmel geworden waren.[34] Über die »Wirklichkeit« sagt Drillinger: »[D]ie ist jeden Tag anders, verschiebt sich fortwährend [...]. Wo ist eine feste Grenze?« (Isar II 301) Kurz darauf heißt es: »Er wußte nicht, was Wirklichkeit, was Gedanke war – alles schwamm ineinander.« (Isar II 310) Die Figur verliert im Wahnsinn ihren Subjekt-Status, sie hört auf, Persönlichkeit zu sein (siehe Isar II 393ff., 396), insofern als sich ihr Bewusstsein und ihre Wahrnehmung am Ende des Romans ganz dem Prinzip unablässiger Bewegung, fortwährender Verschiebung, unaufhörlichen Ineinandergleitens – »Wo ist eine feste Grenze?« –, den de-substanzialisierenden, qualitätslosen und entfärbenden Logiken der modernen Geldwirtschaft angeglichen haben, wie sie sich in Gestalt des unablässigen gesellschaftlichen und monetären Verkehrs der Romanwelt zeigen. Wenn Drillingers Erlahmen also in unmittelbarem Zusammenhang mit den Problemen des »materiellen Lebens« steht, er konkret daran leidet, dass er sich nicht von »all' dem Verachteten und Gewünschten, von all dem Gehaßten und Ersehnten« freimachen kann (Isar II 302), dann ist dies Ausdruck einer engen Korrelation mit der ökonomischen Werttheorie der Zeit: Wert sei, so Carl

---

34 Siehe etwa die Ausführungen zu den Vorarbeiten zur *Philosophie des Geldes* bei Paschen von Flotow: Geld, Wirtschaft und Gesellschaft. Georg Simmels *Philosophie des Geldes*, Frankfurt/M. 1995, 17–21.

Menger, »in der Beziehung der Güter zu unseren Bedürfnissen begründet, nicht in den Gütern selbst«, er sei »demnach nichts den Gütern Anhaftendes, keine Eigenschaft derselben« und insofern auch kein »für sich bestehendes Ding«, sondern nurmehr Ausdruck eines *Verhältnisses*.[35] Werte sind, wie Mengers Schüler von Wieser im Erscheinungsjahr von *Was die Isar rauscht* nochmals betont, bloße Relationen, die abhängig sind von dem »jeweils erreichten Grade der Sättigung«;[36] Ekel und Begehren – das »Verachtete[] und Gewünschte[]«, das »Gehaßte[] und Ersehnte[]« – sind im Rahmen dieser Theorie, genau wie im Bewusstsein der Romanfigur, also nicht kategorisch getrennt, sondern geknüpft an Bedingungen rein quantitativer und verhältnismäßiger Art und insofern bloß noch Momente der Verschiebung auf »Sättigungs-Scalen«.[37]

Neben der affirmierenden Reaktualisierung des nationalökonomischen Standpunktes (in Gestalt der Figuren Zwerger, Drillinger u. a.), wird dieser also zugleich auch in modernistischer Weise ›dekonstruiert‹. Dies wird umso deutlicher, blickt man auf die zeitgleich sich entwickelnden Vorstellungen der frühen Soziologie: Georg Simmels geldtheoretische Untersuchungen sind mit der in Rede stehenden literarisch-wirtschaftstheoretischen Konstellation insofern eng korreliert, als sie auch – ganz im Sinne ihres literarisch-wirtschaftstheoretischen ›Prätextes‹ – in der Annahme einer unumgänglichen »Relativität des Wertes« gründen und davon ausgehen, dass es keine »absolute Wertgröße« gebe.[38] Die

---

35 Vgl. nochmals Menger: Grundsätze, a. a. O., bes. 77–86, Zitate 85 f.

36 Von Wieser: Der natürliche Werth, a. a. O., 6.

37 Ebd., 9 ff.

38 Georg Simmel: Philosophie des Geldes, in: Ders.: Gesamtausgabe, Bd. 6: Philosophie des Geldes, hrsg. v. David P. Frisby und Klaus Christian Köhnke, Frankfurt/M. 1989, 7–716, hier 77, 83. Auch wenn Simmel in der Vorrede zur *Philosophie des Geldes* sagt, dass »[k]eine Zeile« der folgenden Untersuchungen »nationalökonomisch gemeint« sei, ist dies umso mehr Indiz dafür, wie stark die Schrift im Zeichen der ökonomischen Wissenschaft steht. Nicht nur, dass es am Ende des 19. Jahrhunderts geradezu unmöglich ist, in wissenschaftlicher Weise *ohne* Bezug auf die nationalökonomischen Theorien von Wert und Geld zu handeln. Ganz konkret zeigt sich die Bezogenheit etwa in dem grundlegenden Abschnitt, in welchem Simmel von *subjektivem und objektivem Wertbegriff und Grenznutzenwert* handelt, siehe Simmel: Philosophie des Geldes, a. a. O., 11, 23–54. Zudem sind die Vorarbeiten zur *Philosophie*, die erstmals im Jahr 1900 bei *Duncker & Humblot*, dem Stammverlag der Nationalökonomen, erscheint, nicht zu trennen von ihren institutionellen und disziplinären Entstehungs- und Publikationskontexten: So hält Simmel etwa am 20. Mai 1889 in Gustav Schmollers Berliner Seminar einen Vortrag über die *Psychologie des Geldes*, der kurz darauf dann auch im zentralen Organ der deutschen Nationalökonomie, in dem von Schmoller herausgegebenen *Jahrbuch für Volkswirtschaft* erscheint: Georg Simmel: Zur Psychologie des Geldes, in: Jahrbuch für Gesetzgebung, Verwaltung und Volkswirtschaft im Deutschen Reich 13 (1889), H. 4, 1251–1264. So geht auch sein erstmals 1896 publizierter Aufsatz über *Das Geld in der modernen Cultur* zurück auf einen Vortrag, den er vor der *Gesellschaft österreichischer Volkswirte* hielt, zu der etwa auch die Menger-Schüler und Grenznutzentheoretiker Friedrich von Wieser und Eugen von Böhm-Bawerk gehörten: Georg Simmel: Das Geld in der modernen Cultur, in: Ders.: Gesamtausgabe, Bd. 5: Aufsätze und Abhandlungen 1894–1900,

»Objektivierung« von Wert, so Simmel ganz im Sinne der ›reinen Theorie‹, sei identisch mit der »*Relativität* der Wertbestimmung«.[39] Simmel wiederholt die differenzialistischen, relationistischen und funktionalistischen Argumente also und prägt ihre schlagenden Begriffe: Wert in seiner modernen Form als Geld-Wert sei bloßes »Äquivalent«, nicht Substanz, sondern »Relation«, nicht konkret, sondern »höchste Abstraktion«.[40] Geld und das System der Geldwirtschaft zeichneten sich aus durch »Entfärbung«,[41] durch »Unpersönlichkeit« und »Nivellierung«,[42] durch »Unindividualität« und »Qualitätslosigkeit«.[43] Die entfärbende und nivellierende Wirkung der Geld-Zirkulation wirke zudem auf ihre ›Objekte‹ zurück: Schon früh formuliert Simmel, dass die »Indifferenz des Geldes« die »Indifferenz der Gegenstände« nach sich ziehe.[44] In analogischer Weise überträgt er nun – und das ist eine wichtige erkenntnislogische Kontur und i. e. S. soziologische Erweiterung –[45] die Logik des Geldes auf die moderne Gesellschaft. Seine Regeln bestimmten nun schon, am Ende des 19. Jahrhunderts, die »tieferen Züge[] und Motive[] unserer Kultur«, insofern

hrsg. v. Heinz-Jürgen Dahme und David P. Frisby, Frankfurt/M., 1992, 178–196. Und so erscheint auch 1899 nochmals ein längeres Fragment aus der *Philosophie* im 23. Band von *Schmollers Jahrbuch*: Georg Simmel: Fragment aus einer »Philosophie des Geldes«, in: Ders.: Gesamtausgabe, Bd. 5: Aufsätze und Abhandlungen 1894–1900, hrsg. v. Heinz-Jürgen Dahme und David P. Frisby, Frankfurt/M. 1992, 479–528. Siehe zu Simmels Kontakten zur Nationalökonomie zudem Heinz-Jürgen Dahme und Gustav Schmoller. Berührungen zwischen Kathedersozialismus und Soziologie um 1890, in: Simmel Newsletter 3 (1993), 39–52 sowie vor allem die jüngst erschienene Studie von Claudius Härpfer: Georg Simmel und die Entstehung der Soziologie in Deutschland. Eine netzwerksoziologische Studie, Frankfurt/M. 2014, bes. 116–138.

39 Simmel: Philosophie, a. a. O., 56, Hervorh. M. A.; vgl. auch Flotow: Geld, Wirtschaft und Gesellschaft. Simmels *Philosophie des Geldes*, a. a. O., 47.

40 Simmel: Psychologie des Geldes, a. a. O., 1259, 1263, 1264.

41 Ebd., 1263.

42 Simmel: Geld in der modernen Cultur, a. a. O., 179, 184.

43 Simmel: Philosophie, a. a. O., 127; vgl. auch Otthein Rammstedt: Wert, Geld und Individualität, in: Ders. (Hg.): Georg Simmels *Philosophie des Geldes*, a. a. O., 27–41.

44 Simmel: Psychologie des Geldes, a. a. O., 1261.

45 Das hatte auch schon die zeitgenössische nationalökonomische Rezeption erkannt. Schmoller schreibt in einer 1901 im *Jahrbuch für Gesetzgebung, Verwaltung und Volkswirtschaft* erschienenen Rezension von Simmels *Philosophie* über das Anliegen ihres Verfassers: »Die *Rückwirkung* der wichtigsten Einrichtung moderner Wirtschaft, des Geldes, *auf alle Lebensseiten der Kultur*, das ist sein Thema.« Zudem hebt der Rezensent hervor, dass Simmel »die psychischen und kulturgeschichtlichen Veränderungen der Gesellschaft durch die Geldwirtschaft« vor allem durch »*Analogieschlüsse*« beweise. Gustav Schmoller: Simmels Philosophie des Geldes [Rezension], in: Otthein Rammstedt (Hg.): Georg Simmels *Philosophie des Geldes*. Aufsätze und Materialien, Frankfurt/M. 2003, 282–299, Zitate 297 f. [Hervorh. M. A.].

die Gehalte der Erkenntniß, des Handelns, der Idealbildung aus ihrer festen, sub-
stantiellen und stabilen Form in den Zustand der Entwicklung, der Bewegung, der
Labilität übergeführt werden.[46]

In der Moderne sei das Geld also zum »Generalnenner« geworden, der die
menschliche Gesellschaft zu einem Raum unendlicher Verrechenbarkeit werden lasse und zum Absterben alles »Specifische[n]« und alles »Unvergleich-
bare[n]« führe.[47] Drillinger, im Zwiespalt von »Verachtete[m] und Gewünschte[m]«, schon früh und immer wieder als »Mann der Widersprüche«
(Isar I 27, vgl. 165, 217, II 161 f.) vorgestellt, präfiguriert in seiner Widersprüchlichkeit genau jene Wendung von Substanzialität, Eindeutigkeit, Be-
grenzung und Form hin zu den nivellierenden Ent-Formungen und in indif-
ferente Zirkulationen sich auflösenden Bewegungsenergien, an welchen Simmel das ›tragische‹ Grundargument der im Entstehen begriffenen Soziologie
entfaltet. Nämlich die These, dass der kulturelle Fortgang als ein »historischer
Differenzierungsprozeß« sich vollzieht, als ein Vorgang, in dem ›Subjekt‹ und
›Objekt‹ aus einem ursprünglichen »Indifferenzzustand« heraus sich »entwickeln«.[48] Der Kern des geschichtlichen Gesellschaftsprozesses ist in den
Worten der ›Wissenschaft der Moderne‹ – ausgehend von den wissenschaftlichen Konzeptualisierungen des Wertproblems und ihren fiktionalen Funktionalisierungen durch den naturalistischen Sozialroman – zu verstehen als
eine – paradoxe – »Entwicklung zu dem gleichzeitigen Wachstum von Distanz
und Annäherung«, als eine ›Objektivation‹ des merkwürdig widersprüchlichen Wechselverhältnisses von »Genuss« und »Begehren« bzw. von »Nähe«
und »Entfernung«.[49] Von nachgerade ›schizophrener‹ Widersprüchlichkeit
zeugen in vielsagender Weise auch die soziologisch-kulturphilosophischen
Studien des Studenten Schlichting im Roman: Groteske »impressionistische[]
Novelle[n]«, (Isar I 180) die in der Form von »ernste[n] soziale[n] Studie[n]«
(Isar I 198), »nach authentischen Dokumenten« und in »derber Prosa« (Isar I

---

46 Simmel: Geld in der modernen Cultur, a.a.O., 194, siehe ganz ähnlich Simmel: Philosophie,
    a.a.O., 95.

47 Simmel: Psychologie des Geldes, a.a.O., 1258.

48 Simmel: Philosophie, a.a.O., 49f. Siehe bes. auch Georg Simmel: Über sociale Differenzie-
    rung. Sociologische und psychologische Untersuchungen, Leipzig 1890. Wie stark Simmels
    ›sentimentalische‹ Theorie von der ›tragischen‹ Differenzierung des Sozialen – und das
    entsprechende Konzept von ›Gemeinschaft und Gesellschaft‹, das kurz zuvor von dem
    Adolph Wagner-Schüler Ferdinand Tönnies gebildet worden war – wiederum in den na-
    tionalökonomischen Wirtschafts-/Kultur-Stufen-Erzählungen fundiert ist, zeigt sich im
    zweiten, historischen Teil der Philosophie des Geldes und ist andernorts bereits angedeutet
    worden – vgl. Flotow: Geld, Wirtschaft und Gesellschaft. Simmels Philosophie des Geldes,
    a.a.O., 116ff. sowie den Abschnitt über Soziologische Trauerarbeit bei Stöckmann: Wille
    zum Willen, a.a.O., 270–286.

49 Simmel: Philosophie, a.a.O., 49f.

180) verfasst sind und die einerseits in sentimentalisch-moralisierendem Ton
den Verfall Altmünchens und seiner intakten sozialen und ökonomischen
Strukturen beklagen, indem dem Verfasser etwa eine Mietskaserne als ein
»Symbol moderner Ungemütlichkeit und poesieverlassener, plumper Spekulationsbauerei« erscheint, die das »romantische hölzerne Winkelwerk des
armseligen Stadtviertels« unter sich begrabe (Isar I 176), die andererseits aber
vornehmlich geschildert sind in der Form von modernen, tatsächlich naturalistischen Erzähl-Szenen und Simultanbeschreibungen in Figurenperspek-
tive, die Darstellungsprozess und Wahrnehmungsprozess präsentisch miteinander synchronisieren:

> Unter der niedrigen Haustür ratschen zwei Weiber in heiserem Sopran. […] Weiter.
> […] Stille. Niemand. […] Eine lange Lichterkette blitzt auf. […] Eine Reihe von zwölf,
> fünfzehn einstöckigen Häuschen auf der rechten Seite, eins wie das andere, jedes mit
> einer alten, wurmstichigen Altane. Man riecht den Wurmfraß, das vermorschte, ver-
> witterte Holz. (Isar I 228, vgl. die gesamte Passage 228–230)

Im Blick auf derartige Konstellationen tritt ihre Spezifik für die (Modernisierung
der) Literatur noch in anderer Hinsicht erhellend hervor: In irritierender Weise
findet die Erzählung ihren Sinn gerade nicht darin, Erzählung zu sein. Es geht im
Roman gerade nicht um die narrative Darstellung einer ›Ereignis-Substanz‹, die
in ihrer »Ereignishaftigkeit« tatsächlich besonders »erzählwürdig« wäre.[50] Ihre
Figuren treten nicht durch Handlungen oder Taten hervor, durch – womöglich
noch heldenhaftes – Herbeiführen von Ereignissen und also gerade nicht durch
ein Vorantreiben von dem, *was* erzählt wird. In ihren unaufhörlichen Gesprächen sind sie vielmehr Figurationen eines narrativen *Wie*, und insofern nurmehr
Funktionen eines sonderbaren, von Ereignissen – dem *Was* der Erzählung –
verschiedenen Erzählsinns. Dass das Romangeschehen kein Geschehen, sondern Sprechen, Diskurs ist, hat nicht nur zur Folge, dass es *mimetisch* in doppelter Richtung ist: Es ist zugleich Ort der Wiederholung, Kontinuierung und
Applikation ökonomischer Theorien und Narrative und auch Ort ihrer Rekonturierung, Präfiguration und *Generierung/Konstruktion*. Über diese ›inhaltli-
chen‹ Verhandlungen hinaus zeigt sich darin vielmehr auch, dass der Text mehr
noch Verkörperung dieses Prinzips selbst ist: Sein Prinzip, die Regel seiner
Konstituierung ist, dass er die *Funktion* hat, Verhandlungsort von Positionen,
Argumenten und Diskursen zu sein, mit denen er selbst nicht identisch ist. Der
verhandelte Diskurs des Romans springt also über auf die Verfahren seiner
Darstellung, oder, so lässt sich vereinfachend sagend: Sein Inhalt tritt über in
seine Form. Und zwar in der Hinsicht, dass dem Text das nivellierende, entfär-

---

50 Vgl. zu »Ereignishaftigkeit« und »Erzählwürdigkeit« Schmid: Elemente der Narratologie,
   a. a. O., 12–30, bes. 19 f.

bende und entbindende Prinzip, das er gewissermaßen propositional durch die Verlautbarungen von Figuren und Erzählinstanz fortwährend beklagt – »Auflösung« (Isar II 27) von Bindung, Kohärenz und Sinn durch die »poesieverlassene[], plumpe[] Spekulationsbauerei« (Isar I 176) oder die »kreischende Kakaphonie der Reklame« (Isar I 150) – in Gestalt von unablässigen Wiederholungen, Digressionen, Verschiebungen und dem Zerfall in Reihungen, Szenen und Fragmente schon selbst zu Grunde liegt: Die Stimmen all der verblassenden, scheiternden und erlahmenden Figuren erscheinen in dieser Weise nur mehr als Zäsuren, als Murmeln, als bloße Geräusche im ewigen Rauschen des gesellschaftlichen Verkehrs, der leitmotivisch im Rauschen der Isar – in ihrem Umbrechen vom Symbol zum Mittel, vom Sinn zum Zweck – dargestellt ist. Die Individualität der Figuren verblasst zu Gunsten ihrer Funktion, ›zufällige‹ Träger der ›Stimmen der Zeit‹ zu sein. Wenn es, wie Simmel formulieren wird, der »philosophische Sinn« des Geldes ist, dass »die Dinge ihren Sinn *aneinander* finden« und insofern die Gegenseitigkeit und Wechselseitigkeit ihrer Beziehungen »ihr Sein und Sosein ausmacht«,[51] dann ließe sich der literarische Sinn der Romanfiguren in Analogie dazu beschreiben, insofern als auch sie ihren Sinn erst »*aneinander*« finden. Überspitzt gesagt: Ihr Sinn ist, dass sie wie Geld funktionieren. Zwerger, Drillinger und Schlichting, dessen soziologische Studien freilich über den Status des Fragments nicht hinauskommen, verbrauchen sich und ihre nationalökonomischen Positionen mit und an all den anderen Figuren und Stimmen des Romans: Die nationalökonomischen Argumente eines Dr. Erwin Hammers, der gegen die Logiken einer rein ökonomischen – in den Worten der Nationalökonomie: »isolierenden« und »atomistischen« –[52] Betrachtungsweise von »Angebot und Nachfrage« und gegen die »industrielle Brutalität, in allem nur Ware zu sehen« (Isar II 126) argumentiert oder die längeren ›kathedersozialistischen‹ Stellungnahmen des Ingenieurs und Zwerger-Bewunderers Pfaffenzeller (Isar II 214–236) zeugen von der gleichen Tatenlosigkeit und ›Handlungsunfähigkeit‹ wie die essayistischen Einlassungen Dr. Trostbergs, der die moderne Ökonomie in langen Monologen aus der Perspektive einer pessimistischen Kulturdiagnostik beschreibt (Isar I 277–285 u. ö.). Seine Klagen, der »spießbürgerliche[] Industrialismus« (Isar I 280) führe in seinem farblosen Treiben, in seiner Reproduktion des Immergleichen zur Verarmung von Kunst, Kultur und Leben, kann er, der eigentlich dramatische Kunstwerke schaffen sollte (siehe Isar 309f.), nicht in solche umsetzen.

Die Figuren des Romans und ihre Stimmen lösen sich auf in sinnleere Kon-

---

51 Simmel: Philosophie, a. a. O., 136.
52 Siehe unter vielen anderen nur Wagner: Allgemeine oder theoretische Volkswirtschaftslehre, a. a. O., bes. 156–261 sowie, in gegenläufiger Intention: Menger: Untersuchungen, a. a. O., 171–186.

stituenten jener »entfärbenden« Logik, die sie beklagen. Der Text, so ließe sich auch sagen, gehorcht selbst jenen relationistischen und distinktivistischen Regeln der »Mode«, die fortwährend Gegenstand seiner unablässigen Invektiven werden und die Georg Simmel ab 1895 soziologisch beschreiben wird.[53] Die formalen und kompositorischen ›Experimente‹ des Textes – hyperbolische Überziehungen, endlose Wiederholungen, übermäßige Gesprächsfülle – beziehen ihren modernistischen Differenz-Sinn, ihre ›Neuheit‹ nicht zuletzt aus jener von Simmel als »*quantitative*[] Steigerung von Elementen« bezeichneten ›Kulturtechnik‹.[54] Die Figuren des Romans markieren in ihrer Erschöpfung in endlosen Gesprächen über das Ökonomische genau denjenigen Prozess der Verausgabung eines spezifischen kulturellen und narrativen Sinns, der – so die These dieser Arbeit – bis zu den Prozessen seiner Erosion seit dem letzten Drittel des 19. Jahrhunderts seine Konsistenz, Autorität und Identität von der nationalökonomischen Großerzählung von der Volkswirtschaft als nationaler Wirtschafts-, Kultur- und Wertegemeinschaft bezogen hatte – und der im Roman-Text etwa in Zwergers und Drillingers Positionen und Aussagen konkretisiert ist. Dieser sich bereits im Einzeltext manifestierende Verausgabungs-Sinn findet Fortgang, Wiederholung und Steigerung in doppelter Weise: Zum einen schreibt er sich, wie gezeigt werden wird, fort durch die beiden weiteren Romane von Conrads Zyklus – *Die klugen Jungfrauen* (1889), *Die Beichte des Narren* (1894); zum anderen werden diese allerdings, in Analogie zu den Figuren, die sie bevölkern und in Analogie zu den skizzierten trans-diskursiven relationistischen Logiken der Ökonomie, die sie hervorbringen, selbst zu bloßen Zäsuren bzw. Einzel-Konstituenten einer zyklischen Reihe, die ursprünglich auf eine Folge von zehn Romanen angelegt war, sich aber bezeichnenderweise bereits nach Erscheinen des dritten erschöpft hatte.

7.1.2. *Die klugen Jungfrauen* (1889) – Vom Verstummen der nationalökonomischen Stimmen

Zeitlich setzt der Roman *Die klugen Jungfrauen*[55] einige Zeit, vielleicht ein paar Monate, nach dem Ende von *Was die Isar rauscht* ein. Die diegetische Welt hat

---

53 Georg Simmel: Zur Psychologie der Mode [1895], in: Ders.: Gesamtausgabe, Bd. 5: Aufsätze und Abhandlungen 1894–1900, hrsg. v. Heinz-Jürgen Dahme und David P. Frisby, Frankfurt/ M. 1992, 105–114.

54 Simmel: Psychologie der Mode, a.a.O., 109; s. auch die folgenden Ausführungen zu C. Albertis Roman *Mode* in Kap. 7.2.1.

55 Michael Georg Conrad: Die klugen Jungfrauen. Münchner Roman [1889], zweite durchges. Aufl. in einem Bd., Berlin 1905 [= 2. Teil des dreiteiligen Zyklus *Was die Isar rauscht*, 1888– 1894]. Zitate aus dieser Ausgabe fortan im Text unter Angabe von Kurztitel und Seitenzahl.

sich nur leicht verändert: So ist etwa einer der Hauptsprecher des ersten Teils, Kommerzienrat Raßler, mittlerweile seinem ausschweifenden Lebensstil erlegen, so tritt der dem Wahnsinn verfallene Drillinger nicht mehr in Erscheinung und so sind etwa die alteingesessenen Handwerks-Gemeinschaften am Isar-Ufer verschwunden, da ihre »eigentliche Heimat« (Isar I 242), die Schankwirtschaft »Zum grünen Baum«, auf Grund der fortgesetzten Grundstücksspekulationen abgerissen wurde (Jungfrauen 53 f.). Neben die Vorgänge um die Bauprojekte ist ein Künstlerwettbewerb zur Anfertigung des biblischen Motivs von den »klugen Jungfrauen« (Jungfrauen 78) getreten, den der verstorbene Millionär, Bankier und Aufsichtsrat im Baukonsortium Guggemoos initiiert hatte, der trotz bzw. wohl gerade auf Grund seiner titelgebenden Funktion seltsam nebulös bleibt, der mehr als »Verspottung« denn als »Glorifikation« von »Kunst und Künstler« erscheint (Jungfrauen 102), weil er diese zu bloßen »Bilderfabrikanten« (Jungfrauen 10) werden lässt und der am Ende des Textes bezeichnenderweise auch schlicht im Sande verläuft. Noch immer und noch immer vergeblich arbeitet Joseph Zwerger an der Verwirklichung seiner architektonischen Visionen. Diesmal indem er zusammen mit seinem Fürsprecher Dr. Erwin Hammer versucht, durch Aufnahme in die Münchner Freimaurer-Loge, Sammelbecken der mächtigen ansässigen Geld-Aristokratie, Einfluss zu nehmen auf das Baukonsortium. Die Verschandelungen des Stadtbildes sind schon so weit vorangeschritten, dass Zwergers Wohnung mit ihrem Blick auf die verbliebenen Reste des mittelalterlichen ›Alt-München‹ einen »poetischen Gegensatz[]« bildet zu dem bereits fast vollständig im Privatbesitz konkurrierender Bauspekulanten stehenden und von Fabrikarchitektur und kalten Zweckbauten gezeichneten ›Neu-München‹ (Jungfrauen 85 f., vgl. 101) – Entwicklungen, die sich, so erfährt man, »angesichts des enormen Geldüberflusses und des wachsenden Unternehmermutes« fortwährend beschleunigen (Jungfrauen 100). Unversöhnlich zerstritten ist das intrigante und verworfene Konsortium nicht mehr darüber, ob es, sondern allein in welcher Form es, ob als Aktiengesellschaft oder in anderer Rechtsform, die städtischen Bauflächen an sich bringen soll (vgl. Jungfrauen 139).

Dass die vom Roman verhandelte Spekulationsthematik allerdings über diesen hinausgreift und in totalisierender Logik zum Zeichen größerer Prozesse und Verschiebungen auf wirtschaftlichem, nationalökonomischem und somit auch auf dem gesellschaftlich-kulturellen Gebiet wird, zeigt sich darin, dass der Text, der, genau wie sein Vorgänger, ganz überwiegend aus langen Gesprächsreihen, gesellschaftlichen Szenen, scheinbar niemals endenden Dialogen, Monologen und »Gedankenst[ü]rm[en]« besteht (Jungfrauen 38), mit einem immerhin vierseitigen, nachgerade expositorischen und programmatischen Fachgespräch über die privatwirtschaftlichen Vorteile der Monopolbildung beginnt (Jungfrauen 4–8). Hierin planen der Prokurist Nordhäuser und der bereits aus *Was die Isar rauscht* bekannte Kaffee-Großhändler Xaver Schwarz, in Analogie zur »Bauspekulation im großen Stil« (Isar I 133), nun explizit die »Volksausbeutung […] im großen Stil!« (Jungfrauen 4), die, so ihre zynische Argumentation, der »Erhöhung des Nationalreichtums« diene (Jungfrauen 5). Als Vorbild ihrer Pläne zur Monopolisierung des süddeutschen Kaffeehandels dient ihnen die amerikanische Wirtschaft, die Nordhäuser aus eigener Erfahrung kennt. Über die künstliche Verknappung von Gütern als Mittel der Preissteigerung weiß Nordhäuser zu berichten:

> Der amerikanische Geschäftsmann ist ein Virtuos. Der Ring der Kohlenkönige hatte faktisch das Monopol; infolgedessen hatte er nicht das mindeste Interesse, so viele Kohlen zu graben, daß die Preise gedrückt würden. Im Gegenteil: es mußten immer weniger Kohlen gegraben werden. Die Kohlenkönige setzten systematisch die Arbeitslöhne derart herab, daß die Arbeiter es unmöglich aushalten konnten. Die armen Teufel streikten. Jetzt lachten sich die Kohlenkönige ins Fäustchen, denn jetzt hatten sie den erwünschten Anlaß, die Kohlenpreise zu erhöhen und das Publikum obendrein von der Notwendigkeit dieser Erhöhung zu überzeugen. Die Preise schnellten rasend in die Höhe. Die Arbeit ruhte in allen Kohlenwerken; der Streik war in Permanenz erklärt. Also schauderhafte Kohlennachfrage auf der ganzen Linie! (Jungfrauen 5f.)

Auf die zustimmenden Einwürfe von Schwarz erzählt Nordhäuser weiter, und zwar, wie der Erzähler spöttisch bemerkt: »beglückt, sich in die Sympathien des vielvermögenden Kommerzienrats einschwatzen zu können« (Jungfrauen 6):

> Erst wenn sich das Privatmonopol eines Artikels bemächtigt, der zum täglichen Bedürfnis des großen Haufens gehört, wie Zucker, Milch, Kaffee, Petroleum, dann macht sich die Sache ergiebig. Aber da hat man bei uns Skrupel. Einige Produzentenverbindungen hat man ja in Deutschland endlich auf die Beine gebracht; zum Beispiel die Produzenten der Roheisenproduzenten, der Schienen-, Lokomotiven-, Maschinenlieferanten, der Jutespinnereien u. s. w. Das ist ein Anfang. Es ist freilich eine Heidenarbeit gewesen, die arbeitenden Großkapitalisten eines Produktionszweiges unter einen Hut zu bringen. Den Leuten liegt die alte Pfennigfuchserwirtschaft noch im Blute. Und die alte Moral! Drüben in Amerika nicht! Und es sind keine schlechteren Christen als wir. Der Amerikaner hält auf seine kirchlichen Einrichtungen und läßt sie sich ein schönes Stück Geld kosten. (Jungfrauen 6f.)

Tatsächlich sehr bemerkenswert ist hier einerseits nicht nur das vermeintliche Detail, dass der Text es für nötig hält, den Kommerzienrat ausdrücklich betonen zu lassen, wie sehr es ihm zusagt, im amerikanischen Vorbild »kaufmännische Ausbeutung und praktisches Christentum in Beziehung« zu sehen und dass es gar dessen Idealvorstellung sei, »Geistliches und Weltliches gleichzeitig in Schwung zu sehen.«[56] Zudem weist der Text die beiden Gesprächspartner, und

---

56 Kurz nach der Jahrhundertwende wird dieser Konnex bekanntermaßen in prominenter Weise verwissenschaftlicht und zum Kernargument einer neuen Erzählung über die Entstehung der Moderne: Max Weber: Die protestantische Ethik und der »Geist« des Kapita-

deshalb seien hier längere Zitate aus ihrer Unterredung erlaubt, als fachkundige Geschäftsleute aus, die über fundiertes ökonomisches Wissen verfügen. So weiß Schwarz etwa auch, dass die »Größe des Gewinnes« einmal davon abhänge, »daß man der Gesamtheit die möglichst hohen Preise aufzwingt« und zugleich »die schädlichen Konkurrenten vernichtet.« (Jungfrauen 7) Nordhäuser erhebt es zum anderen gar zum »Axiom« – zum unhinterfragbaren *wissenschaftlichen* Grundsatz also –, dass »die Gesamtheit« den »kaufmännischen Machthabern tributpflichtig erhalten werden« müsse. Über das Dokumentieren und ›Ausstellen‹ dieses Wissens über marktwirtschaftliche Vorgänge – Wettbewerbsvorteile durch Ausnutzen von Marktmacht, Bekämpfen von Konkurrrenz und Monopolisierung – hinausgehend, legt der Text zugleich allerdings die Verwerflichkeit dieser ›Wahrheiten‹ und »Axiom[e]«, ihr ›zersetzendes‹ Potenzial dar, indem er Nordhäuser etwa sagen lässt, dass auf dem Gebiet des wirtschaftlichen Interessenkampfes »kein Mittel verschmäht werden« dürfe – etwa »Schleuderpreise, Eisenbahnverträge, Subventionen, Bestechung, Intriguen u. s. w.« (Jungfrauen 7)[57] – und er nicht müde wird zu betonen, dass sich ihre Bereicherungspläne nicht *in* oder *mit* der »Gesamtheit« der nationalen Ökonomie erreichen lassen, sondern ganz ausdrücklich *gegen* diese bestehen und auf dem Prinzip ihrer *Ausnutzung* – »Volksausbeutung« – basieren. Ganz in diesem Sinne äußern die Gesprächspartner auch ihre Besorgnis über mögliche wirtschaftspolitische Interventionen des Staates, wie sie ja tatsächlich von den ›Kathedersozialisten‹ der Nationalökonomie spätestens seit Gründung des *Vereins für Socialpolitik* avisiert worden waren: »Wissen Sie«, so Schwarz zu Nordhäuser, »bei uns ist das Schlimme, daß die Kleinen gleich den Staat anrufen […]. Da heißt es gleich: Ausbeutung! Staatshilfe her! Staatssozialismus!« (Jungfrauen 7) Im Angesicht der vermeintlichen Gefahr, dass die »Privatmonopole der großen Kaufleute« abgelöst würden durch ein »Staatsmonopol« in den profitabelsten Wirtschaftszweigen, entwickeln die beiden eine wirtschaftspolitische bzw. gar staatsphilosophische Vision darüber, was der »Staat« im Zeitalter der ökonomischen Moderne sei: Sie propagieren, dass er als ein »Monopol der Stärksten« gestaltet werden müsse und sind sich einig:

> Der große Besitz, der große Handel, das große Kapital – das ist der Staat. Dabei kann er monarchisch sein wie in England oder republikanisch wie in Amerika, das macht

---

lismus, in: Archiv für Sozialwissenschaft und Sozialpolitik 20 (1904), H. 1, 1–54; Ders.: Die protestantische Ethik und der »Geist« des Kapitalismus II. Die Berufsidee des asketischen Protestantismus, in: Archiv für Sozialwissenschaft und Sozialpolitik 21 (1905), H. 1, 1–110.

57 Zudem müsse man, so Nordhäuser weiter, in der Wirtschaft »[g]enau wie in der großen Politik« verfahren (Jungfrauen 7). Er plädiert damit für die Übertragung der Rochauschen Thesen von der »Realpolitik« (Eigenlogik des Politischen, Ausrichtung des Politischen an rein machtpolitischen, nicht etwa an ethischen Maßstäben) auf das Feld der Ökonomie; vgl. auch nochmals Kap. 2.1. dieser Arbeit.

keinen großen Unterschied … Nicht wahr? die Reichen sind die Stützen des Reiches …
(Jungfrauen 8)

In vielsagender Weise findet dieses Gespräch zwischen dem Kommerzienrat
Schwarz und dem Prokuristen Nordhäuser, einem, wie der Erzähler mit Blick auf
dessen Geldgier und eitlen Narzissmus urteilt, »grausame[n] Geschäftsmann«
(Jungfrauen 150, vgl. 137), später eine aufschlussreiche Fortsetzung (Jungfrauen
125–142). Letzterer hatte, wie man durch einen inneren Monolog erfährt, in
Übersee bereits mehrfach den »verjüngenden, stählenden Kampf« der Geschäftswelt geführt und drängt nun auf eine »Amerikanisierung« des wirtschaftlichen Prozesses in Deutschland (Jungfrauen 150). Dies ist auch schon in
vollem Gange: Er arbeitet bereits mit Erfolg daran, den »Kleinhändler[n]« mit
»künstlich geschraubten Preisen das Geld aus der Tasche zu holen« (Jungfrauen
126), um seinem Dienstherren Schwarz das Monopol des hiesigen Kaffeege-
schäfts zu sichern.

Die Wiederaufnahme der expositorischen Unterredung ist etwa auch wichtig,
weil sie, ganz im Sinne des realistischen Zeit- und Gesellschaftsromans, zum
Dokument »literarischer Zeitreflexion«[58] wird und hierin – bspw. durch Verwendung der nationalökonomischen Schlagworte – den Blick freisetzt auf Bewusstsein, Debatten und Meinungskämpfe der Zeit.[59] Durch die Einmontage von
wirtschaftswissenschaftlichem und -politischem Text verschwindet stellenweise
auch die Differenz zwischen Erzählerbewusstsein und Figurenbewusstsein bzw.
-sprache; so etwa im Zuge der folgenden nüchternen Argumentation mit den
Notwendigkeiten der nationalökonomischen Statistik, die hier im Präsens vor-
getragen wird:

Schon die Tatsache, daß der jährliche Bevölkerungszuwachs Münchens zehntausend
beträgt, eröffnet für den Aufschwung günstige Aussichten. (Jungfrauen 126)

---

58 Vgl. Göttsche: Zeit im Roman, a. a. O.
59 Die historisch komplexen Verhältnisse können an dieser Stelle nur grob skizziert werden:
Auf die starke Tendenz zur Ausbildung von Monopolen, Kartellen und Trusts in der deut-
schen Volkswirtschaft am Ende des 19. Jahrhunderts reagiert die Reichsführung mit einer
Reihe von Maßnahmen. Besonders die Beschränkungen in der Zoll- und Handelspolitik,
aber auch die allgemeine Ausweitung sozialpolitischer Maßnahmen lassen den deutschen
Staat mehr und mehr zum »Interventionsstaat« werden. Siehe dazu Henning: Deutsche
Wirtschafts- und Sozialgeschichte im 19. Jahrhundert, a. a. O., 783–791 sowie Lothar Gall:
Bismarck. Der weiße Revolutionär, Frankfurt/M. / Berlin / Wien 1980, 642–683; Wehler:
Deutsche Gesellschaftsgeschichte III, a. a. O., 1250–1295, resümiert mit Blick auf die Debatte
um den deutschen »Sonderweg«, dass es ein ebenso voraussetzungs- wie folgenreiches
Charakteristikum der reichsdeutschen Volkswirtschaft gewesen sei, dass die angesprochene
»Sammlungspolitik« und der sog. »›Solidarprotektionismus‹« spätestens ab den 1890er
Jahren auf Grund des hohen Einflusses ökonomischer Interessenverbände auf die Verfesti-
gung eines »korporativistischen Interventionsstaates« (1266) hinführten.

Zudem, so lässt der Text wissen, erreicht Nordhäuser Fortschritte bei seinem Projekt der »Amerikanisierung« mittels einer proto-lobbyistischen ›Medien-Strategie‹, mit der Platzierung eines »eingeschmuggelten Artikel[s]« mit dem zynischen Titel »Die Ausschreitungen im modernen Handel« in der Münchener Presse (Jungfrauen 134, 136), die selbst schon ganz, wie es an anderer Stelle heißt, zur »Meinungsfabrik« (Jungfrauen 30) verkommen sei. Inhalt und Strategie des Artikels werden von seinem Verfasser folgendermaßen referiert: Er habe dort über die Folgen des »freien Spiel[s] der Kräfte« geschrieben,

> daß es die Wunden, die es nach einem ewigen Naturgesetz schlagen müsse, wieder heile, und so weiter. So war es mir mit dieser Taktik möglich, mit einer Verdammung zu beginnen und mit einer leicht verhüllten Lobrede auf das Verdammte zu schließen, die sozialen Schäden und Gebrechen des Systems aufzudecken und Abhilfe zu fordern – und mit demselben Federzug dieses nämliche System als eine Quelle des National-reichtums zu feiern … (Jungfrauen 136)

Das ökonomische Wissen, das sich in den Gesprächen zwischen Schwarz und Norhäuser artikuliert, ist weiterhin insofern wichtig, als es zudem die inhaltlich-thematische Verklammerung der ersten beiden Romane des Zyklus bildet. Programmatisch am Beginn des zweiten Teils platziert, kreist das Gespräch um die zentrale nationalökonomische Debatte der Zeit, insofern als es das Verhältnis von »privatwirtschaftlichem« und »gemeinwirtschaftlichem« System, von »Privateigentum« und »Gemeineigentum«,[60] von »Individualprincip« und »Gemeinschaftsprincip«[61] sowie letztlich von »Monopolkapitalismus« einerseits und »Staatssozialismus« andererseits verhandelt und hierin das Thema des gesamten Romanzyklus *in nucleo* enthält.

Conrads naturalistische Sozialromane beziehen ihre spezifische Sinn-Richtung also einerseits aus der vorgängigen Erzählreihe des Bürgerlichen Realismus, die den wirtschaftlichen Prozess immer wieder als ›Schöpfungs-Geschichte‹ nationalökonomischer Kollektivkräfte und volkswirtschaftlicher Vergemeinschaftung erzählt hatte (Freytag, Spielhagen). Zudem kommt allerdings diese Schöpfungsgeschichte – in Parallelität zum Scheitern von Zwerger und Drillinger – an ihr Ende. Sie wird substituiert durch ein Arrangement, das beschreibbar wird im Sinne einer narrativen Applikationen jenes, wie der Erzähler Nordhäuser sagen lässt: »ewigen Naturgesetz[es]«, nach dem sich das Ökonomische als fortwährendes Konkurrenz- und Unterdrückungsgeschehen vollzieht, in dem »die Kleinen« vom »Großkapital« niedergedrückt werden,[62] in

60 Wagner: Allgemeine oder theoretische Volkswirtschaftslehre, a.a.O., bes. 156ff., 431ff.
61 Ebd., 311; vgl. auch nochmals die einleitenden Kapitel bei Schmoller: Grundriß der Allgemeinen Volkswirtschaftslehre I, a.a.O. sowie Priddat: Produktive Kraft, a.a.O., 391–414.
62 Siehe nochmals Bücher: Entstehung der Volkswirtschaft, a.a.O., 215–249; Schmoller: Zur Geschichte der deutschen Kleingewerbe im 19. Jahrhundert, a.a.O; Untersuchungen über die

welchem das Ökonomische das Soziale nicht verbindet, sondern vielmehr ›axiomatisch‹ zwingend Bedingung seines Zerfalls ist. Im Prozess der Auflösung des literarisch-nationalökonomischen Vergemeinschaftungs-Narrativs spricht sich in diesen Romanen – wie sich auch schon im Blick auf ihre spätrealistischen Vorbilder (Raabe, Keller) abgezeichnet hatte – zugleich ein Problem aus, das die Möglichkeit von narrativem Sinn und allgemeinem Sinn in ganz grundsätzlicher Hinsicht betrifft. In zunehmend paradoxen Fügungen, so kann man sagen, haben sie ihren Sinn darin, Sinn und Sinnlosigkeit zugleich zu sein. In Kontinuität zum Strukturprinzip von *Was die Isar rauscht* und in Korrelation mit jener methodologischen Strategie, anhand welcher Simmel seine Theorie über Wert und Geld analogisch in eine umfassende Theorie der modernen Gesellschaft münden ließ, kehren die mikrologisch im Gespräch von Nordhäuser und Schwarz enthaltenen Prinzipien und Logiken – Rationalisierung, Monetarisierung, ›Entfärbung‹ – im Sinne einer Transformation von ›Inhalt‹ zu ›Form‹ in den Verfahren und dem kompositorischen Arrangement des Textes wieder. Narrative Zerfallserscheinungen zeigen sich nicht nur in der heterogenen und dispersen Gesamterscheinung des Romans (bzw. des Roman-Zyklus). In seinem rastlosen Nebeneinander von Unruhig-Hektischem und Langatmig-Ermüdendem zeigt sich ein Auseinanderfallen einsinnigen Erzählens konkret in der Auflösung der Diegese etwa in proleptische »Sintflut«-Szenen und apokalyptische Bilder, die im Präsens dargeboten sind (Jungfrauen 25–27), in unvermittelte Traumszenen (Jungfrauen 304f.), in längere Umstellungen, Digressionen, Einschübe (Jungfrauen 58–60) und innere Gespräche (Jungfrauen 53f., 108) oder nachgerade manische Reihungen anonymer Stimmen und unverbundener Gesprächsfragmente (Jungfrauen 184–190). Oftmals wird der szenische Charakter dieser und weiterer Stellen im Text nochmals eigens inszeniert mittels erzählerischer Zusätze und Formeln, die allzu stark an Regieanweisungen erinnern (siehe Jungfrauen 17–19, 46–49, 92, 184–190, 246, 304f. u.ö.). Derartige Brüche und Irritationen realistischer Erzählkonventionen werden nicht nur von zunehmender Figuralisierung und Perspektivierung begleitet und hervorgebracht, sie werden zudem beobachtbar als Gesten der Erzeugung von Unmittelbarkeit, als »Authentizitätseffekte«,[63] die als Inszenierungen kenntlich gemacht sind und gerade deshalb als Differenzeffekte sinntragend werden. Etwa in der Hinsicht, dass sie beispielsweise irritierend paradoxe Formen des Dramatischen bezeichnen: Nicht das Geschehen des Romans ist dramatisch – es passiert ja gar nichts –, sondern ausschließlich die Gesten und Effekte seiner Inszenierungen. Die Möglichkeit ›dramatischen‹ Handelns wird hierin ebenso *ad absurdum*

Lage des Handwerks in Deutschland mit besonderer Rücksicht auf seine Konkurrenzfähigkeit gegenüber der Großindustrie, 9 Bde., Leipzig 1894–1897. [= Schriften des Vereins für Socialpolitik Bde. 62–70].

63 Vgl. Siegel: Konfigurationen der Treue um 1900, a.a.O., 221–233.

geführt wie die narrative Logik temporaler oder kausaler Sukzession im Rauschen der ewigen Gespräche still gestellt wird. In diesen Bereich formaler Modernisierungen durch narrative ›Stillstellungen‹ und Gesten erzählerischer Verausgabung gehört auch die fortwährende Wiederholung derjenigen Artikulationen, und, wie es explizit heißt: derjenigen »hyperbolischen Redensarten« (Jungfrauen 50) des Textes, welche sich gleichermaßen in Figuren- wie Erzählerrede äußern und den Roman somit oftmals tatsächlich – und auch dies expliziert der Text selbst durch die Stimme einer Figur – »wie eine Satire« (Jungfrauen 47) wirken lassen. So etwa im Falle eines Gedankenspiels aus dem Umfeld des Spekulationskonsortiums:

> Einer warf die Frage auf, wenn so ein Milliardenkönig wie Vanderbilt fragte: Was kostet München? ob man einen annähernd richtigen Preis fordern könne? Nicht etwa einen patriotischen Liebhaberwert?

Die Frage danach, ob und wie sich ein tatsächlicher »Preis«, der ›reine Geldwert‹ der Stadt berechnen ließe, wird sogleich folgendermaßen beantwortet:

> Warum nicht? Wenn man die Grund- und Haussteuer der Berechnung zu Grunde legt, Kapital-, Renten-, Gewerbe- und Einkommensteuer dazunimmt, die Kunstschätze hinzu taxiert, bringt man schon einen kaufmännisch richtigen Preis heraus. So vier, fünf Milliarden dürften herauskommen. (Jungfrauen 198)

In der hier artikulierten Annahme, dass durch das »Äquivalen[t]« bzw. den »Generalnenner«[64] Geld alles messbar und insofern alles mit allem vergleichbar und verrechenbar sei, spricht sich genau jene Logik der Einebnung von Substanzen und Qualitäten, jenes Prinzip der Gleich*gültigkeit* aus, das sich durch immer neue Varianten jener Arrangements konstituiert, die das Übergreifen dieses Prinzips auf die formalen Strukturen der Textgestaltung – die Transformation von ›Inhalt zu Form‹ – immer wieder anders und doch immer wieder gleich abbilden: Aus den nichtssagenden Gesichtern der Industriellen tritt die gleiche Indifferenz, eben nichts »[B]esondere[s]« (s. Zitat u.), hervor, die sich auch in der Austauschbarkeit ihrer Unternehmungen und Produkte einerseits und in den verkettenden und gleichgültigen Formulierungen ihrer sprachlichen Hervorbringung und Darstellung andererseits ausspricht, insofern als es sich bei ihnen etwa handelt um

> Rentiers und Geschäftsleute ohne besondere Physiognomie: ein Gelatinefolienfabrikant, ein Haarschneide- und Hutfabrikbesitzer, ein Malzfabrikant, der Direktor einer Fäkalienverarbeitungsanstalt, ein Häuserkipperer und ein Milchkuranstaltbesitzer. (Jungfrauen 178)

---

64 Simmel: Philosophie, a. a. O., 78, 134.

Des weiteren fällt dabei nicht nur ein höchst ekelerregendes Moment auf, sofern in den einebnenden Reihungslogiken ganz offensichtlich keine qualitative Differenz besteht etwa zwischen dem nährenden Lebensmittel und dem, was nach Genuss und anschließender biologischer Notwendigkeit einmal von diesem übrigbleiben wird. Wenn in diesem Zusammenhang später der besagte »Direktor einer Fäkalienverarbeitungsanstalt« nur noch als »Fäkaliendirektor« bezeichnet wird (Jungfrauen 208), dann spricht sich hier zudem genau derselbe Ekel über den Auflösungsprozess alles Spezifischen, Besonderen und Persönlichen aus, der auch wiederkehrt in den ausgreifenden satirischen Einlassungen über die in seinen Augen intrigante Freimaurer-Gesellschaft (Jungfrauen 230, siehe 248–275). Diese sei, so der Erzähler, nichts mehr als eine Ansammlung von »modernsten Raubtier-Wirtschaftsmenschen« und sie wird daher auch immer wieder zum Anlass von Schmähreden, etwa mittels direkter Kommentierungen (Jungfrauen 266) oder stellenweise auch mittels typographischer Markierungen – beispielsweise durch distanzierende Verwendung von Anführungszeichen, wenn die Freimaurer etwa von der eigenen »›Arbeit‹« (Jungfrauen 268) sprechen, die noch gar dem »›allgemeinen Besten‹« (Jungfrauen 274) diene.

Im resümierenden Blick auf das ökonomische Wissen von und in Conrads Romanen werden vier bemerkenswerte Aspekte deutlich: Erstens wird es insofern auf der Ebene seiner Vermittlungs-Techniken, -Verfahren und -Gestaltungen wirksam, als es das Problem aufwirft, dass sich die Funktionsmechanismen und -regeln der modernen Ökonomie, die etwa den Immobilienspekulationen der Diegese zu Grunde liegen, der tatsächlichen Darstellung entziehen. Die vielfachen Vermittlungsprozesse des Geldes kehren vielmehr analogisch zurück in Formen eines de-zentralen Erzählens, in der Einsicht der Texte, dass ›Realität‹ nurmehr ›verstellt‹ und ausschließlich vielfach *vermittelt* greifbar ist; vermittelt durch verschiedene Figurenbewusstseine sowie durch heterogene Dokumente, Briefe, Zeitungsartikel und *Texte* hindurch. Das Programm panoramatischer Darstellung steht in einem unlöslichen Widerspruch zum Programm mikrologischer Detailtreue, die »fiktionale Kohärenz«, so ließe sich auch sagen, wird ersetzt durch die »Verselbstständigung ihrer Quellen«.[65]

Hierin liegt zweitens zugleich eine spezifische literaturgeschichtliche und ästhetisch-programmatische Relevanz beschlossen: Die Texte stoßen gerade nicht mimetisch zur ›realistischen‹ bzw. ›naturalistischen‹ Darstellung der empirischen Wirklichkeit hindurch, sondern ›zeigen‹ vielmehr das Problem der vielfältigen Vermittlungen dieser Darstellungs- und Wahrnehmungsprozesse. An die Stelle von diegetischem Erzählen treten bloße Artikulationen, Rhetoriken der Reihung, der Wiederholung und des Aufzählens sowie des Anklagens und der satirischen Überziehung. »Der realistische Weg« ist den erlahmenden Fi-

---

65 Siegel: Konfigurationen der Treue um 1900, a. a. O., 229.

guren der Romane versperrt;[66] die Aufbrüche in ›neue Gemeinschaften‹, die sich am Ende von *Die klugen Jungfrauen* ankündigen, sofern Zwerger mit einigen Gesinnungsgenossen in einem nachgerade lebensemphatischen Akt der Befreiung von materiellen Zwängen »wie berauscht vom Leben« (Jungfrauen 311) den »Weg freiwilliger Armut, heraus aus dem Käfig erwerbstoller, seelenschänderischer Bestien« (Jungfrauen 301) einschlägt, der Großstadt also den Rücken kehrt und ein Landhaus in der Provinz am Starnberger See bezieht (Jungfrauen 322 ff.), sind bereits Zeichen jener spezifisch modernen Bewegungen kollektivistisch-utopistischer Vergemeinschaftung, wie sie sich um 1900 dann tatsächlich etwa als »Neue Gemeinschaft« formieren werden.[67]

Drittens wird im kulturpoetischen, gleichsam wissenspoetischen Blick auf die Korrelationen zwischen naturalistischem Roman, wirtschaftswissenschaftlichen Konzepten und (früh-)soziologischer Theoriebildung deutlich, dass diese im synchronen Feld im Sinne von gleichursprünglichen epistemischen Konstituenten jener »allgemeinen Entwicklung« beschrieben werden können, die »auf jedem Gebiet und in jedem Sinn das Substanzielle in freischwebende Prozesse aufzulösen strebt«.[68] Die in Rede stehende Korrelation ist also genetische Bedingung einer Umstellung des Diskurses von Sein auf Werden; Bedingung einer epistemischen Wende also von ontologisch-substanzialistischer auf funktionalistisch-differenzielle Erkenntnislogik.[69]

Betrachtet man in diesem Zusammenhang die analogische Verwandtschaft von ökonomischem Wert und sprachlichem Zeichen,[70] dann wird, zum vierten, eine Dimension des ökonomisch-literarischen Diskurses sichtbar, die sich in spezifischer Weise auf die allgemeine Semiotik der Zeit bezieht. Das Ende des »objektiven« oder »absoluten Werts« kehrt in Conrads Romanen insofern wieder, als sie den semiotischen Prozess selbst abbilden, in welchem sich die Möglichkeit ›transzendentaler Signifikation‹, eindeutiger, etwa metonymischer oder symbolischer, Abbild- und Bezeichnungsrelationen auflöst in ein ›Rauschen‹ von nicht mehr ›für sich‹, sondern nurmehr ›aneinander‹ bedeutender

---

66 Vgl. Hans Vilmar Geppert: Der realistische Weg. Formen pragmatischen Erzählens bei Balzac, Dickens, Hardy, Keller, Raabe und anderen Autoren des 19. Jahrhunderts, Tübingen 1994.

67 Siehe beispielhaft den Eintrag zu *Die neue Gemeinschaft* in Wülfing / Bruns / Parr (Hg.): Handbuch literarisch-kultureller Vereine, Gruppen und Bünde 1825–1933, a. a. O., 358–371 sowie die folgenden Ausführungen zu Conrad Albertis Romanzyklus *Der Kampf ums Dasein*.

68 Simmel: Philosophie, a. a. O., 199.

69 Siehe auch nochmals Kap. 6.3. dieser Arbeit.

70 Bekannt ist diese Analogie seit der Antike. Von Simmel wird sie reaktualisiert, wenn er etwa meint, dass es der »reine Sinn des Geldes« sei, »die Relativität der begehrten Dinge, durch die sie zu wirtschaftlichen Werten werden, in sich *darzustellen*«. Geld ist in diesem Sinne »Ausdruck« von Relationen (Simmel: Philosophie, a. a. O., 131, 138, 122, Hervorh. M. A.) und »beliebiges Symbol« (Simmel: Psychologie des Geldes, a. a. O., 1257). Es ist in der Ökonomie also, genau wie es das sprachliche Zeichen in der Literatur ist, *Medium der Darstellung*.

Signifikanten – vornehmlich in der Ent-Symbolisierung der Isar zur Ressource, zum bloßen Mittel des Ökonomischen.[71]

Diese Aspekte bilden einen die Einzeltexte des Zyklus übergreifenden, spezifischen Verausgabungssinn aus, der ein Erzählen bezeichnet, das in paradoxer Fügung an dem Versuch scheitert, sein eigenes Ende zu erzählen, weil es sich auf dem Weg dorthin erschöpft. Die sukzessive Verschiebung der Erzählanlage von überwiegend auswählender, wertender, ›objektivierender‹ und also auktorialer Perspektivierung hin zu einem immer stärker durch die Figuren, durch ihr Sprechen und ihr Bewusstsein vermittelten Erzählen über die ersten beiden Teile des Zyklus hinweg, führt auf die extreme Figuralisierung von Mono- bzw. Ich-Perspektive, die im dritten Teil der Roman-Reihe, in *Die Beichte des Narren*, in den »Tod des Erzählers«,[72] und insofern auch in ein ›Ende der Erzählung‹ mündet. Dieses Ende ist allerdings selbst nicht mehr – narrativ – darstellbar; der Roman-Zyklus bleibt in dieser Hinsicht auf merkwürdige Weise ›endlos‹ und verausgabt sich in ein Arrangement aphasischer Erschöpfung.[73] Mit diesem Textprogramm, das auch schon in Bezug auf seine naturwissenschaftlichen bzw. genauer: thermodynamischen Hintergrundannahmen beschrieben worden ist, insofern als sich eine anfänglich einheitliche erzählerische Energie in den Einzeltexten »verausgabt« und die Texte also eine »*entropische*[] *Verlaufsform*« ausbilden,[74] und das sich in dieser Weise als ein Programm »*narrativen Selbstverbrauchs*« beschreiben lässt,[75] ist eine bezeichnende Nähe zu den resignativen Gesten der führenden Nationalökonomen der Zeit markiert. Ihre integrierende Erzählung, das nationalökonomische Narrativ von der Volkswirtschaft als nationaler Wirtschafts-, Werte- und Kulturgemeinschaft, ist dem gleichen Verausgabungsprozess unterworfen wie die erlahmenden Figuren in Conrads Romanen, die, wie skizziert, mit ihren nationalökonomischen Stimmen und Projekten nicht durchdringen. In ihren ›Erschöpfungen‹ kehrt jene Stimme Gustav Schmollers wieder, die am Ende einer späteren Auflage der erstmals 1894 erschienenen Schrift über *Volkswirtschaft, Volkswirtschaftslehre und -methode,* das ›Auserzähltsein‹ der eigenen Disziplin problematisiert. Schmoller schließt seine Abhandlung mit dem resignativen Satz: »Ich lege die Feder weg.«[76] Auch wenn der Verfasser in dieser Schrift nach wie vor, beinahe schon trotzig, ver-

---

71 Siehe auch nochmals die analogen Beobachtungen zu den Raabe-Erzählungen in Kap. 6.4.2. dieser Arbeit.

72 Siegel: Konfigurationen der Treue um 1900, a.a.O., 232.

73 Vgl. Siegel: Konfigurationen der Treue um 1900, a.a.O., 226–232 sowie Stöckmann: Wille zum Willen, a.a.O., 458–465.

74 Stöckmann: Wille zum Willen, a.a.O., 443.

75 Ebd., 449.

76 Gustav Schmoller: Volkswirtschaft, Volkswirtschaftslehre und -methode, in: Ders.: Historisch-ethische Nationalökonomie als Kulturwissenschaft. Ausgewählte methodologische Schriften, hrsg. v. Heino Heinrich Nau, Marburg 1998, 215–368.

sucht, seiner Disziplin ihren substanziellen Kern zu erhalten, insofern als ihre Ergebnisse auf das »Ideale«, auf das »Seinsollende«, auf »Weltanschauung«, »Werturteil« und »feste Ueberzeugung« führen sollten,[77] scheint er sich dennoch bewusst zu sein, dass die ›archetypische‹ Vergemeinschaftungserzählung von der Nationalen Ökonomie, von der Integration des Sozialen durch die bindenden Kräfte der Volkswirtschaft, von der Gemeinschaft ökonomisch-kultureller Werte, die Geschichte von der Sammlung und Synthese durch die Kräfte nationalökonomischer Kooperation, die in gegenseitiger Autorisierung und Plausibilisierung immer wieder von der ökonomischen Wissenschaft und ihren literarischen Affirmationen und ›Wiederholungen‹ erzählt worden war, am Ausgang des 19. Jahrhunderts an ihr Ende gekommen ist.

7.2. Die nationalökonomisch-integrierende Umdeutung des Darwinismus durch die Literatur – Conrad Albertis Roman-Zyklus *Der Kampf ums Dasein* (1888–1895)

Die im Blick auf das naturalistische Erzählen vermerkte »Verwissenschaftlichung der Literatur«[78] weist in Bezug auf das Wissen der nationalökonomischen Wissenschaft noch eine bislang nicht beschriebene Seite auf. Der sechsteilige Romanzyklus *Der Kampf ums Dasein*[79] ist entwickelt an Zolas Konzeption eines *Roman expérimental*. Sein mythischer Gesamtsinn – der darwinistische Daseinskampf – realisiert sich in seinen Einzeltexten, die diesen titelgebenden Gesamtsinn, dieses »Grundgesetz[]« der »modernen Gesellschaft« auf verschiedenen gesellschaftlichen Feldern – und insofern: in ›experimenteller Wiederholung‹ – durchspielen.[80] Die zu Grunde liegende analogische Vorstellung, dass sich das Soziale nach den gleichen biologischen Regeln und Gesetzen entwickele und gestalte wie die Natur (Darwinismus), bezieht allerdings daher noch einmal besondere Plausibilität und Spezifität, dass die nationalökonomi-

---

77 Ebd., 359, 361.
78 Siehe Ingo Stöckmann: Naturalismus, Stuttgart / Weimar 2011, 53–57.
79 Bestehend aus *Wer ist der Stärkere? Ein sozialer Roman aus dem modernen Berlin*, 2 Bde., Leipzig 1888 [Teil 1]; *Die Alten und die Jungen. Sozialer Roman*, 2 Bde., Leipzig 1889 [Teil 2]; *Das Recht auf Liebe. Roman*, Leipzig 1890 [Teil 3]; *Mode. Roman*, Berlin 1893 [Teil 4]; *Schröter & Co. Roman*, Leipzig 1893 [Teil 5]; *Maschinen. Roman*, Leipzig 1895 [Teil 6].
80 Siehe die programmatischen Absichtsbekundungen, die sich auf den gesamten Zyklus beziehen und dem Romantext von *Mode* unpaginiert vorangestellt sind. Siehe zu dieser Erzähllogik, nach welcher der Moderne ein Grundgesetz zu Grunde liege – Der Kampf ums Dasein (*histoire*) – und dieses sich in vielzähligen Varianten bzw. Realisierungen (Roman-*discours*) immer wieder zeige bzw. bewahrheite, den Abschnitt über *Das Erzählsystem des Naturalismus* bei Stöckmann: Wille zum Willen, a.a.O., 41–70 sowie explizit zu Alberti 70–94.

sche Gesellschaftstheorie diese Analogie bereits hergestellt hatte, bevor Zolas
Schriften zum Experimentalroman erschienen waren und erst recht bevor diese
durch Wilhelm Bölsche in Deutschland bekannt gemacht wurden.[81] Eine Verwissenschaftlichung des Gesellschaftlichen hatte, wie beschrieben, der Nationalökonom Albert Schäffle schon am Ende der 1870er Jahre vorgenommen und
den darwinistischen Mythos in integrierend-nationalökonomischer Weise umgedeutet und -erzählt.[82] Es wird sich nun zeigen, dass Albertis Übertragung des
Darwinismus auf die menschliche Gesellschaft ganz im Zeichen jenes kompensatorischen Sinns nationalökonomischer Vergemeinschaftung steht.

7.2.1. *Mode* (1893) – Von der monetaristischen Überformung des Sozialen

Der Roman erzählt die Geschichte um Aufstieg und Fall des aus kleinen Verhältnissen stammenden Schauspielers Max Belitz, der, nachdem er sich jahre-
lang als Provinzschauspieler über Wasser gehalten hatte, sein Glück auf den
großen Bühnen im Berlin des ausgehenden 19. Jahrhunderts versuchen will.
Über seine Motive lässt er zu Beginn wissen: »nur einen Namen haben! Berühmt
sein und Geld verdienen, viel Geld, so scheffelweise!«[83] Der Weg zu Ruhm und
Reichtum führt unweigerlich über die Berliner Geldaristokratie. Die mächtigen
Vertreter von Industrie, Großhandel und Börse kontrollieren nicht mehr nur den
ursprünglichen Kernbereich ihres Wirkens – das Wirtschaftsleben; die ökonomischen Regeln und Gesetze ihres Handelns durchwirken mehr und mehr die
gesamte Gesellschaft: »Wenn man hier nur Geld hat, alles andere ist egal!«
(Mode 88) Der Text zeigt eine soziale Welt, in der sich das Geld in totalisierender
Weise zum »Generalnenner«[84] des Gesellschaftlichen aufgeworfen hat. Die
Prinzipien des substanz- und wesenlosen Geldes, seine differenzialistischen,
objektivierenden und vermittelnden Mechanismen geben nicht mehr nur der
modernen Ökonomie ihr Gesetz; sie determinieren zudem, so die analogische
Sinnrichtung des Textes, auch die vom Text abgebildeten Vorgänge in Politik,
öffentlicher Meinung, Kunst- und Kulturleben (s. Mode 39) sowie – und das ist
entscheidend: ästhetisches Empfinden und Geschmack der Zeit. Mode wird in

---

81 Die entsprechenden Schriften Zolas – die keinen Bezug zum Darwinismus hatten – er-
    schienen ab 1879 und wurden ab 1887 von Wilhelm Bölsche popularisiert und mit dem
    Darwinismus verbunden; siehe Stöckmann: Naturalismus, a. a. O., 55 f.
82 Siehe die ab 1876 in der Zeitschrift für die gesammte Staatswissenschaft erscheinende Bei-
    tragsreihe von Schäffle: Der collective Kampf ums Daseyn. Zum Darwinismus vom Stand-
    punkt der Gesellschaftslehre I, a. a. O.; Ders.: Der collective Kampf ums Daseyn II, a. a. O.;
    Ders.: Der collective Daseynskampf III, a. a. O. sowie Kap. 2.2.4.
83 Conrad Alberti: Mode. Roman, Berlin 1893, 17. Zitate fortan aus dieser Ausgabe im Text
    unter Angabe von Titel und Seitenzahl.
84 Simmel: Philosophie, a. a. O., 134.

diesem Blick sichtbar als Äquivalent des Geldes auf dem Feld des Sozialen; beispielsweise unterliegen ihr schon, wie eine Romanfigur ironisch einwirft, die moralischen Normvorstellungen der diegetischen Welt: Der Kleiderfabrikant Martin Darmstädter bemerkt etwa, dass »die große Sünde mehr und mehr aus der Mode« komme (Mode 45). Zeigte sich diese literarisch-soziologische Beobachtung der kapitalistischen bzw. genauer: monetaristischen Überformung des Gesellschaftlichen, insbesondere von Kunst, Architektur und Ästhetik, wie gezeigt, schon im Blick auf die wesenlose Fabrik-Architektur der »Mode-Architekten« in Conrads *Was die Isar rauscht*, so wird sie hier zum ubiquitären, unvermeidlichen und titelgebenden *logos* der modernen Gesellschaft.

In Begriff und Phänomen der Mode stellt der Roman insofern eine analogische Beziehung zwischen Ökonomie und Kunst her, als etwa die Bekleidungsmoden aus der Textilfabrik der Familie Darmstädter – ihres Zeichens Förderer bzw. eher: Investoren von Belitz – tatsächlich einerseits quasi-musikalisch »componirt« werden und ein »Thema« haben, andererseits allerdings zugleich auch »Tausende« einbringen (Mode 28f.). Im Phänomen der Mode, so die simultane Konstruktion von literarischem und soziologischem Text,[85] treffen sich ökonomischer Geldwert (i.S. der Neuen Werttheorie) und ästhetischer Kunstwert in ihrem spezifisch differenziellen und distinktiven Charakter. Beide folgen einer ›marginalistischen‹ Logik, nach welcher sich Wert generiert anhand von (quantitativen) Verhältnissen der Verfügbarkeit. Wertvoll ist das, was knapp, selten und rar oder – um einen ›modischen‹ Begriff zu verwenden: was exklusiv ist.[86] Die Mode bezieht paradoxerweise ihren Wert daher, dass sie sich den Mechanismen der Wertbildung – Relationierung, Austauschbarkeit, Vergleichbarkeit – tendenziell entzieht.[87] Ihr Reiz besteht darin, dass sie einen Raum der Inkommensurabilität herstellt, Möglichkeiten der Auszeichnung bietet in einem selbst unterscheidungslosen sozialen Raum, der nurmehr in Form von »rollenden Menschenmassen« (Mode 6) oder als »große[], gleichartige[] Masse« (Mode 81) imaginiert wird. Dem Protagonisten Belitz begegnet Mode erstmals, gewissermaßen in ihrer reinsten Form,

---

85 Vgl. Simmels Mode-Aufsatz, der erstmals im Oktober 1895 in der u.a. von Hermann Bahr in Wien herausgegebenen Zeitschrift *Die Zeit* erschienen ist; einer *Wochenschrift*, die Themen aus *Politik, Volkswirtschaft, Wissenschaft und Kunst* beieinander versammelt; Georg Simmel: Zur Psychologie der Mode, in: Ders.: Gesamtausgabe, Bd. 5: Aufsätze und Abhandlungen 1894–1900, hrsg. v. Heinz-Jürgen Dahme und David P. Frisby, Frankfurt/M., 1992, 105–114.

86 Vgl. nochmals die Wichtigkeit der Bedeutung von »Mangel« und »Seltenheit« bei von Wieser: Ursprung und Hauptgesetze des wirthschaftlichen Werthes, a.a.O., 44–68 sowie der analogen Begriffe »scarcity« bei Jevons: Theory of political economy, a.a.O., 155–161 und »rareté« bei Walras: Élements d'économie pure, a.a.O., bes. 23–27.

87 Vgl. Simmel: Psychologie der Mode, a.a.O., 106, der die »antagonistischen Tendenzen« der Mode feststellt, sofern sie Instrument der Vermittlung sei von Individuum (Auszeichnung, Distinktion) und Gesellschaft (Vergleichbarkeit, Wiederholbarkeit).

in der Ansammlung von »Seltsame[m] und Kostbare[m]« (Mode 50) im ›Selten-heitskabinett‹ seiner Geliebten und Gönnerin Thessa Darmstädter: In ihrer Wohnung finden sich ebenso poetische und geschichtenumwobene wie exotische Artefakte aus aller Welt, »Seltenheiten« (Mode 49), die teilweise in sagenhafter Verbindung mit berühmten Künstlern der Zeit stehen und sich durch einen spezifischen »Raritätenwerth« auszeichnen (Mode 48). Un*schätzbar* und somit besonders exklusiv und – ökonomisch und ästhetisch – wertvoll ist das, das weiß die ›Mode-Schöpferin‹ Thessa Darmstädter, wofür es Vergleichsmöglichkeiten *noch nicht* gibt: Mode ist das, was von dem *Alten* und Vergleichbaren sich un-terscheidet: Das *Neue*. Das Motto der Darmstädterschen Mode-Fabrikation ist demnach: »Abwechslung, Neues bringen« (Mode 68), Thessa sagt:

> Sehen Sie, ich lebe ja nur von der Abwechslung, sie allein hält mich aufrecht, sie allein findet sich in der Gesellschaft. [...] Darum mache ich die Mode [...], denn die Mode bedeutet die Abwechslung. (Mode 66)

Der Text bildet nun allerdings nicht nur das theoretische Konzept Mode im Sinne einer literarischen Mode-Soziologie durch Figurenrede nach; er veranschaulicht vielmehr, wie sich dieses ursprünglich ökonomische Prinzip – Distinktion und »rareté« (Walras) als Kern der Neuen Werttheorie – von der Welt der Dinge und Produkte (etwa Kleider aus der Darmstädter-Konfektion) ablöst und sich in das Soziale einschreibt: Belitz, der bislang im Schatten seines Konkurrenten, des Berliner Theater-Stars Henrici gestanden hatte, ruft nun, inspiriert durch die Reden seiner Gönnerin Darmstädter, aus, seine Rollen auf dem Theater fortan »neu zu gestalten« und »anders aufzufassen« (Mode 71). Er wolle künftig ganz entschieden »[a]nders sein als die Uebrigen« (Mode 69).[88] Die öffentliche Mei-nung über den bislang erfolglosen Belitz, der fortan einen »geschäftsmäßige[n] Ton« pflegt (Mode 118), schlägt nun plötzlich um: Seine Don Carlos-Vorstellung habe die Zuschauer, wie die Theater-Kritiker nun schreiben, »[d]ämonisch ge-fesselt«, und zwar auf Grund der »unerhörten, neuen Auffassung« des Stücks durch Belitz (Mode 150). Der ›Mode-Schauspieler‹ Belitz ist geboren, indem er schlagartig als Verkünder nicht nur einer »neu heraufkommenden Mode«, sondern gar einer »neuen Kunst« (Mode 146f.), und zwar der »Kunst des ner-vösen Jahrhunderts«, gefeiert wird (Mode 156). Die ästhetisch naiven Ansichten der Mode-Kritik, die Kunst müsse der »eigenen Zeit« entsprechen und deshalb »nervös« sein, kommentiert der Erzähler allerdings, die Urteile der Theater-kritiken referierend, mittels konjunktivischer Distanzierungen:

> Diese Kunst der raschen Stimmungswechsel, des Umschlagens hochgradiger Erre-gungen in dumpfe Gleichgiltigkeit, der leichte, unabsichtliche Ton, kurz Alles, was die

---

88 Das gleiche distinktivistische Argument liegt auch Simmels berühmtem, erstmals 1903 er-schienenem Aufsatz über *Die Großstädte und das Geistesleben* zu Grunde.

Zuhörer so peinlich berührt hatte, das sei das Neue, Eigenartige, Geistvolle, denn es sei der Geist der eigenen Zeit. (Mode 146)

Durch die Ironisierung derjenigen Dynamik, die sich aus Belitz' verunglücktem Spiel (»dumpfe Gleichgiltigkeit«, »unabsichtliche[r] Ton«, »peinlich berührt«) und den anschließenden willkürlichen Lobreden seiner Beobachter ergibt, erzeugt der Text das nachgerade dystopische Bild einer substanzlosen und leeren Gesellschaft, die schon ganz unter dem Diktat des Ungewöhnlichen und Abweichenden, unter dem Zwang fortwährender Distinktionen und manischer Neuerungen um ihrer selbst willen steht. Die Berliner Theater-Presse, so bemerkt der Erzähler spöttisch, begreife sich in ihrem positiven Urteil über Belitz' Spiel als eine »Gegenströmung« (Mode 151) zu den vormals vernichtenden Urteilen über dessen (doch wohl tatsächlich) begrenztes schauspielerisches Talent. Die Redakteure der Theaterkritik, so der Erzähler weiter,

> bildeten sich ein, andere Meinungen als alle Welt zu haben, sei schon ein Beweis besonderen Geistes. Sie lobten, also bewiesen sie schon tieferes Verständniß als die Masse. (Mode 148 f.)

Auf dem Höhepunkt seines (kurzzeitigen) Ruhms angelangt, ergeht sich Belitz freilich in Eitelkeiten, Verschwendung und Luxus (Mode 224, 227) und nutzt seinen günstigen Stern, um, wie er selbst sagt, noch einmal »möglichst viel Geld zu verdienen« (Mode 164), bevor sein Glück ihn eben so schnell verlässt, wie es ihm zugefallen war – »Man kommt ebenso leicht heraus aus der Mode wie hinein!« (Mode 233) reflektiert die ›Mode-Schöpferin‹ Thessa Darmstädter, oder, wie Simmel es zwei Jahre nach Erscheinen des Romans formulieren wird: Die Mode »ist nie, sondern wird immer«.[89]

Die »künstlerische und materielle Vernichtung« (Mode 311) des Mimen erfolgt unmittelbar nachdem er von Publikum und Kritikern fallengelassen wird (Mode 279f.) und bezeichnenderweise zur gleichen Zeit als die Darmstädter Textilfabrik ihre Tore schließen muss, da Thessas Modestoff »leichengrün« aus der Mode gekommen ist (Mode 232–234). Die Geschichte von der Verdrängung von »Poesie« und »Schönheit« (Mode 139) durch eine wesenlose Mode-Kunst, die in prinzipieller Weise wechselhaft, nervös und kontingent ist, weil sie sich mehr durch die Effekte gesellschaftlicher »Unterhaltung« (Mode 164) auszeichnet als durch das spezifische Gemachtsein ihrer Formen (*ars/techné*) und insofern als sie nicht in einem *ästhetischen Urteil* begründet ist, sondern sich vielmehr, wie es mehrfach heißt, der »Suggestion« (Mode 154, 220, 248) einer fremdbestimmten Mode-Kritik verdankt, die sich ihrerseits ausschließlich an der »materielle[n] Macht« (Mode 279) orientiert, die Geschichte einer modernen ›Nicht-Kunst‹ also, die sich bereits ganz dem undurchschaubaren Wechsel

---

89 Simmel: Psychologie der Mode, a.a.O., 108.

von »Conjunctur[en]« (Mode 164) und Börsenspekulation (vgl. Mode 184, 346)
angeglichen hat, lässt der Text nun – anders etwa als Conrads *Isar*-Romane, die
das gleiche Problem, wie gezeigt, in ein Szenario narrativer Verausgabung und
aphasischen Verstummens geführt hatte – auf zweierlei Weise enden. Die erste
Möglichkeit findet sich in Gestalt von pessimistisch-anarchistischen Positionen
der Zeit, die ganz im gattungstypologischen Sinne des Zeitromans durch die
Figurenrede des Chemikers und Weltverächters Dr. Chylius in den Text finden.
Es handelt sich dabei um eine schillernde Mischung aus historisch-materialis-
tischen, marxistischen und zynisch-kulturpessimistischen Haltungen und Argumenten, die etwa den »alten Wust der Kultur« (Mode 268, vgl. 267–274)
ebenso emphatisch überwinden wollen wie sie die kapitalistischen Deformie-
rungen des Sozialen (siehe Mode 337–341) beklagen und letztlich in utopistische
und nachgerade proto-vitalistische Entwürfe einer Gesellschaft münden, in der
»das Leben jedes Einzelnen von Werth sein« (Mode 341) werde. Neben dieser
Flucht in philosophische und kulturpessimistische Reflexion weist der Text allerdings einen zweiten Weg aus, der tatsächlich auf *Akte und Taten* im Medium
des Sozialen führen wird. Belitz, der schon zu Beginn seiner steilen Karriere in
der Mode eigentlich nicht mehr als »Sinnlosigkeit« und »Unsinn« (Mode 72,
vgl. 13, 24) erkannt hatte, allerdings dennoch, wie beschrieben, selbst zum
Mode-Schauspieler geworden war, fühlt später, am »Wendepunkte seines
Schicksals«, (Mode 238) dann auch tatsächlich eine »luftleere Höhlung« (Mode
236) in seinem Inneren. Zu überwinden sei diese tiefe existenzielle Leere seines
Daseins, das merkt er bezeichnenderweise im Anblick eines Museums, auf das er
auf einem einsamen Streifzug durch die Stadt stößt, mit dem folgenden Plan.
Belitz wolle

> Großes, Gewaltiges schaffen, irgend etwas Dauerndes, etwas das noch nie da war, das
> seinen Namen unablösbar der Geschichte einheftete, ihn durch ganz Deutschland trug
> […]. (Mode 238)

In Figurenmitsicht und erlebter Rede erfährt man zudem, dass ihm plötzlich
»Alles, was er erreicht hatte« nun »als ein Nichts vor[kam] im Vergleich mit dem,
wozu er den Werth in sich fühlte« und deshalb daran arbeiten wolle, nicht nur
einen eigenen »Stil« zu entwickeln, sondern gar eine eigene Bühne zu gründen,
die »seine Kunst von einem Orte Deutschlands zum andern trug!« (Mode 238)
Was Belitz hier im Begriff eines »Dauernde[n]« anstrebt, um die Substanzlo-
sigkeit und Kontingenz einer nurmehr plötzlichen Wechseln, ermüdenden
Brüchen, a-rhythmischen Konjunkturen und nervösen Moden gehorchenden
Moderne zu überwinden, ist nicht weniger als das Projekt einer Verbindung von
persönlicher, geschichtlicher und nationaler Identität, einer Harmonisierung
also zwischen Individuum und Gesellschaft im Sinne eines übergreifenden
Prozesses nationaler Vergemeinschaftung. Von der Gründung einer eigenen

Bühne in der deutschen Provinz erhofft sich Belitz »neue Erfolge« und »neue Triumphe«, und zwar »echtere« und »solidere als früher« (Mode 372). In vielsagender Weise steht diese Gründung allerdings, die Überwindung von »Mode« und »Verstand[ ]« durch das »Herz[ ]« (Mode 371), ganz entschieden im Zeichen älterer *nationalökonomischer* Utopien: Im Gegensatz zur sinnlosen Geschäftigkeit Berlins – »man schuftet, aber man arbeitet nicht« heißt es an einer Stelle über die Hauptstadt (Mode 370) – beziehen sich Belitz' Pläne und Visionen im Kern auf ein Ideal wahrer Tätigkeit, künstlerischer Arbeit und sinnvoller Produktvität, welche ›das Volk‹ in gemeinsamer Tradition, Bildung und Gesinnung vergemeinschaftet (vgl. Mode 372):

> Wieder streben, wieder ein Ziel haben, ein tägliches Pensum, eine Zeiteintheilung, geregelten Arbeitsstoff für sein Gehirn, wieder Geld verdienen, nicht mehr auf fremde Güte angewiesen sein – das hieß wieder leben! (Mode 371)

Die hierin avisierte holistische Zusammenfügung von Sinn, Kunst und Leben sind in spezifischer Weise verwiesen auf Lexikon, Semantik und Narrativ der deutschen Volkswirtschaftslehre: sie tritt hier gewissermaßen literarisch in Erscheinung als Rede von »Geschichte«, von »Deutschland«, von »Arbeit« und »Werth« und den Konzepten von wirtschaftlicher Eigenständigkeit, von persönlicher Freiheit als Freiheit von ökonomischer Schuld, als Rede von einer ›ökonomischen Poetik‹ persönlicher Identitätsbildung und nationaler Vergemeinschaftung.

Allerdings stehen diese Gründungsgesten am Ende des Textes ganz im Zeichen eines doppelten Widerspruchs; zum einen wird die Neugründung von, wie es im Text heißt: »etwas, das noch nie da war« in paradoxer Fügung *im Rückgriff auf* und in *Kontinuität zu* dem beschriebenen *vorgängigen* literarisch-nationalökonomischen Narrativ fundiert; zum anderen ist diese Herstellung von Kontinuität und diskursiver ›Rückbettung‹, so das zweite merkwürdig paradoxe Moment, selbst ausschließlich, wie Belitz ausruft: durch »Vergleich«, und insofern durch Bildung von *Differenz* und *Diskontinuierung* möglich. Der programmatische und deklamatorische Neuerungs- und Modernisierungswille des Naturalismus, besonders der frühen Phase vor dem ›konsequenten Naturalismus‹, ist jüngst herausgearbeitet worden.[90] Er artikuliert sich nicht nur in einer Fülle von Programmen und Manifesten,[91] sondern hier auch etwa in einem mit »Statt der Vorrede« (Mode o. S.) betitelten Vorwort in unmittelbarer Nähe zu den Romantexten des Zyklus *Der Kampf ums Dasein*. In Adaption von Zolas *roman*

---

90 Lothar L. Schneider: Realistische Literaturpolitik, a. a. O., 193 ff. sowie Stöckmann: Wille zum Willen, a. a. O., bes. Abschnitt zum »apokryphen Avantgardismus«, 138–160.
91 Vgl. etwa Quellensammlungen von Theo Meyer (Hg.): Theorie des Naturalismus, a. a. O. sowie Brauneck / Müller (Hg.): Naturalismus. Manifeste und Dokumente zur deutschen Literatur 1880–1900, a. a. O.

expérimental und davon abgeleiteter deutschsprachiger Programmatiken, die sich etwa mit den vermeintlich *naturwissenschaftlichen Grundlagen der Poesie* befassen[92] sowie in Korrelation mit den vorgängigen nationalökonomisch-kompensatorischen Umdeutungen des Daseinskampfes (Schäffle), geht es Alberti darum, die eigene literarische Darstellung des Sozialen in der Logik naturwissenschaftlicher Gesetze zu fundieren: »Der Kampf ums Dasein« sei das »allgemeine[]« und »ewige[] Gesetz[]« der modernen Gesellschaft (Mode o. S.); naturwissenschaftlich determiniert seien logischerweise also auch ihre Teilbereiche und ihre isolierbaren Einzelphänomene (vgl. die Titel der Einzel-Romane): Über die »Mode« selbst heißt es etwa: »sie hat ihre Logik, ihre strenge Entwicklung, ihre Gesetze« (Mode o. S.). In diesem ausgeprägten Szientismus, in der Verwissenschaftlichung des Romans durch die analogische Übertragung der Prinzipien wissenschaftlicher Beobachtbarkeit und experimenteller Wiederholbarkeit auf die Literatur, weist der Naturalismus eine spezifische Differenz zum Poetischen und Bürgerlichen Realismus auf und ist insofern in literatur- und epochengeschichtlicher Hinsicht tatsächlich neu und »modern«. Dieser programmatisch vertretene »Imperativ des Wandels« ist allerdings,[93] wie gezeigt, in paradoxer Weise – gewissermaßen gegen den eigenen differenzbildenden, nachgerade progressistischen Anspruch – bezogen auf Kontinuität, Tradition und Indifferenz: fundiert in dem Narrativ und in der Utopie einer Differenzen übergreifenden, (re-)integrierenden nationalökonomischen Identität: Hier wird die schlagende Bedeutung von Schäffles entsprechender Umdeutung des Darwismus besonders sichtbar. Belitz' Rückzug in die Provinz, die von der emphatischen Verbrüderung mit seinen alten Freunden Flex und Gretchen und ihrer gemeinschaftlichen Entsagung und Befreiung von den kalten Systemzwängen von Mode und moderner Ökonomie begleitet ist (Mode 374 f.), erfolgt zwar einerseits anhand von *wissenschaftlichen* (und insofern: modernistischen) Konzepten aus der Volkswirtschaftslehre, andererseits sind diese Konzepte selbst bezogen auf ihre oben genannten kompensatorischen und vergemeinschaftenden Gehalte und insofern nachgerade »archaistisch«.[94]

---

92 Vgl. Wilhelm Bölsche: Die naturwissenschaftlichen Grundlagen der Poesie. Prolegomena einer realistischen Ästhetik [1887]. Mit zeitgen. Rez. u. e. Bibl. d. Schr. W. Bölsches neu hrsg. v. Johannes J. Braakenburg, Tübingen 1976.

93 Hans Ulrich Gumbrecht: Art. Modern, Modernität, Moderne, in: Otto Brunner / Reinhart Koselleck (Hg.): Geschichtliche Grundbegriffe. Historisches Lexikon zur politisch-sozialen Sprache in Deutschland, Bd. 4: Mi-Pre, Stuttgart 1978, 93–131, hier 126.

94 Simmel: Psychologie der Mode, a. a. O., 112.

7.2.2. *Schröter & Co.* (1893) – Die Vollendung der Erzählung, der Sieg der »unmodernen Ansichten« und Max Webers Rede von der »volkswirtschaftlichen Gemeinschaft«

Dieses nachgerade schizophrene Moment – Neues im Rückgriff auf Altes *als Neues* hervorzubringen – lässt sich noch deutlicher im Blick auf den fünften Teil des Zyklus beobachten, der seinen Sinn in einem Akt manifester textueller Aneignung und Nachahmung findet. Bei dem Roman *Schröter & Co.* handelt es sich um eine Fortsetzung bzw. *Vollendung* von Gustav Freytags *Soll und Haben* von 1855, wie ein Blick in das Nachwort des Autors zeigt,[95] der zudem auch Verfasser einer biographischen Schrift über sein Vorbild ist.[96] Die Fortsetzung der Vorgeschichte, auf welche immer wieder, meist mittels innerer Figurengespräche, zurückgeblendet wird, setzt 25 Jahre nach dieser, also etwa gegen Mitte / Ende der 1870er Jahre ein und umfasst, anders als die Vorlage, nur einen kurzen Zeitraum von einigen Monaten oder einem Jahr bis höchstens zwei Jahren. Der Text beginnt mit einer Schilderung über das Ende genau jener poetischen Welt des Reichtums und der Fülle, der Arbeitsamkeit und der Loyalität, der ganzheitlichen Willens- und Interessengemeinschaft und der patriarchalisch-*oikonomischen* Ordnung des deutschen Handelshauses, die in *Soll und Haben* in ideal-realistischer Verklärung hervorgebracht worden war.[97]

Wie der gesamte Provinz-Handel, so sieht sich allerdings nun auch das mittlerweile von Anton Wohlfahrt (der sich mittlerweile mit zwei »h« schreibt) und seiner Frau Sabine – der Schwester des alten Prinzipals – geführte Breslauer Handelskontor Schröter mit Problemen konfrontiert, die sich aus den um sich greifenden wirtschaftlichen Modernisierungserscheinungen ergeben: »Auszehrung« ist der Name für ein Phänomen, das dem gesamten Provinzhandel zu schaffen macht. In einem ökonomischen Fachreferat nennt Wohlfahrt die Gründe (Schröter & Co. 28 f.): hohe Zölle, schrumpfende Gewinnspannen auf Grund von billigen Industrieprodukten, erhöhte, mittlerweile gar globale Konkurrenz sowie – das stellt das größte Problem dar: Zentralisierungs- und Konzentrationstendenzen (Flucht von Kapital, Handelsgeschäften und Arbeitskräften nach Berlin) lassen das wirtschaftliche Leben in der Provinz geradezu ausbluten. Auch Fritz von Fink, der mit seiner Frau Lenore Rothsattel – der Tochter des Baron v. Rothsattel aus *Soll und Haben* – und Sohn Botho auf den einst eroberten polnischen Landgütern um die Kleinstadt Rosmin lebt, leidet,

---

95 Conrad Alberti: Schröter & Co., 421 f.: Alberti stellt den eigenen Roman explizit in die Tradition von Freytags »unsterbliche[m] Meisterwerk deutscher Erzählkunst«.

96 Conrad Alberti: Gustav Freytag. Sein Leben und Schaffen [1884], 2., verb. Aufl., Leipzig 1886.

97 Siehe Alberti: Schröter & Co., a. a. O., 1–73. Zitate fortan aus dieser Ausgabe im Text unter Angabe von Titel und Seitenzahl.

genau wie sein alter Freund und Geschäftspartner Wohlfahrt, mehr und mehr unter der »verdammte[n] Konjunktur« des modernen Marktgeschehens (Schröter & Co. 38): Auch sein Metier ist dem ökonomischen Strukturwandel unterworfen, der sich in den Gründungsjahren des Deutschen Reiches rasant vollzogen hatte:

> Auch die Bodenrente sinkt von Tag zu Tag – der Landwirt, der heute noch bestehen will, muß sich darauf verlegen, Spezialitäten zu erzeugen, ganz bestimmte Quantitäten von Produkten, die ihm keiner nachmacht, sonst drückt das allgemeine Angebot mit seiner Riesenzufuhr aus allen Weltteilen so die Preise, daß überhaupt nichts mehr verdient wird. (Schröter & Co. 35f.)

Fink handelt nicht ganz uneigennützig, wenn er Wohlfahrt rät, sein Kontor nach Berlin zu verlegen, um sich dort »neue Absatzgebiete« zu erobern und sich also dem »Kampf um's Dasein« (Schröter & Co. 33) zu stellen – der adlige Großagrarier verspricht sich davon eine verlässliche Vertretung der eigenen ökonomischen Interessen in der Hauptstadt. Wohlfahrt, der sich in erster Linie dem »Vermächtnis« (Schröter & Co. 287) seines Ziehvaters Schröter verpflichtet fühlt, lässt sich zwar zu dem Schritt bewegen; allerdings verpflichtet er sich selbst darauf, dass »Geist«, »Geschichte« und »Überlieferung« des altehrwürdigen Kontors (Schröter & Co. 33) auch »in den neuen Bahnen lebendig bleiben« sollen (Schröter & Co. 41, vgl. 26f.) – ein Wunsch, der sich schon zum Zeitpunkt seiner Äußerung als äußerst schwierig erweisen würde: Der Umzug des Handelshauses von seiner Heimatstadt Breslau in das neue Zentrum des modernen Wirtschaftslebens bedeutet zugleich den Zerfall der angestammten patriarchalischen Loyalitäten und das Ende der poetischen kaufmännischen Treuegemeinschaft,[98] wie sich etwa in den Klagen der sich auflösenden MitarbeiterGemeinschaft des Kontors artikuliert:[99] Beim letztmaligen Aufladen der »Ballen«, die schon in *Soll und Haben* nachgerade romantische Objekte, Symbole poetisch-ökonomischer Fülle waren, heißt es etwa: »Armer Ballen, du bist der letzte vielleicht! Das schönste Bild, die schönste Musik der Welt! Das soll nu alles aufhören!« (Schröter & Co. 49).[100] Das erste Buch des Romans endet damit, dass Anton Wohlfahrt letztmalig durch das ›poetische Kontor‹ streift, sich seiner

---

98 Vgl. nochmals Siegel: Konfigurationen der Treue um 1900, a. a. O.

99 Vgl. auch nochmals Bertschik: Poesie der Warenwelten, a. a. O., 46f.

100 Vgl. etwa auch die erzählerische Notiz über den alten Denhardt, der auch schon in der Vorlage aufgetreten war: »[E]r haßte die Stahlfeder, er behauptete, mit ihr sei der Geist der unsoliden Spekulation in das deutsche Geschäftsleben eingezogen.« (Schröter & Co. 48) Bezeichnenderweise reaktualisiert der Text in derartigen Äußerungen genau jenen Zusammenhang zwischen dem ›ökonomischen Stil‹ einer Zeit und den Techniken und Medien seiner Artikulation im Medium der Schrift, durch welche in *Soll und Haben* eine zentrale Analogie zwischen kaufmännischer Buchführung und Poesie hergestellt worden war (s. *Soll und Haben*, 41f., 100, 582 sowie Kap. 3. dieser Arbeit).

Lehrzeit, also der Geschichte von *Soll und Haben* erinnert und den ›Zerfall des Ganzen‹ beklagt (Schröter & Co. 71–73):

> Er dachte an nichts und doch an alles, nur an alles zusammen, an keine Einzelheit – nur keine Einzelheiten in diesem Augenblick! (Schröter & Co. 71)

Das erste Buch endet also in zweierlei Hinsicht: einerseits kommt hier jene literaturgeschichtliche Epoche realistischer Idealisierung und Verklärung an ihr Ende, deren Ausgangs- und programmatischer Höhepunkt Freytags Roman war, andererseits ist dieses Ende bezeichnenderweise zugleich – so die Logik des literarischen Textes und der nationalökonomischen und früh-soziologischen Texte in seinem Umfeld – das Ende jener wirtschafts- und kulturgeschichtlichen Epoche, mit der sie, so ist explizit zu lesen: »untrennbar« (Schröter & Co. 50) verbunden war.[101] Der Neubeginn in Berlin steht unter einem ganz anderen Stern. Bei ersten Besuchen seines neuen Arbeitsumfeldes trifft Wohlfahrt auf eine Welt, die nicht nur extrem widersprüchlich ist, insofern als Armut und Reichtum hier unvermittelt aneinander stehen (vgl. Schröter & Co. 77), sondern die zudem auch nurmehr in Reihung von gesellschaftlichen Funktionsbereichen beschreibbar ist, die sich konzentrisch an den »gewaltigen Mittelpunkt« der Metropole heften:

> Regierung, Kultus, Wissenschaft, Kunst, Industrie, Handel ... Alles nach der gemeinsamen Nahrungszuführerin, nach dem Herzen des modernen Kulturkörpers hinüberblickend, der Börse. (Schröter & Co. 76)

Die kalten Systemlogiken des Geldes bilden nicht nur das Zentrum des »modernen Kulturkörpers«, die Börse erscheint Wohlfahrt zudem bedrohlich, schwindelerregend, abgründig, nervös, ›undeutsch‹, zufällig und chaotisch (vgl. Schröter & Co. 77–84, auch 110 f., 358) und entzieht sich geradezu der Wahrnehmung, die dem Beobachter nurmehr als »verlorene Worte, nichtssagende Zahlen oder Namen« entgegentritt (Schröter & Co. 78).

An der Berliner Börse macht Wohlfahrt Bekanntschaft mit dem jüdischen Spekulanten Isaak Blumenreich. Seine Betrugspläne gegenüber Wohlfahrt gehen einher mit den Racheplänen seiner Frau Rosalie – in *Soll und Haben* Verlobte

---

101 Die Stadt Breslau ist nicht nur »untrennbar« mit dem »Geist« und der »Geschichte« des Schröterschen Handelshauses verbunden, ihre Bewohner vergleichen sie zudem auch mit Augsburg oder Venedig (vgl. Schröter & Co. 50); mit jenen Städten also, die in der Vorstellung der Wissenschaft der Zeit ›idealtypisch‹ eine Durchgangsstufe zwischen vor-kapitalistischer und kapitalistischer Wirtschaftsorganisation markieren: Siehe neben Bücher: Entstehung der Volkswirtschaft, a.a.O., 135–157 vor allem Max Weber: Zur Geschichte der Handelsgesellschaften im Mittelalter. Nach südeuropäischen Quellen, Stuttgart 1889 sowie Werner Sombart: Der moderne Kapitalismus. Erster Band. Die Genesis des Kapitalismus, Leipzig 1902, bes. den Abschnitt über *Die Genesis des kapitalistischen Geistes*, 378–397.

von Veitel Itzig und Tochter von Hirsch Ehrenthal –, die sich an Wohlfahrt und Fink, so erfährt man in zahlreichen inneren Rückblenden Rosalies, für erfahrenes Leid rächen will. In Gestalt der Blumenreichs und ihres Agenten Ascher Tinkeles – Sohn von Schmeie Tinkeles aus *Soll und Haben* – präsentiert der Text noch einmal alle judenfeindlichen Stereotype der Vorlage – Geldgier, verschwenderischer Luxus, Falschheit, verstellte und verstellende ›jüdische‹ Sprache (Schröter & Co. 101–104, 107 f., 208, 230 f., 301 u. ö.) –, und übersteigert diese noch einmal, dadurch dass die Juden nun allerdings, wie Wohlfahrt anmerkt, nicht mehr nur »im Ganzen harmlos«, sondern tatsächlich bereits »gefährlich« sind (Schröter & Co. 68 f.). Blumenreichs Vorschlag, gemeinsam ein groß angelegtes Importhandelsgeschäft für landwirtschaftliche Produkte zu gründen, ist Wohlfahrt zunächst nur Anlass, seine Positionen der nationalökonomischen Integration zu artikulieren:

> Sehen Sie … mein Prinzip ist, nur solche Produkte aus dem Auslande hereinzubringen, die Deutschland nicht, oder nicht genügend erzeugt. Was werde ich mir denn selbst die Preise verderben! (Schröter & Co. 87 f.)

Auf die zynischen Einwürfe Blumenreichs hin argumentiert er zudem mit den Interessen »unsere[r] Landwirtschaft« und »unsere[r] Bauern« (Schröter & Co. 88). In längeren Argumentationen, die Blumenreich in ökonomischer Fachsprache vorträgt, plädiert dieser dagegen ausdrücklich gegen den Handel mit »deutsche[n] Waren« (Schröter & Co. 210 f.) und für das »amerikanische System«, für »Zentralisation« und »Freihandel«, und versichert Wohlfahrt, dass es auf Grund bald sinkender Einfuhrzölle gar zu einer – aus privatwirtschaftlicher Sicht äußerst profitablen – »Revolution auf dem Markte« komme (Schröter & Co. 156, vgl. 154–157, 171 f.). Sein ökonomisches Privatinteresse stellt er über das volkswirtschaftliche Gesamtinteresse:

> Der Geschäftsmann hat einfach die Pflicht, sein Kapital möglichst hoch zu verwerten, *aber nicht nationale Interessenpolitik* zu treiben oder sich zum Nutzen einiger Großgrundbesitzer selbst zu ruinieren. [...] Man muß auf der Höhe der Zeit stehen. (Schröter & Co. 171, Hervorh. M. A.)

Unschwer lassen sich in diesen und anderen Äußerungen Blumenreichs nicht nur Grundargumente und Anthropologie der Reinen Theorie der Volkswirtschaftslehre von der Eigenlogik des Ökonomischen wiedererkennen.[102] Zudem stehen sie in unmittelbarer Nähe zu den Verlautbarungen, Forderungen, Positionen und Schlagworten jener ›lobbyistischen‹ Richtung der Nationalökono-

---

102 Vgl. Menger: Untersuchungen über die Methode der Socialwissenschaften, a. a. O.; Ders.: Die Irrthümer des Historismus in der deutschen Nationalökonomie, a. a. O.; Wieser: Der natürliche Werth, a. a. O. sowie auch Sax: Grundlegung der theoretischen Staatswirthschaft, a. a. O.

mie, die im letzten Drittel des Jahrhunderts verstärkt liberalistische Interessen
– etwa Freihandel – vertrat und hierin eine Frontstellung zu den nationalökonomischen und staatssozialistischen Positionen im Umfeld des *Vereins für Socialpolitik* bezog und hierbei ein breites diskursives Feld zwischen wissenschaftlichen, publizistischen und ›literarischen‹ Textformen besetzte.[103] Was
Blumenreich im Romantext äußert, entspricht nahezu wörtlich denjenigen
Äußerungen, die etwa gegen den »naive[n] Irrthum des Gemeingeistes« und
demgegenüber für »unbedingte *Handelsfreiheit*« argumentieren[104] und die
zudem dem nationalökonomischen Integrationsargument und seinem grun-
dierenden Vergemeinschaftungsnarrativ unversöhnlich entgegenstehen:

> Im Markte wird keine Gemeinschaft gebildet, sondern im Gegentheil abgerechnet und
> auseinandergesetzt. Die volkswirthschaftliche Gemeinde, als solche, ist nur Marktge-
> nossenschaft; sie besitzt, wie gesagt, weiter kein gemeinsames Institut, als eben den
> Markt [...].[105]

In neo-smithianischer Diktion heißt es an anderer Stelle: »[F]reie Concurrenz
beschränken« – etwa durch (Schutz-)Zölle – »heißt ein oberstes Naturrecht des
Menschen aufheben«.[106] Die Rolle des Staates ist in dieser Perspektive denkbar
klein, sie besteht allein in der Gewährung von Rechtssicherheit und in der Ga-
rantie von Handelsfreiheit; »Staatsvormundschaft«, d. h. »übertriebene Einmi-
schung der Regierung in die Privatindustrie« habe einen »lähmenden Einfluß«
auf den volkswirtschaftlichen Prozess.[107] Diese Stimmen des zeitgenössischen
ökonomischen Diskurses, die im Text vom jüdischen Börsenspekulanten und
ehemaligen, wie es im Text heißt: »polnische[n] Schnorrer« (Schröter &
Co. 103) Blumenreich artikuliert werden, stehen nicht nur in Widerspruch zum
nationalökonomischen Weltbild Wohlfahrts oder zu den Positionen Finks, der
seinerseits gegen die »Gegenpartei« (Schröter & Co. 164), also gegen den Frei-

---

103 Die führenden Vertreter dieser Richtung, die sich etwa, wie erwähnt, im *Kongreß deutscher
Volkswirthe* zusammenschließen, sind Max Wirth, Julius Faucher, John Prince-Smith,
Heinrich Bernhard Oppenheim u. a.; siehe etwa Max Wirth: Grundzüge der Nationalökonomie, 4 Bde., Köln 1856–1873 [bis in die 1880er erscheinen mehrere überarbeitete Aufl.]
sowie die Kurzgeschichte desselben: Wirth: Auf den Flügeln des Stahls, in: Gartenlaube 52
(1867), 825–831; vgl. Handwörterbuch der Volkswirthschaftslehre. Unter Mitwirkung von
namhaften deutschen Gelehrten und Fachmännern bearbeitet v. Hermann Rentzsch,
Leipzig 1866 [2. Ausg. ersch. 1870]; vgl. auch nochmals Oppenheim: Der Katheder-Sozialismus, a. a. O.

104 John Prince-Smith: Art. »Handelsfreiheit«, in: Handwörterbuch der Volkswirthschaftslehre. Unter Mitwirkung von namhaften deutschen Gelehrten und Fachmännern bearbeitet
v. Hermann Rentzsch, Leipzig 1866, 436–442, 437 [Hervorh. i. O.].

105 Ebd., 439f.

106 Max Wirth: Grundzüge der Nationalökonomie, Erster Band, Köln 1856, 259.

107 Siehe den knappen Abschnitt über *Die Competenz des Staates* bei Max Wirth: Grundzüge
der Nationalökonomie, zweiter Band, 2., umgearb., verm. u. verbesserte Aufl., Köln 1861
[erstmals Köln 1859], 1–20, Zitate 10, 12.

handelslobbyismus Blumenreichs und, die Interessen der deutschen Landwirtschaft vertretend, für die Erhebung und Erhöhung von Einfuhrzöllen auf
agrarische Produkte argumentiert (vgl. Schröter & Co. 155, 164, 327 f.); die
Differenz der Anschauungen über das Ökonomische tritt am stärksten hervor in
den Auseinandersetzungen zwischen Isaak Blumenreich und seinem Sohn
Werner.

Der 24-jährige Werner ist Privatdozent der Nationalökonomie in Berlin, wo er
sich, so der Text ausdrücklich, mit den Theorien des »große[n] Wagner« vertraut
macht (Schröter & Co. 95).[108] Immerzu versunken in Tabellen und Statistiken, in
»Abstraktionen und Theorien« (Schröter & Co. 143), inszeniert der Text die
Figur als unablässig Arbeitenden (s. Schröter & Co. 100, 106, 118, 149, 290, 320,
372 u. ö.); seine Studien, neben zahlreichen Zeitschriftenbeiträgen etwa auch ein
»große[s] Werk über die deutsche Wirtschaftspolitik« (Schröter & Co. 140),
münden ein in »epochemachende Bücher über Staatsverwaltung« (Schröter &
Co. 404). Der »Nationalökonom« (Schröter & Co. 93), dem die Volkswirtschaftslehre nicht nur nüchterne Wissenschaft, sondern dezidiert »Überzeugung« ist (Schröter & Co. 137), teilt seine Ansichten mit Wohlfahrt genauso, wie
er dessen unablässige kaufmännische Betätigungen für die nationale Ökonomie
auf dem Feld der eigenen geistigen Arbeit wiederholt. Intuitiv erscheinen ihm
die Wohlfahrts und die Finks gegenüber seinen jüdischen Eltern als Inbegriff
von »Gesundheit« und »Leben« (Schröter & Co. 143). Auch für Werner ist,
genauso wie für Wohlfahrt, die »erste und heiligste aller Pflichten« gerade nicht
der privatwirtschaftliche Profit, sondern bezeichnenderweise die »kaufmännische Treue« (Schröter & Co. 303); Ökonomie sei nur vom »menschlichen
Standpunkt« aus zu machen (Schröter & Co. 168), wirtschaftliches Handeln sei
nicht nur *rein ökonomisch* motiviert, es gebe vielmehr, so Werner in einer
weiteren seiner zahlreichen Stellungnahmen, »auch noch andere Motive in
der Welt« (Schröter & Co. 261).[109] Auf Grund seiner nationalökonomischen

---

108 Gemeint ist Adolph Wagner, der seit 1870 Staatswissenschaft in Berlin lehrt. Werner, so lässt
      sich mutmaßen, wird in Berlin auch auf Schmoller getroffen sein, der dort ab 1882 Na-
      tionalökonomie unterrichtet. An anderer Stelle im Text heißt es zudem, dass Werner in
      Heidelberg studiert habe (Schröter & Co. 138), dort also, wo seit 1865 Karl Knies, wichtiger
      Programmatiker der Älteren Historischen Schule lehrt und 1896 von keinem geringeren als
      Max Weber beerbt wird. Auch stellt sich Werner ausdrücklich in die Denktradition der
      historisch-ethischen Nationalökonomie, indem er sich selbst als »Kathedermensch«, ganz
      offensichtlich in Abwandlung von ›Kathedersozialist‹, bezeichnet (Schröter & Co. 315).
109 Die Figur spricht hier die zentrale Annahme der Nationalökonomie nach; siehe als einen
      weiteren Beleg etwa Wagner: Allgemeine oder theoretische Volkswirtschaftslehre, a. a. O.,
      der explizit in grundlegenden Ausführungen darauf hinweist, dass wirtschaftliches Han-
      deln eben nicht ausschließlich im »*Selbstinteresse*«, sondern vor allem auch in dem »*so-
      cialen* oder *gesellschaftlichen* Wesen des Menschen« motiviert sei; vgl. auch den Abschnitt
      Die moralischen Potenzen neben dem Selbstinteresse im privatwirthschaftlichen System,
      192–197.

»Überzeugung[en]« verachtet Werner die Geschäfte des Vaters (vgl. Schröter & Co. 159); dies wird in einer Reihe von Gesprächen allzu deutlich: Im folgenden Zitat geraten beide aneinander, wenn Werner die Zusammenhänge erklärt, die zwischen Blumenreichs Gründungsplänen, zoll- und steuerpolitischen Fragen und dem Verhältnis von nationalem Handels-, Industrie- und Agrarsektor bestehen: »Du weißt«,

> ich bin der Ansicht, daß eine gesunde wirtschaftliche Entwickelung nur möglich ist mit einem wohlhabenden steuerfähigen Bauernstande. Bei dem wahnsinnigen Import aller landwirtschaftlichen Produkte, wie ihr ihn hier an der Berliner Börse treibt! wie soll da der Bauernstand gesund bleiben? Unsere Industrie ist jetzt so hoch entwickelt, daß auch 'mal was für die Landwirtschaft gethan werden muß, sonst treiben wir einer Bodenentwertung, einer Großgrundbesitzerwirtschaft zu, die uns schließlich ruinieren muß. (Schröter & Co. 168 f.)

Die Einwände Blumenreichs, der den Sohn warnt, mit seinen »idealen Grundsätzen« den »geschäftlichen Interessen [des] Vaters« entgegenzustehen, die zugleich und implizit auf eine polemische Kritik – heute würde man wohl von Populismus sprechen – an möglichen staatlichen Interventionen wirtschafts- und zollpolitischer Art zielen –

> Du willst uns also das Brot, und das Fleisch, und den Zucker, und Alles verteuern? Die armen Leute sollen das nackte Leben gar nicht mehr erschwingen können? Wie kann man nur so schauderhaft unmoderne Ansichten haben! (Schröter & Co. 169)

– beantwortet Werner folgendermaßen:

> Spiele nur nicht den Freund der armen Leute! Die sind dir höchst gleichgiltig. Ich sag' Dir, die unmodernen Ansichten werden siegen. Ich warne dich, auch geschäftlich. Die Regierung wird nachgeben müssen, die Wahlen stehen vor der Thüre. Die Bauern bilden noch immer die Masse, und die Regierung braucht sie. Wir bekommen Zollerhöhungen. (Schröter & Co. 169)

Was hier als Rede vom Sieg der »unmodernen Ansichten« auf dem Feld ökonomischer Theorie und wirtschaftspolitischer Praxis angedeutet ist, ist nichts weniger als eine hervorragende Zustandsbeschreibung der deutschen Nationalökonomie vor und um 1900: Wie skizziert, tritt die Disziplin einerseits mit dem Anspruch auf, eine moderne, d. h. ausdifferenzierte und spezialisierte Fachwissenschaft zu sein.[110] Andererseits steht sie zugleich aber ganz im Zeichen methodologischer (Theorie vs. Empirie), disziplinärer (Ökonomie vs. Geschichte) und systematischer (Ökonomie vs. Politik) ›Durchmischungen‹ synthetisch-kompensatorischer Natur, die den – modernen – Prozessen von Schließung und Spezialisierung in antagonistischer und eigentlich paradoxer

---

110 Siehe Kap. 2 dieser Arbeit.

Weise entgegenstehen. Die literarische Figur Werner ist nun Sprachrohr jener ›paradoxen Wissenschaft‹, indem er nicht nur ihre im engeren Sinne wissenschaftliche Seite der theoretischen Reflexion etwa über zoll- und finanzwissenschaftliche Fragen wiederholt,[111] sondern auch ihre wirtschaftspolitische, nachgerade ›neu-merkantilistische‹[112] Seite argumentativ vertritt. Es geht ihm darum, so erfährt man durch einen Übergang von erlebter Rede zu innerem Monolog,

> seine wissenschaftlichen Grundsätze in die Praxis zu übertragen – denn wozu diente die ganze Wissenschaft, wenn sie immer nur abstrahierte und nie auf das praktische Leben zurückzuwirken suchte, dem sie entstammte? (Schröter & Co. 160, vgl. 251)

Allen Zweifeln und Bedenken zum Trotz (Schröter & Co. 288) willigt Wohlfahrt – auch, weil er sich vom alten Freunde Fink ausgenutzt fühlt (Schröter & Co. 165, 224 f.) – letztlich doch in Blumenreichs Pläne zur gemeinsamen Gründung der »Internationalen Berliner Landesproduktenbörse« ein (Schröter & Co. 286). Getäuscht von falschen Informationen über vermeintlich fallende Zollschranken und fasziniert von den Verheißungen des schnellen Geldes – »Ach, und es mußte ein herrliches Gefühl sein, so in kurzer Zeit über Schätze zu verfügen« (Schröter & Co. 218, vgl. 172) – spricht Wohlfahrt sich die ökonomistischen Rechtfertigungsargumente für die Gründung vor – im »Geschäftsleben« müsse man nun einmal »seinen Vorteil ausnutzen« (Schröter & Co. 287. vgl. 395) – und verfällt in einen Relativismus, der ihm, Anton Wohlfahrt, eigentlich ganz fremd ist: »Ach, kein Mensch wußte heut zu Tage noch, was berechtigt und was unberechtigt war.« (Schröter & Co. 212, vgl. 217 f.) Allerdings entziehen sich diese Motive in der Logik der gleichnishaften Sinnstruktur des Romans dem Bereich von Wohlfahrts Verantwortlichkeit: Moral und Ziel des Textes bestehen ja laut Nachwort – in welchem sich das szientifische Programm des naturalistischen

---

111 Von der langschattigen staatswissenschaftlichen Tradition und den nach-kameralistischen Vorstellungen über Steuern, Zölle und fiskalpolitische Fragen sowie von ihrer zentralen Stellung hinsichtlich des Programms eines ›bürgerlichen Staatssozialismus‹ legt Adolph Wagners vierbändige *Finanzwissenschaft* ein umfassendes Zeugnis ab; s. auch Adolph Wagner: Finanzwissenschaft und Staatssozialismus 1887. Im Anhang: Lorenz v. Stein: Finanzwissenschaft und Staatssozialismus 1885, hrsg. v. August Skalweit, Frankfurt/M. 1948.

112 Ab dem Ende der 1870er Jahre tritt die deutsche Wirtschaftspolitik in eine Phase des staatlichen Interventionismus ein, der die Volkswirtschaft einmal ›nach außen‹ schützen sollte (Schutzzollpolitik) und zum anderen ›nach innen‹ auf die Harmonisierung ihrer zunehmend von gegenläufigen Interessen geleiteten Einzelsektoren (Handel, Industrie, Landwirtschaft) zielte. Siehe zu dieser Phase des sog. »Neomerkantilismus« Henning: Deutsche Wirtschafts- und Sozialgeschichte im 19. Jahrhundert, 1996. (Henning: Handbuch der Wirtschafts- und Sozialgeschichte Deutschlands, Bd. 2), 809–818 sowie Wehler: Deutsche Gesellschaftsgeschichte Bd. 3: Von der »Deutschen Doppelrevolution« bis zum Beginn des Ersten Weltkrieges. 1849–1914, München 1996, der 1264 diese politische Zielstellung als »›Solidarprotektionismus‹« beschreibt.

Erzählens (naturwissenschaftliche Gesetzmäßigkeit) nochmals artikuliert – gerade im Nachweis der Gesetzmäßigkeit und Unausweichlichkeit ökonomischer Zwänge in der Moderne. Der Roman zeigt, wie »der Kaufmann« durch »wirtschaftliche[] Verhältnisse *gezwungen*« sei und »*mit gesellschaftlicher Notwendigkeit*« von der »Bahn der nüchternen Arbeit in den Hohlweg der Spekulation« getrieben werde (Schröter & Co. 422, Hervorh. M. A.).

Die feierliche Eröffnung der Landesproduktenbörse in einem Berliner Prunkbau ist keinem geringeren als dem anwesenden Handelsminister des Deutschen Reichs vorbehalten, der in seiner Rede, welche vom Erzähler auszugsweise referiert wird, die politischen Anliegen der Regierung darlegt:

> Die Regierung erachte es für ihre Pflicht, jedes Unternehmen zu unterstützen, das dem nationalen Handel zum Heil gereiche, hoffentlich werde sich die Landesproduktenbörse als ein solches erweisen. Der Handel müsse Hand in Hand gehen mit der nationalen Landwirtschaft: beide seien natürliche Verbündete, nicht Feinde. (Schröter & Co. 349)

Dieser Zielstellung steht der Zweck der soeben gegründeten Importhandelsbörse freilich entgegen. Das Unternehmen wird zur Totgeburt, weil das, was Wohlfahrt anfangs noch vermutet und Fink gefordert hatte – die Einführung und Erhöhung von Zöllen auf ausländische Agrarerzeugnisse – nun auch tatsächlich eintritt. Werner hatte das allerdings – und das ist wichtig – schon *vorher* durch seine nationalökonomischen Studien vorausgesehen: Da er, wie er selbst bekundet, »das leitende Prinzip« der »preußischen Wirtschaftspolitik« wissenschaftlich bewiesen habe, könne er nun auch den »zukünftigen Gang unserer Gesetzgebung bis in die Einzelheiten« vorhersagen (Schröter & Co. 293):

> Ja – ich bin nämlich der Ansicht, daß die Regierung die Wirtschaftspolitik nur als einen Teil der allgemeinen Politik betrachtet und sie ihr unterordnet. Die Regierung wird sich, um dem Einfluß der Industriekönige und der arbeitenden Massen ein Gegengewicht zu halten, immer entschiedener auf die Landwirtschaft, auf den Großgrundbesitz stützen. Ich bin daher überzeugt, daß wir vor einer Ära der schärfsten landwirtschaftlichen Zölle stehen – und Du solltest Deine Berechnungen darnach einrichten. (Schröter & Co. 294, vgl. 169)

Bezeichnenderweise führen Werners wissenschaftliche Studien und Vorhersagen, seine Affirmierungen der »unmodernen Ansichten« dazu, dass er die Betrugs- und Rachepläne seiner Eltern durchschaut (vgl. Schröter & Co. 294, 300 f.). In inneren Gesprächen hatten diese immer wieder *die eigene Version der Vorgeschichte* entfaltet, düstere Bilder von deren Protagonisten und verzerrende Interpretationen von deren Ereignissen gezeichnet (vgl. Schröter & Co. 96, 101–104, 130–133, 272) und versuchen nun, ihren Sohn von *ihrer* Interpretation der Vorgeschichte zu überzeugen (307–310). Entgegengesetzte Exegesen von *Soll und Haben* waren von Zeit zu Zeit durch andere Figuren oder den Erzähler

unternommen worden; sehr anschaulich beispielsweise von Wohlfahrt, der die
Lebensleistung Finks folgendermaßen bilanziert hatte:

> Die Aufbesserung seiner Güter in Posen, die Bewirtschaftung der ausgedehnten Flä-
> chen, die Verwertung seiner Erzeugnisse war es, die ihm vor allem am Herzen lag. Nicht
> um des Geldes willen – die Arbeit selbst machte ihm Freude, der Erfolg, der Stolz darauf
> war sein höchstes Ziel, das Bewußtsein ein zweiter Faust, unfruchtbare Sandfelder in
> Gärten verwandelt zu haben, diese Beschäftigung, die ihn seit fast dreißig Jahren
> ausfüllte, mit der er vollkommen verwachsen, und die ihm fast für nichts Anderes
> Raum in Herz und Hirn gelassen hatte. (Schröter & Co. 224)

Werner, als Wissenschaftler und Nationalökonom prädestiniert, Wahres von
Unwahrem zu unterscheiden, lässt sich nun keineswegs von der Interpretation
seiner Eltern überzeugen, von denen er schon immer intuitiv gewusst zu haben
meinte, dass sie niemals zu der »Kultur« gehörten, in der er sich »heimischer«
(Schröter & Co. 304), in die er sich buchstäblich »hineingewachsen« fühlte
(Schröter & Co. 107, vgl. Werners »Deutschtum« 176f., vgl. 262).[113] Glauben
kann er den Eltern nicht schenken, weil er mit den Finks und den Wohlfahrts,
wie er selbst ausdrücklich sagt, das »kaufmännische Wesen« (Schröter &
Co. 305) teile, welches ja (s. oben) dem des Vaters unversöhnlich entgegensteht.

Allerdings fühlt sich Werner nicht nur im wirtschaftlichen Wesen und in der
gemeinsamen nationalökonomischen »Gesinnung« mit Wohlfahrt verbunden;
zugleich ist ihm der Protagonist von Freytags Roman ein Gegenbild gegen die
»rätselhaften Wirrnisse[] des modernen Lebens«, ein Symbol gegen deren
»Halbheiten«, »Gesinnungslosigkeiten« und »Unbestimmtheiten« (Schröter &
Co. 311). Die Vorlage und ihr idealrealistisches Programm des Durchschauens
werden also nicht bloß reaktualisiert; ihre Eindeutigkeit wird durch den szi-
entifischen Charakter der Fortsetzung, der sich in den nationalökonomischen
Gutachten Werners konkretisiert, geradezu wissenschaftlich autorisiert. Die
Kontingenz und Wechselhaftigkeit von Börsenkursen und Konjunkturen, die
Undurchschaubarkeit von Geschäften und Verträgen, der Relativismus, dem
Wohlfahrt verfallen war – »Ach, kein Mensch wußte heut zu Tage noch, was
berechtigt und was unberechtigt war.« –, die ubiquitäre Ambiguität des modernen Lebens mit seinen »rätselhaften Wirrnissen« – all das wird nun (erneut)
stillgestellt und überwunden. Durch die Re-Aktualisierung und die Re-Inter-
pretation, durch das Richtig-Stellen und im Durchschauen, im Wieder- und
Neu-Erzählen des literarischen Archetypus' der Erzählung von der nationalökonomischen Vergemeinschaftung also, konstituiert der Roman seinen spe-

---

113 Werner redet hier freilich der in Kap. 2.1. und 2.2.4. dieser Arbeit skizzierten nationalökonomischen Kulturvorstellung das Wort, nach der Wirtschaft und Kultur nicht voneinander zu trennen sind, nach der sie organisch miteinander verwachsen (»hineingewachsen«) sind.

zifischen Sinn: Er vollendet diese Geschichte mit der Gründung einer neuen nationalökonomischen Treuegemeinschaft.

Allerdings weist dies eine merkwürdig widersprüchliche Seite auf. Das Verfahren des Romans modernisiert sich, so lässt sich sagen, anhand derjenigen »unmodernen Ansichten«, die er darstellt und vertritt: Das Sinnzentrum des Textes, die Wieder- bzw. Neugründung einer volkswirtschaftlichen Gemeinschaft will einerseits genetisch aus einer organisch gewachsenen Wirtschaftskulturgemeinschaft, d. h. aus einem vorgängigen, und insofern ›unmodernen‹ narrativen Sinn hervorgegangen sein. Gestaltet ist diese ›Rückbettung‹ jedoch andererseits anhand eines modernen Text-Verfahrens, das nicht nur die Konventionen seines realistischen Herkunftssystems durchbricht, sondern zudem auch in selbstwidersprüchlicher Fügung das eigene modernisierungslogische Programm, ständig Neues hervorbringen zu müssen,[114] unterläuft: Modern ist das Verfahren insofern, als es in einem Prozess der ›Vivisektion‹ des ›lebendigen‹ literarischen Erbes, in einem Akt sonderbarer Interpretation und Exegese, den eigenen Sinn dadurch hervorbringt, dass es ihn im Schatten seines Vorläufers und also erst sekundär konstituiert. Die emphatischen Überwindungs- und Befreiungsgesten (Schröter & Co. 402 f.) Werners folgen zwar insofern einer modernistischen Logik von Diskontinuität und Zäsur, als er mit dem Ausschlagen des Millionenerbes und der Lossagung von den Eltern eine »wirkliche[] That« vollbringt (Schröter & Co. 315). Sie sind aber zugleich gegen-modernistisch / ›archaistisch‹ begründet insofern, als sie in einem vorgängigen *ethos* der »Entsagung« und der Verpflichtung auf »rauhe[] Arbeit« fundiert sind (Schröter & Co. 403).

In einem Verhältnis enger diskursiver Korrelation zum gemeinschaftsstiftenden Sinn dieser paradoxen Vollendungs- und Überwindungsgesten des naturalistischen Sozialromans steht jene neue Generation der Nationalökonomie – namentlich vor allem Max Weber, Werner Sombart und Franz Oppenheimer –, aus welcher in den Jahrzehnten um 1900 die frühe Soziologie als zunehmend eigenständige Disziplin hervorgehen wird.[115] So stehen Webers erste Schriften insofern ganz im Zeichen der Nationalökonomie, als sie sich dem Wirtschaftlichen historisch, von seinen rechts-, institutionen- und ›gesellschaftsge-

---

114 Vgl. auch Horst Thomé: Modernität und Bewußtseinswandel in der Zeit des Naturalismus und des Fin de siécle, in: York-Gothart Mix (Hg.): Naturalimsus – Fin de siècle – Expressionismus. 1890–1918, München / Wien 2000, 15–27.

115 Vgl. auch Edith Weiller: Max Weber und die literarische Moderne. Ambivalente Begegnungen zweier Kulturen, Stuttgart / Weimar 1994. Weillers instruktive Studie konzentriert sich allerdings stark auf prominente Einzelkonstellationen (Weber und Nietzsche; Weber und der George-Kreis). Ihr Schwerpunkt liegt zudem auf dem Zeitraum 1900–1920. Die hier in Rede stehenden Zusammenhänge zwischen nationalökonomisch-frühsoziologischer Theoriebildung und literarischem Erzählen, die sich im Blick auf das diskursive Feld der späten 1880er und 1890er Jahre verdichten, hat die Studie nicht im Blick.

schichtlichen‹ Bedingungen her nähern und hierin das anti-spezialistische und gegen-modernistische Argument von der geschichtlich-kulturellen und nationalen Bettung des Ökonomischen wiederholen.[116] In einer Abhandlung über *Die Börse* weist Weber zudem zwar auf die »*Unpersönlichkeit*« des Börsenwesens und auf die reine System- und Vermittlungslogik des zirkulierenden Kapitals hin.[117] Allerdings ist ihm das viel weniger Anlass zum Hinweis auf soziologisierende Analogien und Wechselwirkungen, wie sie etwa im Blick auf die geldtheoretischen Schriften Simmels sichtbar wurden. Weber geht es vielmehr um die Börse in ihrer ausdrücklich »*volkswirtschaftliche*[n] Bedeutung«.[118] Er argumentiert hierbei nicht wissenschaftlich-beschreibend – oder, wie er selbst später formulieren wird: »werturteilsfrei« –, sondern präskriptiv bzw. normativ. Die Funktion und die »*positive* Bedeutung« der Börse für die »nationale Volkswirtschaft« bestehe darin, ein nationales »*Machtmittel*« zu sein; und zwar ein Machtmittel »im Ringen der Nationen um die ökonomische Herrscherstellung«.[119] Anders als jüngst noch behauptet, gehen diese Legitimierungen und national- und machtpolitischen Funktionsbestimmungen des Börsenhandels allerdings nicht auf ein mangelndes Verständnis Webers für die modernen ökonomischen Prozesse zurück.[120] Sie sind vielmehr historisch zwingende, geradezu notwendige Fortschreibung bzw. Vollendung derjenigen Vergemeinschaftungserzählung, die sich in einem über 50 Jahre dauernden Prozess der fortwährenden Tradierung, Kontinuierung und Variation aus der Koevolution von nationalökonomischem und literarischem Diskurs verdichtet hatte.[121] Die

---

116 Siehe Webers Dissertation: Geschichte der Handelsgesellschaften, a. a. O. sowie seine Habilitationsschrift: Die römische Agrargeschichte in ihrer Bedeutung für das Staats- und Privatrecht, Stuttgart 1891; vgl. auch Gottfried Eisermann: Max Weber und die Nationalökonomie, Marburg 1993.

117 Max Weber: Die Börse (1894), in: Ders.: Gesammelte Aufsätze zur Soziologie und Sozialpolitik, hrsg. v. Marianne Weber, 2. Aufl., Tübingen 1988 [= unveränd. photomech. ND d. Erstauflage 1924], 256–322, hier 267 [fortan Weber: Börse, GASS, Seitenzahl].

118 Weber: Börse, GASS, 315.

119 Weber: Börse, GASS, 320, 322, 320.

120 Anders noch das 2014 erschienene Max Weber-Handbuch: Heiner Ganßmann: Art. »Börsenwesen. Schriften und Reden (1893–1899)«, in: Hans-Peter Müller / Steffen Sigmund (Hg.): Max Weber-Handbuch. Leben – Werk – Wirkung, Stuttgart / Weimar 2014, 184–190, hier 188, der die positive Bewertung der Börsen durch Weber auf eine »Fehldeutung« Webers zurückführt, insofern als dieser »Konkurrenz zwischen ganzen Nationalökonomien« behaupte, wo »Konkurrenz zwischen Unternehmen« stattfinde. Ganßmann entgeht also offensichtlich die normativ-nationalökonomische Bestimmung der Börse durch Weber.

121 Webers Argumente, die im übrigen in den vielfachen literarischen Bearbeitungen und Thematisierungen von Börse und Börsen-Spekulation wiederkehren – siehe neben den untersuchten Romanen von Spielhagen, M. G. Conrad und C. Alberti etwa auch Schößler: Börsenfieber und Kaufrausch, a. a. O., welche u. a. Texte von Fontane, H. Mann, Th. Mann und Zola untersucht –, finden sich in ihrem spezifisch normativen Bezug auf die Belange

Nation ist, so Weber 1895 in der berühmten Freiburger Antrittsvorlesung, zu-allererst »volkswirtschaftliche Gemeinschaft«.[122] Die Wirtschaft ist in entspre-chender Weise nicht als Selbstzweck oder als ›Privatsache‹ legitim, sondern steht als Nationalökonomie ganz im Dienste der »soziale[n]« und der »inneren Ei-nigung« der »Nation«.[123] In einem geradezu ›nachkameralistischen‹ Argument werden Wirtschaftstheorie und Wirtschaftspolitik auch von Weber erneut in einem umfassenderen nationalen *telos* zusammengeschlossen:

> Die Volkswirtschaftspolitik eines deutschen Staatswesens, ebenso wie der Wertmaß-stab des deutschen volkswirtschaftlichen Theoretikers können [...] nur deutsche sein.[124]

Weber, der die Spezialisierungsentwicklungen in der Wirtschaftstheorie jenseits der Grenzen des Deutschen Reichs (Menger, Grenznutzenschule) sehr genau kannte, verfolgt quer zu diesen wissenschaftssoziologischen Modernisierungs-prozessen – Ausdifferenzierung des Wissenschaftssystems, disziplinäre Schlie-ßung – und den mit ihnen verbundenen axiomatischen Bestimmungen vom Eigensinn und der Eigengesetzlichkeit ökonomischer Prozesse ein gegenläufiges Interesse:[125] ein gegen-modernes Programm einer nationalpolitisch ›gelenkten‹ Volkswirtschaft, das sich in Kontinuität zu der »Verwaltungsgeschichte großer deutscher Staaten« entfaltet – einer Geschichte also, die bezeichnenderweise von der Nationalökonomie selbst geschrieben wurde –[126] und in nichts weniger als in die Vollendung einer »historischen Entwicklungsreihe« einzumünden strebt.[127] Ein Programm der Kontinuierung und Vollendung, das allerdings – und hierin den analogen Gesten der Literatur eng korreliert – in merkwürdigem Wider-spruch steht zu seinem projektiven und voluntaristischen Charakter einerseits

---

der Volkswirtschaft bereits am Beginn der 1870er Jahre bei Adolph Wagner: Das Actien-gesellschaftswesen, in: Jahrbücher für Nationalökonomie und Statistik 21 (1873), 271–340.

122 Max Weber: Der Nationalstaat und die Volkswirtschaftspolitik. Akademische Antrittsrede, Freiburg i. Br. / Leipzig 1895, 18.

123 Ebd., 27.

124 Ebd., 18.

125 In Vorlesungsentwürfen der 1890er Jahre wendet er sich explizit gegen die Annahmen der »abstrakte[n] Theorie« (rein zweckrationales Handeln eines isolierten *homo oeconomicus*) mit dem üblichen Gegenargument der deutschen Volkswirtschaftslehre der Zeit, dass diese tatsächlich »unrealistisch« seien, Max Weber: Allgemeine (»theoretische«) Nationalöko-nomie. Vorlesungen 1894–1898, hrsg. v. Wolfgang J. Mommsen, Tübingen 2009. (= MWG Abteilung III: Vorlesungen und Vorlesungsnachschriften, Bd. 1), 123, vgl. 127f.

126 Vgl. exemplarisch etwa den Abschnitt über *Die preußische Verwaltung und die preußische Industrie des 18ten Jahrhunderts* bei Schmoller: Geschichte der deutschen Kleingewerbe, a.a.O., 23–46; auch: Gustav von Schmoller: Umrisse und Untersuchungen zur Verfas-sungs-, Verwaltungs- und Wirtschaftsgeschichte. Besonders des Preußischen Staates im 17. und 18. Jahrhundert, Hildesheim / NY 1974 [= ND der Ausg. Leipzig 1898].

127 Weber: Nationalstaat und Volkswirtschaftspolitik, a.a.O., 23.

und zu den ›modernistischen‹ Deklamationsgesten, die es artikuliert, andererseits:

> Wir, mit unserer Arbeit und unserem Wesen, wollen die Vorfahren des Zukunftsgeschlechts sein.[128]

In besonders illustrativer Weise zeigt sich diese paradoxe Fügung des ökonomischen Diskurses, welche literarische Fiktion und wissenschaftliches Programm in ihrem gemeinsamen Anspruch korreliert, »unmoderne[] Ansichten« durch einen modernistischen Neuerungswillen zu re-etablieren, mit Blick auf die ›Landarbeiter-Episode‹ in Albertis Roman auf der einen und Webers Beiträge zur ›Landarbeiter-Frage‹ auf der anderen Seite.[129]

Parallel zu Wohlfahrts Kämpfen in Berlin sieht sich auch Fink auf seinen Landgütern in den Ostgebieten des Deutschen Reichs in Posen mit den Problemen des ökonomischen Strukturwandels konfrontiert. In bezeichnender Weise mischen sich in den Erklärungen des Erzählers die skizzierten Affirmierungen und Wiederholungen der literarischen Vorlage und ihrer Verklärungsgesten einerseits mit den sachlichen, quasi-soziologischen Beschreibungen ländlicher Proletarisierungsprozesse andererseits: Fink hatte, so der Erzähler,

> im Laufe der Jahrzehnte durch unvergleichlichen Fleiß und mächtige Kapitalien aus einstigen Sandwüsten fruchtbare und ertragfähige Felder geschaffen. Freilich hatte er dazu eine Menge kleiner polnischer Grundbesitzer, die sich auf ihren Sandschollen elend durchfristeten, auskaufen müssen. Er hatte sie teils ausgezahlt und dann nach Amerika geschickt, wo es ihnen ganz gut ging, teils waren sie in die Zahl seiner Pächter und Arbeiter getreten. Diese letzteren schimpften und murrten jetzt am meisten: auf ihrem Eigentum mache er sich breit, aus ihrer Arbeit zöge er Geld, er habe sie betrogen und ausgenutzt […]. (Schröter & Co. 336)

Die »soziale Frage«, in den Worten Finks nichts weiter als ein »Schlagwort« der »Unzufriedene[n]« aus der Hauptstadt (Schröter & Co. 332), wird von Ascher Tinkely auf das Land gebracht, wo dieser für die Sozialdemokratische Partei die Aufstände und Streiks der polnischen Landarbeiter, nurmehr »herumlungernde Tagelöhner« (Schröter & Co. 331), veranlasst. In längeren Episoden zeigt der Text (Schröter & Co. 337–345, 378–391), wie die einstigen Kleinbauern nun »halb betrunken, heulend und schreiend« (Schröter & Co. 379) gegen den

---

128 Ebd., 18.
129 Max Weber: Lage der Landarbeiter im ostelbischen Deutschland (1892), hrsg. v. Martin Riesebrodt, 2 Halbbde., Tübingen 1984. [= Bd. 3 der I. Abtl. von Max Weber Gesamtausgabe (MWG), hrsg. v. Horst Baier, M. Rainer Lepsius, Wolfgang J. Mommsen [u.a.]]; siehe zum folgenden vor allem auch den Abschnitt *Patriarchalischer Sinn und Werteautonomie. Wilhelm von Polenz und Max Weber in Ostelbien* bei Stöckmann: Wille zum Willen, a.a.O., 327–345.

Gutsherren aufbegehren. Wie schon in der nahezu identischen Belagerungs-
szene aus *Soll & Haben*, in der das deutsche Landgut gegen das Bündnis aus
polnischem Adel und polnischen Bauern von Fink, Wohlfahrt und preußischem
Militär verteidigt werden musste, gelingt es erneut, den Gegner, diesmal das
›vereinte Landproletariat‹, mit Hilfe des Militärs zu besiegen. Der Rädelsführer
der Streikenden Ascher Tinkely stirbt von deutscher Kugel (Schröter & Co. 391).

Dass diese Darstellung der Wiederherstellung der ursprünglichen patriarchalischen Strukturen – »[I]ch bin nicht nur Kapitalist«, so Fink, sondern »auch
der Vater meiner Arbeiter« (Schröter & Co. 395) – durch die Vertreibung der
aufständischen polnischen Tagelöhner und die anschließende Neuansiedlung
deutscher Bauern und Landarbeiter (Schröter & Co. 390) nurmehr das literarische Konstituens einer umfassenden diskurs- bzw. systemübergreifenden
(Makro-)Erzählung ist, zeigt ein Blick auf Webers Schriften zur selben Pro-
blemkonstellation. Der Freiburger Antrittsvorlesung war eine ungleich aus-
führlichere Beschäftigung mit der *Lage der Landarbeiter im ostelbischen
Deutschland* vorausgegangen, die Weber im Auftrag des *Vereins für Socialpolitik*
verfasst hatte.[130] Hintergrund der Studie waren genau jene Strukturverände-
rungen, mit denen die Romanfiguren schon zu Beginn des Textes zu kämpfen
hatten: Der Preisverfall inländischer Agrarprodukte führt zur Abwanderung
deutscher Kleinbauern und Landarbeiter und zum Zuzug polnischer und rus-
sischer Tagelöhner. Webers Befunde mit Blick auf ›Leutenot‹ und ›Sachsengängerei‹[131] werden nicht nur interventionistisch und staatswissenschaftlich in
konkrete volkswirtschaftspolitische Forderungen münden,[132] indem er etwa
Empfehlungen aussprechen wird zum Ankauf landwirtschaftlicher Flächen
durch den Staat, zur Ansiedlung deutscher Bauern in den entsprechenden Gebieten[133] sowie zur Schließung der östlichen Reichsgrenze, um der »slavischen
Flut« Abbruch zu tun.[134] Sie werden vielmehr insofern auch narrativ abgeleitet,

---

130   Siehe zum folgenden besonders das zusammenfassende Schlusskapitel der Schrift, die über
      weite Strecken empirisch und statistisch argumentiert: Weber: Lage der Landarbeiter im
      ostelbischen Deutschland, a. a. O., 886–929.
131   Siehe zum sog. Phänomen der ›Leutenot‹ und der ›Sachsengängerei‹ Martin Riesebrodt:
      Einleitung in: Max Weber: Lage der Landarbeiter im ostelbischen Deutschland (1892),
      hrsg. v. Martin Riesebrodt, 2 Halbbde., Tübingen 1984. [= Bd. 3 der I. Abtl. von Max Weber
      Gesamtausgabe (MWG), hrsg. v. Horst Baier, M. Rainer Lepsius, Wolfgang J. Mommsen
      [u. a.]], 1–18 sowie Beiträge in Heinz Reif (Hg.): Ostelbische Agrargesellschaft im Kaiser-
      reich und in der Weimarer Republik. Agrarkrise – Junkerliche Interessenpolitik – Moder-
      nisierungsstrategien, Berlin 1994; auch Otto Pflanze (Hg.): Innenpolitische Probleme des
      Bismarck-Reiches, München [u. a.] 1983.
132   Weber argumentiert explizit vom »Standpunkt des Staatsinteresses« aus, Weber: Lage der
      Landarbeiter im ostelbischen Deutschland, a. a. O., 917.
133   Weber: Nationalstaat und Volkswirtschaftspolitik, a. a. O., 13 f.; siehe auch Max Sering: Die
      innere Kolonisation im östlichen Deutschland, Leipzig 1893.
134   Weber: Nationalstaat und Volkswirtschaftspolitik, a. a. O., 14.

als sie in einer großen Erzählung über Zerfall und Verdrängung von vormals
›warmen‹ und über Jahrhunderte organisch gewachsenen Sozialstrukturen
fundiert sind. Was Weber erzählt ist nichts weniger als eine Geschichte vom
Untergang des »patriarchalischen Systems«,[135] das sich durch unmittelbare
loyale Beziehungen und familiale Bindungen, durch die »Interessengemeinschaft«[136] zwischen Gutsherr und Landarbeiter, durch das *oikonomische* Gesamtinteresse einer noch ungeteilten Gemeinschaft, durch geschichtliche
Identität und Bindung ausgezeichnet hatte. All dies, so die Argumentation der
Schrift, schwinde zunehmend unter den Zwängen der modernen kapitalistischen Ökonomie, unter dem Druck von Konjunktur und Konkurrenz. An die
Stelle des deutschen Junkers trete der agrarische Großunternehmer und »Bo-
denkapitalist[]«;[137] der deutsche Landarbeiter und Knecht werde verdrängt vom
weit anspruchsloseren polnischen und russischen Wanderarbeiter:[138] Das un-
gesteuerte Wuchern kapitalistischer Systemzwänge und Marktmechanismen,
die Verdrängung von Treue und Loyalität durch abstrakte Verträge gehe gesetzmäßig, da statistisch zwingend einher mit der ›Verslawung‹ des deutschen
Ostens und führe zum Versiegen einer spezifischen »[w]irtschaftliche[n] Kultur«, zum Untergang der »nationalen Kulturgemeinschaft« überhaupt.[139]

Was sich hier zeigt, ist nicht nur, dass die moderne Soziologie in ihrer frühen
Phase eng korreliert ist mit der Erzählliteratur der Zeit, namentlich, wie jüngst
umfassend dargelegt wurde, mit dem Roman des Naturalismus.[140] Im Blick auf
das Hervorgehen der frühen Soziologie aus der Nationalökonomie offenbart
sich zudem dieselbe Diskurslogik von Vorläuferschaft und Vollendung bzw.,[141]
um den Titel der vorliegenden Arbeit zu zitieren, dasselbe merkwürdige
Aufeinanderbezogensein von »Vergemeinschaftung«, »Modernisierung« und
»Verausgabung«, das zeitgleich auch dem Roman einen spezifischen Vollen-
dungs- und Gründungssinn gibt: An seinem Ende steht der Zusammenschluss

---

135 Weber: Lage der Landarbeiter im ostelbischen Deutschland, a. a. O., 903.
136 Ebd., 903.
137 Ebd., 900.
138 Siehe Weber: Nationalstaat und Volkswirtschaftspolitik, a. a. O., 7–10.
139 Siehe ebd., 4, 7.
140 Siehe Stöckmann: Wille zum Willen, a. a. O., 250–345.
141 Die Hinweise darauf, dass Webers Schriften der früheren Werkphase (bis etwa 1902), die
     ganz im Zeichen der historischen Nationalökonomie stehen, einen enormen Einfluss auf
     seine ›reiferen‹ Werke und Theorien hatten (Religions- und Herrschaftssoziologie, Wis-
     senschaftstheorie; Protestantismus-These, Idealtypen, Werturteilsfreiheit, Charismatische
     Herrschaft), verbinden sich regelmäßig mit dem Hinweis darauf, dass diese Werk-Konti-
     nuitäten vergleichsweise wenig untersucht und von der älteren soziologischen Fachge-
     schichte nachgerade unterschlagen wurden; siehe Eisermann: Weber und die National-
     ökonomie, a. a. O., 12 f.; Dirk Kaesler: Max Weber. Eine Einführung in Leben, Werk und
     Wirkung, Frankfurt/M., NY 1995, 86 sowie jüngst den Abschnitt über die *Biographie des
     Werkes* in: Müller / Sigmund (Hg.): Max Weber-Handbuch, a. a. O., 7–25, bes. 11.

des preußischen Gutsbesitzers Fink, des deutschen Händlers Wohlfahrt und des (jüdischen) Nationalökonomen Werner zu einer volkswirtschaftlichen Gesinnungs- und Treuegemeinschaft, die zuallererst durch die Restitution der patriarchalischen Ordnung durch Niederschlagung der sozialdemokratischen Streiks und Vertreibung der polnischen Wanderarbeiter sowie durch Werners Lossagung von den »geschäftlichen Grundsätzen« des Vaters und sein Einheiraten in das Handelshaus Schröter ermöglicht wurde (Schröter & Co. 159). Die Geschichte von *Soll und Haben* wird vollendet, ihr nationalökonomischer Vergemeinschaftungssinn wieder-erzählt und ›zum Leben erweckt‹: Der Roman schließt damit, dass die drei den »gemeinsamen Verpflichtungen« eine *neue Form* geben (Schröter & Co. 418): Mit der Neugründung bzw. der *Transformation* der Landesproduktenbörse zu einer Handels-*Genossenschaft*.

7.2.3. *Maschinen* (1895) – Die Erzählung ›ins Leben rufen‹

Der Roman-Zyklus endet mit einem Text, der den wissenschaftlichen und den vergemeinschaftenden Sinn der nationalökonomisch-literarischen Erzählung nochmals miteinander identifiziert und nochmals erzählerisch variiert. Der Übergang dieser Erzählung und ihres Sinns von der Erzählung über das Soziale zum Sozialen selbst, ihr Übergang also von Text-Form(en) zu Lebens-Form(en) wird am Ende von *Maschinen* allerdings noch deutlicher hervortreten.

Der Roman spielt um die 1880er Jahre im schlesischen Bauerndorf Fichtenbrück in der deutschen Provinz. Eine Unternehmerfamilie treibt dort ihr Unwesen in einer nicht weniger als 1200 Arbeiter zählenden, und insofern: ›volkswirtschaftlich relevanten‹ Textil-Großfabrik, die ihren Besitzern, den Segondas, durch Erbschaft zugefallen war. Sie führen die Fabrik nicht mit unternehmerischer Weitsicht, sondern mit militärischer Härte. Ihre Arbeiter knechten und schikanieren sie in unmenschlicher Weise: Fortwährend droht der junge Segonda mit »Ohren abschneiden!«[142] Die Fabrikherren werden vom Text als geistig verarmte Manchester-Ideologen inszeniert, als leibhaftige Vertreter der »rohe[n] Gewalt des Materialismus« und schnöde »Mammonsknechte« (Maschinen 119, 82). Ausschließlich geht es ihnen um »das Geschäft, um Verbilligung der Herstellungskosten« und »Vermehrung des Gewinnes« und nicht um das Wohl ihrer Arbeiter oder andere Belange der nationalökonomischen Integration (Maschinen 20): Rohstoffe werden aus Russland bezogen, nach Problemen mit den eigenen Arbeitern werden Tschechen und Russen eingestellt (Maschinen 185f.).

---

142 Conrad Alberti: Maschinen. Roman, Leipzig 1895, 25, 28, 30 u. ö. Zitate fortan aus dieser Ausgabe im Text unter Angabe von Titel und Seitenzahl.

Zentrales Symbol und energetischer Mittelpunkt dieser Welt sind die titelgebenden Maschinen, die den Text leitmotivisch strukturieren. Fortwährend
vermenschlicht, als bedrohliche Kreatur, als »Eisenungethüm[]« oder als das
»große Ungeheuer« dargestellt, gibt die mechanische Hauptmaschine dem gesamten Betrieb den Rhythmus vor: Ihr »ununterbrochenes Stoßen, Donnern,
Klappern, Dreschen, Fauchen, Toben« mündet immer wieder in eine ›Sprache‹,
die sich in irrsinnig ächzende Geräusche verliert, welche oftmals in phono-
naturalistischer Weise wiedergegeben werden: »Rl ... rrll ... rrrrllll ...« (Maschinen 9, 111 f.). Sie ist Metapher für die Ausbeutungs-Logiken des industriellen Kapitalismus, insofern als sie in ihrer Eigenschaft als »wahre Beherr-
scher[in] der Welt« zwar »Segen ganzer Länder« sein kann, allerdings ebenso der
»Fluch so vieler Millionen« ist, welche unter ihrer Knechtschaft stehen (Maschinen 216). Selbst ihre Besitzer sind schon ganz ihrer un-menschlichen me-
chanischen Logik eines rastlosen Niemals-Stillstehens unterworfen: So bezeichnet sich der alte Segonda etwa am Ende des Romans in einem Akt der
Selbsterkenntnis als eine »Arbeitsmaschine« und seine Angestellten als »todte,
starre Hilfsmaschinen«, die erst durch »seine [Segondas, M. A.] centralmoto-
rische Kraft Leben und Drehung bekamen.« (Maschinen 399 f.) Ein wichtiges
Thema des Textes bzw. besser: seine Suggestion ist also, dass der Mensch durch
den privatwirtschaftlich organisierten Industriekapitalismus zur entseelten und
willenlosen Arbeits-Maschine herabgedrückt werde: Die Beschäftigten »schuf-
ten wie die Maschinen« (Maschinen 104), werden als bloßes Arbeitsmaterial, als
»Maschinentheile« im Räderwerk der Fabrik buchstäblich »verbraucht« (Maschinen 147) und erblicken deshalb auch den einzigen Ausweg aus ihrem Leiden
in einem (allerdings scheiternden) Maschinensturm: »Zerschlagt die Maschinen! Zerschlagt die Maschinen!« (Maschinen 364). Die sozialen Auswirkungen
von Maschinenwirtschaft und Manchesterideologie werden in langen Milieustudien geschildert, die weitgehend im Dialekt der Figurensprache verfasst sind
und all das mit naturalistischer Eindringlichkeit darstellen, was man mit dem
Begriff der Sozialen Frage verbindet (s. Maschinen 72–92). Die Angehörigen der
proletarischen Klasse, einer, wie es im Text heißt, »siechende[n], schleichende[n] Armee des Elends«, die nurmehr aus Gestalten einer »kraftlosen, gleich-
giltigen, passiven Armuth« besteht, reagieren auf ihr Leid allerdings höchst
unterschiedlich (Maschinen 108, 23). Während sich die Alten fatalistisch, gott-
und obrigkeitsgläubig in ihr Schicksal fügen, wenden sich immer mehr der
jungen Arbeiter, die zynischerweise gezwungen sind, den Eltern durch die eigene Tätigkeit in der Fabrik eine vernichtende Konkurrenz zu machen, der
sozialdemokratisch-revolutionären Bewegung zu (vgl. Maschinen 79). Das, was
zeitgleich, wie bereits beschrieben, etwa von dem Nationalökonomen Karl Bücher in suggestiver und bewusst gestalteter Form erzählt wird – und insofern
schon den Verfahren der Literatur ähnlich ist –, konkretisiert der Roman etwa

am Schicksal des ehemaligen Uhrmachers Kiel, der in Einsamkeit und Alkoholismus dahinsiecht, da ihn die industrielle »Konkurrenz« tatsächlich noch bis in das »schlesische Gebirge verfolgt« habe (Maschinen 59). Der Text stellt zudem exemplarisch am Verfall der »Handweber«-Familie Schurig dar, wie ihre vormals intakte Kleinwelt-Idylle im Schatten der Fabrik und ihrer Maschinen buchstäblich »zu Brei« zerdrückt wird (s. Maschinen 76).[143] Das Leid der proletarisierten Familien tritt umso stärker hervor durch das sentimentalisch-archaistische Moment seiner Darstellung, als der Text es oftmals mit Bildern ländlicher Idylle, etwa mit Landschaften von »großer Fruchtbarkeit« und Wäldern mit »deutschen Bäume[n]« oder mit der lustvollen Gemeinschaft der ansässigen Bauernfamilien kontrastiert (Maschinen 374f.); so etwa, wenn die Fabrikarbeiter den Johannisfeiern des Dorfes beiwohnen:

> Weit ab davon standen in scheuen Gruppen zusammengedrängt, im schattenhaften Dunkel Weber und Spinner, nur leise bescheidene Bemerkungen über die vorn vom Flammenschein übergossenen, protzenden und renommirenden Bauern einander zuflüsternd, neugierig, ängstlich, ehrfurchtsam. (Maschinen 128, vgl. 178f.)

Der Blick auf die gesunden Bauernburschen verstärkt nur die Erkenntnis einiger junger Fabrikarbeiter, dass es einmal anders war – und dass es also auch (wieder) anders sein könnte. Unter der Führung von Karl Schurig bildet sich eine Umsturzbewegung, die sich gegen die unmenschlichen Arbeitsbedingungen in der Fabrik auflehnt.[144] Ihre Ziele setzen ihre Anhänger allerdings ebenso geistlos durch wie ihre Peiniger, als sie sich »gedankenlos« der »Macht« einer sozialdemokratisch-revolutionären Ideologie beugen, die in der Perspektive des Erzählers und seiner Reflektorfigur Henning illegitim ist:

> Sie trieben Ausstand und Aufstand so gedankenlos, so maschinenmäßig wie Spinnen und Weben, sie hatten die selbstständige Prüfung der Verpflichtung ihres Handelns schon längst verlernt, sie beugten sich ohne zu murren [...] vor der Macht, die stark und übergewaltig auf sie wirkte, ohne nach ihrer Herkunft, ihrem Recht zu fragen. (Maschinen 332)

Es stehen hier also die Vertreter eines ›Sozialismus ohne Geist‹ den Vertretern des »Kapital[s] ohne Geist« gegenüber (Maschinen 345), die beide allerdings wechselseitig aufeinander bezogen sind, insofern als sie beide »maschinenmä-

---

143　Vgl. die nahezu identische Formulierung bei Bücher: Entstehung der Volkswirtschaft, a. a. O., 230, der von der »Herabdrückung des Handwerks« spricht. Vgl. die identische Formulierung bei Max Kretzer, wo der alte Meister Timpe befürchtet, dass die neue Fabrik seine Familie und sein Haus »erdrücken« werde: Kretzer: Meister Timpe, 1888, 65, zit. n. Mayer: Meister Timpe. Der Roman vom Untergang des Kleinhandwerks in der Gründerzeit, a. a. O., 355.

144　Gerade diese Episode weist starke Ähnlichkeiten zu dem berühmten, 1892 erschienenen Drama *Die Weber* von Gerhart Hauptmann auf.

ßig« handeln und sich in ihrer (wenn auch antagonistischen) »rohe[n] Gewalt des Materialismus« treffen (Maschinen 119). Beide, der radikale Sozialismus ebenso wie der radikale Liberalismus, so die Meinung der zeitgenössischen Nationalökonomie, treffen sich in der »Ueberschätzung« des »›irdischen Gutes‹« und des »materiellen Lebens«.[145]

Karl Schurig, der Anführer der aufständischen Proletarier, artikuliert seine Anliegen in emphatischen Klagen, die auf literaturgeschichtlich Späteres vorausweisen, als er etwa sich und seine Anhänger aus dem »Schlamm der Thatlosigkeit« erheben will und sich in Gedanken vorspricht, dass er »ja nichts weiter als ein Mensch bleiben« wolle mit dem »Recht« zu »fühlen, zu denken, zu athmen wie ein Mensch!« (Maschinen 187 f.). Einen »Befreier« und »Erlöser« hofft er in Gestalt des Fabrikinspektors Henning zu finden (Maschinen 190, 288). Henning ist die Hauptfigur der Erzählung, der »Held des Romans« im Spielhagen'schen Sinne;[146] schon lange arbeitet er unermüdlich, genau wie die ihm in vielerlei Hinsicht verwandte Werner-Figur aus *Schröter & Co.*, an Plänen zur Modernisierung der Fabrik. Er verfolgt einen »Mittelweg« zwischen den widerstreitenden Materialismen, es geht ihm darum, das *System zu verändern, ohne es umzustürzen.*[147] Auf Schurigs Klagen hin erwidert er, dass er auf eine Überwindung des »Maschinenmensch[en]« hindränge, der »immer nur für Andere« und »nie für sich« arbeite (Maschinen 304): »Ich habe«, so Henning,

> zwei große Gedanken, zwei weitausgreifende Pläne. Der eine bedeutet eine Umgestaltung der ganzen Spinnerei und Weberei – der andere soll jedem Arbeiter, bis zum ältesten Spulweibe hinunter, den Antheil am Gewinn des von ihm mitgeschaffenen Fabrikats sichern, der ihm nach dem Verkauf zukommt. (Maschinen 305 f.)

Der Ingenieur verfolgt mit seinen Plänen ein spezifisches Doppelanliegen, das ökonomischen Zweck – durch Einsatz modernisierter, und insofern: wirtschaftlicher produzierenden Maschinen – und sozialen Sinn – Überführung des Unternehmens in eine Genossenschaft – miteinander versöhnt. Henning, dem es darum geht, die rein ökonomische Produktivität der Fabrik zu verbessern und *zugleich* die »Summe der Unzufriedenheit und des Leidens« der Arbeiterschaft zu vermindern (Maschinen 47), versucht vergeblich, die Fabrikherren von der Notwendigkeit von Reformen und Modernisierungen zu überzeugen. Diese wittern darin nicht weniger als »Umsturzideen« und beharren dagegen auf einer starren Strategie von Lohnsenkung und Produktionsausweitung mit neuen Maschinen (Maschinen 101), die allerdings, wie der »Fachmann« Henning den bloß »Besitzenden« gegenüber einwendet (Maschinen 98 f.), tatsächlich technologisch »veraltet[]« sind (Maschinen 100, vgl. 94, 105). Später argumentiert

---

145 Wagner: Grundlegung der politischen Oekonomie I, a. a. O., 11.
146 Vgl. Kap. 4. sowie 5.1. dieser Arbeit.
147 Vgl. Wagner: Grundlegung der politischen Oekonomie I, a. a. O., 18–25, Zitat 24.

der alte Segonda gegen die Einführung von fortschrittlichen Maschinen in absoluter Blindheit gegenüber dem Zusammenhang von technologischem und wirtschaftlichem Fortschritt und unter Verwendung eines überholten, alt-liberalistischen Denkens, welches Fortschritt schlicht mit Mehrproduktion gleichsetzt:

> Glauben Sie mir, die Technik hat heute [...] eine so hohe Stufe erreicht, daß, bei der Billigkeit der Preise, welche noch fortwährend fallen, jeder Fortschritt anfängt ein Unheil zu werden. Denn was heißt Fortschritt? Vermehrung der Produktion – Ueberproduktion! (Maschinen 229)

Die Plausibilität und wissenschaftliche Validität von Hennings Modernisierungs- und Reformplänen werden dadurch noch erhöht, dass sie im Laufe des Romans in verschiedenen Gesprächen immer wieder wiederholt werden. Über ihren Schöpfer, der unentwegt an der Entwicklung von technischen Modellen und neuen Verfahren in Zusammenhang mit der elektrischen Spinnerei arbeitet, lässt der über Innensicht verfügende Erzähler etwa wissen:

> [S]o deutlich und kraftvoll schwebte ihm eine bestimmte, wohl gegliederte Werkstatt vor, in der jeder seinen Posten versehend auch sicher war, das voll und ohne Abzug zu erhalten, was die Arbeit an diesem Posten für den Werth des letzten, in die Welt hinaus eilenden Erzeugnisses bedeutete – eine Abschätzung, die sich für ihn, den Mann der Praxis, in Formeln und Zahlen ausdrücken lassen mußte. (Maschinen 48)

Immer wieder versucht Henning den Fabrikherren Segonda davon zu überzeugen, dass eine genossenschaftliche Organisation auch in rein ökonomischer Hinsicht durchaus sinnvoll wäre:

> Aber wenn ich eine Fabrik hätte, so würde ich mein ganzes Personal zu meinen Compagnons machen und dadurch zur höchsten Arbeitsleistung – und damit zur billigsten Herstellung der Waare zwingen. (Maschinen 95)

Er begründet fachkundig nicht nur den ökonomisch-technologischen Gewinn, den er sich von seiner Erfindung erhofft, der darin besteht, »den ganzen Betrieb, Maschinen, Beleuchtung, Heizung aus *einer* Quelle [Elektrizität, M. A.] zu versorgen« (Maschinen 100), sondern auch den sozialen, insofern als sein Handeln motiviert ist in einem »Gefühl des Mitleids« und in dem »Wunsch zu nutzen, zu helfen« (Maschinen 109, vgl. 147). Figuren- und Erzählerbewusstsein fallen in den Wendungen zusammen, in denen sich die nationalökonomische Rede von der Einbettung des Ökonomischen in das Soziale artikuliert

> [B]illigere Preise – gesteigerter Betrieb – verminderter Lohn – – über diese drei Weisheiten kam der Kaufmannsverstand [Segonda, M. A.] nicht hinaus, und jeder neue, freie Gedanke, jede Erinnerung daran, daß es außerhalb des Contores auch noch Menschen mit Herzen und Magen gab, wurde nur mit Achselzucken aufgenommen. Henning war wüthend über diese öde Gedankenarmuth [...]. (Maschinen 103)

Hennings Plan, der, wie gezeigt, auf einen Ausgleich von technologischem Fortschritt, ökonomischem Eigensinn und sozialer Ethik zielt und das Zentrum des Romans bildet, bezieht seinen Sinn aus den analogen ›Versöhnungs‹-Gesten einer sich zeitgleich in sozialliberaler bzw. sozialökonomischer Richtung neu orientierenden ökonomischen Wissenschaft: Derjenige Nationalökonom, der noch in *Schröter & Co.* als der »große Wagner« bezeichnet wurde, affirmiert am Beginn der 1890er Jahre nicht nur nochmals den organischen Zusammenhang von Wirtschaftlichem und Sozialem in kompensatorischer Weise, indem er etwa die Rede von der gemeinsamen »Höherentwicklung von Wirtschaft und Cultur« programmatisch wiederholt;[148] zudem legt er als die »Aufgabe« einer »neuen Grundlegung« der ökonomischen Wissenschaft ihre Umgestaltung zu einer »wahren *Socialökonomie*«[149] fest. Wenn Henning nun, der im Roman zwischen Manchesterkapitalismus und revolutionärer Sozialdemokratie steht[150] und auf die Aussöhnung ihrer widerstreitenden Interessen einerseits und auf die Überwindung ihrer materialistischen Begründungen andererseits zielt und dies durch Akte von Synthese und Integration insofern zu erreichen strebt, als ihm »die genossenschaftliche [Idee] [...] untrennbar verknüpft [ist] mit der technischen« (Maschinen 346), dann lässt sich der Text als nichts weniger als das Ein- und Durchspielen eines im Entstehen begriffenen sozialökonomischen Programms beschreiben, welches seinerseits auf die Überwindung der materialistischen Grundauffassungen der Zeit – Sozialismus und Individualismus entspringen, so Wagner, »derselben Wurzel« –[151] sowie auf einen »Mittelweg« und »*Compromiss*« zwischen »*Social- und Individualprincip*« zielt.[152] Wie beschrieben, handelt es sich bei der »Versöhnung der Gegensätze«, die sich aus dem Widerspruch zwischen den Interessen des Individuums und den »Interessen der Gesammtheit« ergeben, um ein immer wieder artikuliertes Kernanliegen der Volkswirtschaftslehre.[153]

In den Überwindungsgesten, die der Roman als das Programm einer »großen Umwandlung« avisiert (Maschinen 421), zeigt sich zugleich die enorme Bindekraft und das langschattige Fortwirken der nationalökonomischen Erzählung von den Kulturstufen, aus denen sich das Hervorwachsen von Entwicklungs- und Modernisierungstendenzen der »wirtschaftlichen Kultur« quasi gesetzmäßig ableiten lässt: Im Roman artikuliert sich ein spezifisches Sendungsbe-

---

148 Wagner: Grundlegung der politischen Oekonomie I, a. a. O., 154 f.
149 Ebd., 19.
150 Vgl. auch Rüdiger vom Bruch (Hg.): »Weder Kommunismus noch Kapitalismus«. Bürgerliche Sozialreform in Deutschland vom Vormärz bis zur Ära Adenauer, München 1985.
151 Wagner: Grundlegung der politischen Oekonomie I, a. a. O., 11.
152 Ebd., 22 f.; siehe die gesamte, gegenüber den Vorauflagen neue Einleitung zu *Ziel und Aufgaben einer neuen Grundlegung*, 5–68, bes. §5–7, §14, §18, §20.
153 Wagner: Allgemeine oder theoretische Volkswirtschaftslehre, a. a. O., 312.

wusstsein zur Gestaltung des Sozialen, das sich – gewissermaßen ›autogene-tisch‹ – von seiner Begründung durch die literarisch-nationalökonomische Er-zählung von der volkswirtschaftlichen Vergemeinschaftung löst, um sie wieder, anders, neu und *weiter zu erzählen*. Der Text fungiert insofern als eine Schnittstelle, als er seinen Sinn einerseits im Rückgriff auf eine vermeintlich geschichtliche, nationale und kulturelle Identität eines national- und volks-wirtschaftlichen Kontinuums konstituiert, diesen Rückgriff allerdings ande-rerseits zur Grundlage von Modernisierungen und Transformationen, zur Grundlage eines »Experiment[s] im großen Styl« macht (Maschinen 429). Dieser Transformationsprozess, die Integration von Vergangenem und Kommendem wird erzählt als eine Geschichte der Überwindung, der Befreiung und der Re-Humanisierung, die sich zeitgleich auch in denjenigen analogen Gründungs- und Überwindungsgeschichten finden, die das nationalökonomische Erbe in die Form sozialutopischer Wissenschafts-Romane und -Erzählungen überführen.[154]

Der zentrale diskursive Hintergrund dieser Entwicklungen ist folgender: Ab den 1870er Jahren hatte Adolph Wagner einen starken rechtsgeschichtlichen und -theoretischen Einschlag in die volkswirtschaftliche Disziplin eingebracht, der Schmollers allgemeineren institutionalistischen Ansatz spezifizierend ergänzte. Schon die *Allgemeine und theoretische Volkswirtschaftslehre* von 1876 – welche, wie beschrieben, eine Neubearbeitung des erstmals zwischen 1826 und 1835 in drei Bänden erschienenen *Lehrbuchs der politischen Ökonomie* von Karl Hein-rich Rau ist – enthielt ein Kapitel über *Das allgemeine wirtschaftliche Ver-kehrsrecht*, das auf nicht weniger als knapp 500 Seiten eine umfassende Kritik der privat- und eigentumsrechtlichen Verfasstheit des modernen wirtschaftlichen Systems entfaltete.[155] In der ab 1892 erscheinenden *Grundlegung der politischen Ökonomie* nimmt die Thematik schon den gesamten zweiten Band ein, der mit *Volkswirthschaft und Recht, besonders Vermögensrecht, oder Freiheit und Ei-genthum in volkswirthschaftlicher Betrachtung* betitelt ist. Dem Verfasser geht es dabei um die Etablierung eines »socialökonomischen Standpuncte[s]«, der die

---

154 Theodor Hertzka: Freiland. Ein sociales Zukunftsbild, Leipzig 1890. [erschien noch im gleichen Jahr in 4. Aufl.]; Theodor Hertzka: Eine Reise nach Freiland, Stuttgart 1893; Franz Oppenheimer: Freiland in Deutschland, Berlin 1895 sowie Theodor Herzl: Altneuland. Roman, Leipzig 1902, der seinem Text den Hinweis vorwegschickt: »Wenn ihr wollt, ist es kein Märchen«.

155 Wagner: Allgemeine oder theoretische Volkswirtschaftslehre, a. a. O., 291–722. Vgl. auch schon Adolph Wagner: Die Abschaffung des privaten Grundeigenthums, Leipzig 1870. Vgl. auch die radikal anti-marxistische, rassistische Eigentumskritik bei Eugen Dühring: Cur-sus der National- und Socialökonomie. Nebst einer Anleitung zum Studium und zur Be-urtheilung von Volkswirthschaftslehre und Socialismus [1873], dritte, theilw. umgearb. Aufl. Leipzig 1892, bes. das Kapitel über *Besitzrechte und sociale Ausgleichungsmittel*, 272–358. Die Schriften von Dühring sind, das sei nebenbei bemerkt, nachweislich von Nietzsche rezipiert worden. Siehe die entsprechenden Hinweise bei Jörg Salaquarda: Umwertung aller Werte, in: Archiv für Begriffsgeschichte 22 (1978), 154–174.

»grossen Wirthschafts- und Rechtsfragen« in »socialrechtlichen« statt in »bloss individualrechtlichen«, d. h. in der »eigentlich volkswirthschaftlichen statt der vorwaltend privatwirthschaftlichen« Weise behandelt.[156] In dem zu Grunde liegenden Verständnis, welches etwa Vermögen kollektivistisch explizit als »Volksvermögen« versteht, Privateigentum nurmehr als eine historische und insofern auch kontingente Variante, nurmehr als »*gewisse Verfügungsbefugnisse*« an einem ursprünglichen und (privat-)rechtlichen Bestimmungen vorgängigen »Volkseigentum« betrachtet,[157] artikuliert sich die Vorstellung von der Revindikation des öffentlichen und insofern sozialistisch-kollektivistischen Deutschen Rechts gegenüber dem individualistischen modernen Römischen (Privat-)Recht, die sich zeitgleich etwa auch bei Otto von Gierke[158] finden lässt – und, wie gezeigt, eine ganz spezifische Funktion für die Sinnkonstitution des Romans (Genossenschaftsgründung) hat. Nach Gierkes erschöpfender (aber unvollendeter) Erzählung[159] stehen dem nachgerade ›geschichtslosen‹ modernen Römischen Recht, das auf Vertrag (Unpersönlichkeit, Abstraktion, Zwang) und Freiheit des Individuums gründet und sich seit Beginn der Neuzeit in direkter Bedingungs- und Wechselwirkung mit dem privatwirtschaftlich organisierten Kapitalismus der Moderne ausgebreitet habe,[160] jene organisch gewachsenen sozialen Gebilde gegenüber, die untrennbar verbunden sind mit dem deutschen »Grund und Boden« auf dem sie entstanden seien und mit dem »germanischen Wesen«, das sie geformt habe.[161] Die historischen Varianten der Genossenschaft, die Gierke im Blick hat, gehen – hierin identisch mit den nationalökonomischen Stufentheorien – in einem Prozess kultureller Evolution organisch auseinander hervor: Aus den ursprünglichen Genossenschaften der germanischen Vorzeit (Stamm, Verband, Volk) gehen die Einungen und Gilden des frühen Mittelalters hervor, aus denen sich – von besonderer Bedeutung: die Kaufmannsgilden und Handwerkerzünfte ausbilden, welche wiederum die

---

156 Wagner: Grundlegung der politischen Oekonomie, a. a. O., 22.
157 So schon Wagner: Allgemeine oder theoretische Volkswirtschaftslehre, a. a. O., 24–36, 27, in einem grundlegenden Abschnitt über *Vermögen, Eigentum, Kapital*.
158 Otto von Gierke: Naturrecht und deutsches Recht. Rede zum Antritt des Rektorats der Universität Breslau. Am 15. Oktober 1882 gehalten, Frankfurt/M. 1883.
159 Otto von Gierke: Das deutsche Genossenschaftsrecht. 4 Bde., Berlin 1868–1913 [1868, 1873, 1881, 1913].
160 Otto von Gierke: Das deutsche Genossenschaftsrecht. Erster Band: Rechtsgeschichte der deutschen Genossenschaft, Graz 1954 [= ND der Erstausg. Berlin 1868], 658 ff.: Die Zeit ab 1525 steht bei Gierke ganz im Zeichen der »Negation« und »Auflösung« des »Gesammteigenthums«, der »Beschränkung des Gesammtrechts«, des »Erlöschen[s] des Genossenschaftssinns« und tatsächlich des »Untergang[s] des städtischen Gemeinwesens«; Vgl. auch Adolph Wagner: Das Actiengesellschaftswesen, in: Jahrbücher für Nationalökonomie und Statistik 21 (1873), 271–340.
161 Otto von Gierke: Das deutsche Genossenschaftsrecht. Erster Band: Rechtsgeschichte der deutschen Genossenschaft, Graz 1954 [= ND der Erstausg. Berlin 1868].

Städte des Mittelalters zu »Gemeinwesen« integrieren und jenen vergemeinschaftenden Sinn präfigurieren, aus welchem dann der moderne Nationalstaat
hervorgehen wird, der seine Kohäsions- und Integrationskräfte gerade daraus
bezieht, dass er zugleich Verkörperung (»Gesammtpersönlichkeit«) jenes Gebildes, in den Worten Gierkes: jener »Genossenschaft« ist, welche den Namen
Volkswirtschaft bzw. Nationale Ökonomie trägt.[162] In diesem Verständnis von
Genossenschaft (und Volkswirtschaft) mischen sich allerdings auf merkwürdige
Weise die systematisch-typologischen Momente des Begriffs mit seinen historisch-genetischen: Der »Genossenschaftssinn« (typologisch) unterliegt der
Logik eines historischen Prozesses, der noch nicht abgeschlossen ist, fortgesetzt,
unterbrochen und wieder aufgenommen werden kann; er hält also Entwick-
lungspotenziale vor: Das »Recht der deutschen Genossenschaft«, der »organischen Verbände[]«, die »Gemeinsinn« und »Versöhnung« stiften, sei »ebenso als
ein *werdendes* wie als *gewordenes*« zu behandeln.[163] Explizit will Gierke das
Bewusstsein dafür fördern, dass in dem »urältesten und ureigensten Besitzthum
der germanischen Völker«, im nun »wiedergeborenen Genossenschaftswesen«,
eine der »festesten Bürgschaften für des deutschen Volkes *Zukunft*« liege.[164]
Ganz in diesem Sinne entwickelt auch die Nationalökonomie der Zeit neben
ihrem bereits erwähnten sozialpolitisch-interventionistischen Programm (*Verein für Socialpolitik*) und in Zusammenhang damit spezifische, nachgerade
›sozialtechnologische‹, voluntaristisch fundierte Vorstellungen über die Gestaltbarkeit von Ökonomie und Gesellschaft, die sich von den ›entelechischen‹
Geschichtsvorstellungen der romantischen Staatslehre, denen sie entstammen,
zunehmend lösen:[165] Die Volkswirtschaft ist in diesem Verständnis, welches ihre
kameralistische Herkunft zugleich reaktualisiert und überschreitet, »ein Gebilde
bewusster menschlicher That, ein Kunstproduct.« Sie ist gleichsam die »bestimmt gewollte Gestalt«, gebildet durch »[m]enschliche, auf ein bestimmtes
Ziel gerichtete« und »planvoll durchgeführte Willensacte«.[166]
Aus diesem Bewusstsein von der Formbarkeit des Sozialen treten in den
1890er Jahren neuartige textuelle Realisierungen dieses Bewusstseins hervor, die
ihrerseits engstens miteinander korreliert sind: So stellt einmal der Roman
Maschinen – im Sinne einer ästhetischen Simulation bzw. als literarische Erprobung von nationalökonomischer Genossenschaftstheorie – etwa dar, wie

---

162 Die Zitate entstammen dem 24-seitigen, fein gegliederten und eigens paginierten Inhaltsverzeichnis, welches Struktur und Argumentationsrichtung der Schrift bereits gut sichtbar
   macht: Gierke: Das deutsche Genossenschaftsrecht I, a. a. O., XI–XXXIV.
163 Gierke: Das deutsche Genossenschaftsrecht I, a. a. O., 5.
164 Vorwort von Gierke: Das deutsche Genossenschaftsrecht I, a. a. O., VII–X, Zitate X, Hervorh. M. A.
165 Siehe nochmals Kap. 2. dieser Arbeit.
166 Wagner: Allgemeine oder theoretische Volkswirtschaftslehre, a. a. O., 162.

seine Hauptfigur auf die Durch- und Ausführung eines – sozial-ökonomischen –
»Experiment[s] im großen Styl« zielt (Maschinen 429). Und so finden zum
anderen die nationalökonomischen Vorstellungen von der Gestaltbarkeit des
Sozialen Fortsetzung in einer Reihe von utopischen Gesellschaftsentwürfen, die
sich in geradezu zwitterhaften theoretisch-literarischen ›Hybridformen‹ artikulieren und also auch schon formal und funktional deutlich auf den naturalistischen Sozialroman der Zeit bezogen sind.[167]

Von besonderem Interesse sind in diesem Zusammenhang die theoretisch-
utopischen Schriften des Arztes und Soziologen Franz Oppenheimer, welche auf
nichts weniger zielen als auf den Umbau der herrschenden privatkapitalistischen
Wirtschaftsordnung in eine dezidiert bürgerliche,[168] sozialökonomische bzw.
sozialliberale und *genossenschaftlich* verfasste Wirtschaftsordnung:

> Ist nämlich augenscheinlich die Zersplitterung des Volkes in lauter isolierte, wirt-
> schaftliche Atome die Ursache ihrer wirtschaftlichen Schwäche, so kann es nur ein
> Mittel geben, sie zu kräftigen: die wirtschaftliche Bindung, den Zusammenschluß
> vieler Schwachen zu *einem* Starken. Und lehnt man die zwangsweise Bindung durch
> eine allgemeine Staatsgewalt – den Kommunismus – ab, so bleibt nur die *freie Bindung*
> übrig, die *Genossenschaft.*[169]

Diesem intendierten Umbau liegt, wie das Zitat zeigt, ein quasi-monistisches
Anliegen zu Grunde. Oppenheimer avisiert hier nicht weniger als ein syntheti-
sches Projekt, das auf Harmonisierung, auf die Aussöhnung und Überwindung
von Gegensätzen zielt. Die Modernisierung der bestehenden ökonomisch-so-
zialen Formen soll allerdings ganz explizit – und (scheinbar) paradoxerweise –
erreicht werden durch die »Wiederbelebung« von Vorgängigem. Überwindung
und Fortschritt sollen diejenigen Verfasstheiten, Ordnungen und Formen
bringen, die aus der Zeit *vor* dem privatrechtlich verfassten Kapitalismus der
eigenen Gegenwart stammen und durch diesen verdeckt bzw. eben verdrängt
worden seien: Handwerk, allgemeines Vermögen (Allmende) und deutsches
(öffentliches) Recht, Gemeinschaftsgefühl, Tradition, *oikonomische* Loyalität
und Treue, kurz all das, was von »genossenschaftlichem Geist« durchwirkt ist
– und, wie beschrieben, durch die nationalökonomischen Erzählungen und
Konzepte und ihre literarischen Diskursivierungen sichtbar gemacht bzw. allererst hervorgebracht worden war – soll nun wiederbelebt werden. Was Op-

---

167 Franz Oppenheimer: Freiland in Deutschland, Berlin 1895; Theodor Hertzka: Freiland. Ein
     sociales Zukunftsbild, Leipzig 1890. [erschien noch im gleichen Jahr in 4. Aufl.]; Theodor
     Hertzka: Eine Reise nach Freiland, Stuttgart 1893.
168 Vgl. vom Bruch (Hg.): »Weder Kommunismus noch Kapitalismus«. Bürgerliche Sozialre-
     form in Deutschland, a. a. O., bes. 61 ff.
169 Franz Oppenheimer: Die Siedlungsgenossenschaft. Versuch einer positiven Überwindung
     des Kommunismus durch Lösung des Genossenschaftsproblems und der Agrarfrage
     [1896], unveränd. Neudr., Jena 1913, 11.

penheimer und andere mehr oder weniger emphatisch als Befreiung und Überwindung verstanden wissen wollen, ist also in merkwürdig ›rückbettender‹ Fügung die »Wiederbelebung« bzw.: die Vollendung des nationalökonomischen Vergemeinschaftungsnarrativs, insofern als Oppenheimer die Stufenerzählung vom »Aufsteigen[] der Kultur zu höheren Stufen«[170] durch Zusammenfassung der volkswirtschaftlichen Kräfte, welche der Disziplin seit List, Roscher, Gierke, Bücher, Schmoller (und etwas später erneut: Sombart) ihren Sinn gab, in die Utopie eines bürgerlichen »Genossenschaftsstaats« einmünden lässt.[171]

Zugleich ist hierdurch allerdings auch ein modernisierungslogischer Eigensinn freigesetzt, der aus dem, was ›wiederbelebt‹ wird, die Legitimation und das Sendungsbewusstsein ableitet für Überwindungen anderer Art und neuer Form: Oppenheimers Schrift zielt programmatisch darauf, tatsächlich im und auf das *Leben* zu »*wirken*«, wie auch mit nochmals typographischem Nachdruck hervorgehoben wird;[172] oder, wie es an anderer Stelle heißt: Der »Kampf der *Meinungen*« sei überwunden durch die befreiende »That«.[173] Der Bereich des Theoretischen, des Reflexiven, der Meinungen und ›Erzählungen‹ wird überschritten. Der Text wird also durch Text insofern transzendiert, als er zugleich Anleitung und Vor-Schrift ist für ein Projekt (*proiectum*), tatsächlich der »Bauplan« für eine nicht-textuelle zukünftige Vision und sich selbst bezeichnenderweise darin überschreitet, dass er in einem Sprech-Akt, in der Gründung einer ›neuen Gemeinschaft‹ still gestellt wird: Er endet mit der Setzung bzw. Satzung, mit dem konstituierenden »Statut der Siedlungsgenossenschaft ›Freiland‹«.[174] Diese Modernisierungsdynamik von Vollendung und Transzendierung artikuliert sich, wie gezeigt, in analoger Weise in den Gründungs-Szenarien am Ende der untersuchten realistischen und naturalistischen Romane, in jenen seltsam geöffneten Schlussszenen, in denen sich jene, wie Oppenheimer sie in

---

170 Oppenheimer: Siedlungsgenossenschaft, a.a.O., 231–247, siehe 567.

171 Vgl. auch Lindemann: Das Warenhaus. Schauplatz der Moderne, a.a.O., der in einem Abschnitt über *Kooperative Republik und Staatssozialismus* (303–311, vgl. 205f.) auf verwandte Entwicklungen im französisch- und englischsprachigen Diskurs hinweist – allerdings ohne Bezug zur tatsächlich »staatssozialistischen« Tradition des deutschsprachigen Diskurses.

172 *Vorwort* des Verfassers zu Oppenheimer: Siedlungsgenossenschaft, a.a.O., III–V, hier IV.

173 *Vorwort* des Verfassers zu Franz Oppenheimer: Freiland in Deutschland, Berlin 1895, VII–VIII, hier VII. Siehe auch den sprechenden Titel Franz Oppenheimer: Die Utopie als Tatsache [1899], in: Ders.: Gesammelte Schriften, Bd. 2: Politische Schriften, hrsg. v. Julius H. Schoeps, Alphons Silbermann u. Hans Süssmuth, Berlin 1996, 3–14. Später wird sich Oppenheimer erinnern: »Wir Freiländer wollten mehr als nur theoretische Klärung, wir wollten die *rettende Tat*«, Franz Oppenheimer: Erlebtes, Erstrebtes, Erreichtes. Lebenserinnerungen, mit e. Geleitw. v. Ludwig Erhard u. mit e. Einltg. v. Joachim Tiburtius, ergänzt durch Berichte u. Aufsätze von u. über Franz Oppenheimer, hrsg. v. L. Y. Oppenheimer, Düsseldorf 1964, 155.

174 Oppenheimer: Siedlungsgenossenschaft, a.a.O., 631ff.

Vorwegnahme der *avant garde* bezeichnet: »kleinen Gruppe[n]« zusammen-
finden,[175] von welchen die Transformationen des Sozialen ausgehen werden: Sie
werden, so die literarischen Deklamationen, die »Arbeit« an der »Gesellschaft«
und gegen den »Zwang der Verhältnisse« aufnehmen (Spielhagen, Wwdw II
452 f.), wie »berauscht vom Leben« den »Weg freiwilliger Armut« gehen (Conrad, Jungfrauen 311, 301), »in die Zukunft, in das Leben« schreiten (Alberti,
Mode, 380) und sich in der Anerkennung von »gemeinsamen Verpflichtungen
[…] auf's Neue und diesmal unlöslich« zusammenschließen (Alberti, Schröter
& Co., 418 f.). Allerdings kann das, was der Genossenschaftstheoretiker und
Utopist Oppenheimer und die Romanfigur Henning avisieren, eben nicht *narrativ* eingelöst werden. Hennings Projekt endet insofern geradezu tragisch, als
seine Idee nur zur Hälfte verwirklicht wird – seine Geldgeber sind »strikte
Manchestermänner« und investieren ausschließlich in den technischen, nicht
aber in den genossenschaftlichen Umbau der Fabrik (Maschinen 427). Das literarisch-soziologische Modernisierungs- und Vergemeinschaftungsprojekt
muss vielmehr *in der Fortschreibung seiner Geschichte auf dem Feld des Sozialen*,
d. h. in der *Transformation von narrativer in soziale Energie*, in *Leben*, zu sich
selbst kommen. Die ›realistische‹ Gesellschaftsdarstellung ist nun nicht mehr
nur mimetische Spiegelung und »Stimulus für das Imaginäre«;[176] sie ist nun
tatsächlich auch Stimulus für das Reale selbst. Die moderne Kunst, die am Beginn der 1890er Jahre »erst am Anfang ihrer Entwicklung steht«, müsse, so die
programmatischen Verlautbarungen explizit, eine »zielbewußt *handelnde*
Kunst« sein.[177]

Im *Friedrichshagener Dichterkreis*, in der *Neuen Gemeinschaft*, im *Ethischen
Klub* und anderen Gruppierungen der Jahrhundertwende verkehrten nicht nur
Literaten und Programmatiker des Naturalismus – etwa Wilhelm Bölsche, Bruno
Wille, Heinrich und Julius Hart, Otto Erich Hartleben, Arno Holz, Johannes
Schlaf, Gerhart Hauptmann, der in Nationalökonomie promovierte Richard
Dehmel u. a. –,[178] sondern auch Ökonomen, Soziologen und ›Gesellschaftswis-
senschaftler‹: neben den Adolph Wagner-Adepten Max Schippel und Adolph
Damaschke eben vor allem auch Franz Oppenheimer, der in engstem persönli-
chen Kontakt und intensivem »Gedankenaustausch«[179] mit den vielfach sich

---

175 Ebd., 629.
176 Warning: Phantasie der Realisten, a. a. O., 27.
177 Alberti: Natur und Kunst, a. a. O., 159, Hervorh. M. A.
178 Siehe neben den Einträgen zu den genannten Kreisen bei Wülfing / Bruns / Parr: Handbuch
    literarisch-kultureller Vereine, Gruppen und Bünde 1825–1933, a. a. O. schon Katharina
    Günther: Literarische Gruppenbildung im Berliner Naturalismus, Bonn 1972 sowie Kurt
    Sollmann: Literarische Intelligenz vor 1900. Studien zu ihrer Ideologie und Geschichte,
    Köln 1982.
179 Oppenheimer: Lebenserinnerungen, a. a. O., 110.

überschneidenden Kreisen der »naturalistischen Generation« stand, in denen wichtige Debatten um Ästhetik und Selbstverständnis der literarischen Moderne geführt wurden. Das Engagement von Oppenheimer in den genannten Kreisen, in den Formations- und »Kommunikationszentr[en]« der »literarisch-künstlerischen Moderne in Deutschland«,[180] ist deshalb von besonderer Bedeutung, weil es ein ganz manifester Hinweis darauf ist, dass nationalökonomisches Wissen einerseits und literarisches Wissen andererseits nicht nur – wie bislang in dieser Arbeit dargestellt – in einem Verhältnis des textuellen Verkehrs miteinander korreliert sind, sondern sich Wissens- und »Gedankenaustausch« auch auf der Ebene des sozialen Verkehrs, der Bekanntschaft und Freundschaft und im persönlichen Gespräch ergeben haben, wie dies auch schon im Blick auf Wilhelm Scherer zu beobachten war.[181] In Zusammenhang damit zeigt sich auch, dass etwa die *Neue Gemeinschaft*, die um 1896 unter der Führung der Brüder Hart aus dem *Friedrichshagener Kreis* hervorgegangen war, ihre oftmals vermerkte »monistische[] Programmatik« nicht ausschließlich aus der Faszination für mehr oder weniger schillernde Texte und Konzepte von vergleichsweise ›isolierten Diskursbegründern‹ wie etwa Ernst Haeckel (*Die Welträtsel*, 1899, vermittelt durch Bruno Wille und Wilhelm Bölsche) oder Max Stirner (*Der Einzelne und sein Eigentum*) bezieht.[182] Ihr zentrales Konzept, ihren ganz spezifischen Sinn, der sie als besondere soziale Formation erst aus ›der Gesellschaft‹ hervortreten lässt, leiten sie vielmehr aus einem spezifischen Begriff der *Gemeinschaft* selbst her. Die Gemeinschaft ist ein organisch gewachsenes Ganzes, das keine Teilungen kennt.[183] Ihr Begriff impliziert die grundsätzliche Unge-

---

180 Gertrude Cepl-Kaufmann / Rolf Kauffeldt: Friedrichshagener Dichterkreis, in: Wülfing / Bruns / Parr: Handbuch literarisch-kultureller Vereine, Gruppen und Bünde 1825–1933, a. a. O., 112–126, hier 113f.

181 Oppenheimer: Lebenserinnerungen, a. a. O., 104–209.

182 So Karin Bruns: »Wir haben mit den Gesetzen der Masse nichts zu tun.« Organisationsstrukturen und -konzepte in der »Neuen Gemeinschaft«, in: Richard Faber/ Christine Holste (Hg.): Kreise – Gruppen – Bünde. Zur Soziologie moderner Intellektuellenassoziation, Würzburg 2000, 353–371, Zitat 353; vgl. Walter Fähnders: Anarchismus und Literatur. Ein vergessenes Kapitel deutscher Literaturgeschichte zwischen 1890 und 1910, Stuttgart 1987.

183 Siehe zur Unterscheidung von Gemeinschaft und Gesellschaft Tönnies: Gemeinschaft und Gesellschaft. Abhandlung des Communismus und des Socialismus als empirischer Culturformen, a. a. O.; Die Schrift steht ganz im Zeichen der deutschen historischen Nationalökonomie. Dies hat Cornelius Bickel: Ferdinand Tönnies. Soziologie als skeptische Aufklärung zwischen Historismus und Rationalismus, Opladen 1991, herausgestellt: In dem Abschnitt über den *Entstehungsprozess von Gemeinschaft und Gesellschaft*, 58–81, bes. 62–64, 72, werden neben den Schriften von Marx vor allem die Schriften von Roscher, Schmoller und Schäffle als Quellen von Tönnies ausgewiesen. Am stärksten ist *Gemeinschaft und Gesellschaft* allerdings von Adolph Wagners staatssozialistischem Denken – Wagner: Allgemeine oder theoretische Volkswirtschaftslehre, a. a. O. (1876) – beeinflusst worden. Tönnies hat bei Wagner in Berlin studiert und nachweislich an dessen Seminaren

teiltheit von *Ökonomie und Leben*. Bei Gierke heißt es, dass die »Volksgenossenschaft« ursprünglich »[s]ittliche und ökonomische Einheit« ist.[184] Was Oppenheimer gemeinsam mit den Naturalisten wiederbelebt und vollendet, ist ein Begriff von Gemeinschaft (bzw. synonym: Genossenschaft), der imaginiert, wie das Soziale *vor* dem Schlüsselprozess der Moderne, wie es also *vor* dem Prozess der *Teilung der Arbeit* und der *sozialen Differenzierung* gewesen sein muss.

Das widersprüchliche Moment, das sich allein schon in der Bezeichnung *Neue* (neu i. S. von modern oder fortschrittlich) *Gemeinschaft* (*alte* Sozialform aus der Zeit *vor* der Vergesellschaftung) zeigt, lässt sich auch an dem Verfahren von Oppenheimers Schrift beobachten, insofern als dieser sich an exponierter Stelle ganz explizit auf eine frühere wissenschaftliche Autorität bezieht: Die gesamte erste Seite ist mit nichts weniger als einem langen Zitat – »Motto« – Otto von Gierkes bedruckt, in welchem dieser die »zugleich bewahrende und schöpferische […] Kraft« hervorhebt – gemeint ist der »Genossenschaftssinn« –, welche das gesamte »Volk[]« zu *einer* »wirtschaftliche[n] Persönlichkeit« vereinige.[185]

Mit Blick auf die *Neue Gemeinschaft* zeigt sich zudem exemplarisch,[186] dass bzw. wie Weltanschauung und Gesinnungsgenossenschaft in ihrem *sozialen* Sinn zu sich kommen, indem diese Gemeinschaft sich tatsächlich auch *formaljuristisch*, in der *Rechtsform* einer Genossenschaft konstituiert:[187] In dem Titel der geplanten Genossenschafts-Satzung der *Neuen Gemeinschaft* – »Die Gesellschaft: Unser Haus«[188] – artikuliert sich jener spezifisch *oikonomisch*-nationalökonomische Doppelsinn von der Bildung einer in ebenso emphatischem wie ganzheitlichem Sinne:[189] *Wertegemeinschaft*, in welcher die Differenz

---

Ende der 1870er / Anfang der 1880er in Berlin teilgenommen. Vgl. auch Stöckmann: Wille zum Willen, a. a. O., 270–315.

184 Gierke: Das deutsche Genossenschaftsrecht I, a. a. O., 28–37.

185 Gierke: Das deutsche Genossenschaftsrecht I, a. a. O., 1038, zit. n. Oppenheimer: Siedlungsgenossenschaft, a. a. O., 1.

186 Man blicke nur auf die verwandten Projekte, die sich im Fortgang um die und nach der Jahrhundertwende auf verschiedenen Feldern ergeben haben, so bspw. die *Obstbaugenossenschaft Eden* oder die *Deutsche Gartenstadtgesellschaft*; siehe etwa Hans Kampffmeyer: Die Gartenstadtbewegung, Leipzig 1909 sowie Ulrich Linse (Hg.): Zurück, o Mensch, zur Mutter Erde. Landkommunen in Deutschland 1890–1933, München 1983; grundlegend auch Diethard Kerbs / Jürgen Reulecke (Hg.): Handbuch der deutschen Reformbewegungen. 1880–1933, Wuppertal 1998.

187 Siehe Karin Bruns: Die neue Gemeinschaft [Berlin-Schlachtensee], in: Wülfing / Bruns / Parr: Handbuch literarisch-kultureller Vereine, Gruppen und Bünde 1825–1933, a. a. O., 358–371 sowie Dies.: Organisationsstrukturen und -konzepte, a. a. O.

188 Zit. n. Bruns: Organisationsstrukturen und -konzepte, a. a. O., 364f.

189 Siegel: Konfigurationen der Treue, a. a. O., 185, registriert zwar, dass der *Neuen Gemeinschaft* ein »konkrete[s] ökonomische[s] Modell« zu Grunde lag. Dies setzt sie allerdings ebenso in »Erstaunen« wie die Beobachtung, dass sich derartige Gruppen dann recht rasch vom »utopischen Entwurf hin zu Versuchen einer genossenschaftlichen Kleinproduktion« entwickelten; offenbar kennt sie die früheren nationalökonomischen Theorien und Modelle nicht.

zwischen Werten in ihrer physisch-materiellen Erscheinung einerseits und in ihrer metaphysisch-immateriellen Erscheinung andererseits nicht mehr bzw. eben: ›wieder nicht‹ besteht. Was sich hier beobachten lässt, ist also nicht weniger als die Applikation eines narrativen Kontinuums auf das Soziale und also auf *das Leben*, welches zuvor in der Korrelation aus literarischen, nationalökonomischen und sozialutopischen Fassungen und Formen sich konturiert hatte. An dem vielfach bemerkten Integrations-Sinn derartiger Gründungen, an ihrem Programm der Aussöhnung und Überwindung von Gegensätzen,[190] lassen sich nochmals zwei aufeinander bezogene Momente herausstellen: Aus der konstitutiven, gewissermaßen epistemologisch wirksamen Synthetisierung von Wissenschaft und Kunst, die in extremer Form tatsächlich gattungsförmige Züge annimmt – als sozialutopischer Wissenschaftsroman oder im naturalistischen Sozialroman, beispielhaft in *Schröter & Co.* und in *Maschinen* – und die in dem Zusammenschmelzen von wissenschaftlich-sozialökonomischem und literarischem Sinn beobachtbar ist, geht noch ein weiteres Moment der Synthese hervor: Die Gestaltungen dieses, im Sinne eines epistemischen Kontinuums zu verstehenden ›Wissens‹, in welchem die Differenz von Kunst und Wissenschaft (wieder) aufgehoben sein soll, verlassen nun zudem in einem zweiten Schritt der Synthese die Welt der Texte und Werke – *das Leben* wird nun zum Feld, zum ›Medium‹ gewissermaßen, zu einem Möglichkeitsraum von Formungen, Gestaltungen und Realisierungen.

---

190 Vgl. Bruns: Organisationsstrukturen und -konzepte, a.a.O., die darin den Hauptsinn erkennt; vgl. ebenso den entsprechenden Abschnitt über *Das ›Hier und Jetzt‹ der Boheme: Utopie der Gemeinschaft* bei Siegel: Konfigurationen der Treue, a.a.O., 177–194.

8.   Vom »genetischen« Charakter des »sozialphilosophischen Standpunkts« und seiner ästhetizistischen Dekonstruktion – Heinrich Mann, *Im Schlaraffenland* (1900)

Neben den beiden soeben beschriebenen Wegen, die das nationalökonomisch-literarische Vergemeinschaftungsnarrativ kurz vor der Jahrhundertwende in Gestalt des realistisch-naturalistischen Gesellschaftsromans einschlägt – *erschöpfende Verausgabung*, *Vollendung* und *Überführung in Leben* –, wird um 1900 noch eine weitere Tendenz sichtbar. Mit Heinrich Manns Gesellschaftssatire werden Wissen und Erzählung der Nationalökonomie in ihrem normativen und idealen Sinn – ganz ähnlich wie bei G. Keller oder M. G. Conrad – einerseits nochmals wiederholt, perpetuiert und affirmiert und andererseits in spezifischer Weise funktionalisiert: Die satirische Pervertierung des normativen Idealzustandes setzt diesen ja voraus. Der Roman, so wird sich in einem zweiten Schritt zeigen, unterläuft den entsprechenden realistischen Standpunkt der nationalökonomischen Vernunft allerdings mittels eines ästhetizistischen Spiels, in welchem seinem eigentlichen, ernsthaften ›sozialphilosophisch-kritischen‹ Sinn – und somit auch dem satirischen Sinn, der aus diesem erst hervorgeht – der Boden entzogen wird.

8.1.   Über die Bedingtheit von Satire

Der Inhalt von Heinrich Manns frühem Roman,[1] der im Berlin des Jahres 1894 und hauptsächlich in den Interieurs und auf den Tummelplätzen der hohen Gesellschaft – Börse, Theater, Zeitungsredaktion – spielt, ist schnell referiert: Andreas Zumsee, Lehramtskandidat aus dem fiktiven (wohl südwestdeutschen) Örtchen Gumplach, findet durch Theaterbesuche und eigene literarische Ambitionen Eingang in die gesellschaftliche Oberschicht. Seinen raschen Aufstieg zum hochgelobten Dramatiker verdankt er vor allem seiner offenen Liebesbe-

---

1   Vgl. zur grundlegenden werkchronologischen Einordnung Klaus Schröter: Anfänge Heinrich Manns. Zu den Grundlagen seines Gesamtwerks, Stuttgart 1965; Renate Werner: Skeptizismus, Ästhetizismus, Aktivismus. Der frühe Heinrich Mann, Düsseldorf 1972, 74–87.

ziehung mit Adelheid Türkheimer, der Frau des mächtigen und märchenhaft
reichen Bankiers James Louis Türkheimer. Als Zumsee sich allerdings mit der
neuen Mätresse seines Gönners Türkheimer, mit dem 17-jährigen Proletarier-
mädchen Agnes Matzke einlässt, erfolgt ein ebenso rascher Fall: Er wird mit der
»kleinen Matzke« verheiratet, auf einen unbedeutenden Redakteursposten ab-
geschoben und aus der hohen Gesellschaft verbannt. Die Bewohner des Schlaraffenlandes sind, so der plakative satirische Sinn des Romans,[2] alles andere als
»feine Leute«. Alle hängen parasitär am »Türkheimerschen Mammon«.[3] Die
dargestellte Gesellschaft hat sich ganz den Logiken des Geldes angeglichen, wie
sie in Reinform in den ›Luftgeschäften‹ der Börsen-Ökonomie in Erscheinung
treten.[4] Kernkonzepte bürgerlichen Selbstverständnisses sind von der monetaristischen Überformung des Sozialen insofern betroffen, als selbst Liebe und
Intimität der Logik ökonomischer Tauschgeschäfte folgen und »vertragsmäßig«
abgemacht werden (Schlaraffenland 187, vgl. 173 f., 224).[5] Dass auch die Sprache, die die Vorgänge im Schlaraffenland beschreibt, dem Ökonomischen an-
heim gefallen ist, zeigt sich etwa daran, dass sich die Frauen der Gesellschaft »im
Wettbewerb« behufs »Ausbeutung derselben Männer« befinden (Schlaraffen-

---

2 Dass es sich bei dem Roman um eine satirische Darstellung bzw. Kritik der Wilhelminischen
   Gesellschaft handelt, ist immer wieder betont worden: Peter Schnyder: Satire in saturierter
   Zeit. Heinrich Manns Roman »Im Schlaraffenland« und die Poesie des Geldes, in: Christine
   Weder / Maximilian Bergengruen (Hg.): Luxus. Die Ambivalenz des Überflüssigen in der
   Moderne, Göttingen 2011, 217–232; Walter Hinck: Aufstieg und Fall der Hans im Glück.
   Bourgeois-Satire. Heinrich Mann: »Im Schlaraffenland«. Ein Roman unter feinen Leuten
   (1900), in: Ders.: Romanchronik des 20. Jahrhunderts. Eine bewegte Zeit im Spiegel der
   Literatur, 2. Aufl., Köln 2007, 15–22; Wilfried F. Schoeller: Nachwort, in: Heinrich Mann: Im
   Schlaraffenland. Ein Roman unter feinen Leuten, mit einem Nachw. v. Wilfried F. Schoeller u.
   einem Materialienanhang, zusammengestellt v. Peter-Paul Schneider, 6. Aufl., Frankfurt/M.
   2006 [1988], 415–434, bes. 420 f.; Werner: Skeptizismus, Ästhetizismus, Aktivismus, a. a. O.,
   74–87. Die spezifischen diskursiven Bedingungen und Voraussetzungen des Satirischen sind
   dabei allerdings ausgespart geblieben.
3 Heinrich Mann: Im Schlaraffenland. Ein Roman unter feinen Leuten [1900], mit einem
   Nachw. v. Wilfried F. Schoeller u. einem Materialienanhang, zusammengestellt v. Peter-Paul
   Schneider [1988], 6. Aufl., Frankfurt/M. 2006, 204. Zitate fortan aus dieser Ausgabe im Text
   unter Angabe von Kurztitel u. Seitenzahl.
4 Siehe dazu die Ausführungen zu den vorher entstandenen naturalistischen Romanen *Was die
   Isar rauscht* (Conrad) und *Mode* (Alberti) sowie Erhard Schütz: Heinrich Manns *Im Schlaraffenland* und Georg Simmel, in: Roland Berbig u. a. (Hg.): Berlins 19. Jahrhundert. Ein
   Metropolen-Kompendium, Berlin 2011, 421–430, der – über die von Schnyder: Satire in
   saturierter Zeit, a. a. O. vermerkte »Poesie des Geldes« hinausgehend – treffende »Analogien«
   (428) zwischen Manns Roman und Simmels Moderne-Analysen (*Philosophie des Geldes*;
   Großstädte und das Geistesleben) benennt, diese aber auch nicht befragt nach den – nationalökonomischen – Bedingungen ihrer Entstehung, sondern sich ›synchronistisch‹ auf ihre
   Feststellung beschränkt.
5 Vgl. Schößler: Börsenfieber und Kaufrausch, a. a. O., 95–98 sowie den Roman *Liebe* aus dem
   behandelten Zyklus von C. Alberti.

land 219) oder dass ein »Konsortium« zwecks »gegenseitiger Versicherung des guten Rufs« gegründet wird (Schlaraffenland 80).

Das Hauptmerkmal dieser Gesellschaft ist, das macht schon der Titel des Romans unmissverständlich klar, ihre völlige Untätigkeit; sie findet ihren Sinn nicht im Produzieren, sondern im Konsumieren:

> Die Leute dort tun sicher den ganzen Tag gar nichts. Was sie Geschäfte machen nennen, weiß ich nicht, aber es nimmt gewiß nicht viel Zeit in Anspruch [...]. Man langt eben zu, wie im Schlaraffenland. (Schlaraffenland 95)

Exemplarisch zeigt sich der Müßiggang in Gestalten wie dem Fabrikerben Pimbusch, der bloß noch vom Genius und Fleiß einst tätiger Generationen zehrt und in der ironischen Übertreibung der Erzählinstanz nurmehr als Karikatur von Arbeit und Strebsamkeit erscheint:

> Heute ging das Geschäft von selbst, der Sohn hatte sich nicht um den Betrieb zu bemühen. Doch arbeitete er auch dann noch, wenn er seine Nägel betrachtete oder den neuesten Börsenwitz wiederholte. Sooft nachts die Destillationen ihren Schein auf die Straßen hinauswarfen, war Pimbusch an der Arbeit. (Schlaraffenland 103 f.)

Kaum erwähnenswert scheint in diesem Zusammenhang der Umstand, dass auch das märchenhafte 70-Millionen-Mark-Vermögen der Türkheimers gerade nicht auf Grund von Fleiß und produktiver Tätigkeit erwirtschaftet wurde, sondern auf Spekulationen an der Börse, auf »Luftgeschäfte« zurückgeht, die, das legt der Text nahe, dem Diebstahl näher stehen als der Arbeit (vgl. Schlaraffenland 202).

Dass diese Gesellschaft unweigerlich dem Ende entgegentaumelt, wird spätestens klar, als sie den eigenen Untergang ekstatisch feiert, der ihr in Gestalt des »sozialen Dramas« »Rache«, einer unverhohlenen Anspielung auf Hauptmanns *Die Weber*, vor Augen gestellt wird. Die Millionäre und ihre diamantbehängten Gattinnen empfinden ein »ungemein reizvolle[s] Grausen« angesichts der »hinreißende[n] Echtheit«, mit welcher der Mord an der eigenen Klasse und die »Apotheose des Proletariats« in dem naturalistischen Schauspiel vorgeführt werden (Schlaraffenland 140 f.), dessen blutrünstigen Inhalt der Erzähler anschaulich referiert. Der Verfall dieser Gesellschaft, die das Bewusstsein von der eigenen Dekadenz immer wieder artikuliert – »Alte Kultur! Gott, wie sind wir müde!« (Schlaraffenland 81) –, wird allzu deutlich, wenn der Text etwa ihr morbides Siechtum einerseits und ihr völlig pervertiertes Verwertungsdenken andererseits anhand der satirischen Verwendung des Begriffs »Arbeit« aufeinander abbildet: Als der an Diabetes leidende Türkheimer selbst noch seinen Blutzucker für den »industriellen Zweck[] verwerten« will, entwickelt sich ein knapper Wortwechsel zwischen ihm und seinem Adjutanten: »Das ist ein Gedanke, Herr Generalkonsul, daran muß gearbeitet werden.« »Ja, daran muß gearbeitet werden.« »Also, ich wünsche erfolgreiche Arbeit, Herr Generalkonsul.« (Schlaraffenland 325) Freude, Genuss und Gemeinschaft sind im »Schlaraffenland« zu einer zynisch gewendeten »Lebensfreude« entstellt (Schlaraffenland 331), die sich auf den orgiastischen Feiern der Gesellschaft in ihr genaues Gegenteil verkehrt hat:

> Aber obwohl alle durcheinanderlärmten und verschlungen, mit bewußtlosem Geheule umherschwankten, so schien dennoch ein jeder in einer tiefen entrückten Einsamkeit zu leben. Die bleichen schwitzenden Gesichter mit den glasigen Augen und den weit aufgerissenen Mündern trugen die Maske eines in sich selbst versunkenen, von seiner Idee besessenen Ekstatikers. (Schlaraffenland 335)

Der Protagonist Andreas Zumsee ist zu diesem Zeitpunkt längst unter den »feinen Leuten«, im »Klub der Eroberer« angekommen (Schlaraffenland 345). Erfolg hat er dort ausschließlich, weil er »Talent zum Glückmachen« und schlicht »was Glückliches an sich« hat (Schlaraffenland 16, 273) und nur deshalb von den einflussreichen Türkheimers als ihr »persönliche[r] Pflegling« protegiert wird und wiederum nur deshalb als Dramatiker bei Kritik und Publikum reüssieren kann (Schlaraffenland 224, 247, s. 375). Als Schriftsteller hat er Erfolg im Schlaraffenland nicht obwohl, sondern gerade weil er künstlerisch gänzlich unbegabt ist, wie es sich etwa an einer inszenierten Schein-Aufführung seines missratenen Dramenfragments »Die Verkannte« zeigt (s. Schlaraffenland 211–223). Andreas ist allerdings nicht nur hoffnungsloser Dilettant, sondern zudem tatsächlich auch völlig *unproduktiv* in seinem Metier. Wenn der Erzähler ihn beispielsweise die Frage nach seinem Erfolg folgendermaßen beantworten lässt – »Mit viel, viel Arbeit könne es jeder so weit bringen wie er selbst. Man müsse sparsam, nüchtern und praktisch sein […].« (Schlaraffenland 347, vgl. 236) –, dann wirkt dies nur deshalb komisch und entlarvend, weil völlig klar ist, dass sich Zumsee durch das genaue Gegenteil auszeichnet: Die »Mahnungen zur Arbeit«, die seine Gönnerin Adelheid Türkheimer oftmals an ihn richtet, fallen ihm »äußerst lästig«; die bloße Ankündigung eines geplanten Stücks in der Presse lässt Zumsee in selbstbetrügerischer Weise glauben, »das Stück [sei] schon geschrieben.« (Schlaraffenland 196, s. 174). Zumsees geplanten Roman kommentiert der Erzähler lapidar: »Er schrieb keinen.« (Schlaraffenland 349) Der zentrale satirische Sinn des Romans besteht also darin, dass Zumsee aufsteigt und Erfolg hat, ganz ohne etwas dafür zu tun – »Früher hatte er ›geochst‹, ohne an etwas zu denken, jetzt tat er nichts und war dabei von hohem Ehrgeiz beseelt.« (Schlaraffenland 17).

Zumsee passt also mit seinem glücklichen und zutiefst unproduktiven Wesen geradezu perfekt in das, was tatsächlich als das »volkswirtschaftliche System« des Schlaraffenlandes bezeichnet und in einem langen Kapitel mit dem schreiend satirischen Titel »Politik und Volkswirtschaft im Schlaraffenland« be-

schrieben wird (Schlaraffenland 161–206). Ironisch und zynisch weiht der
Journalist Kaflisch den Protagonisten in jene korrupte und quasi-aristokratische
›Ökonomie‹ ein, die »im Schlaraffenland die Grundlage alles wohltätig Beste-
henden« bilde: Die Mechanismen des »volkswirtschaftliche[n] System[s]« und
der Verteilung des »Türkheimerschen Nationalvermögen[s]« kommentiert
Kaflisch: »[W]enn ein einzelner Mann so blödsinnig viel gestohlen hat wie
Türkheimer, dann kann er keinem mehr weismachen, daß ihm das wirklich alles
alleine gehört.« (Schlaraffenland 202) Türkheimer, so Kaflisch weiter, »ist
nämlich ein ziemlich aufgeklärter Mann, er sieht ein, daß der jetzt so beliebte
Kommunismus tatsächlich einem Bedürfnis der Neuzeit entspricht.« Über »die
Familie« dürfe die »Politik der offenen Hand« allerdings »nicht hinausgehen«,
da dies »eine gewissenlose Vergeudung des Nationalvermögens« sei (Schlaraffenland 203). In den gleichen Katalog provokanter Wendungen, die ihren grotesken und satirischen Sinn ausschließlich daraus beziehen, dass sie ihrer
– *spezifisch nationalökonomischen* – Ursprungsbedeutung völlig entfremdet
sind, dass sie diese geradezu in ihr Gegenteil verkehren, gehören etwa die
Aussage, dass Börsengewinne eine »gutbürgerliche Erwerbsquelle« seien
(Schlaraffenland 260); die Feststellung, dass Zumsee seine »Habe zusammen[halte] wie ein ländlicher Hausvater« und dass sich mit seinem zuneh-
menden Erfolg auch »das der körperlichen Veredelung dienende Handwerks-
zeug auf seinem Toilettentisch« ständig vermehre (Schlaraffenland 345, 347)
sowie die nurmehr zu hohlen Formeln entstellten Klagen der Gesellschaft darüber, dass »[d]er Mittelstand« aussterbe oder die scheinheiligen Reden von der
Existenz angeblich »vertrauensvolle[r] Spekulanten« (Schlaraffenland 62, 274).
  Ganz deutlich wird hier also, dass die literarischen Verfahren der ironisch-
satirischen Verfremdung konstitutiv bezogen sind auf ein ›eigentliches‹ bzw.
normatives Verständnis von vorgängigen Wendungen, Begriffen und Konzepten. Manns Roman macht *als Satire* nur deshalb Sinn, weil es eben diese ›eigentlichen‹ und normativen Verwendungsweisen von »Arbeit« und »Volkswirtschaft«, von dem ›Aussterben des Mittelstands‹ und dem »Hausvater«, von
dem »Nationalvermögen«, von der »Volksseele«, vom »ganzen Volk[]« (Schlaraffenland 132, 274) oder von dem »soliden Geschäft« einer »anständig den-
kenden Geschäftswelt« bereits *vor* ihrer satirischen Umwendung und vor ihrer
grotesken Verzerrung gibt (Schlaraffenland 274). Als beißende Gesellschafts-
kritik kann der Text ausschließlich in Differenz zu dem funktionieren, was eigentlich unter dem nun satirisch Verzerrten zu verstehen sein sollte oder was
darunter ursprünglich auch einmal verstanden worden war.[6] Der Text legt nahe,
dass die moderne bürgerliche Gesellschaft, allen voran ihr ›letztes Produkt‹

---

6 Vgl. auch Helmut Arntzen: Art. »Satire«, in: Ästhetische Grundbegriffe, hrsg. v. Karlheinz
   Barck, Bd. 5: Postmoderne – Synästhesie, Stuttgart / Weimar 2003, 345–364, bes. 347 f.

Andreas Zumsee, genau daran zu Grunde geht, dass sie sich von ihrem ursprünglichen Ziel und Zweck, nämlich volkswirtschaftliche Produktions-, Kul-
tur- und Wertegemeinschaft zu sein, vollständig gelöst hat:

> Alle Genüsse waren leicht und billig geworden, alles Begehrenswerte bot ihm das Heer
> der Bedürftigen auf sehnsüchtig erhobenen Händen zum Kaufe dar. Der Mechanismus
> einer ganzen Kulturwelt [d. i. die Volkswirtschaft, M. A.] bewegte sich, arbeitete und
> produzierte für ihn, bloß damit er genieße. (Schlaraffenland 349)

Der anfängliche Sinn der bürgerlichen Gesellschaft, ihr Gründungsmythos von
der nationalökonomischem Vergemeinschaftung, welcher in Zumsees Er-
mächtigungsphantasien in sein Gegenteil verkehrt wird, findet sich im Text
nurmehr rudimentär wieder, etwa im Schicksal der »überarbeiteten Väter[]«,
von denen die jetzigen Bewohner des Schlaraffenlandes abstammen (Schlaraffenland 109) sowie bezeichnenderweise in den verständnislosen Kommentaren
eines in die Jahre gekommenen Roman-Schriftstellers, der die seines Erachtens
schräge Begeisterung seiner bürgerlichen Standesgenossen für das Drama
»Rache« nicht nachvollziehen kann. Werner Wennichen fragt sich,

> warum eigentlich die arbeitsamen Kaufleute mit ihren Hausfrauen, die Vertreter von
> Bildung und Besitz, die doch an der Abwehr übermütiger Junker und finsterer Pfaffen
> genug zu tun gehabt hätten, sich hier herbeiließen, gemeinen Pöbelexzessen Beifall zu
> spenden? (Schlaraffenland 141)

Wennichen verfasse, so erfährt man vom ironischen Erzähler zuvor, »seit fünfzig
Jahren immer dieselben Romane«, die sich immer derselben »Schlagwörter« von
der »Ehre des Handelsstandes« und den »arbeitsame[n] Kaufleute[n]« bedien-
ten (Schlaraffenland 48). Karikiert ist hier genau diejenige Literatur des Realismus – ganz konkret Gustav Freytag –[7], die sich seit tatsächlich 50 Jahren, wie
gezeigt, in enger und affirmierender Korrelation mit denjenigen Narrativen und
Konzepten der Volkswirtschaftslehre generisch vervielfältigt hat, die noch, wie
skizziert, um 1900, etwa in Gestalt von Gustav Schmollers *Grundriß der Allgemeinen Volkswirtschaftslehre* oder Max Webers früheren, im engeren Sinne
nationalökonomischen Arbeiten, von der Wissenschaft artikuliert werden. Ganz
in diesem Sinne sind die Argumente Türkheimers von der »gewissenlose[n]
Vergeudung« seines »Nationalvermögens« in derselben satirischen Logik bezogen auf die denkbar ›un-ironischen‹ Argumentationen der Spielhagen-Figu-
ren, die sich, wie gezeigt, gegen »eine gewissenlose Verschleuderung unserer
Mittel« aussprechen (Sturmflut I, 303), wie jene sich auch in dem kontrapunktischen Gegeneinander von Webers Freiburger Antrittsvorlesung *Der Nationalstaat und die Volkswirtschaftspolitik* und Manns Kapitel über *Politik und*

---

7 Auf Wennichen als Freytag-Karikatur hat auch schon hingewiesen Schoeller: Nachwort,
  a. a. O., 423.

Volkswirtschaft im Schlaraffenland zeigt. Allerdings sind die satirischen Über-
treibungen des Textes konstitutiv verwiesen auf einen ›soziologischen Blick‹, auf
einen sozialkritischen Standpunkt, und also auf die Gültigkeitsannahme von
Normen, die das Ökonomische rückbinden an die Anliegen des Sozialen. Die
Verwerfungen des Sozialen werden *als Verwerfungen*, die Deformationen der
modernen Ökonomie werden *als Deformationen* – ebenso wie die antisemitischen und frauenfeindlichen Stereotype, die sich sekundär daran anlagern –[8] ja
überhaupt als solche erst sichtbar von einem nationalökonomischen bzw. sozialökonomischen Standpunkt aus.[9]

Neben diesem realistisch-naturalistischen Erzählsinn des Textes, der seine
satirischen Elemente erst möglich macht, indem er gerade in seinem bzw. durch
seinen Realismus einen wertenden Standpunkt und eine satirisch-kritische
Perspektive – *perspicuitas* – konstituiert,[10] lässt sich noch eine weitere, nachgerade anti-realistische Sinnrichtung des Romans beobachten, die allerdings
auch mit den völlig evidenten Hinweisen auf seine Arbeit an und mit Stoffen und
Figuren von antikem Mythos und Märchen noch nicht hinreichend erklärt ist.[11]

8.2. Die ästhetizistische Selbst-Dekonstruktion und das »Bedürfnis nach Reinheit«

Auf das Kapitel zu *Politik und Volkswirtschaft im Schlaraffenland* folgt bezeichnenderweise unmittelbar ein Kapitel, welches den Titel trägt *Das Vergnügen, die Menschen zu durchschauen* und das davon handelt, dass Zumsee nun
tatsächlich, so scheint es zumindest zunächst, die »Versuchungen des Schlaraffenlandes« entlarvt und die »atavistische[] Gaunermoral« seiner Bewohner
durchschaut (Schlaraffenland 252, 268). In kritischer Weise urteilt er nun über
die sozialen Vorgänge:

---

8 Vgl. den Abschnitt zu *Im Schlaraffenland* bei Schößler: Börsenfieber, a.a.O., 68–102.
   Schößler will ihren vollkommen einleuchtenden Befund – Einspielen von antisemitischen,
   frauenfeindlichen und antikapitalistischen Ressentiments und Stereotypen durch Manns
   Roman und Schriften Werner Sombarts – konsequenterweise mit »Diskursregeln der Zeit«
   (87) begründen; diese sind allerdings nicht, wie die Verfasserin völlig unscharf assoziiert, in
   einer »obsoleten physiokratischen Produktivitätslehre« (87) aufzusuchen, sondern im
   Wissen der zeitgenössischen Nationalökonomie.
9 Vgl. andeutungsweise auch schon Schnyder: Satire in saturierter Zeit, a.a.O., 224f.
10 Vgl. auch Rainer Warning: Die Phantasie der Realisten. München 1999, bes. 9–35.
11 So etwa Helmut Koopmann: Mythenkonstitution in einer zerfallenden Welt. Zu Thomas
   Manns *Buddenbrooks* und zu Heinrich Manns *Im Schlaraffenland* und *Professor Unrat*, in:
   Rolf Grimminger / Iris Hermann (Hg.): Mythos im Text. Zur Literatur des 20. Jahrhunderts,
   Bielefeld 1998, 219–236, bes. 231; zum Märchenhaften auch: Klaus Schröter: Heinrich Mann
   und das Märchen, in: Heinrich Mann-Jahrbuch 12 (1993), 221–233.

[...] und die ungezählte Schar der Namenlosen, die unter Türkheimers Blick den
Rücken krümmten, Klienten, Mitesser, gieriges und feiges Gesinde, das gelegentlich ein
paar von den Goldstücken erraffen durfte, die hier unter den Möbeln umherrollten.
(Schlaraffenland 233)

Wichtig ist dieses Durchschauen insofern, als darin, wie oben skizziert, so etwas
wie der kritische bzw. satirische Sinn begründet ist (Standpunkt, Perspektive):
Zumsee erkennt, dass die Verworfenheit der Gesellschaft, ihre Krankheit, darin
besteht, dass sie sich selbst zersetzt durch die Gier und die widerstreitenden
ökonomischen Egoismen ihrer Einzelglieder. Die Diagnose sozialer, ökonomischer und gesellschaftlicher Zustände ist hier, das ist unschwer zu erkennen,
unmittelbar verknüpft mit jenen Gesten des *Durchschauens* und des »[V]er-
söhnen[s]« (Schlaraffenland 258), die seit der Mitte des 19. Jahrhunderts den
programmatischen Kern der Literatur des Bürgerlichen Realismus bildeten.
   Allerdings ist dieses philosophisch-ästhetische Programm der ›realistischen‹
Einsicht in gesellschaftliche Realität und deren Darstellung allein schon dadurch
außer Kraft gesetzt, dass Zumsees »wehmütige[s] Vergnügen, die Menschen zu
durchschauen« in formelhafter Repetitivität[12] wiederkehrt und überdeutlich
ironisch karikiert wird: Über »*olympische* Langeweile« klagt Zumsee angesichts
der Tatsache, dass er nun in Klarheit sehe, »was drunten alle Leidenschaften in
Bewegung setzte« (Schlaraffenland 233, 238, 252, 406, Hervorh. M. A.). Unschwer ist in dieser Anspielung jene realistische Passion des ›olympischen‹
Überblicks, der »epischen Totalität« erkennbar, die sich, wie der Blick auf
Spielhagens Romantheorie gezeigt hat,[13] in enger Korrelation mit dem univer-
salistisch-kulturwissenschaftlichen, das Gesellschaftliche panoramatisch und in
seiner Gesamtheit überschauenden Wissenschafts-Programm der Nationalökonomie entwickelt hatte. In Gestalt von Zumsee wird diese Passion allerdings
zur ästhetizistischen Pose und insofern in paradoxer Fügung in ihr genaues
Gegenteil verkehrt. So urteilt Zumsee etwa über die vermeintlich durchschauten
»Gaunereien« Türkheimers, dass diese, seien sie auch »moralisch« bedenklich,
sich durch »Schönheit und Größe« auszeichneten und »ästhetisch« einen
»großartigen Zug« aufwiesen (Schlaraffenland 257 f., s. 290–292): Der vormals
ethische Sinn des Ökonomischen wird, so ließe sich sagen, in ästhetizistischer
Wendung substituiert durch einen neuen, genuin *ästhetischen* Sinn es Ökonomischen.[14] An anderer Stelle wird Zumsees vermeintlich realistischer Blick der

---

12 In ihrer Bedeutung wird die Wendung insofern nochmals eingeebnet, als sie in der Häu-
    figkeit ihres Auftretens mit anderen formelhaften Wendungen des Textes – etwa mit der stets
    wiederkehrenden Rede von der »lieben Unschuld« (Schlaraffenland 46, 175, 202) – verwandt
    ist.
13 Vgl. Kap. 5.1. dieser Arbeit.
14 Vgl. auch die Ausführungen zu den entsprechenden Fügungen bei Raabe in Kap. 6.4.3. dieser
    Arbeit.

nationalökonomischen Vernunft – sein Räsonieren über Sinn und Zweck von »Nationalvermögen« – durch einen Eingriff narratorialer Demaskierung als schlichter, eitler und naiver Dilettantismus sichtbar:

›Sie [Türkheimer u. a. Spekulanten] stecken ja das Nationalvermögen in die Tasche. Das Nationalvermögen!‹ wiederholte er mit Nachdruck. Dieses Wort, auf das er stolz war, feuerte ihn an und schärfte sein Urteil. (Schlaraffenland 291)

Die Erkenntnisse, zu denen er auf Grund seines, wie er es explizit nennt, »sozialphilosophischen Standpunkt[s]« gekommen sein will, führen dazu, dass er von denselben »süß berauscht« ist (Schlaraffenland 281, 283). Zumsee *durchschaut* die vermeintlich erkannten Strukturen des Schlaraffenlandes aber *gerade nicht*. Er lässt sich weiterhin von den Türkheimers instrumentalisieren, kaufen und korrumpieren und bleibt bis zuletzt Spielball ihrer Pläne (siehe Schlaraffenland 194, 245 f., 267, 276–279). Sein »Vergnügen, die Menschen zu durchschauen« ist auch insofern illusorisch, als es nurmehr die Folge von unablässigen Nachahmungen und Imitationen ist:[15] Die skizzierte ästhetizistische Argumentation hat er sich ebenso abgeschaut (s. Schlaraffenland 91 f.) wie seine Reden vom »Nationalvermögen« (s. Schlaraffenland 202, 291), von der ›bürgerlichen Moral‹ (s. Schlaraffenland 96, 292) oder der »bäuerische[n] Freude«, die er im Angesicht der »riesenhaften Fülle« und des üppigen »Fleisch[es]« Adelheid Türkheimers empfinden zu meinen glaubt (Schlaraffenland 154).

Allerdings, und dies ist ein entscheidendes Moment mit Blick auf den Gesamtsinn des Textes, kehrt dieses erzählerische Verfahren, das den Aussagewert von Figurenrede – besonders dort, wo sie kritisch-durchschauend argumentiert – unterläuft, relativiert, zur Disposition stellt, ironisch distanziert, satirisch bloßstellt und sie damit letztlich in ihrem Geltungsanspruch völlig negiert, auf einer Artikulationsebene wieder, die ›über‹ den Figuren, auf der Ebene des Erzählens selbst, angesiedelt ist. Ein Schlüssel zu dieser Erkenntnis ist Zumsees Schriftstellerkollege Köpf, der beide Ebenen, die der intradiegetischen Figurenrede und die der extradiegetischen Erzählerrede, miteinander verbindet. Einerseits ist er auftretende Figur, Mentor und Stichwortgeber von Andreas. Beide imitieren sich gegenseitig, wiederholen die Worte des jeweils anderen (siehe Schlaraffenland 96, 293);[16] zudem ist Köpf Andreas darin ähnlich, dass

---

15 Vgl. auch Schütz: Manns *Schlaraffenland* und Simmel, a. a. O., 425–428.

16 Beispielsweise rät Köpf Andreas, sich auf sein ›gesundes‹ Herkunftsmilieu zu besinnen, um sich in der Gesellschaft zu profilieren: »Bedenken Sie nur Ihre ältere Kultur! Jeder seßhafte Bauer bei Ihnen zu Hause ist ein Aristokrat gegen die Landstreicher aus dem wilden Osten, die hier in Palästen wohnen.« (Schlaraffenland 97); später heißt es im Zusammenfallen von Andreas' Bewusstsein und seiner Artikulation durch die erzählerische Instanz: »Und er [Andreas, M. A.] schwelgte im Bewußtsein der älteren und leichteren Kultur seiner Heimat, wo jeder seßhafte Bauer ein Aristokrat war, verglichen mit diesen vergoldeten Landstreichern aus dem wilden Osten.« (Schlaraffenland 322)

auch er tatsächlich der Illusion aufsitzt, zu *durchschauen* (s. Schlaraffenland
291). Andererseits ist er allerdings auch Figuration von Erzähler und fiktivem
Autor des Romans:[17] Zumsee hat für Köpf, wie dieser sich selbst im inneren
Gespräch vorspricht, »den Reiz eines interessanten Experiments«:

> Was würde dabei herauskommen? Wie würde dieser unschuldige Streber und Genie-
> ßer, dieser unbewußte Spekulant […] sich in dem fetten Boden entwickeln, wohin er
> nun verpflanzt war? (Schlaraffenland 96)

Am Ende des Romans wird Köpfs Manuskript mit der Begründung abgelehnt,
dass es sich dabei um eine »Satire« handele, die sich über die »höchsten Güter
lustig« mache und das »deutsche Volk« deshalb wohl »entschieden lieber darauf
verzichten« werde (Schlaraffenland 407) – es ist also mit dem Text des Romans
nahezu identisch. Bezeichnenderweise ist es Zumsee selbst, der einerseits zwar
Köpfs naturalistisches Ästhetik-Programm kopiert – der »Wissenschaft zulie-
be«, so Zumsee, habe er sich mit den Bewohnern des Schlaraffenlandes abge-
geben, habe »Dokumente« über diese sammeln wollen (Schlaraffenland 408) –,
andererseits aber auch – mittlerweile Redakteur des »Nachtkurier« – dessen
Manuskript mit der oben zitierten Begründung ablehnt. In diesen merkwürdig
ästhetizistischen Wendungen, im Aufeinanderbezogensein der Figuren und
Fokalisierungen, artikuliert sich nun die Frage danach, wie der Text tatsächlich
erzählt, wie er Wahrnehmung, Beobachtung und Bewertung von Gesellschaft
organisiert.

> Das Gold rollte hier unter den Möbeln umher. Gewiß tat keiner etwas anderes, als sich
> die Taschen zu füllen. Welch ein Wohlleben in diesem Schlaraffenland! (Schlaraffen-
> land 52)

Was sich an dieser viel zitierten Stelle genauso zeigt, wie an vielen anderen
(Schlaraffenland 103 f., 187 f., 290, 294 f., 364 u. ö.), ja worin überhaupt der gesamte Text charakterisiert ist, ist ein Verfahren, welches Wahrnehmung, Gedanken und Artikulationen der unterschiedlichen Beobachtungs- und Vermittlungsinstanzen fortwährend ineinander schiebt, sodass sie nicht mehr
voneinander zu trennen sind. Wahrnehmung und Sprache von Zumsee, Köpf
und einer nochmals übergeordneten – tatsächlich extradiegetischen – Erzählinstanz fallen in weiten Teilen des Romans zusammen und interferieren nachgerade heteroglossisch.[18] Eine Absicht des Textes scheint darin zu bestehen, *zu
verwischen*, wer da nun Gesellschaft beobachtet und also: *wer spricht*. Dies führt
demonstrativ auf die nur scheinbar banale Feststellung, dass überhaupt jemand

---

17 Vgl. auch Schoeller: Nachwort, a. a. O., 430.
18 Vgl. auch Valerij Tjupa: »Heteroglossia«, in: LHN. The living handbook of narratology, ed.
   by Peter Hühn et al., Hamburg 2013 ff. [http://www.lhn.uni-hamburg.de/article/hetero
   glossia, eingesehen am 03.11.2014].

spricht bzw. – und das ist schon nicht mehr ganz so banal – dass also das, was man etwa unter gesellschaftlicher Wirklichkeit versteht, ganz grundsätzlich und ausschließlich in der Form perspektivisch gebundener Vermittlungen beobachtbar ist. Der Roman reflektiert damit nicht nur die Tatsache, dass das Soziale kontingent ist in Bezug auf seine historische Genese – *es war einmal anders; der von dem normativen Idealzustand* nationalökonomischer Vergemeinschaftung *abweichende gesellschaftliche Zustand kann satirisch kritisiert werden* –, sondern darüber hinaus, dass es auch kontingent ist in Bezug auf seine zwingend medial vermittelten Darstellungsformen: Bei der Geschichte des »kräftigen Bürgertums« handelt es sich um eine *Geschichte* (Schlaraffenland 104), um eine *Erzählung*, die kontingent ist in Bezug auf die *möglichen* Gestaltungen und Inszenierungen ihrer Darstellung; sie unterliegt den gleichen Inszenierungslogiken, wie die Geschichte vom revoltierenden Proletariat im Drama »Rache«. Über den schon bekannten Pimbusch heißt es:

> Nur seine mächtigen Kiefer, die beim Sprechen gefräßig auf- und zuklappten [...], *erzählten* noch von den starken Erwerbsinstinkten seiner Väter. (Schlaraffenland 104, Hervorh. M. A.)

Der Roman suggeriert also, dass die Geschichte von den »Erwerbsinstinkten« der »überarbeiteten Väter« vielfach vermittelt und eben eine Geschichte ist, *die auch anders sein bzw. anders erzählt sein könnte* (Schlaraffenland 109). Die fortlaufenden mutmaßenden und insinuierenden Gesten der erzählerischen Instanz deuten demonstrativ darauf hin: Wennichens Verwunderung, »warum die arbeitsamen Kaufleute« sich anschickten, »gemeinen Pöbelexzessen Beifall zu spenden«, sein ›nationalökonomisches Weltbild‹ also, wird in seiner Gültigkeit dadurch entwertet, dass es tatsächlich als bloße *Imagination inszeniert* wird – Wennichen fragte sich das nur »*vielleicht*«, heißt es explizit (Schlaraffenland 141, Hervorh. M. A.). Weitere Beispiele für die Relativierung der Rede über die nationale Ökonomie lassen sich in zahlreichen weiteren erzählerischen Insinuierungen finden: So etwa, wenn ein längeres Referat einer Adligen über die wirtschaftlichen Aktivitäten des »Bürgerstande[s]« – »Feilschen und Geldzählen«, »unfeine[] Beschäftigungen« – mit der Formel »Sie *schien* zu sagen« eingeleitet und somit als *narratoriale Mutmaßung* nicht nur kenntlich gemacht, sondern eben ganz bewusst als solche zur Schau gestellt wird (Schlaraffenland 115 f., Hervorh. M. A., s. auch 171, 232). Genauso wie die Inszenierung des adligen, anti-bürgerlichen und anti-ökonomischen Ressentiments, wird auch die gegenläufige nationalökonomische Erzählung vom fleißigen Weinbauern ihres ursprünglichen Erzählsinns entkleidet und als *ästhetische Funktion* geradezu präsentiert: Über Andreas heißt es nach verlorener Börsenspekulation:

> Er vergrub das Gesicht in die Hände und stöhnte hinter seinem verlorenen Gelde her. Er hatte es geradeso liebgehabt, als klebte derselbe Schweiß daran wie an den Groschen

seines Vaters, des Winzers, der seine Rebstöcke wie Säuglinge pflegte und froh war,
wenn sie alle sieben Jahre einmal gut trugen. (Schlaraffenland 262)

Das aufgerufene Weinbauern-Schicksal, das im Übrigen in doppelsinniger
Weise geschichtliche Verlusterfahrung und konkrete materielle Verlust-Erfah-
rung aufeinander bezieht, wird in nachgerade gegen-realistischer Funktionalisierung zum *Gedankenbild*, zur nurmehr *konjunktivischen Vorstellung* – ›so, *als
klebte* der Schweiß daran‹. Ebenso imaginativ präsentiert der Text die gegenläufige moderne- und kulturkritische Wendung der Erzählung von der volkswirtschaftlichen Produktivität: Über Pimbusch mutmaßt der Erzähler nicht nur,
dass ihm seine eigene Tätigkeit nicht nur völlig »fremd[]« geworden sei und er
»das Volk«, das ihm die Produkte dieser Tätigkeit abnehme, »verachtete«; in der
erzählerischen Vorgabe gerät dies gar noch zu einer Pose, welche die eigene
›Entfremdung‹ und Untätigkeit in morbider Dekadenz genießt: Es sei Pimbuschs
»zehrender Ehrgeiz«, so die erzählerische Unterstellung, »als letzter Ausdruck
einer an Überfeinerung zugrunde gehenden Gesellschaft zu gelten.« (Schlaraffenland 104)

Ganz in diesem Sinne mündet der Text in ein Arrangement, in dem die
›Märchenhaftigkeit‹, die ›Geschichtenhaftigkeit‹, man könnte auch sagen die
spezifisch *narrative* Seite des Prozesses ökonomischer Entwicklung und wirtschaftlichen Fortschritts demonstrativ inszeniert wird: Industrialisierung,
Ökonomisierung und der Aufstieg zur, wie es im Text – in ironischer Verdopplung der nationalökonomischen Verschmelzung von *Wirtschaft und Kultur* – explizit heißt: »moderne[n] Kultur« werden *als Erzählung*, als ein »Sie-
geszug[]« dargestellt, der ausdrücklich »*episch[]*« ist (Schlaraffenland 408–411).
Mit der Enthüllung des narrativ-mythologischen, des märchenhaften und ästhetisch gestalteten – und hierin: *fiktionalen* Status von Gesellschaft und ihren
Vorstellungen über das Ökonomische ist logischerweise auch, wie bereits angedeutet, dem textimmanenten satirischen und sozialkritischen Impetus der
Boden entzogen, sein sozialer Sinn durch einen ästhetizistischen substituiert,
sein Realismus unwiderruflich auf einen fiktionalen Kern zurückgeworfen.[19]
Kurz darauf wird die nach-nationalökonomische Soziologie, wie skizziert, in
analoger Weise sich selbst Zeugnis über den eigenen »genetisch[en]« Charakter
ablegen; darüber also, dass ihr Wissen über Gesellschaft und Ökonomie notwendigerweise und schon immer auf Selektionen, Beurteilungen und »Konstruktion[en]« verwiesen war und dauerhaft ist.[20] Das nationalökonomische

---

19 Vgl. zu diesem ›Legitimationsproblem‹ realistischer Literatur, das Manns Roman in besonderer Weise problematisiert, auch – ohne Bezug auf Mann – Warning: Phantasie der
   Realisten, a. a. O., 31 f.
20 Siehe nochmals Weber: »Objektivität« sozialwissenschaftlicher und sozialpolitischer Er-

Normativ von der tatsächlich kooperativ tätigen volkswirtschaftlichen Gemeinschaft, welches, wie gezeigt, den satirischen Sinn des Romans erst möglich macht, wird in dieser Substitutionsbewegung nun zum bloßen Element, zur bloßen Funktion in einem ästhetizistischen Spiel. Der eigentlich realistische Erzählsinn des Zeit- und Gesellschaftsromans wird, so lässt sich auch formulieren, in beinahe ikonoklastischer Weise über-schrieben. Der Text ist distinkt, ist unterschieden als ›Kunst-Literatur‹ gerade darin, als er vollkommen »*unnützes* Gerede« nicht nur hervorbringt, sondern dies auch selbst ist (Schlaraffenland 51, Hervorh. M. A.): Er will gerade *nicht* im Dienste eines philosophischen, sozialen oder sonst wie gearteten Programms stehen; in paradoxer Fügung negiert er gerade die zivile Passion, Gesellschaft darstellen, kritisieren oder gar verbessern zu wollen. Er hat selbst – genau wie sein Protagonist Andreas Zumsee – schon nach dem ersten Satz *aufgehört zu arbeiten*. Wenn der erste Satz lapidar lautet: »Im Winter 1893 arbeitete Andreas.«, dann ist damit nur umso stärker hervorgehoben, dass alles was danach kommt, eben *nicht mehr Arbeit ist*. Das Ende der Arbeit ist, für Zumsee ebenso wie für den Text selbst, geradezu Bedingung für den Beginn eines ästhetizistischen Spiels, das sich in seinen fortwährenden Imitationen immer wieder in sich selbst zurückdreht. Wenn Andreas etwa behauptet, dass Türkheimer und die anderen Gesellschafter »nicht beträchtlich über den Affen« stünden und dieses Urteil allerdings auch wieder nur (Schlaraffenland 268), wie sollte es auch anders sein, wie ein Affe ›nachgeäfft‹ hat,[21] dann gilt dies in makrologischer Analogisierung auch für den Roman selbst – und zwar bereits in einem ganz manifesten Sinne: Schon die zeitgenössische Kritik hatte bemängelt, dass das, was Heinrich Mann dem Publikum auftischt, ja hinlänglich bekannt sei,[22] dass all dies – bezeichnenderweise genau wie die Geschichte vom wilden Mann – wie es bei Raabe heißt:

---

kenntnis, a. a. O., 190 f., 202 sowie die entsprechenden Beobachtungen in Kap. 6.5.4. dieser Arbeit.

21 Nach seinem Ausscheiden aus der hohen Gesellschaft äfft Andreas im Beisein Köpfs seinen vormaligen Mäzen auch ganz plastisch nach: »»Mein Name ist Ausspuckseles‹, sagte er mit Türkheimers schleppender, leicht näselnder Stimme, ›Generalkonsul Ausspuckseles, und hier ist meine Frau, geborene Rinnsteiner.‹« (Schlaraffenland 408); vgl. generell zur Tiermetaphorik im Roman auch Werner: Skeptizismus, Ästhetizismus, Aktivismus, a. a. O., 76 f.

22 Josef Ettlinger: Ein satirischer Roman, in: Das literarische Echo 3 (1900/1901), Sp. 334–336, weist etwa darauf hin, dass man ganz ähnliches schon etwa bei Paul Lindau, bei Karl Bleibtreu (*Größenwahn*, 1888) oder Johannes Scheer (*Porkeles und Porkelessa*, 1884) lesen könne. Zu ergänzen wäre die Reihe literarischer Vorgänger noch um Felix Hollaender (*Sturmwind im Westen*, 1896), um den hier schon behandelten Conrad Alberti (bes. *Mode*, 1893) sowie um zahlreiche Vorbilder aus der französischen Literatur, auf die in diesem Zusammenhang immer wieder hingewiesen wird, namentlich etwa Guy de Maupassant (*Bel ami*, 1885) oder Émile Zola (bes. *L'argent*, 1891), vgl. auch Schnyder: Satire in saturierter Zeit, a. a. O., 222 f.

doch schon von anderen hunderttausendmal erlebt und mündlich oder schriftlich, ja
sogar dann und wann durch den Druck mitgeteilt worden [sei]. (Raabe, ZwM 219)

Zumsees Schicksal ist nichts besonderes, insofern als es auch schon andere
Aufsteiger vor ihm im Schlaraffenland getroffen hat (s. 384 f.). Für das ›narrative
Ergebnis‹ des Romans gilt, das suggeriert der Text an seinem Ende, das gleiche
wie für das Ergebnis von Zumsees ›Anstrengungen‹: beide erzielen bloß ein
»verhältnismäßig unbedeutendes Resultat« (Schlaraffenland 406). Der Text
führt am Beispiel von Zumsees Schicksal – bezeichnenderweise mittels des
skizzierten Verfahrens, welches Figuren- und Erzählerbewusstsein und -sprache
ineinanderschiebt – den spezifischen Sinn von Erzählen (Veränderung, Sukzession, Entwicklung, Fortschritt)[23] *ad absurdum* und stellt genau diese ›Selbst-
Negierung‹ demonstrativ dar:[24]

> »Berliner Nachtkurier«: so hieß die erste Haltestelle auf seiner Fahrt durch das
> Schlaraffenland, und so hieß die letzte. Zuweilen, wenn er über den Gegenstand
> nachdachte, stellte er sich die Frage: ›Wozu?‹ Er antwortete darauf: ›Wie oft bedienen
> sich Natur und Schicksal großer Mittel, um ein verhältnismäßig unbedeutendes Re-
> sultat zu erzielen [...].‹ (Schlaraffenland 406)

Was sich hier an der Inszenierung der Substitution von narrativem Sinn durch
Formen nicht- bzw. nachgerade anti-narrativer Bedeutungskonstitution in der
absurden Gestalt zirkulärer ›Wiederkehr‹ – »so hieß die erste [...] und so hieß
die letzte« – zeigt, ist Folgendes: Die Begründung der ästhetizistischen Logik,
die sich in dieser Substitution artikuliert, das ›Ende des Erzählens‹ also, ist
nicht zu trennen von dem »Ende der Erzählung der Nationalökonomie«,
welches der Text in der satirischen Verzerrung ihrer Implikate – »Arbeit«,
»Volkswirtschaft«, »Nationalvermögen«, »Wirtschaft« als »Kultur« – inszeniert hatte. Der Text hat sich selbst darüber aufgeklärt, dass Erzählen immer
verwiesen ist auf Momente, die nicht den spezifischen Systemlogiken des
Ästhetischen, die also nicht der Kunst selbst entstammen, sondern diese geradezu kontaminieren: Erzählen und Erzählung sind niemals ›reine‹ Kunst,
sondern immer gebunden an Perspektive, Auswahl und Urteil (Realismus), an
Momente also, die selbst eben *nicht* Kunst sind. Der Roman formuliert ganz in
diesem Sinne an seinem Ende für das Feld des Ästhetischen jenes »Bedürfnis
nach Reinheit« – so der Titel des letzten Kapitels (Schlaraffenland 405 ff.) –,
welches sich auf dem Feld des Ökonomischen, wie beschrieben, seit den 1870er
Jahren als das Programm einer *reinen*, d. h. von allem Nicht-Ökonomischen

---

23 Vgl. nochmals die bei Schmid: Elemente der Narratologie, a. a. O., 1–11 angeführten Mini-
    malbedingungen für Narrativität.
24 Die narrative Idealstruktur – Bruchlosigkeit, Linearität, ›Erzählfluss‹ – ist schon äußerlich
    durch den ›Zerfall‹ der Geschichte in einzelne Kapitel gestört, die besonders mittels tref-
    fender Überschriften ihren episodenhaften Charakter hervortreten lassen.

›gereinigten‹ Theorie artikuliert hatte und bezeichnenderweise in Deutschland im Umfeld der mächtigen historisch-ethisch-kulturwissenschaftlichen Nationalökonomie auf wenig Gegenliebe stieß.

9. Vergemeinschaftung, Modernisierung, Verausgabung um 1900 – Rückblick und Ausblick

Im Rückblick auf das Verhältnis von nationalökonomischem Wissen und literarischem Erzählen im deutschsprachigen Raum zwischen 1850 und 1900 lässt sich Folgendes registrieren: Die Wirtschaftswissenschaft entwickelt sich in Deutschland als Nationalökonomie bzw. Volkswirtschaftslehre in besonderer Weise zusammen mit der Erzählliteratur der Zeit. Wissenschaft und Literatur bilden in diesem Sinne die beiden Seiten eines reflektierenden Blicks auf das Soziale, das sich im Verlauf des 19. Jahrhunderts zunehmend als Gesellschaft im modernen Sinne darstellt. In kulturpoetischer Sichtweise sind beide genetisch aufeinander bezogen: Begriff, Semantik und Sinn der Wirtschaft und ihrer nationalen, ethischen, sozialen und gemeinschaftsstiftenden Bestimmungen bringen sie in enger Korrelation gemeinsam hervor. Die Konsistenz des volkswirtschaftlichen Wissenskontinuums, so ließe sich sagen, und die Konsistenz des realistisch-metonymischen Erzählens bilden die zwei Seiten derselben Medaille.

Das Ökonomische und der wissenschaftlich-literarische Diskurs darüber haben im beobachteten Zeitraum eine spezifische Funktion: Sie stiften die Identität und das konsistente Weltbild der bürgerlichen Kultur in Deutschland zwischen 1850 und 1900. Wie beschrieben, sind in Deutschland die diskursive bzw. textuelle Funktion der Rede über Ökonomie und die Rede von der ›wirtschaftlichen Kultur‹ insofern besonders aufschlussreich, als es erstens eine faktische *politische* Verklammerung bis zur Reichsgründung 1870/71 nicht gibt, zweitens das Politische seit der Jahrhundertmitte auf seinen Eigensinn (Machtpolitik, »Realpolitik«) festgelegt war und drittens dem Bürgertum hierdurch tendenziell nur geringe politische Handlungsspielräume blieben. Das Politische bot also nur geringe Identifikations- und Integrationsmöglichkeiten. Die entsprechende vergemeinschaftende und integrierende Funktion, so der Hauptbefund der Arbeit, übernehmen in kompensatorischer Weise die ökonomische Wissenschaft und ihr literarischer Referenzdiskurs. Das literarisch-wissenschaftliche Narrativ von der nationalökonomischen Vergemeinschaftung ist in diesem Sinne nicht weniger als die Ursprungserzählung der bürgerlichen Gesellschaft und ihrer distinkten Kultur, die sich in Deutschland als doppelsinnige *Werte*-Gemeinschaft versteht und in einem geteilten Verständnis von sittlicher Wirtschaft, von Arbeit und Fleiß, von Wert und Produktivität sowie durch die schlagende Rede vom Allgemeinen Wohl sich zur Gemeinschaft verständigt. Diese große Erzählung von der nationalen Vergemeinschaftung durch nationale Ökonomie manifestiert sich in der Institutionalisierung der Volkswirtschaftslehre als übergreifender Kultur-Wissenschaft, die bis zur Jahrhundertwende an den deutschen Universitäten hegemoniale »Leitwissenschaft« ist,[1] ebenso wie in den seiten- und auflagenstarken Gesellschaftsromanen des Bürgerlichen Realismus. In diesem Wirkungsfeld wird jener spezifische ›Mittelweg‹ zwischen »Kapitalismus« und »Kommunismus« vom schmalen Pfad zur breiten Straße, die noch bis weit ins 20. Jahrhundert hineinreicht.[2]

Exemplarisch hat sich an den Analysen gezeigt, dass die Texte des deutschsprachigen Zeit-, Gesellschafts- und Sozialromans der zweiten Hälfte des 19. Jahrhunderts ihren spezifischen Sinn aus der Korrelation mit dem Wissen der Nationalökonomie konstituieren – die Texte sind ›nationalökonomisch‹ bis ins kleinste Detail. Sie finden ihren (gattungsbildenden) Sinn – im Gegensatz zum Individual- bzw. Bildungsroman – gerade darin, das Soziale bzw. die moderne bürgerliche Gesellschaft zum Zeitpunkt ihrer Entstehung und Entfaltung zu beobachten, zu reflektieren, zu idealisieren, zu kritisieren und insofern allererst durch Texte herzustellen. In dieser Perspektive weist die Literatur des Realismus einen reihenbildenden, gleichsam generischen Charakter auf: Ihre Erzählungen werden in diesem Sinne beschreibbar als literarische Varianten einer archetypischen Erzählung von der nationalökonomischen Vergemeinschaftung. Die erste *literarische* Realisierung findet dieser Archetyp in jenem Text, der gemeinhin als die ›Bibel des Bürgertums‹ gilt: in Gustav Freytags *Soll und Haben*. In der Folge – etwa, wie gezeigt, in Gestalt der ›Bestseller‹-Romane Friedrich Spielhagens – entstehen dann weitere Konstituenten des generischen Narrativs und seiner weiteren Ausfaltungen – Handwerkserzählungen, Börsenroman –, die fortan immer wieder erzählt und variiert werden: Wie schon angemerkt, heißt es im Blick auf die Romankunst des Realismus in Heinrich Manns Gesellschaftssatire aus dem Jahr 1900, dass »seit fünfzig Jahren immer dieselben Romane« entstünden.

In diese Reihe gehören allerdings auch, wie gezeigt, jene Romane, die der optimistischen Ursprungserzählung von der bürgerlichen Vergemeinschaftung durch die gemeinsame Anstrengung von »nationalen Produktivkräften« pessi-

---

1 Lenger: Sozialwissenschaft um 1900, a. a. O., 120 sowie vom Bruch / Graf / Hübinger: Einleitung. Kulturbegriff, Kulturkritik und Kulturwissenschaften um 1900, a. a. O., 18.
2 Rüdiger vom Bruch (Hg.): »Weder Kommunismus noch Kapitalismus«. Bürgerliche Sozialreform in Deutschland vom Vormärz bis zur Ära Adenauer, München 1985.

mistischer gegenüberstehen und verstärkt im letzten Drittel des Jahrhunderts entstehen. Die untersuchten Romane von Raabe und Keller – Fontanes *Jenny Treibel* (1893) gehörte ebenso in diese Reihe – beziehen ihren kritischen, ironischen, und kontrapunktischen Sinn ja erst in Korrelation mit jenem nationalökonomischen Ursprungsmythos der bürgerlichen Gesellschaft, den sie distanzieren, verfremden und subvertieren. Ihr sinn-konstituierender Bezugspunkt ist und bleibt das vorgängige nationalökonomisch-literarische Vergemeinschaftungsnarrativ – zumal dieses selbst, wie gezeigt, durch die fachwissenschaftliche Spezialisierung der ökonomischen Wissenschaft ab den 1870er Jahren, in seiner *wissenschaftlichen* Gültigkeit stark relativiert wird. Bezeichnenderweise fällt der Anfang vom ›Ende der Erzählung‹, die Auflösung ihrer Einsinnigkeit in heterogene und differierende Erzähl-*Perspektiven*, genau in jene Zeit, in welcher das spezifisch ontologisch-substanzialistische Wertverständnis der deutschen Nationalökonomie durch eine Reine Theorie der Ökonomie verdrängt wird, welche *Wert* als subjektivistisch-differenziellen Verhältnisbegriff fasst und zur »neutrale[n] Erscheinung« herabfunktionalisiert.[3]

Die generische Logik von Ursprung, Ableitung und affirmierender oder distanzierender Variation mündet um 1900 in jene modernistischen Fügungen, die zunächst die Erzählung von der volkswirtschaftlichen Vergemeinschaftung satirisch pervertieren, nur um dann diesen satirischen Standpunkt selbst in ästhetizistischem Spiel zu de-konstruieren (H. Mann, *Im Schlaraffenland*). Die Satire und ihre ästhetizistische De-Legitimierung sind im Blick auf die eigenen sinn-konstituierenden Verfahren allerdings genauso auf das normative Ideal der nationalökonomischen Vergemeinschaftung bezogen, wie seine rein affirmierenden Varianten. Die spezifische sinn-konstituierende Funktion des ökonomischen Diskurses und die Möglichkeiten seiner kontroversen Ausfaltungen hatten sich in besonderer Weise in den heterogenen und nahezu schizophrenen Arrangements des naturalistischen Sozialromans gezeigt: Das nationalökonomische Vergemeinschaftungsnarrativ war hier erstens erschöpfend und aporetisch an sein Ende gekommen und buchstäblich ›auserzählt‹ worden und zweitens in manifester Weise wiederholt, fortgeschrieben und nachgerade vollendet und hierdurch drittens in seiner Überführung in Leben und Lebenskunst transzendiert worden und somit zu seinem (ursprünglichen) sozialen Sinn gekommen.

Im Blick auf diese realistischen ›Schwellenerzählungen‹ der Jahrhundertwende, welche ihren Realismus insofern transzendieren, als sie ihn ›ins Leben setzen‹ oder ihn – und damit sich selbst – in ästhetizistischer Wendung verunmöglichen, wird deutlich, dass das ›Ende der Erzählung‹ und die »Krise der Wissenschaft« zugleich Bedingung und Ermöglichung von Neuem und Ande

---

3 Siehe nochmals von Wieser: Der natürliche Werth, a. a. O., 63.

rem sind. An dem um 1900 sich vollziehenden sezessionistischen und heterogenistischen Prozess, in welchem sich ›die Moderne‹ in Gestalt neuer Erzählungen, neuer Frage- und Problemstellungen sowie neuer Darstellungsformen diskursiv entfaltet, hat die untersuchte nationalökonomisch-literarische Konstellation einen genetischen (und bislang kaum erkannten) Anteil. Die nationalökonomische Wissenschaft und die Transformationen und Funktionalisierungen ihres Wissens durch die Erzählliteratur des Realismus und des Naturalismus haben sich, um den Titel der Arbeit nochmals plausibel zu machen, um 1900 in einen umfassenden Modernisierungsprozess »verausgabt«. Die nun in neuartiger Weise aufkommenden Fragen, etwa nach dem Einfluss des Ökonomischen auf die Kultur,[4] nach der Überformung des Sozialen durch die entfärbenden Logiken des Geldes;[5] die neuen Großerzählungen über das Entstandensein der Moderne bzw. des modernen Kapitalismus[6] sowie die diese Prozesse begleitenden Selbstverpflichtungen auf eine rein reflexive, »werturteilsfreie« Wissenschaftlichkeit,[7] stehen, das hat die Arbeit gezeigt, ganz im Zeichen eines *vorgängigen* Wissens aus Literatur und ökonomischer Wissenschaft.

So haben die herausgearbeiteten historischen Konstellationen etwa einen wichtigen Anteil an der Entstehung der frühen Soziologie, die sich in Deutschland, wie (im tendenziell synchronistischen Blick auf die Zeit um 1900) von der Forschung beschrieben, im engen Austausch mit der zeitgleich sich formierenden ästhetisch-literarischen Moderne entwickelt.[8] Inwiefern diese eigensinnige Soziologie, die sich in Deutschland bezeichnenderweise als spezifische »Kultursoziologie« herausbildet,[9] auf ihre Vorgängerwissenschaft bezogen ist, die sich selbst immer als *Kultur*wissenschaft verstanden und bezeichnet hat, zeigt sich schon an der Sozialisation ihrer Vertreter, die sich dann um 1900 in den Kreisen jener literarischen Moderne tummeln und gemeinsam

---

4 Vgl. nochmals vom Bruch (Hg.): Kultur und Kulturwissenschaften um 1900. Krise der Moderne und Glaube an die Wissenschaft, a. a. O.

5 Simmel: Philosophie des Geldes, a. a. O.

6 Werner Sombart: Der moderne Kapitalismus. Erster Band. Die Genesis des Kapitalismus, Leipzig 1902; Ders.: Der moderne Kapitalismus. Zweiter Band. Die Theorie der kapitalistischen Entwicklung, Leipzig 1902. Erst 1927 folgt der dritte Band des Gesamtwerks in zwei Teilbänden: W. S.: Der moderne Kapitalismus. Bd. 3,1: Die Grundlagen. Der Aufbau, Leipzig / München / Berlin u.a. 1927; Ders.: Der moderne Kapitalismus. Bd. 3,2: Der Hergang der hochkapitalistischen Wirtschaft. Die Gesamtwirtschaft, Leipzig / München / Berlin u. a. 1927.

7 Weber: »Objektivität« sozialwissenschaftlicher und sozialpolitischer Erkenntnis, a. a. O.

8 Siehe Klaus Lichtblau: Kulturkrise und Soziologie um die Jahrhundertwende. Zur Genealogie der Kultursoziologie in Deutschland, Frankfurt/M. 1996.; Stöckmann: Wille zum Willen, a. a. O., 465–490; Weiller: Weber und die literarische Moderne, a. a. O. sowie Gerhart von Graevenitz (Hg.): Konzepte der Moderne, Stuttgart / Weimar 1999, dort bes. auch den Beitrag von Linda Simonis: Reflexion der Moderne im Zeichen von Kunst. Max Weber und Georg Simmel zwischen Entzauberung und Ästhetisierung, 612–633.

9 Lichtblau: Kulturkrise und Soziologie um die Jahrhundertwende, a. a. O., 64.

Nietzsche rezipieren:[10] Die Vertreter der Gesellschafts- und Kultur- bzw. Sozialwissenschaft der Zeit – namentlich etwa Werner Sombart, Max Weber, Georg Simmel, Franz Oppenheimer, Edgar Salin, Arthur Salz, Friedrich Gottl-Ottlilienfeld u. a. – kennen die Schriften und Debatten ihrer akademischen Ziehväter – Gustav Schmoller, Adolph Wagner, Lujo Brentano, u. a. –[11] bekanntermaßen sehr genau und beeinflussen sich, auch dies ist hinlänglich bekannt, wechselseitig sehr stark.[12]

Allerdings ist auch das Kernmoment dieser ›ersten Kulturwissenschaften‹ – die Betrachtung von Kultur und Gesellschaft als *Text*, den man nicht bloß »erklären«, sondern tatsächlich »verstehen« könne, der prinzipiell hermeneutisch zugänglich ist und der »Interpretation« bedarf, um seine »Bedeutung« zu entschlüsseln und seinen »Sinn« zu verstehen –[13] abgeleitet aus einem vorgeprägten Verständnis von einer ›Ubiquität des Ökonomischen‹.[14] Bei Sombart heißt es dazu, dass die »Grundstimmung unserer Epoche unmittelbar aus dem Stile unseres Wirtschaftslebens herauswächst«.[15] Das Beobachten und das »[V]erstehen« – von ›Durchschauen‹ ist bezeichnenderweise nicht mehr die Rede – bestimmter ›Kulturstile‹ geht nun einher mit einem gleichermaßen eskapistischen wie geradezu ›antipolitischen‹ Wissenschaftsprogramm, welches auf die Emanzipation und Abtrennung von seinen eigenen staatswissenschaft-

---

10 Neben der Ausbildung von Gruppen und Kreisen, in denen wissenschaftliches und literarisches Wissen dann fast buchstäblich zirkulieren, wird vor allem immer wieder darauf hingewiesen, dass die Vertreter der frühen Soziologie und der literarischen Moderne durch die gemeinsame Erfahrung der Nietzsche-Rezeption miteinander verbunden sind; siehe etwa Weiller: Weber und die literarische Moderne, a. a. O. 41 ff. sowie das Kapitel zur *Umwertung der Werte* bei Lichtblau: Kulturkrise und Soziologie um die Jahrhundertwende, a. a. O., 77–177.

11 Besonders deutlich wird dies bekanntermaßen in dem (zweiten) Methodenstreit bzw. Werturteilsstreit innerhalb der Nationalökonomie, in welchem es um die Frage nach Normativität und Werturteilen in der Volkswirtschaftslehre und in der Soziologie geht. Die Auseinandersetzung endet mit der – nun auch institutionellen – Emanzipation ›der Jungen‹ innerhalb der Nationalökonomie (v. a. Weber und Sombart) von den ›Alten‹: 1909 gründen sie die *Deutsche Gesellschaft für Soziologie*, zu deren Mitgliedern die ›Alten‹ um Gustav Schmoller dann nicht mehr zählen. Siehe dazu nochmals Glaeser: Werturteilsstreit in der deutschen Nationalökonomie, a. a. O.

12 Lenger: Sozialwissenschaft um 1900, a. a. O., 42 f.; vgl. auch David Frisby: The Ambiguity of Modernity. Georg Simmel and Max Weber, in: Wolfgang J. Mommsen / Jürgen Osterhammel (Hg.): Max Weber and his contemporaries, London 1987, 422–433.

13 Weber: »Objektivität« sozialwissenschaftlicher und sozialpolitischer Erkenntnis, a. a. O., 166 f., 170, 175, 189.

14 Weber: »Objektivität« sozialwissenschaftlicher und sozialpolitischer Erkenntnis, a. a. O., 163, 165 bekräftigt, dass das Ökonomische die »Gesamtheit aller Kulturvorgänge« durchdringe und insofern auch in unmittelbarem Zusammenhang mit den »spezifisch modernen Kulturprobleme[n]« stehe.

15 Sombart: Der moderne Kapitalismus II. Theorie der kapitalistischen Entwicklung, a. a. O., 86.

lich-interventionistischen Erblasten zielt.[16] Der Schwellencharakter und die Zerrissenheit der ›neuen Wissenschaft‹ in Bezug auf vorgängige Problemkonstellationen und ihre eigensinnigen textuellen Ausformungen zeigen sich exemplarisch etwa in einem so sonderbaren Projekt wie einer »*ästhetischen Nationalökonomie*«, die die Beschreibung des Sozialen ganz unverhohlen zum Feld ästhetischer Gestaltungen macht:

> Die Schuld, die jede Wissenschaft am Leben begeht, kann nur dadurch gesühnt werden, dass sie in ihren Schöpfungen selbst ein neues Leben entfacht, indem sie sie zu Kunstwerken zu gestalten strebt.[17]

Die hier geforderte »*ästhetische Nationalökonomie*« ist allerdings darstellungslogisch ganz auf die gestaltenden und narrativen Präsentationsformen und -traditionen derjenigen »ethische[n] Nationalökonomie« bezogen, die sie emphatisch zu überschreiten sucht. Sombarts Formulierungen in Zusammenhang mit den »treibenden Kräften« der (ökonomischen) Moderne sind, um nur ein ganz konkretes Beispiel zu nennen, nahezu identisch mit jenen, die auch schon Friedrich List gut 50 Jahre vor ihm gewählt hatte, um den wirtschaftlichen Fortschritt zu versprachlichen:

> Aus einem mit kleinen Ansiedlungen spärlich durchsetzten Lande ist ein Land reich an großen, prächtigen Städten geworden; wo ehedem der Pflug ging, steigen mächtige Fabrikgebäude mit qualmenden Schloten in die Höhe; auf demselben Gebiete, das vor hundert Jahren 25 Millionen Menschen kümmerlich nährte, leben jetzt 56 Millionen in viel größerer Wohlhäbigkeit als ihre Vorfahren […]; ein immer dichter gespanntes Netz von Eisenbahnen und Telegraphendrähten vermittelt einen rastlosen Verkehr […]. Ich weiß nicht, ob Sie, mein lieber Leser, einige Kenntnisse von der allgemeinen Geschichte der Zeit besitzen, die das Mittelalter mit dem neunzehnten Jahrhundert verbindet. […] Was insbesondere an »Industrie« bis zum neunzehnten Jahrhundert sich entwickelt hatte (und in ihr ruhte doch im wesentlichen die neue wirtschaftliche Kultur), das ist ohne Zweifel zum überwiegenden Teile dem planmäßigen Handeln, der tatkräftigen Initiative der Bureaukratie zu danken.[18]

Andererseits nehmen diese neo-enzyklopädischen Darstellungen zugleich eine antikapitalistisch-kulturpessimistische Richtung, indem am Ende der Ent-

---

16 Lenger: Sozialwissenschaft um 1900, a. a. O., 105, spricht in Bezug darauf von »Antipolitik«.
17 So der Verfasser im Vorwort seiner Schrift: Sombart: Der moderne Kapitalismus I. Genesis des Kapitalismus, a. a. O., IX–XXXIV, hier XXX; vgl. dazu auch Lichtblau: Kulturkrise und Soziologie um die Jahrhundertwende, a. a. O., 232–242.
18 Werner Sombart: Die deutsche Volkswirtschaft im 19. Jahrhundert, Berlin 1903, 71–73. Siehe den gesamten Abschnitt über *Die treibenden Kräfte* (71–102) sowie das gleichlautende erste Kapitel von Sombart: Der moderne Kapitalismus II. Theorie der kapitalistischen Entwicklung, a. a. O., 3–27; nahezu identische Formulierungen finden sich bei List: Das nationale System, a. a. O., bes. 156ff. sowie auch bei Schmoller: Geschichte der deutschen Kleingewerbe, a. a. O.; siehe auch nochmals Kap. 2.1.

wicklung das paradoxe und konfliktuöse Wesen des Modernisierungsprozesses selbst sichtbar wird:[19] Dieser führe, so bringt Sombart den antinomischen Charakter auf den Punkt, auf *gleichzeitige* »Differenzierung« und »Integrierung«.[20] Diese Beobachtungen einer widersprüchlichen Moderne finden ihre Entsprechung gleichermaßen in den neoaristokratisch-eskapistischen Gesten, die sie begleiten und in einem an Nietzsche geschulten Darstellungs-*Stil*.[21] Sofern sie hierbei ihrem ursprünglich nationalökonomischen, genetisch-historischen Beobachtungsinteresse verpflichtet bleiben, weisen sie selbst jene Schizophrenie zwischen Überkommenem und Neuem auf, die sie am Prozess sozialer und ökonomischer Entwicklung beklagen. Im gleichen Atemzug geht dabei bezeichnenderweise eine neue »künstlerische Kultur« hervor, deren Träger auch namentlich in verheißungsvoller Weise genannt werden – Richard Wagner, Emil Strauß, Hugo von Hofmannstahl, Richard Dehmel, Stefan George u. a.[22]

Was sich hier nun ganz konkret zeigt, ist eine spezifische Richtung, in welche das nationalökonomische Wissen nach dem Ende seiner großen Erzählung um 1900 sich verausgabt. Hinweise auf die weiteren Entwicklungen finden sich etwa auch schon im publizistischen Feld der Zeit.[23] Die gemeinte ästhetizistische Richtung zeigt sich besonders ab den 1910er Jahren im Umfeld des George-Kreises, in welchem, das ist bekannt,[24] nicht nur auffallend viele Wissenschaftler,

---

19 Die Zerrissenheit des untersuchten Gegenstandes, so lässt sich sagen, färbt auch auf Sombarts eigene Haltung in Bezug auf die Bewertung des Modernisierungsprozesses ab. Faszination und Ablehnung wechseln sich in seinen Urteilen ab; vgl. dazu auch die Beobachtungen über Sombarts Studie *Das Warenhaus – ein Gebilde des hochkapitalistischen Zeitalters* (1928) in dem Abschnitt über *Die »gute alte Zeit«* bei Lindemann: Das Warenhaus. Schauplatz der Moderne, a. a. O., 262–265.

20 Sombart: Der moderne Kapitalismus I. Genesis des Kapitalismus, a. a. O., 58; vgl. ebenso den Abschnitt *Der neue Stil des Wirtschaftslebens* bei Sombart: Der moderne Kapitalismus II. Theorie der kapitalistischen Entwicklung, a. a. O., a. a. O., 68–87.

21 Lenger: Sozialwissenschaft um 1900, a. a. O., 95f; siehe auch die mittlerweile in dritter Aufl. erschiene Sombart-Biographie von Friedrich Lenger: Werner Sombart. 1863–1941. Eine Biographie, 3. Aufl., München 2012.

22 Sombart: Die deutsche Volkswirtschaft im 19. Jahrhundert, a. a. O., 483.

23 Nationalökonomische, soziologische und literarische Artikel finden sich nun vermehrt nebeneinander in den Kulturzeitschriften und Reihen der literarischen Verlage der Zeit. Werner Sombart etwa veröffentlicht in der von Maximilian Harden herausgegebenen Zeitschrift *Die Zukunft* ebenso wie in der von Paul Schlenther und Richard M. Meyer im Bondi Verlag herausgegebenen Schriftenreihe *Das 19. Jahrhundert in Deutschlands Entwicklung.* Überdies gibt er ab 1907 gemeinsam mit keinem Geringeren als Hugo v. Hofmannsthal die Zeitschrift *Der Morgen* heraus, in der nicht nur Sombart und Hofmannsthal selbst, sondern auch weitere namhafte Literaten (u. a. Rilke, Walser, Schnitzler, Wedekind) veröffentlichen; vgl. (aus nicht-literaturwissenschaftlicher Perspektive) etwa Lenger: Sozialwissenschaft um 1900, a. a. O., 91–107.

24 Bernhard Böschenstein (Hg.): Wissenschaftler im George-Kreis. Die Welt des Dichters und der Beruf der Wissenschaft, Berlin / NY 2005 sowie Rainer Kolk: Literarische Gruppenbil-

sondern vor allem eben auch viele *Wirtschafts*wissenschaftler verkehren. Dies ist vor einiger Zeit eigens untersucht worden.[25] Es ergeben sich hier vielfache, explizite und intendierte[26] Überschneidungen zwischen ästhetischen und wirtschaftswissenschaftlichen Konzepten, die sämtlich darauf zielen, Kunst, Leben und Ökonomie (wieder) miteinander zu verbinden.[27] Beispielsweise stehen Edgar Salins *Anschauliche Theorie* oder seine viel gelesene *Geschichte der Volkswirtschaftslehre* von 1923 ganz im Zeichen der ›Georgeanischen Semantiken‹ und ihrer Ausformulierung und Verarbeitung im Gewand von Friedrich Gundolfs gestalttheoretischen Schriften.[28] Bekanntermaßen bestehen in diesem Umfeld auch enge Verbindungen zu anderen ästhetischen Ganzheits-Konzepten der Zeit,[29] die im Blick auf mögliche Wechselverhältnisse zwischen Literatur und Ökonomie allerdings vergleichsweise wenig aufgearbeitet sind. Auch die Nationalökonomen, die in den ersten Jahrzehnten des 20. Jahrhunderts in Erscheinung treten – man denke etwa an so unterschiedliche Denker wie Othmar Spann, Friedrich Gottl-Ottlilienfeld, Joseph Schumpeter, Walter Eucken und andere – waren Teil jener »›kulturellen Gesprächswelt‹«, in welcher nach der Jahrhundertwende literarische und wissenschaftliche Intelligenz zueinander fanden.[30]

Zudem ist auch auf die Zusammenhänge hinzuweisen, die zwischen den wirtschaftswissenschaftlichen Wertedebatten des 19. Jahrhunderts einerseits und der unübersehbaren Konjunktur des Wert-Begriffs und seiner Semantiken um 1900 andererseits bestehen. Um den Begriff bildet sich in Gestalt der philosophischen Axiologie nun bekanntermaßen eine eigene philosophische Richtung. Die Zusammenhänge zwischen dem nationalökonomischen und dem philosophisch-axiologischen Wertverständnis etwa der südwestdeutschen Schule des Neukantianismus sind gut dokumentiert.[31] Auch ›das Erzählen‹ – das ja, wie bereits angemerkt, zwingend an axiologische Strukturierungen gebunden ist – verändert sich nun. So bekannt all dies sein mag und so gut diese

————————

    dung. Am Beispiel des George-Kreises 1890–1945, Tübingen 1998, bes. 184–216 sowie 355–424.

25 Korinna Schönhärl: Wissen und Visionen. Theorie und Politik der Ökonomen im Stefan-George-Kreis, Berlin 2009; Schönhärls Studie bezieht sich vor allem auf die Ökonomen Edgar Salin, Arthur Salz, Julius Landmann und Kurt Singer.

26 Siehe etwa Edgar Salin: Um Stefan George, Godesberg 1948.

27 Schönhärl: Wissen und Visionen, a. a. O., bes. 135 ff.

28 Ebd., 139 f.; vgl. auch Bertram Schefold: Nationalökonomie als Geisteswissenschaft. Edgar Salins Konzept einer Anschaulichen Theorie, in: List Forum für Wirtschafts- und Finanzpolitik 18 (1992), 303–324.

29 Vgl. Annette Simonis: Gestalttheorie von Goethe bis Benjamin. Diskursgeschichte einer deutschen Denkfigur, Köln / Weimar / Wien 2001.

30 Lichtblau: Kulturkrise und Soziologie um die Jahrhundertwende, a. a. O., 65.

31 Siehe etwa Peter-Ulrich Merz-Benz: Max Weber und Heinrich Rickert. Die erkenntniskritischen Grundlagen der verstehenden Soziologie, Würzburg 1990.

Konstellationen im Einzelnen von unterschiedlichen Disziplinen oder auch disziplinübergreifend beschrieben sein mögen:[32] Im Blick auf ihren gemeinsamen Quellgrund, d. h. im Blick auf den literarisch-nationalökonomischen Diskurs der zweiten Hälfte des 19. Jahrhunderts sind sie noch nicht hinreichend beschrieben worden.

Um 1900 wird, in der Literatur und andernorts, vermehrt bilanziert und zurückgeblickt.[33] Die neu entstehenden Narrative, Romane und Geschichten, die das Selbstbewusstsein und die Selbstbeschreibungen ›der Moderne‹ fortan stark prägen werden, stehen allerdings ganz im Zeichen dessen, was sie bilanzieren und worauf sie zurückblicken. Die neuen großen Erzählungen über den »Geist des Kapitalismus« (Weber), über seine »treibenden Kräfte« (Sombart) und seinen »Verfall«[34] (Th. Mann) entfalten ihren wissenschaftlichen bzw. literarischen Sinn und ihre epistemische Geltung erst darin, dass sie das vorgängige Narrativ von der nationalökonomischen Vergemeinschaftung, welches der bürgerlichen nationalen Kultur bis dahin Identität und Bindung verlieh, transzendieren und die Entstehung von moderner Ökonomie und bürgerlicher Kultur in anderen Kräften fundieren.[35] Insofern erzählen etwa die *Buddenbrooks* nichts anderes als das Ende der Geschichte von der nationalökonomischen Vergemeinschaftung. In dem epochemachenden Text geht es bekanntermaßen um den Verfall nicht irgendeiner Familie, sondern um den einer Kaufmannsfamilie. In dem Roman, der kontrapunktisch auf die literarische Ursprungserzählung von der nationalökonomischen Vergemeinschaftung bezogen ist, artikuliert sich paradigmatisch jene Spannung zwischen dem auf Kontinuität und Erbschaft aufruhenden Bewusstsein der Epoche des Realismus, die im naturalistischen Roman in proto-modernistischer Weise noch einmal zum Leben erweckt und darin vollendet wurde auf der einen, und jenem antagonistischen und transzendistischen Bewusstsein von Traditionsriss, Zäsur und »Verfall« auf der anderen Seite, in welchem sich fortan die Inszenierungen der Moderne selbst begründen.[36] Das Spannungsverhältnis zwischen bürgerlicher Ökonomie und

---

32 Siehe etwa die Beiträge in Graevenitz (Hg.): Konzepte der Moderne, a. a. O.

33 Samuel Lublinski: Die Bilanz der Moderne [1904], mit e. Nachw. neu hrsg. v. Gotthart Wunberg, Tübingen 1974; Sombart: Die deutsche Volkswirtschaft im 19. Jahrhundert, a. a. O.

34 So die Suggestion des Untertitels *Verfall einer Familie* von Thomas Manns *Buddenbrooks* (1901).

35 Bei Sombart nehmen diese Erzählungen mit den Schriften *Die Juden und das Wirtschaftsleben* (1911) und *Händler und Helden* (1915) eine antisemitische und im engeren Sinne ideologische Richtung; siehe dazu Werner Krause: Werner Sombarts Weg vom Kathedersozialismus zum Faschismus, Berlin 1962 sowie die einschlägige Arbeit von Hauke Janssen: Nationalökonomie und Nationalsozialismus. Die deutsche Volkswirtschaftslehre in den dreißiger Jahren des 20. Jahrhunderts, 4., überarb. Aufl., Marburg 2012.

36 Siehe Stöckmann: Wille zum Willen, a. a. O., 166: »›Klassische Moderne‹ meint die im Namen

bürgerlicher Kunst, zwischen ökonomischer und künstlerischer Produktivität, zwischen wirtschaftlicher und geistiger Arbeit wird nun zum Thema.[37] Die Nationalökonomie kann nicht mehr wie vorher als Mittel gesellschaftlicher Integration fungieren. Die Erzählgemeinschaft des Realismus spaltet sich in vielfältige Gemeinschaften auf. Die Gesellschaft und ihre Literatur schaffen sich, wie jüngst dargestellt, Orte eines ›demokratisierten‹ »Kontingenzerlebnisses«.[38] Es entstehen mit Beginn des 20. Jahrhunderts massenhaft Börsen-, Warenhaus- und Angestelltenromane, die auf neue und andere archetypische Vorbilder zurückgreifen oder diese selbst ausbilden.[39] Das Ende der Erzählung, so lässt sich abschließend sagen, ist die Bedingung dafür, dass sich das Erzählen fortan über sich selbst aufklärt. Auf den großen Erzählungen vom Beginn des 20. Jahrhunderts lastet das Wissen, dass ihre Geschichten, Aussagen und Wahrheiten über die Wirklichkeit von moderner Gesellschaft und Kultur »genetischen« Bedingungen unterstellt sind.[40] Modernisierungslogisch ist die epische Kunst fortan nicht mehr von dieser Hypothek zu trennen.

---

einer neuen Totalität vorangetriebene Beseitigung aller offenen Möglichkeitshorizonte, die den kontingenten Grund des modernen Sozialen immer aufs Neue bekräftigen. Damit trennt sich die Klassische Moderne nicht zuletzt von jenen Wahrnehmungstraditionen, mit denen das liberale 19. Jahrhundert Sache und Begriff der Moderne primär als ökonomisch-technische Modernisierung oder als Zuwachs von Individualisierung und Differenzierung gefasst hatte. Für den Diskurs der Klassischen Moderne ist es bezeichnend, dass sie aus einer fundamentalen *tabula rasa* ihrer Gegenwart zugleich offensive Akte sozialer Gründungen ableitet, von denen aus das Soziale zum Gegenstand elementarer Formbarkeit erklärt werden kann. [...] In diesem Sinne ist die Klassische Moderne als Projekt einer Rückerstattung jener Lebenstotalität zu verstehen, die von den fortgeschrittenen Differenzierungsprozessen der Moderne, aber auch der Vielfalt ihrer konkurrierenden Deutungsdiskurse restlos aufgezehrt schien.«

37 Vgl. auch Weiller: Weber und die literarische Moderne, a. a. O., 257 ff.

38 Lindemann: Warenhaus. Schauplatz der Moderne, a. a. O., 32.

39 Ebd., 55, weist Lindemann auf die generative Bedeutung von Zolas *Au Bonheur des Dames* für den Börsenroman hin.

40 Weber: »Objektivität« sozialwissenschaftlicher und sozialpolitischer Erkenntnis, a. a. O., 194 f., vgl. 178, 202.

10. Literatur

10.1. Quellen

10.1.1. Quellen der Nationalökonomie, der historischen Soziologie und angrenzender Wissenschaften

von Böhm-Bawerk, Eugen: Rechte und Verhältnisse vom Standpunkte der volkswirthschaftlichen Güterlehre. Kritische Studie, Innsbruck 1881.

von Böhm-Bawerk, Eugen: Macht oder ökonomisches Gesetz, in: Zeitschrift für Volkswirtschaft, Sozialpolitik und Verwaltung 23 (1914), 205–271.

Bücher, Karl: Die Entstehung der Volkswirtschaft. Vorträge und Versuche [1893], 3., vermehrte und verbesserte Auflage, Tübingen 1901.

Dühring, Eugen: Cursus der National- und Socialökonomie. Nebst einer Anleitung zum Studium und zur Beurtheilung von Volkswirthschaftslehre und Socialismus [1873], dritte, theilw. umgearb. Aufl. Leipzig 1892.

Fichte, Johann Gottlieb: Der geschlossene Handelsstaat. Ein philosophischer Entwurf als Anhang zur Rechtslehre und Probe einer künftig zu liefernden Politik, eingel. u. hrsg. v. Heinrich Waentig, Jena 1920. [ND d. Originalausg. 1800].

von Gierke, Otto: Das deutsche Genossenschaftsrecht, 4 Bde., Berlin 1868, 1873, 1881, 1913.

von Gierke, Otto: Das deutsche Genossenschaftsrecht. Erster Band: Rechtsgeschichte der deutschen Genossenschaft, Graz 1954. [ND der Erstausg. Berlin 1868].

von Gierke, Otto: Naturrecht und deutsches Recht. Rede zum Antritt des Rektorats der Universität Breslau. Am 15. Oktober 1882 gehalten, Frankfurt/M. 1883.

Gossen, Hermann Heinrich: Entwickelung der Gesetze des menschlichen Verkehrs, und der daraus fließenden Regeln für menschliches Handeln, Braunschweig 1854.

Handwörterbuch der Volkswirthschaftslehre. Unter Mitwirkung von namhaften deutschen Gelehrten und Fachmännern bearbeitet v. Hermann Rentzsch, Leipzig 1866.

Henning, Rudolf: Die deutschen Haustypen. Nachträgliche Bemerkungen, Strassburg 1886.

Hildebrand, Bruno: Die Nationalökonomie der Gegenwart und Zukunft und andere gesammelte Schriften [1848], hrsg. u. eingel. v. Hans Gehrig, Jena 1922.

Hildebrand, Bruno: Natural-, Geld- und Kreditwirtschaft, in: Jahrbücher für Nationalökonomie und Statistik 2 (1864), 1–24.

Hildebrand, Bruno: Die Entwicklungsstufen der Geldwirtschaft, in: Jahrbücher für Nationalökonomie und Statistik 24 (1875), 15–26.

Jevons, William Stanley: The theory of political economy, London / NY 1871.

Kautz, Julius: Die geschichtliche Entwicklung der National-Oekonomie und ihre Literatur, Glashütten 1970. [ND der Ausg. Wien 1860].

Knies, Karl: Die Statistik als selbstständige Wissenschaft. Zur Lösung des Wirrsals in der Theorie und Praxis dieser Wissenschaft, Kassel 1850.

Knies, Karl: Die politische Oekonomie vom Standpunkt der geschichtlichen Methode, Braunschweig 1853.

Knies, Karl: Die nationalökonomische Lehre vom Werth, in: Zeitschrift für die gesamte Staatswissenschaft 11 (1855), H. 3/4, 421–475.

Launhardt, Wilhelm: Mathematische Begründung der Volkswirtschaftslehre, Leipzig 1885.

Lips, Alexander: Deutschlands National-Oekonomie. Ein Versuch zur endlichen Lösung der Frage: Wie kann Deutschland zu lohnendem Ackerbau, zu blühender Industrie und wirksamem Handel gelangen?, Gießen 1830.

List, Friedrich: Das nationale System der politischen Ökonomie, Volksausgabe auf Grund der Ausgabe letzter Hand [1841] und Randnotizen in Lists Handexemplar, hrsg. u. eingeleitet v. Artur Sommer, Tübingen 1959.

von Mangoldt, Hans: Grundriß der Volkswirthschaftslehre. Ein Leitfaden für Vorlesungen an Hochschulen und für das Privatstudium, Stuttgart 1863.

Marx, Karl: Ökonomische Manuskripte 1857/58, in: Karl Marx / Friedrich Engels Gesamtausgabe (MEGA), hrsg. v. Institut für Marxismus-Leninismus beim Zentralkomitee der Kommunistischen Partei der Sowjetunion und vom Institut für Marxismus-Leninismus beim Zentralkomitee der Sozialistischen Einheitspartei Deutschlands, zweite Abteilung: »Das Kapital« und Vorarbeiten, Berlin 1976.

Marx, Karl: Das Kapital. Kritik der Politischen Ökonomie. Erster Band, in: Karl Marx / Friedrich Engels: Werke. Bd. 23, nach der vierten, von Friedrich Engels durchgesehenen und hrsg. Auflage Hamburg 1890, hrsg. v. Institut für Marxismus-Leninismus beim ZK der SED, Berlin 1962.

Menger, Carl: Grundsätze der Volkswirtschaftslehre, hrsg. m. e. Einleitung u. e. Schriftenverz. v. Friedrich August von Hayek, Nachdruck d. Ausg. Wien 1871, Tübingen 1968.

Menger, Carl: Untersuchungen über die Methode der Socialwissenschaften, und der Politischen Oekonomie insbesondere, Leipzig 1883.

Menger, Carl: Die Irrthümer des Historismus in der deutschen Nationalökonomie, Wien 1884.

Müller, Adam Heinrich: Die Elemente der Staatskunst, Hildesheim [u. a.] 2006. [ND d. Ausg. Leipzig, Berlin 1809].

Oppenheim, Heinrich Bernhard: Der Katheder-Sozialismus, Berlin 1872.

Oppenheimer, Franz: Die Siedlungsgenossenschaft. Versuch einer positiven Überwindung des Kommunismus durch Lösung des Genossenschaftsproblems und der Agrarfrage [1896], unveränd. Neudr., Jena 1913.

Oppenheimer, Franz: Die Utopie als Tatsache [1899], in: ders.: Gesammelte Schriften, Bd. 2: Politische Schriften, hrsg. v. Julius H. Schoeps, Alphons Silbermann u. Hans Süssmuth, Berlin 1996, 3–14.

Prince-Smith, John: Art. »Handelsfreiheit«, in: Handwörterbuch der Volkswirthschafts-lehre. Unter Mitwirkung von namhaften deutschen Gelehrten und Fachmännern be-arbeitet v. Hermann Rentzsch, Leipzig 1866, 436–442.

Rau, Karl Heinrich: Lehrbuch der Politischen Ökonomie, 3 Bde., Heidelberg 1826–1837.

Riehl, Wilhelm Heinrich: Die Naturgeschichte des Volkes als Grundlage einer deutschen Social-Politik. Bd. 3: Die Familie [1855], 3., unveränd. Aufl., Stuttgart 1861.

Rodbertus, Johann Karl: Untersuchungen auf dem Gebiete der Nationalökonomie des klassischen Altertums II. Zur Geschichte der römischen Tributsteuern seit Augustus. Teil 1 und 2 [1864], in: ders.: Gesammelte Werke und Briefe, hrsg. v. Thilo Ramm, Abt. III: Zur Wirtschaftsgeschichte, Osnabrück 1971, 67–155.

Roscher, Wilhelm: Grundriß zu Vorlesungen über die Staatswirthschaft. Nach ge-schichtlicher Methode, Göttingen 1843.

Roscher, Wilhelm: System der Volkswirtschaft, 3 Bde., 1854, 1859, 1881.

Roscher, Wilhelm: Die Grundlagen der Nationalökonomie. Ein Hand- und Lesebuch für Geschäftsmänner und Studierende [1854], vierte, vermehrte und verbesserte Aufl., Stuttgart 1861. [= Roscher: System der Volkswirtschaft, Bd. 1].

Roscher, Wilhelm: Nationalökonomik des Ackerbaues und der verwandten Urproduc-tionen. Ein Hand- und Lesebuch für Staats- und Landwirthe [1859]. Dritte, vermehrte und verbesserte Auflage, Stuttgart 1861. [= Roscher: System der Volkswirtschaft, Bd. 2].

Roscher, Wilhelm: Nationalökonomik des Handels und Gewerbefleißes. Ein Hand- und Lesebuch für Geschäftsmänner und Studierende [1881], zweite, unveränderte Aufl., Stuttgart 1881. [= Roscher: System der Volkswirtschaft, Bd. 3].

Roscher, Wilhelm: Geschichte der National-Oekonomik in Deutschland, München 1874.

Sax, Emil: Grundlegung der theoretischen Staatswirthschaft, Wien 1887.

Schäffle, Albert: Das gesellschaftliche System der menschliche Wirtschaft. Ein Lehr- und Handbuch der ganzen Politischen Oekonomie einschließlich der Volkswirthschafts-politik und Staatswirthschaft, 2 Bde., Tübingen 1873.

Schäffle, Albert: Bau und Leben des socialen Körpers. Encyclopädischer Entwurf einer realen Anatomie, Physiologie und Psychologie der menschlichen Gesellschaft mit besonderer Rücksicht auf die Volkswirthschaft als socialen Stoffwechsel, 4 Bde., Tü-bingen 1875–1878.

Schäffle, Albert: Der collective Kampf ums Daseyn. Zum Darwinismus vom Standpunkt der Gesellschaftslehre, in: Zeitschrift für die gesammte Staatswissenschaft 32 (1876), H. 1, 89–150.

Schäffle, Albert: Der collective Kampf ums Daseyn. Zum Darwinismus vom Standpunkt der Gesellschaftslehre. II., in: Zeitschrift für die gesammte Staatswissenschaft 32 (1876), H. 2, 243–319.

Schäffle, Albert: Der collective Daseynskampf. III., in: Zeitschrift für die gesammte Staatswissenschaft 35 (1879), H. 2, 234–283.

Schmoller, Gustav: Die Lehre vom Einkommen in ihrem Zusammenhang mit den Grundprincipien der Steuerlehre, in: Zeitschrift für die gesamte Staatswissenschaft 19 (1863), H. 1, 1–86.

Schmoller, Gustav: Zur Geschichte der deutschen Kleingewerbe im 19. Jahrhundert. Mit einer Vorbemerkung von Wilhelm Treue, Hildesheim/NY 1975. [ND der Ausgabe Halle 1870].

Schmoller, Gustav: Die sociale Frage und der preußische Staat, in: Preußische Jahrbücher 33 (1874), 323–342.

Schmoller, Gustav: Die Straßburger Tucher- und Weberzunft. Ein Beitrag zur Geschichte der deutschen Weberei und des deutschen Gewerberechts vom 13. bis 17. Jh., Leipzig 1879.

Schmoller, Gustav: Zur Methodologie der Staats- und Sozialwissenschaften, in: Jahrbuch für Gesetzgebung, Verwaltung und Volkswirtschaft im Deutschen Reich 7 (1883), 975–994.

Schmoller, Gustav: Umrisse und Untersuchungen zur Verfassungs-, Verwaltungs- und Wirtschaftsgeschichte. Besonders des Preußischen Staates im 17. und 18. Jahrhundert, Hildesheim / NY 1974. [ND der Ausg. Leipzig 1898].

Schmoller, Gustav: Grundriß der Allgemeinen Volkswirtschaftslehre. Erster, größerer Teil: Begriff. Psychologische und sittliche Grundlage. Litteratur und Methode. Land, Leute und Technik. Die gesellschaftliche Verfassung der Volkswirtschaft, Leipzig 1900.

Schmoller, Gustav: Grundriß der Allgemeinen Volkswirtschaftslehre. Zweiter Teil. Verkehr, Handel und Geldwesen. Wert und Preis. Kapital und Arbeit. Einkommen, Krisen, Klassenkämpfe, Handelspolitik. Historische Gesamtentwickelung, Leipzig 1904.

Schmoller, Gustav: Volkswirtschaft, Volkswirtschaftslehre und -methode, in: Ders.: Historisch-ethische Nationalökonomie als Kulturwissenschaft. Ausgewählte methodologische Schriften, hrsg. v. Heino Heinrich Nau, Marburg 1998, 215 ff.

Sering, Max: Die innere Kolonisation im östlichen Deutschland, Leipzig 1893.

Simmel, Georg: Zur Psychologie des Geldes, in: Jahrbuch für Gesetzgebung, Verwaltung und Volkswirtschaft im Deutschen Reich 13 (1889), H. 4, 1251–1264.

Simmel, Georg: Über sociale Differenzierung. Sociologische und psychologische Untersuchungen, Leipzig 1890.

Simmel, Georg: Zur Psychologie der Mode [1895], in: Ders.: Gesamtausgabe, Bd. 5: Aufsätze und Abhandlungen 1894–1900, hrsg. v. Heinz-Jürgen Dahme und David P. Frisby, Frankfurt/M. 1992, 105–114.

Simmel, Georg: Das Geld in der modernen Cultur [1896], in: Ders.: Gesamtausgabe, Bd. 5: Aufsätze und Abhandlungen 1894–1900, hrsg. v. Heinz-Jürgen Dahme und David P. Frisby, Frankfurt/M., 1992, 178–196.

Simmel, Georg: Fragment aus einer »Philosophie des Geldes« [1899], in: Ders.: Gesamtausgabe, Bd. 5: Aufsätze und Abhandlungen 1894–1900, hrsg. v. Heinz-Jürgen Dahme und David P. Frisby, Frankfurt/M. 1992, 479–528.

Simmel, Georg: Philosophie des Geldes [1900], in: Ders.: Gesamtausgabe, Bd. 6: Philosophie des Geldes, hrsg. v. David P. Frisby und Klaus Christian Köhnke, Frankfurt/M. 1989, 7–716.

Smith, Adam: An inquiry into the nature and causes of the wealth of nations [1776], 3 vols., London 1819.

Sombart, Werner: Der moderne Kapitalismus, 3 Bde., Leipzig 1902, 1927.

Sombart, Werner: Der moderne Kapitalismus. Erster Band. Die Genesis des Kapitalismus, Leipzig 1902.

Sombart, Werner: Der moderne Kapitalismus. Zweiter Band. Die Theorie der kapitalistischen Entwicklung, Leipzig 1902.

Sombart, Werner: : Der moderne Kapitalismus. Bd. 3,1: Die Grundlagen. Der Aufbau, Leipzig, München, Berlin [u. a.] 1927.

Sombart, Werner: : Der moderne Kapitalismus. Bd. 3,2: Der Hergang der hochkapitalistischen Wirtschaft. Die Gesamtwirtschaft, Leipzig, München, Berlin [u. a.] 1927.

Sombart, Werner: Die deutsche Volkswirtschaft im 19. Jahrhundert, Berlin 1903.

Sombart, Werner: Studien zur Entwicklungsgeschichte des modernen Kapitalismus, 2 Bde., Leipzig 1913.

Tönnies, Ferdinand: Gemeinschaft und Gesellschaft. Abhandlung des Communismus und des Socialismus als empirischer Culturformen, Berlin 1887.

Untersuchungen über die Lage des Handwerks in Deutschland mit besonderer Rücksicht auf seine Konkurrenzfähigkeit gegenüber der Großindustrie, 9 Bde., Leipzig 1894–1897. [= Schriften des Vereins für Socialpolitik Bde. 62-70].

Wagner, Adolph: Die Gesetzmässigkeit in den scheinbar willkührlichen menschlichen Handlungen vom Standpunct der Statistik, Hamburg 1864.

Wagner, Adolph: Die Abschaffung des privaten Grundeigenthums, Leipzig 1870.

Wagner, Adolph: Das Actiengesellschaftswesen, in: Jahrbücher für Nationalökonomie und Statistik 21 (1873), 271-340.

Wagner, Adolph: Allgemeine oder theoretische Volkswirtschaftslehre. Mit Benutzung von Rau's Grundsätzen der Volkswirthschaftslehre, Leipzig, Heidelberg 1876 [zugl. u. d. Titel Karl Heinrich Rau: Lehrbuch der politischen Oekonomie, Bd. 1, vollst. neu bearb. v. Adolph Wagner u. Erwin Nasse, Leipzig, Heidelberg 1876].

Wagner, Adolph: Finanzwissenschaft und Staatssozialismus 1887. Im Anhang: Lorenz v. Stein: Finanzwissenschaft und Staatssozialismus 1885, hrsg. v. August Skalweit, Frankfurt/M. 1948.

Adolph Wagner: Grundlegung der politischen Oekonomie. Dritte, wesentl. um-, theilweise ganz neu bearb. u. stark erw. Aufl. Erster Theil. Grundlagen der Volkswirthschaft. Erster Halbbd. Einleitung und Buch 1-3. (Wirthschaftliche Natur des Menschen; Object, Aufgaben, System der politischen Oekonomie. – Elementare Grundbegriffe. – Wirthschaft und Volkswirthschaft.), Leipzig 1892.

Walras, Léon: Élements d'économie politique pure ou théorie de la richesse sociale, Lausanne 1874.

Weber, Max: Zur Geschichte der Handelsgesellschaften im Mittelalter. Nach südeuropäischen Quellen, Stuttgart 1889.

Weber, Max: Die römische Agrargeschichte in ihrer Bedeutung für das Staats- und Privatrecht, Stuttgart 1891.

Weber, Max: Lage der Landarbeiter im ostelbischen Deutschland [1892], hrsg. v. Martin Riesebrodt, 2 Halbbde., Tübingen 1984. [= Bd. 3 der I. Abtl. der Max Weber Gesamtausgabe (MWG), hrsg. v. Horst Baier, M. Rainer Lepsius, Wolfgang J. Mommsen [u. a.]].

Weber, Max: Allgemeine (»theoretische«) Nationalökonomie. Vorlesungen 1894-1898, hrsg. v. Wolfgang J. Mommsen, Tübingen 2009. [= MWG Abtl. III: Vorlesungen und Vorlesungsnachschriften, Bd. 1].

Weber, Max: Die Börse [1894], in: Ders.: Gesammelte Aufsätze zur Soziologie und Sozialpolitik, hrsg. v. Marianne Weber, 2. Aufl., Tübingen 1988, 256-322. [unveränd. photomech. ND d. Erstauflage 1924].

Weber, Max: Der Nationalstaat und die Volkswirtschaftspolitik. Akademische Antrittsrede, Freiburg/Br., Leipzig 1895.

Weber, Max: Die »Objektivität« sozialwissenschaftlicher und sozialpolitischer Erkenntnis [1904], in: ders.: Gesammelte Aufsätze zur Wissenschaftslehre, hrsg. v. Johannes Winckelmann, 7. Aufl., Tübingen 1988, 146–214.

Weber, Max: Die protestantische Ethik und der »Geist« des Kapitalismus, in: Archiv für Sozialwissenschaft und Sozialpolitik 20 (1904), H. 1, 1–54.

Weber, Max: Die protestantische Ethik und der »Geist« des Kapitalismus II. Die Berufsidee des asketischen Protestantismus, in: Archiv für Sozialwissenschaft und Sozialpolitik 21 (1905), H. 1, 1–110.

von Wieser, Friedrich: Über den Ursprung und die Hauptgesetze des wirthschaftlichen Werthes, Wien 1884.

von Wieser, Friedrich: Der natürliche Werth, Wien 1889.

Wirth, Max: Grundzüge der Nationalökonomie, 4 Bde., Köln 1856–1873.

10.1.2. Quellen der Literatur, der historischen Literaturtheorie und der historischen Literaturkritik

Alberti, Conrad: Gustav Freytag. Sein Leben und Schaffen [1884], 2., verb. Aufl., Leipzig 1886.

Alberti, Conrad: Der Kampf ums Dasein, Romanzyklus, sechs Teile, 1888–1895:
- Wer ist der Stärkere? Ein sozialer Roman aus dem modernen Berlin, 2 Bde., Leipzig 1888 [Teil 1];
- Die Alten und die Jungen. Sozialer Roman, 2 Bde., Leipzig 1889 [Teil 2];
- Das Recht auf Liebe. Roman, Leipzig 1890 [Teil 3];
- Mode. Roman, Berlin 1893 [Teil 4];
- Schröter & Co. Roman, Leipzig 1893 [Teil 5];
- Maschinen. Roman, Leipzig 1895 [Teil 6].

Bölsche, Wilhelm: Die naturwissenschaftlichen Grundlagen der Poesie. Prolegomena einer realistischen Ästhetik [1887]. Mit zeitgen. Rez. u. e. Bibl. d. Schr. W. Bölsches neu hrsg. v. Johannes J. Braakenburg, Tübingen 1976.

Conrad, Michael Georg: Was die Isar rauscht, Romanzyklus, drei Teile, 1888-:
- Was die Isar rauscht. Münchner Roman, 2 Bde., Leipzig 1888 [Teil 1];
- Die klugen Jungfrauen. Münchner Roman [1889], zweite durchges. Aufl. in einem Bd., Berlin 1905. [Teil 2];
- Die Beichte des Narren. Roman, Leipzig 1894. [Teil 3].

Ettlinger, Josef: Ein satirischer Roman [Rez. H. Mann, *Im Schlaraffenland*], in: Das literarische Echo 3 (1900/1901), Sp. 334–336.

Freytag, Gustav: Soll und Haben. Roman in sechs Büchern, vollständiger Text nach der Erstausgabe Leipzig 1855, durchgesehen v. Meinhard Hasenbein, mit einem Nachwort von Hans Mayer und Anmerkungen von Anne Anz, München, Wien 1981.

Hart, Heinrich / Julius Hart: Friedrich Spielhagen und der deutsche Roman der Gegenwart, in: Dies.: Kritische Waffengänge 6 (1884), 3–74.

Hertzka, Theodor: Freiland. Ein sociales Zukunftsbild, Leipzig 1890.

Hertzka, Theodor: Eine Reise nach Freiland, Stuttgart 1893.

Herzl, Theodor: Altneuland. Roman, Leipzig 1902.

Keller, Gottfried: Martin Salander. Roman [1886], in: ders.: Sämtliche Werke. Historisch-Kritische Ausgabe, hrsg. unter d. Ltg. v. Walter Morgenthaler, Bd. 8: Martin Salander, hrsg. v. Thomas Binder, Karl Grob, Peter Stocker [u. a.], Zürich 2004.

Kretzer, Max: Meister Timpe. Sozialer Roman, Berlin 1888.

Lublinski, Samuel: Die Bilanz der Moderne [1904], mit e. Nachw. neu hrsg. v. Gotthart Wunberg, Tübingen 1974.

Mann, Heinrich: Im Schlaraffenland. Ein Roman unter feinen Leuten [1900], mit einem Nachw. v. Wilfried F. Schoeller u. einem Materialienanhang, zusammengestellt v. Peter-Paul Schneider, 6. Aufl., Frankfurt/M. 2006.

Oppenheimer, Franz: Freiland in Deutschland, Berlin 1895.

Raabe, Wilhelm: Zum wilden Mann [1874], in: Ders.: Sämtliche Werke. Braunschweiger Ausgabe, hrsg. v. Karl Hoppe, Bd. 11, bearb. v. Gerhart Mayer u. Hans Butzmann, 2., durchges. Aufl., Göttingen 1973, 159–256.

Raabe, Wilhelm: Pfisters Mühle. Ein Sommerferienheft [1885], in: Ders.: Sämtliche Werke. Braunschweiger Ausgabe, hrsg. v. Karl Hoppe, Bd. 16, bearb. v. Hans Oppermann, 2., durchges. Aufl., Göttingen 1970, 5–178.

Scherer, Wilhelm: An Karl Müllenhoff, in: Ders.: Zur Geschichte der deutschen Sprache. Berlin 1868, III–XIV.

Scherer, Wilhelm: Vorträge und Aufsätze zur Geschichte des geistigen Lebens in Deutschland und Oesterreich, Berlin 1874.

Scherer, Wilhelm: Die Anfänge des deutschen Prosaromans und Jörg Wickram von Colmar. Eine Kritik, Strassburg, London 1877.

Scherer, Wilhelm: Geschichte der deutschen Litteratur, Berlin 1883.

Scherer, Wilhelm: Poetik [1888], m. e. Einleitung und Materialien z. Rezeptionsanalyse hrsg. v. Gunter Reiss, Tübingen 1977.

Spielhagen, Friedrich: Sturmflut. Roman [1877], 2 Bde., 37.–39. Aufl., Leipzig 1933.

Spielhagen, Friedrich: Beiträge zur Theorie und Technik des Romans, Leipzig 1883.

Spielhagen, Friedrich: Was will das werden? Roman in neun Büchern [1885], 2 Bde., 5. Aufl., Leipzig 1892/1893.

Spielhagen, Friedrich: Alles fließt. Novelle [1897], Leipzig 1902.

Spielhagen, Friedrich: Neue Beiträge zu Theorie und Technik der Epik und Dramatik, Leipzig 1898.

Wirth, Max: Auf den Flügeln des Stahls, in: Gartenlaube 52 (1867), 825–831.

10.1.3. Sonstige Quellen

Dilthey, Wilhelm: Einleitung in die Geisteswissenschaften. Versuch einer Grundlegung für das Studium der Gesellschaft und der Geschichte. Erster Band, Leipzig 1883.

Hegel, Georg Wilhelm Friedrich: Ästhetik, nach der 2. Ausg. 1842 hrsg. v. Friedrich Bassenge, 2 Bde., Frankfurt/M. 1965.

Kampffmeyer, Hans: Die Gartenstadtbewegung, Leipzig 1909.

Ladendorf, Otto: Historisches Schlagwörterbuch. Ein Versuch. Strassburg / Berlin: Trübner 1906.

Nietzsche, Friedrich: Jenseits von Gut und Böse. Zur Genealogie der Moral, hrsg. v. Giorgio Colli u. Mazzino Montinari, 9. Aufl., München 2007.

Oppenheimer, Franz: Erlebtes, Erstrebtes, Erreichtes. Lebenserinnerungen, mit e. Geleitw. v. Ludwig Erhard u. mit e. Einltg. v. Joachim Tiburtius, ergänzt durch Berichte u. Aufsätze von u. über Franz Oppenheimer, hrsg. v. L. Y. Oppenheimer, Düsseldorf 1964.

von Rochau, August Ludwig: Grundsätze der Realpolitik. Angewendet auf die staatlichen Zustände Deutschlands [1853/1869], mit e. Einltg. hrsg. v. Hans-Ulrich Wehler, Frankfurt/M., Berlin, Wien, 1972.

Salin, Edgar: Um Stefan George, Godesberg 1948.

de Saussure, Ferdinand: Grundfragen der Allgemeinen Sprachwissenschaft, hrsg. v. Charles Bally u. Albert Sechehaye, übers. v. Herman Lommel, 2. Aufl., m. neuem Register u. e. Nachwort v. Peter v. Polenz, Berlin 1967.

Stoltze, E. A.: Unehrliche Leute, in: Zeitschrift für deutsche Kulturgeschichte, N. F., 2. Jg. (1873), 255–257.

10.2. Forschung

Abele, Hans: Eintr.: Menger (von Wolfensgrün) Karl [!], in: Österreichisches Biographisches Lexikon 1815–1950 (ÖBL), Bd. 6, Wien 1975, 221f.

Achinger, Christine: »Prosa der Verhältnisse« und Poesie der Ware: Versöhnte Moderne und Realismus in *Soll und Haben*, in: Krobb 2005, 67–87.

Agethen, Matthias: Angeeignete Konzepte. Wilhelm Scherers *Poetik* (1888) und die Wirtschaftstheorie der Zeit, in: Internationales Archiv für Sozialgeschichte der deutschen Literatur 41 (2016), H. 1, 122–145.

Agethen, Matthias: Die Produktivität der Krise. Literarische Inszenierungen der Gründerzeit – Nationalökonomisches Wissen bei Friedrich Spielhagen und Wilhelm Raabe, in: Mattern / Rouget 2016, 129–154.

Ajouri, Philip: Literatur um 1900. Naturalismus. Fin de Siècle. Expressionismus, Berlin 2009.

Aldenhoff, Rita: Nationalökonomie und Kulturwerte um 1900, in: vom Bruch / Graf / Hübinger 1989, 45–63.

Arntzen, Helmut: Art. »Satire«, in: Ästhetische Grundbegriffe, hrsg. v. Karlheinz Barck, Bd. 5: Postmoderne – Synästhesie, Stuttgart, Weimar 2003, 345–364.

Aust, Hugo: Realismus, Stuttgart, Weimar 2006.

Aust, Hugo: Der historische Roman, Stuttgart, Weimar 1994.

Bauer, Matthias / Joachim Knape / Peter Koch / Susanne Winkler: Dimensionen der Ambiguität, in: Zeitschrift für Literaturwissenschaft und Linguistik 158 (2010), 7–75.

Bauman, Zygmunt: Moderne und Ambivalenz. Das Ende der Eindeutigkeit, aus d. Engl. v. Martin Suhr, Hamburg 1992.

Baßler, Moritz (Hg.): Entsagung und Routines: Aporien des Spätrealismus und Verfahren der frühen Moderne, Berlin, Boston 2013.

Baßler, Moritz: Die kulturpoetische Funktion und das Archiv. Eine literaturwissenschaftliche Text-Kontex-Theorie, Tübingen 2005.

Bauer, Manuel: Ökonomische Menschen. Literarische Wirtschaftsanthropologie des 19. Jahrhunderts, Göttingen 2016.

Bayerl, Günter: Herrn Pfisters und anderer Leute Mühlen. Das Verhältnis von Mensch, Technik und Umwelt im Spiegel eines literarischen Topos, in: Harro Segeberg (Hg.): Technik in der Literatur. Ein Forschungsüberblick und zwölf Aufsätze, Frankfurt/M. 1987, 51–102.

Becker, Eva D.: Literaturverbreitung, in: McInnes / Plumpe 1996, 108–143.

Becker, Sabina: Erziehung zur Bürgerlichkeit: Eine kulturgeschichtliche Lektüre von Gustav Freytags Soll und Haben, in: Krobb 2005, 29–47.

Becker, Sabina: Bürgerlicher Realismus. Literatur und Kultur im bürgerlichen Zeitalter. 1848–1900, Tübingen, Basel 2003.

Begemann, Christian (Hg.): Realismus. Epoche – Autoren – Werke, Darmstadt 2007.

Berndt, Frauke / Stephan Kammer (Hg.): Amphibolie – Ambiguität – Ambivalenz, Würzburg 2009.

Bertschik, Julia: Poesie der Warenwelten. Erzählte Ökonomie bei Stifter, Freytag und Raabe, in: Jahrbuch der Raabe-Gesellschaft 52 (2011), 39–55.

Best, Otto F. (Hg.): Das Groteske in der Dichtung, Darmstadt 1980.

Bickel, Cornelius: Ferdinand Tönnies. Soziologie als skeptische Aufklärung zwischen Historismus und Rationalismus, Opladen 1991.

Bies, Michael / Michael Gamper / Ingrid Kleeberg: Einleitung, in: Dies. (Hg.): Gattungs-Wissen. Wissenspoetologie und literarische Form, Göttingen 2013, 7–18.

Biographisches Lexikon zur Geschichte der deutschen Sozialpolitik 1871–1945, hrsg. v. Eckhard Hansen und Florian Tennstedt, Bd. 1: Sozialpolitiker im deutschen Kaiserreich 1871–1918, Kassel 2010.

Binder, Werner: Die Robinsonade, in: Sina Farzin / Henning Laux (Hg.): Gründungsszenen soziologischer Theorie, Wiesbaden 2014, 139–154.

Binder, Thomas: Martin Salander. Zwischen Experimentierfreude und Pflichtgefühl, in: Walter Morgenthaler (Hg.): Gottfried Keller. Romane und Erzählungen, Stuttgart 2007, 154–171.

Biskup, Rafal (Hg.): Gustav Freytag (1816–1895). Leben, Werk, Grenze, Leipzig 2015.

Blaschke, Bernd: Der *homo oeconomicus* und sein Kredit bei Musil, Joyce, Svevo, Unamuno und Céline, Paderborn 2004.

Bode, Christoph: Ästhetik der Ambiguität. Zur Funktion und Bedeutung von Mehrdeutigkeit in der Literatur der Moderne, Tübingen 1988.

Böschenstein, Bernhard (Hg.): Wissenschaftler im George-Kreis. Die Welt des Dichters und der Beruf der Wissenschaft, Berlin, NY 2005.

Böschenstein-Schäfer, Renate: Zeit- und Gesellschaftsromane, in: Deutsche Literatur. Eine Sozialgeschichte, Bd. 7: Vom Nachmärz zur Gründerzeit: Realismus. 1848–1880, hrsg. v. Horst Albert Glaser, Reinbek/Hamburg 1982, 101–123.

Bollenbeck, Georg: Bildung und Kultur. Glanz und Elend eines deutschen Deutungsmusters, Frankfurt/M. 1996.

Borgards, Roland / Harald Neumeyer / Nicolas Pethes / Yvonne Wübben (Hg.): Literatur und Wissen. Ein interdisziplinäres Handbuch, Stuttgart, Weimar 2013.

Brauneck, Manfred / Christine Müller (Hg.): Manifeste und Dokumente zur deutschen Literatur. Naturalismus 1880–1900, Stuttgart 1987.

Brock, Karolina: Kunst der Ökonomie. Die Beobachtung der Wirtschaft in G. Kellers Roman *Der grüne Heinrich*, Frankfurt/M. 2008.

vom Bruch, Rüdiger / Björn Hofmeister (Hg.): Gelehrtenpolitik, Sozialwissenschaften und akademische Diskurse in Deutschland im 19. und 20. Jahrhundert, Stuttgart 2006.

vom Bruch, Rüdiger: Nationalökonomie zwischen Wissenschaft und öffentlicher Meinung im Spiegel Gustav Schmollers, in: Ders. / Hofmeister 2006, 311–331.

vom Bruch, Rüdiger / Friedrich Wilhelm Graf / Gangolf Hübinger: Einleitung. Kulturbegriff, Kulturkritik und Kulturwissenschaften um 1900, in: Dies. (Hg.): Kultur und Kulturwissenschaften um 1900, Bd. 1: Krise der Moderne und Glaube an die Wissenschaft, Stuttgart 1989, 9–24.

vom Bruch, Rüdiger (Hg.): »Weder Kommunismus noch Kapitalismus«. Bürgerliche Sozialreform in Deutschland vom Vormärz bis zur Ära Adenauer, München 1985.

vom Bruch, Rüdiger: Zur Historisierung der Staatswissenschaften. Von der Kameralistik zur historischen Schule der Nationalökonomie, in: Berichte zur Wissenschaftsgeschichte 8 (1985), 131–146.

Brunner, Otto: Das »ganze Haus« und die alteuropäische »Ökonomik«, in: Ders. (Hg.): Neue Wege der Verfassungs- und Sozialgeschichte, 3. Aufl., Göttingen 1980, 103–127.

Bruns, Karin: »Wir haben mit den Gesetzen der Masse nichts zu tun.« Organisationsstrukturen und -konzepte in der »Neuen Gemeinschaft«, in: Richard Faber / Christine Holste (Hg.): Kreise – Gruppen – Bünde. Zur Soziologie moderner Intellektuellenassoziation, Würzburg 2000, 353–371.

Bruns, Karin: Die neue Gemeinschaft [Berlin-Schlachtensee], in: Wülfing / Bruns / Parr 1998, 358–371.

Burdorf, Dieter: Poetik der Form. Eine Begriffs- und Problemgeschichte, Stuttgart [u. a.] 2001.

Butz, Günter / Joachim Jacob: Art. »Honig«, in: Metzler Lexikon literarischer Symbole, hrsg. v. Günter Butz und Joachim Jacob, 2., erweiterte Aufl., Stuttgart, Weimar 2012, 191 f.

Cepl-Kaufmann, Gertrude / Rolf Kauffeldt: Friedrichshagener Dichterkreis, in: Wülfing / Bruns / Parr 1998, 112–126.

Dahme, Heinz-Jürgen: Georg Simmel und Gustav Schmoller. Berührungen zwischen Kathedersozialismus und Soziologie um 1890, in: Simmel Newsletter 3 (1993), 39–52.

Danckert, Werner: Unehrliche Leute. Die verfemten Berufe, 2. Aufl., Bern, München 1979.

Daum, Andreas: Wissenschaftspopularisierung im 19. Jahrhundert. Bürgerliche Kultur, naturwissenschaftliche Bildung und die deutsche Öffentlichkeit 1848–1914, 2., erg. Aufl., München 2002.

Demandt, Alexander: Metaphern für Geschichte. Sprachbilder und Gleichnisse im historisch-politischen Denken, München 1978.

Denkler, Horst: Die Antwort literarischer Phantasie auf eine der »größern Fragen der Zeit«. Zu Wilhelm Raabes »Sommerferienheft« Pfisters Mühle, in: Ders. (Hg.): Neues über Wilhelm Raabe. 10 Annäherungsversuche an einen verkannten Schriftsteller, Tübingen 1988, 81–104.

Denkler, Horst (Hg.): Romane und Erzählungen des bürgerlichen Realismus. Neue Interpretationen, Stuttgart 1980.

Detering, Nicolas / Johannes Franzen: Heilige Not. Zur Literaturgeschichte des Schlagworts im Ersten Weltkrieg, in: Euphorion 107 (2013), H. 4, 463–500.

Detering, Heinrich: Theodizee und Erzählverfahren. Narrative Experimente mit religiösen Modellen im Werk Wilhelm Raabes, Göttingen 1990.

Dobstadt, Michael: »unter das schützende Dach dieser neuen Geschichte zu gelangen«. Wilhelm Raabes Erzählung »Zum wilden Mann« als Versuch, der Moderne literarisch beizukommen, in: Dirk Göttsche / Ulf-Michael Schneider (Hg.): Signaturen realistischen Erzählens im Werk Wilhelm Raabes, Würzburg 2010, 19–40.

Drews, Axel / Ute Gerhard: Wissen, Kollektivsymbol und Literatur am Beispiel von Friedrich Spielhagens »Sturmflut«, in: McInnes / Plumpe 1996, 708–728.

Eisele, Ulf: Realismus und Ideologie. Zur Kritik der literarischen Theorie nach 1848 am Beispiel des »Deutschen Museums«, Stuttgart 1976.

Eisermann, Gottfried: Max Weber und die Nationalökonomie, Marburg 1993.

Eisermann, Gottfried: Die Grundlagen des Historismus in der deutschen Nationalökonomie. Stuttgart 1956.

Estermann, Alfred: Inhaltsanalytische Bibliographien deutscher Kulturzeitschriften des 19. Jahrhunderts – IBDK –, 10 Bde., München [u. a.] 1995/96.

Fähnders, Walter: Anarchismus und Literatur. Ein vergessenes Kapitel deutscher Literaturgeschichte zwischen 1890 und 1910, Stuttgart 1987.

Fauth, Søren R.: Der metaphysische Realist. Zur Schopenhauer-Rezeption in Wilhelm Raabes Spätwerk, Göttingen 2007.

Fischbacher-Bosshardt, Andrea: Anfänge der modernen Erzählkunst. Untersuchungen zu Friedrich Spielhagens theoretischem und literarischem Werk, Bern [u. a.] 1988.

von Flotow, Paschen: Geld, Wirtschaft und Gesellschaft. Georg Simmels Philosophie des Geldes, Frankfurt/M. 1995.

Fohrmann, Jürgen / Harro Müller (Hg.): Diskurstheorien und Literaturwissenschaft, Frankfurt/M. 1988.

Frank, Manfred: Das individuelle Allgemeine: Textstrukturierung und -interpretation nach Schleiermacher [1977], 2. Aufl., Frankfurt/M. 2001.

Frisby, David: The Ambiguity of Modernity. Georg Simmel and Max Weber, in: Wolfgang J. Mommsen / Jürgen Osterhammel (Hg.): Max Weber and his contemporaries, London 1987, 422–433.

Gall, Lothar: Bismarck. Der weiße Revolutionär, Frankfurt/M., Berlin, Wien 1980.

Gall, Lothar: Bürgertum in Deutschland, Berlin 1989.

Ganßmann, Heiner: Art. »Börsenwesen. Schriften und Reden (1893–1899)«, in: Hans-Peter Müller / Steffen Sigmund (Hg.): Max Weber-Handbuch. Leben – Werk – Wirkung, Stuttgart, Weimar 2014, 184–190.

Geppert, Hans Vilmar: Der realistische Weg. Formen pragmatischen Erzählens bei Balzac, Dickens, Hardy, Keller, Raabe und anderen Autoren des 19. Jahrhunderts, Tübingen 1994.

Glaeser, Johannes: Der Werturteilsstreit in der deutschen Nationalökonomie. Max Weber, Werner Sombart und die Ideale der Sozialpolitik, Marburg 2014.

Göttsche, Dirk / Nicholas Saul (Hg.): Realismus und Romantik in der deutschsprachigen Literatur, Bielefeld 2013.

Göttsche, Dirk / Florian Krobb (Ed.): Wilhelm Raabe. Global Themes, International Perspectives, London 2009.

Göttsche, Dirk: Wilhelm Raabes Erzählungen und Romane, in: Begemann 2007, 121–138.

Göttsche, Dirk: Zeit im Roman. Literarische Zeitreflexion und die Geschichte des Zeitromans im späten 18. Jahrhundert und im 19. Jahrhundert, München 2001.

Graef, Eva: Martin Salander. Politik und Poesie in Gottfried Kellers Gründerzeitroman, Würzburg 1992.

von Graevenitz, Gerhart (Hg.): Konzepte der Moderne, Stuttgart, Weimar 1999.

Gray, Richard T.: Money Matters. Economics and the German Cultural Imagination 1770–1850, Seattle, London 2008.

Greenblatt, Stephen: Shakespearean Negotiations. The Circulation of Social Energy in Renaissance England, Berkeley, Los Angeles 1988.

Gubser, Martin: Literarischer Antisemitismus. Untersuchungen zu Gustav Freytag und anderen bürgerlichen Schriftstellern des 19. Jahrhunderts, Göttingen 1998.

Günther, Katharina: Literarische Gruppenbildung im Berliner Naturalismus, Bonn 1972.

Gumbrecht, Hans Ulrich: Art. »Modern, Modernität, Moderne«, in: Otto Brunner / Reinhart Koselleck (Hg.): Geschichtliche Grundbegriffe. Historisches Lexikon zur politisch-sozialen Sprache in Deutschland, Bd. 4: Mi-Pre, Stuttgart 1978, 93–131.

Härpfer, Claudius: Georg Simmel und die Entstehung der Soziologie in Deutschland. Eine netzwerksoziologische Studie, Frankfurt/M. 2014.

Hahn, Hans-Werner / Marko Kreutzmann (Hg.): Der deutsche Zollverein. Ökonomie und Nation im 19. Jahrhundert, Köln, Weimar, Wien 2012.

Hansen, Eckhard / Florian Tennstedt: Einleitung, in: Biographisches Lexikon zur Geschichte der deutschen Sozialpolitik 1871–1945, hrsg. v. E. H. und F. T., Bd. 1: Sozialpolitiker im deutschen Kaiserreich 1871–1918, Kassel 2010, IX–XXV.

Hartung, Gerald (Hg.): An den Grenzen der Sprachkritik. Fritz Mauthners Beiträge zur Sprach- und Kulturtheorie, Würzburg 2013.

Hasubek, Peter: Karl Gutzkows Romane »Die Ritter vom Geiste« und »Der Zauberer von Rom«. Studien zur Typologie des deutschen Zeitromans im 19. Jahrhundert, Hamburg 1964.

von Hayek, Friedrich August: Einleitung, in: Menger 1968, VII–XXXVI.

Hellmann, Winfried: Objektivität, Subjektivität und Erzählkunst. Zur Romantheorie Friedrich Spielhagens [1957], in: Richard Brinkmann (Hg.): Begriffsbestimmung des literarischen Realismus, 3., erw. Aufl., Darmstadt 1987, 86–160.

Helmes, Günter: Der ›soziale Roman‹ des Naturalismus – Conrad Alberti und John Henry Mackay, in: Mix 2000, 104–115.

Helmstetter, Rudolf: Die Geburt des Realismus aus dem Dunst des Familienblattes. Fontane und die öffentlichkeitsgeschichtlichen Rahmenbedingungen des poetischen Realismus, München 1997.

Hempel, Dirk / Christine Künzel (Hg.): »Denn wovon lebt der Mensch?« Literatur und Wirtschaft, Frankfurt/M., Berlin, Bern [u. a.] 2009.

Henning, Friedrich Wilhelm: Handbuch der Wirtschafts- und Sozialgeschichte Deutschlands, Bd. 2: Deutsche Wirtschafts- und Sozialgeschichte im 19. Jahrhundert, Paderborn 1996.

Hennings, Klaus Hinrich: Aspekte der Institutionalisierung der Ökonomie an deutschen Universitäten, in: Waszek 1988, 43–54.

Hessing, Jakob: Verlustmeldungen. »Zum wilden Mann« – Drei Interpretationen, in: Jahrbuch der Raabe-Gesellschaft 38 (1997), 72–83.

Hinck, Walter: Aufstieg und Fall des Hans im Glück. Bourgeois-Satire. Heinrich Mann: »Im Schlaraffenland«. Ein Roman unter feinen Leuten (1900), in: Ders.: Romanchronik des 20. Jahrhunderts. Eine bewegte Zeit im Spiegel der Literatur, 2. Aufl., Köln 2007, 15–22.

Höppner, Wolfgang: Das »Ererbte, Erlebte und Erlernte« im Werk Wilhelm Scherers. Ein Beitrag zur Geschichte der Germanistik, Köln, Weimar, Wien 1993.

Hörisch, Jochen: Kopf oder Zahl. Die Poesie des Geldes, Frankfurt/M. 1996.

Holub, Hans-Werner: Eine Einführung in die Geschichte des ökonomischen Denkens, Bd. IV, 2: Die Ökonomik des 19. Jahrhunderts ohne Sozialisten, Wien 2010.

Honold, Alexander: Geist, Gift und Geschäft in Pfisters Mühle, in: Hubert Winkels (Hg.): Katja Lange-Müller trifft Wilhelm Raabe. Der Wilhelm Raabe-Literaturpreis. Das Ereignis und die Folgen, Göttingen 2009, 32–70.

Hubrich, Peter Heinz: Gustav Freytags »Deutsche Ideologie« in *Soll und Haben*, Kronberg/Ts. 1974.

Issing, Ottmar (Hg.): Geschichte der Nationalökonomie, 4., überarb. u. erg. Aufl., München 2002.

Jakobson, Roman: Die neueste russische Poesie [1921], in: Texte der russischen Formalisten, Bd. 2: Texte zur Theorie des Verses und der poetischen Sprache, eingel. u. hrgs. v. Wolf-Dieter Stempel, München 1972, 18–135.

Janssen, Hauke: Nationalökonomie und Nationalsozialismus. Die deutsche Volkswirtschaftslehre in den dreißiger Jahren des 20. Jahrhunderts, 4., überarb. Aufl., Marburg 2012.

Kaesler, Dirk: Max Weber. Preuße, Denker, Muttersohn. Eine Biographie, München 2014.

Kaesler, Dirk: Max Weber. Eine Einführung in Leben, Werk und Wirkung, Frankfurt/M., NY 1995.

Kafitz, Dieter: Figurenkonstellation als Mittel der Wirklichkeitserfassung. Dargestellt an Romanen der 2. Hälfte des 19. Jahrhunderts (Freytag, Spielhagen, Fontane, Raabe), Kronberg/Ts. 1978.

Kaiser, Gerhard: Gottfried Keller. Das gedichtete Leben, Frankfurt/M. 1981.

Kaube, Jürgen: Achtung, hier beginnt die bürgerliche Ruhezone [Rez. zu Moretti, *Der Bourgeois*], in: Frankfurter Allgemeine Zeitung [Literaturbeilage] Nr. 230 (4.10.2014), S. L17.

Kayser, Wolfgang: Versuch einer Wesensbestimmung des Grotesken (1957), in: Best 1980, 40–49.

Kerbs, Diethard / Jürgen Reulecke (Hg.): Handbuch der deutschen Reformbewegungen. 1880–1933, Wuppertal 1998.

Keßler, Eckhard: Das rhetorische Modell der Historiographie. In: Reinhart Koselleck / Heinrich Lutz / Jörn Rüsen (Hg.): Formen der Geschichtsschreibung. München 1982, 37–85.

Kindt, Tom / Hans-Harald Müller: Dilthey gegen Scherer – Geistesgeschichte contra Positivismus. Zur Revision eines wissenschaftshistorischen Stereotyps, in: Deutsche Vierteljahrsschrift für Literaturwissenschaft und Geistesgeschichte 74 (2000), H. 4, 685–709.

Kocka, Jürgen (Hg.): Bürgertum im 19. Jahrhundert. Deutschland im europäischen Vergleich, 3 Bde., Göttingen 1995.

Kocka, Jürgen / Thomas Nipperdey (Hg.): Theorie und Erzählung in der Geschichte, München 1979.

Kockjoy, Wolfgang: Der deutsche Kaufmannsroman. Versuch einer kultur- und geistesgeschichtlichen genetischen Darstellung, Strassburg 1932.

Köhnke, Klaus Christian: Entstehung und Aufstieg des Neukantianismus. Die deutsche Universitätsphilosophie zwischen Idealismus und Positivismus, Frankfurt/M. 1986.

Köppe, Tilmann (Hg.): Literatur und Wissen. Theoretisch-methodische Zugänge, Berlin, NY 2011.

Kolb, Gerhard: Geschichte der Volkswirtschaftslehre. Dogmenhistorische Positionen des ökonomischen Denkens, 2. Aufl., München 2004.

Kolk, Rainer: Literarische Gruppenbildung. Am Beispiel des George-Kreises, Tübingen 1998.

Kontje, Todd (Hg.): A companion to German realism. 1848–1900, Rochester, NY, 2002.

Koopmann, Helmut: Mythenkonstitution in einer zerfallenden Welt. Zu Thomas Manns *Buddenbrooks* und zu Heinrich Manns *Im Schlaraffenland* und *Professor Unrat*, in: Rolf Grimminger / Iris Hermann (Hg.): Mythos im Text. Zur Literatur des 20. Jahrhunderts, Bielefeld 1998, 219–236.

Koschorke, Albrecht: Wissenschaften des Arbiträren. Die Revolutionierung der Sinnesphysiologie und die Entstehung der modernen Hermeneutik, in: Joseph Vogl (Hg.): Poetologien des Wissens um 1800, 2. Aufl., München 2010, 19–52.

Krämer, Olav: Intention, Korrelation, Zirkulation. Zu verschiedenen Konzeptionen der Beziehung zwischen Literatur, Wissenschaft und Wissen, in: Köppe 2011, 77–115.

Krause, Werner: Werner Sombarts Weg vom Kathedersozialismus zum Faschismus, Berlin 1962.

Krobb, Florian (Hg.): 150 Jahre *Soll und Haben*. Studien zu Gustav Freytags kontroversem Roman, Würzburg 2005.

Krobb, Florian: Einleitung: *Soll und Haben* nach 150 Jahren, in: Krobb 2005, 9–29.

Lamers, Henrike: Held oder Welt. Zum Romanwerk Friedrich Spielhagens, Bonn 1991.

Lateinisch-Deutsches Schulwörterbuch. Von J. M. Stowasser, Nachdruck der 2., verb. und mit Nachträgen vers. Aufl. 1900, Wien 1969.

Lavranu, Aliki: Deskription, Kausalität und Teleologie. Zu Gustav Schmollers methodologischen und wissenschaftstheoretischen Positionen im Anschluss an den ›Methodenstreit‹, in: Otto Gerhard Oexle (Hg.): Krise des Historismus – Krise der Wirklichkeit. Wissenschaft, Kunst und Literatur 1880–1932, Göttingen 2007, 181–206.

Lenger, Friedrich: Werner Sombart. 1863–1941. Eine Biographie, 3. Aufl., München 2012.

Lenger, Friedrich: Sozialwissenschaft um 1900. Studien zu Werner Sombart und einigen seiner Zeitgenossen, Frankfurt/M., Berlin, Bern [u. a.] 2009.

Lepenies, Wolf: Die drei Kulturen. Soziologie zwischen Literatur und Wissenschaft, Reinbek/Hamburg 1998.

Lichtblau, Klaus: Kulturkrise und Soziologie um die Jahrhundertwende. Zur Genealogie der Kultursoziologie in Deutschland, Frankfurt/M. 1996.

Lindemann, Uwe: Das Warenhaus. Schauplatz der Moderne, Köln, Weimar, Wien 2015.

Link, Jürgen: Versuch über den Normalismus. Wie Normalität produziert wird, 4. Aufl., Göttingen 2009.

Link, Jürgen / Ursula Link-Heer: Diskurs/Interdiskurs und Literaturanalyse, in: Zeitschrift für Literaturwissenschaft und Linguistik 77 (1990), 88–99.

Link, Jürgen: Literaturanalyse als Interdiskursanalyse. Am Beispiel des Ursprungs literarischer Symbolik in der Kollektivsymbolik, in: Jürgen Fohrmann / Harro Müller (Hg.): Diskurstheorien und Literaturwissenschaft, Frankfurt/M. 1988, 284–307.

Linse, Ulrich (Hg.): Zurück, o Mensch, zur Mutter Erde. Landkommunen in Deutschland 1890–1933, München 1983.

Lorenz, Dagmar C. G.: Ein Roman für zwei Jahrhunderte: Freytags Stereotypen bis zur Jahrtausendwende, in: Krobb 2005, 301–323.

Luhmann, Niklas: Die Wirtschaft der Gesellschaft, 2. Aufl., Frankfurt/M. 1996.

Luhmann, Niklas: Die Kunst der Gesellschaft, Frankfurt/M. 1997.

Luhmann, Niklas: Sinn als Grundbegriff der Soziologie, in: Jürgen Habermas / Niklas Luhmann: Theorie der Gesellschaft oder Sozialtechnologie – Was leistet die Systemforschung? Frankfurt/M. 1971, 25–100.

Maier, Hans: Die ältere deutsche Staats- und Verwaltungslehre, 2., neubearb. u. erg. Aufl., München 1980.

Mayer, Dieter: Max Kretzer: *Meister Timpe* (1888). Der Roman vom Untergang des Kleinhandwerks in der Gründerzeit, in: Denkler 1980, 347–361.

Maillard, Christine / Michael Titzmann: Vorstellung eines Forschungsprojekts »Literatur und Wissen(schaften) in der Frühen Moderne«, in: Dies. (Hg.): Literatur und Wissen(schaften) 1890–1935, Stuttgart, Weimar 2002, 7–39.

Martínez, Matías / Michael Scheffel: Einführung in die Erzähltheorie, 9., erw. u. aktualis. Aufl., München 2012.

Mattern, Nicole / Timo Rouget (Hg.): Der große Crash. Wirtschaftskrisen in Literatur und Film, Würzburg 2016.

McInnes, Edward / Gerhard Plumpe (Hg.): Bürgerlicher Realismus und Gründerzeit. 1848–1900, München, Wien 1996.

Merkel-Nipperdey, Margarete: Gottfried Kellers »Martin Salander«. Untersuchungen zur Struktur des Zeitromans, Göttingen 1959.

Merz-Benz, Peter-Ulrich: Max Weber und Heinrich Rickert. Die erkenntniskritischen Grundlagen der verstehenden Soziologie, Würzburg 1990.

Meyer, Theo (Hg.): Theorie des Naturalismus, bibliograph. erg. Aufl., Stuttgart 1997.

Mittelstraß, Jürgen: Die Möglichkeit von Wissenschaft, Frankfurt/M. 1976.

Mix, York-Gothart (Hg.): Naturalismus – Fin de siècle – Expressionismus. 1890–1918, München, Wien 2000.

Moretti, Franco: Der Bourgeois. Eine Schlüsselfigur der Moderne, aus d. Engl. v. Frank Jakubzik, Berlin 2014.

von zur Mühlen, Bernt Ture: Gustav Freytag. Biographie, Göttingen 2016.

Müller, Hans-Harald: Wilhelm Scherer (1841–1886) in Berlin, in: Zeitschrift für Germanistik 20 (2010), H. 1, 140–155.

Muschg, Adolf: Der leere Blutstuhl. Einige Bemerkungen zu Wilhelm Raabes Erzählung »Zum wilden Mann«, in: Jahrbuch der Raabe-Gesellschaft 38 (1997), 85–93.

Muschg, Adolf: Gottfried Keller, München 1977.

Nau, Heino Heinrich: Politisches Ethos und sozialökonomisches Telos. Schmollers Konzept einer historisch-ethischen Nationalökonomie als Kulturwissenschaft, Einleitung zu: Schmoller 1998, 13–67.

Neumann, Bernd: Gottfried Keller. Eine Einführung in sein Werk, Königstein/Ts. 1982.

Neumann, Bernd: Friedrich Spielhagen: *Sturmflut* (1877). Die »Gründerjahre« als die »Signatur des Jahrhunderts«, in: Denkler 1980, 260–273.

Niehr, Thomas: Art. »Schlagwort«, in: Historisches Wörterbuch der Rhetorik, hrsg. v. Gert Ueding, Bd. 8: Rhet-St, Darmstadt 2007, Sp. 496–502.

Niehr, Thomas: Schlagwörter im politisch-kulturellen Kontext. Zum öffentlichen Diskurs in der BRD von 1966–1974, Wiesbaden 1993.

Nipperdey, Thomas: Deutsche Geschichte. 1800–1866: Bürgerwelt und starker Staat, München 1983.

Obenaus, Sibylle: Literarische und politische Zeitschriften, Bd. 1: 1830–1848, Bd. 2.: 1848–1880, Stuttgart 1986/87.

Oesterle, Günter: Die prekären Dinge in Wilhelm Raabes »Das Horn von Wanza« und »Zum wilden Mann«, in: Jahrbuch der Raabe-Gesellschaft 52 (2011), 55–70.

Ohl, Hubert: Spielhagens Spätwerk und das Fin de Siècle. Figuren und Motive, in: Zeitschrift für deutsche Philologie 120 (2001), Sonderheft: ›Realismus‹? Zur deutschen Prosa-Literatur des 19. Jahrhunderts, hrsg. v. Norbert Oellers und Hartmut Steinecke, 177–197.

Parr, Rolf: Raabes Effekte des Realen, in: Jahrbuch der Raabe-Gesellschaft 52 (2011), 21–38.

Parr, Rolf: Materielle und semantische Tauschprozesse in Wilhelm Raabes *Zum wilden Mann*, in: Mein / Schößler 2005, 275–290.

Parr, Rolf: Autorschaft. Eine kurze Sozialgeschichte der literarischen Intelligenz in Deutschland zwischen 1860 und 1930, Heidelberg 2008.

Pflanze, Otto (Hg.): Innenpolitische Probleme des Bismarck-Reiches, München [u. a.] 1983.

Plumpe, Gerhard (Hg.): Theorie des bürgerlichen Realismus. Eine Textsammlung, bibl. erg. Aufl., Stuttgart 1997.

Plumpe, Gerhard: Einleitung, in: Plumpe 1997, 9–40.

Plumpe, Gerhard: Einleitung, in: McInnes / Plumpe 1996, 17–83.

Poláček, Josef: Zum »hyperbolischen« Roman bei Conradi, Conrad und Hollaender. Drei Deutungsversuche, in: Helmut Scheuer (Hg.): Naturalismus. Bürgerliche Dichtung und soziales Engagement, Stuttgart [u. a.] 1974, 68–92.

Preisendanz, Wolfgang: Heinrich Heine. Werkstrukturen und Epochenbezüge, 2., verm. Aufl., München 1983.

Preisendanz, Wolfgang: Gottfried Keller, in: Benno von Wiese (Hg.): Deutsche Dichter des 19. Jahrhunderts. Ihr Leben und Werk, 2. überarb. u. verm. Aufl., Berlin 1979, 508–531.

Priddat, Birger: Produktive Kraft, sittliche Ordnung und geistige Macht: Denkstile der deutschen Nationalökonomie im 18. und 19. Jahrhundert, Marburg 1998.

Priddat, Birger (Hg.): Wert, Meinung, Bedeutung. Die Tradition der subjektiven Wertlehre in der deutschen Nationalökonomie vor Menger, Marburg 1997.

Rakow, Christian: Die Ökonomien des Realismus. Kulturpoetische Untersuchungen zur Literatur und Volkswirtschaftslehre 1850–1900, Berlin, Boston 2013.

Rammstedt, Otthein (Hg.): Georg Simmels Philosophie des Geldes. Aufsätze und Materialien, Frankfurt/M. 2003.

Rammstedt, Otthein: Wert, Geld und Individualität, in: Rammstedt 2003, 27–41.

Realismus und Gründerzeit. Manifeste und Dokumente zur deutschen Literatur 1848–1880, mit e. Einf. in d. Problemkreis u. e. Quellenbibliogr. hrsg. v. Max Bucher, Werner

Hahl, Georg Jäger und Reinhard Wittmann, Bd. 2: Manifeste und Dokumente, Stuttgart 1981.

Rebing, Günter: Der Halbbruder des Dichters. Friedrich Spielhagens Theorie des Romans, Wiesbaden 1972.

Reif, Heinz (Hg.): Ostelbische Agrargesellschaft im Kaiserreich und in der Weimarer Republik. Agrarkrise – Junkerliche Interessenpolitik – Modernisierungsstrategien, Berlin 1994.

Reinhardt, Volker: Die Geschichte der Schweiz. Von den Anfängen bis heute, 2., überarb. u. erw. Aufl., München 2013.

Reiss, Gunter: Einleitung, in: Scherer 1977, IX–XLII.

Richter, Sandra: Wirtschaftliches Wissen in der Literatur um 1900 und die Tragfähigkeit ökonomischer Interpretationsansätze, in: Köppe 2011, 214–238.

Riesebrodt, Martin: Einleitung in: Weber 1984, 1–18.

Rieter, Heinz: Historische Schulen, in: Issing 2002, 131–168.

Ritthaler, Eva: Ökonomische Bildung. Wirtschaft in deutschen Entwicklungsromanen von Goethe bis Heinrich Mann, Würzburg 2017.

Ritzel, Gerhard: Schmoller vs. Menger. Eine Analyse des Methodenstreits im Hinblick auf den Historismus in der Nationalökonomie, Frankfurt/M. 1950.

Rohe, Wolfgang: Roman aus Diskursen. Gottfried Keller Der grüne Heinrich (erste Fassung 1854/55), München 1993.

Salaquarda, Jörg: Umwertung aller Werte, in: Archiv für Begriffsgeschichte 22 (1978), 154–174.

Sammons, Jeffrey L.: Vom Nebeneinander zur Durchkomponierung. Beobachtungen zur Gleichzeitigkeit von Karl Gutzkows »Die neuen Serapionsbrüder« und Friedrich Spielhagens »Sturmflut«, in: Roland Berbig / Dirk Göttsche (Hg.): Metropole, Provinz und Welt. Raum und Mobilität in der Literatur des Realismus, Berlin / Boston 2013, 321–334.

Sammons, Jeffrey L.: Friedrich Spielhagen. Novelist of Germany's false dawn, Tübingen 2004.

Sammons, Jeffrey L.: Friedrich Spielhagen. The Demon of Theory and the Decline of Reputation, in: Todd Kontje (Ed.): A companion to German realism. 1848–1900, Columbia 2002, 133–158.

Schanze, Helmut: Der Experimentalroman des deutschen Naturalismus. Zur Theorie der Prosa um 1890, in: Helmut Koopmann (Hg.): Handbuch des deutschen Romans, Düsseldorf 1983, 460–467.

Schefold, Bertram: Nationalökonomie als Geisteswissenschaft. Edgar Salins Konzept einer Anschaulichen Theorie, in: List Forum für Wirtschafts- und Finanzpolitik 18 (1992), 303–324.

Schilling, Diana: Kellers Prosa, Frankfurt/M. 1998.

Schmid, Wolf: Elemente der Narratologie, 3., erw. u. überarb. Aufl., Berlin, Boston 2014.

Schmidt, Gustav / Jörn Rüsen (Hg.): Gelehrtenpolitik und politische Kultur in Deutschland 1830–1930. Bochum 1986.

Schmitt, Franz Anselm: Beruf und Arbeit in deutscher Erzählung. Ein literarisches Lexikon, Stuttgart 1952.

Schnädelbach, Herbert: Philosophie in Deutschland 1831–1933, 7. Aufl., Frankfurt/M. 2007.

Schneider, Lothar L.: Realistische Literaturpolitik und naturalistische Kritik. Über die Situierung der Literatur in der zweiten Hälfte des 19. Jahrhunderts und die Vorgeschichte der Moderne, Tübingen 2005.

Schneider, Lothar L.: Die Verabschiedung des idealistischen Realismus. Spielhagens Romanpoetik und ihre Kritiker, in: Deutsche Literatur und Kultur vom Nachmärz bis zur Gründerzeit in europäischer Perspektive, hrsg. v. Helmut Koopmann u. Michael Perraudin, Bd. 1: Formen der Wirklichkeitserfassung nach 1848, Bielefeld 2003, 233-244.

Schneider, Michael: Geschichte als Gestalt. Formen der Wirklichkeit und Wirklichkeit der Form in Gustav Freytags Roman *Soll und Haben*, Stuttgart 1980.

Schnyder, Peter: Satire in saturierter Zeit. Heinrich Manns Roman »Im Schlaraffenland« und die Poesie des Geldes, in: Christine Weder / Bergengruen, Maximilian (Hg.): Luxus. Die Ambivalenz des Überflüssigen in der Moderne, Göttingen 2011, 217-232.

Schoeller, Wilfried F.: Nachwort, in: Mann 2006, 415-434.

Schönhärl, Korinna: Wissen und Visionen. Theorie und Politik der Ökonomen im Stefan-George-Kreis, Berlin 2009.

Schößler, Franziska: Börsenfieber und Kaufrausch. Ökonomie, Judentum und Weiblichkeit bei Theodor Fontane, Heinrich Mann, Thomas Mann, Arthur Schnitzler und Émile Zola, Bielefeld 2009.

Schößler, Franziska / Georg Mein (Hg.): Tauschprozesse. Kulturwissenschaftliche Verhandlungen des Ökonomischen, Bielefeld 2005.

Schofield, Benedict: »Die Willkür der alten Romantik«. The Romantic Legacy in Gustav Freytag's Literary Works and Theory, in: Göttsche / Saul 2013, 125-148.

Schofield, Benedict: Private lives and collective destinies. Class, nation and folk in the works of Gustav Freytag (1816-1895), London 2012.

Schröter, Klaus: Heinrich Mann und das Märchen, in: Heinrich Mann-Jahrbuch 12 (1993), 221-233.

Schröter, Klaus: Anfänge Heinrich Manns. Zu den Grundlagen seines Gesamtwerks, Stuttgart 1965.

Schütz, Erhard: Heinrich Manns *Im Schlaraffenland* und Georg Simmel, in: Roland Berbig [u. a.] (Hg.): Berlins 19. Jahrhundert. Ein Metropolen-Kompendium, Berlin 2011, 421-430.

Schumann, Jochen: Die Wegbereiter der modernen Preis- und Kostentheorie, in: Issing 2002, 169-201.

Selbmann, Rolf: Der deutsche Bildungsroman, 2., überarb. und erw. Aufl., Stuttgart, Weimar 1994.

Siegel, Eva-Maria: High fidelity. Konfigurationen der Treue um 1900, Paderborn 2004.

Siemann, Wolfram: Gesellschaft im Aufbruch. Deutschland 1849-1871, Frankfurt/M. 1990.

Simon, Ralf: Übergänge. Literarischer Realismus und ästhetische Moderne, in: Begemann 2007, 207-224.

Simonis, Annette: Gestalttheorie von Goethe bis Benjamin. Diskursgeschichte einer deutschen Denkfigur, Köln, Weimar, Wien, 2001.

Simonis, Linda: Reflexion der Moderne im Zeichen von Kunst. Max Weber und Georg Simmel zwischen Entzauberung und Ästhetisierung, in: von Graevenitz 1999, 612-633.

Sollmann, Kurt: Literarische Intelligenz vor 1900. Studien zu ihrer Ideologie und Geschichte, Köln 1982.

Sommer, Artur: Vorbemerkungen zur Geschichte des Werkes, in: List 1959, VI–XVII.

Steinecke, Hartmut: Gustav Freytag: *Soll und Haben* (1855). Weltbild und Wirkung eines deutschen Bestsellers, in: Denkler 1980, 138–152.

Sternsdorff, Jürgen: Wissenschaftskonstitution und Reichsgründung. Die Entwicklung der Germanistik bei Wilhelm Scherer. Eine Biographie nach unveröffentlichten Quellen, Frankfurt/M. 1979.

Stichweh, Rudolf: Zur Entstehung des modernen Systems wissenschaftlicher Disziplinen. Physik in Deutschland 1740–1890, Frankfurt/M. 1984.

Stiening, Gideon: Am »Ungrund« oder: Was sind und zu welchem Ende studiert man ›Poetologien des Wissens‹? in: KulturPoetik 7 (2007), H. 2, 234–248.

Stockinger, Claudia: Das 19. Jahrhundert. Zeitalter des Realismus, Berlin 2010.

Stöckmann, Ingo: »Überhaupt stammt der Strukturalismus ja aus Deutschland«. Zur theoriegeschichtlichen Bedeutung der formalen Ästhetik im 19. Jahrhundert, in: Scientia Poetica 19 (2015), 88–135.

Stöckmann, Ingo: Moderne und Kultur: Über Genese und Funktionsweise literaturwissenschaftlicher Moderne-Begriffe, in: Internationales Archiv für Sozialgeschichte der deutschen Literatur 37 (2012), H. 1, 105–118.

Stöckmann, Ingo: Der Wille zum Willen. Der Naturalismus und die Gründung der literarischen Moderne 1880–1900, Berlin, NY 2009.

Stöckmann, Ingo: Ästhetik, in: Handbuch Literaturwissenschaft, hrsg. v. Thomas Anz, Bd. 1: Gegenstände und Grundbegriffe, Stuttgart, Weimar 2007, 465–491.

Stockinger, Ludwig: Realpolitik, Realismus und das Ende des bürgerlichen Wahrheitsanspruchs. Überlegungen zur Funktion des programmatischen Realismus am Beispiel von Gustav Freytags *Soll und Haben*, in: Klaus-Detlef Müller (Hg.): Bürgerlicher Realismus. Grundlagen und Interpretationen, Königstein/Ts. 1981, 174–202.

Süselbeck, Jan: Tertium non datur: Gustav Freytags *Soll und Haben*, Wilhelm Raabes *Hungerpastor* und das Problem des Literarischen Antisemitismus. Eine Diskussion im Wandel, in: Jahrbuch der Raabe-Gesellschaft 54 (2013), 51–71.

Susteck, Sebastian: [Rez. zu] Christian Rakow: Die Ökonomien des Realismus, in: Jahrbuch der Raabe-Gesellschaft 55 (2014), 160–170.

Taylor, Charles: Hegel, übers. v. Gerhard Fehn, 5. Aufl., Frankfurt/M. 2006.

Thielking, Sigrid: ›Du hast sozusagen der ganzen Gegend die Phantasie verdorben‹: Raabeskes Erzählen am Beispiel der Fallgeschichte ›Zum wilden Mann‹ (1873), in: Der Deutschunterricht 59 (2007), H. 6, 36–47.

Thomé, Horst: Modernität und Bewußtseinswandel in der Zeit des Naturalismus und des Fin de siécle, in: Mix 2000, 15–27.

Titzmann, Michael: Strukturale Textanalyse. Theorie und Praxis der Interpretation, 3., unveränderte Aufl., München 1993.

Tjupa, Valerij: »Heteroglossia«, in: LHN. The living handbook of narratology, ed. by Peter Hühn et al., Hamburg 2013 ff. [http://www.lhn.uni-hamburg.de/article/heteroglossia, eingesehen am 03. 11. 2014].

Twellmann, Markus: Das deutsche Bürgerhaus: Zum *oikonomisch* Imaginären in Gustav Freytags *Soll und Haben*, in: Deutsche Vierteljahrsschrift für Literaturwissenschaft und Geistesgeschichte 87 (2013), H. 3, 356–385.

Vogl, Joseph: Kalkül und Leidenschaft. Poetik des ökonomischen Menschen, München 2002.

Vogl, Joseph (Hg.): Poetologien des Wissens um 1800, München 1999.

Vogl, Joseph: Einleitung, in: Vogl 1999, 7–16.

Vonhoff, Gert: Romantisches und der Prototyp des realistischen Erzählens. Gedanken zur Evolution der ›Dorfgeschichte‹, in: Göttsche / Saul 2013, 95–124.

Wagner, Benno: Verklärte Normalität. Gustav Freytags *Soll und Haben* und der Ursprung des »Deutschen Sonderwegs«, in: Internationales Archiv für Sozialgeschichte der deutschen Literatur 30 (2005), H. 2, 14–37.

Warning, Rainer: Die Phantasie der Realisten, München 1999.

Waszek, Norbert: Adam Smith in Germany. 1776–1832. In: Hiroshi Mizuta / Chuhei Sugiyama (Hg.): Adam Smith. International Perspectives. London 1993, 163 ff.

Waszek, Norbert (Hg.): Die Institutionalisierung der Nationalökonomie an deutschen Universitäten, St. Katharinen 1988.

Waszek, Norbert: Die Staatswissenschaften an der Universität Berlin im 19. Jahrhundert, in: Waszek 1988, 266–301.

Wegmann, Thomas: Tauschverhältnisse. Zur Ökonomie des Literarischen und zum Ökonomischen in der Literatur von Gellert bis Goethe, Würzburg 2002.

Wehler, Hans-Ulrich: Deutsche Gesellschaftsgeschichte, Bd. 2: Von der Reformära bis zur industriellen und politischen »Deutschen Doppelrevolution«. 1815–1845/49, 3. Aufl., München 1996.

Wehler, Hans-Ulrich: Deutsche Gesellschaftsgeschichte, Bd. 3: Von der »Deutschen Doppelrevolution« bis zum Beginn des Ersten Weltkrieges. 1849–1914, 3. Aufl., München 1995.

Weiller, Edith: Max Weber und die literarische Moderne. Ambivalente Begegnungen zweier Kulturen, Stuttgart, Weimar 1994.

Weimar, Klaus: Modifikation der Eindeutigkeit. Eine Miszelle, in: Berndt / Kammer 2009, 53–60.

Wentzel, Bettina: Der Methodenstreit. Ökonomische Forschungsprogramme aus der Sicht des kritischen Rationalismus, Frankfurt/M. [u. a.] 1999.

Werner, Renate: Skeptizismus, Ästhetizismus, Aktivismus. Der frühe Heinrich Mann, Düsseldorf 1972.

White, Hayden: Metahistory. The historical imagination in nineteenth-century Europe. Baltimore 1973.

Winkler, Markus: Die Ästhetik des Nützlichen in »Pfisters Mühle«. Problemgeschichtliche Überlegungen zu Wilhelm Raabes Erzählung, in: Jahrbuch der Raabe-Gesellschaft 38 (1997), 18–39.

Woodmansee, Martha / Mark Osteen (Ed.): The New Economic Criticism. Studies at the Intersection of Literature and Economics, London, NY 1999.

Worthmann, Joachim: Probleme des Zeitromans. Studien zur Geschichte des deutschen Romans im 19. Jahrhundert, Heidelberg 1974.

Wülfing, Wulf / Karin Bruns / Rolf Parr (Hg.): Handbuch literarisch-kultureller Vereine, Gruppen und Bünde. 1825–1933, Stuttgart [u. a.] 1998.

Wülfing, Wulf: Schlagworte des Jungen Deutschland. Mit einer Einführung in die Schlagwortforschung. Berlin 1982.

Wünsch, Marianne: Eigentum und Familie. Raabes Spätwerk und der Realismus, in: Jahrbuch der Deutschen Schiller-Gesellschaft 31 (1987), 248–267.

Ziegler, Bernd: Geschichte des ökonomischen Denkens. Paradigmenwechsel in der Volkswirtschaftslehre, 2., überarb. Aufl., München 2008.
Ziegler, Dieter: Die Industrielle Revolution, 3. Aufl., Darmstadt 2012.

Danksagung

Die vorliegende Arbeit ist an der Westfälischen Wilhelms-Universität Münster an dem Graduiertenkolleg ›Literarische Form. Geschichte und Kultur ästhetischer Modellbildung‹ entstanden. Der Deutschen Forschungsgemeinschaft danke ich für die Gewährung eines Stipendiums und für eine Beteiligung an den Druckkosten. In großzügiger Weise hat sich auch die Axel Springer Stiftung an den Druckkosten beteiligt. Ich danke ihr dafür ganz herzlich.

Für die Übernahme der Begutachtung am Kolleg bedanke ich mich bei Professor Dr. Moritz Baßler. Professor Dr. Dirk Göttsche danke ich für kritische Gespräche während eines Forschungsaufenthalts an der University of Nottingham und für wertvolle Hinweise zum weiten Feld der Romanliteratur des Realismus.

Ganz besonderer Dank gilt Professor Dr. Ingo Stöckmann. Er hat das Projekt von Beginn an bewundernswert konstruktiv begleitet. Sein scharfer Sachverstand war eine große Bereicherung für die Arbeit und ihr Verfasser hat viel von ihm gelernt. Gedankt sei ihm zudem für die Aufnahme der Arbeit in die Reihe Literatur- und Mediengeschichte der Moderne.

Meinem Vater Herrn Dr. Manfred Agethen und meinem guten Freund Florian Grundei danke ich für kritische Anregungen zu jedem Zeitpunkt, für ihre Akribie bei dem Lektorat des Manuskripts, für ihre Geduld und ihr Zuhören.

Für großartige Unterstützung in vielerlei Hinsicht danke ich meinen Geschwistern, meinen Freunden und meinen Eltern. Ihnen ist das Buch gewidmet.